KB002763

국가고시 · 변호사시험 대비

형사법 사례연습

변호사시험 기출문제 분석

하 태 영

法 文 社

서 문

Q1. 이 책은?

단순한 해설집이 아니다. 매년 출제되는 형사법 판례 200개를 정밀하게 분석한 작은 판례 요약집이다. 선택형을 넘어 사례형을 준비하는 책이다. 그만큼 정성을 다해 만들었다.

사실관계·죄명·쟁점·판결요지를 전부 소개했다. 시간을 엄청나게 단축할 수 있을 것이다. 결국 수험기간은 시간과 경쟁이다. 시간을 많이 투자하면 이긴다. 그만큼 뇌에 많이 노출되기 때문이다. '이긴다'는 말은 극기(克己)이며 '할 수 있다'는 의미이다.

이 책은 시간을 아껴 시간을 다용도로 사용하려는 학생들을 위해 특별히 제작한 것이다. 마지막에는 고딕만 읽으면 된다. 수험생이 혼자 이 많은 내용을 짧은 시간에 정리할 수 없다. 그 어려움을 알기에 이 책을 집필했다.

Q2. 해설이 길지 않는가?

해설이 길다는 비판이 있다. 그러나 하나의 판례는 그렇게 가벼운 것이 아니다. 요약 암기보다 이해가 필요하다. 그렇다면 사실관계·쟁점·판결요지·판결정문을 읽어야 한다. 요약은 고딕으로 된 글자만 읽으면 된다. 암기는 그림이 그려지면 된다. 그러면 사례형 문제에서 정확히 쟁점을 찾을 수 있다. 로스쿨은 교육을 통한 변호사 양성이다. 최소한 이 정도는 강의에서 설명해야 한다. 그래서 독특하게 판결문을 많이 소개하였다. 출제 판례들은 대부분 중요한 판결이다. 자주 반복하여 출제된다. 공부가 되면 해설은 요약된다. 동일 판례를 해당 사례에서 다시 설명했다. 중요한 판례를 반복하는 의미가 담겨 있다.

Q3. 이 책을 어떻게 공부하는가?

『형사법 종합연습』 변시기출문제분석 제3판에서 기출문제 분량이 많다는 점을 느꼈다. 그래서 형사법 사례연습으로 분리했다. 『형사법 종합연습』 변호사시험 기출문제 분석은 선택형 대비이고, 『형사법 사례연습』 변호사시험 기출문제 분석을 사례형 대비이다.

형사법 사례문제를 쓰기 전에 선택형 종합문제를 공부하는게 맞다고 생각했다. 그것도 정밀하게 공부해야 한다. 이 훈련이 되면 사례문제를 쉽게 작성할 수 있다.

그래서 먼저 형법·형사소송법 종합문제 100제를 공부하길 바란다. 문제를 푸는 것이 아니고 판례를 공부하는 시간이다. 여기에 500개 기본판례가 담겨 있다. 최소한 이 정도는 알고서 사례형 시험을 준비해야 한다.

지문 해설에서 판례를 자세히 소개했다. 판시사항은 쟁점이다. 판결요지는 법리와 사안해결이다. 최소한 알아야 하는 내용이다. 판례를 더 깊이 이해하려면 판결문 전문을 정독해야 한다. 학교 강의를 경청해야 한다. 수험생은 이 판례가 출제될 경우 선택형은 어떻게, 사례형은 어떻게 출제될지 생각해야 한다. 그러면 용도에 맞게 더 핵심을 찾을 수 있다. 이 과정에서 내용이 정리가 된다. 이후 암송하거나 직접 써 보아야 한다. 최소한 각 과목당 10,000장은 써 보아야 한다. 100장 연습으로 합격할 수 없다. 증국번은 아들에게 "하루 1만 자를 써야 한다"고 조언했다.

법전협의회 모의고사 전까지 이 책을 섭렵하고 기출문제 사례문제를 전부 정리하기 바란다. 그리고 6월·8월·10월 모의고사에서 답안 결점을 보완하길 바란다. 학교 강의를 수강하면서 출제위원급 교수가 강조하는 법이론을 심화하길 바란다. 최근 판례와 쟁점 판례는 입에서 또 손에서 줄줄 나와야 한다. 이러한 과정이 없이 변호사 자격증을 받을 수 없다. 시간을 역순으로 생각하면 더 줄이고 명확해야 한다. 변호사는 말과 글로 승부를 내는 직업이다.

Q4. 변호사시험 최근 경향은?

골목으로 걸어가면 떨어지는 시험이다. 선택형은 지문이 길다. 판례를 정확히 숙지해야 한다. 쟁점 파악과 암송이 안 되면 현장에서 실수한다. 그러므로 3월부터 5월까지 매일 500개 판례를 최소 두 시간 소리내어 읽어야 한다. 6월부터는 매일 형사법만 최소 네 시간이상 네 장씩 써야 한다. 사례형 문제 두 장, 기록형 두 장이다. 글을 읽고 쓰다 보면 내용이 요약되고 표현이 정밀해진다. 눈으로 본 것으로 시험을 통과할 수 없다. 이것이 최근 출제 경향이다. 아는 것과 표현은 다르다.

사례형은 쟁점이 너무 많다. 두 시간에 완벽하게 작성할 수가 없다. 수험에 몰입된 '자폐상태'가 아니면 고득점을 할 수가 없다. 이제 그런 시험이 되었다. 의뢰인이 찾아와서 말할 때 빨리 알아들으라는 훈련 같다. 문장을 보면 사실관계가 그림으로 그려지고, 쟁점·학설·판례가 바로 떠올라야 한다. 현장에서 법전을 보고 사색할 수가 없다. 직선으로 120분을 달려야 한다. 이것이 최근 사례형 기출문제 경향이다.

최대한 요약한다. 간결하고 명확하게 답안을 작성한다. 범죄체계도와 판결요지가 기초자료이다. 내 경험으로 6월 모의고사에서 어느 정도 결정이 난다. 전혀 기초가 잡혀 있지 않으면 용기를 잃는다. 8월 모의고사에서 확실히 무너진다. 판례 몇 개 공부하여 시험장에 왔다고 후회한다.

독일 국가시험은 제2차시험에서 각 과목당 지정 도서를 참고하여 답안을 작성한다. 주로 세 종류의 주석서(콤멘타르·Kommentar)에서 수험생이 지정한다. 우리나라 변호사시험이 여기까지 발전하려면 체계적 연구가 아니면 불가능하다. 우리는 암기형 시험이고 독일은 논문형 시험이기 때문이다. 독일 법조인들이 어떻게 양성되는지 깊이 연구할 필요가 있다.

어쨌든 이 문제는 향후 법조인양성과 관련이 있다. 현재 수험생은 문답삼이(問 答三易)를 명심해야 한다. 이해·독서·답안작성이다. 매일 암송하고 글을 쓰는 방법밖에 없다.

무엇을 써야 할지 정확히 알아야 하고, 어떻게 써야 할지 항상 고민해야 하고, 어떻게 이해될지 늘 염려해야 한다. 글을 쓰는 일은 정말 쉬운 일이 아니다. 그러나 명문이고 명필이면 반드시 합격한다.

이 책이 한 줄기 빛이 되길 기원한다.

2023년 3월 1일
동아대학교 법학전문대학원
仁德 하태영

수험생에게 보내는 편지

1. 2024년 제13회 변호사시험 『형사법』 과목 최종 정리용으로 『형사법 사례연습 변호사시험 기출문제 분석』을 세상에 보낸다. 기출문제를 모두 분석하여 해설하였다. 『선택형·사례형·기록형』 시험을 모두 염두에 두었다. 출제가 가능한 영역이 어디인지 깊이 고민하였다. 제12회 변호사시험 합격자와 토론을 통해 선별하였다. **수험준비 출발점은 변호사시험 기출문제를 정확히 이해하고 반복하는 것이다.** 수험생들에게 최종 정리용으로 도움이 되기를 바란다.

2. 2024년 1월 시험은 낯선 환경에서 실시된다. 많은 준비를 해도 불안한 것이 시험이다. 승패는 자신감에서 결정된다. 갈고 닦은 실력을 충분히 발휘하기를 기원한다.

- 공법시험 후, 다음 날 형사법 시험이 실시된다. 형사법 시험은 공법시험 결과에 영향을 받는다. 긴장과 체력 소진으로 힘든 밤을 맞이한다.
- 18:00 이후 다음날 09:00까지 15시간이 남는다. 체력이 중요하기 때문에 숙면해야 한다.
- 8시간 정도 정리시간이 있다. **여행용 가방에 있는 많은 교과서·문제집·판례집을 정리할 수 없다. 그날 그렇게 해서도 안 된다.** 시간을 효율적으로 이용해야 한다. 많이 본다고 기억에 남는 것이 아니다.
- 출제 가능한 핵심 내용과 판례들을 정리하고, 요약한 지문들을 반복하는 것이 최선이다. 핵심과 오답 노트다.

그래서 이 책을 만들었다. **수험장에서 읽을 형사법 종합정리서다. 쟁점과 판결문핵심을 정리**하였다. 이것만 기억해도 시험에서 합격점을 받을 것이다. 공부(工夫)는 '복잡한 날' 사용하기 위해 준비하는 과정이다. 읽기 쉽게 고딕으로, 줄도 치고, 중요도를 표시하였다. 단기간 일독에 도움이 될 것이다.

3. 제1회(2012년)부터 제12회(2023년)까지 선택형 12×40=480문제를 전부 분석하였다. 한 문제당 지문이 5개다. 약 2,400개 판례다(중복문제 포함). 거의 모든 영역에서 출제되었다. 상당한 분량이다. 지문의 완벽한 이해로 수험준비는 충분하다. 여기에 6월·8월·10월 법전협의회 모의고사 3회분을 보완하면, 2024년 수험준비는 완성된다. 법전협의회 기출문제는 해당년도 변시에 충분히 반영되었다. 중요한 문제를 제외하고, 굳이 이것을 반복할 필요는 없다. 양보다 질이 문제다. 문

제 수를 줄이는 것도 지혜다. 2023년 10월 모의고사는 2023년 7월 선고된 대법원 판결을 반영하여 출제된다.

4. 이 책 편제는 58문제를 기준으로 하였다. 2024년 제13회 변호사시험 출제 예상분야이다. 변호사시험 기출문제를 58문제로 체계적으로 분류하였다. 하나의 지문마다 자세히 해설을 하였다. 공부가 된 학생들은 쉽게 이해될 것이다. 기존 문제집에서 볼 수 없는 해설방법도 있을 것이다. 해설은 사실관계(공소사실)·범죄명(구성요건)·판시사항(쟁점)·판결요지(사안해결)를 중심으로 압축하였다. 모든 내용들이 단계별로 수험준비에 도움이 될 것이다. 『객관식이 바로 주관식이다』. 이런 생각으로 서술하였다. 수험생에게 도움이 되기를 바란다.

5. 변호사시험 기출문제를 살펴보자. 출제범위이다.

- 선택형 형법총론 10문항은 쟁점에서 사례와 법리를 묻는 것이다. 한 지문에 하나의 판례가 연결되어 있다. 전체 50개 판례다. 쟁점이 제시되어 있기 때문에 범죄체계도를 숙지하면, 쉽게 해결할 수 있다. 매년 동일한 범위에서 출제된다.
- 선택형 형법각론 10문항도 쟁점에서 사례와 법리를 묻는 것이다. 한 지문에 하나의 판례가 연결되어 있다. 전체 50개 판례다. 범죄체계도를 숙지하면, 쉽게 해결할 수 있다.
- 판결문공부는 쟁점과 논증을 훈련하는 과정이다. 판시사항과 판결요지를 읽으면 실력이 향상된다. **대법원 전원합의체 판결은 반드시 공부해야** 한다. 여러 가지 쟁점들이 종합되어 있기 때문이다.
- 시험 실패 이유는 범죄체계도 공부 없이 판결문 결론만 외우기 때문이다. 변호사시험 합격에 한계가 있을 것이다. 출제자는 그렇게 단순하게 문제를 만들지 않는다. 조문과 판례를 정확히 알고 있는지를 묻는다.
- 선택형 공부와 사례형 공부가 융합되어 법리가 정리되지 못하면, 발전 속도가 느리다. 사실관계와 그 쟁점을 정확히 이해하지 못하는 상태가 계속되는 것이다.
- 선택형 형사소송법 8문항은 기초이론과 수사에서 법리를 묻는 것이다. 한 지문에 하나의 판례가 연결되어 있다. 전체 40개 판례가 출제된다. 형사소송법 조문이 체계적으로 정리되어 있으면, 쉽게 해결된다.
- 선택형 형사소송법 객관식 10문항은 증거법에서 법리를 묻는 것이다. 한 지문에 하나의 판례가 연결되어 있다. 전체 50개 판례가 출제된다. 여기가 합격의 분기점이다. 복잡한 증거법 조문을 체계적으로 정리하고, 최근 판례들

을 숙지하고 있다면, 큰 문제가 없다. 판결문은 **법조문의 의미와 '요건'의 해석과 '적법절차'의 한계를 분명히 밝힌 정문**이기 때문이다. 전문증거는 공판 중심주의를 보완한 것이다. 그래서 그 요건들이 까다롭다. 그 정도 요건을 갖추어야 증거능력이 있는 것이다.

• 선택형에서 형법과 형사소송법이 통합된 종합문제는 5문항이다. 판례 사례가 제시되어 있고, 형법과 형사소송법 쟁점에 대해 법리를 한 두 곳씩 묻는 것이다. 앞선 35문항을 종합한 5문제라고 생각하면 된다. 전체 25개 판례들이 출제된다. 여러 판례가 복합적으로 연결되어 있다. 이것도 형법과 형사소송법이 잘 정리되어 있다면, 그렇게 어려운 문제가 아니다. 판례 평석이 많은 판례는 100% 출제된다.

• 2024년 1월 제13회 변호사시험 선택형 40문제 200개 지문은 95% 이상이 알고 있는 문장들이다. 사실관계에서 쟁점과 법이론을 묻는 문제들이다. 정확한 길을 알고 가는 사람은 최종 목적지에 무사히 도착한다. 만점을 요구하는 시험이 아니다. 자신감을 갖기 바란다.

6. 대법원 판결문은 [판결요지]에서 핵심문장을 더 줄이고, **답안지에 쓰기 좋을 만큼 고딕으로 표시하여 인용하였다.** 사례형 시험에서 쟁점 10개 이상을 답안지 2장에 모두 자세히 쓸 수 없기 때문이다. 강조하고 싶은 말이 하나 있다. 요약하면 『선택형과 사례형은 분리된 영역이 아니다. 결국 한 덩어리 문제들이다. 하나의 판례가 일부는 선택형으로, 또 일부는 사례형으로, 그리고 나머지는 기록형으로 출제가 된다』. 이 책을 통해 확인할 수 있을 것이다.

변호사시험 출제위원들은 수험생들이 강의시간에 공부하였던 대법원 판결을 참고하여 시험문제를 출제한다. **판결문에서 법리를 추출하여 선택형·사례형·기록형으로 문제를 만든다.** 변호사시험 기출문제 선택형이 내년 2024년 변호사시험에서 사례형 문제로 다시 출제될 수 있다. 그래서 대법원 판결문을 선택형과 사례형 공통으로 통합하여 준비하는 것이 좋다. 변호사시험 기출문제에서 반복 출제 문항들을 자주 확인할 수 있을 것이다.

7. 변호사시험문제는 각종 모의고사보다 더 엄격하게, 더 깊이, 여러 공정을 거쳐, 출제된다. 보통 한 문제는 여러 절차를 거친다. ① 문제은행출제(개인교수), ② 문제은행입고(법무부), ③ 문제선정과 문제수정(출제위원), ④ 문제검토(검토위원), ⑤ 모의수험(법조인), ⑥ 문제출제(2024년 제13회 형사법 문제) 과정을 거치고, ⑦ 문장수정·오탈자 수정·마지막 전체 낭독 후 인쇄되는 것이다. 그래서 심혈을 기울인 정선된 문제들이 출제되는 것이다. 거의 오류가 없다.

8. 2023년 봄이 찾아 왔다. 2024년 1월 첫 주까지 약 270일이 남았다. 충분한 시간이다. 9개월 동안 집중해서 정리하길 바란다. 따뜻한 조언을 하나 한다면, 『합격하겠다』는 강한 의지가 중요하다. 그리고 철저한 준비다. 이 책이 선택형 기출문제를 해설한 것이지만, 체계적으로 활용한다면, 틀림없이 『형법』과 『형사소송법』 정리에 많은 도움이 될 것이다. 절실한 것들만 가려 뽑았다. 변호사시험 기출문제와 대법원 판례공보에 실린 중요한 판례는 전부 정리하였기 때문이다. 2023년 제12회 변호사시험에 대법원 전원합의체 판결이 많이 출제되었다. 이 점을 명심(明心)하길 바란다.

9. **『형사법 사례연습 변호사시험 기출문제 분석』이 형사법 기초를 다지고, 합격과 불합격 경계선에서 중요한 역할을 했으면 한다. 이 책의 사명이기도 하다.** 함께 출간되는 2024년 대비 『형사법 종합연습 변호사시험 기출문제 분석』은 자매다. 6월에 출간되는 2024년 대비 『형사법 실전연습 최근 대법원 판례 분석』은 최근 판례로 실전문제를 만든 것이다. 분량이 많아 한 권으로 묶지 못했다. 선택형·사례형·실전형으로 나누어 압축 해설하였다. 고득점 달성에 큰 힘이 될 것이다.

10. 법무부 당국자와 출제위원에게 드리는 말씀이다. 2024년 제13회 변호사시험이 평이하게 출제되기를 바란다. **법조실무에서 전혀 인용되지도 않는 오래된 이론(理論) 문제들이 출제되어서는 안 된다.** 이것이 합격의 승패를 좌우한다면, 대한민국 변호사시험은 『비극(悲劇)』이 될 것이다. 옛날 사법시험 시대의 뼈저린 경험들을 반복해서는 안 된다. 0.4%를 위한 시험과 75%를 위한 시험이 같을 수 없다.

법학교육에 기반을 둔 시험문제가 출제되어야 법학전문대학원과 로스쿨 학생들이 올바른 삶을 산다. 변호사시험이 우수한 인재들의 창의력을 짓밟는 시험으로 전락해서는 안 된다.

로스쿨 출범 정신을 꼭 기억해야 한다. 법학교육을 통한 법조인 양성이다.

2023년 3월 1일
동아대학교 법학전문대학원
仁德 하태영

감사의 글

하태영 교수님 안녕하세요!!

저는 동아대 법전원 9기 박○○입니다.

우선 교수님 응원과 훌륭하신 가르침 덕분에 이번 변호사시험에 합격하였음을 전해드리려 연락드립니다.

교수님의 형법총론·형법각론·의료형법 수업을 통해서 형사법 전반적인 체계를 처음부터 제대로 세울 수 있어서 이렇게 좋은 결과로 반영되지 않았나 생각해 봅니다. 그리고 개인적으로 꼭 감사 말씀을 드리고 싶은 것이 두 가지가 있는데

첫째, 교수님이 주신 기출문제집을 꼼꼼히 정독하고 시험 전날 빠른 속도로 1회독을 한 덕분에 시험을 잘 치를 수 있었습니다.

둘째, 올해 형사법 사례형 1문이 형법총론을 아우르는 난해한 문제라 공범들간 관계를 체계적으로 서술하기 까다로웠습니다.

시험 도중에 갑자기 머리가 하얘지고 아무 생각이 안나 시간만 흐르는데 갑자기 교수님께서 수업시간에 독일에서는 모든 시험문제에서 등장인물 죄책을 구성요건, 위법성, 책임 항목으로 검토한다는 말씀이 떠올랐습니다. 그래서 저도 무작정 이 방법을 그대로 따라 서술했더니 의외로 자연스러운 답안형태가 나왔습니다.

시험을 마치고 나오면서 복기를 해보니 길이 안 보이면 원래 정석대로 가는 게 옳구나라고 느껴져 교수님께 감사말씀을 미리 드리고 싶었습니다. 하지만 결과 발표 전에 했다가 혹시 불합격이 되면 오히려 누를 끼쳐드리는 것 같아 이제까지 기다렸습니다.

정말로 다시 한번 너무나 감사드립니다.

저는 이제 서울에서 연수받을 법률사무소를 알아보고 있습니다. 교수님께 직접 인사를 드리러 학교를 다시가고 싶은데 코로나 바이러스 때문에 대면 수업이 이루어지지 않아 학교가 비어있다는 얘기를 들었습니다.

수업이 정상화 되면 꼭 찾아뵙도록 하겠습니다. 그럼 교수님도 건강하게 지내시길 기원하며 이만 줄이겠습니다.

2020년 4월 29일

제자 박○○ 올림

P.S. 메일을 다 쓰고 교수님 가르침대로 최대한 담백하게 서술하려 했고 일본식 표현인 '의'와 중국식 표현 '적'을 모두 배제하였습니다.

잘 되었는지 잘 모르겠지만 이 가르침 널리 전파하는 중입니다. 다시 한 번 감사드립

니다. 그리고 제 전화번호는 010−1234−××××입니다. 교수님 편하실 때 언제라도 연락하시면 됩니다.

박○○ 변호사님!

합격을 축하드립니다. 새로운 길에서 오래된 꿈을 활짝 펼치시길 바랍니다. 바른 인성과 노력을 갖추었으니 꼭 성공하실 것입니다. 후배들에게 도움이 될듯하여 여기 소개합니다. 동아로스쿨의 자랑입니다. 따뜻한 말씀 깊이 감사드립니다.

仁德 올림

존경하는 하태영 교수님 안녕하십니까, 법전원 9기 졸업생 고○○입니다.

3학년 2학기 때 교수님의 수업을 들으며 형사법 시험 대비를 한 결과

제9회 변호사 시험에서 객관식 35개 득점, 형사례 1문 50.18점, 형사례 2문 53.97의 우수한 성적을 거둘 수 있었습니다.

정말 감사드립니다. 특히 시험 준비 막판 12월에는 교수님의 최신 판례교재로 2019년도 판례를 정리했는데 따로 최신판례 학원 강의를 듣지 않았어도 든든했습니다. 걱정되지 않았습니다.

교수님 앞으로도 건강 꼭 챙기셔서 학생들에게 좋은 가르침 이어주시길 부탁드립니다. 저와 같이 성공적인 사례가 많이 나올 것이라 믿습니다. 정말 감사드립니다.

2020년 4월 27일

제자 고○○ 변호사 올림

고○○ 변호사님!

합격을 축하드립니다. 경영학과 졸업하고 처음 시작할 때 모습이 눈에 선합니다. 항상 진지하고 발전하는 자세가 마음에 들었습니다. 꼭 해낼 것으로 확신했습니다. 그 험난한 과정을 어떻게 참아내며 돌파하였습니까? 공부방법론을 항상 개선하고, 시간을 소중히 사용한 결과라고 생각합니다. 끝까지 신뢰하고 연습한 열정을 존경합니다. 따뜻한 변호사 되시길 바랍니다. 학부전공(경영·산업)과 법학을 접목하면 틀림없이 성공한 법조인이 될 것입니다. 따뜻한 말씀 깊이 감사드립니다. 좋은 말씀 후배들에게 널리 알리기 위해 여기에 소개합니다. 후배들이 혹시 문의를 하면, 많이 격려해 주시길 바랍니다. 감사합니다.

仁德 올림

차 례

제 1 부

변호사시험 선택형 종합문제 분석

− 형법 · 형사소송법 융합 · 사례로 출제된 선택형 종합문제 100선 −

▌제 4 강 ▌ 2020년 제9회 변호사시험 선택형 종합문제 / 142

제2부

변호사시험 사례형 기출문제 분석

부록 1

범죄체계도

부록 2

문장삼이(文章三易)

제1부

변호사시험 선택형 종합문제 분석

– 형법·형사소송법 융합·사례로 출제된 선택형 종합문제 100선–

제1강 2023년 제12회 변호사시험 선택형 종합문제

2023년 제12회 변호사시험 선택형 종합문제

12 · 19 · 21 · 26 · 27 · 29 · 30 · 32 · 37 · 40

출제분석

- **12번** | 보이스피싱·사기죄·횡령죄·죄수·전문법칙. 전문증거와 본래증거 구별· 진술 존재 자체 요증사실(= 본래증거). 내용 진실성(= 전문증거).

- **19번** | 특수강도죄·특경법 제3조·장물·사법경찰관 작성 공범에 대한 피의자 신문조서와 형사소송법 제314조·공범 아닌 공동피고인의 증인적격.

- **21번** | 증거위조죄·법률의견서·형사소송법 제313조 제1항·보석취소결정·항고.

- **26번** | 특수절도·특수강도·특수공갈의 공동정범·폭처법 공동공갈죄·공범인 공동피고인 법정진술(자백)·보강증거의 자격·형사소송법 제310조.

- **27번** | 강제추행죄·증언거부권 행사와 형사소송법 제314조·반대신문권 미고지 법정진술·형사소송법 제316조 제2항 전문진술(= 진술불능·필요성·특신상태).

- **29번** | 형법 제347조 사기죄·제225조 공문서변조·제229조 변조공문서행사죄 ·고소취소 방식(= 수사기관 또는 법원)·형사소송법 제239조·고소취소 효력(= 제1심 판결 선고 전, 형사소송법 제327조 공소기각판결)·불이익변경원칙.

- **30번** | 도로교통법 음주운전죄와 특가법 위험운전치상죄(= 교특법 업무상과실 치상죄는 흡수)는 실체적 경합이다(= 두 개 행위). 음주운전 중앙선침범사고(= 공소제기)·음주운전 교통사고와 강제채혈= 사후 압수영장)·병원 응급실 강제 채혈·강제채뇨(= 법원 감정처분허가장·압수·수색영장).

- **32번** | 도로교통법 제108조 '그 밖의 재물'·증인이 출석하지 아니한 경우(= 과 태료 부과와 즉시항고 가능). '공소제기 후' 압수·수색·형사소송법 제215조·번 복 진술조서·진술서·피의자신문조서 증거능력·위증죄 기수시기(= 최초 신문 진술이 종료한 때).

- **37번** | 형법 제133조 제1항 뇌물공여죄·제129조 제1항 뇌물수수죄·형법 제 355조 제1항 횡령죄 주체(= '사실상의 관계'. 위탁 또는 신임관계 존재). 형법 제350조 공갈죄·통신비밀보호법 제14조·제3조 제1항(= 일방만의 동의 녹음= 통비법 위반 → 증거능력 없음, 판례 = 쌍방동의설)·내용 부인한 사법경찰관작성 피의자신문조서와 탄핵증거 허용 여부(= 임의성 있는 한 허용. 판례).

- **40번** | 형법 제250조 제1항·제254조·제27조 불능미수범·불능범(不能犯)·정 범 착오와 교사자 착오(= 법정적 부합설: 객체 착오, 구체적 부합설: 방법 착오. 법정적 부합설 = 살인(기수)죄 교사범 성립). 공범관계이탈·형사소송법 제218조 임의제출. 제219조·제121조 전자정보 임의제출물 압수와 참여권 보장.

중요 **01** ★★★★★

다음 사실관계에 관한 설명 중 옳지 않은 것을 모두 고른 것은? (다툼이 있는 경우 판 례에 의함)

(가) 甲은 2018. 5.경 저금리 대출을 해주겠다고 전화로 거짓말을 하여 금원을 편취하는 소위 보이스피싱 범죄단체에 가입한 후,[甲: 범죄단체활동죄 성립+] 실제로 위와 같이 보이스피싱 범행을 하였다.[甲: 사기죄 성립+] 乙은 2019. 7.경 甲으로부터 적법한 사업운영에 필요하니 은행계좌, 현금카드, 비밀번호를 빌려달라는 부탁을 받고 甲이 이를 보이스피싱 범행에 사용할 것임을 알지 못한 채 乙 명의의 은행계좌 등을 甲에게 건네주었다. A는 甲으로부터 보이스피싱 기망을 당해 乙 명의의 은행계좌에 1,000만 원을 입금하였다.[甲: 형법 제347조 사기죄 성립+] 乙은 1,000만 원이 입금된 사실을 우연히 알게 되자 순간적으로 욕심이 나 이를 임의로 인출하여 사용하였다.[乙: 피해자 A에 대해 형법 제355조 제1항 횡령죄 성립+]

(나) 이에 화가 난 甲은 乙에게 전화하여 "A가 입금한 1,000만 원을 돌려주지 않으면 죽여버린다."라고 말하였는데,[甲: 협박죄 성립+, 협박 발언 부분은 본래증거이다. 요증사실 존재+] 乙은 甲의 이러한 협박 발언을 녹음한 후, 자신의 동생 丙에게 『내 계좌에 모르는 사람으로부터 1,000만 원이 입금되어 있기에 사용했는데, 이를 안 甲이 나에게 돌려주지 않으면 죽여버린다고 협박했다.』라는 내용의 문자메시지를 보냈다. 이후 A와 丙의 신고로 수사가 개시되어 甲이 기소되었고, 검사는 乙이 녹음한 녹음파일 중 甲의 협박 발언 부분 및 문자메시지를 촬영한 사진을 증거로 신청하였다.[전문증거+, 원진술 내용(=협박 문자 내용) 진실성 판단]

ㄱ. (가) 사실관계에서, 甲에게 형법상 범죄단체활동죄와 별개로 사기죄도 성립한다.

ㄴ. (가) 사실관계에서, 乙에게는 횡령죄가 ~~성립하지 않는다.~~ [성립한다.]

ㄷ. (나) 사실관계에서, 검사의 입증취지가 甲이 위와 같이 협박한 사실인 경우, 乙이 녹음한 녹음파일 중 甲의 협박 발언 부분은 ~~전문증거이다.~~ [본래증거이다. 요증사실(=협박 발언) 존재+]

ㄹ. (나) 사실관계에서, 검사의 입증취지가 甲이 위와 같이 협박한 사실인 경우, 문자메시지를 촬영한 사진은 전문증거이다. [요증사실 내용(=협박 문자 내용) 진실성+]

① ㄱ, ㄴ   ② ㄱ, ㄷ

③ ㄴ, ㄷ   ④ ㄴ, ㄹ

⑤ ㄷ, ㄹ

해설 및 정답 2023년 제12회 변호사시험 기출문제 12   **정답** ③

파워특강 보이스피싱 범죄·사기죄·횡령죄·죄수. 보이스피싱 사기 조직을 구성하고 가입·활동하면서 사기범죄 행위를 한 경우(=범죄단체활동죄와 사기죄가 성립한다. 양죄는 상상적 경합 관계). 보이스피싱 범죄에서 계좌명의인이 개설한 예금계좌가 전기통신금융사기 범행에 이용되어 그 계좌에 피해자가 사기 피해금을 송금·이체한 경우, 계좌명의인이 그 돈을 영득할 의사로 인출하면 피해자에 대한 횡령죄가 성립한다(＝피고인과 피해자 사이 신의칙 보관관계).

- 전문증거와 본래증거 구별. 어떤 진술 존재 자체가 요증사실인 경우(＝**본래증거**). 어떤 진술이 기재된 서류에서 그 내용의 진실성이 범죄사실에 대한 직접증거로 사용될 경우(＝전문증거). 어떠한 내용의 진술을 하였다는 사실 자체에 대한 정황증거로 사용될 것이라는 이유로 서류의 증거능력을 인정한 다음, 그 사실을 다시 진술 내용이나 그 진실성을 증명하는 간접사실로 사용될 경우(＝그 서류는 전문증거이다).

   ☞ 공판중심주의. 법정 장면을 상상해 보라. ① "乙에게 협박 전화 또는 협박 문자를 보낸 사실이 있나요?"(＝본래증거. 원진술 존재 자체 유무. 협박 전화 사실). ② "乙에게 '죽인다는 내용'을 전화 또는 협박 문자로 보낸 사실이 맞나요?"(＝전문증거. 원진술 내용 진실성 판단. 구체 사실).

- 전문법칙. 타인의 진술을 내용으로 하는 진술(＝① 원진술 존재 자체가 요증사실인 경우 본래증거이다. ② 원진술 내용인 사실이 요증사실인 경우 전문증거이다). 어떤 진술이 기재된 서류(＝① 그 내용 진실성이 범죄사실에 대한 직접증거로 사용될 때 전문증거이다. ② 사실 자체를 정황증거로 사용될 것이라는 이유로 서류의 증거능력을 인정한 다음, 그 사실이 다시 진술 내용이나 진실성을 증명하는 간접사실로 사용되는 경우 전문증거이다).

   ☞ 피해자 휴대전화기에 저장된 피고인 협박 문자(＝본래증거+. 협박 사실+. 전문증거-).

ㄱ. (○) 대법원 2017. 10. 26. 선고 2017도8600 판결 [사기[피고인1에 대하여 인정된 죄명: 특정경제범죄가중처벌등에관한법률위반(사기)]·개인정보보호법위반·국민체육진흥법위반·사기미수·범죄단체조직(피고인2에 대하여 인정된 죄명: 범죄단체가입)·범죄단체활동·범죄수익은닉의규제및처벌등에관한법률위반·전자금융거래법위반·범죄단체가입]

[사실관계] 피고인들이 불특정 다수의 피해자들에게 전화하여 금융기관 등을 사칭하면서 신용등급을 올려 낮은 이자로 대출을 해주겠다고 속여 신용관리비용 명목의 돈을 송금받아 편취할 목적으로 **보이스피싱 사기 조직을 구성하고 이에 가담하여 조직원으로 활동함으로써 범죄단체를 조직하거나 이에 가입·활동하였다는 내용으로 기소된 사안**이다.

[판시사항] [1] 보이스피싱 조직은 형법상의 범죄단체에 해당한다. 조직의 업무를 수행한 피고인들에게 범죄단체 가입 및 활동에 대한 고의가 인정된다. 피고인들의 사기범죄 행위가 범죄단체 활동에 해당한다고 본 원심판단을 수긍한 사례.

[2] 피고인들이 보이스피싱 사기 범죄단체의 구성원으로 활동하면서 사기범죄의 피해자들로부터 제3자 명의의 계좌로 돈을 송금받는 방법으로 범죄수익 등의 취득에 관한 사실을 가장하였다고 하여 범죄수익은닉의 규제 및 처벌 등에 관한 법률 위반으로 기소된 사안에서, **피고인들이 피해자들로부터 자신 또는 공범들의 계좌와 전혀 무관한 제3자 명의의 계좌로 송금받는 행위는 범죄수익 취득을 가장하는 행위에 해당하고, 이와 같은 범죄수익 은닉행위에 대한 고의도 있다고** 본 원심판단을 수긍한 사례.

[3] 피고인들이 보이스피싱 사기 범죄단체의 구성원으로 활동하면서 사기범죄의 피해자들로부터 취득한 범죄수익에 대하여 범죄수익은닉의 규제 및 처벌 등에 관한 법률에 따라 추징이 선고된 사안에서, 위 범죄단체활동죄에 의한 범죄수익은 같은 법 제2조 제1호, [별표] 제1의 (가)목, 제2호 (가)목, 제8조 제1항, 제10조 제1항에 의하여 각 추징의 대상이 되고, 그 범죄수익이 사기죄의 피해자로부터 취득한 재산에 해당하여도 마찬가지라고 본 원심판단을 수긍한 사례.

[4] 피고인이 보이스피싱 사기 범죄단체에 가입한 후 사기범죄의 피해자들로부터 돈을 편취하는 등 그 구성원으로서 활동하였다는 내용의 공소사실이 유죄로 인정된 사안에서, 범죄단체 가입행위 또는 범죄단체 구성원으로서 활동하는 행위와 사기행위는 각각 별개의 범죄구성요건을 충족하는 독립된 행위이고 서로 보호법익도 달라 법조경합 관계로 목적된 범죄인 사기죄만 성립하는 것은 아니라고 본 원심판단을 수긍한 사례.

[판결요지] [1] 보이스피싱 조직은 보이스피싱이라는 사기범죄를 목적으로 구성된 다수인의 계속적인 결합체로서 총책을 중심으로 간부급 조직원들과 상담원들, 현금인출책 등으로 구성되어 내부의 위계질서가 유지되고 조직원의 역할 분담이 이루어지는 최소한의 통솔체계를 갖춘 형법상의 **범죄단체에 해당하고, 보이스피싱 조직의 업무를 수행한 피고인들에게 범죄단체 가입 및 활동에 대한 고의가 인정되며, 피고인들의 보이스피싱 조직에 의한 사기범죄 행위가 범죄단체 활동에 해당한다고** 본 원심판단을 수긍한 사례.

☞ [출제] 2021년 제10회 변호사시험 기출문제 9 ① ②
☞ [적중] 하태영, 형사법 종합연습, 변시기출문제분석편, 제3판, 법문사, 2021. 217-219면.
☞ [적중] 하태영, 형사법 종합연습, 실전예상문제분석편, 제4판, 법문사, 2021. 199-203면.

대법원 2020. 12. 24. 선고 2020도10814 판결 [사기(일부 인정된 죄명: 사기미수)·전기통신금융사기피해방지및피해금환급에관한특별법위반·전기통신사업법위반·전자금융거래법위반·범죄단체조직·범죄단체활동·범죄단체가입]★★★★★

[판시사항] 공소장의 변경은 공소사실의 동일성이 인정되는 범위 내에서만 허용되는지 여부(적극) 및 공소사실의 동일성이 인정되지 아니한 범죄사실을 공소사실로 추가하는 취지의 공소장변경신청이 있는 경우, 법원은 그 변경신청을 기각하여야 하는지 여부(적극) / 공소사실의 동일성을 판단하는 기준.

[판결요지] 제1심판결에 대하여 검사와 피고인들 모두 항소하였고, 검사는 원심 공판절차 진행 중 적용법조에 형법 제114조를, 공소사실에 '피고인 1은 2018. 8.경 보이스피싱 범죄를 목적으로 범죄단체를 조직하고, 피고인 2, 피고인 3은 2018. 8.경 위 범죄단체에 가입하였으며, 피고인들은 범죄단체 조직 내 역할을 수행하면서 체크카드 등 접근매체를 편취하거나 대량 문자 발송 사이트를 개설하는 등의 방법으로 범죄단체 활동을 하였다.'는 공소사실을 추가(이하 '범죄단체 공소사실'이라고 한다)하였고, 원심은 이를 허가한 후 제1심판결 중 피고인들에 대한 유죄 부분을 파기하고 제1심에서 유죄로 인정된 부분과 위 범죄단체 공소사실 모두에 대하여 유죄로 판단하였다.

이러한 사실관계를 앞서 본 법리에 비추어 살펴보면, **실체적 경합범 관계에 있는 이 사건 공소사실과 범죄단체 공소사실은 범행일시, 행위태양, 공모관계 등 범죄사실의 내용이 다르고, 그 죄질에도 현저한 차이가 있다. 따라서 위 두 공소사실은 동일성이 없으므로, 공소장변경절차에 의하여 이 사건 공소사실에 위 범죄단체 공소사실을 추가하는 취지의 공소장변경은 허가될 수 없다.**

ㄴ. (×) 대법원 2018. 7. 26. 선고 2017도21715 판결 [횡령]

[판시사항] 계좌명의인이 개설한 예금계좌가 전기통신금융사기 범행에 이용되어 그 계좌에 피해자가 사기피해금을 송금·이체한 경우, 계좌명의인이 그 돈을 영득할 의사로 인출하면 피해자에 대한 횡령죄가 성립하는지 여부(적극) 및 이때 계좌명의인이 사기의 공범인 경우, 사기죄 외에 별도로 횡령죄를 구성하는지 여부(소극)

[판결요지] 계좌명의인이 개설한 예금계좌가 전기통신금융사기 범행에 이용되어 그 계좌에 피해자가 사기피해금을 송금·이체한 경우 계좌명의인은 피해자와 사이에 아무런 법률관계 없이 송금·이체된 사기피해금 상당의 돈을 피해자에게 반환하여야 한다. 그러므로 피해자를 위하여 사기피해금을 보관하는 지위에 있다고 보아야 한다. 만약 계좌명의인이 그 돈을 영득할 의사로 인출하면 피해자에 대한 횡령죄가 성립한다.

이때 계좌명의인이 사기의 공범이라면 자신이 가담한 범행의 결과 피해금을 보관하게 된 것일 뿐이어서 피해자와 사이에 위탁관계가 없다. 그가 송금·이체된 돈을 인출하더라도 이는 자신이 저지른 사기범행의 실행행위에 지나지 아니하여 새로운 법익을 침해한다고 볼 수 없다. 그러므로 사기죄 외에 별도로 횡령죄를 구성하지 않는다(대법원 2018. 7. 19. 선고 2017도17494 전원합의체 판결 참조).

ㄷ. (×) 대법원 2019. 8. 29. 선고 2018도14303 전원합의체 판결 [특정범죄가중처벌등에관한법률위반(뇌물)·직권남용권리행사방해·강요(일부인정된죄명: 강요미수)·강요미수·공무상비밀누설] 〈공무원과 비공무원이 공모한, 기업 대표 등에 대한 뇌물수수와 강요 등 사건〉

[판시사항] [1] 전문증거의 증거능력 / 다른 사람의 진술을 내용으로 하는 진술이 전문증거인지 본래증거인지 판단하는 기준 / 어떤 진술이 기재된 서류가 그 내용의 진실성이 범죄사실에 대한 직접증거로 사용될 경우, 전문증거인지 여부(적극) 및 어떠한 내용의 진술을 하였다는 사실 자체에 대한 정황증거로 사용될 것이라는 이유로 서류의 증거능력을 인정한 다음 그 사실을 다시 진술 내용이나 그 진실성을 증명하는 간접사실로 사용하는 경우, 그 서류는 전문증거에 해당하는지 여부(적극) [2] 형사소송법 제364조의2의 취지 및 위 규정은 공동피고인 사이에서 파기의 이유가 공통되는 해당 범죄사실이 동일한 소송절차에서 병합심리된 경우에만 적용되는지 여부(적극)

[3] 전직 대통령인 피고인이 재임 중의 직무와 관련하여 뇌물을 수수하고 직권을 남용하여 강요행위를 하였다는 등의 특정범죄 가중처벌 등에 관한 법률 위반(뇌물) 및 직권남용권리행사방해, 강요 등의 공소사실로 기소된 사안에서, 원심이 피고인에게 유죄로 판단한 특정범죄 가중처벌 등에 관한 법률 위반(뇌물)죄와 나머지 다른 죄에 대하여 공직선거법 제18조 제1항 제3호, 제3항에 따라 이를 분리 선고하지 아니하고 형법 제38조를 적용하여 하나의 형을 선고한 조치에 공직선거법 제18조 제3항의 법리를 오해한 잘못이 있다고 한 사례.

[판결요지] [1] 형사소송법은 제310조의2에서 원칙적으로 전문증거의 증거능력을 인정하지 않는다. 제311조부터 제316조까지에서 정한 요건을 충족하는 경우에만 예외적으로 증거능력을 인정한다. 다른 사람의 진술을 내용으로 하는 진술이 전문증거인지는 요증사실이 무엇인지에 따라 정해진다. 다른 사람의 진술, 즉 원진술의 내용인 사실이 요증사실인 경우에는 전문증거이지만, 원진술의 존재 자체가 요증사실인 경우에는 본래증거이지 전문증거가 아니다.

어떤 진술이 기재된 서류가 그 내용의 진실성이 범죄사실에 대한 직접증거로 사용될 때는 전문증거가 된다. 그러나 그와 같은 진술을 하였다는 것 자체 또는 진술의 진실성과 관계없는 간접사실에 대한 정황증거로 사용될 때는 반드시 전문증거가 되는 것이 아니다. 그러나 어떠한 내용의 진술을 하였다는 사실 자체에 대한 정황증거로 사용될 것이라는 이유로 서류의 증거능력을 인정한 다음 그 사실을 다시 진술 내용이나 그 진실성을 증명하는 간접사실로 사용하는 경우에 그 서류는 전문증거에 해당한다. 서류가 그곳에 기재된 원진술의 내용인 사실을 증명하는 데 사용되어 원진술의 내용인 사실이 요증사실이 되기 때문이다. 이러한 경우 형사소송법 제311조부터 제316조까지 정한 요건을 충족하지 못한다면 증거능력이 없다.

[2] 형사소송법 제364조의2는 "피고인을 위하여 원심판결을 파기하는 경우에 파기의 이유가 항소한 공동피고인에게 공통되는 때에는 그 공동피고인에게 대하여도 원심판결을 파기하여야 한다."라고 정하고 있다. 이는 공동피고인 상호 간의 재판의 공평을 도모하려는 취지이다. 위와 같은 형사소송법 제364조의2의 규정 내용과 입법 목적을 고려하면, 위 규정은 공동피고인 사이에서 파기의 이유가 공통되는 해당 범죄사실이 동일한 소송절차에서 병합심리된 경우에만 적용된다고 보는 것이 타당하다.

☞ **본래증거**: 사안에서 乙이 녹음한 녹음파일 중 **甲의 협박 발언 부분은 그 자체가 요증사실**이다. 따라서 **본래증거**에 해당한다. **원진술 존재 자체**가 요증사실인 경우 **본래증거**이지 전문증거가 아니다.

☞ [출제] 2019년 제8회 변호사시험 기출문제 33

☞ [출제] 2020년 제9회 변호사시험 기출문제 36

☞ [적중] 하태영, 형사법 종합연습, 변시기출문제분석편, 제3판, 2021, 383-384면. 388면.
　ㄹ. (○) 대법원 2019. 8. 29. 선고 2018도14303 전원합의체 판결

☞ **전문증거**: 사안에서 "내 계좌에 모르는 사람으로부터 1,000만 원이 입금되어 있기에 사용했는데, 이를 안 甲이 나에게 돌려주지 않으면 죽어버린다고 협박했다."라는 내용의 문자메시지를 촬영한 사진은 **그 내용의 진실성이 요증사실**이므로 **전문증거**에 해당한다.

---

02 ★★★★★

다음 사실관계에 관한 설명 중 옳지 않은 것을 모두 고른 것은? (다툼이 있는 경우 판례에 의함)

> ○ 甲과 乙은 소위 날치기 범행을 공모한 후 함께 차를 타고 범행 대상을 물색하던 중, 은행에서 나와 거리를 걷고 있는 A를 발견하였다. 甲은 하차 후 A의 뒤에서 접근하여 A 소유의 자기앞수표(액면금 1억 원) 총 5매가 들어있는 손가방의 끈을 갑자기 잡아당겼는데, A는 빼앗기지 않으려고 버티다가 바닥에 넘어진 상태로 약 5미터 가량을 끌려가다^{폭행+} 힘이 빠져 손가방을 놓쳤다. 甲은 이를 틈타 A의 손가방을 들고, 현장에서 대기하고 있던 乙이 운전하는 차를 타고 도망갔다.^{甲과 乙: 특수강도죄 성립+}

○ 그 뒤 甲은 본인 명의의 계좌를 새로 개설하여 위 자기앞수표 총 5매를 모두 입금하였다가, 며칠 뒤 다시 5억 원 전액을 현금으로 인출한 후, 甲과 따로 살고 있는 사촌 형 丙에게 위 사실관계를 모두 말해 주면서 위 현금 5억 원을 당분간 보관해 달라고 부탁하였다. 이에 동의한 丙은 그 돈을 건네받아 보관하던 중, A의 신고로 수사가 개시되었고 甲, 乙, 丙이 함께 기소되어 공동피고인으로 재판이 계속 중이다.

甲: 특수강도죄 불가벌적 사후행위+

丙: 장물보관죄 성립+. 丙은 본범 甲과 별거하는 사촌 형이므로 형을 감면할 수 없다.

ㄱ. 甲에게 특수강도죄가 성립한다.

ㄴ. 甲에게 「특정경제범죄 가중처벌 등에 관한 법률」 제3조를 적용하여 가중처벌할 수 ~~있다.~~ *없다.*

ㄷ. 丙에게 장물보관죄가 ~~성립하지 않는다.~~ *성립한다.*

ㄹ. 만약 丙에게 장물보관죄가 성립한다면, 丙에 대한 장물보관죄에 대하여는 甲과 丙 사이의 친족관계를 이유로 그 형을 ~~감경 또는 면제하여야 한다.~~ *丙은 본범 甲과 별거하는 사촌 형이므로 형을 감면할 수 없다.*

ㅁ. 甲의 손가방 탈취 범행의 유죄 입증과 관련하여, 자백 취지의 乙에 대한 사법경찰관 작성 피의자신문조서에 대하여 甲이 법정에서 내용부인하더라도, 「형사소송법」 제314조에 의해서 증거능력을 ~~인정할 수 있다.~~ *인정할 수 없다. 다른 증거로 유죄 입증을 해야한다.*

ㅂ. 甲의 손가방 탈취 범행의 유죄 입증과 관련하여, 甲과 丙은 서로의 범죄사실에 관하여는 증인의 지위에 있으므로 증인선서 없이 한 丙의 법정진술은 甲의 증거동의가 없는 한 증거능력이 없다. *공동피고인이 증인지위를 얻으려면 반드시 증인선서후 법정진술을 해야 한다.*

① ㄱ, ㄴ, ㄹ
② ㄴ, ㄷ, ㅁ
③ ㄷ, ㄹ, ㅁ
④ ㄴ, ㄷ, ㄹ, ㅁ
⑤ ㄷ, ㄹ, ㅁ, ㅂ

해설 및 정답 2023년 제12회 변호사시험 기출문제 19 　　　　　**정답** ④

파워특강 특수강도죄(＝합동 날치기 강도. 폭력＋또는 협박＋). 특경법 제3조(＝사기·컴퓨터등사용사기·상습사기, 공갈·특수공갈·상습공갈, 횡령·배임 또는 업무상횡령·배임의 죄를 범하고 그 이득액이 5억 원 이상일 때에 가중처벌. 절도와 강도는 해당 조문 없음). **장물(＝재산범죄로 취득한 재물. 현금과 자기앞수표는 금전적 가치 변동 없음. 장물 성질 유지. 장물보관죄 성립함).** 장물의 죄를 범한 자와 본범간에 **제328조 제1항의 신분관계**가 있는 때는 그 형

> 을 감경 또는 면제한다(형법 제365조 제2항). 사안에서 丙은 본범 甲과 별거하
> 는 사촌 형이므로 형을 감면할 수 없다. **사법경찰관 작성 공범에 대한 피의자
> 신문조서와 형사소송법 제314조 적용 여부(=판례 적용부정설). 공범 아닌 공
> 동피고인의 증인적격(=긍정설과 부정설로 대립. 판례 절충설, 선서 없는 법정
> 진술 또는 동의 없는 경우 증거능력 없음).**

ㄱ. (○) 대법원 2007. 12. 13. 선고 2007도7601 판결 [강도치상(인정된 죄명: 절도·상해)]

[**판시사항**] [1] '날치기'의 수법의 점유탈취 과정에서 벌어진 강제력의 행사가 피해자의
반항을 억압하거나 항거 불능케 할 정도인 경우, 강도죄의 폭행에 해당하는지 여부(적극)
[2] 날치기 수법으로 피해자가 들고 있던 가방을 탈취하면서 강제력을 행사하여 상해를
입힌 사안에서 강도치상죄의 성립을 인정한 사례.

[**판결요지**] [1] 소위 '날치기'와 같이 강제력을 사용하여 재물을 절취하는 행위가 때로는
피해자를 넘어뜨리거나 상해를 입게 하는 경우가 있고, 그러한 결과가 피해자의 반항 억
압을 목적으로 함이 없이 **점유탈취의 과정에서 우연히 가해진 경우**라면 이는 강도가 아
니라 절도에 불과하지만, 그 강제력의 행사가 사회통념상 객관적으로 상대방의 반항을
억압하거나 항거 불능케 할 정도의 것이라면 이는 강도죄의 폭행에 해당한다. 그러므로
날치기 수법의 점유탈취 과정에서 이를 알아채고 재물을 뺏기지 않으려는 상대방의 반항
에 부딪혔음에도 계속하여 피해자를 끌고 가면서 억지로 재물을 빼앗은 행위는 피해자의
반항을 억압한 후 재물을 강취한 것으로서 강도에 해당한다.
[2] 날치기 수법으로 피해자가 들고 있던 가방을 탈취하면서 가방을 놓지 않고 버티는
피해자를 5m 가량 끌고 감으로써 **피해자의 무릎 등에 상해를 입힌 경우, 반항을 억압하
기 위한 목적으로 가해진 강제력으로서 그 반항을 억압할 정도에 해당한다고 보아 강도
치상죄의 성립을 인정한 사례.**

☞ 甲과 乙은 공모·합동하여 강도죄를 범하였다. 형법 제334조 제2항 특수강도죄(합동강도죄)에
해당한다.

ㄴ. (×) 특경법 제3조는 형법상 사기·컴퓨터등사용사기·상습사기, 공갈·특수공갈·상습공갈,
횡령·배임 또는 업무상횡령·배임의 죄를 범하고 그 이득액이 5억 원 이상일 때에 가
중처벌하는 규정이다. 따라서 특수강도죄를 범하고 그 이득액이 5억 원 이상일지라도
특경법 제3조는 적용되지 않는다.

ㄷ. (×) 대법원 2004. 4. 16. 선고 2004도353 판결 [장물취득]

[**판시사항**] [1] 장물죄에 있어서 '장물'의 의미 및 재산범죄의 불가벌적 사후행위로 인하
여 취득한 물건이 장물이 될 수 있는지 여부(적극) [2] 컴퓨터등사용사기죄의 범행으로
예금채권을 취득한 다음 자기의 현금카드를 사용하여 현금자동지급기에서 현금을 인출한
경우, 그 인출된 현금은 장물이 될 수 없다고 한 사례. [3] **장물인 현금과 자기앞수표를
금융기관에 예치하였다가 현금으로 인출한 경우, 인출한 현금의 장물성 여부(적극)** [4]
갑이 권한 없이 인터넷뱅킹으로 타인의 예금계좌에서 자신의 예금계좌로 돈을 이체한 후
그중 일부를 인출하여 그 정을 아는 을에게 교부한 경우, 을의 장물취득죄의 성립을 부정
한 사례.

[**판결요지**] [1] **형법 제41장의 장물에 관한 죄에 있어서의 '장물'이라 함은 재산범죄로**

인하여 취득한 물건 그 자체를 말한다. 그러므로 재산범죄를 저지른 이후에 별도의 재산범죄의 구성요건에 해당하는 사후행위가 있었다면, 비록 그 행위가 불가벌적 사후행위로서 처벌의 대상이 되지 않는다 할지라도, 그 **사후행위로 인하여 취득한 물건은 재산범죄로 인하여 취득한 물건으로서 장물이 될 수 있다.**

[2] **컴퓨터등사용사기죄의 범행으로 예금채권을 취득한 다음 자기의 현금카드를 사용하여 현금자동지급기에서 현금을 인출한 경우**, 현금카드 사용권한 있는 자의 정당한 사용에 의한 것으로서 현금자동지급기 관리자의 의사에 반하거나 기망행위 및 그에 따른 처분행위도 없었으므로, 별도로 절도죄나 사기죄의 구성요건에 해당하지 않는다 할 것이고, 그 결과 그 인출된 현금은 **재산범죄에 의하여 취득한 재물이 아니므로 장물이 될 수 없다**고 한 사례.

[3] 장물인 현금 또는 수표를 금융기관에 예금의 형태로 보관하였다가 이를 반환받기 위하여 동일한 액수의 현금 또는 수표를 인출한 경우에 예금계약의 성질상 그 인출된 현금 또는 수표는 당초의 현금 또는 수표와 물리적인 동일성은 상실되었지만, 액수에 의하여 표시되는 금전적 가치에는 아무런 변동이 없다. 그러므로 장물로서의 성질은 그대로 유지된다.

[4] 갑이 권한 없이 인터넷뱅킹으로 타인의 예금계좌에서 자신의 예금계좌로 돈을 이체한 후 그중 일부를 인출하여 그 정을 아는 을에게 교부한 경우, 갑이 컴퓨터등사용사기죄에 의하여 취득한 예금채권은 재물이 아니라 **재산상 이익이다.** 그러므로 그가 자신의 예금계좌에서 돈을 인출하였더라도 장물을 금융기관에 예치하였다가 인출한 것으로 볼 수 없다는 이유로 을의 **장물취득죄의 성립을 부정**한 사례.

☞ 丙에게 장물보관죄가 성립한다.

☞ [출제] 2022년 제11회 변호사시험 기출문제 40 ②

☞ [출제] 2020년 제9회 변호사시험 기출문제 5 ④

ㄹ. (×) 장물의 죄를 범한 자와 본범간에 **제328조 제1항의 신분관계**가 있는 때에는 그 형을 감경 또는 면제한다(형법 제365조 제2항). 사안에서 丙은 본범 甲과 별거하는 사촌 형이므로 형을 감면할 수 없다.

ㅁ. (○) 대법원 2009. 11. 26. 선고 2009도6602 판결 [마약류관리에 관한 법률 위반(향정)·특정범죄가중처벌등에 관한 법률 위반(향정)·사기]

[판시사항] 피고인과 공범관계에 있는 다른 피의자에 대한 검사 이외의 수사기관 작성의 피의자신문조서의 증거능력과 형사소송법 제314조의 적용 여부(소극)

[판결요지] 형사소송법 제312조 제3항은 검사 이외의 수사기관이 작성한 당해 피고인에 대한 피의자신문조서를 유죄의 증거로 하는 경우뿐만 아니라 검사 이외의 수사기관이 작성한 당해 피고인과 공범관계에 있는 다른 피고인이나 피의자에 대한 피의자신문조서 또는 공동피의자에 대한 피의자신문조서를 당해 피고인에 대한 유죄의 증거로 채택할 경우에도 적용된다. 당해 피고인과 공범관계가 있는 다른 피의자에 대한 검사 이외의 수사기관 작성의 피의자신문조서는 그 피의자의 법정진술에 의하여 그 성립의 진정이 인정되더라도 당해 피고인이 공판기일에서 그 조서의 내용을 부인하면 증거능력이 부정된다. 그러므로 그 당연한 결과로 그 피의자신문조서에 대하여는 사망 등 사유로 인하여 법정에서 진술할 수 없는 때에 예외적으로 증거능력을 인정하는 규정인 형사소송법 제314조가 적용되지 않는다(대법원 2002. 6. 14. 선고 2002도2157 판결, 대법원 2004. 7. 15. 선고

2003도7185 전원합의체 판결 등 참조).

대법원 2004. 7. 15. 선고 2003도7185 전원합의체 판결 [여신전문금융업법위반]

[판시사항] 피고인과 공범관계에 있는 다른 피의자에 대한 사법경찰관리 작성의 피의자신문조서의 증거능력과 형사소송법 제314조의 적용 여부(소극)

[판결요지] 피고인과 공범관계가 있는 다른 피의자에 대한 검사 이외의 수사기관 작성의 피의자신문조서는 그 피의자의 법정진술에 의하여 그 성립의 진정이 인정되더라도 당해 피고인이 공판기일에서 그 조서의 내용을 부인하면 증거능력이 부정된다. 그러므로 그 당연한 결과로 그 피의자신문조서에 대하여는 사망 등 사유로 인하여 법정에서 진술할 수 없는 때에 예외적으로 증거능력을 인정하는 규정인 형사소송법 제314조가 적용되지 아니한다.

☞ [출제] 2020년 제9회 변호사시험 기출문제 35 ㅁ.

☞ [적중] 하태영, 형사법 종합연습, 변시기출문제분석편, 제3판, 법문사, 2021, 412면.

☞ **이 사안은 자주 출제되고 있다. 쟁점은 사법경찰관 작성 공범에 대한 피의자신문조서와 형사소송법 제314조 적용 여부이다. 긍정설과 부정설이 대립한다. 판례는 적용부정설의 입장이다. "피고인이 공판기일에서 그 조서의 내용을 부인하면 증거능력이 부정된다. 그러므로 그 당연한 결과로 그 피의자신문조서에 대하여는 사망 등 사유로 인하여 법정에서 진술할 수 없는 때에 예외적으로 증거능력을 인정하는 규정인 형사소송법 제314조가 적용되지 아니한다."**

ㅂ. (○) 대법원 1979. 3. 27. 선고 78도1031 판결 [반공법위반]

[판시사항] 각각 다른 범죄사실로서 기소된 공동피고인의 공판정에서의 선서 없이 한 진술은 다른 피고인의 범죄사실에 대한 증거능력이 없다.

[판결요지] 피고인과는 별개의 범죄사실로 기소되고 다만 병합심리된 것뿐인 공동피고인은 피고인에 대한 관계에서는 증인의 지위에 있음에 불과하다. 그러므로 선서 없이 한 그 공동피고인의 피고인으로서 한 공판정에서의 진술을 피고인에 대한 공소범죄 사실을 인정하는 증거로 쓸 수 없다.

☞ [적중] 하태영, 형사법 종합연습, 실전예상문제분석편, 제4판, 법문사, 2021, 412-413면.

03 ★★★★★

X회사 대표이사 A는 X회사의 자금 3억 원을 횡령한 혐의로 구속·기소되었다. A의 변호인 甲은 구치소에서 의뢰인 A를 접견하면서 선처를 받기 위해서는 횡령금을 모두 X회사에 반환한 것으로 해야 하는데, 반환할 돈이 없으니 A의 지인 乙의 도움을 받아서 X회사 명의의 은행계좌로 돈을 입금한 후 이를 돌려받는 이른바 '돌려막기 방법'을 사용하자고 했다. 며칠 후 甲은 乙을 만나 이러한 방법을 설명하고 乙을 안심시키기 위해 민·형사상 아무런 문제가 되지 않는다는 내용의 법률의견서를 작성해 주었다. 형사소송법 제313조 적용+. '피고인 아닌 자가 작성한 진술서나 그 진술을 기재한 서류'에 해당+. 이러한 甲과 乙의 모의에 따라 乙은 5차례에 걸쳐 X회사에 돈을 입금한 후 은행으로부터 받은 입금확인증 5장(반환금 합계 3억 원)을 甲에게 전달했다. 형법 제155조 제1항 증거위조죄-. 위조증거사용죄-. 돈을 입금한 후 은행에서 정상절차로 입금확인증 5장을 받음(=위조된 증거가 아님). 甲은 A의 제1심 재판부에 이를

제출하면서 횡령금 전액을 X회사에 반환하였으니 선처를 해달라는 취지의 변론요지서를 제출하였고, 보석허가신청도 하였다. 이에 대해 제1심 재판부는 A에 대해 보석허가 결정을 하였다. 이에 관한 설명 중 옳지 않은 것은? (다툼이 있는 경우 판례에 의함)

> **[파워특강]** 증거위조죄에서 **'증거'**(＝국가의 형벌권 또는 징계권 유무를 확인하는 일체의 자료. 범죄 또는 징계사유의 성립 여부와 **형 또는 징계의 경중에 관계있는 정상을 인정하는 자료**까지도 증거에 포함됨). 증거위조죄에서 **'증거의 위조'**(＝'증거방법의 위조'를 의미함. 증거방법 자체를 기준으로 판단함. 그것을 통해 증명하려는 사실이 허위인지 진실인지 여부에 따라 위조 여부가 결정되어서는 안 됨). **변호인이 피고인에게 작성해 준 법률의견서 성격**(＝형사소송법 제313조 제1항 '피고인 아닌 자가 작성한 진술서 또는 그 진술을 기재한 서류'에 해당함. 공판정에서 작성자인 변호인 진술로 성립 진정이 증명되어야 증거능력 인정). **법원의 보석취소 결정(＝항고 허용)과 항고제기시(＝집행정지효력 없음).**

① 증거위조죄에서 말하는 '증거'에는 범죄 또는 징계사유의 성립 여부에 관한 것뿐만 아니라 형 또는 징계의 경중에 관계있는 정상을 인정하는 데 도움이 될 자료까지 포함되므로, 위 사례의 입금확인증은 증거위조죄의 객체인 '증거'에 해당한다.

▌ 해설 및 정답 ▌ 2023년 제12회 변호사시험 기출문제 21 　　　　　　　　**▌ 정답 ▌** ○

대법원 2021. 1. 28. 선고 2020도2642 판결 [증거위조・위조증거사용]

[판시사항] [1] 증거위조죄에서 말하는 '증거'의 의미 / 형 또는 징계의 경중에 관계있는 정상을 인정하는 데 도움이 될 자료가 증거위조죄의 증거에 포함되는지 여부(적극) [2] 증거위조죄에서 말하는 '위조'의 의미 / 사실의 증명을 위해 작성된 문서가 그 사실에 관한 내용이나 작성명의 등에 아무런 허위가 없는 경우, '증거위조'에 해당하는지 여부(소극) 및 사실증명에 관한 문서가 형사사건 또는 징계사건에서 허위의 주장에 관한 증거로 제출되어 그 주장을 뒷받침하게 되더라도 마찬가지인지 여부(적극)

[판결요지] [1] 형법 제155조 제1항의 증거위조죄에서 말하는 '증거'란 타인의 형사사건 또는 징계사건에 관하여 수사기관이나 법원 또는 징계기관이 국가의 형벌권 또는 징계권의 유무를 확인하는 데 관계있다고 인정되는 일체의 자료를 뜻한다. 따라서 범죄 또는 징계사유의 성립 여부에 관한 것뿐만 아니라 형 또는 징계의 경중에 관계있는 정상을 인정하는 데 도움이 될 자료까지도 본조가 규정한 증거에 포함된다.

[2] 형법 제155조 제1항은 타인의 형사사건 또는 징계사건에 관한 증거를 인멸, 은닉, 위조 또는 변조하거나 위조 또는 변조한 증거를 사용한 자를 처벌하고 있다. **여기서의 '위조'란 문서에 관한 죄의 위조 개념과는 달리 새로운 증거의 창조를 의미한다.** 그러나 사실의 증명을 위해 작성된 문서가 그 사실에 관한 내용이나 작성명의 등에 아무런 허위가 없다면 '증거위조'에 해당한다고 볼 수 없다. 설령 사실증명에 관한 문서가 형사사건 또

는 징계사건에서 허위의 주장에 관한 증거로 제출되어 그 주장을 뒷받침하게 되더라도 마찬가지이다.

② 증거위조죄 성립 여부와 관련하여 증거위조죄가 규정한 '증거의 위조'란 '증거방법의 위조'를 의미하는 ~~것이 아니므로,~~ 것이다. 그러므로 위조에 해당하는지 여부는 증거방법 자체를 기준으로 ~~하여야 하는 것이 아니라~~ 한다. 그것을 통해 증명하려는 사실이 허위인지 진실인지 여부에 따라 ~~결정되어야 한다.~~ 결정되어서는 안 된다. 돈을 입금한 후 은행에서 입금확인증 5장을 받음(=위조된 증거가 아님).

해설 및 정답 2023년 제12회 변호사시험 기출문제 21 　　　　　**정답** ✕

대법원 2021. 1. 28. 선고 2020도2642 판결 [증거위조 · 위조증거사용]

[판결요지] 증거위죄에서 말하는 '증거의 위조'란 '증거방법의 위조'를 의미한다. 그러므로 위조에 해당하는지 여부는 증거방법 자체를 기준으로 한다. 그것을 통해 증명하려는 사실이 허위인지 진실인지 여부에 따라 위조 여부가 결정되어서는 안 된다.

③ 甲과 乙에게 증거위조죄 및 위조증거사용죄가 성립하지 않는다.

해설 및 정답 2023년 제12회 변호사시험 기출문제 21 　　　　　**정답** ◯

대법원 2021. 1. 28. 선고 2020도2642 판결 [증거위조 · 위조증거사용]

[판결요지] 비록 피고인이 공소외 4명의 □□은행 계좌에서 공소외 2 회사 명의 △△은행 계좌에 금원을 송금하고 다시 되돌려받는 행위를 반복한 후 그중 송금자료만을 발급받아 이를 3억 5,000만 원을 변제하였다는 허위 주장과 함께 법원에 제출한 행위는 형법상 증거위조죄의 보호법익인 사법기능을 저해할 위험성이 있다. 그러나 앞서 본 법리에 비추어 보면, 피고인이 제출한 입금확인증 등은 금융기관이 금융거래에 관한 사실을 증명하기 위해 작성한 문서로서 그 내용이나 작성명의 등에 아무런 허위가 없는 이상 이를 증거의 '위조'에 해당한다고 볼 수 없고, 나아가 '위조한 증거를 사용'한 행위에 해당한다고 볼 수도 없다.

④ 甲이 乙에게 작성해 준 법률의견서는 「형사소송법」 제313조 제1항에 규정된 '피고인 아닌 자가 작성한 진술서나 그 진술을 기재한 서류'에 해당한다.

해설 및 정답 2023년 제12회 변호사시험 기출문제 21 　　　　　**정답** ◯

대법원 2012. 5. 17. 선고 2009도6788 전원합의체 판결 [건설산업기본법위반 · 뇌물공여 · 특정범죄가중처벌등에관한법률위반(뇌물)(일부인정된죄명:뇌물수수)] 〈변호사 E-Mail '법률의견서' 또는 증언거부권 행사가 제314조의 '그 밖의 이에 준하는 사유'에 해당하는지가 문제된 사건〉★★★★★

[판시사항] [1] 증인이 형사소송법에서 정한 바에 따라 정당하게 증언거부권을 행사하여 증언을 거부한 경우가 형사소송법 제314조의 '그 밖에 이에 준하는 사유로 인하여 진술할 수 없는 때'에 해당하는지 여부(소극) [2] 갑 주식회사 및 그 직원인 피고인들이 정비사업전문관리업자의 임원에게 갑 회사가 주택재개발사업 시공사로 선정되게 해 달라는 청탁을 하면서 금원을 제공하였다고 하여 구 건설산업기본법 위반으로 기소되었는데, **변호사가 작성하여 갑 회사 측에 전송한 전자문서를 출력한 '법률의견서'에 대하여 피고인들이 증거로 함에 동의하지 아니하고, 변호사가 그에 관한 증언을 거부한 사안에서, 위 의견서의 증거능력을 부정하고 무죄를 인정한 원심의 결론을 정당하다고 한 사례.**

[결정요지] [1] [다수의견] 형사소송법 제314조는 "제312조 또는 제313조의 경우에 공판준비 또는 공판기일에 진술을 요하는 자가 사망·질병·외국거주·소재불명, 그 밖에 이에 준하는 사유로 인하여 진술할 수 없는 때에는 그 조서 및 그 밖의 서류를 증거로 할 수 있다. 다만, 그 진술 또는 작성이 특히 신빙할 수 있는 상태하에서 행하여졌음이 증명된 때에 한한다."라고 정함으로써, 원진술자 등의 진술에 의하여 진정성립이 증명되지 아니하는 전문증거에 대하여 예외적으로 증거능력이 인정될 수 있는 사유로 '사망·질병·외국거주·소재불명, 그 밖에 이에 준하는 사유로 인하여 진술할 수 없는 때'를 들고 있다. 위 증거능력에 대한 예외사유로 1995. 12. 29. 법률 제5054호로 개정되기 전의 구 형사소송법 제314조가 '사망, 질병 기타 사유로 인하여 진술할 수 없는 때', 2007. 6. 1. 법률 제8496호로 개정되기 전의 구 형사소송법 제314조가 '사망, 질병, 외국거주 기타 사유로 인하여 진술할 수 없는 때'라고 각 규정한 것에 비하여 **현행 형사소송법은 그 예외사유의 범위를 더욱 엄격하게 제한하고 있다. 그런데 이는 직접심리주의와 공판중심주의의 요소를 강화하려는 취지가 반영된 것이다.** 한편 형사소송법은 누구든지 자기 또는 친족 등이 형사소추 또는 공소제기를 당하거나 유죄판결을 받을 사실이 발로될 염려가 있는 증언을 거부할 수 있도록 하고(제148조), 또한 변호사, 변리사, 공증인, 공인회계사, 세무사, 대서업자, 의사, 한의사, 치과의사, 약사, 약종상, 조산사, 간호사, 종교의 직에 있는 자 또는 이러한 직에 있던 사람은 그 업무상 위탁을 받은 관계로 알게 된 사실로서 타인의 비밀에 관한 것은 증언을 거부할 수 있도록 규정하여(제149조 본문), **증인에게 일정한 사유가 있는 경우 증언을 거부할 수 있는 권리를 보장하고 있다.** 위와 같은 현행 형사소송법 제314조의 문언과 개정 취지, 증언거부권 관련 규정의 내용 등에 비추어 보면, **법정에 출석한 증인이 형사소송법 제148조, 제149조 등에서 정한 바에 따라 정당하게 증언거부권을 행사하여 증언을 거부한 경우는 형사소송법 제314조의 '그 밖에 이에 준하는 사유로 인하여 진술할 수 없는 때'에 해당하지 아니한다.**

[2] 갑 주식회사 및 그 직원인 피고인들이 정비사업전문관리업자의 임원에게 갑 회사가 주택재개발사업 시공사로 선정되게 해 달라는 청탁을 하면서 금원을 제공하였다고 하여 구 건설산업기본법(2011. 5. 24. 법률 제10719호로 개정되기 전의 것) 위반으로 기소되었는데, **변호사가 법률자문 과정에 작성하여 갑 회사 측에 전송한 전자문서를 출력한 '법률의견서'에 대하여 피고인들이 증거로 함에 동의하지 아니하고, 변호사가 원심 공판기일에 증인으로 출석하였으나 증언할 내용이 갑 회사로부터 업무상 위탁을 받은 관계로 알게 된 타인의 비밀에 관한 것임을 소명한 후 증언을 거부한 사안이다.** 위 법률의견서는 압수된 디지털 저장매체로부터 출력한 문건으로서 실질에 있어서 형사소송법 제313조 제1항에 규정된 '피고인 아닌 자가 작성한 진술서나 그 진술을 기재한

서류'에 해당한다. 그런데 공판준비 또는 공판기일에서 작성자 또는 진술자인 변호사의 진술에 의하여 성립의 진정함이 증명되지 아니하였다. 그러므로 위 규정에 의하여 증거능력을 인정할 수 없다. 나아가 원심 공판기일에 출석한 변호사가 그 진정성립 등에 관하여 진술하지 아니한 것은 **형사소송법 제149조**에서 정한 바에 따라 정당하게 증언거부권을 행사한 경우에 해당하므로 형사소송법 제314조에 의하여 증거능력을 인정할 수도 없다는 이유로, 원심이 이른바 변호인·의뢰인 특권에 근거하여 위 의견서의 증거능력을 부정한 것은 적절하다고 할 수 없으나, 위 의견서의 증거능력을 부정하고 **나머지 증거들만으로 유죄를 인정하기 어렵다고 본 결론은 정당하다**고 한 사례.

☞ 사안에서 변호인 甲이 피고인 乙에게 작성해 준 법률의견서는 형사소송법 제313조 제1항에 근거하여 공판정에서 작성자인 변호인의 진술에 의하여 성립의 진정함이 증명되어야 그 증거능력을 인정할 수 있다.

☞ [출제] 2022년 제11회 변호사시험 기출문제 36 ④

⑤ 만일 제1심 재판부가 위와 같은 '돌려막기 방법' 등의 사정이 밝혀져 A에게 보석취소결정을 내리자 甲이 보통항고를 제기한 경우에 이러한 보통항고에는 재판의 집행을 정지하는 효력이 없다.

해설 및 정답 2023년 제12회 변호사시험 기출문제 21　　　　　**정답** ○

법원은 직권 또는 검사의 청구에 의하여 보석을 취소할 수 있다(형사소송법 제102조 제2항). 보석취소결정에 대해 (보통)항고를 할 수 있다(형사소송법 제403조 제2항 참조). 그러나 항고는 즉시항고 외에는 재판의 집행을 정지하는 효력이 없다(형사소송법 제409조 본문). 다만 원심법원 또는 항고법원은 결정으로 항고에 대한 결정이 있을 때까지 집행을 정지할 수 있다(동조 단서).

---

04 ★★★★★

유흥주점의 지배인 甲은 피해자 A로부터 신용카드를 강취하고 신용카드 비밀번호를 알아냈다.[甲: 형법 제331조 강도죄 성립+] 甲은 위 주점 직원 乙, 丙과 모의하면서, 자신은 주점에서 A를 붙잡아 두면서 감시하고, 乙과 丙은 위 신용카드를 이용하여 인근 편의점에 있는 현금자동지급기에서 300만 원의 예금을 인출하기로 하였다. 그에 따라 甲이 A를 감시하는 동안 乙과 丙은 위 편의점에 있는 현금자동지급기에 신용카드를 넣고 비밀번호를 입력하여 300만 원의 예금을 인출하였고, 이를 甲, 乙, 丙 각자 100만 원씩 분배하였다.[乙과 丙: 형법 제331조 제2항 특수절도죄 성립+, 甲: 형법 제331조 제2항, 제30조 특수절도죄 공동정범 성립+] 결국 甲, 乙, 丙은 특수(합동)절도죄로 공소제기되었는데, 甲은 법정에서 범행을 부인하였으나, 甲의 공동피고인 乙과 丙은 법정에서 범행을 자백하였다. 이에 관한 설명 중 옳은 것을 모두 고른 것은? (다툼이 있는 경우 판례에 의함)

ㄱ. 甲이 합동절도의 범행 공모에는 참여하였으나 현장에서 절도의 실행행위를 직접 분담하지 않았더라도, 그가 현장에서 절도 범행을 실행한 乙과 丙의 행위를 자기 의사의 수단으로 하여 합동절도의 범행을 하였다고 평가할 수 있는 정범성의 표지를 갖추고 있다면, 甲에 대하여도 합동절도의 공동정범이 성립될 수 있다.

ㄴ. 만약 위 주점 지배인 甲이 종업원 乙, 丙과 함께 단골손님 A로부터 신용카드를 갈취해 현금을 인출하기로 모의하였고, 甲의 지시를 받은 乙과 丙은 늦은 저녁 한적한 골목길에서 A로부터 신용카드를 갈취하고 비밀번호를 알아내 甲이 일러준 편의점 현금자동지급기에서 300만 원의 예금을 인출하였으며, 이를 甲, 乙, 丙 각자 100만 원씩 분배하였다면, 범죄 장소에 가지 않은 甲에게 폭력행위등처벌등에관한 법률위반(공동공갈)의 공동정범은 ~~인정될 여지가 없다.~~ ^{인정된다.}

ㄷ. 공범인 공동피고인 乙, 丙의 법정에서의 자백은 소송절차를 분리하여 증인신문하는 절차를 거치지 않았더라도 甲에 대하여 증거능력이 인정된다. ^{공범인 공동피고인 乙, 丙의 법정 자백은 그 자체가 증거능력이 있다.}

ㄹ. 만약 위 사례에서 甲이 범행을 자백하였고, 甲이 범행을 자인하는 것을 들었다는 피고인 아닌 제3자의 진술이 있다면, 이는 「형사소송법」 제310조의 피고인 자백에는 포함되지 아니하므로 甲의 자백에 대한 보강증거가 될 수 ~~있다.~~ ^{없다.}

① ㄱ, ㄷ 　　　　　　② ㄱ, ㄹ

③ ㄴ, ㄹ 　　　　　　④ ㄱ, ㄷ, ㄹ

⑤ ㄴ, ㄷ, ㄹ

해설 및 정답 2023년 제12회 변호사시험 기출문제 26 　　　　　**정답** ①

파워특강 특수절도 공동정범·특수강도 공동정범·특수공갈 공동정범(＝현장에서 절도·강도·공갈 범행을 실행한 위 2인 이상 범인의 행위를 자기 의사수단으로서 합동절도·합동강도·합동공갈 범행의 정범성 표지를 갖추었다면, 비록 현장에 가지 않았던 그 다른 범인도 합동절도·합동강도·합동공갈의 공동정범이 성립한다).

폭처법위반의 공동공갈죄에서 '**2명 이상이 공동하여 죄를 범한 때**'(＝① 공모관계 존재. ② 수인이 동일 장소에서 동일 기회에 상호 다른 자의 범행을 인식하고 이를 이용하여 범행을 한 경우. ③ 여러 사람이 폭력행위 등 처벌에 관한 법률 제2조 제1항에 **열거된 죄를 범하기로 공모한 다음 그중 2명 이상이 범행 장소에서 범죄를 실행한 경우, 범행장소에 가지 아니한 자도** 같은 법 제2조 제2항에 규정된 죄의 공모공동정범으로 처벌할 수 있다).

공범인 공동피고인의 법정진술(자백)(＝증거능력 있음, 피고인에게 반대신문권이

> 보장되어 있음. 증인으로 신문한 경우와 동일함. 다른 공동피고인에 대한 범죄사실
> 을 인정하는 증거로 할 수 있음). **피고인이 범행을 자인하는 것을 들었다는 피고**
> **인 아닌 자(제3자)의 진술내용의 보강증거의 자격**(＝형사소송법 제310조 피고인
> 의 자백에는 포함되지 않음. 피고인 자백의 보강증거로 될 수 없음).

ㄱ. (○) 대법원 2011. 5. 13. 선고 2011도2021 판결 [특정범죄가중처벌등에관한법률위반(절
도)[인정된 죄명: 특정범죄가중처벌등에관한법률위반(절도)방조]]

[판시사항] [1] 3인 이상이 합동절도를 모의한 후 2인 이상이 범행을 실행한 경우, 직접
실행행위에 가담하지 않은 자에 대한 공모공동정범 인정 여부(적극) [2] 공모공동정범의
성립 요건 [3] 피고인이 갑, 을과 공모한 후 갑, 을은 피해자 회사의 사무실 금고에서 현
금을 절취하고, 피고인은 위 **사무실로부터 약 100m 떨어진 곳에서 망을 보는 방법으로**
합동하여 재물을 절취하였다고 하여 주위적으로 기소된 사안에서, 제반 사정에 비추어
갑, 을의 합동절도 범행에 대한 공동정범으로서 죄책을 면할 수 없는데도, 이와 달리 보
아 피고인에게 무죄를 인정한 원심판결에 법리오해의 위법이 있다고 한 사례.

대법원 1998. 5. 21. 선고 98도321 전원합의체 판결 [강도상해·특수절도·사기]★★★★★

[판시사항] 3인 이상이 합동절도를 모의한 후 2인 이상이 범행을 실행한 경우, 직접 실
행행위에 가담하지 않은 자에 대한 공모공동정범의 인정 여부(적극)

[판결요지] 3인 이상의 범인이 합동절도의 범행을 공모한 후 적어도 2인 이상의 범인이
범행 현장에서 시간적, 장소적으로 협동관계를 이루어 절도의 실행행위를 분담하여 절도
범행을 한 경우에는 공동정범의 일반 이론에 비추어 그 공모에는 참여하였으나 **현장에서**
절도의 실행행위를 직접 분담하지 아니한 다른 범인에 대하여도 그가 현장에서 절도 범
행을 실행한 위 2인 이상의 범인의 행위를 자기 의사의 수단으로 하여 합동절도의 범행
을 하였다고 평가할 수 있는 정범성의 표지를 갖추고 있다고 보여지는 한 그 다른 범인
에 대하여 합동절도의 공동정범의 성립을 부정할 이유가 없다고 할 것이다.

형법 제331조 제2항 후단의 규정이 위와 같이 3인 이상이 공모하고 적어도 2인 이상이
합동절도의 범행을 실행한 경우에 대하여 공동정범의 성립을 부정하는 취지라고 해석할
이유가 없을 뿐만 아니라, 만일 공동정범의 성립가능성을 제한한다면 직접 실행행위에 참
여하지 아니하면서 배후에서 합동절도의 범행을 조종하는 수괴는 그 행위의 기여도가 강
력함에도 불구하고 공동정범으로 처벌받지 아니하는 불합리한 현상이 나타날 수 있다.
그러므로 합동절도에서도 공동정범과 교사범·종범의 구별기준은 일반원칙에 따라야 하
고, 그 결과 범행현장에 존재하지 아니한 범인도 공동정범이 될 수 있으며, 반대로 상황
에 따라서는 장소적으로 협동한 범인도 방조만 한 경우에는 종범으로 처벌될 수도 있다.

ㄴ. (×) 대법원 2007. 6. 28. 선고 2007도2590 판결 [폭력행위등처벌에관한법률위반(공동공
갈)·폭력행위등처벌에관한법률위반(공동상해)·폭력행위등처벌에관한법률위반(공동폭
행)·폭력행위등처벌에관한법률위반(공동주거침입)·폭력행위등처벌에관한법률위반(공동
재물손괴등)·업무방해·집회및시위에관한법률위반]

[판시사항] [1] 건조물의 벽면에 낙서를 하거나 게시물을 부착 또는 오물을 투척하는 행
위가 재물손괴죄에 해당하는지 여부의 판단 기준 [2] 해고노동자 등이 복직을 요구하는
집회를 개최하던 중 래커 스프레이를 이용하여 회사 건물 외벽과 1층 벽면 등에 낙서한

행위는 건물의 효용을 해한 것으로 볼 수 있으나, 이와 별도로 계란 30여 개를 건물에 투척한 행위는 건물의 효용을 해하는 정도의 것에 해당하지 않는다고 본 사례.

[판결요지] 폭력행위 등 처벌에 관한 법률 제2조 제2항의 '2인 이상이 공동하여 제1항 각 호에 열거된 죄를 범한 때'라고 함은 그 수인 간에 소위 공범관계가 존재하는 것을 요건으로 하고, 수인이 동일 장소에서 동일 기회에 상호 다른 자의 범행을 인식하고 이를 이용하여 범행을 한 경우임을 요하는 것이다(대법원 2000. 2. 25. 선고 99도4305 판결 등 참조). 또한 여러 사람이 폭력행위 등 처벌에 관한 법률 제2조 제1항에 열거된 죄를 범하기로 공모한 다음 그중 2인 이상이 범행장소에서 범죄를 실행한 경우에는 범행장소에 가지 아니한 자도 같은 법 제2조 제2항에 규정된 죄의 공모공동정범으로 처벌할 수 있다(대법원 1996. 12. 10. 선고 96도2529 판결 등 참조). 한편, 상해죄에서의 상해는 피해자의 신체의 완전성을 훼손하거나 생리적 기능에 장애를 초래하는 것을 의미한다(위 대법원 2000. 2. 25. 선고 99도4305 판결 등 참조).

대법원 2000. 2. 25. 선고 99도4305 판결 [살인미수교사·특정경제범죄가중처벌등에관한법률위반(사기)·폭력행위등처벌에관한법률위반·사기·위증·변호사법위반·폭력행위등처벌에관한법률위반(인정된 죄명: 공갈)]

[판시사항] [1] 폭력행위등처벌에관한법률 제2조 제2항 소정의 '2인 이상이 공동하여'의 의미 [4] 피해자에 대하여 금전채권을 갖고 있는 자가 사회통념상 용인되기 어려운 협박 수단을 이용하여 재물의 교부 또는 재산상의 이익을 받은 경우, 공갈죄의 성립 여부(적극)

[판결요지] [1] 폭력행위등처벌에관한법률 제2조 제2항의 '2인 이상이 공동하여'라고 함은 그 수인간에 소위 공범관계가 존재하는 것을 요건으로 하고, 또 수인이 동일 장소에서 동일 기회에 상호 다른 자의 범행을 인식하고 이를 이용하여 범행을 한 경우임을 요한다.

[4] 피고인이 피해자에 대하여 채권이 있다고 하더라도 그 권리행사를 빙자하여 사회통념상 용인되기 어려운 정도를 넘는 협박을 수단으로 상대방을 외포케 하여 재물의 교부 또는 재산상의 이익을 받았다면 공갈죄가 되는 것이다.

대법원 1996. 12. 10. 선고 96도2529 판결 [폭력행위등처벌에관한법률위반]

[판시사항] 범죄 공모 후 범행장소에 직접 가지 않은 자의 공모공동정범의 성립 가부(적극)

[판결요지] 여러 사람이 폭력행위등처벌에관한법률 제2조 제1항에 열거된 죄를 범하기로 공모한 다음 그중 2인 이상이 범행장소에서 범죄를 실행한 경우에는 범행장소에 가지 아니한 자도 같은 법 제2조 제2항에 규정된 죄의 공모공동정범으로 처벌할 수 있다.

ㄷ. (○) 대법원 2006. 5. 11. 선고 2006도1944 판결 [강도상해·컴퓨터등사용사기]★★★★★

[판시사항] 이해관계가 상반되는 공동피고인 자백의 증거능력

[판결요지] 공동피고인의 자백은 이에 대한 피고인의 반대신문권이 보장되어 있어 증인으로 신문한 경우와 다를 바 없으므로 독립한 증거능력이 있다(대법원 1985. 6. 25. 선고 85도691 판결, 1992. 7. 28 선고 92도917 판결 등 참조). 이는 피고인들간에 이해관계가 상반된다고 하여도 마찬가지라 할 것이다.

☞ [출제] 2022년 제11회 변호사시험 기출문제 14 ㄷ.

ㄹ. (×) 대법원 2008. 2. 14. 선고 2007도10937 판결 [마약류관리에관한법률위반(향정)]

[판시사항] [1] 피고인의 자백을 내용으로 하는, 피고인 아닌 자의 진술이 보강증거가 될

수 있는지 여부(소극) [2] 실체적 경합범과 자백의 보강증거 [3] **필로폰 매수 대금을 송금한 사실에 대한 증거가 필로폰 매수죄와 실체적 경합범 관계에 있는 필로폰 투약행위에 대한 보강증거가 될 수 없다**고 한 사례 [4] 피고인의 모발에서 메스암페타민 성분이 검출되었는지 여부에 관한 국립과학수사연구소장의 감정의뢰회보의 증명력

[판결요지] [1] 피고인이 범행을 자인하는 것을 들었다는 피고인 아닌 자의 진술내용은 형사소송법 제310조의 피고인의 자백에는 포함되지 않는다. 그러나 이는 피고인의 자백의 보강증거로 될 수 없다.

☞ 피고인 자인을 전문을 피고인 자백으로 보강할 수 없다.

[2] 실체적 경합범은 실질적으로 수죄이므로 각 범죄사실에 관하여 자백에 대한 보강증거가 있어야 한다.

[3] 필로폰 매수 대금을 송금한 사실에 대한 증거가 필로폰 매수죄와 실체적 경합범 관계에 있는 필로폰 투약행위에 대한 보강증거가 될 수 없다고 한 사례.

[4] 피고인 모발에서 메스암페타민 성분이 검출되지 않았다는 국립과학수사연구소장의 감정의뢰회보가 있는 경우, 감정의뢰회보는 적어도 피고인은 모발채취일로부터 위 모발이 자라는 통상적 기간 내에는 필로폰을 투약하지 않았다는 유력한 증거에 해당한다.

☞ [출제] 2022년 제11회 변호사시험 기출문제 33 ㄴ.

중요 **05** ★★★★★

甲은 회식 자리에서 직원 A의 옆에 앉아 술을 마시며 대화하던 중 오른손으로 갑자기 A의 엉덩이 부위를 옷 위로 쓰다듬었다.형법 제298조 강제추행죄 성립+ 그 자리에 있던 동료 직원 B는 수사기관에 참고인으로 출석하여 "甲이 A의 엉덩이 부위를 쓰다듬어 A가 매우 놀라며 황급히 일어나 밖으로 나가는 것을 보았다."라고 진술하였다.형사소송법 제312조 제5항·제3항 검토+ 결국 甲은 A를 위와 같이 강제추행하였다는 공소사실로 기소되었는데, A는 제2회 공판기일 법정에서 甲으로부터 위와 같이 강제추행을 당하였다고 증언하였고, 동료 직원 B는 같은 공판기일 법정에 출석하였으나 증언거부사유가 없음에도 증언을 거부하였으며,형사소송법 제314조의 '그 밖에 이에 준하는 사유로 인하여 진술할 수 없는 때'- 다른 동료 직원 C는 같은 공판기일 법정에서 "이 사건 다음 날 A로부터 '甲에게 추행을 당했다'는 말을 들었다."라고 증언하였다.형사소송법 제316조 제2항-. 甲의 증거동의가 없는 이상 증거능력이 없다. 이에 관한 설명 중 옳은 것을 모두 고른 것은? (다툼이 있는 경우 판례에 의함)

ㄱ. 강제추행죄에는 폭행행위 자체가 추행행위라고 인정되는 이른바 기습추행의 경우도 포함되고, 기습추행에 있어서의 폭행행위는 반드시 상대방의 의사를 억압할 정도의 것임을 요하지 않고 상대방의 의사에 반하는 유형력의 행사가 있기만 하면 그 힘의 대소강약을 불문한다.

ㄴ. B가 정당하게 증언거부권을 행사한 것이 아니라고 하더라도 甲이 증언거부 상황

을 초래하였다는 등의 특별한 사정이 없다면 B의 증언거부는 「형사소송법」 제
314조의 '그 밖에 이에 준하는 사유로 인하여 진술할 수 없는 때'에 해당하지 않
는다.

ㄷ. 「형사소송법」 제297조(피고인등의 퇴정)의 규정에 따라 재판장은 증인 A가 피
고인 甲의 면전에서 충분한 진술을 할 수 없다고 인정한 때에는 피고인을 퇴정하
게 하고 증인신문을 진행함으로써 피고인의 직접적인 증인 대면을 제한할 수 있
지만, 이러한 경우 피고인의 반대신문권까지 배제하는 것은 허용될 수 없다.

ㄹ. C가 법정에서 한 증언은 원진술자인 A가 법정에 증인으로 출석하였으므로 「형사
소송법」 제316조 제2항의 요건이 충족되지 않아 피고인 甲의 증거동의가 없는
이상 증거능력이 없다.

① ㄱ   ② ㄱ, ㄴ

③ ㄴ, ㄷ   ④ ㄱ, ㄷ, ㄹ

⑤ ㄱ, ㄴ, ㄷ, ㄹ

∥해설 및 정답∥ 2023년 제12회 변호사시험 기출문제 27   **˚정답˚** ⑤

> **∥파워특강** **강제추행죄**(=폭행행위 자체가 추행행위인 경우 강제추행 해당). **증
> 언거부권 행사와 형사소송법 제314조 적용 여부(원칙적 소극)** (=정당하게 증
> 언거부권을 행사한 것이 아니라도, 피고인이 증인의 증언거부 상황을 초래하였
> 다는 등의 특별한 사정이 없는 한 형사소송법 제314조의 '그 밖에 이에 준하는
> 사유로 인하여 진술할 수 없는 때'에 해당하지 않음. 증인이 정당하게 증언거부
> 권을 행사하여 증언을 거부한 경우와 마찬가지로 **수사기관에서 그 증인의 진술
> 을 기재한 서류**는 증거능력이 없다. 피고인에게 반대신문권 미고지로 이루어진
> 법정진술(=피고인 책문권 포기시 하자 치유). **형사소송법 제316조 제2항의
> 전문진술(=피고인 아닌 타인의 진술을 내용으로 하는 피고인 아닌 자의 법정진
> 술**(=원진술자의 진술불능이라는 필요성과 특신상태가 증명되어야 증거능력을
> 인정할 수 있다).

ㄱ. (○) 대법원 2002. 4. 26. 선고 2001도2417 판결 [강제추행]
[판시사항] [1] 강제추행죄에 있어서 폭행의 형태와 정도 [2] 강제추행죄에 있어서 추행
의 의미 및 판단 기준 [3] **피해자와 춤을 추면서 순간적으로 피해자의 유방을 만진 행위
가 강제추행에 해당된다고 한 사례.**
[판결요지] [1] 강제추행죄는 상대방에 대하여 폭행 또는 협박을 가하여 항거를 곤란하게
한 뒤에 추행행위를 하는 경우뿐만 아니라 폭행행위 자체가 추행행위라고 인정되는 경우
도 포함되는 것이며, 이 경우에 있어서의 폭행은 반드시 상대방의 의사를 억압할 정도의

것임을 요하지 않고 상대방의 의사에 반하는 유형력의 행사가 있는 이상 그 힘의 대소강약을 불문한다.

[2] 추행이라 함은 객관적으로 일반인에게 성적 수치심이나 혐오감을 일으키게 하고 선량한 성적 도덕관념에 반하는 행위로서 피해자의 성적 자유를 침해하는 것이라고 할 것이다. 이에 해당하는지 여부는 피해자의 의사, 성별, 연령, 행위자와 피해자의 이전부터의 관계, 그 행위에 이르게 된 경위, 구체적 행위태양, 주위의 객관적 상황과 그 시대의 성적 도덕관념 등을 종합적으로 고려하여 신중히 결정되어야 한다.

[3] 피해자와 춤을 추면서 피해자의 유방을 만진 행위가 순간적인 행위에 불과하더라도 피해자의 의사에 반하여 행하여진 **유형력의 행사에 해당**하고 피해자의 성적 자유를 침해할 뿐만 아니라 일반인의 입장에서도 **추행행위라고 평가될 수 있는 것**으로서, **폭행행위 자체가 추행행위라고 인정되어 강제추행에 해당된다**고 한 사례.

ㄴ. (○) 대법원 2019. 11. 21. 선고 2018도13945 전원합의체 판결 [마약류관리에 관한 법률 위반(향정)] 〈증인이 정당한 이유 없이 증언을 거부한 경우, 그의 진술이 기재된 검찰 진술조서의 증거능력이 인정되는지 문제된 사건〉 ★★★★★

[판시사항] 수사기관에서 진술한 참고인이 법정에서 증언을 거부하여 피고인이 반대신문을 하지 못하였으나 정당하게 증언거부권을 행사한 것이 아닌 경우, 형사소송법 제314조의 '그 밖에 이에 준하는 사유로 인하여 진술할 수 없는 때'에 해당하는지 여부(원칙적 소극) 및 이때 수사기관에서 그 증인의 진술을 기재한 서류의 증거능력 유무(소극)

[판결요지] [다수의견] 수사기관에서 진술한 참고인이 법정에서 증언을 거부하여 피고인이 반대신문을 하지 못한 경우에는 정당하게 증언거부권을 행사한 것이 아니라도, 피고인이 증인의 증언거부 상황을 초래하였다는 등의 특별한 사정이 없는 한 형사소송법 제314조의 '그 밖에 이에 준하는 사유로 인하여 진술할 수 없는 때'에 해당하지 않는다고 보아야 한다. 따라서 증인이 정당하게 증언거부권을 행사하여 증언을 거부한 경우와 마찬가지로 수사기관에서 그 증인의 진술을 기재한 서류는 증거능력이 없다.

다만 피고인이 증인의 증언거부 상황을 초래하였다는 등의 특별한 사정이 있는 경우에는 **형사소송법 제314조의 적용을 배제할 이유가 없다.** 이러한 경우까지 형사소송법 제314조의 '그 밖에 이에 준하는 사유로 인하여 진술할 수 없는 때'에 해당하지 않는다고 보면, 사건의 실체에 대한 심증 형성은 법관의 면전에서 본래증거에 대한 반대신문이 보장된 증거조사를 통하여 이루어져야 한다는 실질적 직접심리주의와 전문법칙에 대하여 예외를 정한 형사소송법 제314조의 취지에 반하고 정의의 관념에도 맞지 않기 때문이다.

[대법관 박상옥의 별개의견] 증인이 정당하게 증언거부권을 행사한 것으로 볼 수 없는 경우에는 형사소송법 제314조의 '그 밖에 이에 준하는 사유로 인하여 진술할 수 없는 때'에 해당한다고 보아야 한다. 증인이 정당하게 증언거부권을 행사하여 증언을 거부하는 경우에는 형사소송법 제314조의 '그 밖에 이에 준하는 사유로 인하여 진술할 수 없는 때'에 해당하지 않아 그에 대한 수사기관 작성 참고인 진술조서는 증거능력이 없고, 그 후 증언 거부의 사유가 소멸된 시점에 증인이 재차 법정에 출석하여 또다시 증언을 거부하더라도 더 이상 형사소송법 제314조에 의하여 그의 참고인 진술조서의 증거능력이 인정될 수는 없다고 보아야 한다.

☞ [출제] 2020년 제9회 변호사시험 기출문제 35 ㄹ.

ㄷ. (○) 대법원 2010. 1. 14. 선고 2009도9344 판결 [강제추행·공무집행방해·폭행·모욕]

[판시사항] [1] 형사소송법 제297조에 따라 피고인을 퇴정하게 하고 증인신문을 진행하는 경우 피고인의 반대신문권을 배제할 수 있는지 여부(소극) [2] **피고인에게 실질적인 반대신문의 기회를 부여하지 아니한 채 이루어진 증인의 법정진술은 위법한 증거로 볼 여지가 있으나, 피고인이 책문권을 명시적으로 포기함으로써 그 하자가 치유되었다고 한 사례.**

[판결요지] [1] 형사소송법 제297조의 규정에 따라 재판장은 증인이 피고인의 면전에서 충분한 진술을 할 수 없다고 인정한 때에는 피고인을 퇴정하게 하고 증인신문을 진행함으로써 피고인의 직접적인 증인 대면을 제한할 수 있지만, 이러한 경우에도 피고인의 반대신문권을 배제하는 것은 허용될 수 없다.

[2] 형사소송법 제297조에 따라 변호인이 없는 피고인을 일시 퇴정하게 하고 증인신문을 한 다음 피고인에게 실질적인 반대신문의 기회를 부여하지 아니한 채 이루어진 증인의 법정진술은 위법한 증거로서 증거능력이 없다고 볼 여지가 있다. 그러나 그 다음 공판기일에서 재판장이 증인신문 결과 등을 공판조서(증인신문조서)에 의하여 고지하였는데 피고인이 '변경할 점과 이의할 점이 없다'고 진술하여 책문권 포기 의사를 명시함으로써 실질적인 반대신문의 기회를 부여받지 못한 하자가 치유되었다고 한 사례.

☞ [출제] 2022년 제11회 변호사시험 기출문제 38 ②
☞ [출제] 2021년 제10회 변호사시험 기출문제 21 ③

ㄹ. (○) **피고인 아닌 타인의 진술을 내용으로 하는 피고인 아닌 자의 법정진술의 증거능력 (형사소송법 제316조 제2항의 전문진술):** 이 경우 원진술자의 진술불능이라는 필요성과 특신상태가 증명되어야 증거능력을 인정할 수 있다. 사안에서 **C의 법정증언은** 이미 원진술자인 A가 법정에 증인으로 출석하여 **필요성을 충족할 수 없어** 그 증거능력을 인정할 수 없다.

---

06 ★★★★★

甲은 자신의 소유 부동산에 근저당권설정등기를 해 주고 A로부터 돈을 빌렸다. 그 후 甲은 사업자금이 더 필요해지자 A에게 근저당권설정등기를 해 주기 1주일 전에 인터넷을 통하여 열람·출력한 등기사항전부증명서 하단의 열람 일시 부분을 수정 테이프로 지우고 복사한 것을 B에게 보여 주면서^{형법 제225조 공문서변조 성립+, 형법 제229조 변조공문서행사죄 성립+, 양죄는 실체적 경합} "사업자금으로 한 달만 1억 원을 빌려 달라. 만일 한 달 후 돈을 갚지 못하면 내가 소유하고 있는 부동산에 근저당권을 설정해 주겠다." 라고 말했다. 이에 속은 B는 해당 부동산에 충분한 담보가치가 있는 것으로 믿고 甲에게 1억 원을 빌려 주었다. 그러나 B는 변제기일까지 차용금을 변제받지 못하고 A의 선순위근저당권으로 인해 甲 소유 부동산은 담보가치가 거의 없다는 사실을 알게 되자 甲을 고소하였다.^{형법 제347조 사기죄 성립+} 이에 관한 설명 중 옳지 않은 것을 모두 고른 것은? (다툼이 있는 경우 판례에 의함)

ㄱ. B에게 제시한 위 등기사항전부증명서는 복사한 문서로서 열람 일시가 지워져 있
   다는 점을 확인하지 못한 ~~책임이 B에게 있으므로 甲에게 사기죄는 성립하지 않는
   다.~~ 확인하지 못한 책임이 B에게 있어도 甲에게 사기죄가 성립한다.

ㄴ. 등기사항전부증명서의 열람 일시는 등기부상 권리관계의 기준 일시를 나타내는
   역할을 하므로 甲에게 공문서변조 및 동행사죄가 성립한다.

ㄷ. 만일 B가 甲을 고소한 후 차용금 1억 원을 곧바로 변제받아 甲에 대한 고소를 취
   소하고자 한다면 공소제기 전에는 고소사건을 담당하는 수사기관에, 공소제기 후
   에는 고소사건의 수소법원에 대하여 하여야 한다.

ㄹ. 만일 제1심 재판부가 甲에게 사기죄, 공문서변조 및 동행사죄에 대해 유죄를 인
   정하여 징역 1년을 선고하자 甲만 항소한 경우에 항소심이 甲에 대하여 제1심이
   유죄로 인정한 공문서변조 및 동행사의 범죄사실을 무죄로 인정하면서 제1심과
   동일한 징역 1년을 선고하였다면 이는 「형사소송법」 제368조 소정의 불이익변경
   금지 원칙에 ~~위배된다.~~ 위배되지 않는다.

① ㄱ, ㄴ 　　　　　　　　　② ㄱ, ㄹ

③ ㄴ, ㄷ 　　　　　　　　　④ ㄴ, ㄹ

⑤ ㄷ, ㄹ

해설 및 정답 2023년 제12회 변호사시험 기출문제 29 　　　　**정답** ②

파워특강 형법 제347조 사기죄(=기망+착오+교부/취득=관련성 존재해야
함). 형법 제225조 공문서변조와 제229조 변조공문서행사죄(=실체적 경합).
고소취소 방식(=수사기관 또는 법원에 의사표시). 고소취소 방법은 고소제기
방법과 같다(형사소송법 제239조). **공소제기 전** 수사기관에 하고, **공소제기 후**
고소사건의 수소법원에 한다. 고소취소 효력(=제1심 판결 선고 전까지 가능.
다만 항소심인 경우 수사기관에 이미 제출된 고소취소와 반의사불벌죄 철회 의
사표시는 효력이 있다. 법원은 형사소송법 제327조 공소기각판결 선고함). 불
이익변경원칙(=피고인만이 상소한 사건에서 상소심은 원심법원이 인정한 범죄
사실 일부를 무죄로 인정하면서 피고인에게 원심법원과 동일한 형을 선고하여
도 불이익변경금지 원칙에 위배되지 않는다).

ㄱ. (×) 대법원 2009. 6. 23. 선고 2008도1697 판결 [사기]
[판시사항] [1] 착오에 빠진 원인 중에 피기망자 측의 과실이 있는 경우에도 사기죄가 성
립하는지 여부(적극) 및 사기죄의 주관적 구성요건인 '편취의 범의'의 판단 기준 [2] 대부
업자가 새마을금고와 제3자에 대한 차량담보대출채권을 담보로 제공하고 개개 자동차담
보채권액만큼 대출받는 것을 내용으로 하는 '대출채권담보대출 중개운용에 관한 업무협약

및 채권담보계약'을 체결하였음에도, 계약 취지와 달리 대출금을 기존 채무의 변제에 사용하고 새마을금고의 허락 없이 임의로 차량에 설정된 근저당권을 해제하는 등 새마을금고에 대한 채무변제를 성실히 이행하지 않은 사안에서, 위 대부업자가 대출 당시 대출금 채무를 변제할 의사나 능력이 없음에도 있는 것처럼 새마을금고를 기망하여 이에 속은 새마을금고로부터 대출금을 편취하였고 그 편취의 범의도 인정된다고 보아, 위 대출이 새마을금고의 재무상태 등에 대한 실사를 거쳐 실행됨으로써 새마을금고가 위 대출이 가능하다는 착오에 빠지는 원인 중에 새마을금고 측의 과실이 있더라도 사기죄의 성립이 인정된다고 한 사례.

ㄴ. (○) 대법원 2021. 2. 25. 선고 2018도19043 판결 [공문서변조ㆍ변조공문서행사] 〈피고인이 인터넷을 통하여 출력한 등기사항전부증명서 하단의 열람일시 부분을 수정 테이프로 지우고 복사한 행위가 공문서변조에 해당하는지 문제된 사건〉

[판시사항] [1] 공문서변조죄의 성립 요건 / 공문서변조죄 성립에 필요한 문서의 작성 정도 및 이에 해당하는지 판단하는 기준 [2] 피고인이 인터넷을 통하여 열람ㆍ출력한 등기사항전부증명서 하단의 **열람 일시 부분을 수정 테이프로 지우고 복사해 두었다가 이를 타인에게 교부하여 공문서변조 및 변조공문서행사로 기소된 사안에서, 피고인이 등기사항전부증명서의 열람 일시를 삭제하여 복사한 행위는 등기사항전부증명서가 나타내는 권리ㆍ사실관계와 다른 새로운 증명력을 가진 문서를 만든 것에 해당하고 그로 인하여 공공적 신용을 해할 위험성도 발생하였다**고 한 사례.

[판결요지] [1] 공문서변조죄는 권한 없는 자가 공무소 또는 공무원이 이미 작성한 문서 내용에 대하여 동일성을 해하지 않을 정도로 변경을 가하여 새로운 증명력을 작출케 함으로써 공공적 신용을 해할 위험성이 있을 때 성립한다. 이때 **일반인으로 하여금 공무원 또는 공무소의 권한 내에서 작성된 문서라고 믿을 수 있는 형식과 외관을 구비한 문서를 작성하면 공문서변조죄가 성립하는 것이다.** 일반인으로 하여금 공무원 또는 공무소의 권한 내에서 작성된 문서라고 믿게 할 수 있는지 여부는 그 문서의 형식과 외관은 물론 그 문서의 작성경위, 종류, 내용 및 일반거래에 있어서 그 문서가 가지는 기능 등 여러 가지 사정을 종합적으로 고려하여 판단하여야 한다.

[2] 등기사항전부증명서의 열람 일시는 등기부상 권리관계의 기준 일시를 나타내는 역할을 하는 것으로서 권리관계나 사실관계의 증명에서 중요한 부분에 해당하고, 열람 일시의 기재가 있어 그 일시를 기준으로 한 부동산의 권리관계를 증명하는 등기사항전부증명서와 열람 일시의 기재가 없어 부동산의 권리관계를 증명하는 기준 시점이 표시되지 않은 등기사항전부증명서 사이에는 증명하는 사실이나 증명력에 분명한 차이가 있는 점, 법률가나 관련 분야의 전문가가 아닌 **평균인 수준의 사리분별력을 갖는 일반인의 관점에서 볼 때 그 등기사항전부증명서가 조금만 주의를 기울여 살펴보기만 해도 그 열람 일시가 삭제된 것임을 쉽게 알아볼 수 있을 정도로 공문서로서의 형식과 외관을 갖추지 못했다고 보기 어려운 점을 종합하면, 피고인이 등기사항전부증명서의 열람 일시를 삭제하여 복사한 행위는 등기사항전부증명서가 나타내는 권리ㆍ사실관계와 다른 새로운 증명력을 가진 문서를 만든 것에 해당하고 그로 인하여 공공적 신용을 해할 위험성도 발생하였다는** 이유로, 이와 달리 본 원심판결에 **공문서변조**에 관한 법리오해의 잘못이 있다고 한 사례.

☞ 나아가 이를 B에게 보여주었다. 그러므로 형법 제229조 변조공문서행사죄가 해당한다. 양죄는 실체적 경합이다.

ㄷ. (○) 대법원 2012. 2. 23. 선고 2011도17264 판결 [상해·명예훼손·모욕·업무방해]

[판시사항] [1] 친고죄에서 고소를 취소하거나 반의사불벌죄에서 처벌을 희망하는 의사표시를 철회할 수 있는 시기(=제1심 판결 선고 전까지) 및 그 상대방 [2] 피고인이 갑의 명예를 훼손하고 갑을 모욕하였다는 내용으로 기소된 사안에서, 공소제기 후에 피고인에 대한 다른 사건의 검찰 수사과정에서 피고인에 대한 이전의 모든 고소 등을 취소한다는 취지가 기재된 합의서가 작성되었으나 그것이 제1심 판결 선고 전에 법원에 제출되었다거나, 그 밖에 갑이 고소를 취소하고 처벌의사를 철회하였다고 볼 만한 자료가 없는데도, 이와 달리 보아 공소를 기각한 원심판결에 법리오해의 위법이 있다고 한 사례.

[판결요지] [1] 형사소송법 제232조 제1항, 제3항에 의하면 친고죄에서 고소의 취소 및 반의사불벌죄에서 처벌을 희망하는 의사표시의 철회는 제1심 판결 선고 전까지만 할 수 있다. 따라서 제1심 판결 선고 후에 고소가 취소되거나 처벌을 희망하는 의사표시가 철회된 경우에는 효력이 없다. 그러므로 형사소송법 제327조 제5호 내지 제6호의 공소기각 재판을 할 수 없다. 그리고 고소의 취소나 처벌을 희망하는 의사표시의 철회는 수사기관 또는 법원에 대한 법률행위적 소송행위이다. 그러므로 공소제기 전에는 고소사건을 담당하는 수사기관에, 공소제기 후에는 고소사건의 수소법원에 대하여 이루어져야 한다.

[2] 피고인이 갑의 명예를 훼손하고 갑을 모욕하였다는 내용으로 기소된 사안이다. 공소제기 후에 피고인에 대한 다른 사건의 검찰 수사과정에서 피고인에 대한 이전의 모든 고소 등을 취소한다는 취지가 기재된 합의서가 작성되었다. 그러나 **그것이 제1심 판결 선고 전에 법원에 제출되었다고 볼 자료가 없다.** 오히려 갑이 제1심 법정에서 증언하면서 위 합의건은 기소된 사건과 별개이고 피고인의 처벌을 원한다고 진술하여, 고소취소 및 처벌의사의 철회가 있었다고 할 수 없다. 그런데도 이와 달리 **적법한 고소취소 및 처벌의사의 철회가 있었다고 보아 공소를 기각한 원심판결에 법리오해의 위법이 있다고 한 사례.**

☞ [출제] 2021년 제10회 변호사시험 기출문제 10 ㄴ.

ㄹ. (×) 대법원 2021. 5. 6. 선고 2021도1282 판결 [사기]

[판시사항] [1] '불이익변경의 금지'에 관한 형사소송법 제368조, 제399조의 취지 / 피고인만이 상소한 사건에서 상소심이 원심법원이 인정한 범죄사실의 일부를 무죄로 인정하면서도 피고인에 대하여 원심법원과 동일한 형을 선고한 것이 불이익변경금지 원칙에 위배되는지 여부(소극) [2] 피고인만의 상고에 의한 상고심에서 원심판결을 파기하고 사건을 항소심에 환송한 경우, 불이익변경금지 원칙상 환송 후 원심법원은 파기된 환송 전 원심판결보다 중한 형을 선고할 수 없는지 여부(적극)

[판결요지] [1] '불이익변경의 금지'에 관한 형사소송법 제368조에서 피고인이 항소한 사건과 피고인을 위하여 항소한 사건에 대하여는 원심판결의 형보다 중한 형을 선고하지 못한다고 규정하고 있다. 위 법률조항은 형사소송법 제399조에 의하여 상고심에도 준용된다. 이러한 불이익변경금지 원칙은, 상소심에서 원심판결의 형보다 중한 형을 선고받을 수 있다는 우려로 말미암아 피고인의 상소권 행사가 위축되는 것을 막기 위한 정책적 고려의 결과로 입법자가 채택하였다. 위 법률조항의 문언이 '원심판결의 형보다 중한 형'으로의 변경만을 금지하고 있을 뿐이고, 상소심은 원심법원이 형을 정함에 있어서 전제로 삼았던 사정이나 견해에 반드시 구속되는 것은 아닌 점 등에 비추어 보면, 피고인만이 상소한 사건에서 상소심이 원심법원이 인정한 범죄사실의 일부를 무죄로 인정하면서도 피고

인에 대하여 원심법원과 동일한 형을 선고하였다고 하여 그것이 불이익변경금지 원칙을 위반하였다고 볼 수 없다.

[2] 피고인만의 상고에 의한 상고심에서 원심판결을 파기하고 사건을 항소심에 환송한 경우 불이익변경금지 원칙은 환송 전 원심판결과의 관계에서도 적용되어 환송 후 원심법원은 파기된 환송 전 원심판결보다 중한 형을 선고할 수 없다.

☞ [적중] 하태영, 형사법 종합연습, 실전예상문제분석편, 제4판, 법문사, 2021, 453-454면.

---

07 ★★★★★

甲은 혈중알코올농도 0.12%의 술에 취한 상태로 승용차를 운전하다가 ^{도로교통법위반(음주운전)} ^{성립+} 편도 2차선 도로에서 중앙선을 침범한 과실로 다른 승용차를 충격하여 상대 차량 운전자인 A에게 상해를 입혔다. ^{정상적인 운전이 곤란한 상태였음이 인정된다면, 특정범죄가중처벌등에관한법률위} ^{반(위험운전치상) 실체적 경합+} 교통사고로 인한 부상자들은 구급차에 실려 병원으로 후송되었는데, 甲은 의식이 없는 상태에 있었다. 교통사고 신고를 받은 사법경찰관 P는 교통사고 현장을 점검하고, 곧바로 甲이 치료를 받고 있는 병원으로 출동하였으며, 甲의 신체나 의복류에 술 냄새가 강하게 나서 甲이 음주운전을 하다가 교통사고를 낸 것으로 보고 ^{범죄의 증적이 현저한 준현행범인+} 甲의 병원 후송 직후에 그에 관한 증거를 수집하고자 한다. ^{음주} ^{운전 교통사고 직후 의식불명인 상태로 후송된 병원 응급실(=범죄장소에 준함)} 이에 관한 설명 중 옳은 것은? (다툼이 있는 경우 판례에 의함)

파워특강 도로교통법 음주운전죄와 특가법 위험운전치상죄(=교특법 업무상과실치상죄는 흡수)는 실체적 경합이다(=두 개 행위). **음주운전 중 발생한 중앙선침범사고 경우**(=피해자가 처벌불원서를 제출하여도 공소를 제기할 수 있다). 음주운전 교통사고(=의식불명 운전자에 대하여 수사기관이 영장 없이 의료기관에서 의료인을 통해 강제채혈을 할 수 있다. 그러나 이에 대해 반드시 사후 압수영장을 받아야 한다). 병원 응급실 강제채혈·강제채뇨 사건에서 배우자 동의로 이루어진 채혈은 적법절차 위반이다. 피의자 동의와 그 배우자 동의는 다르다. 피의자 동의 없이 피의자 소변을 채취하는 경우(=수사기관은 법원에서 감정처분허가장 또는 압수·수색영장을 받아야 적법하다). 현행범인 또는 준현행범인인 경우(=사후 압수영장을 받아야 적법하다). 입법부는 영장주의를 엄격하게 규정하고 있다. 사전영장 또는 사후영장으로 사법통제에 균형을 맞추고 있다.

---

① 만약 甲이 교통사고 당시 음주의 영향으로 정상적인 운전이 곤란한 상태였음이 인정된다면, 甲은 도로교통법위반(음주운전) 및 특정범죄가중처벌등에관한법률위반(위험운전치상)의 죄책을 지게 되고, 양 죄는 상상적^{실체적} 경합 관계에 있다.

대법원 2008. 11. 13. 선고 2008도7143 판결 [특정범죄가중처벌등에관한법률위반(위험운전치사상)·도로교통법위반(음주운전)]★★★★★

[판시사항] 특정범죄가중처벌 등에 관한 법률상 '위험운전치사상죄'와 도로교통법상 '음주운전죄'의 관계(＝실체적 경합)

[판결요지] 음주로 인한 특정범죄가중처벌 등에 관한 법률 위반(위험운전치사상)죄와 도로교통법 위반(음주운전)죄는 입법 취지와 보호법익 및 적용영역을 달리하는 별개의 범죄이므로, 양 죄가 모두 성립하는 경우 두 죄는 실체적 경합관계에 있다.

☞ [출제] 2022년 제11회 변호사시험 기출문제 17 ②
☞ [출제] 2021년 제10회 변호사시험 기출문제 15 ③
☞ [적중] 하태영, 형사법 종합연습, 변시기출문제분석편, 제3판, 법문사, 2021, 155면.
☞ [적중] 하태영, 형사법 종합연습, 실전예상문제분석편, 제4판, 법문사, 2021, 112면.

② 만약 甲이 위 혈중알코올농도(0.12%)에도 불구하고 교통사고 당시 음주의 영향으로 정상적인 운전이 곤란한 상태였음이 인정되지 않고, 수사기관에 피해자 A의 甲에 대한 처벌불원서가 제출되었다면, 검사는 교통사고처리특례법위반(치상)의 점에 대하여는 공소를 제기할 수 <s>없다.</s> 있다.

해설 및 정답 2023년 제12회 변호사시험 기출문제 30   **정답** ×

교통사고처리특례법은 차의 교통으로 제1항의 죄 중 업무상과실치상죄를 범한 운전자에 대하여 피해자의 명시적인 의사에 반하여 공소를 제기할 수 없다(교통사고처리특례법 제3조 제2항), 단서에서 중앙선침범사고(제2호), 음주운전사고(제8호) 등의 경우 피해자의 명시적인 의사에 반하여 공소를 제기할 수 있다. 사안에서 甲에게 특가법 위험운전치상죄가 부정되면 甲에게 교통사고처리특례법 제3조 제1항 위반(업무상과실치상)죄가 성립한다. 그러나 **사안은 음주운전 중 발생한 중앙선침범사고에 해당한다. 그러므로 피해자가 처벌불원서를 제출하여도 공소를 제기할 수 있다.**

③ 호흡조사에 의한 甲의 음주측정이 불가능하고 혈액채취에 대한 동의를 받을 수도 없을 뿐만 아니라 법원으로부터 혈액채취에 관한 감정처분허가장이나 압수영장을 발부받을 시간적 여유가 없는 경우에 P는 교통사고 발생시각으로부터 사회통념상 범행직후라고 볼 수 있는 시간 내에 증거수집을 위해 「의료법」상 의료인의 자격이 있는 자로 하여금 의료용 기구로 의학적인 방법에 따라 필요 최소한의 혈액을 채취하게 하여 이를 압수할 수 있는데, 다만 이때에는 사후에 압수영장을 발부받아야 한다.

해설 및 정답 2023년 제12회 변호사시험 기출문제 30   **정답** ○

대법원 2012. 11. 15. 선고 2011도15258 판결 [도로교통법위반(음주운전)]★★★★★

[판시사항] [1] 영장이나 감정처분허가장 없이 채취한 혈액을 이용한 혈중알코올농도 감정 결과의 증거능력 유무(원칙적 소극) 및 피고인 등의 동의가 있더라도 마찬가지인지 여부(적극) [2] 강제채혈의 법적 성질(＝감정에 필요한 처분 또는 압수영장의 집행에 필요한 처분) [3] 음주운전 중 교통사고를 내고 의식불명 상태에 빠져 병원으로 후송된 운전자에 대하여 수사기관이 영장 없이 강제채혈을 할 수 있는지 여부(한정 적극) 및 이 경우 사후 압수영장을 받아야 하는지 여부(적극)

[판결요지] [1] 수사기관이 법원으로부터 영장 또는 감정처분허가장을 발부받지 아니한 채 피의자의 동의 없이 피의자의 신체로부터 혈액을 채취하고 사후에도 지체 없이 영장을 발부받지 아니한 채 혈액 중 알코올농도에 관한 감정을 의뢰하였다면, 이러한 과정을 거쳐 얻은 감정의뢰회보 등은 형사소송법상 영장주의 원칙을 위반하여 수집하거나 그에 기초하여 획득한 증거로서, 원칙적으로 절차위반행위가 적법절차의 실질적인 내용을 침해하여 피고인이나 변호인의 동의가 있더라도 유죄의 증거로 사용할 수 없다.

[2] 수사기관이 범죄 증거를 수집할 목적으로 피의자의 동의 없이 피의자의 혈액을 취득·보관하는 행위는 법원으로부터 **감정처분허가장을 받아 형사소송법 제221조의4 제1항, 제173조 제1항에 의한 '감정에 필요한 처분'**으로도 할 수 있지만, **형사소송법 제219조, 제106조 제1항에 정한 압수의 방법**으로도 할 수 있다. 압수의 방법에 의하는 경우 혈액의 취득을 위하여 **피의자의 신체로부터 혈액을 채취하는 행위는 혈액의 압수를 위한 것으로서 형사소송법 제219조, 제120조 제1항에 정한 '압수영장의 집행에 있어 필요한 처분'**에 해당한다.

[3] 음주운전 중 교통사고를 야기한 후 피의자가 의식불명 상태에 빠져 있는 등으로 도로교통법이 음주운전의 제1차적 수사방법으로 규정한 호흡조사에 의한 음주측정이 불가능하고 혈액 채취에 대한 동의를 받을 수도 없을 뿐만 아니라 법원으로부터 혈액 채취에 대한 감정처분허가장이나 사전 압수영장을 발부받을 시간적 여유도 없는 긴급한 상황이 생길 수 있다. 이러한 경우 피의자의 신체 내지 의복류에 주취로 인한 냄새가 강하게 나는 등 **형사소송법 제211조 제2항 제3호가 정하는 범죄의 증적이 현저한 준현행범인의 요건**이 갖추어져 있고 교통사고 발생 시각으로부터 사회통념상 범행 직후라고 볼 수 있는 시간 내라면, 피의자의 생명·신체를 구조하기 위하여 **사고현장으로부터 곧바로 후송된 병원 응급실 등의 장소는 형사소송법 제216조 제3항의 범죄 장소에 준한다** 할 것이다.

☞ 음주운전 교통사고 직후 의식불명인 상태로 후송된 병원 응급실(=범죄장소에 준함)

그러므로 **검사 또는 사법경찰관은 피의자의 혈중알코올농도 등 증거의 수집을 위하여 의료법상 의료인의 자격이 있는 자로 하여금 의료용 기구로 의학적인 방법에 따라 필요최소한의 한도 내에서 피의자의 혈액을 채취하게 한 후 그 혈액을 영장 없이 압수할 수 있다. 다만 이 경우에도 형사소송법 제216조 제3항 단서, 형사소송규칙 제58조, 제107조 제1항 제3호에 따라 사후에 지체 없이 강제채혈에 의한 압수의 사유 등을 기재한 영장청구서에 의하여 법원으로부터 압수영장을 받아야 한다.**

☞ [적중] 하태영, 형사법 종합연습, 실전예상문제분석편, 제4판, 법문사, 2021, 316-320면.

④ 만약 P가 교통사고 소식을 듣고 달려온 甲의 배우자 동의를 받아 「의료법」상

의료인의 자격이 있는 자로 하여금 甲의 혈액을 채취하도록 하였다면 사후에 압수영장을 발부받았는지 여부와 상관없이 이는 ~~적법한~~ ^{위법한} 수사이다.

┃해설 및 정답┃ 2023년 제12회 변호사시험 기출문제 30 　　　　　　　　　　**정답** ⊗

대법원 2011. 5. 13. 선고 2009도10871 판결 [도로교통법위반(음주운전)]

[판시사항] [1] 피의자의 동의 또는 영장 없이 채취한 혈액을 이용한 감정결과보고서 등의 증거능력 유무 [2] 피고인이 음주운전 중에 교통사고를 당하여 의식불명 상태에서 병원 응급실로 호송되었는데, **출동한 경찰관이 영장 없이 간호사로 하여금 채혈을 하도록 한 사안에서**, 위 혈액을 이용한 혈중알코올농도에 관한 감정서 등의 증거능력을 부정하고 증거부족을 이유로 피고인에 대한 구 도로교통법 위반(음주운전)의 주위적 공소사실을 무죄로 인정한 원심판단을 수긍한 사례.

[참조조문] **형사소송법 제215조 제2항**은 "사법경찰관이 범죄수사에 필요한 때에는 검사에게 신청하여 검사의 청구로 지방법원판사가 발부한 영장에 의하여 압수, 수색 또는 검증을 할 수 있다."고 규정하고 있다. **형사소송법 제216조 제3항**은 범행 중 또는 범행 직후의 범죄장소에서 **긴급을 요하여 법원판사의 영장을 받을 수 없는 때**에는 압수·수색·검증을 할 수 있으나 이 경우에는 **사후에 지체없이 영장을 받아야 한다**고 규정하고 있다. 한편 검사 또는 사법경찰관으로부터 감정을 위촉받은 감정인은 감정에 관하여 필요한 때에는 검사의 청구에 의해 판사로부터 **감정처분허가장**을 발부받아 신체의 검사 등 형사소송법 제173조 제1항에 규정된 처분을 할 수 있도록 규정되어 있다(형사소송법 제221조, 제221조의4, 제173조 제1항). 위와 같은 **형사소송법 규정에 위반하여 수사기관이 법원으로부터 영장 또는 감정처분허가장을 발부받지 아니한 채 피의자의 동의 없이 피의자의 신체로부터 혈액을 채취하고 더구나 사후적으로도 지체없이 이에 대한 영장을 발부받지 아니하고서 위와 같이 강제 채혈한 피의자의 혈액 중 알코올농도에 관한 감정이 이루어졌다면, 이러한 감정결과보고서 등은 형사소송법상 영장주의 원칙을 위반하여 수집하거나 그에 기초한 증거로서 그 절차 위반행위가 적법절차의 실질적인 내용을 침해하는 정도에 해당한다고 할 것이다. 그러므로 피고인이나 변호인의 증거동의 여부를 불문하고 이 사건 범죄사실을 유죄로 인정하는 증거로 사용할 수 없다고 보아야 한다.**

☞ 이 사안은 압수·수색영장 또는 감정처분허가장을 발부받지 않고 피고인 처에게 채혈동의를 받았다. 그리고 간호사에게 의식을 잃고 응급실에 누워있는 피고인에게 채혈을 하도록 한 행위이다. 적법한 수사로 볼 수 없다. 〈강제채혈과 배우자 동의 사건〉

☞ [출제] 2022년 제11회 변호사시험 기출문제 17 ②

⑤ 강제채혈에 비해 강제채뇨는 피의자에게 더 큰 신체적 고통이나 수치심, 굴욕감을 줄 수 있으므로, 수사기관이 범죄증거를 수집할 목적으로 피의자의 동의 없이 피의자의 소변을 채취하는 것은 법원으로부터 감정처분허가장을 받아 '감정에 필요한 처분'으로는 할 수 있지만, 압수수색영장을 받아 '압수·수색의 방법'으로는 할 수 ~~없다.~~ ^{있다.}

┃해설 및 정답┃ 2023년 제12회 변호사시험 기출문제 30 　　　**정답** ✕

대법원 2018. 7. 12. 선고 2018도6219 판결 [마약류관리에 관한 법률 위반(향정)] 〈수사기관이 채뇨장소로 데리고 가려 하자 임의동행을 거부한 사건〉★★★★★

☞ 체내강제수색이다. 매년 출제가능성이 있다.

[사실관계] 피고인이 메트암페타민(일명 '필로폰')을 투약하였다는 마약류 관리에 관한 법률 위반(향정) 혐의에 관하여, 피고인의 소변(30cc), 모발(약 80수), **마약류 불법사용 도구 등에 대한 압수·수색·검증영장을 발부받은 다음** 경찰관이 피고인의 주거지를 수색하여 사용 흔적이 있는 주사기 4개를 압수하고, 위 **영장에 따라 3시간가량 소변과 모발을 제출하도록** 설득하였음에도 피고인이 계속 거부하면서 자해를 하자 이를 제압하고 수갑과 포승을 채운 뒤 강제로 병원 응급실로 데리고 가 응급구조사로 하여금 피고인의 신체에서 소변(30cc)을 채취하도록 하여 이를 압수한 사안이다.

[판시사항] [1] '강제 채뇨'의 의미 / 수사기관이 범죄 증거를 수집할 목적으로 하는 강제 채뇨가 허용되기 위한 요건 및 채뇨의 방법

[2] 수사기관이 범죄 증거를 수집할 목적으로 피의자의 동의 없이 피의자의 소변을 채취하는 것을 '감정에 필요한 처분'으로 할 수 있는지 여부(적극) 및 이를 압수·수색의 방법으로도 할 수 있는지 여부(적극) / 압수·수색의 방법으로 소변을 채취하는 경우, 압수 대상물인 피의자의 소변을 확보하기 위한 수사기관의 노력에도 불구하고 피의자가 **소변 채취에 적합한 장소로 이동하는 것에 동의하지 않거나 저항하는 등 임의동행을 기대할 수 없는 사정이 있는 때에는 수사기관이 소변 채취에 적합한 장소로 피의자를 데려가기 위해서 필요 최소한의 유형력을 행사하는 것이 허용되는지 여부(적극) 및 이는 '압수·수색영장의 집행에 필요한 처분'에 해당하는지 여부(적극)**

[3] 피고인이 메트암페타민(일명 '필로폰')을 투약하였다는 마약류 관리에 관한 법률 위반(향정) 혐의에 관하여, 피고인의 소변(30cc), 모발(약 80수), 마약류 불법사용 도구 등에 대한 압수·수색·검증영장을 발부받은 다음 경찰관이 피고인의 주거지를 수색하여 사용 흔적이 있는 주사기 4개를 압수하고, 위 **영장에 따라 3시간가량 소변과 모발을 제출하도록** 설득하였음에도 피고인이 계속 거부하면서 자해를 하자 이를 제압하고 수갑과 포승을 채운 뒤 강제로 병원 응급실로 데리고 가 응급구조사로 하여금 피고인의 신체에서 소변(30cc)을 채취하도록 하여 이를 압수한 사안에서, 피고인의 소변에 대한 압수영장 집행이 적법하다고 본 원심판단을 수긍한 사례.

[판결요지] [1] 강제 채뇨는 피의자가 임의로 소변을 제출하지 않는 경우 피의자에 대하여 강제력을 사용해서 도뇨관(catheter)을 요도를 통하여 방광에 삽입한 뒤 체내에 있는 소변을 배출시켜 소변을 취득·보관하는 행위이다. 수사기관이 범죄 증거를 수집할 목적으로 하는 강제 채뇨는 피의자의 신체에 직접적인 작용을 수반할 뿐만 아니라 피의자에게 신체적 고통이나 장애를 초래하거나 수치심이나 굴욕감을 줄 수 있다. 따라서 피의자에게 범죄 혐의가 있고 그 범죄가 중대한지, 소변성분 분석을 통해서 범죄 혐의를 밝힐 수 있는지, 범죄 증거를 수집하기 위하여 피의자의 신체에서 소변을 확보하는 것이 필요한 것인지, 채뇨가 아닌 다른 수단으로는 증명이 곤란한지 등을 고려하여 **범죄 수사를 위해서 강제 채뇨가 부득이하다고 인정되는 경우에 최후의 수단으로 적법한 절차에 따라 허용된다고 보아야 한다.** 이때 의사, 간호사, 그 밖의 숙련된 의료인 등으로 하여금 소변 채취에 적합한 의료장비와 시설을 갖춘 곳에서 피의자의 신체와 건강을 해칠 위험이 적

고 피의자의 굴욕감 등을 최소화하는 방법으로 소변을 채취하여야 한다.

[2] 수사기관이 범죄 증거를 수집할 목적으로 피의자의 동의 없이 피의자의 소변을 채취하는 것은 법원으로부터 감정허가장을 받아 형사소송법 제221조의4 제1항, 제173조 제1항에서 정한 '감정에 필요한 처분'으로 할 수 있다(피의자를 병원 등에 유치할 필요가 있는 경우에는 형사소송법 제221조의3에 따라 법원으로부터 감정유치장을 받아야 한다). 또한 형사소송법 제219조, 제106조 제1항, 제109조에 따른 압수·수색의 방법으로도 할 수 있다. 이러한 압수·수색의 경우에도 수사기관은 원칙적으로 형사소송법 제215조에 따라 판사로부터 압수·수색영장을 적법하게 발부받아 집행해야 한다.

압수·수색의 방법으로 소변을 채취하는 경우 압수대상물인 피의자의 소변을 확보하기 위한 수사기관의 노력에도 불구하고, 피의자가 인근 병원 응급실 등 소변 채취에 적합한 장소로 이동하는 것에 동의하지 않거나 저항하는 등 임의동행을 기대할 수 없는 사정이 있는 때에는 수사기관으로서는 소변 채취에 적합한 장소로 피의자를 데려가기 위해서 필요 최소한의 유형력을 행사하는 것이 허용된다. 이는 형사소송법 제219조, 제120조 제1항에서 정한 '압수·수색영장의 집행에 필요한 처분'에 해당한다고 보아야 한다. 그렇지 않으면 피의자의 신체와 건강을 해칠 위험이 적고 피의자의 굴욕감을 최소화하기 위하여 마련된 절차에 따른 강제 채뇨가 불가능하여 압수영장의 목적을 달성할 방법이 없기 때문이다.

[3] 피고인에 대한 피의사실이 중대하고 객관적 사실에 근거한 **명백한 범죄 혐의**가 있었다고 보이고, 경찰관의 장시간에 걸친 설득에도 피고인이 소변의 임의 제출을 거부하면서 판사가 적법하게 발부한 압수영장의 집행에 저항하자 경찰관이 다른 방법으로 수사 목적을 달성하기 곤란하다고 판단하여 강제로 피고인을 소변 채취에 적합한 장소인 인근 병원 응급실로 데리고 가 의사의 지시를 받은 응급구조사로 하여금 피고인의 신체에서 소변을 채취하도록 하였으며, 그 과정에서 피고인에 대한 강제력의 행사가 필요 최소한도를 벗어나지 않았다. 그러므로 경찰관의 조치는 형사소송법 제219조, 제120조 제1항에서 정한 '압수영장의 집행에 필요한 처분'으로서 허용된다. 한편 경찰관이 압수영장을 집행하기 위하여 피고인을 병원 응급실로 데리고 가는 과정에서 공무집행에 항거하는 피고인을 제지하고 자해 위험을 방지하기 위해 수갑과 포승을 사용한 것은 경찰관 직무집행법에 따라 허용되는 경찰장구의 사용으로서 적법하다는 이유로, 같은 취지에서 피고인의 소변에 대한 압수영장 집행이 적법하다고 본 원심판단을 수긍한 사례.

☞ [출제] 2020년 제9회 변호사시험 기출문제 29 ①

☞ [적중] 하태영, 형사법 종합연습, 실전예상문제분석편, 제4판, 법문사, 2021, 316-320면.

---

08 ★★★★★

甲은 술에 취한 상태로 조수석에 이혼한 전처 乙을 태우고 빌린 승용차를 캠핑장에서 주차하던 중 액셀을 브레이크로 착각하고 세게 밟아 바위에 충돌하여 위 승용차 차량 뒷 범퍼가 파손되었다. _{도로교통법 제108조 업무상과실재물손괴죄 무죄(=구성요건해당성 없음. '그 밖의 재물'에 해당하지 않음)} 신고로 출동한 사법경찰관은 甲이 술에 취하여 운전하였다고 판단하고 甲

에게 음주측정을 요구하였으나 甲은 거부하였다. 검사는 甲을 도로교통법위반(음주측정거부)죄 및 업무상과실재물손괴로 인한 도로교통법위반죄로 기소하였다. 乙은 위 사건의 제2회 공판기일에 증인으로 출석하여 증언거부권을 고지받고 선서한 후 甲이 아니라 자신이 운전을 하였다고 증언하였고, 증인신문절차가 그대로 종료되었다.^{乙: 형법 제 152조 제1항 위증죄 성립+} 한편, 검사는 공소제기 후 법원 영장전담판사(수소법원 이외의 지방법원판사)로부터 위 차량에 대한 압수·수색영장을 발부받아^{수소법원 이외의 법원에서 발급한 압수·수색영장은 효력이 없음} 차량 블랙박스 메모리칩을 압수한 결과 甲이 위 사건 당시 운전하는 장면을 발견하고 위 영상을 CD에 저장하여 추가 증거로 제출하였다. 이후 검사는 乙을 위증죄의 피의자로 소환하여 제2회 공판기일의 증언을 번복시켜 '운전자가 甲이 맞고 제2회 공판기일 당시 위증을 하였다'는 자백을 받아 이를 피의자신문조서에 기재하였다.^{번복 피의자신문조서의 증거능력(=증거동의하지 않는 한 증거능력 없음)} 법원은 검사의 신청에 따라 乙을 다시 증인으로 채택하였고, 제5회 공판기일에 증인으로 출석한 乙은 위 피의자신문조서의 진정성립을 인정하는 동시에 운전자가 甲이 맞다는 취지로 진술하였다. 이에 관한 설명 중 옳은 것은? (다툼이 있는 경우 판례에 의함)

파워특강 도로교통법 제108조 '그 밖의 재물'(=범행 수단 또는 범행 도구로 제공된 차량은 포함되지 않음). **증인이 출석하지 아니한 경우(=과태료 부과. 즉시항고 가능).** 검사가 '공소제기 후' 형사소송법 제215조에 따라 수소법원 이외의 지방법원 판사에게 발부받은 압수·수색 영장으로 수집한 증거(=증거능력 없음). 일단 공소가 제기된 후 피고사건에 관해 검사는 형사소송법 제215조에 근거하여 압수·수색을 할 수 없다. **번복 진술조서·진술서·피의자신문조서 증거능력**(=증거동의하지 않는 한 증거능력 없음). 위증죄 기수시기(=최초 신문 진술이 종료한 때). 이후에 철회하여도 위증죄 성립에 영향이 없다.

① 甲은 위 차량에 대한 업무상과실재물손괴로 인한 도로교통법위반의 죄책을 잔다.^{지지 않는다.}

해설 및 정답 2023년 제12회 변호사시험 기출문제 32   **정답** ╳

대법원 2007. 3. 15. 선고 2007도291 판결 [도로교통법위반(무면허운전)·도로교통법위반]
[판시사항] 구 도로교통법이 과실 재물손괴를 처벌하는 취지 및 같은 법 제108조에 정한 '그 밖의 재물'에 범행의 수단 또는 도구로 제공된 차량이 포함되는지 여부(소극)
[판결요지] 구 도로교통법(2005. 5. 31. 법률 제7545호로 전문 개정되기 전의 것, 이하 같다) 제108조는 "차의 운전자가 업무상 필요한 주의를 게을리 하거나 중대한 과실로 다른 사람의 건조물이나 **그 밖의 재물을 손괴한 때**에는 2년 이하의 금고나 500만원 이하의 벌금의 형으로 벌한다."고 규정하고 있다. 원래 형법에서는 고의가 아닌 과실로 재물을 손괴한 경우를 처벌하지 않는다. 도로운송에 즈음하여 차량운행과 관련 없는 제3자의 재물을 보호하려는 입법 취지에서 도로교통법에 특별히 위와 같은 처벌 규정을 둔 것이다.

그러므로 위 법조의 '그 밖의 재물' 중에는 범행의 수단 또는 도구로 제공된 차량 자체는 포함되지 아니한다고 해석함이 당원의 판례이다(대법원 1986. 7. 8. 선고 86도620 판결 참조). 현 상황에서 특별히 이를 재검토하여야 할 이유가 있다고 보이지 아니한다.

대법원 1986. 7. 8. 선고 86도620 판결 [절도·도로교통법위반]

[판시사항] 도로교통법 제108조 소정의 그 밖의 재물」의 범위

[판결요지] 도로교통법 제108조가 정하는 「그 밖의 재물」 중에는 범행의 수단 또는 도구로 제공된 차량자체는 포함되지 아니한다. 왜냐하면 위 법조의 입법취지가 도로운송에 즈음하여 차량운행과 관련없는 제3자의 재물을 보호하려는데 있기 때문이다. 원심이 같은 취지에서 피고인이 절취한 차량을 운전하다가 절취한 차량자체를 부주의로 손괴한 것은 위 법조의 구성요건에 해당하지 아니한다고 판시한 다음 피고인에게 이점 무죄의 선고를 하였는바 거기에 소론과 같은 법리오해의 위법이 있다 할 수 없다.

② 만일 증인소환장을 송달받은 乙이 정당한 사유 없이 증인으로 출석하지 아니한 때에는 법원은 결정으로 당해 불출석으로 인한 소송비용을 증인이 부담하도록 명하고 500만 원 이하의 과태료를 부과할 수 있으며, 乙은 이러한 결정에 대해 즉시항고를 할 수 있다.

해설 및 정답 2023년 제12회 변호사시험 기출문제 32 　　　　　　**정답** ○

증인이 출석하지 아니한 경우 과태료와 즉시항고. 법원은 소환장을 송달받은 증인이 정당한 사유 없이 출석하지 아니한 때에는 결정으로 당해 불출석으로 인한 **소송비용을 증인이 부담**하도록 명하고, **500만원 이하의 과태료를 부과**할 수 있다(형사소송법 제151조 제1항). 이러한 결정에 대하여는 **즉시항고를 할 수 있다**(형사소송법 제151조 제8항).

③ 검사는 공소제기 후에도 甲에 대한 원활한 공소유지를 위하여 위와 같이 법원의 영장을 받아 「형사소송법」 제215조에 따라 압수수색을 할 수 있으므로^{수소법원 이외의 법원에서 발급한 압수·수색영장은 효력이 없으므로} 위 차량 블랙박스 동영상이 저장된 CD는 ~~적법하게~~^{위법하게} 수집된 증거이다.

해설 및 정답 2023년 제12회 변호사시험 기출문제 32 　　　　　　**정답** ×

대법원 2011. 4. 28. 선고 2009도10412 판결 [뇌물수수·뇌물공여]

[판시사항] [1] 검사가 '공소제기 후' 형사소송법 제215조에 따라 수소법원 이외의 지방법원 판사로부터 발부받은 압수·수색 영장에 의해 수집한 증거의 증거능력 유무(원칙적 소극) [2] 헌법과 형사소송법이 정한 절차를 위반하여 수집한 증거를 예외적으로 유죄의 증거로 사용할 수 있는 경우 및 그와 같은 특별한 사정에 대한 **증명책임의 소재(=검사)** [3] 공정거래위원회 소속 공무원인 피고인 갑이 을로부터 뇌물을 수수하였다고 하여 기소된 사안에서, 검사 제출의 증거들은 모두 공소제기 후 적법한 절차에 따르지 아니하고

수집한 것이거나 이를 기초로 획득한 2차적 증거에 불과하여 유죄 인정의 증거로 사용할 수 없다는 이유로, 피고인 갑에게 무죄를 선고한 원심판단을 수긍한 사례.

[판결요지] [1] 형사소송법은 제215조에서 검사가 압수·수색 영장을 청구할 수 있는 시기를 공소제기 전으로 명시적으로 한정하고 있지는 아니하나, 헌법상 보장된 적법절차의 원칙과 재판받을 권리, 공판중심주의·당사자주의·직접주의를 지향하는 현행 형사소송법의 소송구조, 관련 법규의 체계, 문언 형식, 내용 등을 종합하여 보면, **일단 공소가 제기된 후에는 피고사건에 관하여 검사로서는 형사소송법 제215조에 의하여 압수·수색을 할 수 없다고 보아야 한다. 그럼에도 검사가 공소제기 후 형사소송법 제215조에 따라 수소법원 이외의 지방법원 판사에게 청구하여 발부받은 영장에 의하여 압수·수색을 하였다면, 그와 같이 수집된 증거는 기본적 인권 보장을 위해 마련된 적법한 절차에 따르지 않은 것으로서 원칙적으로 유죄의 증거로 삼을 수 없다.**

[2] 헌법과 형사소송법이 정한 절차에 따르지 아니하고 수집된 증거라고 할지라도 수사기관의 증거 수집 과정에서 이루어진 절차 위반행위와 관련된 모든 사정을 전체적·종합적으로 살펴볼 때, 수사기관의 절차 위반행위가 적법절차의 실질적인 내용을 침해하는 경우에 해당하지 아니하고, 오히려 그 증거의 증거능력을 배제하는 것이 헌법과 형사소송법이 형사소송에 관한 절차 조항을 마련하여 적법절차의 원칙과 실체적 진실 규명의 조화를 도모하고 이를 통하여 **형사사법 정의를 실현하려 한 취지에 반하는 결과를 초래하는 것으로 평가되는 예외적인 경우라면, 법원은 이를 유죄 인정의 증거로 사용할 수 있다.** 그러나 법원은 구체적인 사안이 이러한 예외적인 경우에 해당하는지를 판단하는 과정에서, 적법한 절차를 따르지 않고 수집된 증거를 유죄의 증거로 삼을 수 없다는 원칙을 훼손하는 결과가 초래되지 않도록 유념하여야 하며, 나아가 **수사기관의 절차 위반행위에도 불구하고 이를 유죄 인정의 증거로 사용할 수 있는 예외적인 경우에 해당한다고 볼 수 있으려면, 그러한 예외적인 경우에 해당한다고 볼 만한 구체적이고 특별한 사정이 존재한다는 것을 검사가 증명하여야 한다.**

[3] 공정거래위원회 ○○국 소속 공무원인 피고인 갑이 주류도매업자 을로부터 향후 불공정거래행위 신고나 관련 업무처리 등을 할 경우 잘 봐달라는 취지로 수표를 교부받아 직무에 관하여 뇌물을 수수하였다고 하여 기소된 사안에서, 이에 부합하는 **검사 제출의 증거들은 모두 공소제기 후 적법한 절차에 따르지 아니하고 수집한 것들이거나 이를 기초로 하여 획득된 2차적 증거에 불과하여 원칙적으로 유죄 인정의 증거로 삼을 수 없다.** 나아가 검사로서는 수소법원에 압수·수색에 관한 직권발동을 촉구하거나 형사소송법 제272조에 의한 사실조회를 신청하여 절차를 위반하지 않고서도 증명 목적을 달성할 수 있었던 사정들에 비추어 위 증거들이 유죄 인정의 증거로 사용할 수 있는 예외적인 경우에 해당하지 않는다는 이유로, 피고인 갑에게 무죄를 선고한 원심판단을 수긍한 사례.

☞ [출제] 2022년 제11회 변호사시험 기출문제 21 ⑤

중요 ④ 검사가 乙에 대하여 작성한 피의자신문조서는 당해 사건의 피고인이 아닌 사람의 진술을 기재한 서류로서 「형사소송법」 제312조 제4항에 따라 원진술자에 의한 진정성립이 인정되었~~으므로~~ 있어야 甲의 증거동의가 ~~없더라도~~ 당해 사건에 대해 증거능력이 인정된다.^{번복 피의자신문조서의 증거능력(=증거동의하지 않는 한 증거능력 없음)}

▎해설 및 정답▎ 2023년 제12회 변호사시험 기출문제 32 　　　　　　**정답** ×

대법원 2000. 6. 15. 선고 99도1108 전원합의체 판결 [변호사법위반] 〈번복 '진술조서' 사건〉 ★★★★★

☞ 번복한 진술조서·진술서·피의자신문조서 판례는 매년 출제가능성이 있다.

[판시사항] 공판준비 또는 공판기일에서 이미 증언을 마친 증인을 검사가 소환한 후 피고인에게 유리한 그 증언 내용을 추궁하여 이를 일방적으로 번복시키는 방식으로 작성한 진술조서의 증거능력을 인정할 수 있는지 여부(소극)

[판결요지] [다수의견] 공판준비 또는 공판기일에서 이미 증언을 마친 증인을 검사가 소환한 후 피고인에게 유리한 그 증언 내용을 추궁하여 이를 일방적으로 번복시키는 방식으로 작성한 진술조서를 유죄의 증거로 삼는 것은 당사자주의·공판중심주의·직접주의를 지향하는 현행 형사소송법의 소송구조에 어긋나는 것일 뿐만 아니라, 헌법 제27조가 보장하는 기본권, 즉 법관의 면전에서 모든 증거자료가 조사·진술되고 이에 대하여 피고인이 공격·방어할 수 있는 기회가 실질적으로 부여되는 재판을 받을 권리를 침해하는 것이다. 그러므로 **이러한 진술조서는 피고인이 증거로 할 수 있음에 동의하지 아니하는 한 그 증거능력이 없다고 하여야 할 것이다.** 그 후 원진술자인 종전 증인이 다시 법정에 출석하여 증언을 하면서 그 진술조서의 성립의 진정함을 인정하고 피고인측에 반대신문의 기회가 부여되었다고 하더라도 **그 증언 자체를 유죄의 증거로 할 수 있음은 별론으로 하고 위와 같은 진술조서의 증거능력이 없다는 결론은 달리할 것이 아니다.**

[보충의견] (1) 헌법은 제12조 제1항에서 적법절차에 의하지 아니하고는 처벌을 받지 않을 권리를, 제27조 제1항 및 제3항에서 법관의 법률에 의한 공정하고 신속한 공개재판을 받을 권리를 각 명문으로 규정하고 있고, 이러한 기본권을 실현하기 위하여 형사소송법은 제161조의2에서 피고인의 반대신문권을 포함한 교호신문제도를 규정함과 동시에, 제310조의2에서 법관의 면전에서 진술되지 아니하고 피고인에 대한 반대신문의 기회가 부여되지 아니한 진술에 대하여는 원칙적으로 증거능력을 부여하지 아니함으로써, 형사재판에 있어서 모든 증거는 법관의 면전에서 진술·심리되어야 한다는 직접주의와 피고인에게 불리한 증거에 대하여는 반대신문할 수 있는 권리를 원칙적으로 보장하고 있으므로 형사소송법 제310조의2에서 정한 예외 규정인 제312조와 제313조가 엄격하게 해석·적용되어야 하고, (2) 형사소송법은 ① 공소제기 이전 단계에서 검사가 피의자나 피의자 아닌 자에 대하여 작성한 조서는 법 제312조에서, ② 제1회 공판기일 이전 단계에서 수소법원이 아닌 판사가 행한 증거보전절차 등에 따라 작성된 증인신문조서는 법 제311조 후문에서, ③ 제1회 공판기일 이후에 수소법원에 의하여 작성된 증인신문조서는 법 제311조 전문에서 각 그 증거능력을 규정하고 있음을 알 수 있으므로, **공판준비 또는 공판기일에서 이미 증언을 마친 증인을 검사가 소환한 후 피고인에게 유리한 그 증언 내용을 추궁하여 이를 일방적으로 번복시키는 방식으로 작성한 진술조서는 공소제기에 따라 피의자가 피고인이 됨으로써 피의자라는 개념이 없어진 이후에 작성된 것으로서** 형사소송법 제312조가 예정하는 '피의자 아닌 자'의 진술을 기재한 조서에 해당하지 아니하고, 같은 법 제313조도 같은 법 제311조와 제312조 이외의 진술서 등 서류를 규정한 것으로서 역시 위 진술조서와 같은 것을 예정하고 있는 것이라고 볼 수 없어 위 진술조서는 같은 법 제312

조의 조서나 제313조의 진술서 등에 해당하지 아니하며, (3) 형사소송법 제312조나 제313조가 규정하는 조서나 서류는 수사기관이 수사 업무를 수행하면서 작성하거나 수집한 증거를 말하는 것인데, 증인을 위증 혐의로 입건·수사한 바 없이 위와 같은 진술조서를 작성하는 행위는 그 실질에 있어서 증인의 종전 증언을 탄핵할 목적으로 증인을 상대로 재신문을 행하되, 법정이 아닌 자기의 사무실에서 증인신문절차가 아닌 임의의 방법을 취한 것에 불과하다고 봄이 상당하므로, 결국 이러한 검사의 행위는 수사기관이 행하는 수사라기보다는 공소유지기관인 당사자가 행하는 재신문이라는 소송행위의 연장선상에 있는 것으로 봄이 마땅하고, 그 결과 작성된 진술조서는 형사소송법 제312조나 제313조가 규정하는 조서나 서류에 해당한다고 볼 수도 없다 할 것이며, (4) 참고인이 증인으로 소환되어 법관의 면전에서 자기가 경험한 사실을 직접 진술한 바 있고 그 후에도 재차 증언이 가능한 경우, 수소법원으로서는 그 증인의 종전 증언 내용에 의문이 있다고 판단되면 직권이나 당사자의 신청에 따라 그를 다시 소환하여 증언을 직접 들으면 되고 또한 그것으로 충분한 것이며, 그럼에도 불구하고 검사가 종전 증인을 상대로 진술조서를 작성하여 유죄의 증거로 제출하였다면, 그것은 법원의 직접 심리가 얼마든지 가능한 상황에서 의도적으로 만들어진 전문증거로서 직접주의에 역행하는 산물임이 분명하므로, 여기에 제312조나 제313조를 내세워 증거능력을 부여할 수 없는 것이다.

[반대의견] 증언 이후의 진술조서 작성과정에서 위법함이 개재되지 아니한 진술조서는 형사소송법 제312조 제1항에 의하여 원진술자에 의한 성립의 진정함이 인정되고 반대신문권이 보장되면 그의 증거능력을 인정하되 그의 증거가치에 관하여는 재판부의 자유심증에 따라 판단되게 할 이치로서, 이 사건에 있어서 한번 증언을 한 증인의 최초의 진술조서의 내용과 그 후의 증언의 내용, 검사가 그에 대한 재차의 진술조서를 받게 된 이유와 그 절차 경위, 그 진술조서의 내용 등을 조사하여 거기서 증거능력을 부정할 수 있는 위법사유가 있는지의 여부가 판단되어야 할 것이기에, 다수의견이 한번 증언한 자에 대한 진술조서라는 한 가지 이유만으로 그의 증거능력을 부정한다는 데는 찬성할 수 없다.

☞ [출제] 2022년 제11회 변호사시험 기출문제 24 ㄷ.

대법원 2012. 6. 14. 선고 2012도534 판결 [특정경제범죄가중처벌등에관한법률위반(알선수재)·특정범죄가중처벌등에관한법률위반(알선수재)] 〈번복 '진술서' 사건〉★★★★★

[판시사항] [1] 공판준비 또는 공판기일에서 이미 증언을 마친 증인을 검사가 소환한 후 피고인에게 유리한 증언 내용을 추궁하여 이를 일방적으로 번복시키는 방식으로 작성한 '진술조서'의 증거능력을 인정할 수 있는지 여부(한정 소극) 및 증인에게 증언 내용을 번복하는 내용의 '진술서'를 작성하게 한 경우에도 동일한 법리가 적용되는지 여부(적극)

[2] 특정범죄 가중처벌 등에 관한 법률 및 특정경제범죄 가중처벌 등에 관한 법률상 알선수재죄에서 공무원이나 금융기관 임직원의 직무에 속한 사항에 관한 알선의 대가를 형식적으로 체결한 고용계약에 터잡아 급여의 형식으로 지급한 경우, 알선수재액과 필요적 몰수·추징액(＝원천징수된 근로소득세 등을 제외하고 알선수재자가 실제 지급받은 금액)

[판결요지] [1] 공판준비 또는 공판기일에서 이미 증언을 마친 증인을 검사가 소환한 후 피고인에게 유리한 증언 내용을 추궁하여 이를 일방적으로 번복시키는 방식으로 작성한 진술조서를 유죄의 증거로 삼는 것은 당사자주의·공판중심주의·직접주의를 지향하는 현행 형사소송법의 소송구조에 어긋나는 것일 뿐만 아니라, 헌법 제27조가 보장하는 기

본권, 즉 법관의 면전에서 모든 증거자료가 조사·진술되고 이에 대하여 피고인이 공격·방어할 수 있는 기회가 실질적으로 부여되는 재판을 받을 권리를 침해하는 것이므로, 이러한 진술조서는 피고인이 증거로 할 수 있음에 동의하지 아니하는 한 증거능력이 없다고 할 것이고, 이러한 법리는 검사가 공판준비기일 또는 공판기일에서 이미 증언을 마친 증인을 소환하여 피고인에게 유리한 증언 내용을 추궁한 다음 진술조서를 작성하는 대신 그로 하여금 본인의 증언 내용을 번복하는 내용의 진술서를 작성하도록 하여 법원에 제출한 경우에도 마찬가지로 적용된다.

[2] 특정범죄 가중처벌 등에 관한 법률(이하 '특가법'이라 한다) 제3조, 제13조 및 특정경제범죄 가중처벌 등에 관한 법률(이하 '특경법'이라 한다) 제7조, 제10조 제2항, 제3항의 내용과 입법 취지를 종합하면, 알선의뢰인이 알선수재자에게 공무원이나 금융기관 임직원의 직무에 속한 사항에 관한 알선의 대가를 형식적으로 체결한 고용계약에 터잡아 급여의 형식으로 지급한 경우에, **알선수재자가 수수한 알선수재액은 명목상 급여액이 아니라 원천징수된 근로소득세 등을 제외하고 알선수재자가 실제 지급받은 금액으로 보아야 하고, 또한 위 금액만을 특가법 제13조에서 정한 '제3조의 죄를 범하여 범인이 취득한 해당 재산' 또는 특경법 제10조 제2항에서 정한 '제7조의 경우 범인이 받은 금품이나 그 밖의 이익'으로서 몰수·추징하여야 한다.**

대법원 2013. 8. 14. 선고 2012도13665 판결 [절도] 〈공판정 증언 번복 내용의 검사 작성 피의자신문조서 증거능력 없다〉★★★★★

[판시사항] 공판준비 또는 공판기일에서 증언을 마친 증인을 검사가 소환한 후 피고인에게 유리한 증언 내용을 추궁하여 일방적으로 번복시키는 방식으로 작성한 진술조서의 증거능력 유무(원칙적 소극) 및 증언을 마친 증인을 상대로 검사가 위증 혐의를 조사한 내용을 담은 피의자신문조서의 경우에도 같은 법리가 적용되는지 여부(적극)

[판결요지] 공판준비 또는 공판기일에서 이미 증언을 마친 증인을 검사가 소환한 후 피고인에게 유리한 증언 내용을 추궁하여 이를 일방적으로 번복시키는 방식으로 작성한 진술조서를 유죄의 증거로 삼는 것은 당사자주의·공판중심주의·직접주의를 지향하는 현행 형사소송법의 소송구조에 어긋나는 것일 뿐만 아니라, 헌법 제27조가 보장하는 기본권, 즉 법관의 면전에서 모든 증거자료가 조사·진술되고 이에 대하여 피고인이 공격·방어할 수 있는 기회가 실질적으로 부여되는 재판을 받을 권리를 침해하는 것이다. 그러므로 **이러한 진술조서는 피고인이 증거로 할 수 있음에 동의하지 아니하는 한 증거능력이 없고, 그 후 원진술자인 종전 증인이 다시 법정에 출석하여 증언을 하면서 그 진술조서의 성립의 진정함을 인정하고 피고인 측에 반대신문의 기회가 부여되었다고 하더라도 그 증언 자체를 유죄의 증거로 할 수 있음은 별론으로 하고 위와 같은 진술조서의 증거능력이 없다는 결론은 달리할 것이 아니다. 이는 검사가 공판준비 또는 공판기일에서 이미 증언을 마친 증인에게 수사기관에 출석할 것을 요구하여 그 증인을 상대로 위증의 혐의를 조사한 내용을 담은 피의자신문조서의 경우도 마찬가지이다.**

☞ 〈위증 추궁 번복 '피의자신문조서' 또는 소위 지게차 절도사건〉 **번복 피의자신문조서의 증거능력 (= 증거에 동의하지 않는 한 증거능력 없음).** 공판중심주의 철학을 깊이 음미할 필요가 있다. 우리나라 수사기관에서 왜 이러한 기형적인 사태가 계속 발생하는지 의문이다. 법원의 판단은 타당하다.

⑤ 증인의 증언은 그 전체를 일체로 관찰·판단하는 것이어서 선서한 증인이 일단 기억에 반하는 허위의 진술을 하였더라도 그 신문이 끝나기 전에 그 진술을 철회·시정한 경우 위증이 ~~되지 아니하므로~~된다. 제5회 공판기일에 다시 출석한 乙이 종전의 허위진술을 철회한 이상 乙은 위증죄로 ~~처벌되지 아니한다.~~처벌된다.

┃ 해설 및 정답 ┃ 2023년 제12회 변호사시험 기출문제 32 **정답** ×

대법원 2010. 9. 30. 선고 2010도7525 판결 [특정범죄가중처벌등에관한법률위반(보복범죄 등)·위증교사] 〈위증죄 기수시기는 최초 신문 진술이 종료한 때이다. 이후에 철회하여도 위증죄 성립에 영향이 없다〉

[판시사항] [1] 별도의 증인 신청 및 채택 절차를 거쳐 그 증인이 다시 신문을 받는 과정에서 종전 신문절차에서의 진술을 철회·시정한 경우, 이미 종결된 종전 증인신문절차에서 행한 위증죄의 성립에 영향을 미치는지 여부(소극) [2] 피고인으로부터 위증의 교사를 받은 갑이 관련사건의 제1심 제9회 공판기일에 증인으로 출석하여 한 허위 진술이 철회·시정된 바 없이 증인신문절차가 종료되었다가, 그 후 증인으로 다시 신청·채택된 갑이 위 관련사건의 제21회 공판기일에 다시 출석하여 종전 선서의 효력이 유지됨을 고지받고 증언하면서 종전 기일에 한 허위 진술을 철회한 사안에서, 갑의 위증죄는 이미 기수에 이르렀음에도 이와 달리 본 원심판단에 법리오해의 위법이 있다고 한 사례.

[판결요지] [1] 증인의 증언은 그 전부를 일체로 관찰·판단하는 것이다. 그러므로 선서한 증인이 일단 기억에 반하는 허위의 진술을 하였더라도 그 신문이 끝나기 전에 그 진술을 철회·시정한 경우 위증이 되지 아니한다고 할 것이다. **그러나 증인이 1회 또는 수회의 기일에 걸쳐 이루어진 1개의 증인신문절차에서 허위의 진술을 하고 그 진술이 철회·시정된 바 없이 그대로 증인신문절차가 종료된 경우 그로써 위증죄는 기수에 달한다. 그 후 별도의 증인 신청 및 채택 절차를 거쳐 그 증인이 다시 신문을 받는 과정에서 종전 신문절차에서의 진술을 철회·시정한다 하더라도 그러한 사정은 형법 제153조가 정한 형의 감면사유에 해당할 수 있을 뿐, 이미 종결된 종전 증인신문절차에서 행한 위증죄의 성립에 어떤 영향을 주는 것은 아니다. 위와 같은 법리는 증인이 별도의 증인신문절차에서 새로이 선서를 한 경우뿐만 아니라 종전 증인신문절차에서 한 선서의 효력이 유지됨을 고지 받고 진술한 경우에도 마찬가지로 적용된다.**

[2] 피고인으로부터 위증의 교사를 받은 갑이 관련사건의 제1심 제9회 공판기일에 증인으로 출석하여 한 허위 진술이 철회·시정된 바 없이 증인신문절차가 그대로 종료되었다가, 그 후 증인으로 다시 신청·채택된 갑이 위 관련사건의 제21회 공판기일에 다시 출석하여 종전 선서의 효력이 유지됨을 고지받고 증언하면서 종전 기일에 한 진술이 허위 진술임을 시인하고 이를 철회하는 취지의 진술을 한 사안이다. **갑의 위증죄는 이미 기수에 이른 것으로 보아야 하고, 그 후 다시 증인으로 신청·채택되어 종전 신문절차에서 한 허위 진술을 철회하였더라도 이미 성립한 위증죄에 영향을 미친다고 볼 수는 없다.**

☞ [출제] 2019년 제8회 변호사시험 기출문제 19 ⑤

09 ★★★★★

건설업을 하는 甲은 시청 건설 담당 공무원인 乙에게 자신의 회사를 신청사 공사의 시공사로 선정해 줄 것을 부탁하면서 현금 1천만 원을 건네주었으나 다른 회사가 시공사로 선정되었다.^{甲: 형법 제133조 제1항 뇌물공여죄 성립+} 이에 甲은 乙에게 전화를 걸어 뇌물로 준 1천만 원을 돌려 줄 것을 요구했으나 乙은 이미 주식투자로 소비하여 이를 거부하였다.^{乙: 형법 제129조 제1항 뇌물수수죄 성립+} 그런데 甲은 乙과 전화로 나눈 대화를 휴대전화로 몰래 녹음하였고, 여기에는 뇌물을 받은 사실을 인정하는 乙의 진술이 포함되었다. 이후 甲은 乙의 집을 찾아가 뇌물로 준 1천만 원을 당장 돌려주지 않으면 녹음한 내용을 수사기관과 언론사에 보내겠다고 말하였다. 이에 겁을 먹은 乙은 甲이 지정한 은행 예금계좌로 1천만 원을 입금하였다. 乙의 배우자 丙은 乙의 사전 언급에 따라 甲과 乙의 대화 내용을 옆방에서 자신의 휴대전화로 甲 모르게 녹음하였다.^{丙: 통신비밀보호법 위반+} 이에 관한 설명 중 옳은 것은? (다툼이 있는 경우 판례에 의함)

> **파워특강** 형법 제133조 제1항 뇌물공여죄·제129조 제1항 뇌물수수죄·제355조 제1항 횡령죄·제350조 공갈죄·통신비밀보호법 제3조 제1항·제14조·형사소송법 제318조2 탄핵증거. 형법 제355조 제1항 횡령죄 주체(= '사실상의 관계'. 위탁 또는 신임관계 존재해야 함). 형법 제350조 공갈죄(=예금구좌에 돈이 입금된 이상 이미 공갈죄 기수. 예금을 찾을 권리를 취득함). 통신비밀보호법 제14조(= **대화 당사자 녹음**='타인 간'의 대화 아니므로 적법함 ⇒ 일정한 요건에서 증거능력 있음). 통신비밀보호법 제3조 제1항(= **일방만의 동의 녹음**=통비법 위반 ⇒ 증거능력 없음). 제3자 경우 설령 전화통화 당사자 일방 동의를 받고 그 통화내용을 녹음하였더라도, 그 상대방의 동의가 없었다면, 통비법 위반이 된다. 판례=쌍방동의설). **내용을 부인한 사법경찰관작성 피의자신문조서와 탄핵증거 허용 여부**(= 임의성이 있는 한 허용. 판례=피고인 법정 진술을 탄핵하기 위한 반대증거로 사용할 수 있음).

① 乙은 甲으로부터 받은 1천만 원을 돌려주지 아니하고 주식투자로 임의 소비하였으므로, ~~뇌물수수죄와 별도로 횡령죄가 성립한다.~~ ^{뇌물수수죄가 성립한다. 그러나 횡령죄는 성립하지 않는다. 불법원인급여물이다.}

│해설 및 정답│ 2023년 제12회 변호사시험 기출문제 37 │**정답**│ ✕

대법원 2011. 10. 13. 선고 2009도13751 판결 [특정경제범죄가중처벌등에관한법률위반(횡령)(일부 인정된 죄명: 업무상횡령)·보조금의예산및관리에관한법률위반]

[판시사항] [1] 업무상횡령죄에서 '업무'의 의미 및 횡령죄에서 재물 보관에 관한 위탁관계가 사실상 관계로 충분한지 여부(적극) [5] 학교법인 이사장인 피고인이, 학교법인이 설치·운영하는 대학 산학협력단이 용도를 특정하여 교부받은 보조금 중 일부를 대학 교비계좌로 송금하여 교직원 급여 등으로 사용한 사안에서, 위 행위가 업무상횡령죄에 해당

한다고 본 원심판단을 수긍한 사례.

[판결요지] [1] 업무상횡령죄에서 '업무'는 법령, 계약에 의한 것뿐만 아니라 관례를 좇거나 사실상의 것이거나를 묻지 않고 같은 행위를 반복할 지위에 따른 사무를 가리키며, 횡령죄에서 재물 보관에 관한 위탁관계는 사실상의 관계에 있으면 충분하다.

[5] 학교법인 이사장인 피고인이, 학교법인이 설치·운영하는 대학 산학협력단이 용도를 특정하여 교부받은 보조금 중 3억 원을 대학 교비계좌로 송금하여 교직원 급여 등으로 사용한 사안에서, 위 행위는 국고보조금으로 교부된 산학협력단 자금을 지정된 용도 외의 용도에 사용한 것으로서 업무상횡령죄에 해당한다고 본 원심판단을 수긍한 사례.

대법원 2017. 5. 31. 선고 2017도3045 판결 [횡령·사기방조·전자금융거래법위반·사기]

[판시사항] 전기통신금융사기(이른바 보이스피싱 범죄)의 범인이 피해자를 기망하여 **피해자의 돈을 사기이용계좌로 송금·이체받은 후에 사기이용계좌에서 현금을 인출한 행위가 사기의 피해자에 대하여 따로 횡령죄를 구성하는지 여부(소극)** 및 이러한 법리는 사기범행에 이용되리라는 사정을 알고서도 자신 명의 계좌의 접근매체를 양도함으로써 사기범행을 방조한 종범이 사기이용계좌로 송금된 피해자의 돈을 임의로 인출한 경우에도 마찬가지로 적용되는지 여부(적극)

[판결요지] **전기통신금융사기(이른바 보이스피싱 범죄)의 범인이 피해자를 기망하여 피해자의 돈을 사기이용계좌로 송금·이체받았다면 이로써 편취행위는 기수에 이른다. 따라서 범인이 피해자의 돈을 보유하게 되었더라도 이로 인하여 피해자와 사이에 어떠한 위탁 또는 신임관계가 존재한다고 할 수 없는 이상 피해자의 돈을 보관하는 지위에 있다고 볼 수 없다. 나아가 그 후에 범인이 사기이용계좌에서 현금을 인출하였더라도 이는 이미 성립한 사기범행의 실행행위에 지나지 아니하여 새로운 법익을 침해한다고 보기도 어렵다. 그러므로 위와 같은 인출행위는 사기의 피해자에 대하여 따로 횡령죄를 구성하지 아니한다.** 그리고 이러한 법리는 사기범행에 이용되리라는 사정을 알고서도 자신 명의 계좌의 접근매체를 양도함으로써 사기범행을 방조한 종범이 사기이용계좌로 송금된 피해자의 돈을 임의로 인출한 경우에도 마찬가지로 적용된다.

대법원 2017. 5. 31. 선고 2017도3894 판결 [사기·컴퓨터등사용사기·전기통신금융사기 피해방지 및 피해금환급에 관한 특별법 위반·전자금융거래법위반·사기방조·횡령]★★★★★

[판시사항] [1] 피해자에 대한 사기범행을 실현하는 수단으로서 타인을 기망하여 그를 피해자로부터 편취한 재물이나 재산상 이익을 전달하는 도구로서만 이용한 경우, 피해자에 대한 사기죄 외에 도구로 이용된 타인에 대한 사기죄가 별도로 성립하는지 여부(소극)

[2] 전기통신금융사기(이른바 보이스피싱 범죄)의 범인이 피해자를 기망하여 피해자의 자금을 사기이용계좌로 송금·이체받은 후 사기이용계좌에서 현금을 인출한 행위가 사기의 피해자에 대하여 별도의 횡령죄를 구성하는지 여부(소극) 및 이러한 법리는 사기범행에 이용되리라는 사정을 알고서 자신 명의 계좌의 접근매체를 양도함으로써 사기범행을 방조한 종범이 사기이용계좌로 송금된 피해자의 자금을 임의로 인출한 경우에도 마찬가지로 적용되는지 여부(적극)

[판결요지] [1] 간접정범을 통한 범행에서 피이용자는 간접정범의 의사를 실현하는 수단으로서의 지위를 가질 뿐이다. 그러므로 **피해자에 대한 사기범행을 실현하는 수단으로서 타인을 기망하여 그를 피해자로부터 편취한 재물이나 재산상 이익을 전달하는 도구로서만 이용한 경우에는 편취의 대상인 재물 또는 재산상 이익에 관하여 피해자에 대한 사기**

죄가 성립할 뿐 도구로 이용된 타인에 대한 사기죄가 별도로 성립한다고 할 수 없다.
[2] 전기통신금융사기(이른바 보이스피싱 범죄)의 범인이 피해자를 기망하여 피해자의 자금을 사기이용계좌로 송금·이체받으면 사기죄는 기수에 이른다. 범인이 피해자의 자금을 점유하고 있다고 하여 피해자와의 어떠한 위탁관계나 신임관계가 존재한다고 볼 수 없을 뿐만 아니라, 그 후 범인이 사기이용계좌에서 현금을 인출하였더라도 이는 이미 성립한 사기범행이 예정하고 있던 행위에 지나지 아니하여 새로운 법익을 침해한다고 보기도 어렵다. 그러므로 위와 같은 **인출행위는 사기의 피해자에 대하여 별도의 횡령죄를 구성하지 아니한다.** 이러한 법리는 사기범행에 이용되리라는 사정을 알고서 자신 명의 계좌의 접근매체를 양도함으로써 사기범행을 방조한 종범이 사기이용계좌로 송금된 피해자의 자금을 임의로 인출한 경우에도 마찬가지로 적용된다.
☞ [출제] 2022년 제11회 변호사시험 기출문제 8 ㄴ.
☞ [출제] 2021년 제10회 변호사시험 기출문제 9 ①

② 만일 甲이 위 예금계좌에 입금된 1천만 원을 인출하지 않았다면 甲에게 공갈죄의 ~~미수범이~~ ^{기수범이} 성립한다.

해설 및 정답 2023년 제12회 변호사시험 기출문제 37   **정답** ○
대법원 1985. 9. 24. 선고 85도1687 판결 [공갈·공갈미수·협박]
[판시사항] 피해자를 공갈하여 지정한 은행구좌에 입금케 한 경우 공갈죄의 기수 여부
[판결요지] 피해자들을 공갈하여 피해자들로 하여금 지정한 예금구좌에 돈을 입금케한 이상, 위 돈은 범인이 자유로이 처분할 수 있는 상태에 놓인 것으로서 공갈죄는 이미 기수에 이르렀다 할 것이다.

③ 甲이 乙과의 전화상 대화를 휴대전화로 몰래 녹음한 것은 「통신비밀보호법」상 비밀녹음에 ~~해당하여~~ ^{해당하지 않는다.} 甲의 뇌물공여죄나 乙의 뇌물수수죄에 대한 유죄의 증거로 사용할 수 ~~없다.~~ 있다.

해설 및 정답 2023년 제12회 변호사시험 기출문제 37   **정답** ✕
대법원 2001. 10. 9. 선고 2001도3106 판결 [간통]
[판시사항] 수사기관이 아닌 사인이 비밀녹음한 녹음테이프에 대한 검증조서의 증거능력
[판결요지] 통신비밀보호법은 누구든지 이 법과 형사소송법 또는 군사법원법의 규정에 의하지 아니하고는 우편물의 검열 또는 전기통신의 감청을 하거나 공개되지 아니한 타인간의 대화를 녹음 또는 청취하지 못하고(제3조 본문), 이에 위반하여 불법검열에 의하여 취득한 우편물이나 그 내용 및 불법감청에 의하여 지득 또는 채록된 전기통신의 내용은 재판 또는 징계절차에서 증거로 사용할 수 없고(제4조), 누구든지 공개되지 아니한 타인간의 대화를 녹음하거나 전자장치 또는 기계적 수단을 이용하여 청취할 수 없고(제14조 제1항), 이에 의한 녹음 또는 청취에 관하여 위 제4조의 규정을 적용한다(제14조 제2항)고 각 규정하고 있는바, **녹음테이프 검증조서의 기재 중 피고인과 공소외인 간의 대화를 녹**

음한 부분은 공개되지 아니한 타인간의 대화를 녹음한 것이므로 위 법 제14조 제2항 및 제4조의 규정에 의하여 그 증거능력이 없고, 피고인들 간의 전화통화를 녹음한 부분은 피고인의 동의없이 불법감청한 것이므로 위 법 제4조에 의하여 그 증거능력이 없다.

또한, 녹음테이프 검증조서의 기재 중 고소인이 피고인과의 대화를 녹음한 부분은 타인간의 대화를 녹음한 것이 아니므로 위 법 제14조의 적용을 받지는 않지만, 그 녹음테이프에 대하여 실시한 검증의 내용은 녹음테이프에 녹음된 대화의 내용이 검증조서에 첨부된 녹취서에 기재된 내용과 같다는 것에 불과하여 증거자료가 되는 것은 여전히 녹음테이프에 녹음된 대화의 내용이라 할 것인바, 그 중 피고인의 진술내용은 실질적으로 형사소송법 제311조, 제312조 규정 이외에 피고인의 진술을 기재한 서류와 다를 바 없으므로, 피고인이 그 녹음테이프를 증거로 할 수 있음에 동의하지 않은 이상 그 녹음테이프 검증조서의 기재 중 피고인의 진술내용을 증거로 사용하기 위해서는 형사소송법 제313조 제1항 단서에 따라 공판준비 또는 공판기일에서 그 작성자인 고소인의 진술에 의하여 녹음테이프에 녹음된 피고인의 진술내용이 피고인이 진술한 대로 녹음된 것이라는 점이 증명되고 그 진술이 특히 신빙할 수 있는 상태하에서 행하여진 것으로 인정되어야 한다.

(중요) ④ 丙이 甲과 乙의 대화내용을 휴대전화로 몰래 녹음한 것은 대화 당사자인 乙의 사전 동의에 의한 것이므로,^{것이더라도} 甲의 공갈죄에 대한 유죄의 증거로 사용할 수 있다.^{없다.}

해설 및 정답　2023년 제12회 변호사시험 기출문제 37　　　　　**정답** ✕

대법원 2019. 3. 14. 선고 2015도1900 판결 [변호사법위반]

[판시사항] [1] 통신비밀보호법상 '전기통신의 감청'의 의미 및 **전화통화 당사자의 일방이 상대방 모르게 통화 내용을 녹음하는 행위가 이에 해당하는지 여부(소극)** / 제3자가 전화통화 당사자 중 일방만의 동의를 받고 통화 내용을 녹음한 행위가 '전기통신의 감청'에 해당하는지 여부(적극) 및 이러한 불법감청에 의하여 녹음된 전화통화 내용의 증거능력 유무(소극)

[판결요지] 통신비밀보호법 제2조 제7호는 "감청"이라 함은 전기통신에 대하여 당사자의 동의 없이 전자장치·기계장치 등을 사용하여 통신의 음향·문언·부호·영상을 청취·공독하여 그 내용을 지득 또는 채록하거나 전기통신의 송·수신을 방해하는 것을 말한다고 규정하고 있다. 같은 법 제3조 제1항은 누구든지 이 법과 형사소송법 또는 군사법원법의 규정에 의하지 아니하고는 전기통신의 감청을 하지 못한다고 규정하고, 제4조는 제3조의 규정에 위반하여 불법감청에 의하여 지득 또는 채록된 전기통신의 내용은 재판 또는 징계절차에서 증거로 사용할 수 없다고 규정하고 있다. 이에 따르면 **전기통신의 감청은 제3자가 전기통신의 당사자인 송신인과 수신인의 동의를 받지 아니하고 전기통신 내용을 녹음하는 등의 행위를 하는 것만을 말한다고 해석함이 타당하므로, 전기통신에 해당하는 전화통화 당사자의 일방이 상대방 모르게 통화 내용을 녹음하는 것은 여기의 감청에 해당하지 않는다.** 그러나 제3자의 경우는 설령 전화통화 당사자 일방의 동의를 받고 그 통화 내용을 녹음하였다 하더라도 그 상대방의 동의가 없었던 이상, 이는 여기의 감청에 해당하여 통신비밀보호법 제3조 제1항 위반이 되고, 이와 같이 제3조 제1항을 위

반한 불법감청에 의하여 녹음된 전화통화의 내용은 제4조에 의하여 증거능력이 없다. 그리고 사생활 및 통신의 불가침을 국민의 기본권의 하나로 선언하고 있는 헌법규정과 통신비밀의 보호와 통신의 자유 신장을 목적으로 제정된 통신비밀보호법의 취지에 비추어 볼 때 피고인이나 변호인이 이를 증거로 함에 동의하였다고 하더라도 달리 볼 것은 아니다(대법원 2002. 10. 8. 선고 2002도123 판결, 대법원 2010. 10. 14. 선고 2010도9016 판결 등 참조).

☞ 판례: 쌍방동의설

대법원 2010. 10. 14. 선고 2010도9016 판결 [마약류관리에관한법률위반(향정)]

[판시사항] [1] 제3자가 전화통화자 중 일방만의 동의를 얻어 통화 내용을 녹음하는 행위가 통신비밀보호법상 '전기통신의 감청'에 해당하는지 여부(적극) 및 불법감청에 의하여 녹음된 전화통화 내용의 증거능력 유무(소극) [2] 수사기관이 갑으로부터 피고인의 마약류관리에 관한 법률 위반(향정) 범행에 대한 진술을 듣고 추가적인 증거를 확보할 목적으로, 구속수감되어 있던 갑에게 그의 압수된 휴대전화를 제공하여 피고인과 통화하고 위 범행에 관한 통화 내용을 녹음하게 한 행위는 불법감청에 해당하므로, 그 녹음 자체는 물론 이를 근거로 작성된 녹취록 첨부 수사보고는 피고인의 증거동의에 상관없이 그 증거능력이 없다고 한 사례.

[판결요지] 통신비밀보호법(이하 '법'이라고만 한다) 제2조 제7호는 "감청"이라 함은 전기통신에 대하여 당사자의 동의없이 전자장치·기계장치 등을 사용하여 통신의 음향·문언·부호·영상을 청취·공독하여 그 내용을 지득 또는 채록하거나 전기통신의 송·수신을 방해하는 것을 말한다고 규정하고, 제3조 제1항은 누구든지 이 법과 형사소송법 또는 군사법원법의 규정에 의하지 아니하고는 전기통신의 감청을 하지 못한다고 규정하며, 나아가 제4조는 제3조의 규정에 위반하여, 불법감청에 의하여 지득 또는 채록된 전기통신의 내용은 재판 또는 징계절차에서 증거로 사용할 수 없다고 규정하고 있다. 이에 따르면 전기통신의 감청은 제3자가 전기통신의 당사자인 송신인과 수신인의 동의를 받지 아니하고 전기통신 내용을 녹음하는 등의 행위를 하는 것만을 말한다고 풀이함이 상당하다고 할 것이다. 그러므로 전기통신에 해당하는 전화통화 당사자의 일방이 상대방 모르게 통화 내용을 녹음하는 것은 여기의 감청에 해당하지 아니하지만, 제3자의 경우는 설령 전화통화 당사자 일방의 동의를 받고 그 통화 내용을 녹음하였다 하더라도 그 상대방의 동의가 없었던 이상, 이는 여기의 감청에 해당하여 법 제3조 제1항 위반이 된다(대법원 2002. 10. 8. 선고 2002도123 판결 참조). 이와 같이 법 제3조 제1항에 위반한 불법감청에 의하여 녹음된 전화통화의 내용은 법 제4조에 의하여 증거능력이 없다(대법원 2001. 10. 9. 선고 2001도3106 판결 등 참조). 그리고 사생활 및 통신의 불가침을 국민의 기본권의 하나로 선언하고 있는 헌법규정과 통신비밀의 보호와 통신의 자유 신장을 목적으로 제정된 통신비밀보호법의 취지에 비추어 볼 때 피고인이나 변호인이 이를 증거로 함에 동의하였다고 하더라도 달리 볼 것은 아니다(대법원 2009. 12. 24. 선고 2009도11401 판결 참조).

☞ [출제] 2021년 제10회 변호사시험 기출문제 37 ㄷ.

⑤ 만일 뇌물수수죄로 기소된 乙이 법정에서 뇌물수수의 사실을 부인하는 진술을

하는 경우, 검사가 유죄의 자료로 제출한 사법경찰관 작성의 乙에 대한 피의자
신문조서는 乙이 그 내용을 부인하더라도 임의로 작성된 것으로 인정되는 한
乙의 법정진술의 증명력을 다투기 위한 탄핵증거로 사용할 수 있다.

| 해설 및 정답 | 2023년 제12회 변호사시험 기출문제 37 　　　　　　　　　　　| 정답 | ○

대법원 2014. 3. 13. 선고 2013도12507 판결 [공직선거법위반]

[판시사항] 수사기관의 조사과정에서 작성된 피의자 진술조서의 증거능력 / 피고인이 내
용을 부인하여 증거능력이 없는 사법경찰리 작성의 피의자신문조서를 탄핵증거로 사용하
기 위한 요건

[판결요지] 피의자의 진술을 기재한 서류가 수사기관의 조사과정에서 작성된 것이라면,
그것이 '진술조서'라는 형식을 취하였다고 하더라도 피의자신문조서와 달리 볼 수 없다.
검사가 유죄의 자료로 제출한 사법경찰리 작성의 피고인에 대한 피의자신문조서는 피고
인이 그 내용을 부인하는 이상 증거능력이 없다. 그러나 그것이 임의로 작성된 것이 아
니라고 의심할 만한 사정이 없는 한 피고인의 법정에서의 진술을 탄핵하기 위한 반대증
거로 사용할 수 있다(대법원 2004. 9. 3. 선고 2004도3588 판결; 대법원 2005. 8. 19. 선
고 2005도2617 판결 등 참조).

---

10 ★★★★★

甲은 A와 재혼하여 함께 생활하다가 A가 외도를 하는 것을 목격하고 A를 살해하기로
마음먹었다. 甲은 전처 소생의 아들 乙에게 자신의 재산 중 일부를 증여하기로 약속하
고 A를 살해할 것을 부탁하였다. ㉠ 이를 승낙한 乙은 A를 살해하기 위하여 일정량
이상을 먹으면 사람이 죽을 수도 있는 초우뿌리를 달인 물을 마시게 하였으나 A가 이
를 토해버려 사망하지 않았다.^{乙:} 형법 제250조 제1항, 제254조, 제27조 살인죄 불능미수범 성립+. 사망 위험
성 있음. ㉡ 그러자 甲은 乙에게 칼을 주며 "이번에는 A를 반드시 죽여 달라"라고 당부
하였다. 이에 乙은 甲의 당부대로 A의 집으로 향하였으나, 갑자기 마음이 바뀐 甲은
乙이 실행의 착수에 이르기 전 전화로 "그만 두자"라고 乙을 만류하였다. 그러나 乙은
A를 칼로 찔러 살해하였다.^{乙:} 형법 제250조 제1항 살인죄 성립+ 옷에 피가 묻은 채로 범행현장
을 떠나려던 乙은 마침 지나가던 사법경찰관에 의해 현행범으로 체포되었고 乙은 그
현장에서 자신은 단지 시키는 대로 했을 뿐이라며 자발적으로 휴대전화를 임의제출하
였다. 이에 사법경찰관은 「형사소송법」 제218조에 따라 휴대전화를 압수한 후 경찰서
에서 乙의 휴대전화의 정보를 탐색하여 甲이 범행에 가담한 사실을 알고 甲을 긴급체
포하였다. 이에 관한 설명 중 옳은 것은? (다툼이 있는 경우 판례에 의함)

| 파워특강 | 형법 제250조, 제254조, 제27조 불능미수범. 불능범(不能犯)은 범죄행
위의 성질상 결과발생 또는 법익침해의 가능성이 절대로 있을 수 없다. [판례] 일
정량 이상을 먹으면 사람이 죽을 수도 있는 '초우뿌리'나 '부자' 달인 물을 마시게

한 경우 살인미수죄에 해당한다. 정범의 착오와 교사자의 착오(＝법정적 부합설은 객체 착오로, 구체적 부합설은 방법 착오로 본다. **법정적 부합설＝발생사실인 B에 대한 살인(기수)죄의 교사범 성립).** 공범관계이탈(＝교사 내용과 같은 범죄 실행의 결의를 유지하고, 그 결의에 따라 실제로 행위를 범한 경우, 공범관계이탈로 볼 수 없음). 형사소송법 제218조 임의제출. 형사소송법 제219조, 제121조 **전자정보의 임의제출물 압수와 참여권 보장**(＝수사기관 사무실로 옮겨 복제·탐색·출력하는 경우 형사소송법 제219조, 제121조에서 규정하는 피압수·수색 당사자나 변호인에게 참여의 기회를 보장하고, 혐의사실과 무관한 전자정보의 임의적인 복제 등을 막기 위한 적절한 조치를 취하는 등 영장주의 원칙과 적법절차를 준수하여야 한다(대법원 2015. 7. 16. 선고 2011모1839 전원합의체 <종근당 압수 사건>.

① ㉠의 사실관계에서 乙이 A를 살해하기 위해 초우뿌리를 달인 물을 마시게 하였으나 A가 이를 토해버려 사망하지 않아 乙에게 살인미수죄가 성립한다.

해설 및 정답 2023년 제12회 변호사시험 기출문제 40 **정답** ○

대법원 2007. 7. 26. 선고 2007도3687 판결 [살인·살인미수·살인음모]
[판시사항] [1] 불능범의 의미 [2] 일정량 이상을 먹으면 사람이 죽을 수도 있는 '초우뿌리'나 '부자' 달인 물을 마시게 하여 피해자를 살해하려다 미수에 그친 행위가 불능범이 아닌 살인미수죄에 해당한다고 본 사례.
[판결요지] [1] **불능범은 범죄행위의 성질상 결과발생 또는 법익침해의 가능성이 절대로 있을 수 없는 경우를 말한다.**
[2] **일정량 이상을 먹으면 사람이 죽을 수도 있는 '초우뿌리'나 '부자' 달인 물을 마시게 하여 피해자를 살해하려다 미수에 그친 행위가 불능범이 아닌 살인미수죄에 해당한다고 본 사례.**

② ㉡의 사실관계에서 **법정적 부합설에**^{구체적 부합설} 따를 경우, 만일 乙이 A의 집 앞에서 기다리고 있다가 B를 A로 착각하여 칼로 찔러 살해했다면 乙에게는 A에 대한 살인미수죄와 B에 대한 과실치사죄가 성립하고 양 죄는 상상적 경합 관계이다.

해설 및 정답 2023년 제12회 변호사시험 기출문제 40 **정답** ×

쟁점은 정범의 객체 착오가 공범에게 어떤 착오가 되는가 이다. 이 경우 법정적 부합설은 객체 착오로 본다. 그러나 구체적 부합설은 방법 착오(＝타격 착오)로 본다. 따라서 **법정적 부합설에 따르면 甲은 발생사실인 B에 대한 살인(기수)죄의 교사범이 성립한다.** 구체적 부합설 따르면, 만일 乙이 A의 집 앞에서 기다리다가 B를 A로 착각하여 칼로 찔러 살해했다면, 乙에게 A에 대한 살인미수죄와 B에 대한 과실치사죄가 성립한다. 양 죄는 상상적 경합 관계이다.

☞ [출제] 2017년 제6회 변호사시험 기출문제 3

☞ [출제] 2019년 제8회 변호사시험 기출문제 4

☞ [적중] 하태영, 형사법 종합연습, 변시기출문제분석편, 제3판, 법문사, 2021, 27면.

중요 ③ ㉡의 사실관계에서 甲은 乙에게 A를 살해할 것을 교사한 후 乙이 실행의 착수에 이르기 전에 범행을 ~~만류하였으므로, 살인교사의 죄책을 지지 않는다.~~ 만류하였지만, 乙이 살인을 하였기 때문에 살인교사죄의 죄책을 진다(법정적 부합설).

해설 및 정답 2023년 제12회 변호사시험 기출문제 40   **정답** ×

대법원 2012. 11. 15. 선고 2012도7407 판결 [공갈교사]★★★★★

[사실관계] 교사자인 피고인이 피교사자에게 피해자의 불륜관계를 이용하여 공갈할 것을 교사하였다. 그런데 그 후 피교사자가 피해자를 미행하여 동영상을 촬영한 후 그 촬영 결과를 알리자, 피교사자에게 전화를 걸어 돈을 줄 테니 동영상을 넘기고 피해자를 공갈하는 것을 단념하라고 만류하였다. 그러나 피교사자가 피고인의 제안을 거절하고 동영상을 이용하여 피해자를 공갈한 사안이다.

[판시사항] [1] 교사자가 공범관계로부터 이탈하여 교사범의 죄책을 부담하지 않기 위한 요건 [2] 정범이 교사자의 교사행위에 의하여 범죄 실행을 결의하게 된 경우, 교사행위 외에 다른 원인이 있어 범죄를 실행한 경우에도 교사범이 성립하는지 여부(적극)

[판결요지] 교사범이란 정범인 피교사자로 하여금 범죄를 결의하게 하여 그 죄를 범하게 한 때에 성립하는 것이다. 교사범을 처벌하는 이유는 이와 같이 교사범이 피교사자로 하여금 범죄 실행을 결의하게 하였다는 데에 있다. 따라서 **교사범이 그 공범관계로부터 이탈하기 위해서는 피교사자가 범죄의 실행행위에 나아가기 전에 교사범에 의하여 형성된 피교사자의 범죄 실행의 결의를 해소하는 것이 필요하다.**

이때 교사범이 피교사자에게 교사행위를 철회한다는 의사를 표시하고 이에 피교사자도 그 의사에 따르기로 하거나 또는 교사범이 명시적으로 교사행위를 철회함과 아울러 피교사자의 범죄 실행을 방지하기 위한 진지한 노력을 다하여 당초 피교사자가 범죄를 결의하게 된 사정을 제거하는 등 제반 사정에 비추어 객관적·실질적으로 보아 교사범에게 교사의 고의가 계속 존재한다고 보기 어렵고 당초의 교사행위에 의하여 형성된 **피교사자의 범죄 실행의 결의가 더 이상 유지되지 않는 것으로 평가할 수 있다면,** 설사 그 후 피교사자가 범죄를 저지르더라도 이는 당초의 교사행위에 의한 것이 아니라 새로운 범죄 실행의 결의에 따른 것이므로 교사자는 형법 제31조 제2항에 의한 죄책을 부담함은 별론으로 하고 형법 제31조 제1항에 의한 교사범으로서의 죄책을 부담하지는 않는다고 할 수 있다.

한편 교사범이 성립하기 위해 교사범의 교사가 정범의 범행에 대한 유일한 조건일 필요는 없으므로, 교사행위에 의하여 피교사자가 범죄 실행을 결의하게 된 이상 피교사자에게 다른 원인이 있어 범죄를 실행한 경우에도 교사범의 성립에는 영향이 없다(대법원 1991. 5. 14. 선고 91도542 판결 등 참조).

피고인은 공소외인으로 하여금 이 사건 공갈 범죄의 실행을 결의하게 하였고, 피고인의 교사에 의하여 범죄 실행을 결의하게 된 공소외인이 그 실행행위에 나아가기 전에 피고인으로부터 **범행을 만류하는 전화를 받기는 하였으나 이를 명시적으로 거절함으로써** 여전히 피고인의 교사 내용과 같은 범죄 실행의 결의를 그대로 유지하였으며, 그 결의에 따라 실제로 피해자를 공갈하였음을 알 수 있다.

이를 앞서 본 법리에 비추어 보면, **피고인의 교사행위와 공소외인의 공갈행위 사이에는 상당인과관계가 인정된다 할 것이다. 피고인의 만류행위가 있었지만 공소외인이 이를 명시적으로 거절하고 당초와 같은 범죄 실행의 결의를 그대로 유지한 것으로 보인다. 그렇다면 피고인이 공범관계에서 이탈한 것으로 볼 수도 없다.**

④ 사법경찰관이 乙을 현행범으로 체포하는 현장에서 乙로부터 휴대전화를 임의제출받아 적법하게 압수하였다고 ~~하더라도 그 압수를 계속할 필요가 있는 때에는 지체 없이 압수수색영장을 신청해야 한다.~~ 압수한 경우 그 압수를 계속할 필요가 있는 때에는

형사소송법 제218조에 근거하여 압수·수색영장을 사후에 신청할 필요가 없다.

해설 및 정답 ┃ 2023년 제12회 변호사시험 기출문제 40　　　　　　　　**정답** ✕

임의제출물 압수와 사후영장의 요부(소극): 형사소송법 제218조에 근거하여 임의제출물을 압수한 경우 **압수과정뿐만 아니라 사후에도 영장을 발부받을 필요가 없다.**

（중요） ⑤ 乙로부터 휴대전화를 임의제출받은 이상 사법경찰관이 경찰서에서 휴대전화의 정보를 탐색함에 있어서는 乙 또는 그의 변호인의 참여를 ~~요하지 아니한다.~~ 요한다.

해설 및 정답 ┃ 2023년 제12회 변호사시험 기출문제 40　　　　　　　　**정답** ✕

대법원 2015. 7. 16.자 2011모1839 전원합의체 결정 [준항고인용결정에대한재항고] 〈전자정보에 대한 압수·수색 사건〉 ★★★★★

[판시사항] [1] 전자정보에 대한 압수·수색이 저장매체 또는 복제본을 수사기관 사무실 등 외부로 반출하는 방식으로 허용되는 예외적인 경우 및 **수사기관 사무실 등으로 반출된 저장매체 또는 복제본에서 혐의사실 관련성에 대한 구분 없이 임의로 저장된 전자정보를 문서로 출력하거나 파일로 복제하는 행위가 영장주의 원칙에 반하는 위법한 압수인지 여부(원칙적 적극)**

[2] 전자정보가 담긴 저장매체 또는 복제본을 수사기관 사무실 등으로 옮겨 복제·탐색·출력하는 일련의 과정에서, 피압수·수색 당사자나 변호인에게 참여의 기회를 보장하고 혐의사실과 무관한 전자정보의 임의적인 복제 등을 막기 위한 적절한 조치가 취해지지 않은 경우, 압수·수색의 적법 여부(원칙적 소극) 및 수사기관이 저장매체 또는 복제본에서 혐의사실과 관련된 전자정보만을 복제·출력하였더라도 마찬가지인지 여부(적극)

대법원 2022. 1. 27. 선고 2021도11170 판결 [자본시장과금융투자업에관한법률위반·보조금관리에관한법률위반·업무상횡령·사기·허위작성공문서행사·금융실명거래및비밀보장에

관한법률위반 · 범죄수익은닉의규제및처벌등에관한법률위반 · 업무방해 · 위계공무집행방해 · 위조사문서행사 · 증거은닉교사 · 증거인멸교사 · 증거위조교사 · 사문서위조 · 위조공문서행사 (인정된 죄명:허위작성공문서행사)] 〈제3자가 임의제출한 정보저장매체에 저장된 전자정보 및 금융계좌추적용 압수 · 수색영장 집행 결과의 증거능력 인정 여부에 관한 사건〉 ★★★★★

☞ 이 판례는 중요하다. 최근 판례이고 쟁점이 많다. 매년 출제가능성이 있다. 판결문 전문을 반드시 정독하길 바란다.

[판시사항] [1] 전자정보를 압수하고자 하는 수사기관이 정보저장매체와 거기에 저장된 전자정보를 임의제출의 방식으로 압수할 때 임의제출자의 의사에 따른 전자정보 압수의 대상과 범위가 명확하지 않거나 이를 알 수 없는 경우, **임의제출에 따른 압수의 동기가 된 범죄혐의사실과 관련되고 이를 증명할 수 있는 최소한의 가치가 있는 전자정보에 한하여 압수의 대상이 되는지 여부(적극) 및 이때 범죄혐의사실과의 관련성이 인정되는 범위**

[2] 압수의 대상이 되는 전자정보와 그렇지 않은 전자정보가 혼재된 정보저장매체나 복제본을 임의제출받은 수사기관이 정보저장매체 등을 수사기관 사무실 등으로 옮겨 탐색 · 복제 · 출력하는 일련의 과정에서, **피압수자 측에 참여의 기회를 보장하는 등의 적절한 조치를 취하지 않은 경우, 압수 · 수색의 적법 여부(원칙적 소극) 및 이때 정보저장매체 또는 복제본에서 범죄혐의사실과 관련된 전자정보만을 복제 · 출력하였더라도 마찬가지인지 여부(적극)**

[3] 피해자 등 제3자가 피의자의 소유 · 관리에 속하는 정보저장매체를 영장에 의하지 않고 임의제출한 경우, 실질적 피압수자인 피의자에게 참여권을 보장하는 등 피의자의 절차적 권리를 보장하기 위한 적절한 조치가 이루어져야 하는지 여부(적극) 및 이때 정보저장매체를 임의제출한 피압수자에 더하여 임의제출자 아닌 피의자에게도 참여권이 보장되어야 하는 '피의자의 소유 · 관리에 속하는 정보저장매체'의 의미 및 이에 해당하는지 판단하는 기준

[4] 금융계좌추적용 압수 · 수색영장의 집행에서 수사기관이 금융기관으로부터 금융거래 자료를 수신하기에 앞서 금융기관에 영장 원본을 사전에 제시하지 않은 경우, 적법한 집행 방법인지 여부(원칙적 소극) 및 이때 예외적으로 영장의 적법한 집행 방법에 해당한다고 볼 수 있는 경우

[판결요지] [1] 헌법과 형사소송법이 구현하고자 하는 적법절차, 영장주의, 비례의 원칙은 물론, 사생활의 비밀과 자유, 정보에 대한 자기결정권 및 재산권의 보호라는 관점에서 정보저장매체 내 전자정보가 가지는 중요성에 비추어 볼 때, **정보저장매체를 임의제출하는 사람이 거기에 담긴 전자정보를 지정하거나 제출 범위를 한정하는 취지로 한 의사표시는 엄격하게 해석하여야 하고,** 확인되지 않은 제출자의 의사를 수사기관이 함부로 추단하는 것은 허용될 수 없다. 따라서 수사기관이 제출자의 의사를 쉽게 확인할 수 있음에도 이를 확인하지 않은 채 **특정 범죄혐의사실과 관련된 전자정보와 그렇지 않은 전자정보가 혼재된 정보저장매체를 임의제출받은 경우, 그 정보저장매체에 저장된 전자정보 전부가 임의제출되어 압수된 것으로 취급할 수는 없다.**

전자정보를 압수하고자 하는 수사기관이 정보저장매체와 거기에 저장된 전자정보를 임의제출의 방식으로 압수할 때, 제출자의 구체적인 제출 범위에 관한 의사를 제대로 확인하지 않는 등의 사유로 인해 임의제출자의 의사에 따른 전자정보 압수의 대상과 범위가 명

확하지 않거나 이를 알 수 없는 경우에는 **임의제출에 따른 압수의 동기가 된 범죄혐의사실과 관련되고 이를 증명할 수 있는 최소한의 가치가 있는 전자정보에 한하여 압수의 대상이 된다.** 이때 범죄혐의사실과 관련된 전자정보에는 범죄혐의사실 그 자체 또는 그와 기본적 사실관계가 동일한 범행과 직접 관련되어 있는 것은 물론 범행 동기와 경위, 범행 수단과 방법, 범행 시간과 장소 등을 증명하기 위한 간접증거나 정황증거 등으로 사용될 수 있는 것도 포함될 수 있다. 다만 그 관련성은 임의제출에 따른 압수의 동기가 된 범죄혐의사실의 내용과 수사의 대상, 수사의 경위, 임의제출의 과정 등을 종합하여 구체적·개별적 연관관계가 있는 경우에만 인정되고, 범죄혐의사실과 단순히 동종 또는 유사 범행이라는 사유만으로 관련성이 있다고 할 것은 아니다.

[2] 압수의 대상이 되는 전자정보와 그렇지 않은 전자정보가 혼재된 정보저장매체나 그 복제본을 임의제출받은 수사기관이 그 정보저장매체 등을 수사기관 사무실 등으로 옮겨 이를 탐색·복제·출력하는 경우, 그와 같은 일련의 과정에서 **형사소송법 제219조, 제121조에서 규정하는 피압수·수색 당사자(이하 '피압수자'라 한다)나 그 변호인에게 참여의 기회를 보장하고 압수된 전자정보의 파일 명세가 특정된 압수목록을 작성·교부하여야 하며 범죄혐의사실과 무관한 전자정보의 임의적인 복제 등을 막기 위한 적절한 조치를 취하는 등 영장주의 원칙과 적법절차를 준수하여야 한다.**

[3] 정보저장매체를 임의제출한 피압수자에 더하여 임의제출자 아닌 피의자에게도 참여권이 보장되어야 하는 '피의자의 소유·관리에 속하는 정보저장매체'란, 피의자가 압수·수색 당시 또는 이와 시간적으로 근접한 시기까지 해당 정보저장매체를 현실적으로 지배·관리하면서 그 정보저장매체 내 전자정보 전반에 관한 전속적인 관리처분권을 보유·행사하고, 달리 이를 자신의 의사에 따라 제3자에게 양도하거나 포기하지 아니한 경우로써, 피의자를 그 정보저장매체에 저장된 전자정보에 대하여 실질적인 피압수자로 평가할 수 있는 경우를 말하는 것이다. 이에 해당하는지 여부는 민사법상 권리의 귀속에 따른 법률적·사후적 판단이 아니라 압수·수색 당시 외형적·객관적으로 인식 가능한 사실상의 상태를 기준으로 판단하여야 한다. 이러한 정보저장매체의 외형적·객관적 지배·관리 등 상태와 별도로 단지 피의자나 그 밖의 제3자가 과거 그 정보저장매체의 이용 내지 개별 전자정보의 생성·이용 등에 관여한 사실이 있다거나 그 과정에서 생성된 전자정보에 의해 식별되는 정보주체에 해당한다는 사정만으로 그들을 실질적으로 압수·수색을 받는 당사자로 취급하여야 하는 것은 아니다.

[4] 수사기관의 압수·수색은 법관이 발부한 압수·수색영장에 의하여야 하는 것이 원칙이고, **영장의 원본은 처분을 받는 자에게 반드시 제시되어야** 하므로, 금융계좌추적용 압수·수색영장의 집행에 있어서도 수사기관이 금융기관으로부터 금융거래자료를 수신하기에 앞서 **금융기관에 영장 원본을 사전에 제시하지 않았다면 원칙적으로 적법한 집행 방법이라고 볼 수는 없다.**

다만 그 과정이 금융실명법에서 정한 방식에 따라 이루어지고 달리 적법절차와 영장주의 원칙을 잠탈하기 위한 의도에서 이루어진 것이라고 볼 만한 사정이 없어, 이러한 일련의 과정을 전체적으로 '하나의 영장에 기하여 적시에 원본을 제시하고 이를 토대로 압수·수색하는 것'으로 평가할 수 있는 경우에 한하여, 예외적으로 영장의 적법한 집행 방법에 해당한다고 볼 수 있다.

☞ [출제] 2021년 제10회 변호사시험 기출문제 22 ㄷ.

제2강 2022년 제11회 변호사시험 선택형 종합문제

2022년 제11회 변호사시험 선택형 종합문제
14 · 15 · 17 · 24 · 25 · 29 · 30 · 31 · 34 · 35 · 36 · 39 · 40

출제분석

- 14번 | 사기죄 · 친족상도례 · 자백보강법칙 · 전문법칙 예외. 공범인 공동피고인 법정자백(= 독립적 증거능력 인정).
- 15번 | 형법 제330조 야간주거침입절도죄 · 제319조 제1항 주거침입죄와 · 제329조 절도죄 · 공문서부정행사죄 · 장물알선죄 · 친족상도례 · 상대적 친고죄.
- 17번 | 특수폭행 · 죄수 · 위법수집증거배제법칙 · 종국재판 · 특가법 위험운전치상죄 · 교통사고처리특례법 업무상과실치상 · 도로교통법 업무상과실손괴죄 · 무면허운전행위 · 음주운전행위 · 사고후 미조치죄.
- 24번 | 성폭력범죄의처벌 및 피해자보호등에 관한 법률 위반(특수강도강간) · 위법수집증거 · 국민참여재판 · 전문법칙 예외.
- 25번 | 영장주의 예외 · 전문법칙 예외. 현행범인 체포 현장검증(= 형사소송법 제216조 제1항 제2호 영장 없이 강제처분 가능). 현행범인 체포현장 · 범죄현장(= 소지자 임의제출 물건 형사소송법 제218조 영장 없이 압수 허용. 사후 영장 불필요).
- 29번 | 죄수 · 누범 · 거증책임. 명예훼손죄 전파가능성(= 구성요건임. 검사의 엄격한 증명 요함). 누범가중(=장기 2배).
- 30번 | 업무방해죄 · 배임죄 · 공무원 직무 관련죄 · 공소장변경.
- 31번 | 공무집행방해죄 · 정당방위 · 전문법칙 예외 · 영상녹화물 · 부진정결과적가중범.
- 34번 | 범인도피 · 친족간 특례 · 범인도피죄 교사(= 자기도피 교사) · 위계공무집행방해 · 검증조서 · 증거동의.
- 35번 | 준현행범인 · 미란다원칙(= 피의사실과 변호인 조력권 설명의무) · 현행범체포 · 긴급체포. 파손 차량 발견시 준현행범인으로 영장 없이 체포 가능.
- 36번 | 전문법칙의 예외. 사법경찰관 작성의 공범자인 공동피고인에 대한 피의자신문조서 · 검사 이외 수사기관에서 작성한 피고인 진술서 · 공판정 증언거부 · 전문진술을 기재한 서류.
- 39번 | 포괄일죄 · 협박죄 기수시기 · 주거침입죄(= 출입 허용자도 명시적 묵시적 반대가 있는 경우 출입 = 침입+)
- 40번 | 절도죄 · 컴퓨터등사용사기죄 · 장물취득죄 · 신용카드부정사용죄 · 죄수 · 체포적부심.

---

01 ★★★★★

甲과 乙은 카드 뒷면에 형광물질로 표시를 하여 특수한 콘택트렌즈를 끼면 상대의 패를 볼 수 있는 특수카드를 이용하여 사기도박을 하기로 공모하고, 피해자 A와 B를 도박장소에 유인하여 처음 40분 동안은 정상적인 도박을 하다가 몰래 특수카드로 바꾼 다음 피해자들의 패를 보면서 도박을 하여 피해자들로부터 각 1,000만 원을 편취하였다.^{형법 제347조 제1항, 제30조 사기죄 공동정범+} 甲과 乙은 위 범행으로 기소되어 공동피고인으로 재판을 받게 되었다.^{공범인 공동피고인+} 이에 관한 설명으로 옳은 것을 모두 고른 것은? (다툼이 있는 경우 판례에 의함)

> ㄱ. 甲과 乙이 처음 40분 동안 한 도박은 사기죄의 실행행위에 포함되는 것이어서 별도로 도박죄가 성립하지 않는다.
>
> ㄴ. A가 甲과 동거하지 않는 사촌관계인 경우, A가 甲과 乙을 고소하였다가 제1심 법정에서 甲에 대한 고소를 취소하였다면, 법원은 ~~甲과 乙의~~^{甲의} A에 대한 사기죄에 대하여 모두 공소기각 판결을 선고하여야 한다.
>
> ㄷ. 甲이 제1심 법정에서 '乙과 함께 사기도박범행을 저지른 것이 맞다'고 자백하였다면, 위 자백은 乙의 반대신문권이 보장되어 있어 독립한 증거능력이 있다.
>
> ㄹ. 검찰에서 B에 대한 참고인 진술조서가 작성되고 B가 제1심 법정에 증인으로 출석하여 정당한 사유 없이 증언을 거부하였다면, 위 진술조서는 특별한 사정이 없는 한 「형사소송법」 제314조에 따라 증거능력이 ~~있다.~~^{없다.}

① ㄱ, ㄴ   ② ㄱ, ㄷ

③ ㄴ, ㄹ   ④ ㄷ, ㄹ

⑤ ㄱ, ㄷ, ㄹ

│해설 및 정답│ 2022년 제11회 변호사시험 기출문제 14   **정답** ②

> **│파워특강│** 사기죄·친족상도례·자백의 보강법칙·전문법칙 예외. 사기도박 실행의 착수시기(=사기도박을 위한 기망행위를 개시한 때. 실행착수 후 정상도박도 실행행위에 포함됨). 친족상도례 적용 효과(=직계혈족, 배우자, 동거가족, 그 배우자간 ⇒ 형면제판결. 그 이외의 친족 ⇒ 상대적 친고죄. 신분관계가 없는 공범 ⇒ 적용되지 않음). 공범인 공동피고인 법정자백(=독립적 증거능력 인정. 다른 피고인에 대해 증거능력 인정. 피고인의 반대신문권 보장됨). 수사기관에서 진술한 참고인이 법정에서 증언을 거부한 경우(=반대신문권 행사 못함. 정당하게 증언거부권을 행사한 경우가 아닌 경우 ⇒ 형사소송법 제314조가 적용되지 않음⇒ 그 증인의 참고인진술조서 증거능력이 없음).

ㄱ. (○) 대법원 2011. 1. 13. 선고 2010도9330 판결 [사기·도박]

[판시사항] [1] 이른바 '사기도박'의 경우 사기죄 외에 도박죄가 별도로 성립하는지 여부(소극) [2] 사기도박에서 실행의 착수시기(=사기도박을 위한 기망행위를 개시한 때) [3]

피고인 등이 사기도박에 필요한 준비를 갖추고 그 실행에 착수한 후에 사기도박을 숨기기 위하여 얼마간 정상적인 도박을 하였더라도 이는 사기죄의 실행행위에 포함되는 것이다. 피고인에 대하여는 피해자들에 대한 사기죄만이 성립하고 도박죄는 따로 성립하지 아니한다고 한 사례 [4] 피고인 등이 피해자들을 유인하여 사기도박으로 도금을 편취한 행위는 사회관념상 1개의 행위로 평가함이 상당하므로, 피해자들에 대한 각 사기죄는 상상적 경합의 관계에 있다고 한 사례.

[판결요지] [1] 도박이란 2인 이상의 자가 상호간에 재물을 도(賭)하여 우연한 승패에 의하여 그 재물의 득실을 결정하는 것이다. 그러므로 이른바 사기도박과 같이 도박당사자의 일방이 사기의 수단으로써 승패의 수를 지배하는 경우에는 도박에서의 우연성이 결여되어 사기죄만 성립하고 도박죄는 성립하지 아니한다.

[2] 사기죄는 편취의 의사로 기망행위를 개시한 때에 실행에 착수한 것으로 보아야 한다. 그러므로 **사기도박에서도 사기적인 방법으로 도금을 편취하려고 하는 자가 상대방에게 도박에 참가할 것을 권유하는 등 기망행위를 개시한 때에 실행의 착수가 있는 것으로 보아야 한다.**

[3] 피고인 등이 사기도박에 필요한 준비를 갖추고 그러한 의도로 피해자들에게 도박에 참가하도록 권유한 때 또는 늦어도 그 정을 알지 못하는 피해자들이 도박에 참가한 때에는 이미 사기죄의 실행에 착수하였다고 할 것이다. 그러므로 **피고인 등이 그 후에 사기도박을 숨기기 위하여 얼마간 정상적인 도박을 하였더라도 이는 사기죄의 실행행위에 포함되는 것이다. 피고인에 대하여는 피해자들에 대한 사기죄만이 성립하고 도박죄는 따로 성립하지 아니한다.** 그럼에도 이와 달리 피해자들에 대한 사기죄 외에 도박죄가 별도로 성립하는 것으로 판단하고 이를 유죄로 인정한 원심판결에 사기도박에 있어서의 실행의 착수시기 등에 관한 법리오해의 위법이 있다고 한 사례.

[4] 피고인 등이 피해자들을 유인하여 사기도박으로 도금을 편취한 행위는 사회관념상 1개의 행위로 평가하는 것이 타당하다. 그러므로 피해자들에 대한 각 사기죄는 상상적 경합의 관계에 있다고 보아야 한다. 그럼에도 위 각 죄가 실체적 경합의 관계에 있는 것으로 보고 경합범 가중을 한 원심판결에 사기죄의 죄수에 관한 법리오해의 위법이 있다고 한 사례.

☞ [출제] 2020년 제9회 변호사시험 기출문제 12 ㄹ.

ㄴ. (×) 형법 제328조 참조. 甲과 A는 동거하지 않는 친족관계이다. 비친족인 乙이 다른 친족의 범죄에 가담한 경우 비친족 乙에게 친족상도례가 적용되지 않는다.

> 형법 제328조(친족간의 범행과 고소)
> ① 직계혈족, 배우자, **동거친족, 동거가족** 또는 그 배우자간의 제323조의 죄는 그 형을 면제한다. 〈개정 2005.3.31〉
> ② 제1항이외의 친족간에 제323조의 죄를 범한 때에는 고소가 있어야 공소를 제기할 수 있다. 〈개정 1995.12.29〉
> ③ **전 2항의 신분관계가 없는 공범에 대하여는 전 이항을 적용하지 아니한다.**
> 【출처】 형법 일부개정 2020. 12. 8. [법률 제17571호, 시행 2021. 12. 9.] 법무부.

ㄷ. (○) 대법원 2006. 5. 11. 선고 2006도1944 판결 [강도상해·컴퓨터등사용사기]

[판시사항] 이해관계가 상반되는 공동피고인 자백의 증거능력

[판결요지] 공동피고인의 자백은 이에 대한 피고인의 반대신문권이 보장되어 있어 증인으로 신문한 경우와 다를 바 없으므로 독립한 증거능력이 있다(대법원 1985. 6. 25. 선고 85도691 판결, 1992. 7. 28 선고 92도917 판결 등 참조). 이는 피고인들간에 이해관계가 상반된다고 하여도 마찬가지라 할 것이다. 그러므로 이 점에 관한 상고이유의 주장도 받아들일 수 없다.

ㄹ. (×) 대법원 2019. 11. 21. 선고 2018도13945 전원합의체 판결 [마약류관리에 관한 법률위반(향정)] 〈증인이 정당한 이유 없이 증언을 거부한 경우, 그의 진술이 기재된 검찰 진술조서의 증거능력이 인정되는지 문제된 사건〉 ★★★★★

[판시사항] 수사기관에서 진술한 참고인이 법정에서 증언을 거부하여 피고인이 반대신문을 하지 못하였으나 정당하게 증언거부권을 행사한 것이 아닌 경우, 형사소송법 제314조의 '그 밖에 이에 준하는 사유로 인하여 진술할 수 없는 때'에 해당하는지 여부(원칙적 소극) 및 이때 수사기관에서 그 증인의 진술을 기재한 서류의 증거능력 유무(소극)

[판결요지] [다수의견] 수사기관에서 진술한 참고인이 법정에서 증언을 거부하여 피고인이 반대신문을 하지 못한 경우에는 정당하게 증언거부권을 행사한 것이 아니라도, 피고인이 증인의 증언거부 상황을 초래하였다는 등의 특별한 사정이 없는 한 형사소송법 제314조의 '그 밖에 이에 준하는 사유로 인하여 진술할 수 없는 때'에 해당하지 않는다고 보아야 한다. 따라서 증인이 정당하게 증언거부권을 행사하여 증언을 거부한 경우와 마찬가지로 수사기관에서 그 증인의 진술을 기재한 서류는 증거능력이 없다.

다만 피고인이 증인의 증언거부 상황을 초래하였다는 등의 특별한 사정이 있는 경우에는 형사소송법 제314조의 적용을 배제할 이유가 없다. 이러한 경우까지 형사소송법 제314조의 '그 밖에 이에 준하는 사유로 인하여 진술할 수 없는 때'에 해당하지 않는다고 보면, 사건의 실체에 대한 심증 형성은 법관의 면전에서 본래증거에 대한 반대신문이 보장된 증거조사를 통하여 이루어져야 한다는 실질적 직접심리주의와 전문법칙에 대하여 예외를 정한 형사소송법 제314조의 취지에 반하고 정의의 관념에도 맞지 않기 때문이다.

형사소송법 제314조(증거능력에 대한 예외)

제312조 또는 제313조의 경우에 공판준비 또는 공판기일에 진술을 요하는 자가 사망·질병·외국거주·소재불명 그 밖에 이에 준하는 사유로 인하여 진술할 수 없는 때에는 그 조서 및 그 밖의 서류(피고인 또는 피고인 아닌 자가 작성하였거나 진술한 내용이 포함된 문자·사진·영상 등의 정보로서 컴퓨터용디스크, 그 밖에 이와 비슷한 정보저장매체에 저장된 것을 포함한다)를 증거로 할 수 있다. 다만, 그 진술 또는 작성이 특히 신빙할 수 있는 상태하에서 행하여졌음이 증명된 때에 한한다. 〈개정 2016.5.29〉
[전문개정 2007.6.1]
【출처】 형사소송법 일부개정 2022. 2. 3. [법률 제18799호, 시행 2022. 2. 3.] 법무부.

☞ [출제] 2020년 제9회 변호사시험 기출문제 35 ㄹ.

02 ★★★★★

甲은 주간에 A의 집에 침입하여[형법 제319조 제1항 주거침입죄+] 숨어 있다가 A 소유의 금반지 1개를 훔치고,[형법 제329조 절도죄+] A 명의로 된 자동차운전면허증을 발견하여 휴대전화의 카메라 기능을 이용하여 이를 촬영하였다. 다음 날 甲은 친구 乙에게 위 금반지를 건네며 "내가 훔쳐온 것인데 대신 팔아 달라."라고 부탁하고,[형법 제362조 제1항·제2항, 제31조 제1항 장물양도알선 교사죄+] 乙은 이를 수락하였다. 그 후 甲은 음주운전으로 적발되자[도로교통법 (음주운전)위반+] 휴대전화에 저장된 A의 자동차운전면허증 이미지 파일을 경찰관에게 제시하였다.[형법 제230조 공문서부정행사죄-. 객체: 진정하게 성립된 공문서-] 한편 乙은 금반지를 丙에게 매도하기로 하고 약속장소에서 丙을 기다리던 중[형법 제362조 제1항·제2항 장물양도알선죄+] 경찰관에게 체포되었다. 이에 관한 설명 중 옳지 않은 것을 모두 고른 것은? (다툼이 있는 경우 판례에 의함)

ㄱ. 甲이 금반지를 훔친 것이 야간이었다면 甲에게는 ~~야간주거침입절도죄가 성립한다.~~
　형법 제319조 주거침입죄와 형법 제329조 절도죄가 성립한다. 양죄는 실체적 경합이다.

ㄴ. 甲이 A의 자동차운전면허증 이미지 파일을 [진정하게 성립된 공문서-] 경찰관에게 제시한 행위는 운전면허증의 특정된 용법에 따른 행사라고 볼 수 없어 공문서부정행사죄가 성립하지 않는다.

ㄷ. 乙은 실제로 매수인 丙을 만나기도 전에 경찰관에게 체포되어 丙에게 금반지의 점유가 이전되지 못하였으므로 장물알선죄가 ~~성립하지 않는다.~~ [성립한다.]

ㄹ. 甲이 A의 ~~동거하지 않는~~[동거하는] 친동생인 경우, 甲이 금반지를 훔친 행위에 대해서는 그 형을 면제한다.

① ㄱ, ㄷ　　　　　　　　② ㄱ, ㄹ
③ ㄴ, ㄷ　　　　　　　　④ ㄴ, ㄹ
⑤ ㄱ, ㄷ, ㄹ

해설 및 정답　2022년 제11회 변호사시험 기출문제 15　　　　　**정답** ⑤

> **파워특강**　야간에 주거에 침입하여 주간 또는 야간에 재물을 절취한 경우(＝형법 제330조 야간주거침입절도죄 성립. 실행 착수시점은 야간임). 주간에 주거에 침입하여 야간에 재물을 절취한 경우(＝형법 제319조 제1항 주거침입죄와 형법 제329조 절도죄의 실체적 경합. 형법 제330조 야간주거침입절도죄 불성립). 타인 운전면허증을 촬영한 이미지 파일을 제시한 행위(＝공문서부정행사죄 불성립. 진정하게 성립된 공문서 아님). 장물알선죄(＝추상적 위험범. 알선행위로 기수. 계약 불성립 또는 실질적으로 이전되지 않아도 기수). 친족상도례

> (=직계혈족·배우자·동거가족·그 배우자인 경우 형면제 판결). 상대적 친고
> 죄(=그 외 친족은 처벌함).

ㄱ. (×) 대법원 2011. 4. 14. 선고 2011도300, 2011감도5 판결 [절도·건조물침입·유해화학
　　물질관리법위반(환각물질흡입)·야간방실침입절도(인정된 죄명: 방실침입·절도)·치료
　　감호]

[판시사항] '주간에' 사람의 주거 등에 침입하여 '야간에' 타인의 재물을 절취한 행위를
형법 제330조의 야간주거침입절도죄로 처벌할 수 있는지 여부(소극)

[판결요지] 형법은 제329조에서 절도죄를 규정하고 곧바로 제330조에서 야간주거침입절
도죄를 규정하고 있을 뿐, 야간절도죄에 관하여는 처벌규정을 별도로 두고 있지 아니하
다. 이러한 형법 제330조의 규정형식과 그 구성요건의 문언에 비추어 보면, **형법은 야간
에 이루어지는 주거침입행위의 위험성에 주목하여 그러한 행위를 수반한 절도를 야간주거
침입절도죄로 중하게 처벌하고 있는 것으로 보아야 한다. 따라서 주거침입이 주간에 이루
어진 경우에는 야간주거침입절도죄가 성립하지 않는다고 해석하는 것이 타당하다.**

☞ [출제] 2021년 제10회 변호사시험 기출문제 33 ㄹ.

ⓒ요 ㄴ. (○) 대법원 2019. 12. 12. 선고 2018도2560 판결 [공문서부정행사·사문서위조·위조사
　　문서행사·도로교통법위반(음주운전)·도로교통법위반(무면허운전)] 〈타인의 자동차운
　　전면허증을 촬영한 이미지파일을 제시하여 공문서부정행사로 공소제기된 사건〉

[판시사항] 자동차 등의 운전자가 운전 중에 도로교통법 제92조 제2항에 따라 경찰공무
원으로부터 운전면허증의 제시를 요구받은 경우, 운전면허증의 특정된 용법에 따른 행사
는 도로교통법 관계 법령에 따라 발급된 운전면허증 자체를 제시하는 것인지 여부(적극)
/ 이때 **자동차 등의 운전자가 경찰공무원에게 다른 사람의 운전면허증 자체가 아니라 이
를 촬영한 이미지파일을 휴대전화 화면 등을 통하여 보여주는 행위가 공문서부정행사죄
를 구성하는지 여부(소극)**

[판결요지] 공문서부정행사죄는 사용권한자와 용도가 특정되어 작성된 공문서 또는 공도
화를 사용권한 없는 자가 사용권한이 있는 것처럼 가장하여 부정한 목적으로 행사하거나
또는 권한 있는 자라도 정당한 용법에 반하여 부정하게 행사하는 경우에 성립한다.
공문서부정행사죄는 공문서에 대한 공공의 신용 등을 보호하기 위한 데 입법 취지가 있
는 것으로, 공문서에 대한 공공의 신용 등을 해할 위험이 있으면 범죄가 성립하지만, 그
러한 위험조차 없는 경우에는 범죄가 성립하지 아니한다.
도로교통법은 자동차 등을 운전하려는 사람은 지방경찰청장으로부터 운전면허를 받아야
하고(제80조 제1항), 운전면허의 효력은 본인 또는 대리인이 운전면허증을 발급받은 때부
터 발생한다고 규정하고 있으며(제85조 제5항), 이러한 운전면허증의 서식, 재질, 규격
등은 법정되어 있다(도로교통법 제85조 제2항, 도로교통법 시행규칙 제77조 제2항 [별지
제55호 서식]).
도로교통법에 의하면, 운전면허증을 발급받은 사람은 자동차 등을 운전할 때 운전면허증
등을 지니고 있어야 하고(제92조 제1항), 운전자는 운전 중에 교통안전이나 교통질서 유
지를 위하여 경찰공무원이 운전면허증 등을 제시할 것을 요구할 때에는 이에 응하여야
한다(제92조 제2항). 도로교통법이 자동차 등의 운전자에 대하여 위와 같은 의무를 부과

하는 취지는 경찰공무원으로 하여금 교통안전 등을 위하여 현장에서 운전자의 신원과 면허조건 등을 법령에 따라 발급된 운전면허증의 외관만으로 신속하게 확인할 수 있도록 하고자 하는 데 있다. 만일 경찰공무원이 자동차 등의 운전자로부터 운전면허증의 이미지 파일 형태를 제시받는 경우에는 그 입수 경위 등을 추가로 조사·확인하지 않는 한 이러한 목적을 달성할 수 없을 뿐만 아니라, 그 이미지파일을 신용하여 적법한 운전면허증의 제시가 있었던 것으로 취급할 수도 없다.

따라서 **도로교통법 제92조 제2항에서 제시의 객체로 규정한 운전면허증은 적법한 운전면허의 존재를 추단 내지 증명할 수 있는 운전면허증 그 자체를 가리키는 것이지, 그 이미지파일 형태는 여기에 해당하지 않는다.**

이와 같은 공문서부정행사죄의 구성요건과 입법 취지, 도로교통법 제92조의 규정 내용과 입법 취지 등에 비추어 보면, 자동차 등의 운전자가 운전 중에 도로교통법 제92조 제2항에 따라 경찰공무원으로부터 운전면허증의 제시를 요구받은 경우 운전면허증의 특정된 용법에 따른 행사는 도로교통법 관계 법령에 따라 발급된 운전면허증 자체를 제시하는 것이라고 보아야 한다. 이 경우 **자동차 등의 운전자가 경찰공무원에게 다른 사람의 운전면허증 자체가 아니라 이를 촬영한 이미지파일을 휴대전화 화면 등을 통하여 보여주는 행위는 운전면허증의 특정된 용법에 따른 행사라고 볼 수 없는 것이어서 그로 인하여 경찰공무원이 그릇된 신용을 형성할 위험이 있다고 할 수 없다. 그러므로 이러한 행위는 결국 공문서부정행사죄를 구성하지 아니한다.**

☞ [적중] 하태영, 형사법종합연습 실전예상문제분석, 제4판, 법문사, 2021, 254–255면.

ㄷ. (×) 대법원 2009. 4. 23. 선고 2009도1203 판결 [특정범죄가중처벌등에관한법률위반(절도){인정된 죄명: 특정범죄가중처벌등에관한법률위반(절도)방조·장물알선]

[판시사항] [1] 형법 제362조 제2항의 장물알선죄에서 '알선'의 의미 및 그 성립요건 [2] **장물인 귀금속의 매도를 부탁받은 피고인이 그 귀금속이 장물임을 알면서도 매매를 중개하고 매수인에게 이를 전달하려다가 매수인을 만나기도 전에 체포되었다 하더라도, 위 귀금속의 매매를 중개함으로써 장물알선죄가 성립한다고 한 사례.**

[판결요지] [1] 형법 제362조 제2항에 정한 장물알선죄에서 '알선'이란 장물을 취득·양도·운반·보관하려는 당사자 사이에 서서 이를 중개하거나 편의를 도모하는 것을 의미한다. 따라서 장물인 정을 알면서, 장물을 취득·양도·운반·보관하려는 **당사자 사이에서서 서로를 연결하여 장물의 취득·양도·운반·보관행위를 중개하거나 편의를 도모하였다면,** 그 알선에 의하여 당사자 사이에 실제로 장물의 취득·양도·운반·보관에 관한 계약이 성립하지 아니하였거나 **장물의 점유가 현실적으로 이전되지 아니한 경우라도 장물알선죄가 성립한다.**

[2] 장물인 귀금속의 매도를 부탁받은 피고인이 그 귀금속이 장물임을 알면서도 매매를 중개하고 매수인에게 이를 전달하려다가 매수인을 만나기도 전에 체포되었다 하더라도, 위 귀금속의 매매를 중개함으로써 장물알선죄가 성립한다고 한 사례.

☞ [출제] 2017년 제6회 변호사시험 기출문제 15

☞ [적중] 하태영, 형사법 종합연습 변시기출문제분석, 제3판, 법문사, 2021, 254면.

ㄹ. 형법 제344조 참조. 동거친족인 경우 그 형을 면제한다.

형법 제344조(친족간의 범행)
제328조의 규정은 제329조 내지 제332조의 죄 또는 미수범에 준용한다.

형법 제328조(친족간의 범행과 고소)
① 직계혈족, 배우자, 동거친족, 동거가족 또는 그 배우자간의 제323조의 죄는 그 형을 면제한다. 〈개정 2005.3.31〉
② 제1항이외의 친족간에 제323조의 죄를 범한 때에는 고소가 있어야 공소를 제기할 수 있다. 〈개정 1995.12.29〉
③ 전 2항의 신분관계가 없는 공범에 대하여는 전 이항을 적용하지 아니한다.
【출처】 형법 일부개정 2020. 12. 8. [법률 제17571호, 시행 2021. 12. 9.]

형법 제344조(친족간범행)
제329조·제330조·제331조·제331조2·제332조 죄 또는 그 미수범은 제328조를 준용한다.

형법 제328조(친족간범행과 고소)
① 직계혈족·배우자·동거친족·동거가족·그 배우자간 제323조 죄를 범한 사람은 선고형이 면제된다. 〈개정 2005.3.31〉
② 제1항 이외 친족간에 제323조 죄를 범한 사람은 **고소가 있어야 공소를 제기할 수 있다.** 〈개정 1995.12.29〉
③ 제1항·제2항 신분관계가 없는 공범은 제1항·제2항이 적용되지 않는다.
【출처】 하태영, 형법조문강화, 법문사, 2019, 630-631면.

03　★★★★★

甲은 자동차를 운전하고 가다가 A가 바로 앞에서 리어카를 천천히 끌고 가기에 A를 향해 경적을 울렸다. 이에 A가 욕설을 하며 소리를 치자 甲은 화가 나 A에게 겁을 주려고 폭행의 고의로 A를 추월했다가 A 앞에서 급정거하였다. 그런데 뜻하지 않게 A는 이를 피하는 과정에서 넘어져 상해를 입었다. ^{형법 제262조 폭행치상죄+(=형법 제261조 특수폭행죄+)} 그 후 甲은 자신의 행위가 발각될 것을 염려하여 과음을 하는 바람에 정상적인 운전을 할 수 없는 상황에 이르게 되었다. 이러한 상태에서 甲은 졸음운전을 하다 신호를 위반하여 행인 B를 치어 전치 2주의 상해를 입힌 후 가로수를 들이 받아 정신을 잃은 상태에서 인근 병원 응급실로 이송되었다. ^{특가법 제5조조11 위험운전치상죄+, 도로교통법 제44조 제1항·제148조2 음주운전죄+, 실체적 경합} 이에 관한 설명 중 옳지 않은 것은? (다툼이 있는 경우 판례에 의함)

> **파워특강** 특수폭행·죄수·위법수집증거배제법칙·종국재판. 특수폭행으로 상해
> (=상해죄 법정형으로 처벌). 위험운전치사상죄와 음주운전죄 모두 성립하는 경우
> (=실체적 경합). 음주운전으로 교통사고 후 의식불명 상태 병원 후송(=곧바로 응
> 급실 이동 ⇒ 형사소송법 제216조 제3항 범죄장소에 해당. 동의 없는 혈액채취와
> 압수 ⇒ 의료인 채취+형사소송법 제216조 제3항 적법+사후 압수영장+ ⇒ 적법성
> 사후 보완해야 사전 영장과 균형 맞음. 무영장 혈액채취 후 사후 영장 없는 감정
> 의뢰회부 증거능력 없음. 형사소송법 제308조2). 특가법 위험운전치상죄 성립(=교
> 특법 업무상치상죄 흡수). 교특법 위반 공소제기(=범법사실 없으면 공소기각판
> 결).
> 도로교통법 무면허운전행위와 음주운전행위(=상상적 경합. 하나의 행위=운전행
> 위). 도로교통법 무면허운전행위와 교통사고처리특례법 업무상과실치상(=실체적
> 경합. 두 개 행위). 특가법 위험운전치상죄(=교특법 업무상과실치상은 흡수됨)와
> 도로교통법 업무상과실손괴죄(=실체적 경합. 두 개 행위). 특가법 도주치상죄와
> 도로교통법 사고후 미조치죄(=상상적 경합. 하나의 행위=도주행위).
> ☞ 선택형과 사례형 매년 출제됨. 실제 생활세계에서 빈번하게 발생하는 사례임.

① A에 대한 甲의 죄책은 특수폭행치상죄로서 「형법」 <del>제258조의2(특수상해)</del> 「형법」
제257조 제1항(상해)의 예에 의하여 처벌된다.

해설 및 정답 2022년 제11회 변호사시험 기출문제 17 　　　　**정답** ✗

대법원 2018. 7. 24. 선고 2018도3443 판결 [특수폭행치상]

[판시사항] [1] 죄형법정주의 취지에 따른 형벌법규의 해석 원칙 [2] 형법 제262조의 규
정 중 '제257조 내지 제259조의 예에 의한다'의 의미 / **특수폭행치상의 경우, 형법 제
258조의2의 신설에도 불구하고 종전과 같이 형법 제257조 제1항의 예에 의하여 처벌하
는 것으로 해석하여야 하는지 여부(적극)** [3] 공소장에 적용법조를 기재하는 이유 / 공소
사실이 아닌 어느 처벌조항을 준용할지에 관한 해석 및 판단에서 법원이 검사의 공소장
기재 적용법조에 구속되는지 여부(소극)

[판결요지] [1] 죄형법정주의는 국가형벌권의 자의적인 행사로부터 개인의 자유와 권리를
보호하기 위하여 범죄와 형벌을 법률로 정할 것을 요구한다. 그러한 취지에 비추어 보면
형벌법규의 해석은 엄격하여야 하고, 명문의 형벌법규의 의미를 피고인에게 불리한 방향
으로 지나치게 확장해석하거나 유추해석하는 것은 죄형법정주의의 원칙에 어긋나는 것으
로서 허용되지 아니하나, 형벌법규의 해석에서도 법률문언의 통상적인 의미를 벗어나지
않는 한 그 법률의 입법취지와 목적, 입법연혁 등을 고려한 목적론적 해석이 배제되는 것
은 아니다.

[2] 특수폭행치상죄의 해당규정인 형법 제262조, 제261조는 형법 제정 당시부터 존재하
였다. 그런데 형법 제258조의2 특수상해죄의 신설 이전에는 형법 제262조의 "전 2조의
죄를 범하여 사람을 사상에 이르게 한 때에는 제257조 내지 제259조의 예에 의한다."라
는 규정 중 '제257조 내지 제259조의 예에 의한다'의 의미는 형법 제260조(폭행, 존속폭

행) 또는 제261조(특수폭행)의 죄를 범하여 상해, 중상해, 사망의 결과가 발생한 경우, 그 결과에 따라 상해의 경우에는 형법 제257조, 중상해의 경우에는 형법 제258조, 사망의 경우에는 형법 제259조의 예에 준하여 처벌하는 것으로 해석·적용되어 왔다. **따라서 특수폭행치상죄의 경우 법정형은 형법 제257조 제1항에 의하여 '7년 이하의 징역, 10년 이하의 자격정지 또는 1천만 원 이하의 벌금'이었다.**

그런데 2016. 1. 6. 형법 개정으로 특수상해죄가 형법 제258조의2로 신설됨에 따라 문언 상으로 형법 제262조의 '제257조 내지 제259조의 예에 의한다'는 규정에 형법 제258조의 2가 포함되어 특수폭행치상의 경우 특수상해인 형법 제258조의2 제1항의 예에 의하여 처벌하여야 하는 것으로 해석될 여지가 생기게 되었다. 이러한 해석을 따를 경우 특수폭행치상죄의 법정형이 형법 제258조의2 제1항이 정한 '1년 이상 10년 이하의 징역'이 되어 종래와 같이 형법 제257조 제1항의 예에 의하는 것보다 상향되는 결과가 발생하게 된다.

그러나 형벌규정 해석에 관한 법리와 폭력행위 등 처벌에 관한 법률의 개정 경과 및 형법 제258조의2의 신설 경위와 내용, 그 목적, 형법 제262조의 연혁, 문언과 체계 등을 고려할 때, 특수폭행치상의 경우 형법 제258조의2의 신설에도 불구하고 **종전과 같이 형법 제257조 제1항의 예에 의하여 처벌하는 것으로 해석함이 타당하다.**

☞ 형법 제257조 제1항 상해를 고의로 범한 범죄가 아니기 때문에 형법 제258조2 특수상해죄가 성립하지 않는다. 이러한 논리가 문언해석에 부합한다.

[3] 공소장에는 죄명·공소사실과 함께 적용법조를 기재하여야 한다(형사소송법 제254조). 공소장에 적용법조를 기재하는 이유는 공소사실의 법률적 평가를 명확히 하여 공소의 범위를 확정하는 데 보조기능을 하도록 한다. 피고인의 방어권을 보장하고자 함에 있을 뿐이다. **법률의 해석 및 적용 문제는 법원의 전권이다. 그러므로 공소사실이 아닌 어느 처벌조항을 준용할지에 관한 해석 및 판단에 있어서는 법원은 검사의 공소장 기재 적용법조에 구속되지 않는다.**

형법 제257조(상해, 존속상해)
① 사람의 신체를 상해한 자는 7년 이하의 징역, 10년 이하의 자격정지 또는 1천만원 이하의 벌금에 처한다. 〈개정 1995.12.29〉
② 자기 또는 배우자의 직계존속에 대하여 제1항의 죄를 범한 때에는 10년 이하의 징역 또는 1천500만원 이하의 벌금에 처한다. 〈개정 1995.12.29〉
③ 전 2항의 미수범은 처벌한다.

형법 제258조(중상해, 존속중상해)
① 사람의 신체를 상해하여 생명에 대한 위험을 발생하게 한 자는 1년 이상 10년 이하의 징역에 처한다.
② 신체의 상해로 인하여 불구 또는 불치나 난치의 질병에 이르게 한 자도 전항의 형과 같다.
③ 자기 또는 배우자의 직계존속에 대하여 전2항의 죄를 범한 때에는 2년 이상 15년 이하의 징역에 처한다. 〈개정 2016.1.6〉

형법 제258조의2(특수상해)

① 단체 또는 다중의 위력을 보이거나 위험한 물건을 휴대하여 **제257조 제1항 또는 제2항**의 죄를 범한 때에는 1년 이상 10년 이하의 징역에 처한다.

② 단체 또는 다중의 위력을 보이거나 위험한 물건을 휴대하여 제258조의 죄를 범한 때에는 2년 이상 20년 이하의 징역에 처한다.

③ 제1항의 미수범은 처벌한다.

[본조신설 2016.1.6]

형법 제259조(상해치사)

① 사람의 신체를 상해하여 사망에 이르게 한 자는 3년 이상의 유기징역에 처한다. 〈개정 1995.12.29〉

② 자기 또는 배우자의 직계존속에 대하여 전항의 죄를 범한 때에는 무기 또는 5년 이상의 징역에 처한다.

형법 제260조(폭행, 존속폭행)

① 사람의 신체에 대하여 폭행을 가한 자는 2년 이하의 징역, 500만원 이하의 벌금, 구류 또는 과료에 처한다. 〈개정 1995.12.29〉

② 자기 또는 배우자의 직계존속에 대하여 제1항의 죄를 범한 때에는 5년 이하의 징역 또는 700만원 이하의 벌금에 처한다. 〈개정 1995.12.29〉

③ 제1항 및 제2항의 죄는 피해자의 명시한 의사에 반하여 공소를 제기할 수 없다. 〈개정 1995.12.29〉

형법 제261조(특수폭행)

단체 또는 다중의 위력을 보이거나 위험한 물건을 휴대하여 제260조제1항 또는 제2항의 죄를 범한 때에는 5년 이하의 징역 또는 1천만원 이하의 벌금에 처한다. 〈개정 1995.12.29〉

형법 제262조(폭행치사상)

제260조와 제261조의 죄를 지어 사람을 사망이나 상해에 이르게 한 경우에는 제257조부터 제259조까지의 예에 따른다.

[전문개정 2020.12.8]

【출처】 형법 일부개정 2020. 12. 8. [법률 제17571호, 시행 2021. 12. 9.] 법무부.

② 甲은 도로교통법위반(음주운전)죄로 유죄판결이 확정되었는데 그 후 술에 취한 상태에서 B를 차로 치어 상해를 입힌 사실이 밝혀져서 특정범죄가중처벌등에관한법률위반(위험운전치상)죄로 기소되었다면 이에 대해서는 유죄판결을 선고하여야 한다.

해설 및 정답 2022년 제11회 변호사시험 기출문제 17 **정답** ○

대법원 2008. 11. 13. 선고 2008도7143 판결 [특정범죄가중처벌등에관한법률위반(위험운전치사상) · 도로교통법위반(음주운전)]

[판시사항] 특정범죄가중처벌 등에 관한 법률상 '위험운전치사상죄'와 도로교통법상 '음주운전죄'의 관계(=실체적 경합)

[판결요지] 음주로 인한 특정범죄가중처벌 등에 관한 법률 위반(위험운전치사상)죄와 도로교통법 위반(음주운전)죄는 입법 취지와 보호법익 및 적용영역을 달리하는 별개의 범죄이므로, 양 죄가 모두 성립하는 경우 두 죄는 실체적 경합관계에 있다.

형법 제37조(경합범)
판결이 확정되지 아니한 수개의 죄 또는 금고 이상의 형에 처한 판결이 확정된 죄와 그 판결확정전에 범한 죄를 경합범으로 한다. 〈개정 2004.1.20〉

형법 제38조(경합범과 처벌례)
① 경합범을 동시에 판결할 때에는 다음 각 호의 구분에 따라 처벌한다.
1. 가장 무거운 죄에 대하여 정한 형이 사형, 무기징역, 무기금고인 경우에는 가장 무거운 죄에 대하여 정한 형으로 처벌한다.
2. 각 죄에 대하여 정한 형이 사형, 무기징역, 무기금고 외의 같은 종류의 형인 경우에는 가장 무거운 죄에 대하여 정한 형의 장기 또는 다액(다액)에 그 2분의 1까지 가중하되 각 죄에 대하여 정한 형의 장기 또는 다액을 합산한 형기 또는 액수를 초과할 수 없다. 다만, 과료와 과료, 몰수와 몰수는 병과(병과)할 수 있다.
3. 각 죄에 대하여 정한 형이 무기징역, 무기금고 외의 다른 종류의 형인 경우에는 병과한다.
② 제1항 각 호의 경우에 징역과 금고는 같은 종류의 형으로 보아 징역형으로 처벌한다.
[전문개정 2020.12.8.]

형법 제39조(판결을 받지 아니한 경합범, 수개의 판결과 경합범, 형의 집행과 경합범)
① 경합범중 판결을 받지 아니한 죄가 있는 때에는 그 죄와 판결이 확정된 죄를 동시에 판결할 경우와 형평을 고려하여 그 죄에 대하여 형을 선고한다. 이 경우 그 형을 감경 또는 면제할 수 있다. 〈개정 2005.7.29〉
② 삭제 〈2005.7.29〉
③ 경합범에 의한 판결의 선고를 받은 자가 경합범 중의 어떤 죄에 대하여 사면 또는 형의 집행이 면제된 때에는 다른 죄에 대하여 다시 형을 정한다.
④ 전 3항의 형의 집행에 있어서는 이미 집행한 형기를 통산한다.
【출처】 형법 일부개정 2020. 12. 8. [법률 제17571호, 시행 2021. 12. 9.] 법무부.

---

③ 사법경찰관 P는 응급실로 가서 담당의사로 하여금 甲의 혈액을 채취하게 한 후 혈중알코올농도에 관한 감정의뢰회보를 확보하였으나 사후압수영장은 발부받지 못한 경우 감정의뢰회보의 증거능력은 부정된다.

대법원 2011. 5. 13. 선고 2009도10871 판결 [도로교통법위반(음주운전)]

[판시사항] [1] 피의자의 동의 또는 영장 없이 채취한 혈액을 이용한 감정결과보고서 등의 증거능력 유무 [2] 피고인이 음주운전 중에 교통사고를 당하여 의식불명 상태에서 병원 응급실로 호송되었는데, **출동한 경찰관이 영장 없이 간호사로 하여금 채혈을 하도록 한 사안에서, 위 혈액을 이용한 혈중알코올농도에 관한 감정서 등의 증거능력을 부정하고 증거부족을 이유로 피고인에 대한 구 도로교통법 위반(음주운전)의 주위적 공소사실을 무죄로 인정한 원심판단을 수긍한 사례.**

[참조조문] 형사소송법 제215조 제2항은 "사법경찰관이 범죄수사에 필요한 때에는 검사에게 신청하여 검사의 청구로 지방법원판사가 발부한 영장에 의하여 압수, 수색 또는 검증을 할 수 있다."고 규정하고 있다. 형사소송법 제216조 제3항은 범행 중 또는 범행 직후의 범죄장소에서 긴급을 요하여 법원판사의 영장을 받을 수 없는 때에는 압수·수색·검증을 할 수 있으나 이 경우에는 사후에 지체없이 영장을 받아야 한다고 규정하고 있다. 한편 검사 또는 사법경찰관으로부터 감정을 위촉받은 감정인은 감정에 관하여 필요한 때에는 검사의 청구에 의해 판사로부터 감정처분허가장을 발부받아 신체의 검사 등 형사소송법 제173조 제1항에 규정된 처분을 할 수 있도록 규정되어 있다(형사소송법 제221조, 제221조의4, 제173조 제1항). 위와 같은 **형사소송법 규정에 위반하여 수사기관이 법원으로부터 영장 또는 감정처분허가장을 발부받지 아니한 채 피의자의 동의 없이 피의자의 신체로부터 혈액을 채취하고 더구나 사후적으로도 지체없이 이에 대한 영장을 발부받지 아니하고서 위와 같이 강제 채혈한 피의자의 혈액 중 알코올농도에 관한 감정이 이루어졌다면, 이러한 감정결과보고서 등은 형사소송법상 영장주의 원칙을 위반하여 수집하거나 그에 기초한 증거로서 그 절차 위반행위가 적법절차의 실질적인 내용을 침해하는 정도에 해당한다고 할 것이다. 그러므로 피고인이나 변호인의 증거동의 여부를 불문하고 이 사건 범죄사실을 유죄로 인정하는 증거로 사용할 수 없다고 보아야 한다.**

(중요) ④ 甲이 B를 차로 치어 상해를 입힌 행위는 특정범죄가중처벌등에관한법률위반(위험운전치상)죄에 해당하고 교통사고처리특례법위반(치상)죄는 이에 흡수된다.

| 해설 및 정답 | 2022년 제11회 변호사시험 기출문제 17 | 정답 ○ |

대법원 2008. 12. 11. 선고 2008도9182 판결 [특정범죄가중처벌등에 관한 법률위반(위험운전치사상)·교통사고처리특례법위반·도로교통법위반(음주운전)·도로교통법위반(무면허운전)]

[판시사항] [1] **교통사고처리특례법 제3조 제2항 단서의 각 호에서 규정한 예외 사유가 경합할 때의 죄수(=일죄)** [2] 위험운전치사상죄의 입법 취지 및 교통사고처리특례법 위반죄와의 **관계(=흡수관계)**

[판결요지] [1] 교통사고로 업무상과실치상죄 또는 중과실치상죄를 범한 운전자에 대하여 피해자의 명시한 의사에 반하여 공소를 제기할 수 있는 교통사고처리특례법 제3조 제2항 단서 각 호의 사유는 같은 법 제3조 제1항 위반죄의 **구성요건 요소가 아니라 그 공소제기 조건에 관한 사유이다.** 따라서 위 단서 각 호 사유가 경합한다 하더라도 하나의 교통사고처리특례법 위반죄가 성립할 뿐, 그 각 호마다 별개의 죄가 성립하는 것은 아니다.

[2] 음주로 인한 특정범죄가중처벌 등에 관한 법률 위반(위험운전치사상)죄는 그 입법 취지와 문언에 비추어 볼 때, 주취상태의 자동차 운전으로 인한 교통사고가 빈발하고 그로 인한 피해자의 생명·신체에 대한 피해가 중대할 뿐만 아니라, 사고발생 전 상태로의 회복이 불가능하거나 쉽지 않은 점 등의 사정을 고려하여, 형법 제268조에서 규정하고 있는 업무상과실치사상죄의 특례를 규정하여 가중처벌함으로써 피해자의 생명·신체의 안전이라는 개인적 법익을 보호하기 위한 것이다. 따라서 **그 죄가 성립하는 때에는 차의 운전자가 형법 제268조의 죄를 범한 것을 내용으로 하는 교통사고처리특례법 위반죄는 그 죄에 흡수되어 별죄를 구성하지 아니한다.**

☞ [출제] 2021년 제10회 변호사시험 기출문제 15 ㄷ.

⑤ 만약 위 시안에서 甲이 음주한 사실이 없다고 가정할 때, B를 차로 치어 상해를 입힌 것과 관련하여 甲이 교통사고처리특례법위반(치상)죄로 기소되었는데 법원의 심리 결과 甲의 신호위반 사실이 인정되지 않고 甲의 차량이 종합보험에 가입된 경우, 甲에게 아무런 주의의무위반이 없더라도 무죄가 아니라 공소기각판결을 선고하여야 한다.

┃ 해설 및 정답 ┃ 2022년 제11회 변호사시험 기출문제 17　　　　　　　　　　　**정답** ○
대법원 2004. 11. 26. 선고 2004도4693 판결 [교통사고처리특례법위반]
[판시사항] 교통사고처리특례법위반으로 공소가 제기된 사안에서 **위반사실이 없음이 밝혀지는 한편 공소기각의 사유가 존재하는 경우, 법원이 취하여야 할 조치**
[판결요지] 피고인이 신호를 위반하여 차량을 운행함으로써 사람을 상해에 이르게 한 교통사고로서 교통사고처리특례법 제3조 제1항, 제2항 단서 제1호의 사유가 있다고 하여 공소가 제기된 사안이다. 공판절차에서의 심리 결과 피고인이 신호를 위반하여 차량을 운행한 사실이 없다는 점이 밝혀지게 된다. 한편 위 교통사고 당시 피고인이 운행하던 차량은 교통사고처리특례법 제4조 제1항 본문 소정의 자동차종합보험에 가입되어 있었다. 그러므로 결국 교통사고처리특례법 제4조 제1항 본문에 따라 공소를 제기할 수 없음에도 불구하고 이에 위반하여 공소를 제기한 경우에 해당한다. 따라서 위 공소제기는 형사소송법 제327조 제2호 소정의 공소제기 절차가 법률의 규정에 위반하여 무효인 때에 해당한다. 이러한 경우 법원으로서는 위 교통사고에 대하여 피고인에게 아무런 업무상 주의의무위반이 없다는 점이 증명되었다 하더라도 바로 무죄를 선고할 것이 아니라, 형사소송법 제327조의 규정에 의하여 소송조건의 흠결을 이유로 공소기각의 판결을 선고하여야 한다.

04 ★★★★★

甲은 주점에서 여주인 A와 함께 술을 마시다가 단 둘만 남게 되자 A를 폭행·협박하여 반항을 억압한 상태에서 강간행위 실행 도중 범행현장에 있던 A 소유의 핸드백을 빼앗고 그 자리에서 강간행위를 계속한 후 핸드백을 가지고 도주하였다.성폭력범죄의처벌및피해자보호등에관한법률위반(특수강도강간등)+(=형법 제339조 강도강간죄가 성립함) A의 신고를 받고 현장에 출동한 사법경찰관 P는 테이블 위에 놓여 있던 A 소유의 맥주컵에서 甲의 지문 8점을 현장에서 직접 채취한 후, 해당 맥주컵을 압수하였다.범죄현장 증거 수집 지문 8점(=적법함+) 검사는 甲이 범행 직후 "내가 주점 여주인 A를 강간했다."라고 말하는 것을 들었다는 甲의 친구 B를 참고인으로 불러 조사한 후, 위 범죄사실과 관련하여 甲을 기소하면서 맥주컵에서 채취한 지문과 B에 대한 참고인진술조서형사소송법 제316조 제2항+ 등을 증거로 제출하였다. 이에 관한 설명 중 옳지 않은 것을 모두 고른 것은? (다툼이 있는 경우 판례에 의함)

ㄱ. 위 사안은 강간범이 강도의 범의를 일으켜 그 부녀의 재물을 강취하는 경우로서, 甲에게는 ~~강간죄와 강도죄의 경합범이 성립한다.~~성폭력범죄의처벌및피해자보호등에관한법률위반(특수강도강간등)+(=형법 제339조 강도강간죄가 성립함)

ㄴ. 위 맥주컵에 대한 P의 압수가 적법절차에 위반된 경우, 해당 맥주컵에서 채취한 甲의 지문은 위법하게 압수한 지문채취 대상물로부터 획득한 2차적 증거에 해당하여 원칙적으로 증거능력이 없다.

ㄷ. 제1회 공판기일에 증인으로 출석한 B가 검사 앞에서의 진술과 달리 범행직후 甲이 자신에게 "내가 주점 여주인 A를 강간했다."라고 말했는지 정확히 기억이 나질 않는다고 증언하자, 검사가 B를 다시 소환하여 추궁한 후 증언내용을 번복하는 진술조서를 작성하여 이를 증거로 제출하고, 그 후 공판기일에 B가 다시 법정에 출석하여 그 진술조서의 성립의 진정함을 인정하고 피고인 측에 반대신문의 기회가 부여된 경우, 그 진술조서의 증거능력은 ~~인정된다.~~인정되지 않는다.

ㄹ. 제1심 법원이 甲이 국민참여재판을 원하는지에 대한 의사확인 절차를 거치지 아니하고 통상의 공판절차로 재판을 진행한 경우, 제1심의 공판절차는 위법하고 항소심에서도 그 하자의 치유가 인정될 수 ~~없다.~~있다.

① ㄹ
② ㄱ, ㄷ
③ ㄴ, ㄹ
④ ㄱ, ㄴ, ㄷ
⑤ ㄱ, ㄴ, ㄷ, ㄹ

> **파워특강** 성폭력범죄의처벌및피해자보호등에관한법률위반(특수강도강간등). 위법수집증거. 국민참여재판. 전문법칙 예외. 강간＋강도＋강간(＝강도강간죄 성립). 범죄 현장 지문 채취 적법함(＝증거능력 인정. 지문 8점). 이후 위법한 압수·수색(＝증거능력 부정). 공판정 증언 번복 검사 작성 피의자신문조서 또는 진술조서(＝증거능력 부정. 공판중심주의 위배. 동의 여부＋성립 진정＋반대신문권 보장되어도 증거능력 부정). 국민참여재판 의사 확인 없이 진행된 재판(＝무효. 항소심에서 제1심 재판 위법을 문제 삼지 않는다는 명백한 의사표시가 있는 경우 하자 치유됨).

ㄱ. (×) 대법원 2010. 12. 9. 선고 2010도9630 판결 [성폭력범죄의처벌및피해자보호등에관한법률위반(특수강도강간등)·주거침입]

[판시사항] [1] **강간의 실행행위 계속 중에 강도행위를 한 경우 '강도강간죄'를 구성하는지 여부(적극)** 및 특수강간범이 강간행위 종료 전에 특수강도의 행위를 한 경우 구 성폭력범죄의 처벌 및 피해자보호 등에 관한 법률 제5조 제2항에 정한 '특수강도강간죄'로 의율할 수 있는지 여부(원칙적 적극)

[2] 강도죄에서 '폭행, 협박'과 '재물의 탈취'와의 관계 및 강간범인이 폭행, 협박에 의한 반항억압 상태가 계속 중임을 이용하여 재물을 탈취하는 경우 새로운 폭행, 협박을 요하는지 여부(소극)

[3] **갑에 대한 특수강간 행위 도중 범행현장에 있던 을 소유의 핸드백을 가져간 피고인의 행위를 포괄하여 구 성폭력범죄의 처벌 및 피해자보호 등에 관한 법률 위반(특수강도강간등)죄에 해당한다고** 판단한 원심의 조치를 수긍한 사례.

[판결요지] [1] 강간범이 강간행위 후에 강도의 범의를 일으켜 그 부녀의 재물을 강취하는 경우에는 강도강간죄가 아니라 강간죄와 강도죄의 경합범이 성립될 수 있을 뿐이지만, 강간행위의 종료 전 즉 그 실행행위의 계속 중에 강도의 행위를 할 경우에는 이때에 바로 강도의 신분을 취득하는 것이므로 이후에 그 자리에서 강간행위를 계속하는 때에는 강도가 부녀를 강간한 때에 해당하여 형법 제339조에 정한 강도강간죄를 구성하고, 구 성폭력범죄의 처벌 및 피해자보호 등에 관한 법률(2010. 4. 15. 법률 제10258호 성폭력범죄의 피해자보호 등에 관한 법률로 개정되기 전의 것) 제5조 제2항은 형법 제334조(특수강도) 등의 죄를 범한 자가 형법 제297조(강간) 등의 죄를 범한 경우에 이를 특수강도강간 등의 죄로 가중하여 처벌하는 것이므로, 다른 특별한 사정이 없는 한 특수강간범이 강간행위 종료 전에 특수강도의 행위를 한 이후에 그 자리에서 강간행위를 계속하는 때에도 특수강도가 부녀를 강간한 때에 해당하여 구 **성폭력범죄의 처벌 및 피해자보호 등에 관한 법률 제5조 제2항에 정한 특수강도강간죄로 의율할 수 있다.**

[2] 강도죄는 재물탈취의 방법으로 폭행, 협박을 사용하는 행위를 처벌하는 것이므로 폭행, 협박으로 타인의 재물을 탈취한 이상 피해자가 우연히 재물탈취 사실을 알지 못하였다고 하더라도 강도죄는 성립하고, 폭행, 협박당한 자가 탈취당한 재물의 소유자 또는 점유자일 것을 요하지도 아니하며, 강간범인이 부녀를 강간할 목적으로 폭행, 협박에 의하여 반항을 억압한 후 반항억압 상태가 계속 중임을 이용하여 재물을 탈취하는 경우에는 재물탈취를 위한 새로운 폭행, 협박이 없더라도 강도죄가 성립한다.

[3] 야간에 갑의 주거에 침입하여 드라이버를 들이대며 협박하여 갑의 반항을 억압한 상태에서 강간행위의 실행 도중 범행현장에 있던 을 소유의 핸드백을 가져간 피고인의 행위를 포괄하여 구 성폭력범죄의 처벌 및 피해자보호 등에 관한 법률(2010. 4. 15. 법률 제10258호 성폭력범죄의 피해자보호 등에 관한 법률로 개정되기 전의 것) 위반(특수강도 강간등)죄에 해당한다고 판단한 원심의 조치를 수긍한 사례.

ㄴ. (✕) 대법원 2008. 10. 23. 선고 2008도7471 판결 [강도강간 · 강도상해 · 절도]

[판시사항] 수사기관이 적법절차를 위반하여 지문채취 대상물을 압수한 경우, 그전에 이미 범행 현장에서 위 대상물에서 채취한 지문이 위법수집증거에 해당하는지 여부(소극)

[판결요지] 형사소송법 제308조의2(위법수집증거의 배제) 위반의 점에 대하여. 원심이 적법하게 채택한 증거들에 의하면, 피해자 공소외 1의 신고를 받고 현장에 출동한 인천남동경찰서 과학수사팀 소속 경장 공소외 2는 피해자 공소외 1이 범인과 함께 술을 마신 테이블 위에 놓여 있던 맥주컵에서 지문 6점을, 물컵에서 지문 8점을, 맥주병에서 지문 2점을 각각 현장에서 직접 채취하였음을 알 수 있다. 이와 같이 범행 현장에서 지문채취 대상물에 대한 지문채취가 먼저 이루어진 이상, 수사기관이 그 이후에 지문채취 대상물을 적법한 절차에 의하지 아니한 채 압수하였다고 하더라도(한편, 이 사건 지문채취 대상물인 맥주컵, 물컵, 맥주병 등은 피해자 공소외 1이 운영하는 주점 내에 있던 피해자 공소외 1의 소유로서 이를 수거한 행위가 피해자 공소외 1의 의사에 반한 것이라고 볼 수 없다. 그러므로 이를 가리켜 위법한 압수라고 보기도 어렵다). 위와 같이 채취된 지문은 위법하게 압수한 지문채취 대상물로부터 획득한 2차적 증거에 해당하지 아니함이 분명하여, 이를 가리켜 위법수집증거라고 할 수 없다. 그러므로 원심이 이를 증거로 채택한 것이 위법하다고 할 수 없다. 이 점에 관한 상고이유의 주장은 받아들일 수 없다.

ㄷ. (✕) 대법원 2000. 6. 15. 선고 99도1108 전원합의체 판결 [변호사법위반]

[판시사항] 공판준비 또는 공판기일에서 이미 증언을 마친 증인을 검사가 소환한 후 피고인에게 유리한 그 증언 내용을 추궁하여 이를 일방적으로 번복시키는 방식으로 작성한 진술조서의 증거능력을 인정할 수 있는지 여부(소극)

[판결요지] [다수의견] 공판준비 또는 공판기일에서 이미 증언을 마친 증인을 검사가 소환한 후 피고인에게 유리한 그 증언 내용을 추궁하여 이를 일방적으로 번복시키는 방식으로 작성한 진술조서를 유죄의 증거로 삼는 것은 당사자주의 · 공판중심주의 · 직접주의를 지향하는 현행 형사소송법의 소송구조에 어긋나는 것일 뿐만 아니라, 헌법 제27조가 보장하는 기본권, 즉 법관의 면전에서 모든 증거자료가 조사 · 진술되고 이에 대하여 **피고인이 공격 · 방어할 수 있는 기회가 실질적으로 부여되는 재판을 받을 권리를 침해하는 것이므로, 이러한 진술조서는 피고인이 증거로 할 수 있음에 동의하지 아니하는 한 그 증거능력이 없다**고 하여야 할 것이고, 그 후 원진술자인 종전 증인이 다시 법정에 출석하여 증언을 하면서 그 진술조서의 성립의 진정함을 인정하고 피고인측에 반대신문의 기회가 부여되었다고 하더라도 그 증언 자체를 유죄의 증거로 할 수 있음은 별론으로 하고 위와 같은 진술조서의 증거능력이 없다는 결론은 달리할 것이 아니다.

ㄹ. (✕) 대법원 2012. 6. 14. 선고 2011도15484 판결 [강제추행치상 · 공갈 · 상해 · 감금]

[판시사항] [1] 제1심법원이 국민참여재판 대상사건임을 간과하여 이에 관한 피고인의 의사를 확인하지 아니한 채 통상의 공판절차로 재판을 진행한 경우, 항소심에서 절차상 하자가 치유되기 위한 요건

[2] 제1심법원이 국민참여재판 대상사건의 피고인에게 국민참여재판을 원하는지 확인하지 아니한 채 통상의 공판절차로 진행하여 유죄를 인정하였는데, 원심법원이 국민참여재판을 원하는지 묻고 안내서를 교부한 후 선고기일을 연기한 다음 피고인이 답변서와 국민참여재판 의사 확인서를 통해 '국민참여재판으로 진행하기를 원하지 않는다'는 의사를 밝힌 사안에서, 제1심 공판절차상 하자가 치유되었다고 한 사례

[판결요지] [1] 국민참여재판은 피고인의 희망 의사 번복에 관한 일정한 제한(국민의 형사재판 참여에 관한 법률 제8조 제4항)이 있는 외에는 피고인의 의사에 반하여 할 수 없는 것이다. 그러므로 **제1심법원이 국민참여재판의 대상이 되는 사건임을 간과하여 이에 관한 피고인의 의사를 확인하지 아니한 채 통상의 공판절차로 재판을 진행하였더라도, 피고인이 항소심에서 국민참여재판을 원하지 아니한다고 하면서 위와 같은 제1심의 절차적 위법을 문제삼지 아니할 의사를 명백히 표시하는 경우에는 하자가 치유되어 제1심 공판절차는 전체로서 적법하게 된다고 보아야 한다.** 다만 국민참여재판제도의 취지와 피고인의 국민참여재판을 받을 권리를 실질적으로 보장하고자 하는 관련 규정의 내용에 비추어 위 권리를 침해한 제1심 공판절차의 하자가 치유된다고 보기 위해서는 같은 법 제8조 제1항, **국민의 형사재판 참여에 관한 규칙 제3조 제1항에 준하여 피고인에게 국민참여재판절차 등에 관한 충분한 안내가 이루어지고 그 희망 여부에 관하여 숙고할 수 있는 상당한 시간이 사전에 부여되어야 한다.**

[2] 제1심법원이 국민참여재판 대상인 강제추행치상 사건의 피고인에게 국민참여재판을 원하는지 확인하지 아니한 채 통상의 공판절차에 따라 재판을 진행하여 유죄를 인정하였는데, 원심법원이 제7회 공판기일에 국민참여재판으로 재판받기를 원하는지 물어보고 그에 관한 안내서를 교부한 후 선고기일을 연기한 다음 피고인이 답변서와 국민참여재판 의사 확인서를 제출하면서 '국민참여재판으로 진행하기를 원하지 않는다'는 의사를 밝히자 제8회 공판기일에 제1심판결을 파기하고 무죄를 선고한 사안이다. **제1심이 피고인의 국민참여재판을 받을 권리를 침해하여 위법하게 절차를 진행하고 그에 따라 제1심 소송행위가 무효라 하더라도, 원심이 피고인에게 국민참여재판에 관하여 안내하고 숙고의 기회를 부여하였으며, 피고인도 그에 따라 숙고한 후 제1심의 절차적 위법을 문제삼지 않겠다는 의사를 명백히 밝혔으므로, 제1심의 공판절차상 하자는 치유되었다고 한 사례.**

05	★★★★★

甲과 乙은 A를 살해하기로 공모하고 A의 집으로 찾아가, 乙이 망을 보고 있는 동안 甲은 가지고 있던 식칼로 A를 찔러 살해하였다.^{형법 제250조 제1항, 제30조 살인죄 공동정범}+ 우연히 이를 목격한 행인 B가 경찰에 신고하였고, 사법경찰관 P는 甲과 乙의 범행 직후 A의 집에 도착하여 그 현장에서 甲을 적법하게 체포하고,^{형사소송법 제211조·제212조·제216조}+ 甲으로부터 범행에 사용한 식칼을 임의로 제출받아 압수하면서^{형사소송법 제218조}+ 즉석에서 현장검증을 실시하여 검증조서를 작성하였다.^{형사소송법 제312조 제6항}+ 한편 P는 위 압수한 식칼에 관하여 사후에 압수영장을 발부받지 않았고,^{형사소송법 제218조+ 사후영장 불필요}+ B에

대하여는 진술조서를 작성하였다.^{형사소송법 제312조 제4항+} 이에 관한 설명 중 옳지 않은 것을 모두 고른 것은? (다툼이 있는 경우 판례에 의함)

ㄱ. P가 실시한 현장검증은 체포현장에서의 검증에 해당하여 영장 없이 할 수 있다.

ㄴ. 甲이 B에 대한 진술조서를 증거로 함에 동의하지 않은 경우라도 위 진술조서에 기재된 B의 주소로 보낸 증인소환장이 주소불명으로 송달되지 않자 검사가 증인신청을 철회하였다면, 위 진술조서를 甲에 대한 유죄 인정의 증거로 사용할 수 <s>있</s>다.^{없다.}

ㄷ. 甲이 B에 대한 진술조서를 증거로 함에 동의하지 않아 B를 증인으로 소환하였으나 B가 증인소환장을 송달받고도 법원의 소환에 계속하여 불응하고 구인장도 집행되지 않아 B에 대한 법정에서의 신문이 불가능한 경우, 검사가 B에 대한 구인장의 강제력에 기하여 B의 법정 출석을 위한 가능하고도 충분한 노력을 다하였음에도 불구하고 부득이 B의 법정 출석이 불가능하게 되었다는 사정을 입증하더라도 위 진술조서를 甲에 대한 유죄 인정의 증거로 사용할 수 <s>없</s>다.^{있다.}

ㄹ. 검사가 위 식칼을 乙에 대한 증거로 제출하였다면, 乙이 이를 증거로 함에 동의하지 않은 경우라도 乙에 대한 유죄 인정의 증거로 사용할 수 있다.^{형사소송법 제218조+} 사후영장 불필요+

---

① ㄴ

② ㄱ, ㄹ

③ ㄴ, ㄷ

④ ㄱ, ㄴ, ㄷ

⑤ ㄴ, ㄷ, ㄹ

해설 및 정답　2022년 제11회 변호사시험 기출문제 25　**정답** ③

> **파워특강**　영장주의 예외 · 전문법칙 예외. 현행범인 체포 현장검증(＝형사소송법 제216조 제1항 제2호 영장 없이 강제처분 가능함). 증인소환장 불능인 경우 검사 · 경찰 상당한 노력 필요함(＝형사소송법 제314조 해당함). 검사 · 경찰 상당한 노력(＝형사소송법 제314조 '소재불명 그밖에 이에 준하는 사유에 해당하지 않음). 현행범인 체포현장 · 범죄현장(＝소지자 임의제출 물건 형사소송법 제218조 영장 없이 압수 허용. 사후 영장 불필요함).

ㄱ. (○) 형사소송법 제216조 참조.

> 형사소송법 제211조(현행범인과 준현행범인)
> ① 현행범인은 범죄를 실행하고 있는 사람 · 범죄실행을 방금 마친 사람을 말한다.

② 다음 각 호 어느 하나에 해당하는 사람은 현행범인으로 본다.

1. 범인으로 지목되어 추적되고 있는 사람
2. 장물·범죄에 사용한 것으로 충분히 의심이 가는 흉기·그밖에 물건을 소지하고 있는 사람
3. 신체·의복류에 명확하게 증거가 될 만한 흔적이 있는 사람
4. 신분확인에 불응하고 도망하려 하는 사람

형사소송법 제212조(현행범인체포)

누구든지 현행범인을 영장 없이 체포할 수 있다.

형사소송법 제216조(영장 없이 가능한 대인강제처분·대물강제처분 1: 수사·압수·수색·검증)

① 검사·사법경찰관은 제200조2(체포영장)·제200조3(긴급체포)·제201조(구속)·제212조(현행범인체포)에 근거하여 피의자를 체포·구속하는 경우 필요한 때 영장 없이 다음 각 호 처분을 할 수 있다. [개정 95·12·29, 2019.12.31]

1. 다른 사람 주거·다른 사람이 관리하는 가옥·건조물·항공기·선차 내에서 피의자 수사. 다만 제200조2·제201조에 근거하여 피의자를 체포·구속하는 경우의 피의자 수색은 미리 수색영장을 발부받기 어려운 긴급한 사정이 있는 때에 한정한다.
2. 체포현장에서 압수·수색·검증

② 검사·사법경찰관이 피고인에게 구속영장을 집행하는 경우 제1항 제2호를 준용한다.

③ 검사·사법경찰관은 범행 중·범행직후 범죄 장소에서 긴급하여 지방법원판사에게 영장을 받을 수 없는 때 영장 없이 압수·수색·검증을 할 수 있다. 이 경우 사후에 지체 없이 지방법원판사에게 반드시 영장을 받아야 한다.

☞ [해설] 사전 영장제도와 균형을 맞추어 주어야 함.

[신설 61·9·1]

[2019.12.31 법률 제16850호에 의하여 2018.4.26 헌법재판소에서 헌법불합치 결정된 이 조를 개정함.]

ㄴ. (×) 대법원 2013. 4. 11. 선고 2013도1435 판결 [폭력행위등처벌에관한법률위반(집단·흉기등상해)·재물은닉·폭행·폭력행위등처벌에관한법률위반(상습상해)]

[판시사항] [1] 형사소송법 제314조에 의한 증거능력 인정 요건 중 '증인이 소재불명이거나 그 밖에 이에 준하는 사유로 인하여 진술할 수 없는 때'에 해당한다고 인정하기 위한 요건 [2] 제1심 법원이 증인 갑에게 증인소환장이 송달되지 아니하자 갑에 대한 소재탐지를 촉탁하여 소재탐지 불능 보고서를 제출받은 다음 갑이 '소재불명'인 경우에 해당한다고 보아 갑에 대한 경찰 및 검찰 진술조서를 증거로 채택한 사안에서, **형사소송법 제314조의 '소재불명 그 밖에 이에 준하는 사유로 인하여 진술할 수 없는 때'에 해당하지 않는다고 한 사례.**

[판결요지] [1] 형사소송법 제314조에 의하여 같은 법 제312조의 조서나 같은 법 제313조의 진술서, 서류 등을 증거로 하기 위하여는 공판기일에 진술을 요하는 자가 사망·질병·외국거주·소재불명 그 밖에 이에 준하는 사유로 인하여 공판정에 출석하여 진술을

할 수 없는 경우이어야 하고, 그 진술 또는 서류의 작성이 특히 신빙할 수 있는 상태하에 서 행하여진 것이어야 한다는 두 가지 요건을 갖추어야 한다. 그리고 **직접주의와 전문법칙의 예외를 정한 형사소송법 제314조의 요건 충족 여부는 엄격히 심사하여야 하고, 전문증거의 증거능력을 갖추기 위한 요건에 관한 증명책임은 검사에게 있으므로, 법원이 증인이 소재불명이거나 그 밖에 이에 준하는 사유로 인하여 진술할 수 없는 때에 해당한다고 인정할 수 있으려면, 증인의 법정 출석을 위한 가능하고도 충분한 노력을 다하였음에도 불구하고 부득이 증인의 법정 출석이 불가능하게 되었다는 사정을 검사가 증명한 경우여야 한다.**

[2] 제1심 법원이 증인 갑의 주소지에 송달한 증인소환장이 송달되지 아니하자 갑에 대한 소재탐지를 촉탁하여 소재탐지 불능 보고서를 제출받은 다음 갑이 '소재불명'인 경우에 해당한다고 보아 갑에 대한 경찰 및 검찰 진술조서를 증거로 채택한 사안이다. 검사가 제출한 증인신청서에 휴대전화번호가 기재되어 있고, 수사기록 중 **갑에 대한 경찰 진술조서에는 집 전화번호도 기재되어 있으며, 그 이후 작성된 검찰 진술조서에는 위 휴대전화번호와 다른 휴대전화번호가 기재되어 있는데도, 검사가 직접 또는 경찰을 통하여 위 각 전화번호로 갑에게 연락하여 법정 출석의사가 있는지 확인하는 등의 방법으로 갑의 법정 출석을 위하여 상당한 노력을 기울였다는 자료가 보이지 않는 사정에 비추어, 갑의 법정 출석을 위한 가능하고도 충분한 노력을 다하였음에도 부득이 갑의 법정 출석이 불가능하게 되었다는 사정이 증명된 경우라고 볼 수 없어 형사소송법 제314조의 '소재불명 그 밖에 이에 준하는 사유로 인하여 진술할 수 없는 때'에 해당한다고 인정할 수 없는데도, 이와 달리 보아 갑에 대한 경찰 및 검찰 진술조서가 형사소송법 제314조에 의하여 증거능력이 있는 것으로 인정한 원심판결에 법리오해의 위법이 있다고 한 사례.**

☞ [출제] 2021년 제10회 변호사시험 기출문제 38 ㄹ.

ㄷ. (×) 대법원 2000. 6. 9. 선고 2000도1765 판결 [폭력행위등처벌에관한법률위반]

[판시사항] 진술을 요할 자에 대한 소재탐지촉탁결과 그 소재를 알지 못하게 된 경우 및 진술을 요할 자가 법원의 소환에 불응하고 그에 대한 구인장이 집행되지 않은 경우가 형사소송법 제314조 소정의 '공판정에 출정하여 진술할 수 없는 때'에 해당하는지 여부(적극)

[판결요지] 법원이 수회에 걸쳐 진술을 요할 자에 대한 증인소환장이 송달되지 아니하여 그 소재탐지촉탁까지 하였으나 그 소재를 알지 못하게 된 경우 또는 진술을 요할 자가 일정한 주거를 가지고 있더라도 법원의 소환에 계속 불응하고 구인하여도 구인장이 집행되지 아니하는 등 **법정에서의 신문이 불가능한** 상태의 경우에는 형사소송법 제314조 소정의 "공판정에 출정하여 진술을 할 수 없는 때"에 해당한다고 할 것이므로, 그 진술내용이나 조서의 작성에 허위개입의 여지가 거의 없고 그 진술내용의 신빙성이나 임의성을 담보할 구체적이고 외부적인 정황이 있는 경우에는 그 진술조서의 증거능력이 인정된다.

ㄹ. (○) 대법원 2019. 11. 14. 선고 2019도13290 판결 [성폭력범죄의처벌등에관한특례법위반(카메라등이용촬영)] 〈피고인이 휴대전화기의 카메라로 피해자를 몰래 촬영한 현장에서 현행범으로 체포되면서 위 휴대전화기를 수사기관에 임의제출한 사안에서, 피고인의 자백을 보강할 증거가 있는지 여부가 쟁점이 된 사건〉 ★★★★★

[판시사항] [1] 피고인이 지하철역 에스컬레이터에서 휴대전화기의 카메라를 이용하여 성명불상 여성 피해자의 치마 속을 몰래 촬영하다가 현행범으로 체포되어 성폭력범죄의 처

별 등에 관한 특례법 위반(카메라등이용촬영)으로 기소된 사안이다. 체포 당시 임의제출 방식으로 압수된 피고인 소유 휴대전화기에 대한 압수조서 중 '압수경위'란에 기재된 내용은 피고인이 범행을 저지르는 현장을 직접 목격한 사람의 진술이 담긴 것으로서 형사소송법 제312조 제5항에서 정한 '피고인이 아닌 자가 수사과정에서 작성한 진술서'에 준하는 것으로 볼 수 있다. 이에 따라 휴대전화기에 대한 임의제출절차가 적법하였는지에 영향을 받지 않는 별개의 독립적인 증거에 해당한다고 한 사례.

[2] 현행범 체포현장이나 범죄 현장에서 소지자 등이 임의로 제출하는 물건을 형사소송법 제218조에 의하여 영장 없이 압수할 수 있는지 여부(적극) 및 이때 검사나 사법경찰관은 별도로 사후에 영장을 받아야 하는지 여부(소극)

[판결요지] [1] 피고인이 지하철역 에스컬레이터에서 휴대전화기의 카메라를 이용하여 성명불상 여성 피해자의 치마 속을 몰래 촬영하다가 현행범으로 체포되어 성폭력범죄의 처벌 등에 관한 특례법 위반(카메라등이용촬영)으로 기소된 사안이다.

피고인은 공소사실에 대해 자백하고 검사가 제출한 모든 서류에 대하여 증거로 함에 동의하였는데, 그 서류들 중 체포 당시 임의제출 방식으로 압수된 피고인 소유 휴대전화기(이하 '휴대전화기'라고 한다)에 대한 압수조서의 '압수경위'란에 '지하철역 승강장 및 게이트 앞에서 경찰관이 지하철범죄 예방·검거를 위한 비노출 잠복근무 중 검정 재킷, 검정 바지, 흰색 운동화를 착용한 20대가량 남성이 짧은 치마를 입고 에스컬레이터를 올라가는 여성을 쫓아가 뒤에 밀착하여 치마 속으로 휴대폰을 집어넣는 등 해당 여성의 신체를 몰래 촬영하는 행동을 하였다'는 내용이 포함되어 있다. 그 하단에 피고인의 범행을 직접 목격하면서 위 압수조서를 작성한 사법경찰관 및 사법경찰리의 각 기명날인이 들어가 있다. 그러므로 위 압수조서 중 '압수경위'란에 기재된 내용은 피고인이 범행을 저지르는 현장을 직접 목격한 사람의 진술이 담긴 것으로서 형사소송법 제312조 제5항에서 정한 '피고인이 아닌 자가 수사과정에서 작성한 진술서'에 준하는 것으로 볼 수 있다. 이에 따라 휴대전화기에 대한 임의제출절차가 적법하였는지에 영향을 받지 않는 별개의 독립적인 증거에 해당한다. 피고인이 증거로 함에 동의한 이상 유죄를 인정하기 위한 증거로 사용할 수 있을 뿐 아니라 피고인의 자백을 보강하는 증거가 된다고 볼 여지가 많다, 이러한 이유로, 이와 달리 피고인의 자백을 뒷받침할 보강증거가 없다고 보아 무죄를 선고한 원심판결에 자백의 보강증거 등에 관한 법리를 오해하거나 필요한 심리를 다하지 아니한 잘못이 있다고 한 사례.

[2] 범죄를 실행 중이거나 실행 직후의 현행범인은 누구든지 영장 없이 체포할 수 있다(형사소송법 제212조). 검사 또는 사법경찰관은 피의자 등이 유류한 물건이나 소유자·소지자 또는 보관자가 임의로 제출한 물건은 영장 없이 압수할 수 있다(제218조). 그러므로 현행범 체포현장이나 범죄 현장에서도 소지자 등이 임의로 제출하는 물건은 형사소송법 제218조에 의하여 영장 없이 압수하는 것이 허용된다. 이 경우 검사나 사법경찰관은 별도로 사후에 영장을 받을 필요가 없다.

☞ [출제] 2022년 제11회 변호사시험 기출문제 31 ㄴ.

06 ★★★★★

甲은 2021. 1. 20.부터 영업허가를 받지 아니하고 음식점 영업행위를 하였다. 이에 ㉠ 검사는 2021. 6. 21. 甲에 대해 '2021. 1. 20.부터 2021. 5. 31.까지'의 식품위생법위반죄로 공소제기하였다. 그럼에도 甲은 계속해서 무허가 영업을 하였고, 이로 인해 이웃 乙과 다툼이 잦았다. 어느 날 ㉡ 乙은 도박으로 돈을 잃고 _{형법 제246조 도박죄+} 밤에 귀가하던 중 甲의 음식점 문을 뜯고 들어가 보관함에 있던 현금을 가지고 나왔다. _{형법 제331조 제2항 특수절도죄+} 다음날 甲이 간밤에 도둑이 들었다면서 乙을 의심하며 큰소리로 다툼을 하자, ㉢ 뛰쳐나온 이웃주민 A, B가 있는 자리에서 乙은 "甲은 징역 살다온 전과자다."라고 수회 소리를 쳤다. _{형법 제307조 제1항 명예훼손죄+} 이에 관한 설명 중 옳은 것은? (다툼이 있는 경우 판례에 의함)

> **파워특강** 죄수·누범·거증책임. 포괄일죄 일부 약식명령 확정(＝약식명령 발령시 기준 그 전의 범행은 면소판결). 포괄일죄 약식명령 발령 후 계속된 포괄일죄 범죄사실(＝독립된 범죄로 추가 기소. 동일성 없음. 공소장변경 불가). 경합범 동시 판결(＝각 죄 무기징역과 무기금고 외 다른 종류 병과함). 누범가중(＝장기 2배). 명예훼손죄 전파가능성(＝구성요건임. 검사의 엄격한 증명 요함).

---

① ㉠의 기소로 제1심 공판절차 진행 중 甲이 2021. 3. 20.부터 2021. 5. 20.까지의 동일한 식품위생법위반죄로 2021. 6. 3. 벌금 100만 원의 약식명령을 발령받아 그 무렵 확정되었음이 밝혀졌다면, 법원은 甲에게 ~~공소기각의 판결을~~ _{면소판결을} 선고해야 한다.

해설 및 정답 2022년 제11회 변호사시험 기출문제 29　　　　**정답** ✕

대법원 2014. 1. 16. 선고 2013도11649 판결 [보건범죄단속에관한특별조치법위반(부정의료업자)]

[판시사항] 영리를 목적으로 무면허 의료행위를 업으로 하는 자의 여러 개의 무면허 의료행위가 포괄일죄 관계에 있고 그 중 일부 범행이 '의료법 제27조 제1호 위반'으로 기소되어 판결이 확정된 경우, 확정판결의 기판력이 사실심 판결선고 이전에 범한 '보건범죄 단속에 관한 특별조치법 제5조 제1호 위반' 범행에 미치는지 여부(적극)

[판결요지] 무면허 의료행위는 그 범죄구성요건의 성질상 동종 범죄의 반복이 예상되는 것이므로, 영리를 목적으로 무면허 의료행위를 업으로 하는 자가 반복적으로 여러 개의 무면허 의료행위를 단일하고 계속된 범의 아래 일정 기간 계속하여 행하고 그 피해법익도 동일한 경우라면 이들 각 행위를 통틀어 포괄일죄로 처단하여야 할 것이다. 한편 포괄일죄의 관계에 있는 범행 일부에 대하여 판결이 확정된 경우에는 사실심 판결선고 시를 기준으로 그 이전에 이루어진 범행에 대하여는 확정판결의 기판력이 미쳐 면소의 판결을 선고하여야 한다. 이러한 법리는 영리를 목적으로 무면허 의료행위를 업으로 하는 자의

여러 개의 무면허 의료행위가 포괄일죄의 관계에 있고 그 중 일부에 대하여 판결이 확정된 경우에도 마찬가지로 적용된다. 그 확정판결의 범죄사실이 '보건범죄 단속에 관한 특별조치법' 제5조 제1호 위반죄가 아니라 단순히 의료법 제27조 제1호 위반죄로 공소제기된 경우라고 하여 달리 볼 것이 아니다.

대법원 1984. 7. 24. 선고 84도1129 판결 [폭력행위등처벌에관한법률위반]

[판시사항] 약식명령의 기판력의 시적 범위

[판결요지] 유죄의 확정판결의 기판력의 시적범위 즉 어느 때까지의 범죄사실에 관하여 기판력이 미치느냐의 기준시점은 사실심리의 가능성이 있는 최후의 시점인 판결선고시를 기준으로 하여 가리게 된다. 판결절차 아닌 약식명령은 그 고지를 검사와 피고인에 대한 재판서 송달로써 하고 따로 선고하지 않는다. 그러므로 약식명령에 관하여는 그 기판력의 시적범위를 약식명령의 송달시를 기준으로 할 것인가 또는 그 발령시를 기준으로 할 것인지 이론의 여지가 있다. 그러나 그 기판력의 시적 범위를 판결절차와 달리 하여야 할 이유가 없으므로 그 발령시를 기준으로 하여야 한다.

② ①의 약식명령이 확정되었음이 밝혀지자 검사는 범행일자를 '2021. 6. 4.부터 2021. 10. 20.까지'로 변경하는 내용의 공소장변경허가신청을 하였다면, 법원은 ~~이를 허가하여야 한다.~~ 독립된 범죄로 추가 기소해야 한다.

해설 및 정답 2022년 제11회 변호사시험 기출문제 29 **정답** ✕

대법원 2017. 4. 28. 선고 2016도21342 판결 [식품위생법위반]

[판시사항] 포괄일죄인 영업범에서 공소제기된 범죄사실과 공판심리 중에 추가로 발견된 범죄사실 사이에 그 범죄사실들과 동일성이 인정되는 또 다른 범죄사실에 대한 유죄의 확정판결이 있는 경우, **추가로 발견된 확정판결 후의 범죄사실은 공소제기된 범죄사실과 분단되는지 여부(적극) 및 이때 공소장변경절차에 의하여 확정판결 후의 범죄사실을 공소사실로 추가할 수 있는지 여부(소극)**

[판결요지] 포괄일죄인 영업범에서 공소제기의 효력은 공소가 제기된 범죄사실과 동일성이 인정되는 범죄사실의 전체에 미친다. 그러므로 공판심리 중에 그 범죄사실과 동일성이 인정되는 범죄사실이 추가로 발견된 경우에 검사는 공소장변경절차에 의하여 그 범죄사실을 공소사실로 추가할 수 있다. 그러나 공소제기된 범죄사실과 추가로 발견된 범죄사실 사이에 그 범죄사실들과 동일성이 인정되는 또 다른 범죄사실에 대한 유죄의 확정판결이 있는 때에는, **추가로 발견된 확정판결 후의 범죄사실은 공소제기된 범죄사실과 분단되어 동일성이 없는 별개의 범죄가 된다. 따라서 이때 검사는 공소장변경절차에 의하여 확정판결 후의 범죄사실을 공소사실로 추가할 수는 없고 별개의 독립된 범죄로 공소를 제기하여야 한다.**

③ 검사가 ㉡의 범죄사실로 기소한 경우, 도박죄의 법정형은 1천만 원 이하의 벌금이고, 특수절도죄의 법정형은 1년 이상 10년 이하의 징역이므로, 법원은 징

역형과 벌금형을 병과하여 형을 선고하여야 한다.

해설 및 정답 2022년 제11회 변호사시험 기출문제 29   **정답** ○

형법 제38조 참조.

> **형법 제38조(경합범과 처벌례)**
> ① 경합범을 동시에 판결할 때에는 다음 각 호의 구분에 따라 처벌한다.
> 1. 가장 무거운 죄에 대하여 정한 형이 사형, 무기징역, 무기금고인 경우에는 가장 무거운 죄에 대하여 정한 형으로 처벌한다.
> 2. 각 죄에 대하여 정한 형이 사형, 무기징역, 무기금고 외의 같은 종류의 형인 경우에는 가장 무거운 죄에 대하여 정한 형의 장기 또는 다액(다액)에 그 2분의 1까지 가중하되 각 죄에 대하여 정한 형의 장기 또는 다액을 합산한 형기 또는 액수를 초과할 수 없다. 다만, 과료와 과료, 몰수와 몰수는 병과(병과)할 수 있다.
> 3. 각 죄에 대하여 정한 **형이 무기징역, 무기금고 외의 다른 종류의 형인 경우에는 병과**한다.
> ② 제1항 각 호의 경우에 징역과 금고는 같은 종류의 형으로 보아 징역형으로 처벌한다.
> [전문개정 2020.12.8]
> 【출처】 형법 일부개정 2020. 12. 8. [법률 제17571호, 시행 2021. 12. 9.] 법무부.

④ ⓛ과 관련하여, 乙의 특수절도죄가 「형법」의 누범에 해당한다면, 특수절도에 대해서는 법정형의 ~~단기와 장기 모두 2배를~~ ^{장기의 2배까지를} 가중한 범위 내에서 선고형을 정하여야 한다.

해설 및 정답 2022년 제11회 변호사시험 기출문제 29   **정답** ×

형법 제35조 참조.

> **형법 제35조(누범)**
> ① 금고(금고) 이상의 형을 선고받아 그 집행이 종료되거나 면제된 후 3년 내에 금고 이상에 해당하는 죄를 지은 사람은 누범(누범)으로 처벌한다.
> ② **누범의 형은 그 죄에 대하여 정한 형의 장기(長期)의 2배까지 가중한다.**
> [전문개정 2020.12.8]
> 【출처】 형법 일부개정 2020. 12. 8. [법률 제17571호, 시행 2021. 12. 9.] 법무부.

⑤ ⓒ과 관련하여, 명예훼손죄 판단에 있어서 乙 발언의 전파가능성에 대한 증명은 검사의 ~~자유로운~~ ^{엄격한} 증명으로 충분하다.

해설 및 정답 2022년 제11회 변호사시험 기출문제 29   **정답** ×

대법원 2020. 11. 19. 선고 2020도5813 전원합의체 판결 [상해·명예훼손·폭행] 〈전파

가능성 사건★★★★★

☞ 이 판례는 중요하다. 매년 출제될 가능성이 있다.

[판결정문] 공연성은 명예훼손죄의 구성요건이다. 특정 소수에 대한 사실적시의 경우 공연성이 부정되는 유력한 사정이 될 수 있다. 그러므로 전파될 가능성에 관하여는 검사의 엄격한 증명이 필요하다(대법원 1997. 2. 14. 선고 96도2234 판결, 대법원 2006. 4. 14. 선고 2004도207 판결 등 참조). 나아가 대법원은 '특정의 개인이나 소수인에게 개인적 또는 사적으로 정보를 전달하는 것과 같은 행위는 공연하다고 할 수 없고, 다만 특정의 개인 또는 소수인이라고 하더라도 불특정 또는 다수인에게 전파 또는 유포될 개연성이 있는 경우라면 공연하다고 할 수 있다.'고 판시하여 전파될 가능성에 대한 증명의 정도로 단순히 '가능성'이 아닌 '개연성'을 요구하였다(대법원 1982. 3. 23. 선고 81도2491 판결, 대법원 1989. 7. 11. 선고 89도886 판결 등 참조).

[판시사항] [1] 명예훼손죄의 구성요건인 '공연성'의 의미와 판단 기준 / 명예훼손죄의 공연성에 관하여 판례상 확립된 법리인 이른바 '전파가능성 이론'의 유지 여부(적극) [2] 피고인이 갑의 집 뒷길에서 **피고인의 남편 을 및 갑의 친척인 병이 듣는 가운데 갑에게 '저것이 징역 살다 온 전과자다'** 등으로 큰 소리로 말함으로써 공연히 사실을 적시하여 갑의 명예를 훼손하였다는 내용으로 기소된 사안에서, **병이 갑과 친척관계에 있다는 이유만으로 전파가능성이 부정된다고 볼 수 없고, 오히려 피고인은 갑과의 싸움 과정에서 단지 갑을 모욕 내지 비방하기 위하여 공개된 장소에서 큰 소리로 말하여 다른 마을 사람들이 들을 수 있을 정도였던 것으로 불특정 또는 다수인이 인식할 수 있는 상태였다고 봄이 타당하므로, 피고인의 위 발언은 공연성이 인정된다고 한 사례.**

[판결요지] [1] [다수의견] 명예훼손죄의 관련 규정들은 명예에 대한 침해가 '공연히' 또는 '공공연하게' 이루어질 것을 요구하는데, '공연히' 또는 '공공연하게'는 사전적으로 '세상에서 다 알 만큼 떳떳하게', '숨김이나 거리낌이 없이 그대로 드러나게'라는 뜻이다. 공연성을 행위 태양으로 요구하는 것은 사회에 유포되어 사회적으로 유해한 명예훼손 행위만을 처벌함으로써 개인의 표현의 자유가 지나치게 제한되지 않도록 하기 위함이다. 대법원 판례는 명예훼손죄의 구성요건으로서 공연성에 관하여 '불특정 또는 다수인이 인식할 수 있는 상태'를 의미한다고 밝혀 왔고, 이는 학계의 일반적인 견해이기도 하다.

대법원은 명예훼손죄의 공연성에 관하여 개별적으로 소수의 사람에게 사실을 적시하였더라도 그 상대방이 불특정 또는 다수인에게 적시된 사실을 전파할 가능성이 있는 때에는 공연성이 인정된다고 일관되게 판시하여, 이른바 전파가능성 이론은 공연성에 관한 확립된 법리로 정착되었다. 이러한 법리는 정보통신망 이용촉진 및 정보보호 등에 관한 법률(이하 '정보통신망법'이라 한다)상 정보통신망을 이용한 명예훼손이나 공직선거법상 후보자비방죄 등의 공연성 판단에도 동일하게 적용되어, 적시한 사실이 허위인지 여부나 특별법상 명예훼손 행위인지 여부에 관계없이 명예훼손 범죄의 공연성에 관한 대법원 판례의 기본적 법리로 적용되어 왔다.

공연성에 관한 전파가능성 법리는 대법원이 오랜 시간에 걸쳐 발전시켜 온 것으로서 현재에도 여전히 법리적으로나 현실적인 측면에 비추어 타당하므로 유지되어야 한다. 대법원 판례와 재판 실무는 전파가능성 법리를 제한 없이 적용할 경우 공연성 요건이 무의미하게 되고 처벌이 확대되게 되어 표현의 자유가 위축될 우려가 있다는 점을 고려하여, 전파가능성의 구체적·객관적인 적용 기준을 세우고, 피고인의 범의를 엄격히 보거나 적시의 상대방과 피고인 또는 피해자의 관계에 따라 전파가능성을 부정하는 등 판단 기준을 사례별로 유형화하면서 전파가능성에 대한 인식이 필요함을 전제로 전파가능성 법리를 적용함으로써 공연성을 엄격하게 인정하여 왔다. 구체적으로 살펴보면 다음과 같다.

(가) 공연성은 명예훼손죄의 구성요건으로서, 특정 소수에 대한 사실적시의 경우 공연성이 부정되는 유력한 사정이 될 수 있으므로, 전파될 가능성에 관하여는 검사의 엄격한 증명이 필요하다. 나아가 대법원은 '특정의 개인이나 소수인에게 개인적 또는 사적으로 정보를 전달하는 것과 같은 행위는 공연하다고 할 수 없고, 다만 특정의 개인 또는 소수인이라고 하더라도 불특정 또는 다수인에게 전파 또는 유포될 개연성이 있는 경우라면 공연하다고 할 수 있다'고 판시하여 전파될 가능성에 대한 증명의 정도로 단순히 '가능성'이아닌 '개연성'을 요구하였다.

(나) 공연성의 존부는 발언자와 상대방 또는 피해자 사이의 관계나 지위, 대화를 하게 된 경위와 상황, 사실적시의 내용, 적시의 방법과 장소 등 행위 당시의 객관적 제반 사정에 관하여 심리한 다음, 그로부터 상대방이 불특정 또는 다수인에게 전파할 가능성이 있는지 여부를 검토하여 종합적으로 판단하여야 한다. 발언 이후 실제 전파되었는지 여부는 전파가능성 유무를 판단하는 고려요소가 될 수 있으나, 발언 후 실제 전파 여부라는 우연한 사정은 공연성 인정 여부를 판단함에 있어 소극적 사정으로만 고려되어야 한다. 따라서 전파가능성 법리에 따르더라도 위와 같은 객관적 기준에 따라 전파가능성을 판단할 수 있고, 행위자도 발언 당시 공연성 여부를 충분히 예견할 수 있으며, 상대방의 전파의사만으로 전파가능성을 판단하거나 실제 전파되었다는 결과를 가지고 책임을 묻는 것이 아니다.

(다) 추상적 위험범으로서 명예훼손죄는 개인의 명예에 대한 사회적 평가를 진위에 관계 없이 보호함을 목적으로 한다. 적시된 사실이 특정인의 사회적 평가를 침해할 가능성이 있을 정도로 구체성을 띠어야 한다. 그러나 위와 같이 침해할 위험이 발생한 것으로 족하고 침해의 결과를 요구하지 않는다. 그러므로 다수의 사람에게 사실을 적시한 경우뿐만 아니라 소수의 사람에게 발언하였다고 하더라도 그로 인해 불특정 또는 다수인이 인식할 수 있는 상태를 초래한 경우에도 공연히 발언한 것으로 해석할 수 있다.

(라) 전파가능성 법리는 정보통신망 등 다양한 유형의 명예훼손 처벌규정에서의 공연성 개념에 부합한다고 볼 수 있다. 인터넷, 스마트폰과 같은 모바일 기술 등의 발달과 보편화로 SNS, 이메일, 포털사이트 등 정보통신망을 통해 대부분의 의사표현이나 의사전달이 이루어지고 있고, 그에 따라 정보통신망을 이용한 명예훼손도 급격히 증가해 가고 있다. 이러한 정보통신망과 정보유통과정은 비대면성, 접근성, 익명성 및 연결성 등을 본질적 속성으로 하고 있어서, 정보의 무한 저장, 재생산 및 전달이 용이하여 정보통신망을 이용한 명예훼손은 '행위 상대방' 범위와 경계가 불분명해지고, 명예훼손 내용을 소수에게만 보냈음에도 행위 자체로 불특정 또는 다수인이 인식할 수 있는 상태를 형성하는 경우가 다수 발생하게 된다. 특히 정보통신망에 의한 명예훼손의 경우 행위자가 적시한 정보에 대한 통제가능성을 쉽게 상실하게 되고, 빠른 전파성으로 인하여 피해자의 명예훼손의 침해 정도와 범위가 광범위하게 되어 표현에 대한 반론과 토론을 통한 자정작용이 사실상 무의미한 경우도 적지 아니하다.

따라서 정보통신망을 이용한 명예훼손 행위에 대하여, 상대방이 직접 인식하여야 한다거나, 특정된 소수의 상대방으로는 공연성을 충족하지 못한다는 법리를 내세운다면 해결 기준으로 기능하기 어렵게 된다. 오히려 특정 소수에게 전달한 경우에도 그로부터 불특정 또는 다수인에 대한 전파가능성 여부를 가려 개인의 사회적 평가가 침해될 일반적 위험성이 발생하였는지를 검토하는 것이 실질적인 공연성 판단에 부합되고, 공연성의 범위를 제한하는 구체적인 기준이 될 수 있다. 이러한 공연성의 의미는 형법과 정보통신망법 등의 특별법에서 동일하게 적용되어야 한다.

(마) 독일 형법 제193조와 같은 입법례나 유엔인권위원회의 권고 및 표현의 자유와의 조화를 고려하면, 진실한 사실의 적시의 경우에는 형법 제310조의 '공공의 이익'도 보다 더 넓게 인정되어야 한다. 특히 공공의 이익관련성 개념이 시대에 따라 변화하고 공공의 관심사 역시 상황에 따라 쉴 새 없이 바뀌고 있다는 점을 고려하면, 공적인 인물, 제도 및 정책 등에 관한 것만을 공공의 이익관련성으로 한정할 것은 아니다.

따라서 사실적시의 내용이 사회 일반의 일부 이익에만 관련된 사항이라도 다른 일반인과의 공동생활에 관계된 사항이라면 공익성을 지닌다고 할 것이고, 이에 나아가 개인에 관한 사항이더라도 그것이 공공의 이익과 관련되어 있고 사회적인 관심을 획득한 경우라면 직접적으로 국가·사회 일반의 이익이나 특정한 사회집단에 관한 것이 아니라는 이유만으로 형법 제310조의 적용을 배제할 것은 아니다. 사인이라도 그가 관계하는 사회적 활동의 성질과 사회에 미칠 영향을 헤아려 공공의 이익에 관련되는지 판단하여야 한다.

[2] [다수의견] 피고인이 갑의 집 뒷길에서 피고인의 남편 을 및 갑의 친척인 병이 듣는 가운데 갑에게 '저것이 징역 살다온 전과자다' 등으로 큰 소리로 말함으로써 공연히 사실을 적시하여 갑의 명예를 훼손하였다는 내용으로 기소된 사안에서, 피고인과 갑은 이웃주민으로 여러 가지 문제로 갈등관계에 있었고, 당일에도 피고인은 갑과 말다툼을 하는 과정에서 위와 같은 발언을 하게 된 점, 을과 갑의 처인 정은 피고인과 갑이 큰 소리로 다투는 소리를 듣고 각자의 집에서 나오게 되었는데, 갑과 정은 '피고인이 전과자라고 크게 소리쳤고, 이를 병 외에도 마을 사람들이 들었다'는 취지로 일관되게 진술한 점, 피고인은 신고를 받고 출동한 경찰관 앞에서도 '갑은 아주 질이 나쁜 전과자'라고 큰 소리로 수회 소리치기도 한 점, 갑이 사는 곳은 갑, 병과 같은 성씨를 가진 집성촌으로 갑에게 전과가 있음에도 병은 '피고인으로부터 갑이 전과자라는 사실을 처음 들었다'고 진술하여 갑과 가까운 사이가 아니었던 것으로 보이는 점을 종합하면, 갑과 병의 친분 정도나 적시된 사실이 갑의 공개하기 꺼려지는 개인사에 관한 것으로 주변에 회자될 가능성이 큰 내용이라는 점을 고려할 때 병이 갑과 친척관계에 있다는 이유만으로 전파가능성이 부정된다고 볼 수 없고(갑과 병 사이의 촌수나 구체적 친밀관계가 밝혀진 바도 없다), 오히려 피고인은 갑과의 싸움 과정에서 단지 갑을 모욕 내지 비방하기 위하여 공개된 장소에서 큰 소리로 말하여 다른 마을 사람들이 들을 수 있을 정도였던 것으로 불특정 또는 다수인이 인식할 수 있는 상태였다고 봄이 타당하므로 피고인의 위 발언은 공연성이 인정된다는 이유로, 같은 취지에서 공소사실을 유죄로 인정한 원심판단이 정당하다고 한 사례.

07 ★★★★★

甲은 식당을 운영하는 乙과 乙의 건물 증축공사에 필요한 형틀공사 계약을 체결한 후 그 공사를 완료하였는데, 乙이 공사대금을 주지 않자 건물 입구에 쌓아두었던 건축 자재를 일부러 치우지 않았고 이로 인해 乙은 추가 공사를 진행할 수 없었다.^{형법 제314조 부작위 업무방해죄-} 이후 증축공사를 전부 완료하였으나 乙은 영업이 제대로 이루어지지 않아 건물을 담보로 X은행에서 3억 원의 대출을 받고, 채권최고액 3억 6천만 원의 근저당권을 설정해주었다. 그럼에도 영업이 나아질 기미가 없자 A에게 건물을 5억 원에 매각하기로 약정하고 계약금과 중도금을 받았다. 이후 乙 건물 인근에 도로확충개발 소문이 돌자 B가 시가 상당액인 7억 원에 건물을 매입하겠다고 하여, 乙은 B에게 매매대금을 받고 소유권이전등기를 해주었다.^{형법 제355조 제2항 배임죄+(=5억에서 3억 공제 5억 미만 특경법-)} 한편 乙이 농수산물의원산지표시등에관한법률위반으로 단속에 걸리자 이 소식을 들은 부동산업자 丙이 "담당공무원을 잘 알고 있으니, 나에게 현금으로 500만 원만 주면 잘 해결해주겠다." 라고 하여 乙은 丙에게 500만 원을 이체해주었다.^{수재자 丙은 공무원-, 형법 제132조-, 중재자 처벌 규정 없음} 이에 관한 설명 중 옳지 않은 것을 모두 고른 것은?
(다툼이 있는 경우 판례에 의함)

ㄱ. 甲이 건축자재를 일부러 치우지 않은 행위는 乙의 증축공사 업무에 대하여 하는 적극적인 방해행위와 동등한 형법적 가치를 가진다고 볼 수 없으므로 부작위에 의한 업무방해죄가 성립하지 아니한다.

ㄴ. 乙에게는 A에 대한 특정경제범죄가중처벌등에관한법률위반(배임) 죄가 ~~성립한다.~~^{성립하지 않는다.}

ㄷ. 乙에게는 특정범죄가중처벌등에관한법률위반(알선중재) 죄가, 丙에게는 특정범죄가중처벌등에관한법률위반(알선수재) 죄가 ~~성립한다.~~^{성립하지 않는다.}

ㄹ. 검사가 乙의 이중매매에 대해 丙이 관여하였다고 보아 丙을 공동정범으로 기소하였으나 법원이 丙에게 방조의 죄책이 인정된다고 판단하여 공소장변경없이 방조범을 인정하는 경우, 심리과정에서 방조범에 대해 전혀 언급이 없거나 공방이 이뤄지지 않았다 하더라도 이는 丙의 방어권행사에 실질적인 불이익을 초래한 것이 아니므로 ~~위법하지 아니하다.~~^{위법하다.}

---

① ㄱ
② ㄴ
③ ㄴ, ㄷ
④ ㄴ, ㄷ, ㄹ
⑤ ㄱ, ㄴ, ㄷ, ㄹ

> **파워특강** │ 업무방해죄·배임죄·공무원 직무 관련죄·공소장변경. 공사 후 자
> 재 방치(=부작위 업무방해죄 불성립. 단순 방치를 방해로 볼 수 없음). 부동산
> 이중매매(=중도금 수령 이후부터 배임죄 성립. 실행의 착수시점=중도금 수령
> 시). 부동산 가액산정(=근저당 부담 금액 공제. 특경법 5억 이상 적용). 특가
> 법 제3조 알선수재죄(=누구든지 '브로커' 처벌). 수재자가 비공무원(=중재자
> 처벌 불가). 공동정범 기소 방조범 인정(=공소장 변경. 법원은 공판진행과정에
> 서 심리해야 함. 심리미진은 위법이다).

ㄱ. (○) 대법원 2017. 12. 22. 선고 2017도13211 판결 [업무방해]

[판시사항] [1] 부작위에 의한 업무방해죄가 성립하기 위한 요건 [2] 피고인이 갑과 토지
지상에 창고를 신축하는 데 필요한 형틀공사 계약을 체결한 후 그 공사를 완료하였는데,
**갑이 공사대금을 주지 않는다는 이유로 위 토지에 쌓아 둔 건축자재를 치우지 않고 공사
현장을 막는 방법으로 위력으로써 갑의 창고 신축 공사 업무를 방해하였다**는 내용으로
기소된 사안에서, 공소사실을 유죄로 인정한 원심판결에 **부작위에 의한 업무방해죄의 성
립에 관한 법리오해의 잘못이 있다**고 한 사례.

[판결요지] [1] 업무방해죄와 같이 작위를 내용으로 하는 범죄를 부작위에 의하여 범하는
부진정 부작위범이 성립하기 위해서는 부작위를 실행행위로서의 작위와 동일시할 수 있
어야 한다.

[2] 피고인이 갑과 토지 지상에 창고를 신축하는 데 필요한 형틀공사 계약을 체결한 후
그 공사를 완료하였는데, 갑이 공사대금을 주지 않는다는 이유로 위 토지에 쌓아 둔 건축
자재를 치우지 않고 공사현장을 막는 방법으로 위력으로써 갑의 창고 신축 공사 업무를
방해하였다는 내용으로 기소된 사안이다. 피고인이 일부러 건축자재를 갑의 토지 위에 쌓
아 두어 공사현장을 막은 것이 아니라 당초 자신의 공사를 위해 쌓아 두었던 건축자재를
공사 완료 후 치우지 않은 것에 불과하다. 그러므로 **비록 공사대금을 받을 목적으로 건축
자재를 치우지 않았더라도, 피고인이 자신의 공사를 위하여 쌓아 두었던 건축자재를 공
사 완료 후에 단순히 치우지 않은 행위가 위력으로써 갑의 추가 공사 업무를 방해하는
업무방해죄의 실행행위로서 갑의 업무에 대하여 하는 적극적인 방해행위와 동등한 형법
적 가치를 가진다고 볼 수 없다.** 그런데도 이와 달리 보아 공소사실을 유죄로 인정한 원
심판결에 부작위에 의한 업무방해죄의 성립에 관한 법리오해의 잘못이 있다고 한 사례.

☞ [적중] 하태영, 형사법종합연습 실전예상문제분석, 제4판, 법문사, 2021, 28면.

ㄴ. (×) 대법원 2018. 12. 13. 선고 2016도19308 판결 [배임]

[판시사항] [1] 부동산 매매계약에서 중도금이 지급되는 등 계약이 본격적으로 이행되는
단계에 이른 경우, 그때부터 매도인은 배임죄에서 말하는 '타인의 사무를 처리하는 자'에
해당하는지 여부(적극) 및 그러한 지위에 있는 매도인이 매수인에게 계약 내용에 따라 부
동산의 소유권을 이전해 주기 전에 부동산을 제3자에게 처분하여 등기를 하는 행위가 배
임죄를 구성하는지 여부(적극) / 서면으로 부동산 증여의 의사를 표시한 증여자가 '타인
의 사무를 처리하는 자'에 해당하는지 여부(적극) 및 그가 수증자에게 증여계약에 따라
부동산의 소유권을 이전하지 않고 부동산을 제3자에게 처분하여 등기를 하는 행위가 배
임죄를 구성하는지 여부(적극)

[2] 피고인이 갑과의 증여계약에 따라 목장용지 중 1/2 지분을 갑에게 **증여하고 증여의 의사를 서면으로 표시하였다. 그런데 그 후 금융기관에서 일정 금액의 돈을 대출받으면서 목장용지에 금융기관 앞으로 근저당권설정등기를 마침으로써 피담보채무액 중 1/2 지분에 해당하는 금액의 재산상 이익을 취득하고, 갑에게 같은 금액의 재산상 손해를 입혔다고 하여 배임으로 기소된 사안이다. 서면으로 증여의 의사를 표시한 증여자의 소유권이전등기의무가 증여자 자기의 사무일 뿐이라는 전제에서 공소사실을 무죄로 판단한 원심판결에 법리오해 등의 잘못이 있다고 한 사례.**

[판결요지] [1] 부동산 매매계약에서 중도금이 지급되는 등 계약이 본격적으로 이행되는 단계에 이른 때에는 계약이 취소되거나 해제되지 않는 한 매도인은 매수인에게 부동산의 소유권을 이전할 의무에서 벗어날 수 없다. 이러한 단계에 이른 때에 매도인은 매수인에게 매수인의 재산보전에 협력하여 재산적 이익을 보호·관리할 신임관계에 있게 되고, 그때부터 배임죄에서 말하는 '타인의 사무를 처리하는 자'에 해당한다고 보아야 한다. 그러한 지위에 있는 매도인이 매수인에게 계약 내용에 따라 부동산의 소유권을 이전해 주기 전에 부동산을 제3자에게 처분하여 등기를 하는 행위는 매수인의 부동산 취득이나 보전에 지장을 초래하는 행위로서 배임죄가 성립한다.

이러한 법리는 서면에 의한 부동산 증여계약에도 마찬가지로 적용된다. **서면으로 부동산 증여의 의사를 표시한 증여자는 계약이 취소되거나 해제되지 않는 한 수증자에게 목적부동산의 소유권을 이전할 의무에서 벗어날 수 없다. 그러한 증여자는 '타인의 사무를 처리하는 자'에 해당하고, 그가 수증자에게 증여계약에 따라 부동산의 소유권을 이전하지 않고 부동산을 제3자에게 처분하여 등기를 하는 행위는 수증자와의 신임관계를 저버리는 행위로서 배임죄가 성립한다.**

[2] 피고인이 갑과의 증여계약에 따라 목장용지 중 1/2 지분을 갑에게 증여하고 증여의 의사를 서면으로 표시하였는데 그 후 농업협동조합에서 4,000만 원을 대출받으면서 목장용지에 농업협동조합 앞으로 채권최고액 5,200만 원의 근저당권설정등기를 마침으로써 피담보채무액 중 1/2 지분에 해당하는 2,000만 원의 재산상 이익을 취득하고, 갑에게 같은 금액의 재산상 손해를 입혔다고 하여 배임으로 기소된 사안에서, 피고인이 서면으로 증여의 의사를 표시하였는지에 관하여 심리하지 아니한 채, 서면으로 증여의 의사를 표시한 증여자의 소유권이전등기의무는 증여자 자기의 사무일 뿐이라는 전제에서 공소사실을 무죄로 판단한 원심판결에 배임죄에서 '타인의 사무를 처리하는 자' 등에 관한 법리를 오해하고 필요한 심리를 다하지 않은 잘못이 있다고 한 사례.

☞ [출제] 2020년 제9회 변호사시험 기출문제 37 ㄴ.

대법원 2011. 6. 30. 선고 2011도1651 판결 [특정경제범죄가중처벌등에관한법률위반(사기)·사기·특정경제범죄가중처벌등에관한법률위반(배임)]

[판시사항] [1] 공소사실이나 범죄사실의 동일성 여부 판단 기준

[2] 피고인에 대하여 유죄판결이 확정된 '아파트 사전분양'으로 인한 구 주택건설촉진법 위반죄 범죄사실과 '아파트를 건축·분양할 의사나 능력 없이 피해자들을 기망하여 분양대금을 편취하였다'는 내용의 특정경제범죄 가중처벌 등에 관한 법률 위반(사기) 공소사실 사이에 동일성이 있다거나, 두 죄가 1죄 내지 상상적 경합관계에 있다고 할 수 없다고 본 원심판단을 정당하다고 한 사례.

[3] 법원이 공소장변경절차를 거치지 않고 공소사실과 다른 사실을 인정하기 위한 요건

[4] 피고인들이 특정경제범죄 가중처벌 등에 관한 법률 위반(배임)으로 기소된 사안에서, 원심이 공소사실과 다른 내용으로 '피고인들의 임무'를 인정하였더라도 기본적 사실의 동일성 범위를 벗어나 새로운 임무를 인정하였다거나 이로 인해 피고인들의 방어권 행사에 실질적 불이익이 초래되었다고 볼 수 없다고 한 사례.

[5] 배임죄에서 '본인에게 손해를 가한 때'의 의미 및 위임받은 사무가 소유권이전등기의 무인 경우 배임죄의 성립 요건

[6] 피고인들이 담보권 실행을 위한 경매절차가 진행 중인 호텔을 피해자 측에 매도하면서 이에 관한 최선순위 근저당권과 소유권이전청구권 가등기를 이전하여 주기로 한 약정에 따라 중도금까지 수령하였는데도, 가등기를 피고인들이 실질적으로 지배하는 갑 회사 및 을 회사에 이전하였다고 하여 특정경제범죄 가중처벌 등에 관한 법률 위반(배임)으로 기소된 사안에서, 이로 인해 피해자의 피고인들에 대한 가등기이전등기청구권이 이행불능에 빠질 위험성이 발생하였다는 이유로 피고인들에게 유죄를 인정한 원심판단을 수긍한 사례.

[7] 부동산 이중매매로 인한 배임죄에서, 특정경제범죄 가중처벌 등에 관한 법률 제3조 제1항의 적용을 전제로 대상 부동산 가액을 산정할 때, 부동산 시가 상당액에서 근저당권 등에 의한 부담 금액을 공제하여야 하는지 여부(적극)

[8] 피고인들이 담보권 실행을 위한 경매절차가 진행 중인 호텔을 피해자 측에 매도하면서 이에 관한 최선순위 근저당권과 소유권이전청구권 가등기를 이전하여 주기로 한 약정에 따라 중도금까지 수령하였는데도, 가등기를 다른 회사들에 이전하였다고 하여 특정경제범죄 가중처벌 등에 관한 법률 위반(배임)으로 기소된 사안에서, 원심이 같은 법 제3조 제1항의 적용을 전제로 피고인들의 배임행위로 인한 이득액을 산정할 때 대상 부동산의 시가 상당액에서 근저당권 등에 의한 부담 금액을 공제하지 않은 잘못이 있으나, 이와 같은 법리오해는 판결 결과에 영향이 없다고 한 사례.

[판결요지] [1] 공소사실이나 범죄사실의 동일성 여부는 사실의 동일성이 갖는 법률적 기능을 염두에 두고 **피고인의 행위와 사회적인 사실관계를 기본으로 하되 규범적 요소도 고려하여 판단하여야 한다.**

[2] 피고인에 대하여 유죄판결이 확정된 '아파트 사전분양'으로 인한 구 주택건설촉진법 (2003. 5. 29. 법률 제6916호 주택법으로 전부 개정되기 전의 것) 위반죄 범죄사실과 '아파트를 건축하여 분양할 의사나 능력 없이 피해자들을 기망하여 분양대금을 편취하였다'는 내용의 특정경제범죄 가중처벌 등에 관한 법률 위반(사기) 공소사실 사이에 동일성이 있다고 보기 어렵고, 또한 두 죄는 행위 태양이나 보호법익에 비추어 1죄 내지 상상적 경합관계에 있다고 볼 수도 없으므로, 피고인이 구 주택건설촉진법 위반죄의 범죄사실에 관하여 확정판결을 받았다고 하여 위 사기 부분 공소사실에 대하여 면소를 선고할 수 없다고 본 원심판단을 정당하다고 한 사례.

[3] **피고인의 방어권 행사에 실질적인 불이익을 초래할 염려가 없는 경우에는 공소사실과 기본적 사실이 동일한 범위 내에서 법원이 공소장변경절차를 거치지 아니하고 다르게 사실을 인정하더라도 불고불리 원칙에 위배되지 아니한다.**

[4] 피고인들이 담보권 실행을 위한 경매절차가 진행 중인 호텔을 피해자 측에 매도하면서 소유권 확보방안으로 이에 관한 '최선순위 근저당권과 소유권이전청구권 가등기를 이전하여 주기로 한 약정'에 따라 중도금까지 수령하였는데도, 가등기를 임의로 다른 회사

들에 이전하였다고 하여 특정경제범죄 가중처벌 등에 관한 법률 위반(배임)으로 기소된 사안에서, 원심이 공소사실과 달리 피고인들이 '가등기에 의한 본등기를 경료하고 근저당권을 양수하여 이를 말소한 후 낙찰자 동의 없이 경매절차를 취소시킴으로써 정상적으로 호텔에 관하여 아무 부담 없는 소유권을 취득할 수 있도록 협력할 임무'를 위반하였다고 인정하였더라도, 기본적 사실의 동일성 범위를 벗어나 공소사실에 없는 새로운 임무를 인정하였다거나 이로 인해 피고인들의 방어권 행사에 실질적 불이익이 초래되었다고 할 수 없다는 이유로, 공소장변경 없이 공소사실과 다른 범죄사실을 인정한 원심판단에 불고불리 원칙에 위배하거나 공소장변경에 관한 법리오해 등의 위법이 없다고 한 사례.

[5] 배임죄는 타인의 사무를 처리하는 자가 임무에 위배하는 행위로써 재산상 이익을 취득하거나 제3자로 하여금 이를 취득하게 하여 본인에게 손해를 가한 경우에 성립되고, 여기서 '본인에게 손해를 가한 때'란 현실적인 실해를 가한 경우뿐만 아니라 실해 발생의 위험성을 초래한 경우도 포함되며, **위임받은 타인의 사무가 부동산소유권 이전등기의무인 경우에는 임무위배행위로 인하여 매수인이 가지는 소유권이전등기청구권이 이행불능되거나 이행불능에 빠질 위험성이 있으면 배임죄는 성립한다.**

[6] 피고인들이 담보권 실행을 위한 경매절차가 진행 중인 호텔을 피해자 측에 매도하면서 소유권 확보방안으로 이에 관한 최선순위 근저당권과 소유권이전청구권 가등기를 이전하여 주기로 한 약정에 따라 중도금까지 수령하였는데도, 가등기를 피고인들이 실질적으로 지배하는 갑 회사 및 을 회사에 이전하였다고 하여 특정경제범죄 가중처벌 등에 관한 법률 위반(배임)으로 기소된 사안에서, 피고인들과 갑 회사, 을 회사의 관계에 비추어 가등기의 등기명의를 회복하여 피해자에게 이전등기해 주는 것이 불가능하지는 않으나, 제반 사정에 비추어 이로 인해 피해자의 피고인들에 대한 가등기이전등기청구권이 이행불능에 빠질 위험성이 발생하였다는 이유로 피고인들에게 유죄를 인정한 원심판단을 수긍한 사례.

[7] 배임행위로 얻은 재산상 이익의 일정한 액수 자체를 가중적 구성요건으로 규정하고 있는 특정경제범죄 가중처벌 등에 관한 법률 제3조 제1항의 적용을 전제로 하여 이중매매 대상이 된 부동산 가액을 산정하는 경우, 부동산에 아무런 부담이 없는 때에는 부동산 시가 상당액이 곧 가액이라고 볼 것이다. 그러나 **부동산에 근저당권설정등기가 경료되어 있거나 압류 또는 가압류 등이 이루어진 때에는 특별한 사정이 없는 한 아무런 부담이 없는 상태의 부동산 시가 상당액에서 근저당권의 채권최고액 범위 내에서 피담보채권액, 압류에 걸린 집행채권액, 가압류에 걸린 청구금액 범위 내에서 피보전채권액 등을 뺀 실제 교환가치를 부동산 가액으로 보아야 한다.**

[8] 피고인들이 담보권 실행을 위한 경매절차가 진행 중인 호텔을 피해자 측에 매도하면서 소유권 확보방안으로 이에 관한 최선순위 근저당권(이하 '이 사건 근저당권'이라 한다)과 소유권이전청구권 가등기를 이전하여 주고 가등기보다 먼저 설정된 근저당권이나 가압류, 가등기 자체에 걸린 가압류 등을 모두 말소하여 주기로 약정하였는데, 그 후 중도금을 수령하면서 이 사건 근저당권 및 가등기 이전에 필요한 서류를 피해자 측에 교부하고도 가등기에 관하여는 임의로 다른 회사들 앞으로 이전등기를 마쳤다고 하여 특정경제범죄 가중처벌 등에 관한 법률 위반(배임)으로 기소된 사안이다. 피고인들의 배임행위 당시 호텔에 관하여는 이 사건 근저당권 외에도 가등기에 앞서 3건의 근저당권등기와 가압류등기가 각 마쳐져 있었고, 가등기 자체에도 4건의 가압류 또는 압류가 각 마쳐져 있었

으므로, 배임행위로 인한 이득액을 산정할 때에는 이 사건 근저당권의 채권최고액 범위 내에서 **피담보채권액뿐만 아니라 가등기에 앞서 설정된 각 근저당권의 채권최고액 범위 내에서 피담보채권액이나 가압류에 걸린 청구금액 범위 내에서 피보전채권액 등을 모두 공제하여야 하는데도**, 원심이 이득액을 산정할 때 이를 공제하지 않은 것은 잘못이나, 제 반 사정에 비추어 이와 같은 법리오해는 판결 결과에 영향이 없다고 한 사례.

☞ [출제] 2021년 제10회 변호사시험 기출문제 32 ㄴ.

특정경제범죄 가중처벌 등에 관한 법률 제3조(특정재산범죄의 가중처벌)
① 「형법」 제347조(사기), 제347조의2(컴퓨터등 사용사기), 제350조(공갈), 제350조의2 (특수공갈), 제351조(제347조, 제347조의2, 제350조 및 제350조의2의 상습범만 해당한 다), **제355조(횡령·배임) 또는 제356조(업무상의 횡령과 배임)의 죄**를 범한 사람은 그 범죄행위로 인하여 취득하거나 제3자로 하여금 취득하게 한 재물 또는 재산상 이익의 가 액(이하 이 조에서 "이득액"이라 한다)이 5억원 이상일 때에는 다음 각 호의 구분에 따라 가중처벌한다. 〈개정 2016.1.6, 2017.12.19〉
1. 이득액이 50억원 이상일 때: 무기 또는 5년 이상의 징역
2. **이득액이 5억원 이상 50억원 미만일 때: 3년 이상의 유기징역**
② 제1항의 경우 이득액 이하에 상당하는 벌금을 병과(병과)할 수 있다.
[전문개정 2012.2.10]
【출처】 특정경제범죄 가중처벌 등에 관한 법률 일부개정 2017. 12. 19. [법률 제15256 호, 시행 2018. 3. 20.] 법무부.

ㄷ. (×) 브로커 처벌 규정이다. 누구든지 신분과 상관없이 공무원 직무 사항 알선으로 금품 또 는 이익을 수수·요구·약속하면, 특경법 제3조로 처벌된다. 수재자가 공무원이면 중재 자는 형법 제133조 제1항 뇌물공여죄가 성립한다. 수재자가 공무원 또는 형법 제132 조에 해당하지 않으면 중재자는 처벌되지 않는다. 입법부는 처벌 규정을 두지 않았다.

특정범죄 가중처벌 등에 관한 법률 제3조(알선수재)
공무원의 직무에 속한 사항의 알선에 관하여 금품이나 이익을 수수·요구 또는 약속한 사 람은 5년 이하의 징역 또는 1천만원 이하의 벌금에 처한다.
[전문개정 2010.3.31]
【출처】 특정범죄 가중처벌 등에 관한 법률 일부개정 2020. 2. 4. [법률 제16922호, 시행 2020. 5. 5.] 법무부.

대법원 2014. 1. 16. 선고 2013도6969 판결 [특정범죄가중처벌등에관한법률위반(알선수 재)·개인정보보호법위반·배임수재·배임증재·변호사법위반방조]
[판시사항] 금품 등 수수와 같은 대향적 범죄에 공범에 관한 형법총칙 규정이 적용되는지 여부(소극) 및 금품 등 공여자에게 따로 처벌규정이 없는 경우, 공여행위를 교사 또는 방 조한 행위가 공여자의 상대방 범행에 대하여 공범관계가 성립하는지 여부(소극)
[판결요지] 금품 등의 수수와 같이 2인 이상의 서로 대향된 행위의 존재를 필요로 하는 관계에 있어서는 공범이나 방조범에 관한 형법총칙 규정의 적용이 있을 수 없다. 따라서

금품 등을 공여한 자에게 따로 처벌규정이 없는 이상, 그 공여행위는 그와 대향적 행위의 존재를 필요로 하는 상대방의 범행에 대하여 공범관계가 성립되지 않는다. 오로지 금품 등을 공여한 자의 행위에 대하여만 관여하여 그 공여행위를 교사하거나 방조한 행위도 상대방의 범행에 대하여 공범관계가 성립되지 않는다.

☞ [출제] 2021년 제10회 변호사시험 기출문제 17 ②

ㄹ. (✕) 대법원 2020. 3. 12. 선고 2019도15117 판결 [강요미수・폭행]

[판결요지] 검사는 공소장에 범죄의 일시, 장소와 방법을 명시하여 사실을 특정할 수 있도록 하여야 한다(형사소송법 제254조 제4항). 이는 법원의 심판대상을 한정하고 피고인의 방어의 범위를 특정하여 그 방어권 행사를 용이하게 하기 위한 데에 있으므로(대법원 2011. 11. 24. 선고 2009도7166 판결 참조), 법원은 검사가 공소제기한 범위 내에서만 심판하여야 한다. 그러나 관할위반, 소송요건의 존부 등 직권조사사유에 관하여는 공소장에 기재되지 않았거나 공소장변경이 없다고 하더라도 법원이 반드시 심판하여야 한다.

대법원 2012. 6. 28. 선고 2012도2628 판결 [특정경제범죄가중처벌에관한법률위반(횡령)]
[피고인4에대하여 인정된 죄명: 특정경제범죄가중처벌등에관한법률위반(횡령)방조]・특정경제범죄가중중처벌등에관한법률위반(배임)・근로기준법위반・업무상횡령]

[판결요지] 법원은 공소사실의 동일성이 인정되는 범위 내에서 공소가 제기된 범죄사실보다 가벼운 범죄사실이 인정되는 경우에, 그 심리의 경과 등에 비추어 볼 때 피고인의 방어에 실질적인 불이익을 주지 아니한다면 공소장변경 없이 직권으로 가벼운 범죄사실을 인정할 수 있다고 할 것이다. 그러므로 공동정범으로 기소된 범죄사실을 방조사실로 인정할 수 있다(대법원 2004. 6. 24. 선고 2002도995 판결, 대법원 2011. 11. 24. 선고 2009도7166 판결 등 참조).

---

08 ★★★★★

사법경찰관 P1은 甲이 지하철역 에스컬레이터에서 휴대전화 카메라를 이용하여 A의 치마 속을 몰래 촬영하는 것을 발견하고 甲을 현행범인으로 체포하면서 甲의 휴대전화를 압수하였고, 사건을 인계받은 사법경찰관 P2는 甲을 피의자로 신문한 후 석방하였다. 이후 甲은 음주 후 승용차를 운전하던 중 음주단속을 피하기 위하여 도망가다가 운전 중인 승용차로 단속 중이던 사법경찰관 P3을 고의로 들이받아 전치 6주의 상해를 입혔다. 형법 제144조 제2항 특수공무집행방해치상죄 성립+ 검사는 甲을 위 범죄사실로 기소하였다. 이에 관한 설명 중 옳지 않은 것을 모두 고른 것은? (다툼이 있는 경우 판례에 의함)

ㄱ. P1의 현행범인 체포절차가 적법하지 않은 경우, 체포를 면하려고 저항하는 과정에서 甲이 P1을 폭행하더라도 이는 ~~정당방위로서~~ 구성요건에 해당하지 않는다. 공무집행방해죄가 성립하지 않는다.

ㄴ. P1이 甲의 휴대전화를 적법하게 압수하면서 작성한 압수조서의 '압수경위'란에 '甲이 지하철역 에스컬레이터에서 짧은 치마를 입고 올라가는 여성을 쫓아가 뒤에

밀착하여 치마 속으로 휴대전화를 집어넣는 등 해당 여성의 신체를 몰래 촬영하는 행동을 하였다'는 내용이 기재되어 있고, 그 하단에 甲의 범행을 직접 목격하고 위 압수조서를 작성한 P1의 기명날인이 있는 경우, 위 압수조서의 '압수경위'란에 기재된 내용은 「형사소송법」 제312조 제5항의 '피고인이 아닌 자가 수사과정에서 작성한 진술서'에 준하는 것으로 볼 수 있다.

ㄷ. 만약 위 휴대전화에 대한 압수가 위법한 경우, P1이 작성한 압수조서 중 '압수경위'란에 기재된 내용은 위법하게 수집된 증거에 터잡아 획득한 2차적 증거로서 피고인이 증거로 함에 동의하더라도 원칙적으로 증거능력이 ~~없다.~~ 있다.

ㄹ. P2는 조사과정의 영상녹화를 위해 미리 영상녹화사실을 甲과 A에게 각각 알려주었으나 甲은 촬영을 거부하고 A는 이에 동의한 경우, 甲에 대한 영상녹화물은 기억환기를 위한 자료로 활용할 수 ~~없지만,~~ 있지만, A에 대한 영상녹화물은 참고인 진술조서의 실질적 진정성립을 증명하기 위한 방법으로 사용할 수 있다.

ㅁ. P3에 대한 범죄사실과 관련하여 甲에게는 특수공무집행방해치상죄만 성립하고 이와 별도로 특수상해죄는 성립하지 않는다.

① ㄱ, ㄷ   ② ㄴ, ㅁ

③ ㄱ, ㄴ, ㄹ   ④ ㄱ, ㄷ, ㄹ

⑤ ㄴ, ㄷ, ㄹ, ㅁ

┃해설 및 정답┃ 2022년 제11회 변호사시험 기출문제 31   **정답** ④

> **파워특강** 공무집행방해죄·정당방위·전문법칙 예외·영상녹화물·부진정결과적가중범. 공무집행방해죄(＝'적법한 공무집행'은 구성요건요소). 압수조서(＝형사소송법 제312조 제5항 '피고인 아닌 자가 수사과정에서 작성한 진술서'에 준함). 참고인 영상녹화(＝반드시 동의를 받아야 함). 피의자 영상녹화(＝미리 알리면 됨. 동의가 없어도 됨). 적법한 공무를 집행 중인 공무원에게 위험한 물건을 휴대하고 고의로 상해한 경우(＝형법 제144조 제2항 특수공무집행방해치상죄만 성립함).

ㄱ. (×) 대법원 2011. 5. 26. 선고 2011도3682 판결 [상해·공무집행방해]

사안에서 공무집행방해죄는 구성요건이 조각된다. 적법한 공무집행이 아니기 때문이다. 한편 폭행치상(또는 상해)은 구성요건에 해당하지만 정당방위로서 위법성이 조각된다. 범죄체계도에 따라 정밀하게 검토해야 한다.

[판시사항] [1] 현행범인을 체포하기 위하여 '체포의 필요성'이 있어야 하는지 여부(적극) 및 현행범인 체포 요건을 갖추지 못하여 위법한 체포에 해당하는지의 판단 기준 [2] 공무집행방해죄에서 '적법한 공무집행'의 의미 및 현행범인이 경찰관의 불법한 체포를 면하

려고 반항하는 과정에서 경찰관에게 상해를 가한 경우 '정당방위'의 성립 여부(적극) [3] **피고인이 경찰관의 불심검문을 받아 운전면허증을 교부한 후 경찰관에게 큰 소리로 욕설을 하였는데, 경찰관이 피고인을 모욕죄의 현행범으로 체포하려고 하자 피고인이 반항하면서 경찰관에게 상해를 가한 사안이다. 위 행위가 정당방위에 해당한다는 이유로, 피고인에 대한 '상해' 및 '공무집행방해'의 공소사실을 무죄로 인정한 원심판단을 수긍한 사례.**

[판결요지] [1] 현행범인은 누구든지 영장 없이 체포할 수 있다(형사소송법 제212조). 현행범인으로 체포하기 위하여는 행위의 가벌성, 범죄의 현행성·시간적 접착성, 범인·범죄의 명백성 이외에 체포의 필요성 즉, 도망 또는 증거인멸의 염려가 있어야 한다. 이러한 요건을 갖추지 못한 현행범인 체포는 법적 근거에 의하지 아니한 영장 없는 체포로서 위법한 체포에 해당한다. 여기서 현행범인 체포의 요건을 갖추었는지는 체포 당시 상황을 기초로 판단하여야 한다. 이에 관한 검사나 사법경찰관 등 수사주체의 판단에는 상당한 재량 여지가 있다. 그러나 체포 당시 상황으로 보아도 요건 충족 여부에 관한 검사나 사법경찰관 등의 판단이 경험칙에 비추어 **현저히 합리성을 잃은 경우에는 그 체포는 위법하다**고 보아야 한다.

[2] 형법 제136조가 규정하는 공무집행방해죄는 공무원의 직무집행이 적법한 경우에 한하여 성립한다. 여기서 적법한 공무집행은 그 행위가 공무원의 추상적 권한에 속할 뿐 아니라 구체적 직무집행에 관한 법률상 요건과 방식을 갖춘 경우를 가리킨다. **경찰관이 현행범인 체포 요건을 갖추지 못하였는데도 실력으로 현행범인을 체포하려고 하였다면 적법한 공무집행이라고 할 수 없다. 현행범인 체포행위가 적법한 공무집행을 벗어나 불법인 것으로 볼 수밖에 없다면, 현행범이 체포를 면하려고 반항하는 과정에서 경찰관에게 상해를 가한 것은 불법체포로 인한 신체에 대한 현재의 부당한 침해에서 벗어나기 위한 행위로서 정당방위에 해당하여 위법성이 조각된다.**

[3] 피고인이 경찰관의 불심검문을 받아 운전면허증을 교부한 후 경찰관에게 큰 소리로 욕설을 하였는데, 경찰관이 모욕죄의 현행범으로 체포하겠다고 고지한 후 피고인의 오른쪽 어깨를 붙잡자 반항하면서 경찰관에게 상해를 가한 사안이다.

피고인은 경찰관의 불심검문에 응하여 이미 운전면허증을 교부한 상태이고, 경찰관뿐 아니라 인근 주민도 욕설을 직접 들었으므로, 피고인이 도망하거나 증거를 인멸할 염려가 있다고 보기는 어렵다. 피고인의 모욕 범행은 불심검문에 항의하는 과정에서 저지른 일시적, 우발적인 행위로서 사안 자체가 경미할 뿐 아니라, 피해자인 경찰관이 범행현장에서 즉시 범인을 체포할 급박한 사정이 있다고 보기도 어렵다. 그러므로 **경찰관이 피고인을 체포한 행위는 적법한 공무집행이라고 볼 수 없다. 피고인이 체포를 면하려고 반항하는 과정에서 상해를 가한 것은 불법체포로 인한 신체에 대한 현재의 부당한 침해에서 벗어나기 위한 행위로서 정당방위에 해당한다.** 이러한 이유로, 피고인에 대한 상해 및 공무집행방해의 공소사실을 무죄로 인정한 원심판단을 수긍한 사례.

ㄴ. (○) 대법원 2019. 11. 14. 선고 2019도13290 판결 [성폭력범죄의처벌등에관한특례법위반(카메라등이용촬영)] 〈피고인이 휴대전화기의 카메라로 피해자를 몰래 촬영한 현장에서 현행범으로 체포되면서 위 휴대전화기를 수사기관에 임의제출한 사안에서, 피고인의 자백을 보강할 증거가 있는지 여부가 쟁점이 된 사건〉 ★★★★★

[판시사항] [1] 피고인이 지하철역 에스컬레이터에서 휴대전화기의 카메라를 이용하여 성명불상 여성 피해자의 치마 속을 몰래 촬영하다가 현행범으로 체포되어 성폭력범죄의 처

벌 등에 관한 특례법 위반(카메라등이용촬영)으로 기소된 사안이다. 체포 당시 임의제출 방식으로 압수된 피고인 소유 휴대전화기에 대한 압수조서 중 '압수경위'란에 기재된 내용은 **피고인이 범행을 저지르는 현장을 직접 목격한 사람의 진술이 담긴 것으로서 형사소송법 제312조 제5항에서 정한 '피고인이 아닌 자가 수사과정에서 작성한 진술서'에 준하는 것으로 볼 수 있다. 이에 따라 휴대전화기에 대한 임의제출절차가 적법하였는지에 영향을 받지 않는 별개의 독립적인 증거에 해당한다고 한 사례.**

[2] 현행범 체포현장이나 범죄 현장에서 소지자 등이 임의로 제출하는 물건을 형사소송법 제218조에 의하여 영장 없이 압수할 수 있는지 여부(적극) 및 이때 검사나 사법경찰관은 별도로 사후에 영장을 받아야 하는지 여부(소극)

[판결요지] [1] 피고인이 지하철역 에스컬레이터에서 휴대전화기의 카메라를 이용하여 성명불상 여성 피해자의 치마 속을 몰래 촬영하다가 현행범으로 체포되어 성폭력범죄의 처벌 등에 관한 특례법 위반(카메라등이용촬영)으로 기소된 사안이다.

피고인은 공소사실에 대해 자백하고 검사가 제출한 모든 서류에 대하여 증거로 함에 동의하였는데, 그 서류들 중 체포 당시 임의제출 방식으로 압수된 피고인 소유 휴대전화기(이하 '휴대전화기'라고 한다)에 대한 압수조서의 '압수경위'란에 '지하철역 승강장 및 게이트 앞에서 경찰관이 지하철범죄 예방·검거를 위한 비노출 잠복근무 중 검정 재킷, 검정 바지, 흰색 운동화를 착용한 20대가량 남성이 짧은 치마를 입고 에스컬레이터를 올라가는 여성을 쫓아가 뒤에 밀착하여 치마 속으로 휴대폰을 집어넣는 등 해당 여성의 신체를 몰래 촬영하는 행동을 하였다'는 내용이 포함되어 있다. 그 하단에 피고인의 범행을 직접 목격하면서 위 압수조서를 작성한 사법경찰관 및 사법경찰리의 각 기명날인이 들어가 있다. **그러므로 위 압수조서 중 '압수경위'란에 기재된 내용은 피고인이 범행을 저지르는 현장을 직접 목격한 사람의 진술이 담긴 것으로서 형사소송법 제312조 제5항에서 정한 '피고인이 아닌 자가 수사과정에서 작성한 진술서'에 준하는 것으로 볼 수 있다.** 이에 따라 휴대전화기에 대한 임의제출절차가 적법하였는지에 영향을 받지 않는 별개의 독립적인 증거에 해당한다. 피고인이 증거로 함에 동의한 이상 유죄를 인정하기 위한 증거로 사용할 수 있을 뿐 아니라 피고인의 자백을 보강하는 증거가 된다고 볼 여지가 많다, 이러한 이유로, 이와 달리 피고인의 자백을 뒷받침할 보강증거가 없다고 보아 무죄를 선고한 원심판결에 자백의 보강증거 등에 관한 법리를 오해하거나 필요한 심리를 다하지 아니한 잘못이 있다고 한 사례.

[2] 범죄를 실행 중이거나 실행 직후의 현행범인은 누구든지 영장 없이 체포할 수 있다(형사소송법 제212조). 검사 또는 사법경찰관은 피의자 등이 유류한 물건이나 소유자·소지자 또는 보관자가 임의로 제출한 물건은 영장 없이 압수할 수 있다(제218조). 그러므로 현행범 체포현장이나 범죄 현장에서도 소지자 등이 임의로 제출하는 물건은 형사소송법 제218조에 의하여 영장 없이 압수하는 것이 허용된다. 이 경우 검사나 사법경찰관은 별도로 사후에 영장을 받을 필요가 없다.

ㄷ. (×) 대법원 2019. 11. 14. 선고 2019도13290 판결

ㄹ. (○) 형사소송법 제221조 제1항·제244조 제1항 참조.

형사소송법 제221조(제3자 참고인 · 피해자 출석요구)

① 검사 · 사법경찰관은 수사에 **필요한 경우 피의자가 아닌 제3자에게 출석을 요구하여 진술을 들을 수 있다.** 이 경우 **진술자 동의를 받아 영상을 녹화할 수 있다.**

② 검사 · 사법경찰관은 수사에 **필요한 때** 감정 · 통역 · 번역을 위촉할 수 있다.

③ 검사 · 사법경찰관이 범죄피해자를 조사하는 경우 제163조2 제1항 · 제2항 · 제3항을 **준용한다.**

[전문개정 2007.6.1] [[시행일 2008.1.1]]

[본조제목개정 2007.6.1] [[시행일 2008.1.1.]]

형사소송법 제244조2(피의자진술의 영상녹화)

① 피의자 진술은 **영상을 녹화할 수 있다.** 이 경우 미리 **영상녹화사실을 알려야 하며**, 조사 **개시부터 종료까지** 전 과정과 객관적 정황을 영상으로 녹화한다.

② 제1항에 근거하여 영상녹화가 완료된 때 피의자 · 변호인 앞에서 원본을 봉인하고, 피의자에게 기명날인 · 서명하게 한다.

③ **제2항 경우 피의자 · 변호인 요구가 있는 때** 영상녹화물을 재생하여 **시청하게 한다.** 이 경우 **영상녹화물 내용에** 대하여 이의를 **진술하는 때** 그 취지를 기재한 서면을 **첨부한다.**

[본조신설 2007.6.1] [[시행일 2008.1.1.]]

ㅁ. (○) 대법원 2008. 11. 27. 선고 2008도7311 판결 [특수공무집행방해치상 · 폭력행위등처벌 관한 법률 위반(집단 · 흉기등상해) · 도로교통법위반(무면허운전)]

[판시사항] [1] 부진정결과적가중범에서 고의로 중한 결과를 발생하게 한 행위를 더 무겁게 처벌하는 규정이 없는 경우, 결과적가중범과 고의범의 죄수관계 [2] 직무를 집행하는 공무원에 대하여 위험한 물건을 휴대하여 고의로 상해를 가한 경우, 특수공무집행방해치상죄 외에 폭력행위 등 처벌에 관한 법률 위반(집단 · 흉기 등 상해)죄를 구성하는지 여부(소극)

[판결요지] [1] 기본범죄를 통하여 고의로 중한 결과를 발생하게 한 경우에 가중 처벌하는 부진정결과적가중범에서, 고의로 중한 결과를 발생하게 한 행위가 별도의 구성요건에 해당하고 그 고의범에 대하여 결과적가중범에 정한 형보다 더 무겁게 처벌하는 규정이 있는 경우에는 그 고의범과 결과적가중범이 상상적 경합관계에 있다. 하지만 위와 같이 고의범에 대하여 더 무겁게 처벌하는 규정이 없는 경우에는 결과적가중범이 고의범에 대하여 특별관계에 있다. 그러므로 결과적가중범만 성립하고 이와 법조경합의 관계에 있는 고의범에 대하여는 별도로 죄를 구성하지 않는다. ★★★★★

[2] 직무를 집행하는 공무원에 대하여 위험한 물건을 휴대하여 고의로 상해를 가한 경우에는 특수공무집행방해치상죄만 성립할 뿐이다. 이와는 별도로 폭력행위 등 처벌에 관한 법률 위반(집단 · 흉기 등 상해)죄를 구성하지 않는다.

☞ [출제] 2020년 제9회 변호사시험 기출문제 35 ㄴ.

09 ★★★★★

술에 만취해 운전을 하던 甲은 교통사고를 낸 후 조수석에 타고 있던 친동생 乙에게 乙 자신이 운전하였다고 경찰에 말해 달라 부탁하였고,^{형법 제151조 제1항·형법 제31조 제1항 범인도피죄 교사범+} 乙은 甲의 부탁대로 자신이 운전하다 사고를 냈다고 진술하였다.^{형법 제151조 제1항·제2항 범인도피죄+, 친족특례 해당+} 이에 관한 설명 중 옳은 것을 모두 고른 것은? (다툼이 있는 경우 판례에 의함)

ㄱ. 乙은 범인도피죄를 범하였으나 범인의 친족이어서 처벌되지 않는다.

ㄴ. 乙을 시켜 경찰에 허위진술을 하도록 한 甲의 행위는 타인의 행위를 이용하여 자신의 범죄를 실현하고, 새로운 범인을 창출하였다는 교사범의 전형적인 불법이 실현되었다고 볼 수 ~~없으므로 범인도피교사죄가 성립하지 않는다.~~ ^{있으므로 범인도피교사죄가 성립한다.}

ㄷ. 甲의 부탁대로 乙이 경찰에 허위진술을 한 행위는 위계공무집행방해죄가 ~~성립한다.~~ ^{성립하지 않는다.}

ㄹ. 만약 사법경찰관이 甲에 대하여 현장검증을 실시하여 적법하게 검증조서를 작성하였고, 이 검증조서에는 甲이 乙에게 "네가 운전하였다고 말해라."라는 진술기재부분과 범행을 재연하는 사진이 첨부되어 있는데 甲이 법정에서 검증조서에 대해서만 증거로 함에 동의하고 진술기재부분과 재연사진에 대해서는 그 성립의 진정 및 내용을 부인하였다면, 검증조서에 기재된 진술기재부분과 재연사진을 제외한 검증조서의 나머지 부분에 대해서만 증거능력이 인정된다.

① ㄱ, ㄷ   ② ㄱ, ㄹ

③ ㄱ, ㄴ, ㄷ   ④ ㄱ, ㄴ, ㄹ

⑤ ㄴ, ㄷ, ㄹ

해설 및 정답 2022년 제11회 변호사시험 기출문제 34   **정답** ②

> **파워특강** 범인도피·친족간 특례·범인도피죄 교사(=자기도피 교사)·위계공무집행방해·검증조서·증거동의. 친족 동거가족 범인도피(=무죄, 형법 제151조 제2항). 범인이 자기 도피를 교사(=범인도피죄 교사범 성립. 형법 제151조 제2항 적용되지 않음). 피의자와 참고인으로 가장하여 수사기관에 허위진술(=위계공무집행방해죄 불성립). 법정에서 증인이 허위진술(=위증죄 성립). 수사방해죄 신설 논의 있음(=입법과제). 검증조서 동의+진술 부분과 범행재현 부분 부동의(=부동의 부분을 제외한 부분만 증거 채용).

증거능력. 공동피고인의 법정자백(=당해 피고인에 대해 유죄의 증거로 사용 가능함). 공범인 공동피고인(=피고인 신분. 소송절차 분리 후 피고인 신분에서 해방되어야 증인적격 인정). 공범인 공동피고인에 대한 검찰 작성과 사법경찰관 작성 피의자신문조서(=모두 당해 피고인이 내용인정을 증거능력 인정함. 형사소송법 제312조 제1항·제3항(=2020년 2월 4일 형사소송법 개정 법률). 사법경찰관 작성 검증조서(=진술 내용과 재현 부분 성립 진정 필요. 피고인이 그 내용과 일부를 부인하면, 그 부인 부분만 증거능력 부정). 증거능력 없는 전문증거(=임의성만 인정되면 탄핵하기 위한 반대증거로 사용 가능함).

ㄱ. (○) 형법 제151조 제2항 참조.

> 형법 제151조(범인은닉과 친족간의 특례)
> ① 벌금 이상의 형에 해당하는 죄를 범한 자를 은닉 또는 도피하게 한 자는 3년 이하의 징역 또는 500만원 이하의 벌금에 처한다. 〈개정 1995.12.29〉
> ② 친족 또는 동거의 가족이 본인을 위하여 전항의 죄를 범한 때에는 처벌하지 아니한다. 〈개정 2005.3.31〉
> 【출처】 형법 일부개정 2020. 12. 8. [법률 제17571호, 시행 2021. 12. 9.] 법무부.

ㄴ. (×) 대법원 2006. 12. 7. 선고 2005도3707 판결 [범인도피교사]
[판시사항] [1] 범인이 자신을 위하여 형법 제151조 제2항에 의하여 처벌을 받지 아니하는 친족 등으로 하여금 허위의 자백을 하게 하여 범인도피죄를 범하게 하는 경우, 범인도피교사죄의 성립 여부(적극) [2] 무면허 운전으로 사고를 낸 사람이 동생을 경찰서에 대신 출두시켜 피의자로 조사받도록 한 행위가 범인도피교사죄를 구성하는지 여부(적극)
[판결요지] [1] 범인이 자신을 위하여 타인으로 하여금 허위의 자백을 하게 하여 범인도피죄를 범하게 하는 행위는 방어권의 남용으로 범인도피교사죄에 해당한다. 이 경우 그 타인이 형법 제151조 제2항에 의하여 처벌을 받지 아니하는 친족, 호주 또는 동거 가족에 해당한다 하여 달리 볼 것은 아니다.
[2] 무면허 운전으로 사고를 낸 사람이 동생을 경찰서에 대신 출두시켜 피의자로 조사받도록 한 행위는 범인도피교사죄를 구성한다.
☞ [출제] 2020년 제9회 변호사시험 기출문제 33 ㄷ.

ㄷ. (×) 대법원 1977. 2. 8. 선고 76도3685 판결 [위계공무집행방해·범인은닉]
[판시사항] 피의자나 참고인이 아닌 자가 자발적이고 계획적으로 피의자를 가장하여 수사기관에서 허위진술을 한 경우 위계에 의한 공무집행방해죄를 구성하는지 여부
[판결요지] 형사 피의자와 수사기관이 대립적 위치에서 서로 공격방어를 할 수 있는 취지의 형사소송법의 규정과 법률에 의한 선서를 한 증인이 허위로 진술을 한 경우에 한하여 위증죄가 성립된다. 형법의 규정 취지에 비추어 **수사기관이 범죄사건을 수사함에 있어서**는 피의자나 피의자로 자처하는 자 또는 참고인의 진술여하에 불구하고 **피의자를 확정하고 그 피의사실을 인정할 만한 객관적인 제반증거를 수집 조사하여야 할 권리와 의무가 있는 것이라고 할 것이다.** 그러므로 피의자나 참고인이 아닌 자가 자발적이고 계획적으

로 피의자를 가장하여 수사기관에 대하여 허위사실을 진술하였다 하여 바로 이를 위계에 의한 공무집행방해죄가 성립된다고 할 수 없다.

ㄹ. (○) 대법원 1998. 3. 13. 선고 98도159 판결 [존속폭행치사]

[판시사항] [3] 피고인이 사법경찰관 작성의 검증조서 중 자신의 진술 또는 범행재연 사진 부분을 부인하는 경우, 그 부분의 증거능력 유무(소극) 및 그 경우 검증조서 전부를 유죄의 증거로 인용한 조치의 적부(소극) [4] 자백에 대한 보강증거 [5] 형법 제10조 소정의 심신장애 유무 및 정도에 대한 판단 기준

[판결요지] [3] 사법경찰관 작성의 검증조서에 대하여 피고인이 증거로 함에 동의만 하였을 뿐 공판정에서 검증조서에 기재된 진술내용 및 범행을 재연한 부분에 대하여 그 성립의 진정 및 내용을 인정한 흔적을 찾아 볼 수 없고 오히려 이를 부인하고 있는 경우에는 그 증거능력을 인정할 수 없다. 그러므로 위 검증조서 중 범행에 부합되는 피고인의 진술을 기재한 부분과 범행을 재연한 부분을 제외한 나머지 부분만을 증거로 채용하여야 함에도 이를 구분하지 아니한 채 그 전부를 유죄의 증거로 인용한 항소심의 조치는 위법하다.

[4] 자백에 대한 보강증거는 범죄사실의 전부 또는 중요 부분을 인정할 수 있는 정도가 되지 아니하더라도 피고인의 자백이 가공인적 것이 아닌 진실한 것임을 인정할 수 있는 정도만 되면 족할 뿐만 아니라 직접증거가 아닌 간접증거나 정황증거도 보강증거가 될 수 있다.

[5] 형법 제10조 소정의 심신장애의 유무 및 정도를 판단함에 있어서 반드시 전문가의 감정에 의존하여야 하는 것이 아니다. 범행의 경위, 수단, 범행 전후의 피고인의 행동 등 기록에 나타난 관계 자료와 피고인의 법정 태도 등을 종합하여 법원이 독자적으로 판단할 수 있다.

---

10 ★★★★★

순찰 중인 사법경찰관 P가 교통사고를 낸 차량이 도주하였다는 무전연락을 받고 주변을 수색하다가 사고시점으로부터 약 10분 후 사고지점과 약 1km 떨어진 도로변에서 범퍼 등의 파손상태로 보아 사고차량으로 인정되는 차량에서 내리는 甲을 발견하고 체포하였다. 형사소송법 제211조 제2항 제2호 준현행범인+. 범퍼 파손(=범죄 사용 물건 소지+) 이에 관한 설명 중 옳지 않은 것은? (다툼이 있는 경우 판례에 의함)

파워특강 준현행범인·미란다원칙(=피의사실과 변호인 조력권 설명의무)·현행범체포·긴급체포. 파손 차량 발견시 준현행범인으로 영장 없이 체포 가능. 미란다원칙 고지 시기(=체포하기 전에 고지. 도망·대항시 제압 후 지체 없이 고지. 사인 체포의 경우 인도받은 때 고지). 현행범 체포 요건(=체포 당시 상황을 기초로 체포자 관점에서 판단함. 행위 가벌성·범죄 현행성·범인·범죄 명백성·체포 필요성). 긴급체포시 강제처분(=체포된 자가 소유·소지·보관하는 물건. 체포한 때부

터 24시간 이내, 지체 없이 48시간 이내 압수·수색영장 청구). 현행범 체포시 영장 없는 압수·수색 가능(＝압수 계속 필요시 지체 없이 압수·수색영장 청구 필요).

① 사안의 경우 범죄에 사용되었다고 인정함에 충분한 물건을 소지하고 있는 때에 해당하므로, P는 甲을 준현행범인으로서 영장 없이 체포할 수 있다.

┃ 해설 및 정답 ┃ 2022년 제11회 변호사시험 기출문제 35 　　　　　　**정답** ○

대법원 2000. 7. 4. 선고 99도4341 판결 [폭력행위등처벌에관한법률위반·공무집행방해]★★★★★

[판시사항] [1] 순찰 중이던 경찰관이 교통사고를 낸 차량이 도주하였다는 무전연락을 받고 주변을 수색하다가 범퍼 등의 파손상태로 보아 사고차량으로 인정되는 차량에서 내리는 사람을 발견한 경우, 준현행범으로 체포할 수 있다고 한 사례 [2] 사법경찰리가 현행범인의 체포 또는 긴급체포를 하기 위하여는 반드시 범죄사실의 요지, 구속의 이유와 변호인을 선임할 수 있음을 말하고 변명할 기회를 주어야 하는지 여부(적극) 및 그 시기 [3] 공무집행방해죄에 있어서 '공무집행'의 의미 및 현행범인이 **적법절차를 준수하지 아니한 채 실력으로 자신을 연행하려고 한 경찰관에 대하여 폭행을 한 경우, 공무집행방해죄의 성립 여부(소극)** [4] 상해죄의 성립요건으로 상해의 원인인 폭행에 대한 인식 외에 상해를 가할 의사의 존재까지 필요한지 여부(소극) [5] **경찰관의 불법한 체포를 면하려고 반항하는 과정에서 경찰관에게 상해를 가한 경우, 불법 체포로 인한 신체에 대한 현재의 부당한 침해에서 벗어나기 위한 행위로서 정당방위에 해당한다고 한 사례.**

[판결요지] [1] 순찰 중이던 경찰관이 교통사고를 낸 차량이 도주하였다는 무전연락을 받고 주변을 수색하다가 범퍼 등의 파손상태로 보아 사고차량으로 인정되는 차량에서 내리는 사람을 발견한 경우, **형사소송법 제211조 제2항 제2호 소정의 '장물이나 범죄에 사용되었다고 인정함에 충분한 흉기 기타의 물건을 소지하고 있는 때'에 해당하므로 준현행범으로서 영장 없이 체포할 수 있다고 한 사례.**

[2] 헌법 제12조 제5항 전문은 '누구든지 체포 또는 구속의 이유와 변호인의 조력을 받을 권리가 있음을 고지받지 아니하고는 체포 또는 구속을 당하지 아니한다.'는 원칙을 천명하고 있고, 형사소송법 제72조는 '피고인에 대하여 범죄사실의 요지, 구속의 이유와 변호인을 선임할 수 있음을 말하고 변명할 기회를 준 후가 아니면 구속할 수 없다.'고 규정하는 한편, 이 규정은 같은 법 제213조의2에 의하여 검사 또는 사법경찰관리가 현행범인을 체포하거나 일반인이 체포한 현행범인을 인도 받는 경우에 준용된다. 그러므로 **사법경찰리가 현행범인으로 체포하는 경우에는 반드시 범죄사실의 요지, 구속의 이유와 변호인을 선임할 수 있음을 말하고 변명할 기회를 주어야 할 것임은 명백하며, 이러한 법리는 비단 현행범인을 체포하는 경우뿐만 아니라 긴급체포의 경우에도 마찬가지로 적용되는 것이다.** 이와 같은 고지는 체포를 위한 실력행사에 들어가기 이전에 미리 하여야 하는 것이 원칙이나, 달아나는 피의자를 쫓아가 붙들거나 폭력으로 대항하는 피의자를 실력으로 제압하는 경우에는 붙들거나 제압하는 과정에서 하거나, 그것이 여의치 않은 경우에라도

일단 붙들거나 제압한 후에는 지체 없이 행하여야 한다.

[3] 형법 제136조가 규정하는 공무집행방해죄는 공무원의 직무집행이 적법한 경우에 한하여 성립하는 것이다. 여기서 적법한 공무집행이라 함은 그 행위가 공무원의 추상적 권한에 속할 뿐 아니라 구체적 직무집행에 관한 법률상 요건과 방식을 갖춘 경우를 가리키는 것이므로, 경찰관이 적법절차를 준수하지 아니한 채 실력으로 현행범인을 연행하려고 하였다면 적법한 공무집행이라고 할 수 없다. 현행범인이 그 경찰관에 대하여 이를 거부하는 방법으로써 폭행을 하였다고 하여 공무집행방해죄가 성립하는 것은 아니다.

[4] 상해죄의 성립에는 상해의 원인인 폭행에 대한 인식이 있으면 충분하고 상해를 가할 의사의 존재까지는 필요하지 않다.

[5] 경찰관의 행위가 적법한 공무집행을 벗어나 불법하게 체포한 것으로 볼 수밖에 없다면, 그 체포를 면하려고 반항하는 과정에서 **경찰관에게 상해를 가한 것은 불법 체포로 인한 신체에 대한 현재의 부당한 침해에서 벗어나기 위한 행위로서 정당방위에 해당하여 위법성이 조각된다**고 한 사례.

☞ [출제] 2021년 제10회 변호사시험 기출문제 31 ②
☞ [출제] 2020년 제9회 변호사시험 기출문제 26 ㄱ.

② 甲이 자신을 체포하려는 P에게 저항하며 도주하여, P가 甲을 실력으로 제압하는 경우, P는 그 과정에서 피의사실의 요지, 체포의 이유와 변호인을 선임할 수 있음을 말하고 변명할 기회를 주어야 하고, 여의치 않다면 甲을 실력으로 제압한 후에 지체 없이 하여야 한다.

| 해설 및 정답 | 2022년 제11회 변호사시험 기출문제 35 | 정답 ○ |

대법원 2000. 7. 4. 선고 99도4341 판결 [폭력행위등처벌에관한법률위반·공무집행방해]

③ P가 甲을 영장 없이 체포하기 위해서는 甲에게 도망 또는 증거인멸의 염려가 있어야 하고, 만약 체포 당시 상황을 기초로 판단하였을 때에 이러한 요건을 갖추지 못하였다면 그러한 체포는 위법한 체포에 해당한다.

| 해설 및 정답 | 2022년 제11회 변호사시험 기출문제 35 | 정답 ○ |

대법원 2011. 5. 26. 선고 2011도3682 판결 [상해·공무집행방해]

[사실관계] 피고인이 경찰관의 불심검문을 받아 운전면허증을 교부한 후 경찰관에게 큰 소리로 욕설을 하였는데, 경찰관이 모욕죄의 현행범으로 체포하겠다고 고지한 후 피고인의 오른쪽 어깨를 붙잡자 반항하면서 경찰관에게 상해를 가한 사안이다.

[판결요지] 피고인은 경찰관의 불심검문에 응하여 이미 운전면허증을 교부한 상태이고, 경찰관뿐 아니라 인근 주민도 욕설을 직접 들었으므로, 피고인이 도망하거나 증거를 인멸할 염려가 있다고 보기는 어렵다. 피고인의 모욕 범행은 불심검문에 항의하는 과정에서 저지른 일시적, 우발적인 행위로서 사안 자체가 경미할 뿐 아니라, 피해자인 경찰관이 범

행현장에서 즉시 범인을 체포할 급박한 사정이 있다고 보기도 어렵다. 그러므로 **경찰관이 피고인을 체포한 행위는 적법한 공무집행이라고 볼 수 없다. 피고인이 체포를 면하려고 반항하는 과정에서 상해를 가한 것은 불법체포로 인한 신체에 대한 현재의 부당한 침해에서 벗어나기 위한 행위로서 정당방위에 해당한다.** 이러한 이유로, 피고인에 대한 상해 및 공무집행방해의 공소사실을 무죄로 인정한 원심판단을 수긍한 사례.

④ P가 甲을 체포해서 조사 중 위 교통사고와 무관한 별건 범죄를 발견하고 그 수사를 위하여 甲의 주거지에 있는 甲 소유의 휴대전화를 긴급히 압수할 필요가 있는 경우 체포한 때부터 24시간 이내라면 영장 없이 압수할 수 있다.^{형사소송법}

제217조는 긴급체포 시에 적용된다. 이 사안은 준현행범 체포이다.

> ▍**해설 및 정답** 2022년 제11회 변호사시험 기출문제 35 　　　　　　　**정답** ✕
>
> 형사소송법 제217조는 형사소송법 제200조3 긴급체포 시에만 적용된다. 긴급압수수색은 긴급체포한 때부터 24시간 이내에 한한다. 이 경우 검사는 지체 없이 압수·수색영장을 청구해야 한다(사법경찰관은 신청함). 검사는 압수·수색영장 청구는 체포한 때부터 48시간 이내에 하여야 한다.

> 형사소송법 제217조(영장 없이 가능한 대물강제처분 2: 압수·수색·검증)
> ① 검사·사법경찰관은 **제200조3(긴급체포)에 근거하여 긴급체포된 사람이 소유·소지· 보관하는 물건에 대하여 긴급히 압수할 필요가 있는 경우 긴급체포한 때부터 24시간 이내에 영장 없이 압수·수색·검증을 할 수 있다.**
> ② 검사·사법경찰관은 **제216조 제1항 제2호·제217조 제1항에 근거하여 압수한 물건을 계속 압수할 필요가 있는 경우 긴급체포한 때부터 48시간 이내에 압수수색영장을 청구하여야 한다.**
> ③ 검사·사법경찰관은 **제217조 제2항에 근거하여** 청구한 압수수색영장을 **발부받지 못한 때** 압수한 물건을 즉시 반환하여야 한다.
> [전문개정 2007.6.1] [[시행일 2008.1.1]]
> [본조제목개정 2007.6.1] [[시행일 2008.1.1.]]

⑤ P는 甲을 체포하면서 영장 없이 사고차량에 설치된 블랙박스를 甲의 의사에 반하여서도 압수할 수 있고, 이를 계속 압수할 필요가 있는 경우에는 검사를 통하여 지체 없이 압수수색영장을 청구하여야 한다.

> ▍**해설 및 정답** 2022년 제11회 변호사시험 기출문제 35 　　　　　　　**정답** ○
>
> 형사소송법 제212조·제216조 제1항 제2호·제217조 참조.

형사소송법 제212조(현행범인체포)

누구든지 현행범인을 영장 없이 체포할 수 있다.

형사소송법 제216조(영장 없이 가능한 대인강제처분·대물강제처분 1: 수사·압수·수색·검증)

① 검사·사법경찰관은 **제200조2(체포영장)·제200조3(긴급체포)·제201조(구속)·제212조(현행범인체포)에 근거하여** 피의자를 체포·구속하는 경우 **필요한 때** 영장 없이 다음 각 호 처분을 할 수 있다. [개정 95·12·29]

1. 다른 사람 주거·다른 사람이 관리하는 가옥·건조물·항공기·**선차 내에서 피의자 수사.** 다만 제200조2·제201조에 근거하여 피의자를 체포·구속하는 경우의 피의자 수색은 미리 수색영장을 발부받기 어려운 긴급한 사정이 있는 때에 한정한다.

2. **체포현장에서 압수·수색·검증**

② **검사·사법경찰관이 피고인에게 구속영장을 집행하는 경우 제1항 제2호를 준용한다.**

③ **검사·사법경찰관은 범행 중·범행직후 범죄 장소에서 긴급하여 지방법원판사에게 영장을 받을 수 없는 때** 영장 없이 압수·수색·검증을 할 수 있다. **이 경우 사후에 지체 없이 지방법원판사에게 반드시** 영장을 받아야 한다.

[신설 61·9·1]

[2019.12.31 법률 제16850호에 의하여 2018.4.26 헌법재판소에서 헌법불합치 결정된 이 조를 개정함.]

형사소송법 제217조(영장 없이 가능한 대물강제처분 2: 압수·수색·검증)

② **검사·사법경찰관은 제216조 제1항 제2호·제217조 제1항에 근거하여** 압수한 물건을 계속 압수할 **필요가 있는 경우 긴급체포한 때부터 48시간 이내에 압수수색영장을 청구하여야 한다.**

---

11 ★★★★★

甲과 乙은 丙과 공모하여 피해자 A로부터 금품을 갈취한 공소사실로 기소되었는데, 丙은 경찰 수사 단계에서 범행을 자백하는 취지의 진술서를 작성한 이후 갑자기 사망하였다. ^{형사소송법 제312조 제5항·제3항·제314조} 검사는 丙의 동생인 B가 丙으로부터 "나는 甲, 乙과 함께 A의 금품을 갈취하였다."라는 말을 들었다는 것을 알고, B를 조사하여 그와 같은 내용의 B에 대한 진술조서를 작성하였다. ^{형사소송법 제312조 제4항} 甲과 乙은 공판과정에서 위 공소사실을 다투고 있다. 이에 관한 설명 중 옳은 것은? (다툼이 있는 경우 판례에 의함)

파워특강 전문법칙의 예외. 사법경찰관 작성의 공범자인 공동피고인에 대한 피의자신문조서는 형사소송법 제312조 제3항을 적용한다(＝피고인 내용 인정 증거능력

+). 형사소송법 제316조 제2항의 증거능력 인정요건(=필요성+특신상태). 검사 이외 수사기관에서 작성한 피고인 진술서(=당해 기관 피의자신문조서와 같이 봄. 형사소송법 제312조 제3항 적용). 공판정 증언거부(=형사소송법 제314조 '그밖에 이에 준하는 사유로 진술할 수 없는 때에 해당하지 않음). 전문진술을 기재한 서류 (=형사소송법 제318조 증거동의 또는 형사소송법 제312조·제313조·제316 요건 구비해야 증거능력+)

① 甲이 사법경찰관이 작성한 乙에 대한 피의자신문조서에 대하여 증거로 함에 동의하지 않은 경우라도 乙이 법정에서 경찰 수사 도중 위 피의자신문조서에 기재된 것과 같은 내용으로 진술하였다는 취지로 증언하였다면 이러한 증언은 甲에 대한 유죄 인정의 증거로 사용할 수 있다.^{없다.}

∥해설 및 정답∥ 2022년 제11회 변호사시험 기출문제 36　　　　　　　　**정답** ✕

대법원 2009. 10. 15. 선고 2009도1889 판결 [석유및석유대체연료사업법위반]

[판시사항] 당해 피고인과 공범관계에 있는 공동피고인이 법정에서 경찰수사 도중 피의자신문조서에 기재된 것과 동일한 내용을 진술하였다는 취지로 증언한 경우, 그 증언의 증거능력

[판결요지] 형사소송법 제312조 제3항은 검사 이외의 수사기관이 작성한 당해 피고인에 대한 피의자신문조서를 유죄의 증거로 하는 경우뿐만 아니라, 검사 이외의 수사기관이 작성한 당해 피고인과 공범관계에 있는 다른 피고인이나 피의자에 대한 피의자신문조서를 당해 피고인에 대한 유죄의 증거로 채택할 경우에도 적용된다. 따라서 당해 피고인과 공범관계에 있는 공동피고인에 대해 검사 이외의 수사기관이 작성한 피의자신문조서는 그 공동피고인의 법정진술에 의하여 성립의 진정이 인정되더라도 **당해 피고인이 공판기일에서 그 조서의 내용을 부인하면 증거능력이 부정된다.** 그리고 이러한 경우 그 공동피고인이 법정에서 경찰수사 도중 피의자신문조서에 기재된 것과 같은 내용으로 진술하였다는 취지로 증언하였다고 하더라도, 이러한 증언은 원진술자인 공동피고인이 그 자신에 대한 경찰 작성의 피의자신문조서의 진정성립을 인정하는 취지에 불과하여 위 조서와 분리하여 독자적인 증거가치를 인정할 것은 아니다. 그러므로 앞서 본 바와 같은 이유로 위 **조서의 증거능력이 부정되는 이상 위와 같은 증언 역시 유죄 인정의 증거로 쓸 수 없다.**

② 乙이 출석한 공판기일에서 乙을 조사한 사법경찰관이 법정에 증인으로 출석하여 乙에 대한 피의자신문을 하면서 乙이 자백하는 것을 들었던 내용을 증언한 경우, 그 증언은 乙의 진술이 특히 신빙할 수 있는 상태하에서 행하여졌음이 증명된 경우라도 甲의 증거동의가 없는 한 甲에 대한 유죄 인정의 증거로 사용할 수 없다.

해설 및 정답 2022년 제11회 변호사시험 기출문제 36 **정답** ○

대법원 2008. 9. 25. 선고 2008도6985 판결 [성폭력범죄의처벌및피해자보호등에관한법률위반(특수강간) · 강간 · 감금 · 마약류관리에관한법률위반(향정)]

[판시사항] 공소제기 전에 피고인 아닌 자를 조사한 자 등의 증언이 형사소송법 제316조 제2항에 따라 증거능력을 갖추기 위한 요건★★★★★

[판결요지] 형사소송법 제316조 제2항은 "피고인 아닌 자의 공판준비 또는 공판기일에서의 진술이 피고인 아닌 타인의 진술을 그 내용으로 하는 것인 때에는 원진술자가 사망, 질병, 외국거주, 소재불명, 그 밖에 이에 준하는 사유로 인하여 진술할 수 없고, 그 진술이 특히 신빙할 수 있는 상태하에서 행하여졌음이 증명된 때에 한하여 이를 증거로 할 수 있다"고 규정하고 있다. 같은 조 제1항에 따르면 위 '피고인 아닌 자'에는 공소제기 전에 피고인 아닌 타인을 조사하였거나 그 조사에 참여하였던 자(이하 '조사자'라고 한다)도 포함된다. 따라서 조사자의 증언에 증거능력이 인정되기 위해서는 원진술자가 사망, 질병, 외국거주, 소재불명, 그 밖에 이에 준하는 사유로 인하여 진술할 수 없어야 하는 것이라서, 원진술자가 법정에 출석하여 수사기관에서 한 진술을 부인하는 취지로 증언한 이상 원진술자의 진술을 내용으로 하는 조사자의 증언은 증거능력이 없다.

형사소송법 제316조(전문진술)
① 법원은 **공판준비 · 공판기일**에서 다음 각 호에 모두 해당하는 경우 **피고인이 아닌 사람** (피고인을 공소제기 전에 피의자로 조사하였거나 또는 그 조사에 참여하였던 사람을 포함한다. 이하 이 조에서 같다) 진술을 증거로 사용할 수 있다.
1. **피고인** 진술을 내용으로 하는 경우
2. **피고인** 진술이 **특별히** 신빙할 수 있는 상태에서 이루어진 것이 **증명된 경우**
[개정 2007.6.1] [[시행일 2008.1.1]]
② **공판준비 · 공판기일**에서 다음 각 호 사유를 모두 충족한 경우 피고인 아닌 사람 진술을 증거로 사용할 수 있다.
1. **피고인 아닌 제3자** 진술을 그 내용으로 하는 경우
2. 원진술자가 사망 · 질병 · 외국거주 · 소재불명 · 이에 준하는 그밖에 사유로 공판준비 · 공판기일에서 원진술자 진술이 불가능한 경우
3. 그 진술이 특별히 신빙할 수 있는 상태에서 이루어진 것이 **증명된 경우**
[개정 95 · 12 · 29, 2007.6.1] [[시행일 2008.1.1.]] [전문개정 61 · 9 · 1]

형사소송법 제318조(당사자 동의와 증거능력)
① 법원은 다음 각 호 사유가 모두 충족되는 경우 증거로 사용할 수 있다.
1. 검사 · 피고인이 서류 · 물건 · 진술을 증거로 사용하기로 동의한 경우
2. 법원이 제1호 서류 · 물건에 대해 진정성을 인정할 수 있을 경우
② 법원은 피고인 법정 출석 없이 증거조사를 실시할 수 있는 경우 피고인이 출석하지 않으면 제1항 증거에 동의한 것으로 본다. 다만 대리인 · 변호인이 법정에 출석한 경우 제1항 증거에 동의한 것으로 볼 수 없다.

③ 丙이 경찰에서 작성한 진술서는 그 작성이 특히 신빙할 수 있는 상태에서 행하여졌음이 증명된다면 甲이 증거로 사용함에 동의하지 않더라도 ~~甲에 대한 유죄인정의 증거로 사용할 수 있다.~~ ^{않으면} 甲에 대한 유죄 인정의 증거로 사용할 수 없다.

| 해설 및 정답 | 2022년 제11회 변호사시험 기출문제 36 | 정답 ✕ |

대법원 2006. 1. 13. 선고 2003도6548 판결 [상해치사]

[판시사항] [1] 외국의 권한 있는 수사기관이 형사소송법 제312조 제2항에 정한 '검사 이외의 수사기관'에 포함되는지 여부(적극) [2] 피고인의 자백진술과 이를 기초로 한 범행재연상황을 기재한 사법경찰관 작성의 검증조서의 증거능력 [3] 미국 범죄수사대(CID), 연방수사국(FBI)의 수사관들이 작성한 수사보고서 및 피고인이 위 수사관들에 의한 조사를 받는 과정에서 작성하여 제출한 진술서는 피고인이 그 내용을 부인하는 이상 증거로 쓸 수 없다고 한 원심의 조치를 정당하다고 한 사례.

[판결요지] [1] 형사소송법 제312조 제2항(개정 형사소송법 제312조 제3항)은 검사 이외의 수사기관이 작성한 피의자신문조서는 그 피의자였던 피고인이나 변호인이 그 내용을 인정할 때에 한하여 증거로 할 수 있다고 규정하고 있다. **피고인이 검사 이외의 수사기관에서 범죄 혐의로 조사받는 과정에서 작성하여 제출한 진술서는 그 형식 여하를 불문하고 당해 수사기관이 작성한 피의자신문조서와 달리 볼 수 없다.** 피고인이 수사 과정에서 범행을 자백하였다는 검사 아닌 수사기관의 진술이나 같은 내용의 **수사보고서 역시 피고인이 공판 과정에서 앞서의 자백의 내용을 부인하는 이상 마찬가지로 보아야 한다.** 여기서 말하는 검사 이외의 수사기관에는 달리 특별한 사정이 없는 한 **외국의 권한 있는 수사기관도 포함된다.**

[2] 사법경찰관이 작성한 검증조서에 피의자이던 피고인이 **검사 이외의 수사기관 앞에서 자백한 범행내용을 현장에 따라 진술·재연한 내용이 기재되고 그 재연 과정을 촬영한 사진이 첨부되어 있다면,** 그러한 기재나 사진은 피고인이 공판정에서 그 진술내용 및 범행재연의 상황을 모두 부인하는 이상 증거능력이 없다.

[3] 미국 범죄수사대(CID), 연방수사국(FBI)의 수사관들이 작성한 수사보고서 및 **피고인이 위 수사관들에 의한 조사를 받는 과정에서 작성하여 제출한 진술서는 피고인이 그 내용을 부인하는 이상 증거로 쓸 수 없다**고 한 원심의 조치를 정당하다고 한 사례.

형사소송법 제312조(사법경찰관작성 피의자신문조서·진술조서·경찰수사과정에서 쓴 피의자진술서)

③ 법원은 **다음 각 호 요건을 모두 충족한 경우 사법경찰관이 작성한 피의자신문조서를** 증거로 사용할 수 있다.

1. **적법한 절차와 방식으로 작성**된 경우

2. **피고인·변호인이 공판준비·공판기일에서 사법경찰관에게 진술한 내용을 인정하는 진술을 한 경우**

⑤ 법원은 피고인이 되기 전 피의자가 **수사과정에서 쓴 피의자진술서 경우 다음 각 호에 근거하여 증거로 사용할 수 있다.

2. 피의자가 **경찰수사과정에서 쓴 진술서는 제3항을** 준용한다.

④ B에 대한 진술조서는 B가 증언을 거부하여 진정성립이 인정되지 않더라도 ~~丙이 사망하여 진술할 수 없는 경우에 해당하므로 甲에 대한 유죄 인정의 증거로 사용할 수 있다.~~^{B의 증언거부권 행사는 형사소송법 제314조가 적용되지 않는다. 그 밖에 사유에 해당하지 않는다.}

해설 및 정답 2022년 제11회 변호사시험 기출문제 36 　　　　　**정답** ✕

대법원 2012. 5. 17. 선고 2009도6788 전원합의체 판결 [건설산업기본법위반·뇌물공여·특정범죄가중처벌등에관한법률위반(뇌물)(일부 인정된 죄명: 뇌물수수)]

[판시사항] [1] 증인이 형사소송법에서 정한 바에 따라 정당하게 증언거부권을 행사하여 증언을 거부한 경우가 형사소송법 제314조의 '그 밖에 이에 준하는 사유로 인하여 진술할 수 없는 때'에 해당하는지 여부(소극) [2] 갑 주식회사 및 그 직원인 피고인들이 정비사업전문관리업자의 임원에게 갑 회사가 주택재개발사업 시공사로 선정되게 해 달라는 청탁을 하면서 금원을 제공하였다고 하여 구 건설산업기본법 위반으로 기소되었는데, **변호사가 작성하여 갑 회사 측에 전송한 전자문서를 출력한 '법률의견서'에 대하여 피고인들이 증거로 함에 동의하지 아니하고, 변호사가 그에 관한 증언을 거부한 사안에서, 위 의견서의 증거능력을 부정하고 무죄를 인정한 원심의 결론을 정당하다고 한 사례.**

[판결요지] [1] [다수의견] 형사소송법 제314조는 **"제312조 또는 제313조의 경우에 공판준비 또는 공판기일에 진술을 요하는 자가 사망·질병·외국거주·소재불명, 그 밖에 이에 준하는 사유로 인하여 진술할 수 없는 때에는 그 조서 및 그 밖의 서류를 증거로 할 수 있다. 다만, 그 진술 또는 작성이 특히 신빙할 수 있는 상태하에서 행하여졌음이 증명된 때에 한한다."라고 정함**으로써, 원진술자 등의 진술에 의하여 진정성립이 증명되지 아니하는 전문증거에 대하여 예외적으로 증거능력이 인정될 수 있는 사유로 '사망·질병·외국거주·소재불명, 그 밖에 이에 준하는 사유로 인하여 진술할 수 없는 때'를 들고 있다. 위 증거능력에 대한 예외사유로 1995. 12. 29. 법률 제5054호로 개정되기 전의 구 형사소송법 제314조가 '사망, 질병 기타 사유로 인하여 진술할 수 없는 때', 2007. 6. 1. 법률 제8496호로 개정되기 전의 구 형사소송법 제314조가 '사망, 질병, 외국거주 기타 사유로 인하여 진술할 수 없는 때'라고 각 규정한 것에 비하여 현행 형사소송법은 그 예외사유의 범위를 더욱 엄격하게 제한하고 있는데, 이는 직접심리주의와 공판중심주의의 요소를 강화하려는 취지가 반영된 것이다. 한편 형사소송법은 누구든지 자기 또는 친족 등이 형사소추 또는 공소제기를 당하거나 유죄판결을 받을 사실이 발로될 염려가 있는 증언을 거부할 수 있도록 하고(제148조), 또한 변호사, 변리사, 공증인, 공인회계사, 세무사, 대서업자, 의사, 한의사, 치과의사, 약사, 약종상, 조산사, 간호사, 종교의 직에 있는 자 또는 이러한 직에 있던 사람은 그 업무상 위탁을 받은 관계로 알게 된 사실로서 타인의 비밀에 관한 것은 증언을 거부할 수 있도록 규정하여(제149조 본문), **증인에게 일정한 사유가 있는 경우 증언을 거부할 수 있는 권리를 보장하고 있다.** 위와 같은 현행 형사소송법 제314조의 문언과 개정 취지, 증언거부권 관련 규정의 내용 등에 비추어 보면, **법정에 출석한 증인이 형사소송법 제148조, 제149조 등에서 정한 바에 따라 정당하게 증언거부권을 행사하여 증언을 거부한 경우는 형사소송법 제314조의 '그 밖에 이에 준하는 사유로 인하여 진술할 수 없는 때'에 해당하지 아니한다.**

[2] 갑 주식회사 및 그 직원인 피고인들이 정비사업전문관리업자의 임원에게 갑 회사가 주택재개발사업 시공사로 선정되게 해 달라는 청탁을 하면서 금원을 제공하였다고 하여 구 건설산업기본법(2011. 5. 24. 법률 제10719호로 개정되기 전의 것) 위반으로 기소되었는데, **변호사가 법률자문 과정에 작성하여 갑 회사 측에 전송한 전자문서를 출력한 '법률의견서'에 대하여 피고인들이 증거로 함에 동의하지 아니하고, 변호사가 원심 공판기일에 증인으로 출석하였으나 증언할 내용이 갑 회사로부터 업무상 위탁을 받은 관계로 알게 된 타인의 비밀에 관한 것임을 소명한 후 증언을 거부한 사안이다.**
위 법률의견서는 압수된 디지털 저장매체로부터 출력한 문건으로서 실질에 있어서 형사소송법 제313조 제1항에 규정된 '피고인 아닌 자가 작성한 진술서나 그 진술을 기재한 서류'에 해당하는데, 공판준비 또는 공판기일에서 작성자 또는 진술자인 변호사의 진술에 의하여 성립의 진정함이 증명되지 아니하였으므로 위 규정에 의하여 증거능력을 인정할 수 없고, 나아가 원심 공판기일에 출석한 변호사가 그 진정성립 등에 관하여 진술하지 아니한 것은 형사소송법 제149조에서 정한 바에 따라 **정당하게 증언거부권을 행사한 경우에 해당하므로 형사소송법 제314조에 의하여 증거능력을 인정할 수도 없다는 이유로,** 원심이 이른바 변호인·의뢰인 특권에 근거하여 위 의견서의 증거능력을 부정한 것은 적절하다고 할 수 없으나, 위 **의견서의 증거능력을 부정하고 나머지 증거들만으로 유죄를 인정하기 어렵다고 본 결론은 정당하다고 한 사례.**

⑤ B에 대한 진술조서는 전문진술을 기재한 서류이므로 乙이 증거동의하더라도 乙에 대한 유죄 인정의 증거로 사용할 수 ~~없다.~~ 있다. 재전문진술기재서류(=증거동의 필수).

해설 및 정답 2022년 제11회 변호사시험 기출문제 36 　　　 **정답** ✕
대법원 2000. 3. 10. 선고 2000도159 판결 [미성년자의제강제추행]
[판시사항] [1] 형사소송법 제316조 제2항의 소정의 '특히 신빙할 수 있는 상태하에서 행하여진 때'의 의미 [2] **피고인이 증거로 하는 데 동의하지 아니한 재전문진술이나 재전문진술을 기재한 조서의 증거능력 유무(소극)** [3] 피해자의 모의 편향되고 유도적인 반복질문에 따라 녹취한 만 3세 1개월 남짓한 피해자의 진술만으로는 공소사실을 인정하기에 합리적인 의심을 배제할 정도의 증명에 이르렀다고 볼 수 없다고 한 사례.
[판결요지] [1] **전문진술이나 재전문진술을 기재한 조서는 형사소송법 제310조의2의 규정에 의하여 원칙적으로 증거능력이 없는 것이다.** 다만 전문진술은 형사소송법 제316조 제2항의 규정에 따라 원진술자가 사망, 질병, 외국거주 기타 사유로 인하여 진술할 수 없고 그 진술이 특히 신빙할 수 있는 상태하에서 행하여진 때에 한하여 예외적으로 증거능력이 있다고 할 것이다. **전문진술이 기재된 조서는 형사소송법 제312조 또는 제314조의 규정에 의하여 각 그 증거능력이 인정될 수 있는 경우에 해당하여야 한다.** 나아가 형사소송법 제316조 제2항의 규정에 따른 위와 같은 요건을 갖추어야 예외적으로 증거능력이 있다고 할 것이다. 여기서 '그 진술이 특히 신빙할 수 있는 상태하에서 행하여진 때'라 함은 그 진술을 하였다는 것에 허위개입의 여지가 거의 없고, 그 진술내용의 신빙성이나 임의성을 담보할 구체적이고 외부적인 정황이 있는 경우를 가리킨다.
[2] 형사소송법은 전문진술에 대하여 제316조에서 실질상 단순한 전문의 형태를 취하는

경우에 한하여 예외적으로 그 증거능력을 인정하는 규정을 두고 있을 뿐, **재전문진술이나 재전문진술을 기재한 조서에 대하여는 달리 그 증거능력을 인정하는 규정을 두고 있지 아니하고 있다. 그러므로 피고인이 증거로 하는 데 동의하지 아니하는 한 형사소송법 제 310조의2의 규정에 의하여 이를 증거로 할 수 없다.**

[3] 피해자의 모의 편향되고 유도적인 반복 질문에 따라 녹취한 만 3세 1개월 남짓한 피해자의 유일한 진술만으로 공소사실을 인정하기에 합리적인 의심을 배제할 정도의 증명에 이르렀다고 볼 수 없다고 한 사례.

☞ [출제] 2020년 제9회 변호사시험 기출문제 36 ②

---

12 ★★★★★

X회사에 근무하던 **甲**은 대표이사 A와 갈등으로 퇴사하게 되자 재직하면서 알게 된 회사 비리를 국세청과 수사기관에 알리겠다며 각각 3차례에 걸쳐 A에게 협박 메일을 발송하였다. ^{형법 제283조 협박죄+} 이후 **甲**은 ○○빌딩 6층에 있는 X회사에 들어갈 생각으로 5층 베란다 테라스의 난간을 잡고 기어올라 6층 창문을 통해 자신이 사용하던 사무실로 들어갔다. ^{형법 제319조 제1항 주거침입죄+} 이에 관한 설명 중 옳은 것은? (다툼이 있는 경우 판례에 의함)

> **파워특강** 포괄일죄 · 협박죄 기수시기 · 주거침입죄. 전 · 후에 기소된 각각의 범행이 포괄일죄로 밝혀진 경우(=기소된 범죄에 대해 실체 판단). 상습으로 유죄 판결(=나머지 면소판결). 기본범죄로 유죄판결(=나머지 실체판결). 상습범 중간에 동종의 확정판결(=전 · 후 범죄 분리). 상습범 중간에 이종의 확정판결(=전 · 후 범죄 분리 안 됨. 확정판결 후인 최종의 범죄행위시에 완성). 협박죄 기수시기(=해악 고지＋해악 의미 인식. 공포심 불요). 협박죄 미수시기(=해악 고지 상대방 미도달 또는 해악 의미 인식 결여). 출입 허용자도 명시적 묵시적 반대가 있는 경우 출입(=침입에 해당함＋).

① 검사가 甲의 1차 협박 범행을 먼저 기소하고 다시 2, 3차의 협박 범행을 추가로 기소하였는데 이를 병합하여 심리하는 과정에서 전후에 기소된 각각의 범행이 모두 포괄하여 하나의 협박죄를 구성하는 것으로 밝혀진 경우, 법원이 석명 절차나 공소장 변경절차를 거치지 아니하고 전후에 기소된 범죄사실 전부에 대하여 실체판단을 하는 것은 ~~위법하다.~~^{적법하다.}

해설 및 정답 2022년 제11회 변호사시험 기출문제 39　　　　　**정답** ✕

대법원 2007. 8. 23. 선고 2007도2595 판결 [특정경제범죄가중처벌등에관한법률위반(횡령) · 특정경제범죄가중처벌등에관한법률위반(사기)(변경된 죄명: 사기) · 횡령 · 절도 · 협박 · 폭

력행위등처벌에관한법률위반(야간·공동주거침입)]

[판시사항] [1] 검사가 수 개의 협박 범행을 먼저 기소하고 다시 별개의 협박 범행을 추가로 기소하여 이를 병합심리하는 과정에서 전후에 기소된 각각의 범행이 포괄일죄로 밝혀진 경우, 법원의 판단 방법 [2] 절도죄의 객체인 '재물'의 의미 [3] 사실상 퇴사하면서 회사의 승낙 없이 가지고 간 부동산매매계약서 사본들이 절도죄의 객체인 재물에 해당한다고 한 사례 [4] 거주자의 의사와 주거침입죄의 성립

[판결요지] [1] 검사가 수 개의 협박 범행을 먼저 기소하고 다시 별개의 협박 범행을 추가로 기소하였는데 이를 병합하여 심리하는 과정에서 전후에 기소된 각각의 범행이 모두 포괄하여 하나의 협박죄를 구성하는 것으로 밝혀진 경우, 이중기소에 대하여 공소기각판결을 하도록 한 형사소송법 제327조 제3호의 취지는 동일사건에 대하여 피고인에게 이중처벌의 위험을 받지 아니하게 하고 법원이 2개의 실체판결을 하지 아니하도록 함에 있다. 그러므로 위와 같은 경우 **법원이 각각의 범행을 포괄하여 하나의 협박죄를 인정한다고 하여** 이중기소를 금하는 위 법의 취지에 반하는 것이 아닌 점과 법원이 실체적 경합범으로 기소된 범죄사실에 대하여 그 범죄사실을 그대로 인정하면서 다만 죄수에 관한 법률적인 평가만을 달리하여 **포괄일죄로 처단하는 것이 피고인의 방어에 불이익을 주는 것이 아니어서 공소장변경 없이도 포괄일죄로 처벌할 수 있는 점**에 비추어 보면, 비록 **협박죄의 포괄일죄로 공소장을 변경하는 절차가 없었다거나 추가로 공소장을 제출한 것이 포괄일죄를 구성하는 행위로서 기존의 공소장에 누락된 것을 추가·보충하는 취지의 것이라는 석명절차를 거치지 아니하였다 하더라도, 법원은 전후에 기소된 범죄사실 전부에 대하여 실체판단을 할 수 있고, 추가기소된 부분에 대하여 공소기각판결을 할 필요는 없다.** [2] 절도죄의 객체인 재물은 반드시 객관적인 금전적 교환가치를 가질 필요는 없고 소유자·점유자가 주관적인 가치를 가지고 있는 것으로 족하다. 이 경우 주관적·경제적 가치의 유무를 판별함에 있어서는 그것이 타인에 의하여 이용되지 않는다고 하는 소극적 관계에 있어서 그 가치가 성립하더라도 관계없다.

[3] **사실상 퇴사하면서 회사의 승낙 없이 가지고 간 부동산매매계약서 사본들이 절도죄의 객체인 재물에 해당한다고** 한 사례.

[4] **주거침입죄는 사실상의 주거의 평온을 보호법익**으로 하는 것이다. 그러므로 그 거주자 또는 관리자가 건조물 등에 거주 또는 관리할 권한을 가지고 있는가 여부는 범죄의 성립을 좌우하는 것이 아니다. 그 거주자나 관리자와의 관계 등으로 평소 그 건조물에 출입이 허용된 사람이라 하더라도 주거에 들어간 행위가 거주자나 관리자의 명시적 또는 추정적 의사에 반함에도 불구하고 감행된 것이라면 주거침입죄는 성립한다. 출입문을 통한 정상적인 출입이 아닌 경우 특별한 사정이 없는 한 그 침입 방법 자체에 의하여 위와 같은 의사에 반하는 것으로 보아야 한다.

② 甲의 1차 협박 범행에 대하여 협박죄의 유죄판결이 확정된 경우 그 확정판결의 사실심판결 선고 전에 저질러진 1차 범행과 포괄일죄의 관계에 있는 2, 3차 협박 범행에 대하여 상습협박죄로 새로이 공소가 제기되었다면, 법원은 면소판결을 ~~선고하여야 한다.~~ ^{선고하여서는 안 된다. 실체 재판을 해야 한다.}

해설 및 정답 2022년 제11회 변호사시험 기출문제 39 　　　　　　**정답** ✕

대법원 2004. 9. 16. 선고 2001도3206 전원합의체 판결 [사기]

[판시사항] [1] 상습으로 저질러진 수개의 범죄의 죄수관계(＝포괄일죄) [2] **상습범으로서 포괄적 일죄의 관계에 있는 여러 개의 범죄사실 중 일부에 대하여 유죄판결이 확정된 경우, 그 확정판결의 사실심판결 선고 전에 저질러진 나머지 범죄에 대하여 면소판결을 선고하기 위한 요건**

[판결요지] [1] [다수의견] 상습성을 갖춘 자가 여러 개의 죄를 반복하여 저지른 경우에는 각 죄를 별죄로 보아 경합범으로 처단할 것이 아니라 그 모두를 포괄하여 상습범이라고 하는 하나의 죄로 처단하는 것이 상습범의 본질 또는 상습범 가중처벌규정의 입법취지에 부합한다.

[2] [다수의견] 상습범으로서 포괄적 일죄의 관계에 있는 여러 개의 범죄사실 중 일부에 대하여 유죄판결이 확정된 경우에, 그 확정판결의 사실심판결 선고 전에 저질러진 나머지 범죄에 대하여 새로이 공소가 제기되었다면 그 새로운 공소는 확정판결이 있었던 사건과 동일한 사건에 대하여 다시 제기된 데 해당하므로 이에 대하여는 판결로써 면소의 선고를 하여야 하는 것이다(형사소송법 제326조 제1호). 다만 이러한 법리가 적용되기 위해서는 전의 확정판결에서 당해 피고인이 **상습범으로 기소되어 처단되었을 것을 필요로 하는 것이다.** 상습범 아닌 기본 구성요건의 범죄로 처단되는 데 그친 경우에는, 가사 뒤에 기소된 사건에서 비로소 드러났거나 새로 저질러진 범죄사실과 전의 판결에서 이미 유죄로 확정된 범죄사실 등을 종합하여 **비로소 그 모두가 상습범으로서의 포괄적 일죄에 해당하는 것으로 판단된다** 하더라도 뒤늦게 앞서의 확정판결을 상습범의 일부에 대한 확정판결이라고 보아 그 기판력이 그 사실심판결 선고 전의 나머지 범죄에 미친다고 보아서는 아니 된다.

☞ [출제] 2020년 제9회 변호사시험 기출문제 32 ㄷ.

③ 甲의 3차례 협박 범행에 대해 상습성이 인정되고, 그중 2차 협박 범행에 대하여 상습범으로 유죄판결이 확정된 경우, 확정판결 후에 행해진 3차 협박의 범죄사실은 1차 협박의 범죄사실과 분리되어 별개의 상습협박죄가 된다.

해설 및 정답 2022년 제11회 변호사시험 기출문제 39 　　　　　　**정답** ○

대법원 2000. 3. 10. 선고 99도2744 판결 [폭력행위등처벌에관한법률위반]

[판시사항] **상습범의 중간에 동종의 상습범의 확정판결이 있는 경우, 확정판결 전후의 범행은 두 개의 죄로 분단되는지 여부(적극)** 및 판결 확정 후의 범죄사실을 공소장변경절차에 의하여 판결 확정 전의 범죄에 대한 공소사실에 추가할 수 있는지 여부(소극)

[판결요지] 상습범에 있어서 공소제기의 효력은 공소가 제기된 범죄사실과 동일성이 인정되는 범죄사실의 전체에 미치는 것이다. 그러므로 상습범의 범죄사실에 대한 공판심리중에 그 범죄사실과 동일한 습벽의 발현에 의한 것으로 인정되는 범죄사실이 추가로 발견된 경우에는 검사는 공소장변경절차에 의하여 그 범죄사실을 공소사실로 추가할 수 있다고 할 것이다. 그러나 **공소제기된 범죄사실과 추가로 발견된 범죄사실 사이에 그것들과**

동일한 습벽에 의하여 저질러진 또다른 범죄사실에 대한 유죄의 확정판결이 있는 경우에는 전후 범죄사실의 일죄성은 그에 의하여 분단되어 공소제기된 범죄사실과 판결이 확정된 범죄사실만이 포괄하여 하나의 상습범을 구성한다. 추가로 발견된 확정판결 후의 범죄사실은 그것과 경합범 관계에 있는 별개의 상습범이 된다. 그러므로 검사는 공소장변경절차에 의하여 이를 공소사실로 추가할 수는 없고 어디까지나 별개의 독립된 범죄로 공소를 제기하여야 한다.

④ 甲이 A에게 발송한 협박 메일이 A의 메일함에 도착하였으나 스팸메일로 분류되어 자동 삭제되었다 하더라도 협박죄는 위험범이므로 해악의 고지가 상대방에게 도달한 이상 협박죄의 기수가 된다. _{해악을 고지하였지만 상대방이 해악 의미를 인식하지 않은 이상 협박죄 미수에 해당한다.}

| 해설 및 정답 | 2022년 제11회 변호사시험 기출문제 39 　　　　　　　**정답** ✕

대법원 2007. 9. 28. 선고 2007도606 전원합의체 판결 [형의 실효등에 관한 법률 위반·협박]

[판시사항] [1] 협박죄의 기수에 이르기 위하여 상대방이 현실적으로 공포심을 일으킬 것을 요하는지 여부(소극) [2] 정보보안과 소속 경찰관이 자신의 지위를 내세우면서 타인의 민사분쟁에 개입하여 빨리 채무를 변제하지 않으면 상부에 보고하여 문제를 삼겠다고 말한 사안이다. **객관적으로 상대방이 공포심을 일으키기에 충분한 정도의 해악의 고지에 해당한다. 그러므로 현실적으로 피해자가 공포심을 일으키지 않았다 하더라도 협박죄의 기수에 이르렀다고 본 사례** [3] 권리행사나 직무집행의 일환으로 해악을 고지한 경우, 협박죄의 성립 여부 [4] 정보보안과 소속 경찰관이 자신의 지위를 내세우면서 타인의 민사분쟁에 개입하여 빨리 채무를 변제하지 않으면 상부에 보고하여 문제를 삼겠다고 말한 사안이다. **상대방이 채무를 변제하고 피해 변상을 하는지 여부에 따라 직무집행 여부를 결정하겠다는 취지이더라도 정당한 직무집행이라거나 목적 달성을 위한 상당한 수단으로 인정할 수 없어 정당행위에 해당하지 않는다고 한 사례** [5] 구 형의 실효 등에 관한 법률 제6조 제2항 등에서 말하는 '수사자료표의 내용 누설'의 의미

[판결요지] [1] [다수의견] (가) 협박죄가 성립하려면 고지된 해악의 내용이 행위자와 상대방의 성향, 고지 당시의 주변 상황, 행위자와 상대방 사이의 친숙의 정도 및 지위 등의 상호관계, 제3자에 의한 해악을 고지한 경우에는 그에 포함되거나 암시된 제3자와 행위자 사이의 관계 등 행위 전후의 여러 사정을 종합하여 볼 때에 일반적으로 사람으로 하여금 공포심을 일으키게 하기에 충분한 것이어야 하지만, 상대방이 그에 의하여 현실적으로 공포심을 일으킬 것까지 요구하는 것은 아니며, 그와 같은 정도의 해악을 고지함으로써 상대방이 그 의미를 인식한 이상, 상대방이 현실적으로 공포심을 일으켰는지 여부와 관계없이 그로써 구성요건은 충족되어 협박죄의 기수에 이르는 것으로 해석하여야 한다. (나) 결국, 협박죄는 사람의 의사결정의 자유를 보호법익으로 하는 위험범이라 봄이 상당하다. 협박죄의 미수범 처벌조항은 해악의 고지가 현실적으로 상대방에게 도달하지 아니한 경우나, 도달은 하였으나 상대방이 이를 지각하지 못하였거나 고지된 해악의 의미를

인식하지 못한 경우 등에 적용될 뿐이다.

[2] 정보보안과 소속 경찰관이 자신의 지위를 내세우면서 타인의 민사분쟁에 개입하여 빨리 채무를 변제하지 않으면 상부에 보고하여 문제를 삼겠다고 말한 사안에서, **객관적으로 상대방이 공포심을 일으키기에 충분한 정도의 해악의 고지에 해당하므로 현실적으로 피해자가 공포심을 일으키지 않았다 하더라도 협박죄의 기수에 이르렀다고 본 사례.**

[3] 권리행사나 직무집행의 일환으로 상대방에게 일정한 해악을 고지한 경우, 그 해악의 고지가 정당한 권리행사나 직무집행으로서 사회상규에 반하지 아니하는 때에는 협박죄가 성립하지 않는다. 그러나 외관상 권리행사나 직무집행으로 보이더라도 실질적으로 권리나 직무권한의 남용이 되어 사회상규에 반하는 때에는 협박죄가 성립한다고 보아야 할 것이다. 구체적으로는 그 해악의 고지가 정당한 목적을 위한 상당한 수단이라고 볼 수 있으면 위법성이 조각된다. 그러나 위와 같은 관련성이 인정되지 아니하는 경우에는 그 위법성이 조각되지 아니한다.

[4] 상대방이 채무를 변제하고 피해 변상을 하는지 여부에 따라 직무집행 여부를 결정하겠다는 취지이더라도 정당한 직무집행이라거나 목적 달성을 위한 상당한 수단으로 인정할 수 없어 정당행위에 해당하지 않는다고 한 사례.

[5] 구 형의 실효 등에 관한 법률(2005. 7. 29. 법률 제7624호로 개정되기 전의 것)이 전과기록 및 수사자료의 관리와 형의 실효에 관한 기준을 정함으로써 전과자의 정상적인 사회복귀를 보장하고자 함을 입법목적으로 하고 있는 점, 전과자는 주위에 자신의 구체적인 전과 내용이 아닌 전과자라는 사실이 알려지는 것만으로도 정상적인 사회복귀에 커다란 지장을 받게 되는 점과 위 법 제6조 제2항, 제10조 제1항의 규정 형식 및 내용에 비추어 보면 위 조항에서 말하는 '**수사자료표의 내용 누설**'은 수사자료표에 나타난 전과자의 죄명·형종·형기 등의 내용을 구체적으로 적시하여 누설하는 행위뿐만 아니라, 단순히 특정인에게 전과경력이 존재한다는 사실을 누설하는 행위도 포함한다.

☞ [출제] 2020년 제9회 변호사시험 기출문제 2 ②

☞ [판례] **협박죄는 사람의 의사결정의 자유를 보호법익으로 하는 위험범이다. 해악 고지가 상대방에게 도달은 하였으나, 상대방이 이를 지각하지 못한 경우 또는 고지된 해악 의미를 인식하지 못한 경우에 협박죄는 미수에 이르렀다고 해야 한다.**

⑤ 甲이 자신이 사용하던 사무실에 출입한 행위는 사실상 평온을 해하지 않으므로 방실침입죄가 ~~성립하지 않는다.~~ 성립한다.

┃해설 및 정답┃ 2022년 제11회 변호사시험 기출문제 39   **정답** ×

대법원 2007. 8. 23. 선고 2007도2595 판결 ☞ ① 해설 참조.

13 ★★★★★

甲은 한밤 중 술에 취한 A로부터 지갑을 절취하고^{형법 제329조 절도죄+} 그 안에 들어있던 신용카드(현금카드기능겸용)와 신분증을 이용하여, 인근 현금자동지급기에서 ㉠ A의 계좌에서 잔고가 없던 자신의 X은행계좌로 1백만 원을 이체하였다.^{형법 제347조의2 컴퓨터등} ^{사용사기죄+, 여신금융업법 신용카드부정사용죄-} 다음날 甲은 ㉡ 자신의 현금카드를 이용하여 X은행 계좌에서 1백만 원을 전부 인출하여^{형법 제329조 절도죄-(=불가벌적 사후행위)} ㉢ 이러한 사정을 들은 乙에게 50만 원을 건네주었다.^{형법 제362조 장물취득죄-(=재물이 아님. 재산상 이익+)} 이후 ㉣ 甲은 인접한 각각의 구두, 시계매장에서 연달아 A의 신용카드를 제시하고 신용카드 단 말기에 서명하여 구두와 시계를 각각의 가맹점주에게서 구매하였다.^{형법 제347조 제1항 사기죄} ⁺ 신용카드 결제내역을 휴대전화 문자로 확인한 A의 즉각적인 신고로 甲은 긴급체포 되었고 甲은 체포적부심사를 청구하였다.^{체포적부심(=보증금납입조건부 석방 불가)} 이에 관한 설명 중 옳은 것은? (다툼이 있는 경우 판례에 의함)

파워특강 절도죄·컴퓨터등사용사기죄·장물취득죄·신용카드부정사용죄·죄수· 체포적부심. 절취한 신용카드로 현금지급기에서 돈을 계좌이체함(=컴퓨터사용사기 죄 성립. 절도죄 불성립). 자기 계좌에서 돈을 인출함(=절도죄 불성립). 인출금은 알고 교부받은 행위(=장물취득죄 불성립. 예금채권은 재물 아니고 재산이익). 절 취한 신용카드로 수회 물품 구입(=사기죄 실체적 경합, 신용카드부정사용죄 포괄 일죄, 양죄는 실체적 경합). 보증금납입조건부 석방(=체포적부심 불허용, 구속적부 심 허용). 적부심 석방자 재체포 또는 재구속 제한(=도망 또는 죄증인멸).
절취한 신용카드로 현금지급기에서 돈을 인출함(=현금서비스 포함. 절도죄 성립)
절취한 신용카드로 물품 대금 결제함(=신용카드부정사용죄와 사기죄 성립한다. 양 죄는 실체적 경합이다. 두 개 행위이다).
절도범이 절취하여 온 신용카드(=장물)를 취득한 경우(=장물취득죄 성립)
절취 카드로 인출한 현금을 알고 받은 경우(=장물취득죄 성립)
친족상도례 적용 효과(=형면제 판결, 그 외 상대적 친고죄 처벌함)
포괄일죄(=연속범·접속범·상습범·영업범)
형법각론과 특별형법에 포괄일죄 규정이 없다면, 실체적 경합범으로 처벌한다.

---

① ㉠의 ~~행위는 컴퓨터등사용사기죄와 신용카드 부정사용으로 인한 여신전문금융~~ ~~업법위반죄에 해당하며, 양죄는~~ 실체적 경합에 해당한다.

해설 및 정답 2022년 제11회 변호사시험 기출문제 40 　　　　**정답** ✗
대법원 2008. 6. 12. 선고 2008도2440 판결 [사기·절도·혼인빙자간음]★★★★★
[판시사항] 절취한 타인의 신용카드를 이용하여 현금지급기에서 **자신의 예금계좌로 돈을** **이체시킨 후 현금을 인출한 행위가 절도죄를 구성하는지 여부(소극)**
[판결요지] 절취한 타인의 신용카드를 이용하여 현금지급기에서 계좌이체를 한 행위는 컴

퓨터등사용사기죄에서 컴퓨터 등 정보처리장치에 권한 없이 정보를 입력하여 정보처리를 하게 한 행위에 해당한다. 이를 별론으로 하고 이를 절취행위라고 볼 수는 없다. 한편 위 계좌이체 후 현금지급기에서 현금을 인출한 행위는 자신의 신용카드나 현금카드를 이용한 것이어서 이러한 현금인출이 현금지급기 관리자의 의사에 반한다고 볼 수 없어 절취행위에 해당하지 않는다. 그러므로 절도죄를 구성하지 않는다.

형법 제347조2(컴퓨터사용사기)
컴퓨터 등 정보처리장치에 다음 각 호 어느 행위로 정보처리를 하여 재산이익을 취득한 사람 또는 제3자에게 취득하게 한 사람은 10년 이하 징역형·2천만원 이하 벌금형으로 처벌된다.
1. 허위정보를 입력한 행위
2. 부정명령을 입력한 행위
3. 권한 없이 정보를 입력·변경한 행위
[전문개정 2001.12.29.]

☞ [출제] 2021년 제10회 변호사시험 기출문제 19 ㄹ.

② ㉡의 甲에게는 절도죄가 성립하며, ㉢의 乙에게는 장물취득죄가 성립한다.^{성립하지} 않는다.

해설 및 정답 2022년 제11회 변호사시험 기출문제 40   **정답** ✕

대법원 2004. 4. 16. 선고 2004도353 판결 [장물취득]★★★★★
[판시사항] [1] 장물죄에 있어서 '장물'의 의미 및 재산범죄의 불가벌적 사후행위로 인하여 취득한 물건이 장물이 될 수 있는지 여부(적극) [2] **컴퓨터등사용사기죄의 범행으로 예금채권을 취득한 다음 자기의 현금카드를 사용하여 현금자동지급기에서 현금을 인출한 경우, 그 인출된 현금은 장물이 될 수 없다고 한 사례.** [3] 장물인 현금과 자기앞수표를 금융기관에 예치하였다가 현금으로 인출한 경우, 인출한 현금의 장물성 여부(적극) [4] **갑이 권한 없이 인터넷뱅킹으로 타인의 예금계좌에서 자신의 예금계좌로 돈을 이체한 후 그중 일부를 인출하여 그 정을 아는 을에게 교부한 경우, 을의 장물취득죄의 성립을 부정한 사례.**
[판결요지] [1] 형법 제41장의 장물에 관한 죄에 있어서의 '장물'이라 함은 재산범죄로 인하여 취득한 물건 그 자체를 말한다. 그러므로 재산범죄를 저지른 이후에 별도의 재산범죄의 구성요건에 해당하는 사후행위가 있었다면, 비록 그 행위가 불가벌적 사후행위로서 처벌의 대상이 되지 않는다 할지라도, 그 사후행위로 인하여 취득한 물건은 재산범죄로 인하여 취득한 물건으로서 장물이 될 수 있다.
[2] **컴퓨터등사용사기죄의 범행으로 예금채권을 취득한 다음 자기의 현금카드를 사용하여 현금자동지급기에서 현금을 인출한 경우, 현금카드 사용권한 있는 자의 정당한 사용에 의한 것으로서 현금자동지급기 관리자의 의사에 반하거나 기망행위 및 그에 따른 처분행위도 없었으므로, 별도로 절도죄나 사기죄의 구성요건에 해당하지 않는다 할 것이고, 그**

결과 그 인출된 현금은 재산범죄에 의하여 취득한 재물이 아니므로 장물이 될 수 없다고 한 사례.

[3] 장물인 현금 또는 수표를 금융기관에 예금의 형태로 보관하였다가 이를 반환받기 위하여 동일한 액수의 현금 또는 수표를 인출한 경우에 예금계약의 성질상 그 인출된 현금 또는 수표는 당초의 현금 또는 수표와 물리적인 동일성은 상실되었지만, 액수에 의하여 표시되는 금전적 가치에는 아무런 변동이 없다. 그러므로 장물로서의 성질은 그대로 유지된다.

[4] 갑이 권한 없이 인터넷뱅킹으로 타인의 예금계좌에서 자신의 예금계좌로 돈을 이체한 후 그 중 일부를 인출하여 그 정을 아는 을에게 교부한 경우, **갑이 컴퓨터등사용사기죄에 의하여 취득한 예금채권은 재물이 아니라 재산상 이익이다. 그러므로 그가 자신의 예금계좌에서 돈을 인출하였더라도 장물을 금융기관에 예치하였다가 인출한 것으로 볼 수 없다는 이유로** 을의 장물취득죄의 성립을 부정한 사례.

☞ [출제] 2020년 제9회 변호사시험 기출문제 5 ④

③ ㉣의 경우, 두 개의 사기죄는 실체적 경합관계에 있고, 여신전문금융업법위반죄는 포괄일죄이며, 이들 사기죄와 여신전문금융업법위반죄는 실체적 경합관계에 있다.

▌**해설 및 정답** ▌ 2022년 제11회 변호사시험 기출문제 40　　　　**정답** ○

대법원 1996. 7. 12. 선고 96도1181 판결 [신용카드업법위반·절도]

[판시사항] [1] 절취한 신용카드의 부정사용행위가 절도범행의 불가벌적 사후행위에 해당하는지 여부(소극) [2] 포괄일죄의 요건 [3] 신용카드 부정사용의 포괄일죄를 인정한 사례.

[판결요지] [1] 신용카드를 절취한 후 이를 사용한 경우 신용카드의 부정사용행위는 새로운 법익의 침해로 보아야 한다. 그 법익침해가 절도범행보다 큰 것이 대부분이다. 그러므로 위와 같은 부정사용행위가 절도범행의 불가벌적 사후행위가 되는 것은 아니다.

[2] **단일하고 계속된 범의하에 동종의 범행을 동일하거나 유사한 방법으로 일정 기간 반복하여 행하고 그 피해법익도 동일한 경우에는 각 범행을 통틀어 포괄일죄로 볼 것이다.**

[3] 피고인은 절취한 카드로 가맹점들로부터 물품을 구입하겠다는 단일한 범의를 가지고 그 범의가 계속된 가운데 동종의 범행인 신용카드 부정사용행위를 동일한 방법으로 반복하여 행하였다. 또 위 신용카드의 각 부정사용의 피해법익도 모두 위 신용카드를 사용한 거래의 안전 및 이에 대한 공중의 신뢰인 것으로 동일하다. 그러므로 **피고인이 동일한 신용카드를 위와 같이 부정사용한 행위는 포괄하여 일죄에 해당한다. 신용카드를 부정사용한 결과가 사기죄의 구성요건에 해당하고 그 각 사기죄가 실체적 경합관계에 해당한다고 하여도 신용카드부정사용죄와 사기죄는 그 보호법익이나 행위의 태양이 전혀 달라 실체적 경합관계에 있다. 그러므로 신용카드 부정사용행위를 포괄일죄로 취급하는데 아무런 지장이 없다고 한 사례.**★★★★★

☞ [출제] 2021년 제10회 변호사시험 기출문제 19 ㄷ.

대법원 2001. 12. 28. 선고 2001도6130 판결 [사기·의료법위반·방문판매등에관한법률위반]

[판시사항] 수인의 피해자에 대하여 각별로 기망행위를 하여 각각 재물을 편취한 경우, 피해자별로 독립한 사기죄가 성립하는지 여부(적극)

[판결요지] 수인의 피해자에 대하여 각별로 기망행위를 하여 각각 재물을 편취한 경우에는 범의가 단일하고 범행방법이 동일하더라도 각 피해자의 피해법익은 독립한 것이다. 그러므로 이를 포괄일죄로 파악할 수 없다. 피해자별로 독립한 사기죄가 성립된다.

④ 체포적부심사를 청구한 甲에게 법원은 보증금납입을 조건으로 석방을 명할 수 있다.^{없다.}

해설 및 정답 | 2022년 제11회 변호사시험 기출문제 40   **정답** ✕

형사소송법 제214조2 제5항 참조.

> 형사소송법 제214조의2(체포와 구속의 적부심사)
> ① 체포되거나 구속된 피의자 또는 그 변호인, 법정대리인, 배우자, 직계친족, 형제자매나 가족, 동거인 또는 고용주는 관할법원에 체포 또는 구속의 적부심사(적부심사)를 청구할 수 있다. 〈개정 2020.12.8〉
> ⑤ 법원은 **구속된 피의자**(심사청구 후 공소제기된 사람을 포함한다)에 대하여 피의자의 출석을 보증할 만한 보증금의 납입을 조건으로 하여 결정으로 제4항의 석방을 명할 수 있다. 다만, 다음 각 호에 해당하는 경우에는 그러하지 아니하다. 〈개정 2020.12.8〉
> 1. 범죄의 증거를 인멸할 염려가 있다고 믿을 만한 충분한 이유가 있는 때
> 2. 피해자, 당해 사건의 재판에 필요한 사실을 알고 있다고 인정되는 사람 또는 그 친족의 생명·신체나 재산에 해를 가하거나 가할 염려가 있다고 믿을 만한 충분한 이유가 있는 때
> 【출처】 형사소송법 일부개정 2022. 2. 3. [법률 제18799호, 시행 2022. 2. 3.]

대법원 1997. 8. 27.자 97모21 결정 [체포적부심사석방에 대한 재항고]★★★★★

☞ 이 판례는 중요하다. 매년 출제가능성이 있다.

[판시사항] [1] 긴급체포된 피의자에게 체포적부심사청구권이 있는지 여부(적극) [2] 체포적부심사절차에서 피의자를 보증금 납입을 조건으로 석방할 수 있는지 여부(소극) [3] 보증금 납입을 조건으로 한 피의자 석방결정에 대하여 항고할 수 있는지 여부(적극)

[결정요지] [1] 헌법 제12조 제6항은 누구든지 체포 또는 구속을 당한 때에는 적부의 심사를 법원에 청구할 권리를 가진다고 규정하고 있고, 형사소송법 제214조의2 제1항은 체포영장 또는 구속영장에 의하여 체포 또는 구속된 피의자 등이 체포 또는 구속의 적부심사를 청구할 수 있다고 규정하고 있는바, 형사소송법의 위 규정이 체포영장에 의하지 아니하고 체포된 피의자의 적부심사청구권을 제한한 취지라고 볼 것은 아니므로 긴급체포 등 체포영장에 의하지 아니하고 체포된 피의자의 경우에도 헌법과 형사소송법의 위 규정에 따라 그 적부심사를 청구할 권리를 가진다.

[2] 형사소송법은 수사단계에서의 체포와 구속을 명백히 구별하고 있고 이에 따라 체포와 구속의 적부심사를 규정한 같은 법 제214조의2에서 체포와 구속을 서로 구별되는 개념으로 사용하고 있는바, 같은 조 제4항에 기소 전 보증금 납입을 조건으로 한 석방의 대상자가 '구속된 피의자'라고 명시되어 있고, 같은 법 **제214조의3 제2항의 취지를 체포된 피의자에 대하여도 보증금 납입을 조건으로 한 석방이 허용되어야 한다는 근거로 보기는 어렵다** 할 것이어서 현행법상 체포된 피의자에 대하여는 보증금 납입을 조건으로 한 석방이 허용되지 않는다.

[3] 형사소송법 제402조의 규정에 의하면, 법원의 결정에 대하여 불복이 있으면 항고를 할 수 있다. 그러나 다만 같은 법에 특별한 규정이 있는 경우에는 예외로 하도록 되어 있다. 체포 또는 구속적부심사절차에서의 법원의 결정에 대한 항고의 허용 여부에 관하여 같은 법 제214조의2 제7항은 제2항과 제3항의 기각결정 및 석방결정에 대하여 항고하지 못하는 것으로 규정하고 있을 뿐이다. 제4항에 의한 석방결정에 대하여 항고하지 못한다는 규정은 없다. 뿐만 아니라 같은 법 제214조의2 제3항의 석방결정은 체포 또는 구속이 불법이거나 이를 계속할 사유가 없는 등 부적법한 경우에 피의자의 석방을 명하는 것임에 비하여, 같은 법 제214조의2 제4항의 석방결정은 구속의 적법을 전제로 하면서 그 단서에서 정한 제한사유가 없는 경우에 한하여 출석을 담보할 만한 보증금의 납입을 조건으로 하여 피의자의 석방을 명하는 것이다. 같은 법 제214조의2 제3항의 석방결정과 제4항의 석방결정은 원래 그 실질적인 취지와 내용을 달리 하는 것이다. 또한 **기소 후 보석결정에 대하여 항고가 인정되는 점에 비추어 그 보석결정과 성질 및 내용이 유사한 기소 전 보증금 납입 조건부 석방결정에 대하여도 항고할 수 있도록 하는 것이 균형에 맞는 측면도 있다** 할 것이다. 그러므로 같은 법 **제214조의2 제4항의 석방결정에 대하여는 피의자나 검사가 그 취소 실익이 있는 한 같은 법 제402조에 의하여 항고할 수 있다.**★★★
☞ [출제] 2021년 제10회 변호사시험 기출문제 9 ④

⑤ 체포적부심사의 석방결정에 의하여 석방된 甲에게는 ~~다른 중요한 증거를 발견한~~ 도망거나 죄증을 인멸한 경우를 제외하고는 동일한 범죄사실에 관하여 재차 체포하지 못한다.

| 해설 및 정답 | 2022년 제11회 변호사시험 기출문제 40 | 정답 × |

형사소송법 제214조3 제1항 참조.

> 형사소송법 제214조의3(재체포 및 재구속의 제한)
> ① 제214조의2 제4항에 따른 체포 또는 구속 적부심사결정에 의하여 석방된 **피의자가 도망하거나 범죄의 증거를 인멸하는 경우를 제외하고는 동일한 범죄사실로 재차 체포하거나 구속할 수 없다.** 〈개정 2020.12.8〉
> 【출처】 형사소송법 일부개정 2022. 2. 3. [법률 제18799호, 시행 2022. 2. 3.]

제3강 2021년 제10회 변호사시험 선택형 종합문제

2021년 제10회 변호사시험 선택형 종합문제
9 · 12 · 22 · 24 · 26 · 28 · 31 · 32 · 33 · 40

출제분석

- 9번 | 보이스피싱(=사기죄·사기죄 기수시기·사기죄 방조범)·장물취득죄·보증 금납입조건부 피의자석방결정(=검사 항고 가능)·항소심

- 12번 | 점유이탈물횡령죄·사문서위조죄·공문서위조죄·공문서부정행사죄·공증 증서불실기재죄

- 22번 | 변호사법위반과 사기죄 상상적 경합(=몰수 또는 추징이 가능함). 저장매체 압수·수색(=참여권 보장. 제1차 증거가 증거능력 없으면, 제2차 증거도 원칙적으로 증거능력이 없다)

- 24번 | 공소시효 기산점. 형사소송법 제253조 제2항 공범 범위(=대향범 관계 포함되지 않음). 형사소송법 제253조(=범인 국외 도피 포함)

- 26번 | 강도죄·절도죄·신용카드부정사용죄. 경합범(=벌금형 병과함). 도박죄· 몰수·상대적 친고죄와 고소불가분원칙(=친족관계 있는 사람만 적용함)

- 28번 | 권리행사방해죄·공소장변경·배임죄(=배임죄 주체: 타인 사무+, 대행사무+, 협력사무-, 이행사무-)·공판조서(=다른 피고인에 대한 형사사건 공판조서는 형사소송법 제315조 제3항 당연히 증거능력 인정함)·약식명령 발부 법관(=제1심 정식재판 관여 형사소송법 제17조 제7호 제척사유로서 전심재판에 해당하지 않음)

- 31번 | 뇌물공여죄·뇌물수수죄·공동피고인 별개 사건 법정진술 증거능력·집행유예(=집행유예 경과 후 다시 집행유예 선고 가능함)

- 32번 | 횡령·공소장변경·형사소송법 제316조 전문진술·횡령죄에서 근저당 설정 이득액(=피담보채무액 또는 최권최고액)·축소사실(=공소장변경 없이 인정. 공소시효는 기소된 시점. 공소시효 완성시 면소판결 선고함)

- 33번 | 절도죄·준강도죄·강도상해죄·공무집행방해죄·현행범인 체포·형사소송법 제218조 임의제출(=사후영장 필요하지 않음. 영장주의 예외). 형사소송법 제318조의3 간이공판절차에서 증거능력 특례·위법한 체포와 정당방위

- 40번 | 친고죄와 반의사불벌죄. 고소취소의 효력(=제1심 판결 선고 전까지 가능. 다만 항소심인 경우 수사기관에 이미 제출된 고소취소와 반의사불벌죄 철회 의사표시는 효력이 있음). 형사소송법 제327조 공소기각판결·명예훼손죄 기수시기(=게시행위)

중요 **01** ★★★★★

甲은 사기범행에 이용되리라는 정을 알면서 속칭 '보이스피싱' 조직원인 乙에게 자기 명의의 예금통장과 체크카드 등을 양도하였다.^{갑은 사기죄 방조범 성립+} 乙은 A에게 은행직원을 사칭하여 전화로 "당신의 은행계좌가 범죄에 이용되었다. 추가피해를 막으려면 돈

을 인출하여 은행이 지정하는 계좌에 입금하여야 한다."라고 거짓말하였다. 을은 사기죄 성립+ 이에 속은 A는 甲의 계좌로 1,500만 원을 송금하였다. 이에 관한 설명 중 옳지 않은 것은? (다툼이 있는 경우 판례에 의함)

① 乙이 A를 기망하여 1,500만 원이 甲의 계좌로 송금·이체되었다면 乙이 이를 인출하지 못한 상태에서 체포되었다 하더라도 乙의 편취행위는 기수에 이르렀다고 보아야 한다.

해설 및 정답 2021년 제10회 변호사시험 기출문제 9　　　　　　　　　**정답** ○

> **파워특강** 보이스피싱을 당하여 송금하면 사기죄는 기수이다(＝범인이 인출하지 못한 상태에서 체포되었다고 하더라도 기수이다). 예금계좌양도로 사기죄 방조범이 성립한다. 이후 사기죄 방조범이 예금을 인출한 행위는 불가벌적 사후행위이다. 계좌송금한 돈의 법적 성격은 재물이다. 사기죄 방조범은 횡령죄가 성립하지 않는다. 그러나 제3자가 사기범죄로 취득한 돈임을 알면서 취득하면, 장물취득죄가 성립한다. 보증금납입조건부 피의자석방결정에 검사는 항고가 가능하다. 피고인이 사실오인을 이유로 항소한 경우 항소심은 양형부당을 이유로 제1심 판결을 직권으로 파기할 수 있다.

대법원 2017. 5. 31. 선고 2017도3894 판결 [사기·컴퓨터등사용사기·전기통신금융사기 피해방지 및 피해금환급에 관한 특별법 위반·전자금융거래법위반·사기방조·횡령] ★★★ ★★

[판결요지] [1] 간접정범을 통한 범행에서 피이용자는 간접정범의 의사를 실현하는 수단으로서의 지위를 가질 뿐이다. 그러므로 **피해자에 대한 사기범행을 실현하는 수단으로서 타인을 기망하여 그를 피해자로부터 편취한 재물이나 재산상 이익을 전달하는 도구로서만 이용한 경우에는 편취의 대상인 재물 또는 재산상 이익에 관하여 피해자에 대한 사기죄가 성립할 뿐** 도구로 이용된 타인에 대한 사기죄가 별도로 성립한다고 할 수 없다.

[2] **전기통신금융사기(이른바 보이스피싱 범죄)의 범인이 피해자를 기망하여 피해자의 자금을 사기이용계좌로 송금·이체받으면 사기죄는 기수에 이른다.** 범인이 피해자의 자금을 점유하고 있다고 하여 피해자와의 어떠한 위탁관계나 신임관계가 존재한다고 볼 수 없을 뿐만 아니라, 그 후 범인이 사기이용계좌에서 현금을 인출하였더라도 이는 이미 성립한 사기범행이 예정하고 있던 행위에 지나지 아니하여 새로운 법익을 침해한다고 보기도 어렵다. 그러므로 위와 같은 **인출행위는 사기의 피해자에 대하여 별도의 횡령죄를 구성하지 아니한다.** 이러한 법리는 사기범행에 이용되리라는 사정을 알고서 자신 명의 계좌의 접근매체를 양도함으로써 사기범행을 방조한 종범이 사기이용계좌로 송금된 피해자의 자금을 임의로 인출한 경우에도 마찬가지로 적용된다.

② 甲이 예금통장 등을 乙에게 양도한 행위가 사기방조죄가 된다면 이후 甲이 송금

된 1,500만 원을 인출하였더라도 사기방조죄와 별개로 A에 대한 횡령죄는 성립하지 않는다.

해설 및 정답 2021년 제10회 변호사시험 기출문제 9　　　　**정답** ○
대법원 2017. 5. 31. 선고 2017도3894 판결

중요 ③ 甲의 계좌로 입금된 1,500만 원은 乙의 기망행위로 인하여 취득한 재물이므로, 甲이 이를 인출한 행위는 장물취득죄에 ~~해당한다.~~ 해당하지 않는다. 본범에게 처분권을 이전받는 돈이 아니기 때문이다.

해설 및 정답 2021년 제10회 변호사시험 기출문제 9　　　　**정답** ×
대법원 2010. 12. 9. 선고 2010도6256 판결 [사기방조 · 장물취득 · 전자금융거래법위반]
[판시사항] [1] 사기 범행의 피해자로부터 현금을 예금계좌로 송금받은 경우, 그 사기죄의 객체가 '재물'인지 또는 '재산상의 이익'인지 여부(=재물)
[2] 본인 명의의 예금계좌를 양도하는 방법으로 본범의 사기 범행을 용이하게 한 방조범이 본범의 사기행위 결과 그의 예금계좌에 입금된 돈을 인출한 경우, '장물취득죄'가 성립하는지 여부(소극)
[3] 사기 범행에 이용되리라는 사정을 알고서도 자신의 명의로 은행 예금계좌를 개설하여 갑에게 이를 양도함으로써 갑이 을을 속여 을로 하여금 현금을 위 계좌로 송금하게 한 사기 범행을 방조한 피고인이 위 계좌로 송금된 돈 중 일부를 인출하여 갑이 편취한 장물을 취득하였다는 공소사실에 대하여, 위 '장물취득' 부분을 무죄로 선고한 원심판단을 정당하다고 한 사례.
[판결요지] [1] 피해자가 본범의 기망행위에 속아 현금을 피고인 명의의 은행 예금계좌로 송금하였다면, 이는 재물에 해당하는 현금을 교부하는 방법이 예금계좌로 송금하는 형식으로 이루어진 것에 불과하다. 피해자의 은행에 대한 예금채권은 당초 발생하지 않는다.
[2] 피고인이 자신의 예금계좌에서 위 돈을 인출하였다 하더라도 이는 예금명의자로서 은행에 예금반환을 청구한 결과일 뿐 본범으로부터 위 돈에 대한 점유를 이전받아 사실상 처분권을 획득한 것은 아니다. 그러므로 피고인의 위와 같은 인출행위를 장물취득죄로 벌할 수는 없다.
[3] 갑이 사기 범행으로 취득한 것은 재산상 이익이어서 장물에 해당하지 않는다는 원심판단은 적절하지 않다. 그러나 피고인의 위와 같은 인출행위를 장물취득죄로 벌할 수는 없다. 그러므로 위 '장물취득' 부분을 무죄로 선고한 원심의 결론을 정당하다고 한 사례.

④ 乙은 사기죄로 구속되자 법원에 구속적부심사를 청구하였고 법원은 乙에 대해 보증금납입을 조건으로 석방결정을 한 경우, 검사는 이에 대하여 항고할 수 있다.

┃해설 및 정답┃ 2021년 제10회 변호사시험 기출문제 9 **┃정답┃** ○

대법원 1997. 8. 27.자 97모21 결정 [체포적부심사석방에 대한 재항고] ★★★★★

[판시사항] [1] 긴급체포된 피의자에게 체포적부심사청구권이 있는지 여부(적극) [2] 체포적부심사절차에서 피의자를 보증금 납입을 조건으로 석방할 수 있는지 여부(소극) [3] **보증금 납입을 조건으로 한 피의자 석방결정에 대하여 항고할 수 있는지 여부(적극)**

[결정요지] [3] 형사소송법 제214조의2 제7항은 제2항과 제3항의 기각결정 및 석방결정에 대하여 항고하지 못하는 것으로 규정하고 있을 뿐이다. 제4항에 의한 석방결정에 대하여 항고하지 못한다는 규정은 없다. 또한 기소 후 보석결정에 대하여 항고가 인정되는 점에 비추어 그 보석결정과 성질 및 내용이 유사한 기소 전 보증금 납입 조건부 석방결정에 대하여도 항고할 수 있도록 하는 것이 균형에 맞는 측면도 있다 할 것이다. 그러므로 같은 법 제214조의2 제4항의 석방결정에 대하여는 피의자나 검사가 그 취소의 실익이 있는 한 같은 법 제402조에 의하여 항고할 수 있다. ★★★★★

⑤ 乙이 사기죄로 기소되어 제1심에서 징역 1년 6월을 선고받고 사실오인을 이유로 항소한 경우에 항소심은 직권으로 양형부당을 이유로 제1심판결을 파기할 수 있다.

┃해설 및 정답┃ 2021년 제10회 변호사시험 기출문제 9 **┃정답┃** ○

대법원 1990. 9. 11. 선고 90도1021 판결 [특수절도, 절도]

[판결요지] [1] 피고인이 피고인과 피해자의 동업자금으로 구입하여 피해자가 관리하고 있던 다이야포크레인 1대를 그의 허락 없이 공소외인으로 하여금 운전하여 가도록 한 행위는 절도죄를 구성한다.

[2] 항소법원은 판결에 영향을 미친 사유에 관하여는 항소이유서에 포함되지 아니한 경우에도 직권으로 심판할 수 있는 것이다. 그러므로 **피고인이 사실오인만을 이유로 항소한 경우에 항소심이 직권으로 양형부당을 이유로 제1심 판결을 파기하고 제1심의 양형보다 가벼운 형을 정하였다** 하여 거기에 항소심의 심판범위에 관한 법리오해의 위법이 있다고 할 수 없다.

(중요) **02** ★★★★★

甲은 야산에서 한 달 전 사망한 A의 지갑을 주웠는데, 그 지갑 속에는 B은행이 발행한 10만 원권 자기앞수표 10장과 A의 운전면허증이 들어 있었다. 甲은 위 자기앞수표 10장을 유흥비로 사용하였다. 형법 제360조 점유이탈물횡령죄+ 甲은 A의 운전면허증을 재발급받아 자신이 사용하기로 마음먹고, 운전면허시험장에 가서 운전면허증 재발급신청서에 자신의 사진을 붙이되 A의 이름과 인적사항을 기재하여 운전면허증 재발급 신청을 하였고, 형법 제231조 사문서위조죄+ 이에 속은 담당공무원으로부터 甲의 사진이 부착된 A의 이름으로 된 운전면허증을 발급받았다. 형법 제225조 공문서위조죄+ 그 후 甲은 운전 중 검문경찰관

으로부터 신분증제시 요구를 받고 A의 이름으로 된 운전면허증을 제시하였다.^{형법 제229}
조 위조공문서행사좌+, 형법 제230조 공문서부정행사좌+ **甲의 죄책에 관한 설명 중 옳지 않은 것을 모**
두 고른 것은? (다툼이 있는 경우 판례에 의함)

> **║파워특강** 점유이탈물횡령죄(＝습득한 자기앞수표 사용은 불가벌적 사후행위에 해
> 당한다). 타인 운전면허증 재발급신청서 작성행위는 사문서위조죄에 해당한다. 허
> 위증명원으로 증명서를 발급받은 경우 공문서위조죄가 성립하지 않는다. 따라서 공
> 문서위조죄 간접정범이 성립하지 않는다. 사용권한이 없는 사람이 공문서를 본래
> 용법에 따라 사용한 경우도 형법 제230조 공문서부정행사죄가 성립한다. 자동차운
> 전면허대장은 공정증서원본이 아니다(－공증증서불실기재죄가 성립하지 않는다).

① 甲이 자기앞수표를 사용한 행위는 불가벌적 사후행위에 해당한다.

║해설 및 정답 2021년 제10회 변호사시험 기출문제 12　　　　　　　　**║정답** ○

대법원 1987. 1. 20. 선고 86도1728 판결 [사기]
[판시사항] 절취한 자기앞수표를 현금 대신으로 교부한 행위의 사기죄 성부
[판결요지] 금융기관발행의 자기앞수표는 그 액면금을 즉시 지급받을 수 있어 현금에 대
신하는 기능을 하고 있다. 그러므로 절취한 자기앞수표를 현금 대신으로 교부한 행위는
절도행위에 대한 가벌적 평가에 당연히 포함되는 것이다. 그러므로 **절취한 자기앞수표를
음식대금으로 교부하고 거스름돈을 환불받은 행위는 절도의 불가벌적 사후처분행위로서
사기죄가 되지 아니한다.**

② 甲이 권한 없이 A 명의의 운전면허증 재발급신청서를 작성하였으므로 사문서
위조죄가 성립한다.

║해설 및 정답 2021년 제10회 변호사시험 기출문제 12　　　　　　　　**║정답** ○

형법 제231조(사문서위조·사문서변조) ⁴행사할 목적으로 《²권리·의무·사실증명에 관
한 타인 문서·타인 도화를》³위조·변조한 ¹사람은 5년 이하 징역형·1천만원 이하 벌
금형으로 처벌된다. ＜개정 1995.12.29.＞

> **║파워특강** 사문서위조죄의 객체는 권리·의무의 발생·존속·변경·소멸의 효
> 과가 생기게 함을 의사표시 내용으로 하는 문서를 말한다. 여기서 권리·의무
> 는 사법상의 것이든 공법상의 것이든 묻지 않는다. 반드시 법률상 문서에 국한
> 하지 않는다. **예를 들면 계약서·청구서·위임장·각종신청서(여권·주민등록
> 발급·운전면허증 재신청 등)·영수증 등을 말한다. 갑이 권한 없이 A 명의의
> 운전면허증 재발급신청서를 작성한 행위는 사문서위조죄에 해당한다.** 형법 제
> 225조 공문서위조죄가 아니다. ★★★★★

③ 甲이 그 정을 모르는 담당공무원을 이용하여 운전면허증을 재발급받았으므로 공문서위조죄의 간접정범이 ~~성립한다.~~ 성립하지 않는다. 공문서위조죄가 성립하지 않기 때문이다.

해설 및 정답 2021년 제10회 변호사시험 기출문제 12 　　　　　　**정답** ✕

대법원 2001. 3. 9. 선고 2000도938 판결 [공문서위조·위조공문서행사·변조공문서행사]

[판시사항] 공무원 아닌 자가 관공서에 허위내용의 증명원을 제출하여 그 정을 모르는 공무원으로부터 그 증명원 내용과 같은 증명서를 발급받은 경우, 공문서위조죄의 간접정범이 성립하는지 여부(소극)

[판결요지] 어느 문서의 작성권한을 갖는 공무원이 그 문서의 기재 사항을 인식하고 그 문서를 작성할 의사로써 이에 서명날인하였다면, 설령 그 서명날인이 타인의 기망으로 착오에 빠진 결과 그 문서의 기재사항이 진실에 반함을 알지 못한 데 기인한다고 하여도, 그 문서의 성립은 진정하며 여기에 하등 작성명의를 모용한 사실이 있다고 할 수는 없다. 그러므로 공무원 아닌 자가 관공서에 허위 내용의 증명원을 제출하여 그 내용이 허위인 정을 모르는 담당공무원으로부터 그 증명원 내용과 같은 증명서를 발급받은 경우 공문서위조죄의 간접정범으로 의율할 수는 없다.

④ 甲이 검문경찰관에게 제시한 A 명의의 운전면허증은 진정하게 성립된 문서가 아니기 때문에 공문서부정행사죄는 ~~성립하지 않는다.~~ 성립한다.

해설 및 정답 2021년 제10회 변호사시험 기출문제 12 　　　　　　**정답** ✕

대법원 1982. 9. 28. 선고 82도1297 판결 [공문서부정행사]

[판시사항] 피고인이 공소외 (갑)인양 허위신고하여 피고인의 사진과 지문이 찍힌 **공소외 (갑)명의의 주민등록증을 발급받아 소지하다가 검문경찰관에게 이를 제시한 행위가 공문서부정행사죄를 구성하는지 여부(적극)**

[판결요지] 공문서부정행사죄는 그 사용권한자와 용도가 특정되어 작성된 공문서 또는 공도화를 사용권한 없는 자가 그 사용권한 있는 것처럼 가장하여 부정한 목적으로 행사한 때 또는 형식상 그 사용권한이 있는 자라도 그 정당한 용법에 반하여 부정하게 행사한 때에 성립한다고 해석할 것이다. 피고인이 공소외 (갑)인 양 허위신고하여 피고인의 사진과 지문이 찍힌 공소외(갑)명의의 주민등록증을 발급받은 이상 주민등록증의 발행목적상 피고인에게 위 주민등록증에 부착된 사진의 인물이 공소외 (갑)의 신원 상황을 가진 사람이라는 허위사실을 증명하는 용도로 이를 사용할 수 있는 권한이 없다는 사실을 인식하고 있었다고도 할 것이다. 그러므로 이를 검문경찰관에게 제시하여 이러한 허위사실을 증명하는 용도로 사용한 것은 공문서 부정행사죄를 구성한다.

⑤ 甲이 공무원에 대하여 허위신고를 하여 자동차운전면허대장에 부실의 사실을 기재하게 하였다면, 공정증서원본불실기재죄(「형법」 제228조 제1항)가 ~~성립한다.~~ 성립하지 않는다.

│**해설 및 정답**│ 2021년 제10회 변호사시험 기출문제 12 　　　　　　　│**정답**│ ×

대법원 2010. 6. 10. 선고 2010도1125 판결 [공정증서원본불실기재·불실기재공정증서원본행사]

[판시사항] [1] '자동차운전면허대장'이 형법 제228조 제1항의 '공정증서원본'에 해당하는지 여부(소극) [2] 자동차운전면허증 재교부신청서의 사진란에 본인의 사진이 아닌 다른 사람의 사진을 붙여 제출함으로써 담당공무원으로 하여금 자동차운전면허대장에 불실의 사실을 기재하여 이를 비치하게 하였다는 공소사실에 대하여, 자동차운전면허대장이 공정증서원본임을 전제로 이를 모두 유죄로 인정한 원심판단에 법리오해의 위법이 있다고 한 사례.

[판결요지] [1] 도로교통법 시행령 제94조와 같은 법 시행규칙 제38조, 제77조, 제78조, 제80조, 제98조 등이 규정 취지를 종합하여 보면, **자동차운전면허대장은 운전면허 행정사무집행의 편의를 위하여 범죄자, 교통사고유발자의 인적사항·면허번호 등을 기재하거나 운전면허증의 교부 및 재교부 등에 관한 사항을 기재하는 것에 불과하다.** 그에 대한 기재를 통해 당해 운전면허 취득자에게 어떠한 권리의무를 부여하거나 변동 또는 상실시키는 효력을 발생하게 하는 것으로 볼 수는 없다. 따라서 자동차운전면허대장은 사실증명에 관한 것에 불과하므로 형법 제228조 제1항에서 말하는 공정증서원본이라고 볼 수 없다.

　　（중요） **03**　★★★★★

A는 자신에 대한 세무조사가 진행되자 지인으로부터 세무사 甲을 소개받았다. 甲은 세무공무원에게 실제로 청탁할 의사와 능력이 없음에도 세무공무원에게 로비하여 세무조사에서 편의를 봐 줄 수 있게 하고 부과될 세금을 많이 낮춰 줄 것이니 공무원에게 사용할 로비자금을 A에게 요구하였고, 이에 A는 甲에게 3,000만 원을 건네 주었다.^{변호사법위반+, 사기죄+ 상상적 경합(1개의 행위)} 그런데 A는 생각했던 것보다 별다른 도움을 받지 못하자 수사기관에 甲을 고소하였다.

이에 검사는 A를 조사한 후 법원으로부터 변호사법위반 및 사기에 관한 압수·수색영장을 발부받아 甲의 사무실에서 컴퓨터 하드디스크를 압수하여 수사기관으로 가지고 왔다. 검사는 하드디스크에 저장된 정보를 탐색하던 중 성명불상 여자의 치마 속이 찍힌 사진 여러 장을 발견하였음에도 별도로 영장을 발부받지 않고 이를 출력한 다음,^{범죄혐의와 무관한 증거+, 증거능력−} 甲에 대한 피의자신문 과정에서 이를 제시하자, 甲은 지하철에서 무단 촬영한 사진이라고 자백하였다. 검사는 甲을 변호사법위반, 사기, 성폭력범죄의처벌등에관한특례법위반(카메라등이용촬영·반포등)으로 기소하였다. 이에 관한 설명 중 옳지 않은 것을 모두 고른 것은? (다툼이 있는 경우 판례에 의함)

┌───┐
│ │**파워특강**│ 변호사법위반과 사기죄 상상적 경합(＝몰수 또는 추징이 가능함). 저장 │
│ 매체 압수·수색(＝참여권 보장. 제1차 증거가 증거능력 없으면, 제2차 증거도 원 │
│ 칙적으로 증거능력이 없다). │
└───┘

① 甲이 세무공무원에게 실제로 청탁 또는 알선할 의사와 능력이 없음에도 청탁 또는 알선한다고 기망하여 A로부터 위 돈을 받았다면, 변호사법위반죄 외에 사기죄도 성립하고 양 죄는 상상적 경합관계에 있다.

해설 및 정답 2021년 제10회 변호사시험 기출문제 22 **정답** ○

대법원 2006. 1. 27. 선고 2005도8704 판결 [변호사법위반·사기(예비적 죄명: 사기·제3자뇌물취득)]

[판결요지] [2] 공무원이 취급하는 사건 또는 사무에 관하여 청탁 또는 알선을 한다는 명목으로 금품·향응 기타 이익을 받거나 받을 것을 약속하고 또 제3자에게 이를 공여하게 하거나 공여하게 할 것을 약속한 때에는 위와 같은 금품을 받거나 받을 것을 약속하는 것으로써 **변호사법 제111조 위반죄가 성립된다고 할 것이다.** 위 금품의 수교부자가 실제로 청탁할 생각이 없었다 하더라도 위 금품을 교부받은 것이 자기의 이득을 취하기 위한 것이라면 동 죄의 성립에는 영향이 없다.

[3] 공무원이 취급하는 사건에 관하여 청탁 또는 알선을 할 의사와 능력이 없음에도 청탁 또는 알선을 한다고 기망하고 금품을 교부받은 경우, 사기죄와 변호사법 위반죄가 상상적 경합의 관계에 있다.

② 만약 사기죄와 변호사법위반죄가 상상적 경합관계에 있다면, 형이 더 무거운 사기죄에 정한 형으로 처벌하기로 하면서 필요적 몰수·추징에 관한 변호사법 규정에 따라 청탁 명목으로 받은 금품을 몰수하거나 그 상당액을 추징하는 것은 ~~위법하다.~~ 적법하다.

해설 및 정답 2021년 제10회 변호사시험 기출문제 22 **정답** ×

대법원 2006. 1. 27. 선고 2005도8704 판결 [변호사법위반·사기(예비적 죄명: 사기·제3자뇌물취득)]

[판결요지] 상상적 경합의 관계에 있는 사기죄와 변호사법 위반죄에 대하여 형이 더 무거운 사기죄에 정한 형으로 처벌하기로 하면서도, 필요적 몰수·추징에 관한 구 변호사법 제116조, 제111조에 의하여 청탁 명목으로 받은 금품 상당액을 추징한다.

중요 ③ 저장매체에 대한 압수수색 과정에서 범위를 정하여 출력·복제하는 방법이 불가능하거나 압수의 목적을 달성하기에 현저히 곤란한 예외적인 사정이 인정되어 전자정보가 담긴 저장매체를 수사기관 사무실 등으로 옮겨 복제·탐색·출력하는 경우, 피압수자나 변호인에게 참여 기회를 보장하고 혐의사실과 무관한 전자정보의 임의적인 복제 등을 막기 위한 적절한 조치를 취하는 등 영장주의 원칙과 적법절차를 준수하여야 한다.

해설 및 정답 2021년 제10회 변호사시험 기출문제 22   **정답** ○

대법원 2015. 7. 16.자 2011모1839 전원합의체 결정 [준항고인용결정에대한재항고] 〈전자정보에 대한 압수 · 수색 사건〉 ★★★★★

[판시사항] 전자정보에 대한 압수 · 수색이 종료되기 전에 혐의사실과 관련된 전자정보를 적법하게 탐색하는 과정에서 별도의 범죄혐의와 관련된 전자정보를 우연히 발견한 경우, 수사기관이 적법하게 압수 · 수색하기 위한 요건 / 이 경우 피압수 · 수색 당사자에게 참여권을 보장하고 압수한 전자정보 목록을 교부하는 등 피압수자의 이익을 보호하기 위한 적절한 조치가 이루어져야 하는지 여부(원칙적 적극)

[결정요지] 전자정보에 대한 압수 · 수색에 있어 저장매체 자체를 외부로 반출하거나 하드카피 · 이미징 등의 형태로 복제본을 만들어 외부에서 저장매체나 복제본에 대하여 압수 · 수색이 허용되는 예외적인 경우에도 혐의사실과 관련되 전자정보 이외에 이와 무관한 전자정보를 탐색 · 복제 · 출력하는 것은 원칙적으로 위법한 압수 · 수색에 해당하므로 허용될 수 없다.

그러나 전자정보에 대한 압수 · 수색이 종료되기 전에 혐의사실과 관련된 전자정보를 적법하게 탐색하는 과정에서 별도의 범죄혐의와 관련된 전자정보를 우연히 발견한 경우라면, 수사기관은 더 이상의 추가 탐색을 중단하고 법원에서 별도의 범죄혐의에 대한 압수 · 수색영장을 발부받은 경우에 한하여 그러한 정보에 대하여도 적법하게 압수 · 수색을 할 수 있다.

나아가 이러한 경우에도 별도의 압수 · 수색 절차는 최초의 압수 · 수색 절차와 구별되는 별개의 절차이다. 별도 범죄혐의와 관련된 전자정보는 최초의 압수 · 수색영장에 의한 압수 · 수색의 대상이 아니어서 저장매체의 원래 소재지에서 별도의 압수 · 수색영장에 기해 압수 · 수색을 진행하는 경우와 마찬가지로 피압수 · 수색 당사자(이하 '피압수자'라 한다)는 최초의 압수 · 수색 이전부터 해당 전자정보를 관리하고 있던 자라 할 것이다. 그러므로 특별한 사정이 없는 한 피압수자에게 형사소송법 제219조, 제121조, 제129조에 따라 참여권을 보장하고 압수한 전자정보 목록을 교부하는 등 피압수자의 이익을 보호하기 위한 적절한 조치가 이루어져야 한다.

④ 만약 위 컴퓨터 하드디스크 자체의 반출이 적법하다고 하여도, 위 치마 속을 촬영한 사진은 위법하게 수집한 증거이므로 성폭력범죄의처벌등에관한특례법위반(카메라등이용촬영 · 반포등)에 관한 유죄의 증거로 사용할 수 없는 것이 원칙이다.

해설 및 정답 2021년 제10회 변호사시험 기출문제 22   **정답** ○

대법원 2015. 7. 16.자 2011모1839 전원합의체 결정 [준항고인용결정에대한재항고] 〈전자정보에 대한 압수 · 수색 사건〉

중요 **04** ★★★★★

A 분양대책위원회의 공동대표인 甲이^{행위주체+} 업무상 임무에 위배하여^{행위+} 주상복합아파트 일부 세대에 관한 분양계약서를 받아 그에 관한 소유권이전등기를 하여 재산상 이익을^{행위객체+} 취득하려고 하였으나^{행위+} 소유권이전등기를 마치지 못하였다.^{형법 제355조 제2항, 제359조, 제25조 제1항 배임죄 장애미수죄+} 이에 대하여 경찰의 내사가 시작되자 甲은 사법경찰관 丙의 동생인 乙에게 1,000만 원을 주면서 이를 丙에게 주고 사건을 미리 잘 무마해 줄 것을 부탁하였고,^{형법 제133조 제2항, 제30조 제3자뇌물공여죄 공동정범+} 乙은 丙에게 같은 취지의 부탁을 하며 1,000만 원을 전달하였다.^{형법 제133조 제2항 제3자뇌물공여죄+} 그 후, 甲은 영국으로 출국하였다. 이에 관한 설명 중 옳지 않은 것을 모두 고른 것은? (다툼이 있는 경우 판례에 의함)

> **파워특강** 공소시효 기산점(=미수범, 기수범), 형사소송법 제253조 제2항 공범 범위(=대향범 관계 포함되지 않음), 형사소송법 제253조(=범인 국외 도피 계속 포함)

① 甲이 범한 배임미수의 범죄행위는 甲이 행위를 종료하지 못하였거나 결과가 발생하지 아니하여 더 이상 범죄가 진행될 수 없는 때에 종료하고, 그때부터 공소시효가 진행된다.

해설 및 정답 2021년 제10회 변호사시험 기출문제 24   **정답** ○

대법원 2017. 7. 11. 선고 2016도14820 판결 [특정경제범죄가중처벌등에관한법률위반(배임)(피고인1에 대하여 일부 인정된 죄명: 업무상배임미수 · 피고인2에 대하여 인정된 죄명: 업무상배임)]

[판시사항] 공소시효의 기산점(=범죄행위가 종료한 때) / 미수범의 공소시효 기산점(=행위를 종료하지 못하였거나 결과가 발생하지 아니하여 더 이상 범죄가 진행될 수 없는 때)

[판결요지] 공소시효는 범죄행위가 종료한 때부터 진행한다(형사소송법 제252조 제1항). 미수범은 범죄의 실행에 착수하여 행위를 종료하지 못하였거나 결과가 발생하지 아니한 때에 처벌받게 된다(형법 제25조 제1항). 그러므로 미수범의 범죄행위는 행위를 종료하지 못하였거나 결과가 발생하지 아니하여 더 이상 범죄가 진행될 수 없는 때에 종료하고, 그때부터 미수범의 공소시효가 진행한다.

② 甲과 丙은 대향범관계에 있으므로 丙이 기소되어 재판이 확정될 때까지의 기간 동안 甲의 뇌물공여에 관한 공소시효의 진행은 정지된다.

해설 및 정답 2021년 제10회 변호사시험 기출문제 24   **정답** ×

대법원 2015. 2. 12. 선고 2012도4842 판결 [제3자뇌물교부]

[판시사항] 형사소송법 제253조 제2항의 '공범'을 해석할 때 고려하여야 할 사항 / 이른바 대향범 관계에 있는 자 사이에서 각자 상대방 범행에 대하여 형법 총칙의 공범규정이 적용되는지 여부(소극) / 형사소송법 제253조 제2항의 '공범'에 뇌물공여죄와 뇌물수수죄 사이와 같은 대향범 관계에 있는 자가 포함되는지 여부(소극)

[판결요지] 뇌물공여죄와 뇌물수수죄 사이와 같은 이른바 대향범 관계에 있는 자는 강학상으로는 필요적 공범이라고 불리고 있다. 그러나 서로 대향된 행위의 존재를 필요로 할 뿐 각자 자신의 구성요건을 실현하고 별도의 형벌규정에 따라 처벌되는 것이다. 2인 이상이 가공하여 공동의 구성요건을 실현하는 공범관계에 있는 자와는 본질적으로 다르다. 대향범 관계에 있는 자 사이에서는 각자 상대방의 범행에 대하여 형법 총칙의 공범규정이 적용되지 아니한다. 이러한 점들에 비추어 보면, 형사소송법 제253조 제2항에서 말하는 '공범'에는 뇌물공여죄와 뇌물수수죄 사이와 같은 대향범 관계에 있는 자는 포함되지 않는다.

③ 甲이 영국 체류 중에 현지 물품 구매대행업을 하면서 국내 구매자들로부터 돈을 받고도 구매자들의 사전 동의 없이 임의로 소비하여 횡령하자 구매자들이 甲을 고소하였다. 만약 위 고소와 관련하여 甲이 자신의 누나로부터 한국경찰의 출석통지 소식을 전해 들었음에도 형사처분을 면할 목적으로 귀국하지 않고 영국에 계속 체류하는 경우라 할지라도, 甲이 국외에서 범죄를 저지르고 국외에서 체류를 계속하는 경우이므로 甲의 위 횡령에 대한 공소시효의 진행은 ~~정지되지 않는다.~~ 정지된다.

│해설 및 정답│ 2021년 제10회 변호사시험 기출문제 24　　　**정답** ✗

대법원 2015. 6. 24. 선고 2015도5916 판결 [횡령] 〈공소시효 정지 사건〉

[판시사항] 공소시효 정지사유를 규정한 형사소송법 제253조 제3항의 입법 취지 / 위 규정에서 정한 '범인이 형사처분을 면할 목적으로 국외에 있는 경우'에 범인이 국외에서 범죄를 저지르고 형사처분을 면할 목적으로 국외에서 체류를 계속하는 경우가 포함되는지 여부(적극)

[판결요지] 형사소송법 제253조 제3항은 "범인이 형사처분을 면할 목적으로 국외에 있는 경우 그 기간 동안 공소시효는 정지된다."라고 규정하고 있다. 위 규정의 입법 취지는 범인이 우리나라의 사법권이 실질적으로 미치지 못하는 국외에 체류한 것이 도피의 수단으로 이용된 경우에 체류기간 동안은 공소시효가 진행되는 것을 저지하여 범인을 처벌할 수 있도록 하여 형벌권을 적정하게 실현하고자 하는 데 있다. 따라서 위 규정이 정한 '범인이 형사처분을 면할 목적으로 국외에 있는 경우'는 범인이 국내에서 범죄를 저지르고 형사처분을 면할 목적으로 국외로 도피한 경우에 한정되지 않는다. 범인이 국외에서 범죄를 저지르고 형사처분을 면할 목적으로 국외에서 체류를 계속하는 경우도 포함된다.

④ 甲의 제3자 뇌물교부죄에 대한 공소시효 기산점은 ~~甲의 범죄행위가 최종적으로~~

종료한 때인 乙이 丙에게 1,000만 원을 전달한 때이다.^{甲이 乙에게 1,000만 원을 건네주} 였을 때가 공소시효 기산점이다.

해설 및 정답 2021년 제10회 변호사시험 기출문제 24 　　　　　　　**정답** ✕

> **파워특강** 형법 제133조 뇌물교부죄는 즉시범이다. 증뢰자가 뇌물 목적으로 금
> 품을 제3자에게 교부하면 기수가 성립된다. 이 시점부터 공소시효가 기산된다.
> 따라서 甲이 乙에게 1,000만 원을 건네주었을 때가 공소시효 기산점이다.

대법원 2014. 5. 16. 선고 2012도12867 판결 [정치자금법위반·국가공무원법위반·정당법
위반]

[판결요지] 형사소송법 제328조 제1항 제4호에 규정된 '공소장에 기재된 사실이 진실하
다 하더라도 범죄가 될 만한 사실이 포함되지 아니한 때'란 공소장 기재사실 자체에 대한
판단으로 그 사실 자체가 죄가 되지 아니함이 명백한 경우를 말한다.

중요 **05** ★★★★★

甲은 2020. 5. 6. A를 폭행하여 A의 현금카드를 강취한 후^{형법 제333조 강도죄+} 현금자동
지급기에서 500만 원을 인출하였다.^{형법 제329조 절도죄+, 신용카드부정사용죄+, 실체적 경합} 그 다음
날, 甲은 고스톱을 치는 등 도박을 하다가^{형법 제246조 제1항 도박죄+} 500만 원을 잃게 되었
다. 甲은 잃은 돈을 만회하고자 乙과 합동하여 2020. 5. 8. B의 집에서 책상서랍에 있
던 B의 현금 200만 원을 훔쳤다.^{형법 제331조 제2항 특수절도죄+} 한편 甲은 2019. 3. 7. 서울
중앙지방법원에서 사기죄로 징역 1년 6월을 선고받아 교도소에서 복역하던 중 2020.
3. 5. 가석방되었다가 2020. 6. 5. 가석방기간이 경과하였다. 검사는 2020. 7. 3. 甲을
강도(「형법」 제333조), 특수절도(「형법」 제331조 제2항), 절도(「형법」 제329조), 도박
(「형법」 제246조 제1항)으로, 乙을 특수절도(「형법」 제331조 제2항)로 각 기소하였다.
이에 관한 설명 중 옳지 않은 것을 모두 고른 것은? (다툼이 있는 경우 판례에 의함)

형법 제246조(도박·상습도박)
① 도박을 한 사람은 1천만 원 이하의 벌금에 처한다.

형법 제333조(강도)
폭행 또는 협박으로 타인의 재물을 강취하거나 기타 재산상의 이익을 취득하거나 제삼자로 하
여금 이를 취득하게 한 자는 3년 이상의 유기징역에 처한다.

> **파워특강** 강도죄·절도죄·신용카드부정사용죄. 경합범(＝벌금형 병과함). 도박
> 죄·몰수·상대적 친고죄와 고소불가분원칙(＝친족관계 있는 사람만 적용함).

① 강취한 현금카드를 사용하여 현금자동지급기에서 예금을 인출한 행위는 강도죄와는 별도로 절도죄를 구성한다.

│해설 및 정답│ 2021년 제10회 변호사시험 기출문제 26   **정답** ○

대법원 2007. 5. 10. 선고 2007도1375 판결 [강도상해·특수강도·특수절도·여신전문금융업법위반·절도·도로교통법위반(무면허운전)]

[판시사항] [1] 갈취한 현금카드를 사용하여 현금자동지급기에서 예금을 인출한 행위가 공갈죄와 별도로 절도죄를 구성하는지 여부(소극) [2] 강취한 현금카드를 사용하여 현금자동지급기에서 예금을 인출한 행위가 강도죄와 별도로 절도죄를 구성하는지 여부(적극)

[판결요지] [1] 예금주인 현금카드 소유자를 협박하여 그 카드를 갈취한 다음 피해자의 승낙에 의하여 현금카드를 사용할 권한을 부여받아 이를 이용하여 현금자동지급기에서 현금을 인출한 행위는 모두 피해자의 예금을 갈취하고자 하는 피고인의 단일하고 계속된 범의 아래에서 이루어진 일련의 행위로서 포괄하여 하나의 공갈죄를 구성한다. 그러므로 현금자동지급기에서 피해자의 예금을 인출한 행위를 현금카드 갈취행위와 분리하여 따로 절도죄로 처단할 수는 없다. 왜냐하면 위 예금 인출 행위는 하자 있는 의사표시이기는 하지만 피해자의 승낙에 기한 것이다. 피해자가 그 승낙의 의사표시를 취소하기까지는 현금카드를 적법, 유효하게 사용할 수 있다. 그러므로 은행으로서도 피해자의 지급정지 신청이 없는 한 그의 의사에 따라 그의 계산으로 적법하게 예금을 지급할 수밖에 없기 때문이다.

[2] 강도죄는 공갈죄와는 달리 피해자의 반항을 억압할 정도로 강력한 정도의 폭행·협박을 수단으로 재물을 탈취하여야 성립한다. 그러므로 피해자로부터 현금카드를 강취하였다고 인정되는 경우에는 피해자로부터 현금카드의 사용에 관한 승낙의 의사표시가 있었다고 볼 여지가 없다. 따라서 **강취한 현금카드를 사용하여 현금자동지급기에서 예금을 인출한 행위는 피해자의 승낙에 기한 것이라고 할 수 없다. 그러므로 현금자동지급기 관리자의 의사에 반하여 그의 지배를 배제하고 그 현금을 자기의 지배하에 옮겨 놓는 것이 되어서 강도죄와는 별도로 절도죄를 구성한다.**

② 만약 검사가 기소한 甲의 범행이 모두 유죄로 인정되어 판결을 선고하는 경우, 도박죄에서 정한 벌금형은 강도죄의 3년 이상의 유기징역형에 흡수되므로, 벌금형이 병과되어 선고될 ~~여지는 없다.~~ ^{여지가 있다.}

│해설 및 정답│ 2021년 제10회 변호사시험 기출문제 26   **정답** ✕

형법 제38조 제1항 제3호 참조.

> **형법 제38조(경합범과 처벌례)**
> ① 경합범을 동시에 판결할 때에는 다음 각 호의 구분에 따라 처벌한다.
> 1. 가장 무거운 죄에 대하여 정한 형이 사형, 무기징역, 무기금고인 경우에는 가장 무거운 죄에 대하여 정한 형으로 처벌한다.

2. 각 죄에 대하여 정한 형이 사형, 무기징역, 무기금고 외의 같은 종류의 형인 경우에는
   가장 무거운 죄에 대하여 정한 형의 장기 또는 다액(多額)에 그 2분의 1까지 가중하되
   각 죄에 대하여 정한 형의 장기 또는 다액을 합산한 형기 또는 액수를 초과할 수 없다.
   다만, 과료와 과료, 몰수와 몰수는 병과(併科)할 수 있다.
3. **각 죄에 대하여 정한 형이 무기징역, 무기금고 외의 다른 종류의 형인 경우에는 병과**
   한다.
② 제1항 각 호의 경우에 징역과 금고는 같은 종류의 형으로 보아 징역형으로 처벌한다.
[전문개정 2020.12.8]
【출처】 형법 일부개정 2020. 12. 8. [법률 제17571호, 시행 2021. 12. 9.] 법무부

③ 만약 검사가 기소한 甲의 범행이 모두 유죄로 인정되는 경우, 사기죄의 전과가
있으므로 ~~위 죄 모두에 대하여 「형법」 제35조 누범가중을 하여야 한다.~~ ^{형법 제35}
조 제1항 참조. 도박죄는 금고 이상의 형에 해당하는 죄가 아니다. 그러므로 누범가중사유가 될 수 없다.

해설 및 정답 2021년 제10회 변호사시험 기출문제 26 　　　　　 **정답** ✕
형법 제35조 제1항 참조. 도박죄는 금고 이상의 형에 해당하는 죄가 아니다. 그러므로 누
범가중사유가 될 수 없다.

> 형법 제35조(누범)
> ① 금고(禁錮) 이상의 형을 선고받아 그 집행이 종료되거나 면제된 후 3년 내에 금고 이상
> 에 해당하는 죄를 지은 사람은 누범(累犯)으로 처벌한다.
> ② 누범의 형은 그 죄에 대하여 정한 형의 장기(長期)의 2배까지 가중한다.
> [전문개정 2020.12.8]
> 【출처】 형법 일부개정 2020. 12. 8. [법률 제17571호, 시행 2021. 12. 9.] 법무부

④ 2020. 5. 8. 특수절도 범행과 관련하여, 甲이 B로부터 훔친 200만 원으로
150만 원 상당의 휴대전화를 구매하였고 위 휴대전화가 수사기관에 의해 압수
되었는데, 제1심 법원이 위 특수절도에 대해 유죄판결을 선고하는 경우, ~~위 휴~~
~~대전화를 B에게 교부하는 선고를 할 수 없고, 甲에 대해 150만 원의 추징을~~
~~명할 수 있을 뿐이다.~~ 추징 또는 몰수를 할 수 없다. ^{200만 원은 범죄자 재물이 아니다.}

해설 및 정답 2021년 제10회 변호사시험 기출문제 26 　　　　　 **정답** ✕
甲이 B 집에서 훔친 재물 200만 원은 B소유 재물이다. 그러므로 범인이외 자의 소유에
속하는 물건에 해당한다. 따라서 법원은 그 물건의 전부 또는 일부를 몰수할 수 없다. 법

원은 범죄자 소유에 속하는 물건 또는 범죄 후 범인 외의 자가 그 사정을 알면서 취득한 물건은 전부 또는 일부를 몰수할 수 있다.

> 형법 제48조(몰수의 대상과 추징)
> ① 범인 외의 자의 소유에 속하지 아니하거나 범죄 후 범인 외의 자가 사정을 알면서 취득한 다음 각 호의 물건은 전부 또는 일부를 몰수할 수 있다.
> 1. 범죄행위에 제공하였거나 제공하려고 한 물건
> 2. 범죄행위로 인하여 생겼거나 취득한 물건
> 3. 제1호 또는 제2호의 대가로 취득한 물건
> ② 제1항 각 호의 물건을 몰수할 수 없을 때에는 그 가액(價額)을 추징한다.
> ③ 문서, 도화(圖畫), 전자기록(電磁氣錄) 등 특수매체기록 또는 유가증권의 일부가 몰수의 대상이 된 경우에는 그 부분을 폐기한다.
> [전문개정 2020.12.8]
> 【출처】 형법 일부개정 2020. 12. 8. [법률 제17571호, 시행 2021. 12. 9.] 법무부

⑤ 2020. 5. 8. 특수절도 범행과 관련하여, 만약 제1심 법원의 심리결과, 乙과 동거하지 않지만 이종사촌 사이인 B가 2020. 6. 5. 甲과 乙을 고소하였다가 2020. 7. 1. 乙에 대한 고소를 취소한 사실이 밝혀졌다면, ~~제1심 법원은 고소불가분 원칙상 甲과 乙 모두에 대하여 「형사소송법」 제327조 제2호에 따라 공소기각 판결을 선고하여야 한다.~~ 상대적 친고죄에서 고소취소는 비신분자에게 효력이 없다.

┃해설 및 정답┃ 2021년 제10회 변호사시험 기출문제 26 　　　　**정답** ✕

형사소송법 제233조와 형법 제328조 참조. 상대적 친고죄에서 고소불가분원칙은 B와 친족관계에 있는 乙에게만 적용된다. 甲에게 적용되지 않는다. 상대적 친고죄에서 비신분자에 대한 고소의 효력은 신분관계 있는 공범자에게 미치지 않는다. 따라서 신분관계 있는 자에 대한 고소취소는 비신분자에게 고소취소의 효력이 없다.

> 형사소송법 제233조(고소의 불가분)
> 친고죄의 공범 중 그 1인 또는 수인에 대한 고소 또는 그 취소는 다른 공범자에 대하여도 효력이 있다.
> 【출처】 형사소송법 일부개정 2020. 12. 8. [법률 제17572호, 시행 2021. 12. 9.] 법무부
>
> 형법 제328조(친족간의 범행과 고소)
> ① 직계혈족, 배우자, 동거친족, 동거가족 또는 그 배우자간의 제323조의 죄는 그 형을 면제한다. 〈개정 2005.3.31〉
> ② 제1항이외의 친족간에 제323조의 죄를 범한 때에는 고소가 있어야 공소를 제기할 수 있다. 〈개정 1995.12.29〉

③ 전 2항의 신분관계가 없는 공범에 대하여는 전 이항을 적용하지 아니한다.
【출처】형법 일부개정 2020. 12. 8. [법률 제17571호, 시행 2021. 12. 9.] 법무부

대전지방법원 2015. 1. 29. 선고 2014노1768 판결 [사기·사문서위조·위조사문서행사]
[판결요지] 피고인 2의 이 사건 범행에 친족상도례의 규정이 **적용된다**고 하더라도, 피고인 2의 피해자 공소외 1에 대한 사기 부분은 형법 제328조 제2항, 제354조에 의하여 공소외 1의 **적법한 고소가 있어야만 공소제기가 유효하다** 할 것이다. 이와 관련해 **형사소송법 제230조 제1항**은 '친고죄에 대하여는 범인을 알게 된 날로부터 6월을 경과하면 고소하지 못한다'라며 고소기간의 제한을 규정하고 있다. '범인을 알게 된 날'과 관련해 상대적 친고죄의 경우에는 '신분관계가 있는 범인을 알게 된 날'을 의미하여 그때부터 고소기간이 진행된다 할 것이다.

중요 **06** ★★★★★

甲은 사실혼 관계에 있는 乙의 허락을 받아 乙명의로 승용차를 구입한 후 乙명의로 자동차 등록을 마치면서, 乙명의로 A캐피탈로부터 3,000만 원을 대출받고, A캐피탈 앞으로 위 승용차에 관하여 저당권을 설정하여 주었다. 그 후 甲은 A캐피탈의 동의 없이 사채업자 B에게 1,000만 원을 빌리면서 담보로 위 승용차를 인도하여 주었다.^{형법 제355조 제1항 배임죄-, 형법 제323조 권리행사방해죄+} 현재 위 승용차는 소재불명 상태이다.
이에 A캐피탈이 甲과 乙을 고소하자 검사C는 乙을 권리행사방해죄로 서울중앙지방법원에 기소하였다. 그 후 도망갔던 甲이 뒤늦게 자수하자 검사D는 甲을 권리행사방해죄의 乙의 공동정범으로 서울동부지방법원에 약식명령을 청구하였고, 甲은 이에 불복하여 정식재판청구를 하였다. 한편, 甲에 대한 제1심 공판이 진행되던 중 '乙이 위 범행에 공모하여 가담한 적이 없다'는 이유로 乙에 대한 무죄판결이 먼저 선고되어 확정되었다. 이에 관한 설명 중 옳지 않은 것은? (다툼이 있는 경우 판례에 의함)

파워특강 권리행사방해죄·공소장변경·배임죄(＝배임죄 주체: 타인 사무＋, 대행사무＋, 협력사무－, 이행사무－)·공판조서(＝다른 피고인에 대한 형사사건 공판조서는 형사소송법 제315조 제3항 당연히 증거능력 인정함)·약식명령 발부 법관(＝제1심 정식재판에 관여한 경우 형사소송법 제17조 제7호 제척사유로서 전심재판에 해당하지 않음)

---

① 乙은 자동차등록명의자로서 제3자에 대한 관계에 있어 위 승용차의 소유자이다.

해설 및 정답 2021년 제10회 변호사시험 기출문제 28 **정답** ○
대법원 2012. 4. 26. 선고 2010도11771 판결 [절도(예비적 죄명: 권리행사방해)]

[판시사항] [1] 이른바 명의신탁 자동차의 소유권 귀속 관계 [2] 피고인이 자신의 모(母) 갑 명의로 구입·등록하여 갑에게 명의신탁한 자동차를 을에게 담보로 제공한 후 을 몰래 가져가 절취하였다는 내용으로 기소된 사안에서, 을이 점유하고 있는 자동차를 임의로 가져간 이상 절도죄가 성립한다고 본 원심판단을 정당하다고 한 사례.

[판결요지] [1] 당사자 사이에 자동차의 소유권을 등록명의자 아닌 자가 보유하기로 약정한 경우, 약정 당사자 사이의 내부관계에서는 등록명의자 아닌 자가 소유권을 보유하게 된다고 하더라도 제3자에 대한 관계에서는 어디까지나 등록명의자가 자동차의 소유자라고 할 것이다.

중요 ② 물건의 소유자가 아닌 사람은 「형법」 제33조 본문에 따라 소유자의 권리행사방해 범행에 가담한 경우에 한하여 그의 공범이 될 수 있으므로 乙에게 위와 같이 권리행사방해죄가 성립하지 않는다면, 甲에게도 권리행사방해죄의 공동정범이 성립할 수 없다.

해설 및 정답 2021년 제10회 변호사시험 기출문제 28 　　　　　　　　　　　　 **정답** ○

대법원 2017. 5. 30. 선고 2017도4578 판결 [사기·업무상횡령·권리행사방해]

[판시사항] 자기의 소유가 아닌 물건이 권리행사방해죄의 객체가 될 수 있는지 여부(소극) / 권리행사방해죄의 공범으로 기소된 물건의 소유자에게 고의가 없는 등으로 범죄가 성립하지 않는 경우, 물건의 소유자가 아닌 사람이 권리행사방해죄의 공동정범이 될 수 있는지 여부(소극)

[판결요지] 형법 제323조의 권리행사방해죄는 타인의 점유 또는 권리의 목적이 된 자기의 물건을 취거, 은닉 또는 손괴하여 타인의 권리행사를 방해함으로써 성립하므로 그 취거, 은닉 또는 손괴한 물건이 자기의 물건이 아니라면 권리행사방해죄가 성립할 수 없다. 물건의 소유자가 아닌 사람은 형법 제33조 본문에 따라 소유자의 권리행사방해 범행에 가담한 경우에 한하여 그의 공범이 될 수 있을 뿐이다. 그러나 권리행사방해죄의 공범으로 기소된 물건의 소유자에게 고의가 없는 등으로 범죄가 성립하지 않는다면 공동정범이 성립할 여지가 없다.

중요 ③ 甲은 A캐피탈에 대하여 타인의 사무를 처리하는 자의 지위에 있으므로,^{있지 않으므로} 법원은 공소장 변경 없이 甲에 대한 배임죄를 인정할 수 있다.^{배임죄를 인정할 수 없다.}

해설 및 정답 2021년 제10회 변호사시험 기출문제 28 　　　　　　　　　　　　 **정답** ×

대법원 2017. 5. 30. 선고 2017도4578 판결 [사기·업무상횡령·권리행사방해]

[판결요지] 검사는 피고인이 사실혼 배우자의 명의를 빌려 자동차를 매수하면서 피해자 회사로부터 대출을 받고 자동차에 저당권을 설정하였음에도 저당권자의 동의 없이 제3자에게 담보로 제공하는 등 자동차의 소재를 찾을 수 없도록 하여 담보가치를 상실케 하였

으므로 배임죄의 성립을 인정하였어야 한다고 주장한다. 그러나 **피고인이 피해자 회사에 대한 관계에서 배임죄에서 정한 '타인의 사무를 처리하는 자'에 해당한다고 쉽사리 인정하기 어렵다.** 또한 권리행사방해죄와 배임죄는 구성요건과 보호법익이 달라 법원이 공소장 변경 없이 배임죄를 유죄로 인정하는 것은 피고인의 방어권 행사에 실질적인 불이익을 초래할 염려가 있다. 배임죄를 유죄로 인정하지 않은 것이 현저하게 정의와 형평에 반한다고 볼 수도 없다. 따라서 **원심이 공소 제기된 권리행사방해죄에 대해서만 심리·판단하여 무죄를 선고한 것은 정당하고, 상고이유 주장과 같은 심리미진이나 공소장 변경 등에 관한 법리를 오해한 잘못이 없다.**

④ 만약 乙이 서울중앙지방법원에서 진행되던 자신의 피고 사건 공판기일에서 '甲이 위 권리행사방해 범행을 저질렀다'는 취지의 진술을 하여 그 진술이 공판조서에 기재되고 그 공판조서가 서울동부지방법원에서 진행되던 甲의 피고 사건에 제출된 경우, 그 공판조서는 「형사소송법」 제315조 제3호 "기타 특히 신용할 만한 정황에 의하여 작성한 문서"에 해당한다.

┃**해설 및 정답**┃ 2021년 제10회 변호사시험 기출문제 28 　　　　　　　　**정답** ○

대법원 2005. 4. 28. 선고 2004도4428 판결 [특정범죄가중처벌등에관한법률위반(영리약취·유인등)·윤락행위등방지법위반]
[**판시사항**] [1] 증거동의의 의사표시를 취소 또는 철회할 수 있는 시한(=증거조사 완료시) 및 변호인의 증거동의에 대하여 피고인이 즉시 이의하지 아니한 경우, 증거능력 유무(한정 적극) [2] 다른 피고인에 대한 형사사건의 공판조서 중 일부인 증인신문조서의 증거능력 유무(적극) [3] 피고인이 증거로 하는 데 동의하지 아니한 전문진술이나 전문진술을 기재한 조서의 증거능력
[**판결요지**] [2] **다른 피고인에 대한 형사사건의 공판조서는 형사소송법 제315조 제3호에 정한 서류로서 당연히 증거능력이 있다**(대법원 1964. 4. 28. 선고 64도135 판결, 1966. 7. 12. 선고 66도617 판결 등 참조). **공판조서 중 일부인 증인신문조서 역시 형사소송법 제315조 제3호에 정한 서류로서 당연히 증거능력이 있다고 보아야 할 것이다.**

⑤ 甲에 대한 약식명령을 발부한 법관이 甲의 정식재판절차의 제1심판결에 관여하였다고 하여 「형사소송법」 제17조 제7호에 정한 "법관이 사건에 관하여 전심재판 또는 그 기초되는 조사, 심리에 관여한 때"에 해당하여 제척의 원인이 된다고 볼 수는 없다.

┃**해설 및 정답**┃ 2021년 제10회 변호사시험 기출문제 28 　　　　　　　　**정답** ○

대법원 2002. 4. 12. 선고 2002도944 판결 [방문판매등에관한법률위반]
[**판시사항**] 약식명령을 발부한 법관이 정식재판절차의 제1심 판결에 관여한 경우, 형사소

송법 제17조 제7호 소정의 제척원인에 해당하는지 여부(소극)

[판결요지] 약식절차와 피고인 또는 검사의 정식재판청구에 의하여 개시된 제1심 공판절차는 동일한 심급 내에서 서로 절차만 달리할 뿐이다. 그러므로 약식명령이 제1심 공판절차의 전심재판에 해당하는 것은 아니다. 따라서 약식명령을 발부한 법관이 정식재판절차의 제1심 판결에 관여하였다고 하여 형사소송법 제17조 제7호에 정한 '법관이 사건에 관하여 전심재판 또는 그 기초되는 조사, 심리에 관여한 때'에 해당하여 제척의 원인이 된다고 볼 수는 없다.

중요 **07** ★★★★★

X 건설회사의 공동대표인 甲과 乙은 공무원 A에게 뇌물을 제공하여 관급공사를 수주하기로 공모한 다음 A에게 시가 2,000만 원 상당의 자동차와 현금 2,000만 원을 공여하였는데, ^{갑과 을은 형법 제133조, 제30조 뇌물공여죄 공범인 공동정범+. 공무원 A는 형법 제129조 뇌물수수죄+} 다만 자동차에 대한 등록명의는 X 건설회사 앞으로 하였다. 한편 乙은 위 회사 주차장에서 주차 시비가 붙은 B를 폭행하였고, ^{형법 제260조 제1항 폭행죄+} 甲은 이를 목격하였다. 甲은 뇌물공여죄로, 乙은 뇌물공여죄 및 폭행죄로, A는 뇌물수수죄로 각 기소되어 함께 재판받고 있다. 이에 관한 설명 중 옳지 않은 것을 모두 고른 것은? (다툼이 있는 경우 판례에 의함)

파워특강 뇌물공여죄. 뇌물수수죄, 공동피고인 별개 사건 법정진술 증거능력. 집행유예.

뇌물공여죄 성립(=뇌물수수죄가 성립되는 경우와 성립되지 않은 경우가 모두 포함됨. 범죄행위의 독자성이 있기 때문이다). 뇌물(=자동차. 자동차등록원부 등록과 상관없이 실질적 처분권한이 있는 경우 뇌물수수죄가 성립한다). 공무원이 무이자로 금원을 차용한 경우(=차용시 기수가 성립됨. 공소시효 시작됨). 공동피고인 별개 사건 법정진술(=증인으로 선서하고 법정진술 해야 증거능력이 인정된다). 집행유예(=집행유예 경과 후 다시 집행유예 선고 가능함).

① 뇌물공여죄와 뇌물수수죄는 필요적 공범의 관계에 있고, 뇌물공여죄가 성립하기 위하여는 뇌물을 공여하는 행위와 상대방 측에서 금전적으로 가치가 있는 그 물품 등을 받아들이는 행위가 필요하므로, ~~A의 뇌물수수죄가 성립되지 않는다면 甲과 乙의 뇌물공여죄도 성립하지 않는다.~~ ^{A의 뇌물수수죄가 성립되지 않는다고 하더라도, 甲과 乙의 뇌물공여죄가 성립한다.}

해설 및 정답 2021년 제10회 변호사시험 기출문제 31 **정답** ×

공무원이 설령 뇌물을 받지 않아도 뇌물을 준 사람은 처벌한다.

대법원 1987. 12. 22. 선고 87도1699 판결 [뇌물공여]

[판시사항] [1] 필수적 공범과 협력자 전부의 책임여부 [2] 뇌물공여죄의 성립에 뇌물수수죄가 성립되어야만 하는지 여부

[판결요지] [1] 필요적 공범이라는 것은 법률상 범죄의 실행이 다수인의 협력을 필요로 하는 것을 가리키는 것이다. 이러한 범죄의 성립에는 행위의 공동을 필요로 하는 것에 불과하다. 반드시 협력자 전부가 책임이 있음을 필요로 하는 것은 아니다.

[2] 뇌물공여죄가 성립되기 위하여서는 뇌물을 공여하는 행위와 상대방측에서 금전적으로 가치가 있는 그 물품 등을 받아들이는 행위(부작위 포함)가 필요할 뿐이지 반드시 상대방측에서 뇌물수수죄가 성립되어야만 한다는 것을 뜻하는 것은 아니다.

② 자동차를 뇌물로 수수한 경우 자동차등록원부에 뇌물수수자가 그 소유자로 등록되어야 할 뿐만 아니라 자동차의 사실상 소유자로서 자동차에 대한 실질적인 사용 및 처분권한이 있어야^{자동차의 사실상 소유자로서 자동차에 대한 실질적인 사용 및 처분권한이 있다면} 자동차 자체를 뇌물로 취득한 것으로 볼 수 있다.

‖**해설 및 정답**‖ 2021년 제10회 변호사시험 기출문제 31　　　　　　　　　**정답** ×

대법원 2006. 4. 27. 선고 2006도735 판결 [특정범죄가중처벌등에관한법률위반(뇌물)(인정된 죄명: 알선뇌물수수)]

[판시사항] [1] 알선수뢰죄에 있어서 '공무원이 그 지위를 이용하여'와 '다른 공무원의 직무에 속한 사항의 알선행위'의 의미 [2] 자동차를 뇌물로 수수하였다고 하기 위해서는 수뢰자가 그 법률상 소유권을 취득하여야 하는지 여부(소극) [3] 뇌물로 제공되었다는 자동차에 대하여 피고인에게 실질적 처분권한이 있다고 할 수 없어 자동차 자체를 뇌물로 수수한 것으로 볼 수 없다고 한 사례 [4] 형사재판에서 공소사실에 대한 증명책임의 소재(=검사) 및 유죄의 인정을 위한 증거의 증명력 정도

[판결요지] [2] 자동차를 뇌물로 제공한 경우 자동차등록원부에 뇌물수수자가 그 소유자로 등록되지 않았다고 하더라도 자동차의 사실상 소유자로서 자동차에 대한 실질적인 사용 및 처분권한이 있다면 자동차 자체를 뇌물로 취득한 것으로 보아야 한다.

③ 만약 A가 현금 2,000만 원 자체를 뇌물로 받은 것이 아니라 그 직무에 관하여 2,000만 원을 무이자로 차용한 것으로 밝혀진 경우에는 그 차용 당시에 금융이익 상당의 뇌물을 수수한 것으로 보아야 하므로, 그 공소시효는 금전을 무이자로 차용한 때로부터 기산한다.

‖**해설 및 정답**‖ 2021년 제10회 변호사시험 기출문제 31　　　　　　　　　**정답** ○

대법원 2012. 2. 23. 선고 2011도7282 판결 [뇌물수수]

[판시사항] 공무원이 직무에 관하여 금전을 무이자로 차용한 경우, 뇌물수수죄의 공소시효 기산점(=금전을 차용한 때)

[판결요지] 공소시효는 범죄행위를 종료한 때로부터 진행한다(형사소송법 제252조 제1항). 그런데 공무원이 직무에 관하여 금전을 무이자로 차용한 경우에는 차용 당시에 금융이익 상당의 뇌물을 수수한 것으로 보아야 한다. 그러므로 공소시효는 금전을 무이자로 차용한 때로부터 기산한다.

중요 ④ 甲이 제1심 공판절차의 피고인신문과정에서 '乙이 B를 폭행한 것을 보았다'고 진술하였다면, 위와 같은 甲의 법정진술은 乙의 폭행에 관한 유죄의 증거로 쓸 수 있다. ~~없다.~~ 별개 범죄인 경우 증인의 지위에 불과하다. 선서없이 한 그 공동피고인의 법정 및 검찰진술은 피고인에 대한 공소범죄사실을 인정하는 증거로 할 수 없다.

해설 및 정답 2021년 제10회 변호사시험 기출문제 31   **정답** ×
대법원 1982. 6. 22. 선고 82도898 판결 [뇌물공여·관세법위반·방위세법위반·해외이주법위반·폭력행위등에관한법률위반]
[판시사항] 피고인과 별개의 범죄사실로 기소되어 병합 심리중인 공동피고인의 법정 및 검찰진술의 증거능력
[판결요지] 피고인과 별개의 범죄사실로 기소되어 병합심리되고 있던 공동피고인은 피고인에 대한 관계에서는 증인의 지위에 있음에 불과하다. 그러므로 선서없이 한 그 공동피고인의 법정 및 검찰진술은 피고인에 대한 공소범죄사실을 인정하는 증거로 할 수 없다.

⑤ 만약 乙이 집행유예 기간 중에 위 뇌물공여와 폭행의 범행을 저질렀다면, 설령 법원이 형을 선고할 때 그 집행유예가 실효되거나 취소됨이 없이 그 유예기간이 경과한 경우라 하더라도, 집행유예의 선고가 ~~불가능하다.~~ 가능하다.

해설 및 정답 2021년 제10회 변호사시험 기출문제 31   **정답** ×
대법원 2007. 7. 27. 선고 2007도768 판결 [폭력행위등처벌에관한법률위반(야간집단·흉기등상해){인정된 죄명: 폭력행위등처벌에관한법률위반(집단·흉기등상해)}·공무집행방해]
[판시사항] 현행 형법 제62조의 해석상 집행유예기간 중에 범한 죄에 대하여 공소가 제기된 후 그 재판 도중에 집행유예기간이 경과한 경우, 다시 집행유예를 선고할 수 있는지 여부(적극)
[판결요지] 집행유예기간 중에 범한 죄에 대하여 형을 선고할 때에, 집행유예의 결격사유를 정하는 현행 형법 제62조 제1항 단서 소정의 요건에 해당하는 경우란, 이미 집행유예가 실효 또는 취소된 경우와 그 선고 시점에 미처 유예기간이 경과하지 아니하여 형 선고의 효력이 실효되지 아니한 채로 남아 있는 경우로 국한되고, 집행유예가 실효 또는 취소됨이 없이 유예기간을 경과한 때에는 위 단서 소정의 요건에 해당하지 않으므로, 집행유예기간 중에 범한 범죄라고 할지라도 집행유예가 실효 또는 취소됨이 없이 그 유예기간이 경과한 경우에는 이에 대해 다시 집행유예의 선고가 가능하다.

중요 **08** ★★★★★

甲이 A종중으로부터 명의신탁을 받아 보관 중인 X토지에 관하여 A종중의 승낙 없이 B로부터 금원을 차용하면서 B 앞으로 채권최고액 3억 원의 근저당권을 설정하여 주었는데, ^{형법 제355조 제1항 횡령죄+} 그 당시 X토지의 시가는 8억 원이고, 위 근저당권 설정 이전에 이미 채권최고액 2억 원의 1순위 근저당권 설정등기가 마쳐져 있었다. 한편 위각 근저당권의 실제 피담보채무액도 위 각 채권최고액과 같다. 이에 관한 설명 중 옳은 것(○)과 옳지 않은 것(×)을 올바르게 조합한 것은? (다툼이 있는 경우 판례에 의함)

> **┃파워특강** 횡령. 공소장변경. 형사소송법 제316조 전문진술. 횡령죄에서 근저당 설정 이득액(=피담보채무액 또는 채권최고액). 축소사실(=공소장변경 없이 인정. 공소시효는 기소된 시점. 공소시효 완성시 면소판결 선고함).

① 甲이 횡령행위로 인하여 취득한 구체적인 이득액은 X토지의 시가 상당액 8억 원에서 1순위 근저당권의 피담보채무액 2억 원을 공제한 6억 원이 아니라 X토지를 담보로 제공한 피담보채무액 내지 채권최고액인 3억 원이다.

┃해설 및 정답 2021년 제10회 변호사시험 기출문제 32　　　　　　　　**정답** ○

대법원 2013. 5. 9. 선고 2013도2857 판결 [특정경제범죄가중처벌등에관한법률위반(횡령)·사기·횡령]

[판시사항] [1] 횡령액을 기준으로 가중처벌하는 특정경제범죄 가중처벌 등에 관한 법률 제3조를 적용할 때 유의할 사항 [2] 피고인이 피해자 갑으로부터 명의신탁을 받아 보관 중인 부동산에 임의로 근저당권을 설정하였는데, 위 부동산에는 이전에 별도의 근저당권 설정등기가 마쳐져 있던 사안에서, **피고인이 부동산을 횡령하여 취득한 이득액은 부동산을 담보로 제공한 피담보채무액 또는 채권최고액이라고 보아야 하는데, 이와 달리 부동산의 시가 상당액을 기초로 이득액을 산정한 원심판결에 법리오해의 잘못이 있다고 한 사례.**

② 검사가 甲의 횡령행위에 대해 그 행위종료일부터 7년이 경과하여 특정경제범죄가중처벌등에관한법률위반(횡령)죄로 기소한 경우, 법원은 공소장 변경 없이 형법상의 횡령죄를 인정할 수 있고 특정경제범죄가중처벌등에관한법률위반(횡령)죄의 공소시효가 지나지 않았더라도 형법상 횡령죄의 공소시효가 지났다면 면소판결을 선고할 수 있다.

┃해설 및 정답 2021년 제10회 변호사시험 기출문제 32　　　　　　　　**정답** ○

> **파워특강** 횡령죄로 이득한 액수가 3억 원이다. 특정경제범죄법 대상이 아니다.
> 검사가 특정법으로 기소하였다면, 법원은 공소장변경 없이 횡령죄를 인정할 수
> 있다. 기본사실이 동일하고, 피고인의 방어권행사에 불이익이 없기 때문이다.
> 공소시효는 횡령죄를 기준으로 한다. 기소시점부터 기산한다. 횡령죄 공소시효
> 가 완성되었다면, 법원은 형사소송법 제326조 제3호에 근거하여 면소판결을 선
> 고해야 한다.

대법원 2011. 6. 30. 선고 2011도1651 판결 [특정경제범죄가중처벌등에관한법률위반(사기)·사기·특정경제범죄가중처벌등에관한법률위반(배임)]
[판시사항] 공소사실과 기본적 사실이 동일한 범위 내에서 법원이 공소장변경절차를 거치지 아니하고 다르게 사실을 인정하더라도 불고불리 원칙에 위배되지 아니한다.

중요 ③ 만약 A종중의 대표자 C가 친구 D에게 'A종중은 甲에게 X토지에 관한 근저당
권설정행위에 대하여 동의하여 준 일이 없다'고 말하였고, D가^{피고인 아닌자+} 甲의
횡령행위에 대한 제1심 공판절차에 증인으로 출석하여 C로부터 들었다고 하면
서 C가 말해준 위 내용을 진술하였다면,^{형사소송법 제316조 제2항+} 이러한 D의 법정
진술은 甲의 동의가 없는 한 甲에 대한 유죄의 증거로 쓸 수 없다.^{유죄의 증거로 쓸}
^{수 있다. 법정진술이 불가능하더라도, 특신상태가 있으면 증거능력이 있다.}

해설 및 정답 2021년 제10회 변호사시험 기출문제 32   **정답** ✕
D의 법정진술은 피고인 아닌 C의 진술을 내용으로 한다. 피고인 甲의 동의가 없어도 형
사소송법 제316조 제2항 요건을 갖추면, 甲에 대한 유죄의 증거로 사용할 수 있다. 법정
진술이 불가능하더라도, 특신상태가 있으면 증거능력이 있다. 이 사안은 D가 직접 법정
에서 진술한 내용이다.

> **형사소송법 제316조(전문의 진술)** ★★★★★
> ① 피고인이 아닌 자(공소제기 전에 피고인을 피의자로 조사하였거나 그 조사에 참여하였
> 던 자를 포함한다. 이하 이 조에서 같다)의 공판준비 또는 공판기일에서의 진술이 **피고인**
> **의 진술을 그 내용으로 하는 것인 때에는** 그 진술이 **특히 신빙할 수 있는 상태**하에서 행하
> 여졌음이 증명된 때에 한하여 이를 증거로 할 수 있다. 〈개정 2007.6.1〉
> ② 피고인 아닌 자의 공판준비 또는 공판기일에서의 진술이 **피고인 아닌 타인의 진술을**
> **그 내용으로 하는 것인 때에는** 원진술자가 사망, 질병, 외국거주, 소재불명 그 밖에 이에
> 준하는 사유로 인하여 진술할 수 없고, 그 진술이 **특히 신빙할 수 있는 상태하**에서 행하여
> 졌음이 증명된 때에 한하여 이를 증거로 할 수 있다. 〈개정 1995.12.29, 2007.6.1〉
> [전문개정 1961.9.1]
> 【출처】 형사소송법 일부개정 2020. 12. 8. [법률 제17572호, 시행 2021. 12. 9.] 법무부

④ 만약 甲이 피의자신문을 받으면서 사법경찰관 P에게 'A종중으로부터 X토지에 관한 근저당권설정행위에 대하여 동의를 받은 일이 없다'고 진술하였고, P가 甲의 횡령행위에 대한 제1심 공판절차에 증인으로 출석하여 甲이 피의자 조사과정에서 위와 같이 진술하였다고 진술하였다면,^{피고인 아닌 자의 법정진술+ 피고인 진술을 내용으로 함+} 이러한 P의 법정진술은 甲의 동의가 없다고 하더라도 甲의 위 진술이 특히 신빙할 수 있는 상태하에서 행하여졌음이 증명된 때에 한하여 甲에 대하여 증거능력이 있다.^{형사소송법 제316조 제1항+}

> **해설 및 정답** 2021년 제10회 변호사시험 기출문제 32 　　　　　 **정답** ○
>
> P의 법정진술은 피고인 갑의 진술을 그 내용으로 한다. 갑의 동의가 없더라도 형사소송법 제316조 제1항 요건을 충족하면 유죄의 증거로 쓸 수 있다. 특신상태가 있으면 증거능력이 있다. 형사소송법 제316조 제1항(피고인 진술+특신상태)과 형사소송법 제318조 제1항(검사와 피고인의 증거동의와 법원의 진정성 인정)을 잘 구분해야 한다.

중요 **09** ★★★★★

甲은 드라이버로 문을 열고 A의 집에 절도 목적으로 침입하였고,^{형법 제319조 제1항 주거침입죄+} 순찰 중이던 경찰관 P는 A의 신고를 받고 즉시 현장에 출동하여 A 소유의 금 목걸이를 훔쳐서 A의 집에서 나오던^{형법 제329조 절도죄+} 甲을 발견하고 적법하게 현행범으로 체포하면서 甲을 경찰차에 태우려고 하였다. 이에 甲은 친구 집에서 나온 것이라고 하면서 P의 체포에 저항하였고, 그 과정에서 P를 때려^{형법 제335조 준강도죄+} 2주간의 치료를 요하는 상해를 가하였다.^{형법 제337조 강도상해죄+와 형법 제136조 제1항 공무집행방해죄+ 상상적 경합} 이에 검사는 甲을 절도, 공무집행방해와 상해로 기소하였다. 이에 관한 설명 중 옳지 않은 것을 모두 고른 것은? (다툼이 있는 경우 판례에 의함)

> **파워특강** 절도죄. 준강도죄. 강도상해죄. 공무집행방해죄. 현행범인 체포. 형사소송법 제218조 임의제출(=사후영장 필요하지 않음. 영장주의 예외). 형사소송법 제318조의3 간이공판절차에서 증거능력 특례. 위법한 체포와 정당방위.

중요 ① 甲이 현행범으로 체포되면서 그가 소지하고 있던 위 드라이버를 임의로 제출하였다고 하더라도, 그로부터 48시간 이내에 영장을 받아야 계속 압수할 수 있고, 영장을 발부받지 못하였을 때에는 즉시 이를 반환하여야 한다.^{형사소송법 제218조 임의제출에 근거하여 검사와 사법경찰관은 사후에 영장을 받을 필요가 없다.}

대법원 2016. 2. 18. 선고 2015도13726 판결 [특정범죄가중처벌등에관한법률위반(향정)[인정된죄명: 마약류관리에관한법률위반(향정)]·출입국관리법위반·마약류관리에관한법률위반(향정)]

[판시사항] 현행범 체포 현장이나 범죄 장소에서 소지자 등이 임의로 제출하는 물건을 형사소송법 제218조에 따라 영장 없이 압수할 수 있는지 여부(적극) 및 이 경우 검사나 사법경찰관이 사후에 영장을 받아야 하는지 여부(소극)

[판결요지] 검사 또는 사법경찰관은 형사소송법 제212조의 규정에 의하여 피의자를 현행범 체포하는 경우에 필요한 때에는 체포 현장에서 영장 없이 압수·수색·검증을 할 수 있다. 그러나 이와 같이 압수한 물건을 계속 압수할 필요가 있는 경우에는 체포한 때부터 48시간 이내에 지체 없이 압수영장을 청구하여야 한다(제216조 제1항 제2호, 제217조 제2항). 그리고 검사 또는 사법경찰관이 범행 중 또는 범행 직후의 범죄 장소에서 긴급을 요하여 판사의 영장을 받을 수 없는 때에는 영장 없이 압수·수색 또는 검증을 할 수 있다. 그러나 이 경우에는 사후에 지체 없이 영장을 받아야 한다(제216조 제3항). 다만 형사소송법 제218조에 의하면 검사 또는 사법경찰관은 피의자 등이 유류한 물건이나 소유자·소지자 또는 보관자가 임의로 제출한 물건은 영장 없이 압수할 수 있다. 그러므로 **현행범 체포 현장이나 범죄 장소에서도 소지자 등이 임의로 제출하는 물건은 위 조항에 의하여 영장 없이 압수할 수 있다. 이 경우에는 검사나 사법경찰관이 사후에 영장을 받을 필요가 없다.**

> 형사소송법 제218조(영장에 의하지 아니한 압수) ★★★★★
> 검사, 사법경찰관은 피의자 기타인의 유류한 물건이나 소유자, 소지자 또는 보관자가 임의로 제출한 물건을 영장없이 압수할 수 있다.
> 【출처】 형사소송법 일부개정 2020. 12. 8. [법률 제17572호, 시행 2021. 12. 9.] 법무부

② 만약 법원이 절도 공소사실에 대하여 간이공판절차에 의하여 심판할 것을 결정하였다면, 사법경찰관 작성의 A에 대한 참고인 진술조서는 甲이 증거로 함에 동의한 것으로 간주되므로 甲이 이를 증거로 함에 이의를 제기하더라도 甲에 대한 유죄의 증거로 쓸 수 ~~있다.~~ 없다.

┃해설 및 정답┃ 2021년 제10회 변호사시험 기출문제 33 　　　　　　**┃정답┃** ×

간이공판절차에서 전문증거에 대해 당사자동의가 간주된다. 그러나 이의가 있는 경우 간주되지 않는다. 간주(看做)란 '본다·한다'는 의미다.

> 형사소송법 제318조의3(간이공판절차에서의 증거능력에 관한 특례)
> 제286조의2의 결정이 있는 사건의 증거에 관하여는 제310조의2, 제312조 내지 제314조 및 제316조의 규정에 의한 증거에 대하여 **제318 조제1항의 동의가 있는 것으로 간주한다. 단, 검사, 피고인 또는 변호인이 증거로 함에 이의가 있는 때에는 그러하지 아니하다.**
> [본조신설 1973.1.25]
> 【출처】 형사소송법 일부개정 2020. 12. 8. [법률 제17572호, 시행 2021. 12. 9.] 법무부

③ 만약 P가 적법절차를 준수하지 않은 채 실력으로 甲을 체포하려고 하였다면, 이는 적법한 공무집행으로 볼 수 없어 甲이 이에 저항하면서 P를 폭행하여 상해를 가하였다 하더라도 甲을 공무집행방해죄로 처벌할 수 없다.

해설 및 정답   2021년 제10회 변호사시험 기출문제 33   **정답** ○
대법원 2017. 3. 15. 선고 2013도2168 판결 [공무집행방해·상해]
[판결요지] [2] 검사 또는 사법경찰관리가 현행범인을 체포하는 경우에는 반드시 피의사실의 요지, 체포의 이유와 변호인을 선임할 수 있음을 말하고 변명할 기회를 주어야 한다(형사소송법 제213조의2, 제200조의5). 이와 같은 고지는 체포를 위한 실력행사에 들어가기 전에 미리 하는 것이 원칙이다. 그러나 달아나는 피의자를 쫓아가 붙들거나 폭력으로 대항하는 피의자를 실력으로 제압하는 경우에는 붙들거나 제압하는 과정에서 고지하거나, 그것이 여의치 않은 경우에는 일단 붙들거나 제압한 후에 지체없이 고지하여야 한다.
[3] 형법 제136조가 규정하는 공무집행방해죄는 공무원의 직무집행이 적법한 경우에 한하여 성립한다. 이때 적법한 공무집행은 그 행위가 공무원의 추상적 권한에 속할 뿐 아니라 구체적 직무집행에 관한 법률상 요건과 방식을 갖춘 경우를 가리킨다. 그러므로 **경찰관이 적법절차를 준수하지 않은 채 실력으로 현행범인을 연행하려 하였다면 적법한 공무집행이라고 할 수 없다.**
[4] **자기의 법익뿐 아니라 타인의 법익에 대한 현재의 부당한 침해를 방위하기 위한 행위도 상당한 이유가 있으면 형법 제21조의 정당방위에 해당하여 위법성이 조각된다.**

④ 만약 甲이 주간에 A의 집에 침입하여 숨어 있다가 야간에 안방에 있던 A의 물건을 훔쳐서 나왔다면, 「형법」 제330조에 따른 야간주거침입절도가 ~~성립한다.~~ 성립하지 않는다. 실행의 착수시점은 주간이다. 그러므로 형법 제329조 절도죄 ~~가 성립한다.~~ 성립하지 않는다. 실행의 착수시점은 주간이다. 그러므로 형법 제329조 절도죄가 성립한다.

해설 및 정답   2021년 제10회 변호사시험 기출문제 33   **정답** ×
대법원 2011. 4. 14. 선고 2011도300, 2011감도5 판결 [절도·건조물침입·유해화학물질관리법위반(환각물질흡입)·야간방실침입절도(인정된 죄명:방실침입·절도)·치료감호]
[판시사항] '주간에' 사람의 주거 등에 침입하여 '야간에' 타인의 재물을 절취한 행위를 형법 제330조의 야간주거침입절도죄로 처벌할 수 있는지 여부(소극)
[판결요지] 형법은 야간에 이루어지는 주거침입행위의 위험성에 주목하여 그러한 행위를 수반한 절도를 야간주거침입절도죄로 중하게 처벌하고 있는 것으로 보아야 한다. 따라서 주거침입이 주간에 이루어진 경우에는 야간주거침입절도죄가 성립하지 않는다고 해석하는 것이 타당하다.

중요

10 ★★★★★

甲은 A가 빌린 돈을 갚지 않자 'A는 지난 수년간 직장 상사 모 씨와 불륜관계를 유지하면서 모 씨의 도움으로 승진까지 하였다'는 내용의 유인물을 작성하여 직장 게시판에 게시하였다.^{형법 제307조 제1항 명예훼손죄+, 형법 제312조 제2항 반의사불벌죄+} 그 후 甲은 A를 비롯한 직장 동료 10명과 회식을 하다가 A가 비아냥거리자 A에게 "개같은 년"이라고 말하였다.^{형법 제311조 모욕죄+, 형법 제312조 제1항 친고죄+} 이에 관한 설명 중 옳지 않은 것을 모두 고른 것은? (다툼이 있는 경우 판례에 의함)

┃**파워특강** 친고죄와 반의사불벌죄. 고소취소의 효력(=제1심 판결 선고 전까지 가능. 다만 항소심인 경우 수사기관에 이미 제출된 고소취소와 반의사불벌죄 철회 의사표시는 효력이 있음). 형사소송법 제327조 공소기각판결. 명예훼손죄 기수시기 (=게시행위).

① 만약 A의 고소가 없음에도 검사가 甲을 「형법」 제307조 제1항 명예훼손과 「형법」 제311조 모욕으로 기소하였다면, 법원으로서는 **명예훼손과** 모욕에 대해 「형사소송법」 제327조 제2호에 따라 공소기각판결을 하여야 한다.

┃해설 및 정답 2021년 제10회 변호사시험 기출문제 40   **정답** ×

"불륜으로 승진했다"는 내용의 유인물 게시행위는 형법 제307조 제1항 명예훼손죄의 사실적시에 해당한다. 형법 제312조 제2항 반의사불벌죄이다. 피해자의 고소가 없어도 검사는 기소가 가능하다. "개같은 년"은 경멸의 의사표시이다. 형법 제311조 모욕죄에 해당한다. 형법 제312조 제1항 친고죄이다. 피해자의 고소가 없으면, 검사는 기소할 수 없다. 이 경우 법원은 형사소송법 제327조 제2호에 근거하여 공소기각판결을 선고해야 한다.

> 형법 제307조(명예훼손)
> ① 공연히 **사실을 적시하여** 사람의 명예를 훼손한 자는 2년 이하의 징역이나 금고 또는 500만원 이하의 벌금에 처한다. 〈개정 1995.12.29〉
> ② 공연히 **허위의 사실을 적시하여** 사람의 명예를 훼손한 자는 5년 이하의 징역, 10년 이하의 자격정지 또는 1천만원 이하의 벌금에 처한다. 〈개정 1995.12.29〉
>
> 형법 제308조(사자의 명예훼손)
> 공연히 **허위의 사실을 적시하여** 사자의 명예를 훼손한 자는 2년 이하의 징역이나 금고 또는 500만원 이하의 벌금에 처한다. 〈개정 1995.12.29〉
>
> 제309조(출판물 등에 의한 명예훼손)
> ① **사람을 비방할 목적으로** 신문, 잡지 또는 라디오 기타 출판물에 의하여 제307조제1항의 죄를 범한 자는 3년 이하의 징역이나 금고 또는 700만원 이하의 벌금에 처한다. 〈개정 1995.12.29〉

② 제1항의 방법으로 제307조 제2항의 죄를 범한 자는 7년 이하의 징역, 10년 이하의 자격정지 또는 1천500만원 이하의 벌금에 처한다. 〈개정 1995.12.29〉

형법 제310조(위법성의 조각)
제307조 제1항의 행위가 **진실한 사실**로서 오로지 **공공의 이익**에 관한 때에는 처벌하지 아니한다.

형법 제311조(모욕)
공연히 **사람을** 모욕한 자는 1년 이하의 징역이나 금고 또는 200만원 이하의 벌금에 처한다. 〈개정 1995.12.29〉

제312조(고소와 피해자의 의사)
① **제308조와 제311조의 죄는 고소가 있어야 공소를 제기할 수 있다.** 〈개정 1995.12.29〉
② 제307조와 제309조의 죄는 피해자의 명시한 의사에 반하여 공소를 제기할 수 없다. 〈개정 1995.12.29〉
【출처】 형법 일부개정 2020. 12. 8. [법률 제17571호, 시행 2021. 12. 9.] 법무부

형사소송법 제232조(고소의 취소)
① 고소는 **제1심 판결선고 전까지 취소할 수 있다.**
② 고소를 취소한 자는 다시 고소할 수 없다.
③ 피해자의 명시한 의사에 반하여 공소를 제기할 수 없는 사건에서 처벌을 원하는 **의사표시를 철회한 경우에도 제1항과 제2항을 준용한다.**
[전문개정 2020.12.8]

형사소송법 제327조(공소기각의 판결)
다음 각 호의 경우에는 판결로써 공소기각의 선고를 하여야 한다.
1. 피고인에 대하여 재판권이 없을 때
2. 공소제기의 절차가 법률의 규정을 위반하여 무효일 때
3. 공소가 제기된 사건에 대하여 다시 공소가 제기되었을 때
4. 제329조를 위반하여 공소가 제기되었을 때
5. **고소가 있어야 공소를 제기할 수 있는 사건에서 고소가 취소되었을 때**
6. **피해자의 명시한 의사에 반하여 공소를 제기할 수 없는 사건에서 처벌을 원하지 아니하는 의사표시를 하거나 처벌을 원하는 의사표시를 철회하였을 때**
[전문개정 2020.12.8]
【출전】 형사소송법 일부개정 2020. 12. 8. [법률 제17572호, 시행 2021. 12. 9.] 법무부 종합법률정보 법령)

파워특강 형법 제33장 명예에 관한 죄는 형사소송법과 연계하여 출제가 자주 된다. 친고죄(고소)와 반의사불벌죄가 규정되어 있기 때문이다. 고소취소와 반의사불벌죄 철회시기는 제1심 판결 선고 전이다. 형사소송법 제327조 공소기각 판결은 반드시 정리해야 할 조문이다.

대법원 2007. 10. 26. 선고 2006도5924 판결 [명예훼손]

[판결요지] 명예훼손죄가 성립하기 위하여는 사실의 적시가 있어야 한다. 그런데 '사실의 적시'란 가치판단이나 평가를 내용으로 하는 의견표현에 대치되는 개념으로서 시간과 공 간적으로 구체적인 과거 또는 현재의 사실관계에 관한 보고 내지 진술을 의미하는 것이 다. 그 표현내용이 증거에 의한 입증이 가능한 것을 말한다.

대법원 2015. 9. 10. 선고 2015도2229 판결 [모욕]

[판시사항] 아파트 입주자대표회의 감사인 피고인이 관리소장 갑의 업무처리에 항의하기 위해 관리소장실을 방문한 자리에서 갑과 언쟁을 하다가 "야, 이따위로 일할래.", "나이 처먹은 게 무슨 자랑이냐."라고 말한 사안에서, 피고인의 발언은 상대방을 불쾌하게 할 수 있는 무례하고 저속한 표현이기는 하지만 객관적으로 갑의 인격적 가치에 대한 사회 적 평가를 저하시킬 만한 모욕적 언사에 해당하지 않는다고 한 사례.

[판결요지] 형법 제311조의 모욕죄는 사람의 가치에 대한 사회적 평가를 의미하는 외부 적 명예를 보호법익으로 하는 범죄이다. 모욕죄에서 말하는 모욕이란 사실을 적시하지 아니하고 사람의 사회적 평가를 저하시킬 만한 추상적 판단이나 경멸적 감정을 표현하는 것을 의미한다. 따라서 어떠한 표현이 상대방의 인격적 가치에 대한 사회적 평가를 저하 시킬 만한 것이 아니라면 표현이 다소 무례한 방법으로 표시되었다 하더라도 모욕죄의 구성요건에 해당한다고 볼 수 없다.

② 만약 A가 甲을 모욕으로 고소하였다가 甲과 합의가 되어 '모욕에 대한 고소를 취소한다'는 합의서를 甲에게 작성하여 준 경우, 甲이 위 합의서를 자신의 모욕 사건에 대한 항소심이 진행되던 중에 제출하였다 하더라도, 검사가 모욕으로 공소제기하기 이전에 위와 같이 합의하였다면, 항소심 법원은 甲에 대해 공소 기각판결을 선고할 수밖에 없다. 수 없다. 제1심 판결선고 전에 해야 한다.

| 해설 및 정답 | 2021년 제10회 변호사시험 기출문제 40 　　　　　**정답** ×

대법원 2012. 2. 23. 선고 2011도17264 판결 [상해·명예훼손·모욕·업무방해

[판시사항] [1] 친고죄에서 고소를 취소하거나 반의사불벌죄에서 처벌을 희망하는 의사표 시를 철회할 수 있는 시기(=제1심 판결 선고 전까지) 및 그 상대방 [2] 피고인이 갑의 명예를 훼손하고 갑을 모욕하였다는 내용으로 기소된 사안에서, 공소제기 후에 피고인에 대한 다른 사건의 검찰 수사과정에서 피고인에 대한 이전의 모든 고소 등을 취소한다는 취지가 기재된 합의서가 작성되었으나 그것이 제1심 판결 선고 전에 법원에 제출되었다 거나, 그 밖에 갑이 고소를 취소하고 처벌의사를 철회하였다고 볼 만한 자료가 없는데도, 이와 달리 보아 공소를 기각한 원심판결에 법리오해의 위법이 있다고 한 사례.

[판결요지] 형사소송법 제232조 제1항, 제3항에 의하면 친고죄에서 고소의 취소 및 반의 사불벌죄에서 처벌을 희망하는 의사표시의 철회는 제1심 판결 선고 전까지만 할 수 있다. 따라서 제1심 판결 선고 후에 고소가 취소되거나 처벌을 희망하는 의사표시가 철회된 경 우에는 효력이 없다. 그러므로 형사소송법 제327조 제5호 내지 제6호의 공소기각 재판 을 할 수 없다. 그리고 고소의 취소나 처벌을 희망하는 의사표시의 철회는 수사기관 또

는 법원에 대한 법률행위적 소송행위이다. 그러므로 공소제기 전에는 고소사건을 담당하는 수사기관에, 공소제기 후에는 고소사건의 수소법원에 대하여 이루어져야 한다.

③ 만약 제1심 법원이 甲에 대하여 유죄를 인정하고 벌금 500만 원을 선고하여 甲만 양형부당으로 항소하였다면, 항소심 법원은 500만 원을 초과하여 벌금형을 선고할 수 ~~있다.~~ 없다.

해설 및 정답 2021년 제10회 변호사시험 기출문제 40   **정답** ✗

피고인 甲만 양형부당으로 항소하였다면, 항소심 법원은 제1심 판결의 형보다 중한 형을 선고할 수 없다. 따라서 500만 원을 초과하여 벌금형을 선고할 수 없다.

> 형사소송법 제368조(불이익변경의 금지)
> 피고인이 항소한 사건과 피고인을 위하여 항소한 사건에 대해서는 원심판결의 형보다 무거운 형을 선고할 수 없다. [전문개정 2020.12.8.]
> 【출처】 형사소송법 일부개정 2020. 12. 8. [법률 제17572호, 시행 2021. 12. 9.] 법무부.

④ 만약 甲이 위 유인물을 작성하여 직장 게시판에 게시하였다가 A가 불쌍하다는 생각이 들어 다른 사람들이 보기 전에 떼어 냈다면, 명예훼손죄의 ~~중지미수범으로 처벌된다.~~ 기수범으로 처벌된다.

해설 및 정답 2021년 제10회 변호사시험 기출문제 40   **정답** ✗

대법원 2020. 11. 19. 선고 2020도5813 전원합의체 판결 [상해·명예훼손·폭행] 〈전파가능성 사건〉 ★★★★★

[판시사항] 피고인이 갑의 집 뒷길에서 **피고인의 남편 을 및 갑의 친척인 병이** 듣는 가운데 갑에게 '저것이 징역 살다 온 전과자다'등으로 큰 소리로 말함으로써 공연히 사실을 적시하여 갑의 명예를 훼손하였다는 내용으로 기소된 사안에서, **병이 갑과 친척관계에 있다는 이유만으로 전파가능성이 부정된다고 볼 수 없고**, 오히려 피고인은 갑과의 싸움 과정에서 단지 갑을 모욕 내지 비방하기 위하여 공개된 장소에서 큰 소리로 말하여 다른 마을 사람들이 들을 수 있을 정도였던 것으로 불특정 또는 다수인이 인식할 수 있는 상태였다고 봄이 타당하므로, 피고인의 위 발언은 공연성이 인정된다고 한 사례.

[판결요지] 추상적 위험범으로서 명예훼손죄는 개인의 명예에 대한 사회적 평가를 진위에 관계없이 보호함을 목적으로 한다. 적시된 사실이 특정인의 사회적 평가를 침해할 가능성이 있을 정도로 구체성을 띠어야 한다. 그러나 위와 같이 침해할 위험이 발생한 것으로 족하고 침해의 결과를 요구하지 않는다. 그러므로 다수의 사람에게 사실을 적시한 경우뿐만 아니라 소수의 사람에게 발언하였다고 하더라도 그로 인해 불특정 또는 다수인이 인식할 수 있는 상태를 초래한 경우에도 공연히 발언한 것으로 해석할 수 있다.

2020년 제9회 변호사시험 선택형 종합문제
23 · 24 · 27 · 30 · 34 · 35 · 37 · 38 · 39 · 40

출제분석

- 23번 | 뇌물수수죄와 사기죄 죄수 · 뇌물수수죄와 공갈죄 · 형사소송법 제316조 제2항 '피고인 아닌 타인' · 대향범과 공소시효

- 24번 | 병합심리 · 공통되는 직근 상급 법원 · 약식명령과 전심재판 · 친고죄에서 고소와 고발 · 위법한 함정수사 · 형사소송법 제327조 공소기각판결 · 진술거부권 행사와 가중적 양형 조건

- 27번 | 대물변제예약과 '자기의 사무' · 컴퓨터등사용사기죄에서 피해자(=금융기관) · 압수장물 환부선고 · 변호인 접견교통권

- 30번 | 준강도 · 신용카드 부정사용 · 축소사실 공소장변경 · 검증 현장 범행 재현과 범행재현사진 · 검증 주체 · 진술자의 서명 · 날인

- 34번 | 공무집행방해죄와 상해죄 상상적 경합 · 증거능력 없는 전문증거와 탄핵증거 · 공동피고인 법정진술 증거능력 · 친고죄와 반의사불벌죄

- 35번 | 상습도박교사죄 · 특수공무방해치상 · 범인도피교사죄, 증언거부권과 형사소송법 제314조 '그 밖에 준하는 사유로 진술할 수 없는 때' · 피고인과 공범관계 있는 사법경찰관작성 피의자신문조서와 형사소송법 제312조 제3항 적용

- 37번 | 부동산 이중매매(중도금 수령: 실행착수+, 타인사무처리자+) · 부동산 증여계약 증여자 · 친족상도례(특경법 적용+) · 포괄일죄 공소사실 경합법 인정(공소장변경 불필요)

- 38번 | 전문법칙 예외 · 공범인 공동피고인 법정자백 · 형사소송법 제316조 · 제312조 제4항 · 제312조 제3항 · 제311조 · 제315조 제3항

- 39번 | 사기죄 참고인 공판정 증언 번복 · 증언거부권 불고지와 위증죄 · 위증교사죄와 친족간 특례 · 통신비밀보호법 제14조 · 형사소송법 제308조2

- 40번 | 공범자 수뢰액 · 공동수수뇌물 추징 · 증뢰자 반환(뇌물 은행 입금 후 동일금액 반환 · 뇌물 자기앞수표 사용 후 동일금액 반환)과 수뢰자 추징 · 공동피고인 공판정 진술과 독립된 증거능력

01 ★★★★★

시청 건설국장인 甲은^{행위주체} 건설업자인 乙이 건축허가를 신청하자 "해당 토지가 자연녹지라서 건축허가를 내 줄 수 없다. 돈을 주면 어떻게든 건축허가를 내 주겠다."라고 거짓말하여 乙로부터 500만 원을 받았다.^{사기죄+, 뇌물죄+} ^{상상적 경합+} 乙은 동업자 A에게 "내가 甲에게 500만 원을 줬으니 건축허가는 잘 해결될 것이다."라고 알려 주었다. 이에 관한 설명 중 옳지 <u>않은</u> 것은? (다툼이 있는 경우 판례에 의함)

① 甲의 행위는 사기죄의 구성요건에도 해당하며 사기죄는 뇌물수수죄와 상상적

경합관계이다.

해설 및 정답 2020년 제9회 변호사시험 기출문제 23 　　　　**정답** ○
대법원 1977. 6. 7. 선고 77도1069 판결 [사기]
[판시사항] 상상적 경합범에서 1범죄가 주위적으로 기소되고 다른 범죄가 예비적으로 기소된 경우와 예비적 범죄에 타인이 관여한 경우의 처벌
[판결요지] 1개의 행위가 뇌물죄와 사기죄의 각 구성요건에 해당되는 경우 주위적으로 사기죄가 기소되고 예비적으로 뇌물수수죄가 기소된 때에는 사기죄만으로 처단하는 것은 위법이 아니다.
[판결전문] 피고인 2는 공소외 4의 착오상태를 위법하게 이용하고 거짓태도를 취하여서 돈을 교부받은 것이다. 그에 대하여 형법 제347조 제1항, 제30조를 적용처단한 원심의 의율은 정당하다. 원래 1개의 행위가 뇌물죄와 사기죄의 각 구성요건에 해당될 수 있다. 그러므로 이런 경우에는 형법 40조에 의하여 상상적 경합으로 처단하여야 할 것이다.

② 만약 甲이 직무집행의 의사 없이 乙의 건설업면허를 박탈히겠다고 공갈히여 500만 원을 교부하게 한 경우라면 공갈죄는 성립하나 뇌물수수죄는 성립하지 않는다.

해설 및 정답 2020년 제9회 변호사시험 기출문제 23 　　　　**정답** ○
대법원 1966. 4. 6. 선고 66도12 판결 [뇌물공여·뇌물수수]
[판시사항] 공무원이, 직무집행의 의사 없이, 또는 직무처리와 대가적 관계없이, 타인을 공갈하여, 재물의 교부를 받은 경우, 뇌물수수죄의 성부
[판결요지] 피고인 2가 직무집행의 의사 없이 또는 어느 직무처리에 대한 대가적 관계없이 피고인 1을 공갈하여 재물을 교부시켰다면, 비록 피해자인 피고인 1에게 뇌물을 공여할 의사가 있었다고 하더라도 피고인 오○택의 소위는 뇌물수수죄를 구성하지 아니하고, 공갈죄를 구성한다. 피고인 1의 소위는 단순히 공갈죄의 피해자에 지나지 아니하고, 뇌물공여죄를 구성한다고 할 수 없다. 그러므로 피고인 2의 입장에서 볼 때에 피고인 1로부터의 금전수수가 오로지 공갈이었다는 사실이 확정되는 이상 피고인 1이 금전공여의 의사에 관하여 논지가 지적하는 바와 같이, **사례, 또는 앞으로 잘 부탁한다는 취지가 있었다고 하여도 뇌물죄를 구성한다고 할 수 없다**할 것이니, 원심조처에 아무런 위법이 없다.

③ 만약 甲은 뇌물수수죄로, 乙은 뇌물공여죄로 기소되어 공동피고인으로 출석하고 있는 법정에서 A가 乙로부터 들은 대로 증언한 경우라면, A의 증언은 甲에 대하여 증거능력이 없다. 형사소송법 제316조 제2항과 제1항에 근거하여 증거능력-

해설 및 정답 2020년 제9회 변호사시험 기출문제 23 　　　　**정답** ○
대법원 1984. 11. 27. 선고 84도2279 판결 [간통]

[판시사항] 형사소송법 제316조 제2항 소정의 "피고인 아닌 타인"의 의미

[판결요지] 형사소송법 제316조 제2항에 의하면 피고인 아닌 자의 공판준비 또는 공판기일에서의 진술이 피고인 아닌 타인의 진술을 그 내용으로 하는 것인 때에는 원진술자가 사망. 질병 기타 사유로 인하여 진술할 수 없고 그 진술이 특히 신빙할 수 있는 상태하에서 행하여진 때에 한하여 이를 증거로 할 수 있다고 규정하고 있다. 여기서 "피고인 아닌 타인"이라 함은 제3자는 말할 것도 없고 공동피고인과 공범자를 모두 포함한다.

[판결정문] 이 사건을 두고 말하면 피고인 아닌 제1심 상피고인도 피고인 아닌 자에 해당한다고 할 것이다. 제1심 상피고인이 제1심 법정에서 간통사실을 부인하는 이 사건에 있어서는 원진술자인 제1심 상피고인이 사망. 질병 기타 사유로 인하여 진술할 수 없는 때에 해당되지 아니하므로 제1심 상피고인의 진술을 그 내용으로 하는 이○자 및 최○기의 증언 및 진술은 전문증거로서 증거능력이 없다고 할 것임은 말할 나위도 없다.

☞ 을은 갑에 대해 피고인 아닌 타인에 해당한다. A의 증언은 을이 피고인 갑에게 한 진술을 내용이다. 형사소송법 제316조 제1항에 근거하여 원칙적으로 증거능력이 없다.

④ 만약 甲은 뇌물수수죄로, 乙은 뇌물공여죄로 기소되어 병합심리되었는데, 甲은 부인하고 乙은 자백한 경우라면^{갑에 대한 보강증거+} 다른 증거가 없더라도 법원은 甲에 대하여 유죄선고를 할 수 있다.

해설 및 정답 2020년 제9회 변호사시험 기출문제 23 　　　　　　　　**정답** ○

대법원 1990. 10. 30. 선고 90도1939 판결 [강도상해 · 특수절도 · 공무집행방해]

[판시사항] 형사소송법 제310조 소정의 "피고인의 자백"에 공범인 공동피고인의 자백이 포함되는지 여부(소극) 및 공범인 공동피고인들의 각 진술이 상호간에 보강증거가 되는지 여부(적극)

[판결요지] 형사소송법 제310조 소정의 "피고인의 자백"에 공범인 공동피고인의 진술은 포함되지 아니한다. 그러므로 공범인 공동피고인의 진술은 다른 공동피고인에 대한 범죄사실을 인정하는 증거로 할 수 있는 것이다. 뿐만 아니라 공범인 공동피고인들의 각 진술은 상호간에 서로 보강증거가 될 수 있다.

⑤ 만약 甲만 먼저 뇌물수수죄로 기소되었다면, 乙의 뇌물공여죄에 대한 공소시효는 甲에 대한 공소가 제기된 때부터 당해 사건의 재판이 확정될 때까지의 기간 동안 정지된다.

해설 및 정답 2020년 제9회 변호사시험 기출문제 23 　　　　　　　　**정답** ×

대법원 2015. 2. 12. 선고 2012도4842 판결 [제3자뇌물교부]

[판시사항] 형사소송법 제253조 제2항의 '공범'을 해석할 때 고려하여야 할 사항 / 이른바 대향범 관계에 있는 자 사이에서 각자 상대방 범행에 대하여 형법 총칙의 공범규정이 적용되는지 여부(소극) / 형사소송법 제253조 제2항의 '공범'에 뇌물공여죄와 뇌물수수죄

사이와 같은 대향범 관계에 있는 자가 포함되는지 여부(소극)

[판결요지] 형사소송법 제248조 제1항, 제253조 제1항, 제2항에서 규정하는 바와 같이, 형사소송법은 공범 사이의 처벌에 형평을 기하기 위하여 공범 중 1인에 대한 공소의 제기로 다른 공범자에 대하여도 공소시효가 정지되도록 규정하고 있다. 그런데 위 공범의 개념이나 유형에 관하여는 아무런 규정을 두고 있지 아니하다. 특히 위 조항이 공소제기 효력의 인적 범위를 확장하는 예외를 마련하여 놓은 것이다. 그러므로 원칙적으로 엄격하게 해석하여야 하고 피고인에게 불리한 방향으로 확장하여 해석해서는 아니 된다. 2인 이상이 가공하여 공동의 구성요건을 실현하는 공범관계에 있는 자와는 본질적으로 다르다. **대향범 관계에 있는 자 사이에서는 각자 상대방의 범행에 대하여 형법 총칙의 공범규정이 적용되지 아니한다.** 이러한 점들에 비추어 보면, **형사소송법 제253조 제2항에서 말하는 '공범'에는 뇌물공여죄와 뇌물수수죄 사이와 같은 대향범 관계에 있는 자는 포함되지 않는다.**

02

다음 설명 중 옳은 것을 모두 고른 것은? (다툼이 있는 경우 판례에 의함)

① 사물관할이 같고 토지관할을 달리하는 수개의 제1심 법원들에 관련사건이 계속된 경우에 그 소속 고등법원이 같은 경우에는 그 고등법원이, 그 소속 고등법원이 다른 경우에는 대법원이, 위 제1심 법원들의 '공통되는 직근상급법원'에 해당한다.

해설 및 정답 2020년 제9회 변호사시험 기출문제 24 　　　　**정답** ○

대법원 2006. 12. 5. 자 2006초기335 전원합의체 결정 [토지관할병합]

[판시사항] 형사소송법 제6조에 따른 토지관할 병합심리 신청사건의 관할법원

[결정요지] 토지관할을 달리하는 수개의 제1심 법원들에 관련 사건이 계속된 경우에 그 소속 고등법원이 같은 경우에는 그 고등법원이, 그 소속 고등법원이 다른 경우에는 대법원이 위 제1심 법원들의 공통되는 직근상급법원으로서 위 조항에 의한 토지관할 병합심리 신청사건의 관할법원이 된다.

② 약식명령을 한 판사가 그 정식재판 절차의 항소심 판결에 관여함은 제척의 원인이 된다.

해설 및 정답 2020년 제9회 변호사시험 기출문제 24 　　　　**정답** ○

대법원 2011. 4. 28. 선고 2011도17 판결 [상해]

[판시사항] 약식명령을 한 판사가 그에 대한 정식재판 절차의 항소심판결에 관여한 경우,

형사소송법 제17조 제7호에서 정한 제척 원인에 해당하는지 여부(적극)

[판결정문] 약식명령을 한 판사가 그 정식재판 절차의 항소심판결에 관여함은 형사소송법 제17조 제7호 소정의 "법관이 사건에 관하여 전심재판 또는 그 기초되는 조사, 심리에 관여한 때"에 해당하여 제척의 원인이 된다(대법원 1985. 4. 23. 선고 85도281 판결, 대법원 2002. 2. 26. 선고 2001도4936 판결 등 참조).

대법원 2002. 4. 12. 선고 2002도944 판결 [방문판매 등에 관한 법률 위반]

[판시사항] 약식명령을 발부한 법관이 정식재판절차의 제1심 판결에 관여한 경우, 형사소송법 제17조 제7호 소정의 제척원인에 해당하는지 여부(소극)

[판결요지] 약식절차와 피고인 또는 검사의 정식재판청구에 의하여 개시된 제1심 공판절차는 동일한 심급 내에서 서로 절차만 달리할 뿐이다. 그러므로 약식명령이 제1심 공판절차의 전심재판에 해당하는 것은 아니다. 따라서 **약식명령을 발부한 법관이 정식재판절차의 제1심 판결에 관여하였다고 하여 형사소송법 제17조 제7호에 정한 '법관이 사건에 관하여 전심재판 또는 그 기초되는 조사, 심리에 관여한 때'에 해당하여 제척의 원인이 된다고 볼 수는 없다.**

③ 친고죄에 대한 수사가 장차 고소가 있을 가능성이 없는 상태하에서 행하여졌다는 등의 특단의 사정이 없는 한, 고소가 있기 전에 수사를 하였다는 이유만으로 그 수사가 위법한 것은 아니다.

해설 및 정답　2020년 제9회 변호사시험 기출문제 24　　　　　　　　　　**정답** ○

대법원 1995. 2. 24. 선고 94도252 판결 [조세범처벌법위반]

[판결요지] [1] 친고죄나 세무공무원 등의 고발이 있어야 논할 수 있는 죄에 있어서 고소 또는 고발은 이른바 소추조건에 불과하고 당해 범죄의 성립 요건이나 수사의 조건은 아니다. 그러므로 위와 같은 범죄에 관하여 고소나 고발이 있기 전에 수사를 하였다고 하더라도, 그 수사가 장차 고소나 고발이 있을 가능성이 없는 상태하에서 행해졌다는 등의 특단의 사정이 없는 한, 고소나 고발이 있기 전에 수사를 하였다는 이유만으로 그 수사가 위법하다고 볼 수는 없다.

[2] 피고인이나 그 피의자 및 제3자 등에 대한 신문이 피고인의 조세범처벌법위반 범죄에 대한 고발의 가능성이 없는 상태하에서 이루어졌다고 볼 아무런 자료도 없다면, 그들에 대한 신문이 고발 전에 이루어졌다는 이유만으로 그 조서나 각 조서등본의 증거능력을 부정할 수는 없다.

[3] 자백에 대한 보강증거는 범죄사실의 전부 또는 중요부분을 인정할 수 있는 정도가 되지 아니하더라도 피고인의 자백이 가공적이 아니고 진실한 것이라고 인정할 수 있는 정도이면 충분하다.

[4] 당사자의 증거신청에 대한 채택 여부는 법원의 재량에 속하는 것이다. 따라서 법원은 피고인이나 변호인이 신청한 증거에 대하여 불필요하다고 인정한 때에는 조사하지 않을 수 있다.

④ 범의를 유발케 하여 범죄인을 검거하는 함정수사에 기하여 공소를 제기한 경우 법원은 ~~무죄판결을~~ ^{형사소송법 제327조 제2호 공소기각판결을} 하여야 한다.

해설 및 정답 2020년 제9회 변호사시험 기출문제 24   **정답** ✕

대법원 2007. 7. 13. 선고 2007도3672 판결 [마약류관리에 관한 법률 위반(향정)]

[판시사항] 위법한 함정수사에 기한 공소제기의 효력(=무효)

[판결정문] 범의를 가진 자에 대하여 단순히 범행의 기회를 제공하거나 범행을 용이하게 하는 것에 불과한 수사방법이 경우에 따라 허용될 수 있음은 별론으로 하고, **본래 범의를 가지지 아니한 자에 대하여 수사기관이 사술이나 계략 등을 써서 범의를 유발케 하여 범죄인을 검거하는 함정수사는 위법함을 면할 수 없다. 이러한 함정수사에 기한 공소제기는 그 절차가 법률의 규정에 위반하여 무효인 때에 해당한다고 볼 것이다**(대법원 2005. 10. 28. 선고 2005도1247 판결 참조).

> **형사소송법 제327조(공소기각판결)**
> 재판장은 다음 각 호 어느 하나에 해당하는 경우 판결로써 공소기각을 선고한다.
> 1. 피고인에 대해 재판권이 없는 경우
> 2. 공소제기절차가 법률위반으로 무효인 경우
> 3. 공소제기된 사건에 대하여 다시 공소제기된 경우
> 4. 제329조 공소취소와 재기소를 위반하여 공소제기된 경우
> 5. 친고죄 사건에서 고소가 취소된 경우
> 6. 반의사불벌죄 사건에서 처벌희망 의사표시가 없거나 또는 철회된 경우

⑤ 모든 국민은 형사상 자기에게 불리한 진술을 강요당하지 아니할 권리가 보장되어 있으므로, 법원이 피고인의 진술거부권 행사를 가중적 양형의 조건으로 삼는 것은 ~~어떠한 경우에도 허용될 수 없다.~~

해설 및 정답 2020년 제9회 변호사시험 기출문제 24   **정답** ✕

대법원 2001. 3. 9. 선고 2001도192 판결 [강도살인(인정된 죄명: 강도치사)]

[판결요지] [1] 형법 제51조 제4호에서 양형의 조건의 하나로 정하고 있는 범행 후의 정황 가운데에는 형사소송절차에서의 피고인의 태도나 행위를 들 수 있다. **태도나 행위가 피고인에게 보장된 방어권 행사의 범위를 넘어 객관적이고 명백한 증거가 있음에도 진실의 발견을 적극적으로 숨기거나 법원을 오도하려는 시도에 기인한 경우에는 가중적 양형의 조건으로 참작될 수 있다.**

[2] 피고인의 상고에 의하여 상고심에서 원심판결을 파기하고 사건을 항소심에 환송한 경우에 환송 후의 원심에서 적법한 공소장변경이 있어 이에 따라 그 항소심이 새로운 범죄사실을 유죄로 인정하면서 환송전 원심에서 정한 선고형과 동일한 형을 선고하였다고 하여 불이익변경금지원칙에 위배된다고 할 수 없다. 이는 법정형이 가벼운 죄로 공소사실의 변경이 이루어진 경우라 하여 달리 볼 것은 아니다.

03 ★★★★★

甲은 A로부터 5억 원을 빌리면서 변제기에 변제하지 못할 경우 자기 소유의 X부동산으로 대물변제하기로 약속하였다. 甲은 위 변제기를 지나 B에게 X부동산을 3억 원에 매도하고 소유권이전등기를 해 주었다. ^{배임죄-. 배임죄 주체-. 자기사무+} 한편 甲은 아버지의 예금통장을 절취한 후 현금지급기에서 미리 알고 있던 비밀번호를 입력하여 아버지의 예금계좌에서 자신의 계좌로 500만 원을 이체하였다. ^{컴퓨터등사용사기죄+}

甲은 수사단계에서 불구속 상태로 조사를 받던 중 변호인접견을 요청하였으나 거절당했다. 그 이후 압수된 위 예금통장이 법정에서 증거물로 제출되었다. ^{위법수집증거 증거능력-} 이에 관한 설명 중 옳은 것은? (다툼이 있는 경우 판례에 의함)

(중요) ① 甲이 타인의 사무처리자로서 A에 대한 대물변제예약 약정을 위반한 행위는 배임죄에 해당한다.

해설 및 정답 2020년 제9회 변호사시험 기출문제 27 ★   **정답** ✕

대법원 2014. 8. 21. 선고 2014도3363 전원합의체 판결 [배임] 〈대물변제예약 사안에서 배임죄 사건〉 ★★★★★

[판결요지] [1] [다수의견] (가) 채무자가 채권자에 대하여 소비대차 등으로 인한 채무를 부담하고 이를 담보하기 위하여 장래에 부동산의 소유권을 이전하기로 하는 내용의 대물변제예약에서, 약정의 내용에 좇은 이행을 하여야 할 채무는 특별한 사정이 없는 한 '자기의 사무'에 해당하는 것이 원칙이다. (나) 채무자가 대물변제예약에 따라 부동산에 관한 소유권이전등기절차를 이행할 의무는 궁극적 목적을 달성하기 위해 채무자에게 요구되는 부수적 내용이다. 이를 가지고 배임죄에서 말하는 신임관계에 기초하여 채권자의 재산을 보호 또는 관리하여야 하는 '타인의 사무'에 해당한다고 볼 수는 없다. (다) 그러므로 채권 담보를 위한 대물변제예약 사안에서 채무자가 대물로 변제하기로 한 부동산을 제3자에게 처분하였다고 하더라도 형법상 배임죄가 성립하는 것은 아니다.

[2] 채무자인 피고인이 채권자 갑에게 차용금을 변제하지 못할 경우 자신의 어머니 소유 부동산에 대한 유증상속분을 대물변제하기로 약정한 후 유증을 원인으로 위 부동산에 관한 소유권이전등기를 마쳤음에도 이를 제3자에게 매도함으로써 갑에게 손해를 입혔다고 하여 배임으로 기소된 사안이다. 피고인이 대물변제예약에 따라 갑에게 부동산의 소유권이전등기를 마쳐 줄 의무는 민사상 채무에 불과할 뿐 타인의 사무라고 할 수 없어 피고인이 '타인의 사무를 처리하는 자'의 지위에 있다고 볼 수 없는데도, 피고인이 이에 해당된다고 전제하여 유죄를 인정한 원심판결에 배임죄에서 '타인의 사무를 처리하는 자'의 의미에 관한 법리오해의 위법이 있다고 한 사례.

② 甲이 아버지의 예금계좌에서 자신의 계좌로 500만 원을 이체한 행위는 친족상도례가 적용된다.

해설 및 정답 2020년 제9회 변호사시험 기출문제 27   **정답** ✕

대법원 2007. 3. 15. 선고 2006도2704 판결 [컴퓨터등사용사기]

[판시사항] 절취한 친족 소유의 예금통장을 현금자동지급기에 넣고 조작하여 예금 잔고를 다른 금융기관의 자기 계좌로 이체하는 방법으로 저지른 컴퓨터등사용사기죄에 있어서의 피해자(＝친족 명의 계좌의 금융기관)

[판결요지] [1] 친척 소유 예금통장을 절취한 자가 그 친척 거래 금융기관에 설치된 현금 자동지급기에 예금통장을 넣고 조작하는 방법으로 친척 명의 계좌의 예금 잔고를 자신이 거래하는 다른 금융기관에 개설된 자기 계좌로 이체한 경우, 그 범행으로 인한 피해자는 이체된 예금 상당액의 채무를 이중으로 지급해야 할 위험에 처하게 되는 그 친척 거래 금융기관이라 할 것이다. 자금이체 거래의 직접적인 당사자이자 이중지급 위험의 원칙적인 부담자인 거래 금융기관을 위와 같은 컴퓨터 등 사용사기 범행의 피해자에 해당하지 않는다고 볼 수는 없다. 그러므로 위와 같은 경우에는 친족 사이의 범행을 전제로 하는 친족상도례를 적용할 수 없다.

[2] 손자가 할아버지 소유 농업협동조합 예금통장을 절취하여 이를 현금자동지급기에 넣고 조작하는 방법으로 예금 잔고를 자신의 거래 은행 계좌로 이체한 사안이다. 위 농업협동조합이 컴퓨터 등 사용사기 범행 부분의 피해자라는 이유로 친족상도례를 적용할 수 없다고 한 사례.

③ 만일 甲이 아버지의 예금계좌에서 자신의 계좌로 이체한 500만 원을 자신의 현금카드로 인출한 경우 이는 별도의 절도죄에 해당한다.

해설 및 정답 2020년 제9회 변호사시험 기출문제 27   **정답** ✕

대법원 2008. 6. 12. 선고 2008도2440 판결 [사기·절도·혼인빙자간음]

[판결요지] 절취한 타인의 신용카드를 이용하여 현금지급기에서 계좌이체를 한 행위는 컴퓨터등사용사기죄에서 컴퓨터 등 정보처리장치에 권한 없이 정보를 입력하여 정보처리를 하게 한 행위에 해당함은 별론으로 하고 이를 절취행위라고 볼 수는 없다. 한편 위 계좌이체 후 현금지급기에서 현금을 인출한 행위는 자신의 신용카드나 현금카드를 이용한 것이다. 이러한 현금인출이 현금지급기 관리자의 의사에 반한다고 볼 수 없다. 절취행위에 해당하지 않는다. 그러므로 절도죄를 구성하지 않는다.

④ 법원은 위 예금통장 절취사실이 유죄로 인정될 경우, 위 예금통장에 대하여 판결로써 피해자에게 환부하는 선고를 하여야 한다.

해설 및 정답 2020년 제9회 변호사시험 기출문제 27   **정답** ○

예금통장은 압수장물이다. 피해자 소유이다. 유죄가 인정되었다. 피해자에게 환부할 이유가 명백하다. 따라서 형사소송법 제333조 제1항에 근거하여 피해자에게 환부하여야 한다.

형사소송법 제333조(압수장물환부)

① 재판장은 피해자에게 압수장물을 환부할 이유가 명백한 경우 판결로써 피해자에게 압수장물을 환부하는 선고를 한다.

② 재판장은 제1항에서 범죄자 등이 장물을 처분하였을 경우 판결로써 피해자에게 장물대가를 교부하는 선고를 한다.

③ 재판장은 가환부 장물에 대하여 별도 선고가 없는 경우 환부선고가 있는 것으로 본다.

④ 이해관계인이 민사소송절차로 그 권리를 주장하여도 제1항·제2항·제3항 선고에 영향을 주지 않는다.

---

⑤ 甲은 불구속 피의자이므로 변호인과의 접견교통권이 인정되자 아니한다.

해설 및 정답 2020년 제9회 변호사시험 기출문제 27 **정답** ○

대법원 1996. 6. 3. 자 96모18 결정 [사법경찰관의 처분취소에 대한 재항고]

[판시사항] [1] 임의동행된 피의자와 피내사자에게 변호인의 접견교통권이 인정되는지 여부(적극) [2] 변호인의 접견교통권의 제한 가부

[결정요지] [1] 변호인의 조력을 받을 권리를 실질적으로 보장하기 위하여는 변호인과의 접견교통권의 인정이 당연한 전제가 된다. 그러므로 **임의동행의 형식으로 수사기관에 연행된 피의자에게도 변호인 또는 변호인이 되려는 자와의 접견교통권은 당연히 인정된다**고 보아야 한다. 임의동행의 형식으로 연행된 피내사자의 경우에도 이는 마찬가지이다.

[2] 접견교통권은 피고인 또는 피의자나 피내사자의 인권보장과 방어준비를 위하여 필수불가결한 권리이다. 그러므로 법령에 의한 제한이 없는 한 수사기관의 처분은 물론 법원의 결정으로도 이를 제한할 수 없다.

---

04 ★★★★★

㉠ 甲은 乙과 공모하여 A가 운영하는 식당에서 A 소유의 현금 10만 원과 신용카드를 절취하고, 乙은 그 동안 망을 보았다.특수절도죄+ 그 후 ㉡ 甲은 B가 운영하는 주점에서 술을 마시고 절취한 위 신용카드를 이용하여 술값 50만 원을 결제하였는데, 이 때 甲은 술값이 기재된 매출전표의 서명란에 A의 이름을 기재하고 그 자리에서 B에게 위 매출전표를 교부하였다.사기죄+ 甲은 특수절도죄, 사기죄 등으로, 乙은 특수절도죄로 기소되었다. 그런데 甲은 법정에서 乙과의 범행일체를 자백하였으나 乙은 이를 모두 부인하였고, 한편 압수된 위 현금 10만 원과 신용카드가 증거물로 제출되었다. 이에 관한 설명 중 옳은 것을 모두 고른 것은? (다툼이 있는 경우 판례에 의함)

① ㉠행위와 관련하여 만약 甲이 식당에서 절도범행을 마치고 10분 가량 지나 200m 정도 떨어진 버스정류장까지 도망가다가 뒤쫓아 온 A에게 붙잡혀 식당으로 돌아왔을 때 비로소 A를 폭행한 경우라면 甲에게는 준강도죄가 성립한다.

해설 및 정답 2020년 제9회 변호사시험 기출문제 30　　　　　　**정답** ✕

대법원 1999. 2. 26. 선고 98도3321 판결 [강도상해(인정된 죄명: 절도·상해)]

[판결요지] [1] 준강도는 절도범인이 절도의 기회에 재물탈환, 항거 등의 목적으로 폭행 또는 협박을 가함으로써 성립되는 것이다. 그러므로 **그 폭행 또는 협박은 절도의 실행에 착수하여 그 실행 중이거나 그 실행 직후 또는 실행의 범의를 포기한 직후로서 사회통념상 범죄행위가 완료되지 아니하였다고 인정될 만한 단계에서 행하여짐을 요한다.**

[2] 피해자의 집에서 절도 범행을 마친지 10분 가량 지나 피해자의 집에서 200m 가량 떨어진 버스정류장이 있는 곳이다. 피고인을 절도범인이라고 의심하고 뒤쫓아 온 피해자에게 붙잡혔다. **피해자의 집으로 돌아왔을 때 비로소 피해자를 폭행한 경우, 그 폭행은 사회통념상 절도범행이 이미 완료된 이후에 행하여졌다는 이유로 준강도죄가 성립하지 않는다**고 한 사례.

② ㉡행위는 사기죄, 여신전문금융업법위반죄, ~~사문서위조죄 및 위조사문서행사죄~~를 구성하고, 각 죄의 관계는 실체적 경합범이다.

해설 및 정답 2020년 제9회 변호사시험 기출문제 30　　　　　　**정답** ✕

대법원 1992. 6. 9. 선고 92도77 판결 [절도, 사문서위조, 사문서위조행사, 사기, 신용카드업법위반]

[판결요지] 신용카드업법 제25조 제1항은 신용카드를 위조·변조하거나 도난·분실 또는 위조·변조된 신용카드를 사용한 자는 7년 이하의 징역 또는 5천만 원 이하의 벌금에 처한다고 규정하고 있다. 위 부정사용죄의 구성요건적 행위인 신용카드의 사용이라 함은 신용카드의 소지인이 **신용카드의 본래 용도인 대금결제를 위하여 가맹점에 신용카드를 제시하고 매출표에 서명하여 이를 교부하는 일련의 행위를 가리킨다.** 단순히 신용카드를 제시하는 행위만을 가리키는 것은 아니라고 할 것이다. 그러므로 위 매출표의 서명 및 교부가 별도로 사문서위조 및 동행사의 죄의 구성요건을 충족한다고 하여도 이 **사문서위조 및 동행사의 죄는 위 신용카드부정사용죄에 흡수되어 신용카드부정사용죄의 1죄만이 성립하고 별도로 사문서위조 및 동행사의 죄는 성립하지 않는다.**

대법원 1996. 7. 12. 선고 96도1181 판결 [신용카드업법위반·절도]

[판결요지] [1] 신용카드를 절취한 후 이를 사용한 경우 신용카드의 부정사용행위는 새로운 법익의 침해로 보아야 한다. 그 법익침해가 절도범행보다 큰 것이 대부분이다. 그러므로 위와 같은 부정사용행위가 절도범행의 불가벌적 사후행위가 되는 것은 아니다.

[2] 단일하고 계속된 범의하에 동종의 범행을 동일하거나 유사한 방법으로 일정 기간 반복하여 행하고 그 피해법익도 동일한 경우에는 각 범행을 통틀어 포괄일죄로 볼 것이다.

[3] 피고인은 절취한 카드로 가맹점들로부터 물품을 구입하겠다는 단일한 범의를 가지고

그 범의가 계속된 가운데 동종의 범행인 신용카드 부정사용행위를 동일한 방법으로 반복하여 행하였다. 또 위 신용카드의 각 부정사용의 피해법익도 모두 위 신용카드를 사용한 거래의 안전 및 이에 대한 공중의 신뢰인 것으로 동일하다. 그러므로 **피고인이 동일한 신용카드를 위와 같이 부정사용한 행위는 포괄하여 일죄에 해당한다.** 신용카드를 부정사용한 결과가 사기죄의 구성요건에 해당하고, 그 각 사기죄가 실체적 경합관계에 해당한다고 하여도 신용카드부정사용죄와 사기죄는 그 보호법익이나 행위의 태양이 전혀 달라 실체적 경합관계에 있다. 그러므로 신용카드 부정사용행위를 포괄일죄로 취급하는데 아무런 지장이 없다고 한 사례.

③ 만약 乙이 망을 본 사실이 인정되지 않는다면, 법원은 공소장변경이 없더라도 甲에 대하여 단순절도죄로 유죄를 인정할 수 있다.

┃해설 및 정답┃ 2020년 제9회 변호사시험 기출문제 30 **정답** ○

대법원 1973. 7. 24. 선고 73도1256 판결 [특수절도]

[판시사항] 공소장변경절차없이 특수절도공소사실을 절도죄로 인정한 사례.

[판결요지] 특수절도죄로 공소제기한 사실을 법원이 검사의 공소장변경절차없이 절도죄로 인정하더라도 공소원인 사실의 동일성에 변경이 없다. 위법이라 할 수 없다.

④ 만약 사법경찰관이 식당 현장상황에 관하여 甲의 범행재연사진을 포함하여 검증조서를 작성하였다면, 그 검증조서 중 위 사진 부분은 ~~비진술증거이므로~~ ^{진술증거이므로} 피고인 甲이 증거로 함에 동의하지 ~~않았더라도~~ ^{않으면} 증거능력이 ~~있다.~~ ^{없다.}

┃해설 및 정답┃ 2020년 제9회 변호사시험 기출문제 30 **정답** ✕

대법원 2007. 4. 26. 선고 2007도1794 판결 [살인]

[판시사항] 사법경찰관 작성의 검증조서 중 피고인의 범행재연 사진영상에 대하여 피고인이 증거로 함에 부동의하는 경우의 증거능력 유무(소극)

[판결요지] '사법경찰관이 작성한 검증조서 중 피고인의 진술 부분을 제외한 기재 및 사진의 각 영상'에는 이 사건 범행에 부합되는 피의자이었던 피고인이 범행을 재연하는 사진이 첨부되어 있다. 그러나 기록에 의하면 **행위자인 피고인이 위 검증조서에 대하여 증거로 함에 부동의하였다.** 공판정에서 검증조서 중 범행을 재연한 부분에 대하여 그 성립의 진정 및 내용을 인정한 흔적을 찾아볼 수 없다. 오히려 이를 부인하고 있다. 그러므로 그 증거능력을 인정할 수 없다.

⑤ 만약 검찰주사보가 A와의 전화대화내용을 문답형식의 수사보고서로 작성하였다면, 위 수사보고서는 전문증거로서 「형사소송법」 제313조가 적용되는데 수사보고서에 진술자 A의 서명 또는 날인이 없으므로 증거능력이 없다.

해설 및 정답 2020년 제9회 변호사시험 기출문제 30 　　　　　**정답** ○

대법원 1999. 2. 26. 선고 98도2742 판결 [사기]

[판시사항] [1] 형사소송법 제314조 소정의 '특히 신빙할 수 있는 상태하에서 행하여진 때'의 의미 [2] 외국에 거주하는 참고인과의 전화 대화내용을 문답형식으로 기재한 검찰주사보 작성의 수사보고서의 증거능력

[판결요지] [1] 원진술자가 사망·질병·외국거주 기타 사유로 인하여 공판정에 출정하여 진술을 할 수 없을 때에는 그 진술 또는 서류의 작성이 특히 신빙할 수 있는 상태하에서 행하여진 경우에 한하여 **형사소송법 제314조에 의하여 예외적으로 원진술자의 진술 없이도 증거능력을 가진다.** 여기서 특히 신빙할 수 있는 상태하에서 행하여진 때라 함은 그 진술내용이나 조서 또는 서류의 작성에 허위개입의 여지가 거의 없고 그 진술내용의 신빙성이나 임의성을 담보할 구체적이고 외부적인 정황이 있는 경우를 가리킨다.

[2] 외국에 거주하는 참고인과의 전화 대화내용을 문답형식으로 기재한 검찰주사보 작성의 수사보고서는 전문증거로서 형사소송법 제310조의2에 의하여 제311조 내지 제316조에 규정된 것 이외에는 이를 증거로 삼을 수 없는 것이다. 그런데 위 **수사보고서는 제311조, 제312조, 제315조, 제316조의 적용대상이 되지 아니함이 분명하다.** 그러므로 결국 제313조의 진술을 기재한 서류에 해당하여야만 제314조의 적용 여부가 문제될 것이다. 제313조가 적용되기 위하여는 그 진술을 기재한 서류에 그 진술자의 서명 또는 날인이 있어야 한다.

중요 **05** ★★★★★

甲과 乙은 길거리에서 서로 몸싸움을 하였다. 출동한 경찰관 P가 甲과 乙을 현행범으로 체포하려고 하자 ㉠ 甲이 P의 얼굴을 주먹으로 쳐 P에게 2주간의 치료를 요하는 타박상을 가하였다.공무집행방해죄+. 상해죄 + 상상적 경합+ 현장을 벗어난 ㉡ 甲은 혈중알콜농도 0.1%의 상태에서 승용차를 타고 에어컨을 가동하기 위하여 시동을 걸어 놓고 잠을 자던 중 변속기를 잘못 건드려 자동차가 앞으로 약 1m 가다가 멈추었다.음주운전죄-. 운전-

이에 관한 설명 중 옳은 것은? (다툼이 있는 경우 판례에 의함)

① 甲의 ㉠행위는 공무집행방해죄와 상해죄를 구성하고, 두 죄의 관계는 실체적 경합범이다.

해설 및 정답 2020년 제9회 변호사시험 기출문제 34 　　　　　**정답** ×

甲의 ㉠행위는 공무집행방해죄와 상해죄를 구성한다. 두 죄는 1개의 행위가 수 개의 죄에 해당한다. 상상적 경합범이다. 형법 제144조 제2항 특수공무방해치상죄는 위험한 물건을 보이고 상해를 가한 때 성립한다.

② 甲의 ㉡행위는 도로교통법상의 음주운전죄를 구성한다.

해설 및 정답 2020년 제9회 변호사시험 기출문제 34   **정답** ×

대법원 2004. 4. 23. 선고 2004도1109 판결 [도로교통법위반(음주운전)]

[판시사항] [1] 도로교통법상 '운전'의 의미 [2] 자동차를 움직이게 할 의도 없이 다른 목적을 위하여 자동차의 시동을 걸었으나 실수 등으로 인하여 자동차가 움직이게 된 경우, 자동차의 운전에 해당하는지 여부(소극)

[판결요지] [1] 도로교통법 제2조 제19호는 '운전'이라 함은 도로에서 차를 그 본래의 사용 방법에 따라 사용하는 것을 말한다고 규정하고 있다. 여기에서 말하는 운전의 개념은 그 규정의 내용에 비추어 목적적 요소를 포함하는 것이다. 그러므로 **고의의 운전행위만을 의미한다. 자동차 안에 있는 사람의 의지나 관여 없이 자동차가 움직인 경우에는 운전에 해당하지 않는다.**

[2] 어떤 사람이 자동차를 움직이게 할 의도 없이 다른 목적을 위하여 자동차의 원동기(모터)의 시동을 걸었다. 그런데 **실수로 기어 등 자동차의 발진에 필요한 장치를 건드려 원동기의 추진력에 의하여 자동차가 움직이거나 또는 불안전한 주차상태나 도로여건 등으로 자동차가 움직이게 된 경우는 자동차의 운전에 해당하지 아니한다.**

③ 乙이 나중에 "甲이 경찰관의 얼굴을 때리는 것을 보았다."라고 한 말을 친구 A가 보이스펜으로 녹음한 파일은 乙이 그 진정성립을 부인하더라도 ⊙행위의 목격사실을 부인하는 乙의 법정진술의 증명력을 다투기 위한 증거로 사용할 수 있다.

해설 및 정답 2020년 제9회 변호사시험 기출문제 34   **정답** ○

대법원 1999. 3. 9. 선고 98도3169 판결 [공직선거 및 선거부정방지법위반]

[판시사항] 사인(私人)이 피고인 아닌 자의 대화내용을 비밀녹음한 녹음테이프 또는 비디오테이프 중 진술부분의 증거능력 [2] 공모관계의 성립요건 및 그 인정 방법

[판결요지] [1] 수사기관이 아닌 사인(私人)이 피고인 아닌 사람과의 대화내용을 녹음한 녹음테이프는 형사소송법 제311조, 제312조 규정 이외의 피고인 아닌 자의 진술을 기재한 서류와 다를 바 없다. 그러므로 피고인이 그 녹음테이프를 증거로 할 수 있음에 동의하지 아니하는 이상 그 증거능력을 부여하기 위하여는 첫째, 녹음테이프가 원본이거나 원본으로부터 복사한 사본일 경우(녹음디스크에 복사할 경우에도 동일하다)에는 복사과정에서 편집되는 등의 인위적 개작 없이 원본의 내용 그대로 복사된 사본일 것, **둘째 형사소송법 제313조 제1항에 따라 공판준비나 공판기일에서 원진술자의 진술에 의하여 그 녹음테이프에 녹음된 각자의 진술내용이 자신이 진술한 대로 녹음된 것이라는 점이 인정되어야 할 것이고,** 사인이 피고인 아닌 사람과의 대화내용을 대화 상대방 몰래 녹음하였다고 하더라도 위와 같은 조건이 갖추어진 이상 그것만으로는 그 녹음테이프가 위법하게 수집된 증거로서 증거능력이 없다고 할 수 없으며, 사인이 피고인 아닌 사람과의 대화내용을 상대방 몰래 비디오로 촬영·녹음한 경우에도 그 비디오테이프의 진술부분에 대하여도 위와 마찬가지로 취급하여야 할 것이다.

[2] 공범의 성립에 있어서 공모는 법률상 어떤 정형을 요구하는 것이 아니고 공범자 상호간에 직접 또는 간접으로 범죄의 공동실행에 관한 암묵적인 의사연락이 있으면 족하다. 이에 대하여는 직접 증거가 없더라도 정황사실과 경험법칙에 의하여 이를 인정할 수 있다.

④ 甲과 乙이 기소되어 병합심리되었는데, ^{공동피고인+} 甲이 피고인신문절차에서 "乙이 먼저 나를 폭행하였다."라는 진술을 하였다면 이 진술은 乙의 폭행죄에 대하여 증거능력이 있다. ^{없다}

┃해설 및 정답┃ 2020년 제9회 변호사시험 기출문제 34 　　　　　　**정답** ✕

대법원 1982. 9. 14. 선고 82도1000 판결 [폭력행위등 처벌 관한 법률 위반]

[판시사항] 피고인과 별개의 범죄사실로 기소되어 병합심리 중인 **공동피고인의 법정진술 및 피의자 신문조서의 증거능력**

[판결요지] 피고인과 별개의 범죄사실로 기소되어 병합심리 중인 **공동피고인**은 피고인의 범죄사실에 관하여는 증인의 지위에 있다 할 것이다. 그러므로 선서 없이 한 공동피고인의 법정진술 또는 피고인이 증거로 함에 동의한 바 없는 공동피고인에 대한 피의자신문조서는 피고인의 공소 범죄사실을 인정하는 증거로 할 수 없다.

⑤ 乙이 제1심에서 폭행죄로 벌금 100만 원을 선고받고 항소하였는데, 항소심 계속 중 甲이 乙에 대한 처벌의사를 철회하였다면, 항소심 법원은 乙에게 ~~공소가 각판결을 하여야 한다.~~

┃해설 및 정답┃ 2020년 제9회 변호사시험 기출문제 34 　　　　　　**정답** ✕

형법 제260조 · 형사소송법 제232조 · 형사소송법 제327조 제6호.

(중요) **06** ★★★★★

상습도박자인 甲은 도박의 습벽 없는 乙을 도박에 가담하도록 교사하였고, ^{상습도박교사죄+} 이를 승낙한 乙은 丙을 포함한 4명이 참여하고 있는 도박에 가담하였다. ^{도박죄 공동정범+} 이웃 주민의 신고로 도박 현장에 출동한 사법경찰관 P1이 도박을 하고 있던 丙을 현행범으로 체포하려고 하자 丙은 휴대하고 있던 등산용 칼을 휘둘러 P1에게 전치 4주의 상해를 가하였다. ^{특수공무방해치상죄+} 사법경찰관 P2는 甲과 乙에 대한 피의자신문조서를 작성하였는데, 乙에 대한 피의자신문조서에는 甲의 교사에 의해 도박에 가담하게 되었다는 자백 취지의 진술이 기재되어 있다.

한편 甲이 수사과정에서 L을 변호인으로 선임하여 상습도박 혐의를 빠져나갈 수 있는 방법에 대해 자문을 구하자 L은 이에 대한 자문의견서를 甲에게 이메일로 송부하였는데, P2는 적법하게 그 자문의견서를 압수하였다. 기소된 甲과 乙이 병합심리를 받던 중 乙은 외국으로 이민을 떠났다. 이에 관한 설명 중 옳은 것을 모두 고른 것은? (다툼이 있는 경우 판례에 의함)

(중요) ① 甲에게는 상습도박죄의 교사범이, 乙에게는 단순도박죄의 정범이 성립한다.

해설 및 정답 2020년 제9회 변호사시험 기출문제 35 ★ **정답** ○

대법원 1994. 12. 23. 선고 93도1002 판결 [모해위증교사] ★★★★★

[판시사항] [1] 형법 제33조 소정의 '신분관계'의 의미 [2] **위증죄와 모해위증죄가 형법 제33조 단서 소정의 '신분관계로 인하여 형의 경중이 있는 경우'에 해당하는지 여부** [3] 모해할 목적으로 위증을 교사하였다면 그 정범에게 모해의 목적이 없다 하더라도 모해위증교사죄로 처단할 수 있는지 여부 [4] 형법 제33조 단서를 적용한 취의로 해석된다면 법률적용에서 그 단서 조항을 명시하지 않았다 하더라도 위법이 있다고 할 수 없는지 여부 [5] 형법 제33조 단서가 형법 제31조 제1항에 우선 적용되어 신분이 있는 교사범이 신분이 없는 정범보다 중하게 처벌되는지 여부

[판결요지] [1] 형법 제33조 소정의 이른바 신분관계라 함은 남녀의 성별, 내·외국인의 구별, 친족관계, 공무원인 자격과 같은 관계뿐만 아니라 널리 일정한 범죄행위에 관련된 범인의 인적관계인 특수한 지위 또는 상태를 지칭하는 것이다.

[2] 형법 제152조 제1항과 제2항은 위증을 한 범인이 형사사건의 피고인 등을 '모해할 목적'을 가지고 있었는가 아니면 그러한 목적이 없었는가 하는 범인의 특수한 상태의 차이에 따라 범인에게 과할 형의 경중을 구별하고 있다. 그러므로 **이는 바로 형법 제33조 단서 소정의 "신분관계로 인하여 형의 경중이 있는 경우"에 해당한다고 봄이 상당하다.**

[3] 피고인이 갑을 모해할 목적으로 을에게 위증을 교사한 이상, 가사 정범인 을에게 모해의 목적이 없었다고 하더라도, 형법 제33조 단서의 규정에 의하여 피고인을 모해위증교사죄로 처단할 수 있다.

[4] 구체적인 범죄사실에 적용하여야 할 실체법규 이외의 법규에 관하여는 판결문상 그 규정을 적용한 취지가 인정되면 되고 특히 그 법규를 법률적용란에서 표시하지 아니하였다 하여 위법이라고 할 수 없다. 그러므로 **모해의 목적으로 그 목적이 없는 자를 교사하여 위증죄를 범한 경우 그 목적을 가진 자는 모해위증교사죄로, 그 목적이 없는 자는 위증죄로 처벌할 수 있다고 설시한 다음 피고인을 모해위증교사죄로 처단함으로써 사실상 형법 제33조 단서를 적용한 취의로 해석되는 이상, 법률적용에서 위 단서 조항을 빠뜨려 명시하지 않았다고 하더라도 이로써 판결에 영향을 미친 위법이 있다고 할 수 없는 것이다.**

[5] 형법 제31조 제1항은 협의의 공범의 일종인 교사범이 그 성립과 처벌에 있어서 정범에 종속한다는 일반적인 원칙을 선언한 것에 불과하다. **신분관계로 인하여 형의 경중이 있는 경우에 신분이 있는 자가 신분이 없는 자를 교사하여 죄를 범하게 한 때에는 형법 제33조 단서가 형법 제31조 제1항에 우선하여 적용됨으로써 신분이 있는 교사범이 신분이 없는 정범보다 중하게 처벌된다.**

② 丙에게는 ~~특수공무집행방해치상죄(3년 이상의 유기징역)~~와 ~~특수상해죄(1년 이상 10년 이하의 징역)의 상상적 경합범이 성립한다.~~

해설 및 정답 2020년 제9회 변호사시험 기출문제 35 **정답** ×

대법원 2008. 11. 27. 선고 2008도7311 판결 [특수공무집행방해치상·폭력행위등 처벌 관한 법률 위반(집단·흉기등상해)·도로교통법위반(무면허운전)]

[판시사항] [1] 부진정결과적가중범에서 고의로 중한 결과를 발생하게 한 행위를 더 무겁

게 처벌하는 규정이 없는 경우, 결과적가중범과 고의범의 죄수관계 [2] 직무를 집행하는 공무원에 대하여 위험한 물건을 휴대하여 고의로 상해를 가한 경우, 특수공무집행방해치상죄 외에 폭력행위 등 처벌에 관한 법률 위반(집단·흉기 등 상해)죄를 구성하는지 여부(소극)

[판결요지] [1] 기본범죄를 통하여 고의로 중한 결과를 발생하게 한 경우에 가중 처벌하는 부진정결과적가중범에서, 고의로 중한 결과를 발생하게 한 행위가 별도의 구성요건에 해당하고 그 고의범에 대하여 결과적가중범에 정한 형보다 더 무겁게 처벌하는 규정이 있는 경우에는 그 고의범과 결과적가중범이 상상적 경합관계에 있다. 하지만 위와 같이 고의범에 대하여 더 무겁게 처벌하는 규정이 없는 경우에는 결과적가중범이 고의범에 대하여 특별관계에 있다. 그러므로 결과적가중범만 성립하고 이와 법조경합의 관계에 있는 고의범에 대하여는 별도로 죄를 구성하지 않는다.

[2] 직무를 집행하는 공무원에 대하여 위험한 물건을 휴대하여 고의로 상해를 가한 경우에는 특수공무집행방해치상죄만 성립할 뿐이다. 이와는 별도로 폭력행위 등 처벌에 관한 법률 위반(집단·흉기 등 상해)죄를 구성하지 않는다.

③ 만약 P2로부터 출석요구를 받은 乙이 사촌동생 丁을 시켜 乙이 아닌 丁이 도박을 한 것처럼 거짓으로 자수하도록 하였다면 乙에게는 범인도피교사죄가 성립한다.

┃**해설 및 정답**┃ 2020년 제9회 변호사시험 기출문제 35　　　　　　　　　　**정답**　○

대법원 2006. 12. 7. 선고 2005도3707 판결 [범인도피교사]

[판결요지] [1] 범인이 자신을 위하여 타인으로 하여금 허위의 자백을 하게 하여 범인도피죄를 범하게 하는 행위는 방어권의 남용으로 범인도피교사죄에 해당한다. 이 경우 그 타인이 형법 제151조 제2항에 의하여 처벌을 받지 아니하는 친족, 호주 또는 동거 가족에 해당한다 하여 달리 볼 것은 아니다.

[2] 무면허 운전으로 사고를 낸 사람이 동생을 경찰서에 대신 출두시켜 피의자로 조사받도록 한 행위는 범인도피교사죄를 구성한다.

⸨중요⸩ ④ 검사가 甲에 대한 유죄의 증거로 자문의견서를 제출하자 甲이 증거로 함에 부동의하였고, 증인으로 소환된 L이 증언거부권이 있음을 이유로 증언을 거부한 경우, 그 자문의견서는 증거능력이 인정된다.

┃**해설 및 정답**┃ 2020년 제9회 변호사시험 기출문제 35 ★　　　　　　　**정답**　×

대법원 2019. 11. 21. 선고 2018도13945 전원합의체 판결 [마약류관리에 관한 법률 위반(향정)] 〈증인이 정당한 이유 없이 증언을 거부한 경우, 그의 진술이 기재된 검찰 진술조서의 증거능력이 인정되는지 문제된 사건〉

[판시사항] 수사기관에서 진술한 참고인이 법정에서 증언을 거부하여 피고인이 반대신문

을 하지 못하였으나 정당하게 증언거부권을 행사한 것이 아닌 경우, 형사소송법 제314조의 '그 밖에 이에 준하는 사유로 인하여 진술할 수 없는 때'에 해당하는지 여부(원칙적 소극) 및 이때 수사기관에서 그 증인의 진술을 기재한 서류의 증거능력 유무(소극)

[판결요지] [다수의견] 수사기관에서 진술한 참고인이 법정에서 증언을 거부하여 피고인이 반대신문을 하지 못한 경우에는 정당하게 증언거부권을 행사한 것이 아니라도, 피고인이 증인의 증언거부 상황을 초래하였다는 등의 특별한 사정이 없는 한 형사소송법 제314조의 '그 밖에 이에 준하는 사유로 인하여 진술할 수 없는 때'에 해당하지 않는다고 보아야 한다. 따라서 증인이 정당하게 증언거부권을 행사하여 증언을 거부한 경우와 마찬가지로 수사기관에서 그 증인의 진술을 기재한 서류는 증거능력이 없다.

다만 피고인이 증인의 증언거부 상황을 초래하였다는 등의 특별한 사정이 있는 경우에는 형사소송법 제314조의 적용을 배제할 이유가 없다. 이러한 경우까지 형사소송법 제314조의 '그 밖에 이에 준하는 사유로 인하여 진술할 수 없는 때'에 해당하지 않는다고 보면, 사건의 실체에 대한 심증 형성은 법관의 면전에서 본래증거에 대한 반대신문이 보장된 증거조사를 통하여 이루어져야 한다는 실질적 직접심리주의와 전문법칙에 대하여 예외를 정한 형사소송법 제314조의 취지에 반하고 정의의 관념에도 맞지 않기 때문이다.

⑤ 검사가 甲에 대한 유죄의 증거로 P2가 작성한 乙에 대한 피의자신문조서를 제출하자 甲이 그 조서의 내용을 부인하면서 증거로 함에 부동의한 경우, 원진술자인 乙이 외국에 거주 중이므로 증거능력이 인정된다.

▎**해설 및 정답** 2020년 제9회 변호사시험 기출문제 35 　　　　**정답** ✕

대법원 2009. 11. 26. 선고 2009도6602 판결 [마약류관리에 관한 법률 위반(향정)·특정범죄가중처벌등에 관한 법률 위반(향정)·사기]

[판시사항] 피고인과 공범관계에 있는 다른 피의자에 대한 검사 이외의 수사기관 작성의 피의자신문조서의 증거능력과 형사소송법 제314조의 적용 여부(소극)

[판결요지] 형사소송법 제312조 제3항은 검사 이외의 수사기관이 작성한 당해 피고인에 대한 피의자신문조서를 유죄의 증거로 하는 경우뿐만 아니라 검사 이외의 수사기관이 작성한 당해 피고인과 공범관계에 있는 다른 피고인이나 피의자에 대한 피의자신문조서 또는 공동피의자에 대한 피의자신문조서를 당해 피고인에 대한 유죄의 증거로 채택할 경우에도 적용된다. 당해 피고인과 공범관계가 있는 다른 피의자에 대한 검사 이외의 수사기관 작성의 피의자신문조서는 그 피의자의 법정진술에 의하여 그 성립의 진정이 인정되더라도 당해 피고인이 공판기일에서 그 조서의 내용을 부인하면 증거능력이 부정되므로, 그 당연한 결과로 그 피의자신문조서에 대하여는 사망 등 사유로 인하여 법정에서 진술할 수 없는 때에 예외적으로 증거능력을 인정하는 규정인 형사소송법 제314조가 적용되지 않는다(대법원 2002. 6. 14. 선고 2002도2157 판결, 대법원 2004. 7. 15. 선고 2003도7185 전원합의체 판결 등 참조).

07 ★★★★★

甲은 2019. 8. 1. A에게 X건물을 2억 원에 매도하였다. 甲은 A로부터 2019. 8. 1. 계약금 2,000만 원, 2019. 9. 1. 중도금 8,000만 원을 지급받았다.

그런데 甲은 2019. 11. 1. A로부터 잔금 1억 원을 지급받고 소유권이전등기 관련 서류를 교부해 주기로 하였음에도 2019. 10. 1. B에게 X건물을 매매대금 3억 원에 매도하면서, B로부터 매매대금 전액을 지급받고 2019. 10. 30. B에게 그 소유권이전등기를 마쳐 주었다.^{배임죄+} 이에 관한 설명 중 옳은 것(○)과 옳지 않은 것(×)을 올바르게 조합한 것은? (다툼이 있는 경우 판례에 의함)

중요 ① A로부터 중도금을 지급받은 甲은 '타인의 사무를 처리하는 자'에 해당하여 배임죄의 죄책을 진다.

■ 해설 및 정답 2020년 제9회 변호사시험 기출문제 37 ★ **정답** ○

대법원 2018. 5. 17. 선고 2017도4027 전원합의체 판결 [특정경제범죄가중처벌등에 관한 법률 위반(배임)·특정경제범죄가중처벌등에 관한 법률 위반(증재등)] 〈부동산 이중매매 배임죄 사건〉 ★★★★★

[판시사항] [1] 부동산 매매계약에서 중도금이 지급되는 등 계약이 본격적으로 이행되는 단계에 이른 경우, 그때부터 매도인은 배임죄에서 말하는 '타인의 사무를 처리하는 자'에 해당하는지 여부(적극) 및 그러한 지위에 있는 매도인이 매수인에게 계약 내용에 따라 부동산의 소유권을 이전해 주기 전에 그 부동산을 제3자에게 처분하고 제3자 앞으로 그 처분에 따른 등기를 마쳐 준 경우, 배임죄가 성립하는지 여부(적극)

[2] 부동산 매도인인 피고인이 매수인 갑 등과 매매계약을 체결하고 갑 등으로부터 계약금과 중도금을 지급 받은 후 매매목적물인 부동산을 제3자 을 등에게 이중으로 매도하고 소유권이전등기를 마쳐 주어 구 특정경제범죄 가중처벌 등에 관한 법률 위반(배임)으로 기소된 사안이다. 제반 사정을 종합하면 피고인의 행위는 갑 등과의 신임관계를 저버리는 임무위배행위로서 배임죄가 성립한다. 피고인에게 배임의 범의와 불법이득의사가 인정된다. 그럼에도 이와 달리 보아 공소사실을 무죄로 판단한 원심판결에 배임죄에서 '타인의 사무를 처리하는 자', 범의 등에 관한 법리오해의 위법이 있다고 한 사례.

[판결요지] [1] [다수의견] 부동산 매매계약에서 계약금만 지급된 단계에서는 어느 당사자나 계약금을 포기하거나 그 배액을 상환함으로써 자유롭게 계약의 구속력에서 벗어날 수 있다. 그러나 **중도금이 지급되는 등 계약이 본격적으로 이행되는 단계에 이른 때에는** 계약이 취소되거나 해제되지 않는 한 매도인은 매수인에게 부동산의 소유권을 이전해 줄 의무에서 벗어날 수 없다. 따라서 이러한 단계에 이른 때에 매도인은 매수인에 대하여 매수인의 재산보전에 협력하여 재산적 이익을 보호·관리할 신임관계에 있게 된다. 그때부터 매도인은 배임죄에서 말하는 '타인의 사무를 처리하는 자'에 해당한다고 보아야 한다. 그러한 지위에 있는 매도인이 매수인에게 계약 내용에 따라 부동산의 소유권을 이전해 주기 전에 그 부동산을 제3자에게 처분하고 제3자 앞으로 그 처분에 따른 등기를 마쳐 준 행위는 매수인의 부동산 취득 또는 보전에 지장을 초래하는 행위이다. 이는 매수

인과의 신임관계를 저버리는 행위로서 배임죄가 성립한다.

그 이유는 다음과 같다. ① 개인의 재산권 보호가 소홀해지지 않도록 유의해야 한다. ② 거래의 사회경제적 의미는 여전히 크다. ③ 중도금이 지급된 단계부터는 매도인이 매수인의 재산보전에 협력하는 신임관계가 당사자 관계의 전형적·본질적 내용이 된다. 이러한 신임관계에 있는 매도인은 매수인의 소유권 취득 사무를 처리하는 자로서 배임죄에서 말하는 '타인의 사무를 처리하는 자'에 해당하게 된다. 그러한 지위에 있는 매도인이 매수인에게 소유권을 이전하기 전에 고의로 제3자에게 목적부동산을 처분하는 행위는 매매계약상 혹은 신의칙상 당연히 하지 않아야 할 행위로서 배임죄에서 말하는 임무위배행위로 평가할 수 있다. ④ 부동산 이중매매를 억제하고 매수인을 보호하는 역할을 충실히 수행하여 왔고, 현재 우리의 부동산 매매거래 현실에 비추어 보더라도 여전히 타당하다. 이러한 법리가 부동산 거래의 왜곡 또는 혼란을 야기하는 것도 아니고, 매도인의 계약의 자유를 과도하게 제한한다고 볼 수도 없다. 따라서 기존의 판례는 유지되어야 한다.

[대법관 김창석, 대법관 김신, 대법관 조희대, 대법관 권순일, 대법관 박정화의 반대의견] ★★★★★

부동산 매매계약이 체결된 경우, 계약 체결과 동시에 그 계약의 효력으로 매도인에게는 부동산 소유권이전의무가 발생하고, 매수인에게는 매매대금 지급의무가 발생한다. 매도인이나 매수인의 이러한 의무는 매매계약에 따른 각자의 '자기의 사무'일 뿐 '타인의 사무'에 해당한다고 볼 수 없다. 소유권이전등기를 마쳐 물권을 취득하기 전에는 채권자로서 대등한 법적 지위를 보장받아야 할 제1매수인과 제2매수인에 대하여 배임죄 성립에 있어서 보호 정도를 달리할 논리적 근거는 어디에서도 찾아볼 수 없다. 한편 다수의견과 같이 매수인의 재산보전에 협력할 의무가 있음을 이유로 매도인이 '타인의 사무를 처리하는 자'에 해당하여 그를 배임죄로 처벌할 수 있다고 본다면, 이는 **대법원이 종래 동산 이중매매 사건에서 선고한 판시와 배치된다.**

[2] 피고인의 행위는 갑 등과의 신임관계를 저버리는 임무위배행위로서 배임죄가 성립하고, 또한 매매계약은 당시 적법하게 해제되지 않았고, 설령 피고인이 적법하게 해제되었다고 믿었더라도 그 믿음에 정당한 사유가 있다고 보기 어려워 피고인에게 배임의 범의와 불법이득의사가 인정됨에도, 이와 달리 보아 공소사실을 무죄로 판단한 원심판결에 배임죄에서 '타인의 사무를 처리하는 자', 범의에 관한 법리오해 위법이 있다고 한 사례.

② 만약 甲이 B와의 매매계약에 따라 B로부터 계약금만 지급받은 뒤 더 이상의 계약이행에 나아가지 않았더라도, 그러한 甲의 행위는 배임죄의 실행의 착수에 이른 것이므로 A에 대한 배임미수죄에 해당한다.

┃해설 및 정답┃ 2020년 제9회 변호사시험 기출문제 37 　　　　　**정답** ✕

대법원 2003. 3. 25. 선고 2002도7134 판결 [배임미수]

[판시사항] [1] 부동산의 이중양도와 배임죄 실행의 착수 시기 [2] 배임죄의 실행의 착수가 있었다고 볼 수 없다고 한 사례.

[판결요지] [1] 부동산의 이중양도에 있어서 매도인이 제2차 매수인으로부터 계약금만을 지급 받고 중도금을 수령한 바 없다면 배임죄의 실행의 착수가 있었다고 볼 수 없다.

[2] 피고인이 제1차 매수인으로부터 계약금 및 중도금 명목의 금원을 교부 받은 후 제2차 매수인에게 부동산을 매도하기로 하고 계약금만을 지급 받은 뒤 더 이상의 계약 이행에 나아가지 않았다면 배임죄의 실행의 착수가 있었다고 볼 수 없다고 한 사례.

③ 만약 甲이 A에게 X건물을 증여하고 증여의 의사를 서면으로 표시한 상황에서 B에게 X건물을 매도하여 그 소유권이전등기를 마쳐 준 경우라면, ~~배임죄의 죄책을 지지 않는다.~~

해설 및 정답   2020년 제9회 변호사시험 기출문제 37   **정답** ✕

대법원 2018. 12. 13. 선고 2016도19308 판결 [배임] ★★★★★

[판시사항] [1] 부동산 매매계약에서 중도금이 지급되는 등 계약이 본격적으로 이행되는 단계에 이른 경우, 그때부터 매도인은 배임죄에서 말하는 '타인의 사무를 처리하는 자'에 해당하는지 여부(적극) 및 그러한 지위에 있는 매도인이 매수인에게 계약 내용에 따라 부동산의 소유권을 이전해 주기 전에 부동산을 제3자에게 처분하여 등기를 하는 행위가 배임죄를 구성하는지 여부(적극) / 서면으로 부동산 증여의 의사를 표시한 증여자가 '타인의 사무를 처리하는 자'에 해당하는지 여부(적극) 및 그가 수증자에게 증여계약에 따라 부동산의 소유권을 이전하지 않고 부동산을 제3자에게 처분하여 등기를 하는 행위가 배임죄를 구성하는지 여부(적극)

[2] 피고인이 갑과의 증여계약에 따라 목장용지 중 1/2 지분을 갑에게 증여하고 증여의 의사를 서면으로 표시하였다. 그런데 그 후 금융기관에서 일정 금액의 돈을 대출받으면서 목장용지에 금융기관 앞으로 근저당권설정등기를 마침으로써 피담보채무액 중 1/2 지분에 해당하는 금액의 재산상 이익을 취득하고, 갑에게 같은 금액의 재산상 손해를 입혔다고 하여 배임으로 기소된 사안이다. 서면으로 증여의 의사를 표시한 증여자의 소유권이전등기의무가 증여자 자기의 사무일 뿐이라는 전제에서 공소사실을 무죄로 판단한 원심판결에 법리오해 등의 잘못이 있다고 한 사례.

[판결요지] 부동산 매매계약에서 중도금이 지급되는 등 계약이 본격적으로 이행되는 단계에 이른 때에는 계약이 취소되거나 해제되지 않는 한 매도인은 매수인에게 부동산의 소유권을 이전할 의무에서 벗어날 수 없다. 이러한 단계에 이른 때에 매도인은 매수인에게 매수인의 재산보전에 협력하여 재산적 이익을 보호·관리할 신임관계에 있게 되고, 그때부터 배임죄에서 말하는 '타인의 사무를 처리하는 자'에 해당한다고 보아야 한다. 그러한 지위에 있는 매도인이 매수인에게 계약 내용에 따라 부동산의 소유권을 이전해 주기 전에 부동산을 제3자에게 처분하여 등기를 하는 행위는 매수인의 부동산 취득이나 보전에 지장을 초래하는 행위로서 배임죄가 성립한다.

이러한 법리는 서면에 의한 부동산 증여계약에도 마찬가지로 적용된다. 서면으로 부동산 증여의 의사를 표시한 증여자는 계약이 취소되거나 해제되지 않는 한 수증자에게 목적부동산의 소유권을 이전할 의무에서 벗어날 수 없다. 그러한 증여자는 '타인의 사무를 처리하는 자'에 해당하고, 그가 수증자에게 증여계약에 따라 부동산의 소유권을 이전하지 않고 부동산을 제3자에게 처분하여 등기를 하는 행위는 수증자와의 신임관계를 저버리는 행위로서 배임죄가 성립한다.

④ 만약 A가 甲의 사촌동생이고 甲의 위 행위로 인한 이득액이 5억 원 이상이라면 이는 특정경제범죄가중처벌등에관한법률위반(배임)죄에 해당하나 친족상도례 규정이 적용된다.

│해설 및 정답│ 2020년 제9회 변호사시험 기출문제 37　　　　　　　　**정답** ○

대법원 2013. 9. 13. 선고 2013도7754 판결 [특정경제범죄 가중처벌 등에 관한 법률 위반(횡령)]

[판시사항] 친족상도례에 관한 형법 규정이 특정경제범죄 가중처벌 등에 관한 법률 제3조 제1항 위반죄에도 적용되는지 여부(적극)

[판결요지] 형법 제361조, 제328조의 규정에 의하면, 직계혈족, 배우자, 동거친족, 동거가족 또는 그 배우자 간의 횡령죄는 그 형을 면제하여야 하고 그 외의 친족 간에는 고소가 있어야 공소를 제기할 수 있다. **형법상 횡령죄의 성질은 '특정경제범죄 가중처벌 등에 관한 법률'(이하 '특경법'이라고 한다) 제3조 제1항에 의해 가중 처벌되는 경우에도 그대로 유지되고, 특경법에 친족상도례에 관한 형법 제361조, 제328조의 적용을 배제한다는 명시적인 규정이 없다. 형법 제361조는 특경법 제3조 제1항 위반죄에도 그대로 적용된다.**

⒡ 중요

> 특정경제범죄가중처벌등에 관한 법률 제3조((특정재산범죄의 가중처벌))
> ① 「형법」 제347조(사기), 제347조의2(컴퓨터등 사용사기), 제350조(공갈), 제350조의2(특수공갈), 제351조(제347조, 제347조의2, 제350조 및 제350조의2의 상습범만 해당한다), 제355조(횡령·배임) 또는 제356조(업무상의 횡령과 배임)의 죄를 범한 사람은 그 범죄행위로 인하여 취득하거나 제3자로 하여금 취득하게 한 재물 또는 재산상 이익의 가액(이하 이 조에서 "이득액"이라 한다)이 **5억원 이상**일 때에는 **다음 각 호의 구분에 따라 가중처벌한다.** 〈개정 2016.1.6, 2017.12.19〉
> 1. 이득액이 50억원 이상일 때: 무기 또는 5년 이상의 징역
> 2. **이득액이 5억원 이상 50억원 미만일 때: 3년 이상의 유기징역**
> ② 제1항의 경우 이득액 이하에 상당하는 벌금을 병과 할 수 있다.
> [전문개정 2012.2.10.]
> 일부개정 2017. 12. 19. [법률 제15256호, 시행 2018. 3. 20.] 법무부

⑤ 만약 甲이 Y건물을 추가로 이중매매하였고 검사가 甲의 X, Y건물에 대한 배임행위를 포괄하여 특정경제범죄가중처벌등에관한법률위반(배임)죄로 기소하였는데 법원 심리결과 단순 배임죄의 경합범으로 확인되었다면, 법원은 공소장변경이 없더라도 단순 배임죄의 경합범으로 유죄를 인정할 수 있다.

│해설 및 정답│ 2020년 제9회 변호사시험 기출문제 37　　　　　　　　**정답** ○

대법원 1987. 5. 26. 선고 87도527 판결 [강도상해]

[판시사항] [1] 한 개의 강도행위 기회에 수 명에게 각 폭행을 가하여 각 상해를 입힌 경

우의 죄수 [2] 포괄1죄로 기소한 것을 공소장변경 없이 실체적 경합범으로 처단할 수 있는지 여부

[판결요지] [1] 강도가 한 개의 강도범행을 하는 기회에 수 명의 피해자에게 각 폭행을 가하여 각 상해를 입힌 경우에는 각 피해자별로 수개의 강도상해죄가 성립하며 이들은 실체적 경합범의 관계에 있다.

[2] 법원이 동일한 범죄사실을 가지고 포괄일죄로 보지 아니하고 실체적 경합관계에 있는 수죄로 인정하였다. 그렇더라도 이는 다만 죄수에 관한 법률적 평가를 달리한 것에 불과할 뿐이지 소추대상인 공소사실과 다른 사실을 인정한 것도 아니다. 또 피고인의 방어권행사에 실질적으로 불이익을 초래할 우려도 없다. 그러므로 불고불리의 원칙에 위반되는 것이 아니다.

대법원 1993. 6. 22. 선고 93도743 판결 [특정경제범죄 가중처벌 등에 관한 법률 위반(업무상배임), 공기호부정사용, 부정수표단속법위반, 특정경제범죄 가중처벌 등에 관한 법률 위반(사기)]

[판시사항] [1] 수인의 피해자에 대하여 각 별도로 소유권이전등기절차를 이행하여 줄 업무상 임무가 있는 경우 단일한 범의하에 시간상 근접하여 범한 업무상 배임죄의 죄수관계(=실체적 경합범) [2] 특정경제범죄가중처벌등에 관한 법률 제3조 제1항 소정의 "이득액"의 의미 [3] 수인의 피해자에 대하여 단일한 범의하에 동일한 방법으로 각별로 기망행위를 하여 각각 재물을 편취한 사기죄의 죄수관계(=실체적 경합범)

[판결요지] [1] 피해자들에 대하여 각 별도로 아파트에 관하여 소유권이전등기절차를 이행하여 주어야 할 업무상 임무가 있었다면 각 피해자의 보호법익은 독립한 것이다. 범의가 단일하고 제3자 앞으로 각 소유권이전등기 및 근저당권설정등기를 한 각 행위시기가 근접하여 있으며 피해자들이 소유권이전등기를 받을 동일한 권리를 가진 자라고 하여도 위 범행을 포괄 1죄라고 볼 수 없다. 피해자별로 독립한 수 개의 업무상 배임죄가 성립된다.

[2] 특정경제범죄가중처벌등에 관한 법률 제3조 제1항에서 말하는 이득액은 단순 1죄의 이득액이나 포괄 1죄가 성립되는 경우의 이득액의 합산액을 의미하는 것이다. 경합범으로 처벌될 수죄에 있어서 이득액을 합한 금액을 의미하는 것이 아니다.

[3] 수인의 피해자에 대하여 각별로 기망행위를 하여 각각 재물을 편취한 경우에는 범의가 단일하고 범행방법이 동일하더라도 각 피해자의 피해법익은 독립한 것이다. 그러므로 이를 포괄 1죄로 파악할 수 없고 피해자별로 독립한 사기죄가 성립된다.

중요 **08** ★★★★★

甲과 乙은 공모하여 A의 자전거를 편취한 사기죄의 공범으로, ^{사기죄 공범인 공동피고인+} 丙은 甲·乙이 편취한 정을 알고도 위 자전거를 매수한 장물취득죄로 함께 기소된 공동피고인이다. ^{장물취득죄+ 공동피고인으로 함께 재판+} 甲은 공소사실을 부인하고 있는 반면, 乙과 丙은 공소사실을 자백하고 있다. 이에 관한 설명 중 옳지 않은 것은? (다툼이 있는 경우 판례에 의함)

① 乙의 법정진술은 이에 대한 甲의 반대신문권이 보장되어 있어 증인으로 신문한 경우와 다를 바 없으므로 甲에 대한 유죄의 증거로 사용할 수 있다.

해설 및 정답 2020년 제9회 변호사시험 기출문제 38 　　　　　**정답** ○

공범인 공동피고인 법정자백은 독립한 증거로 사용이 가능하다.

대법원 1987. 7. 7. 선고 87도973 판결 [특정범죄가중처벌등에 관한 법률 위반(뇌물)·폭력행위등 처벌에 관한 법률 위반]

[판시사항] 공동피고인의 자백의 증거능력

[판결요지] 공동피고인의 자백은 이에 대한 피고인의 반대신문권이 보장되어 있어 증인으로 신문한 경우와 다를 바 없다. 그러므로 독립한 증거능력이 있다.

(중요) ② 甲을 조사하였던 사법경찰관 P가 법정에서 "甲이 수사과정에서 범행을 자백하였다."라고 진술하였을 경우, 甲의 진술이 특히 신빙할 수 있는 상태하에서 행하여졌음이 증명되면, P의 법정진술을 甲에 대한 유죄의 증거로 사용할 수 있다.

해설 및 정답 2020년 제9회 변호사시험 기출문제 38 　　　　　**정답** ○

형사소송법 제316조 적용(특신상태+ 증거능력+)

형사소송법 제316조(전문진술)

① 법원은 공판준비·공판기일에서 다음 각 호에 모두 해당하는 경우 피고인이 아닌 사람(피고인을 공소제기 전에 피의자로 조사하였거나 또는 그 조사에 참여하였던 사람을 포함한다. 이하 이 조에서 같다) 진술을 증거로 사용할 수 있다.

1. **피고인 진술**을 내용으로 하는 경우

2. 피고인 진술이 **특별히 신빙**할 수 있는 상태에서 이루어진 것이 증명된 경우

[개정 2007.6.1] [[시행일 2008.1.1.]]

② 공판준비·공판기일에서 다음 각 호 사유를 모두 충족한 경우 피고인 아닌 사람 진술을 증거로 사용할 수 있다.

1. **피고인 아닌 제3자 진술**을 그 내용으로 하는 경우

2. 원진술자가 사망·질병·외국거주·소재불명·이에 준하는 그 밖에 사유로 공판준비·공판기일에서 **원진술자 진술이 불가능**한 경우

3. 그 진술이 **특별히 신빙**할 수 있는 상태에서 이루어진 것이 증명된 경우

[개정 95·12·29, 2007.6.1] [[시행일 2008.1.1.]] [전문개정 61·9·1]

(중요) ③ 乙에 대한 검사 작성의 피의자신문조서는 적법한 절차와 방식에 따라 작성된 것으로서 乙이 법정에서 실질적 진정성립을 인정하고 임의성과 특신상태가 인정되며 甲에게 반대신문의 기회가 부여된 경우에는 甲이 이를 증거로 함에 부

동의하였더라도 甲에 대한 유죄의 증거로 사용할 수 있다.^{없다}

해설 및 정답 2020년 제9회 변호사시험 기출문제 38 　　　　　　　　　　**정답** ✕

당해 피고인과 공범·공동피고인 관계에 있는 자에 대한 검사작성 피의자신문조서는 형사소송법 제312조 제1항을 적용한다.

형사소송법 제312조(검사작성 피의자신문조서·사법경찰관작성 피의자신문조서·검찰작성 진술조서·사법경찰관작성 진술조서·검찰수사과정에서 쓴 피의자진술서·경찰수사과정에서 쓴 피의자진술서·검찰수사과정에서 쓴 참고인진술서·경찰수사과정에서 쓴 참고인진술서·검사작성 검증조서와 압수조서·사법경찰관작성 검증조서와 압수조서)

① 법원은 다음 각 호 요건을 모두 충족한 경우 검사가 작성한 피의자신문조서를 증거로 사용할 수 있다.

1. 적법한 절차와 방식에 따라 작성된 경우

2. 피고인 또는 변호인이 공판준비·공판기일에서 검사에게 피의자 신분으로 진술한 내용을 인정하는 진술을 한 경우 〈개정 2020.2.4.〉 ★★★★★

② 삭제 〈2020.2.4.〉 ★★★★★

③ 법원은 **다음 각 호 요건을** 모두 **충족한 경우 사법경찰관이 작성한 피의자신문조서를** 증거로 사용할 수 있다.

1. **적법한 절차와 방식으로 작성된 경우**

2. **피고인·변호인이** 공판준비·공판기일에서 **사법경찰관에게 진술한 내용을 인정하는 진술을 한 경우**

④ 법원은 다음 각 호 요건을 모두 **충족한 경우 검사·사법경찰관이 작성한 피고인이 아닌 제3자(참고인) 진술조서를 증거로 사용할 수 있다.**

1. **적법한 절차와 방식으로 작성된 경우**

2. **원진술자가** 공판준비·공판기일에서 **검사·사법경찰관 앞에서 진술한 내용과 동일하게 기재되어 있음을 다시 진술하거나 또는 영상녹화물·그 밖에 객관적인 방법으로 증명된 경우**

3. **피고인·변호인이** 공판준비·공판기일에서 **진술조서에 기재된 내용에 대해 원진술자에게 반대신문을 할 수 있었던 경우**

4. **참고인 진술조서에 기재된 진술이 특별히 신빙할 수 있는 상태에서 이루어진 것이 증명된 경우**

⑤ 법원은 피고인이 되기 전 피의자가 **수사과정에서 쓴 피의자진술서·참고인이 수사과정에서 쓴 진술서 경우** 다음 각 호에 근거하여 증거로 사용할 수 있다.

1. 피의자가 **검찰수사과정에서 쓴 진술서는 제1항·제2항을 준용한다.**

2. 피의자가 **경찰수사과정에서 쓴 진술서는 제3항을 준용한다.**

3. 참고인이 **검찰수사과정에서 쓴 진술서는 제4항을 준용한다.**

4. 참고인이 **경찰수사과정에서 쓴 진술서는 제4항을 준용한다.**

⑥ 법원은 다음 각 호 요건을 모두 **충족한 경우 검사·사법경찰관이 작성한 검증조서와 압수조서를** 증거로 사용할 수 있다.

1. **적법한 절차와 방식으로 작성된 경우**

2. **검증조서와 압수조서를 작성한 사람이** 공판준비·공판기일에서 **진술로 성립진정을 증**

명한 경우
[전문개정 2007.6.1] [[시행일 2008.1.1]]
[본조제목개정 2007.6.1] [[시행일 2008.1.1.]]

제314조(증거능력 예외)
법원은 **제312조·제313조 경우** 공판준비·공판기일에 진술을 해야 하는 사람이 다음 각
호 사유를 **모두 충족한 경우** 조서와 그 밖에 서류(피고인·피고인 아닌 사람이 작성하였거
나 또는 진술한 내용이 포함된 문자·사진·영상 등 정보로서 컴퓨터용디스크·그 밖에
이와 비슷한 정보저장매체에 저장된 것을 포함한다)를 증거로 사용할 수 있다.
1. 사망·질병·외국거주·소재불명·이에 준하는 그 밖에 사유로 공판준비·공판기일에
서 **진술이 불가능한** 경우
2. 진술·작성이 **특별히 신빙**할 수 있는 상태에서 이루어진 것이 증명된 경우
[전문개정 2007.6.1] [시행일 2008.1.1.]
[본조제목개정 2007.6.1] [시행일 2008.1.1.]

④ 乙에 대한 사법경찰관 작성의 피의자신문조서를 甲이 내용부인의 취지로 증거
로 함에 부동의하는 경우에는 乙이 성립의 진정과 내용을 인정하는지 여부와
상관없이 그 피의자신문조서를 甲에 대한 유죄의 증거로 사용할 수 없다.

| 해설 및 정답 | 2020년 제9회 변호사시험 기출문제 38　　　　　　　　　**정답** ○
검사 이외 수사기관 작성 피의자와 그 공범에 대한 피의자신문조서는 모두 형사소송법
제312조 제3항을 적용한다.
대법원 2010. 2. 25. 선고 2009도14409 판결 [식품위생법위반]
[판시사항] [1] 피고인과 공범관계에 있는 다른 피의자에 대하여 검사 이외의 수사기관이
작성한 피의자신문조서의 증거능력 [2] 증인 진술의 신빙성 유무에 관한 제1심의 판단을
항소심이 뒤집을 수 있는지 여부(원칙적 소극)
[판결요지] [1] **공범에 대한 사법경찰관 작성 피의자신문조서의 증거능력에 관하여** 형사소
송법 제312조 제3항은 검사 이외의 수사기관이 작성한 당해 피고인에 대한 피의자신문조
서를 유죄의 증거로 하는 경우뿐만 아니라 검사 이외의 수사기관이 작성한 당해 피고인
과 공범관계에 있는 다른 피고인이나 피의자에 대한 피의자신문조서를 당해 피고인에 대
한 유죄의 증거로 채택할 경우에도 적용된다. 따라서 **당해 피고인과 공범관계가 있는 다**
른 피의자에 대하여 검사 이외의 수사기관이 작성한 피의자신문조서는 그 피의자의 법정
진술에 의하여 그 성립의 진정이 인정되는 등 형사소송법 제312조 제4항의 요건을 갖춘
경우라고 하더라도 당해 피고인이 공판기일에서 그 조서의 내용을 부인한 이상 이를 유
죄 인정의 증거로 사용할 수 없다 (대법원 2004. 7. 15. 선고 2003도7185 전원합의체
판결, 대법원 2009. 7. 9. 선고 2009도2865 판결 등 참조).
[2] 공판중심주의·직접심리주의에 관하여 제1심 증인이 한 진술의 신빙성 유무에 대한 제
1심의 판단을 그대로 유지하는 것이 현저히 부당하다고 인정되는 예외적인 경우가 아니

라면, 항소심으로서는 제1심 증인이 한 진술의 신빙성 유무에 대한 제1심의 판단이 항소심의 판단과 다르다는 이유만으로 이에 대한 제1심의 판단을 함부로 뒤집어서는 아니된다(대법원 2007. 5. 11. 선고 2007도2020 판결 등 참조).

⑤ 만약 乙만 사기죄로 먼저 공소제기 되어 재판을 받았고, 이후에 甲, 丙이 따로 공소제기 되었다면, 乙에 대한 피고사건에서 작성된 공판조서는 「형사소송법」 제311조(법원 또는 법관의 조서)에 해당하므로 甲에 대한 유죄의 증거로 사용할 수 있다.

> **해설 및 정답** 2020년 제9회 변호사시험 기출문제 38 　　　　　　 **정답** ✕
> 형사소송법 제311조 공판조서는 당해 사건만을 의미한다. 다만 315조 제3호에 의해 증거로 사용할 여지는 있다.

> 형사소송법 제311조(법원조서 · 법관조서)
> 법원은 다음 각 호 조서를 증거로 사용할 수 있다.
> 1. 공판준비 · 공판기일에서 피고인 진술내용을 적은 조서
> 2. 공판준비 · 공판기일에서 피고인 아닌 다른 사람 진술내용을 적은 조서
> 3. 법원 · 법관이 조사한 검증결과를 적은 검증조서
> 4. 법원 · 법관이 제184조 · 제221조2에 근거하여 작성한 증거보전조서 · 증인신문조서
>
> 형사소송법 제315조(당연히 증거능력이 있는 서류)
> 법원은 다음 각 호 문서를 증거로 사용할 수 있다. [개정 2007.5.17 제8435호(가족관계의 등록 등에 관한 법률)] [[시행일 2008.1.1]]
> 1. 가족관계기록사항에 관한 증명서 · 공정증서등본 · 그 밖에 공무원 · 외국공무원이 직무상 증명할 수 있는 사항에 관하여 작성된 문서
> 2. 상업장부 · 항해일지 · 그 밖에 업무상 필요하여 작성된 일반문서
> 3. 그 밖에 **특별히** 신용할 만한 정황에서 작성된 문서

09 ★★★★★

甲은 동생인 乙과 공모하여 함께 丙을 상대로 토지거래허가에 필요한 서류라고 속여 서^{사기죄 기망+} 丙으로 하여금 근저당권설정계약서 등에 서명, 날인하게 하고 丙의 인감증명서를 교부받은 다음,^{사기죄 처분행위+} 이를 이용하여 丙 소유의 토지에 관하여 甲을 채무자로 하는 채권최고액 3억 원인 근저당권을 丁에게 설정하여 주고 丁으로부터 2억 원을 차용하였다.^{사기죄 공동정범+}
검사는 甲과 乙을 함께 공소제기하였다. 법정에서 甲은 변론분리 후 증인으로 증언하

면서 자신의 단독 범행이라고 허위의 진술을 하였다. ^{사기죄 공범인 공동피고인을 증인신문함+} 이에 검사는 甲을 위증 혐의로 소환하여 乙과 공범이며 법정에서 위증하였음을 인정하는 취지의 피의자신문조서를 작성하여 증거로 제출하였다. ^{증인신문 후 피의자신문조서 증거능력-} 이에 관한 설명 중 옳은 것은? (다툼이 있는 경우 판례에 의함)

중요 ① 丙의 재산상 처분행위가 없으므로 甲에게 丙에 대한 사기죄가 ~~성립하지 아니한다.~~

‖해설 및 정답‖　2020년 제9회 변호사시험 기출문제 39 ★　　　**정답** ✕

처분행위가 인정되어 사기죄가 성립한다.

대법원 2017. 2. 16. 선고 2016도13362 전원합의체 판결 [특정경제범죄가중처벌등에 관한 법률 위반(사기)(예비적 죄명: 사기)·사기·사문서위조·위조사문서행사·공정증서원본불실기재·불실기재공정증서원본행사·횡령] 〈근저당권설정계약서 등에 대한 피해자의 서명·날인을 사취한 사건〉 ★★★★★

[판시사항] [1] 피기망자가 처분행위의 의미나 내용을 인식하지 못하였으나 피기망자의 작위 또는 부작위가 직접 재산상 손해를 초래하는 재산적 처분행위로 평가되고, 이러한 작위 또는 부작위를 피기망자가 인식하고 한 경우, 사기죄의 처분행위에 상응하는 처분의사가 인정되는지 여부(적극)

[2] 피기망자가 행위자의 기망행위로 인하여 착오에 빠진 결과 내심의 의사와 다른 효과를 발생시키는 내용의 처분문서에 서명 또는 날인함으로써 처분문서의 내용에 따른 재산상 손해가 초래된 경우, 피기망자의 행위가 사기죄에서 말하는 처분행위에 해당하는지 여부(적극) / 이때 **피기망자가 처분결과, 즉 문서의 구체적 내용과 법적 효과를 미처 인식하지 못하였으나 처분문서에 서명 또는 날인하는 행위에 관한 인식이 있었던 경우, 피기망자의 처분의사가 인정되는지 여부(적극)**

[3] 피고인 등이 토지의 소유자이자 매도인인 피해자 갑 등에게 토지거래허가 등에 필요한 서류라고 속여 근저당권설정계약서 등에 서명·날인하게 하고 인감증명서를 교부받은 다음, 이를 이용하여 갑 등의 소유 토지에 피고인을 채무자로 한 근저당권을 을 등에게 설정하여 주고 돈을 차용하는 방법으로 재산상 이익을 취득하였다고 하여 특정경제범죄가중처벌 등에 관한 법률 위반(사기) 및 사기로 기소된 사안에서, 갑 등의 행위는 사기죄에서 말하는 처분행위에 해당하고 갑 등의 처분의사가 인정됨에도, 갑 등에게 그 소유 토지들에 근저당권 등을 설정하여 줄 의사가 없었다는 이유만으로 갑 등의 처분행위가 없다고 본 원심판결에 법리오해의 잘못이 있다고 한 사례.

[판결요지] [1] 피기망자의 의사에 기초한 어떤 행위를 통해 행위자 등이 재물 또는 재산상의 이익을 취득하였다고 평가할 수 있는 경우라면 사기죄에서 말하는 처분행위가 인정된다. 처분의사는 착오에 빠진 피기망자가 어떤 행위를 한다는 인식이 있으면 충분하고, 그 행위가 가져오는 결과에 대한 인식까지 필요하다고 볼 것은 아니다. 착오 상태에서 재산상 손해를 초래하는 행위를 하기에 이르렀다면 피기망자의 처분행위와 그에 상응하는 처분의사가 있다고 보아야 한다. 비록 피기망자가 처분행위의 의미나 내용을 인식하

지 못하였더라도, 피기망자의 작위 또는 부작위가 직접 재산상 손해를 초래하는 재산적 처분행위로 평가되고, 이러한 작위 또는 부작위를 피기망자가 인식하고 한 것이라면 처분행위에 상응하는 처분의사는 인정된다. 다시 말하면 피기망자가 자신의 작위 또는 부작위에 따른 결과까지 인식하여야 처분의사를 인정할 수 있는 것은 아니다.

[2] [다수의견] 피기망자가 행위자의 기망행위로 인하여 착오에 빠진 결과 내심의 의사와 다른 효과를 발생시키는 내용의 처분문서에 서명 또는 날인함으로써 처분문서의 내용에 따른 재산상 손해가 초래되었다면 그와 같은 처분문서에 서명 또는 날인을 한 피기망자의 행위는 사기죄에서 말하는 처분행위에 해당한다. 아울러 비록 피기망자가 처분결과, 즉 문서의 구체적 내용과 법적 효과를 미처 인식하지 못하였더라도, 어떤 문서에 스스로 서명 또는 날인함으로써 처분문서에 서명 또는 날인하는 행위에 관한 인식이 있었던 이상 피기망자의 처분의사 역시 인정된다.

[3] 갑 등은 피고인 등의 기망행위로 착오에 빠진 결과 토지거래허가 등에 필요한 서류로 잘못 알고 처분문서인 근저당권설정계약서 등에 서명 또는 날인함으로써 재산상 손해를 초래하는 행위를 하였으므로 갑 등의 행위는 사기죄에서 말하는 처분행위에 해당하고, 갑 등이 비록 자신들이 서명 또는 날인하는 문서의 정확한 내용과 문서의 작성행위가 어떤 결과를 초래하는지를 미처 인식하지 못하였더라도 토지거래허가 등에 관한 서류로 알고 그와 다른 근저당권설정계약에 관한 내용이 기재되어 있는 문서에 스스로 서명 또는 날인함으로써 그 문서에 서명 또는 날인하는 행위에 관한 인식이 있었던 이상 처분의사도 인정됨에도, 갑 등에게 그 소유 토지들에 근저당권 등을 설정하여 줄 의사가 없었다는 이유만으로 갑 등의 처분행위가 없다고 보아 공소사실을 무죄로 판단한 원심판결에 사기죄의 처분행위에 관한 법리오해의 잘못이 있다고 한 사례.

② 검사가 추가로 제출한 甲에 대한 위증 혐의의 피의자신문조서는 원진술자인 甲이 다시 법정에서 증언하면서 위 조서의 진정 성립을 인정하고 乙에게 반대신문의 기회가 부여되었다면 乙에 대한 유죄의 증거로 ~~사용할 수 있다.~~

해설 및 정답 2020년 제9회 변호사시험 기출문제 39 **정답** ✕

공판정 증언 번복 내용의 검사 작성 피의자신문조서 증거능력 없다.

대법원 2013. 8. 14. 선고 2012도13665 판결 [절도]

[판시사항] 공판준비 또는 공판기일에서 증언을 마친 증인을 검사가 소환한 후 피고인에게 유리한 증언 내용을 추궁하여 일방적으로 번복시키는 방식으로 작성한 진술조서의 증거능력 유무(원칙적 소극) 및 증언을 마친 증인을 상대로 검사가 위증 혐의를 조사한 내용을 담은 피의자신문조서의 경우에도 같은 법리가 적용되는지 여부(적극)

[판결요지] 공판준비 또는 공판기일에서 이미 증언을 마친 증인을 검사가 소환한 후 피고인에게 유리한 증언 내용을 추궁하여 이를 일방적으로 번복시키는 방식으로 작성한 진술조서를 유죄의 증거로 삼는 것은 당사자주의·공판중심주의·직접주의를 지향하는 현행 형사소송법의 소송구조에 어긋나는 것일 뿐만 아니라, 헌법 제27조가 보장하는 기본권, 즉 법관의 면전에서 모든 증거자료가 조사·진술되고 이에 대하여 피고인이 공격·방어

할 수 있는 기회가 실질적으로 부여되는 재판을 받을 권리를 침해하는 것이다. 그러므로 이러한 진술조서는 피고인이 증거로 할 수 있음에 동의하지 아니하는 한 증거능력이 없고, 그 후 원진술자인 종전 증인이 다시 법정에 출석하여 증언을 하면서 그 진술조서의 성립의 진정함을 인정하고 피고인 측에 반대신문의 기회가 부여되었다고 하더라도 그 증언 자체를 유죄의 증거로 할 수 있음은 별론으로 하고 위와 같은 진술조서의 증거능력이 없다는 결론은 달리할 것이 아니다. 이는 검사가 공판준비 또는 공판기일에서 이미 증언을 마친 증인에게 수사기관에 출석할 것을 요구하여 그 증인을 상대로 위증의 혐의를 조사한 내용을 담은 피의자신문조서의 경우도 마찬가지이다.

☞ 왜 이런 사태가 수사기관에서 나오는지 근본적인 성찰이 필요하다.

③ 증언거부사유가 있는 甲이 증언하는 과정에서 증언거부권을 고지받지 못하고 허위진술을 한 경우 ~~항상 위증죄가 성립한다.~~

┃해설 및 정답┃ 2020년 제9회 변호사시험 기출문제 39   **정답** ×

증언거부권 불고지가 증언거부권행사에 사실상 장애를 초래하였다면, 위증죄가 성립하지 않는다.

대법원 2010. 1. 21. 선고 2008도942 전원합의체 판결 [위증]

[판시사항] [1] 위증죄의 구성요건인 '법률에 의하여 선서한 증인'의 의미 [2] 증인신문절차에서 법률에 규정된 증인 보호 규정이 지켜진 것으로 인정되지 않은 경우, 허위진술을 한 증인을 위증죄로 처벌할 수 있는지 여부(원칙적 소극) [3] **증언거부사유가 있음에도 증언거부권을 고지받지 못함으로 인하여 그 증언거부권을 행사하는 데 사실상 장애가 초래되었다고 볼 수 있는 경우 위증죄 성립 여부(소극)**

[판결요지] 증언거부권 제도는 증인에게 증언의무의 이행을 거절할 수 있는 권리를 부여한 것이다. 형사소송법상 증언거부권의 고지 제도는 증인에게 그러한 권리의 존재를 확인시켜 침묵할 것인지 아니면 진술할 것인지에 관하여 심사숙고할 기회를 충분히 부여함으로써 침묵할 수 있는 권리를 보장하기 위한 것이다. 이를 감안할 때, **재판장이 신문 전에 증인에게 증언거부권을 고지하지 않은 경우에도 당해 사건에서 증언 당시 증인이 처한 구체적인 상황, 증언거부사유의 내용, 증인이 증언거부사유 또는 증언거부권의 존재를 이미 알고 있었는지 여부, 증언거부권을 고지 받았더라도 허위진술을 하였을 것이라고 볼 만한 정황이 있는지 등을 전체적·종합적으로 고려하여 증인이 침묵하지 아니하고 진술한 것이 자신의 진정한 의사에 의한 것인지 여부를 기준으로 위증죄의 성립 여부를 판단하여야 한다.** 그러므로 헌법 제12조 제2항에 정한 불이익 진술의 강요금지 원칙을 구체화한 자기부죄거부특권에 관한 것이거나 기타 증언거부사유가 있음에도 증인이 증언거부권을 고지받지 못함으로 인하여 그 증언거부권을 행사하는 데 사실상 장애가 초래되었다고 볼 수 있는 경우에는 위증죄의 성립을 부정하여야 할 것이다.

④ 만약 乙이 자신은 가담하지 않은 것으로 증언을 해 달라고 甲에게 부탁하여 甲
이 허위의 증언을 하였다면, 비록 甲이 친족인 乙을 위하여 위증한 것일지라도
乙에게 위증교사죄가 성립한다.

해설 및 정답 2020년 제9회 변호사시험 기출문제 39 　　　　　　　　　　　**정답** ○

형은 위증죄, 동생은 위증교사죄가 성립한다.

대법원 2004. 1. 27. 선고 2003도5114 판결 [사기미수 · 위증교사 · 무고]

[판시사항] [1] **자기의 형사피고사건에 관하여 타인을 교사하여 위증하게 한 경우, 위증
교사죄의 성립 여부(적극)** [2] 위증죄에 있어 위증의 전제사실에 관한 공소사실과 다른
전제사실을 인정하는 경우, 공소장변경절차의 요부(한정 소극) [3] 신고사실의 진실성을
인정할 수 없다는 소극적인 증명만으로 곧 그 신고사실이 객관적인 진실에 반하는 허위
사실이라고 단정하여 무고죄의 성립을 인정할 수 있는지 여부(소극)

[판결요지] [1] 피고인이 자기의 형사사건에 관하여 허위의 진술을 하는 행위는 피고인의
형사소송에 있어서의 방어권을 인정하는 취지에서 처벌의 대상이 되지 않는다. 그러나 **법
률에 의하여 선서한 증인이 타인의 형사사건에 관하여 위증을 하면 형법 제152조 제1항
의 위증죄가 성립된다. 그러므로 자기의 형사사건에 관하여 타인을 교사하여 위증죄를
범하게 하는 것은 이러한 방어권을 남용하는 것이라고 할 것이어서 교사범의 죄책을 부
담케 함이 상당하다.**

[2] 검사가 위증죄로 공소를 제기하면서, 공소사실에 피고인이 어떤 사실에 관하여 허위
의 진술을 하였다는 허위가 문제되는 당해 사실 이외에 그 전제사실을 기재한 경우에 그
전제사실이 피고인의 증언이 허위가 되는 이유에 관하여 설시한 것에 불과한 것이라면,
**법원은 심리 결과 피고인의 증언이 허위가 문제되는 당해 사실에 관하여 기억에 반하는
허위의 진술을 한 것으로 인정되기만 한다면 법원은 공소장변경의 절차 없이 공소장기재
의 전제사실과 다른 전제사실을 인정하여 유죄판결을 할 수 있다.**

[3] 무고죄는 타인으로 하여금 형사처분이나 징계처분을 받게 할 목적으로 신고한 사실
이 객관적 진실에 반하는 허위사실인 경우에 성립되는 범죄이다. 그러므로 **신고한 사실이
객관적 사실에 반하는 허위사실이라는 요건은 적극적인 증명이 있어야 한다.** 신고사실의
진실성을 인정할 수 없다는 소극적 증명만으로 곧 그 신고사실이 객관적 진실에 반하는
허위사실이라고 단정하여 무고죄의 성립을 인정할 수는 없다.

⑤ 만약 甲이 위 사기범행을 인정하는 취지의 乙丁간의 대화내용을 몰래 녹음하였
다면, 그 녹음파일은 乙에 대한 ~~유죄의 증거로 사용할 수 있다.~~

해설 및 정답 2020년 제9회 변호사시험 기출문제 39 　　　　　　　　　　　**정답** ✕

통신비밀보호법 제14조 위반으로 수집한 증거이다. 형사소송법 제308조2에 근거하여 증
거능력이 부정된다.

10 ★★★★★

유흥주점 단속업무를 담당하고 있는 공무원 甲과 乙은 뇌물을 수수하기로 공모하여 유흥주점을 운영하는 丙을 찾아가 단속을 무마해 달라는 취지의 뇌물 4,000만 원을 수수하였다.^{뇌물죄 공동정범+} 사무실로 돌아간 후 甲, 乙은 각자 2,000만 원씩 나누어 가졌다. 乙은 그 돈을 바로 자신의 예금계좌에 입금하였다가 일주일 뒤 양심의 가책을 받아 丙에게 전액 반환하였다. 甲, 乙, 丙은 위와 같은 범죄사실로 공동피고인으로^{공범인} ^{공동피고인+} 재판중이다. 이에 관한 설명 중 옳은 것은? (다툼이 있는 경우 판례에 의함)

① 甲과 乙은 뇌물로 받은 4,000만 원을 각자 2,000만 원씩 나누어 가졌으므로 특정범죄 가중처벌 능에 관한 법률의 적용대상 뇌물가액인 3,000만 원 이상에 해당하지 않아 각자 형법상의 뇌물죄 적용을 받는다.

┃해설 및 정답┃ 2020년 제9회 변호사시험 기출문제 40   **정답** ╻ ✕

대법원 1999. 8. 20. 선고 99도1557 판결 [특정범죄가중처벌등에 관한 법률 위반(뇌물)·뇌물공여약속·입찰방해]

[판시사항] [1] 특정범죄가중처벌등에 관한 법률 제2조 제1항 소정의 '수뢰액'은 공범자 전원의 수뢰액을 합한 금액을 기준으로 하여야 하는지 여부(적극) [2] 특정범죄가중처벌등에 관한 법률 제4조 제2항, 같은법 시행령 제3조 제1호 소정의 정부관리기업체의 간부직원이 아닌 직원도 다른 간부직원과 함께 뇌물수수죄의 공동정범이 될 수 있는지 여부(적극) [3] 특정범죄가중처벌등에관한법률 제4조 제1항의 규정 취지

[판결요지] [1] 수인이 공동하여 뇌물수수죄를 범한 경우에 공범자는 자기의 수뢰액뿐만 아니라 다른 공범자의 수뢰액에 대하여도 그 죄책을 면할 수 없는 것이다. 그러므로 **특정범죄가중처벌등에 관한 법률 제2조 제1항의 적용 여부를 가리는 수뢰액을 정함에 있어서는 그 공범자 전원의 수뢰액을 합한 금액을 기준으로 하여야 할 것이다.** 각 공범자들이 실제로 취득한 금액이나 분배받기로 한 금액을 기준으로 할 것이 아니다.

[2] 특정범죄가중처벌등에 관한 법률 제4조 제2항, 같은 법 시행령 제3조 제1호 소정의 **정부관리기업체의 간부직원이 아닌 직원도 다른 간부직원인 직원과 함께 뇌물수수죄의 공동정범이 될 수 있다.**

[3] 특정범죄가중처벌등에관한법률 제4조 제1항은 형법 제129조 내지 제132조의 적용에 있어서 뇌물죄의 적용대상을 원래 공무원이 아닌 정부관리기업체의 간부직원에게로 확대 적용한다는 것이다. **정부관리기업체의 간부직원이 그 직무에 관하여 형법 제129조 내지 제132조의 죄를 범하였을 때에는 그 죄가 성립하는 것이다. 따라서 그 각 법조의 특정범죄가중처벌등에 관한 법률을 적용한다는 뜻임은 문언상 명백하다.**

② 뇌물수수죄의 추징은 공무원의 직무 범죄에 대한 일종의 징벌적 성질의 처분이라 할 것이므로 甲과 乙에게는 ~~각자~~ 4,000만 원씩을 추징해야 한다.

해설 및 정답 2020년 제9회 변호사시험 기출문제 40 **정답** ✕

대법원 2002. 6. 14. 선고 2002도1283 판결 [특정범죄가중처벌등에 관한 법률 위반(뇌물)·군무이탈·제3자뇌물취득]

[판시사항] [1] 공무원이 제3자뇌물취득죄의 주체가 될 수 있는지 여부(적극) [2] **공무원의 직무에 속한 사항의 알선에 관하여 금품을 받고 그 금품 중의 일부를 받은 취지에 따라 청탁과 관련하여 관계 공무원에게 뇌물로 공여하거나 다른 알선행위자에게 청탁의 명목으로 교부한 경우, 몰수·추징의 범위** [3] 병역면제 등 각종 병무비리를 알선하거나 청탁하는 과정에서 거액의 뇌물을 수수한 헌병수사관에게 징역 20년을 선고한 원심의 형량이 과중하다는 이유로 원심판결을 파기한 사례.

[판결요지] [1] 형법 제133조 제2항은 증뢰자가 뇌물에 공할 목적으로 금품을 제3자에게 교부하거나 또는 그 정을 알면서 교부받는 증뢰물 전달행위를 독립한 구성요건으로 하여 이를 같은 조 제1항의 뇌물공여죄와 같은 형으로 처벌하는 규정이다. **제3자의 증뢰물전달죄는 제3자가 증뢰자로부터 교부받은 금품을 수뢰할 사람에게 전달하였는지의 여부에 관계없이 제3자가 그 정을 알면서 금품을 교부받음으로써 성립하는 것이다. 본죄의 주체는 비공무원을 예정한 것이나 공무원일지라도 직무와 관계되지 않는 범위 내에서는 본죄의 주체에 해당될 수 있다 할 것이다. 그러므로 피고인이 자신의 공무원으로서의 직무와는 무관하게 군의관 등의 직무에 관하여 뇌물에 공할 목적의 금품이라는 정을 알고 이를 전달해준다는 명목으로 취득한 경우라면 제3자뇌물취득죄가 성립된다.**

[2] 형법 제134조 필요적 몰수 또는 추징은, 범인이 취득한 당해 재산을 범인으로부터 박탈하여 범인으로 하여금 부정한 이익을 보유하지 못하게 함에 그 목적이 있는 것이다. 공무원의 직무에 속한 사항의 알선에 관하여 금품을 받고 그 금품 중의 일부를 받은 취지에 따라 청탁과 관련하여 관계 공무원에게 뇌물로 공여하거나 다른 알선행위자에게 청탁의 명목으로 교부한 경우에는 그 부분의 이익은 실질적으로 범인에게 귀속된 것이 아니다. 따라서 이를 제외한 나머지 금품만을 몰수하거나 그 가액을 추징하여야 한다.

대법원 1993. 10. 12. 선고 93도2056 판결 [뇌물수수]

[판시사항] 공동으로 수수한 뇌물을 분배한 경우의 몰수 추징 방법.

[판결요지] **수인이 공동하여 수수한 뇌물을 분배한 경우에는 각자로부터 실제로 분배받은 금품만을 개별적으로 몰수하거나 그 가액을 추징하여야 한다.**

대법원 1975. 4. 22. 선고 73도1963 판결 [뇌물수수]

[판시사항] 수인이 공모하여 뇌물을 수수한 경우에 몰수 불능으로 인한 가액의 추징방법

[판결요지] **수인이 공모하여 뇌물을 수수한 경우에 몰수불능으로 그 가액을 추징하려면 개별 추징하고 수수금품을 개별적으로 알 수 없을 때에는 평등하게 추징하여야 한다.**

③ 乙은 丙에게 2,000만 원을 반환하였기 때문에 이를 반환받은 ~~丙으로부터~~ ~~2,000만~~ 원을 추징하여야 한다.

해설 및 정답 2020년 제9회 변호사시험 기출문제 40 **정답** ✕

대법원 1996. 10. 25. 선고 96도2022 판결 [상법위반·공정증서원본불실기재·불실기재공

정증서원본행사 · 특정경제범죄가중처벌 등에 관한 법률 위반(증재등)]

[판시사항] 뇌물로 받은 금원을 예금하였다가 뒤에 같은 금액을 증뢰자에게 반환한 경우, 그 가액의 추징 여부(적극).

[판결요지] 뇌물로 받은 돈을 은행에 예금한 경우 그 예금행위는 뇌물의 처분행위에 해당한다 그 후 수뢰자가 같은 액수의 돈을 증뢰자에게 반환하였다 하더라도 이를 뇌물 그 자체의 반환으로 볼 수 없다. 이 경우 수뢰자로부터 그 가액을 추징하여야 한다.

④ 만약 乙이 丙으로부터 1,000만 원권 자기앞수표 두 장을 뇌물로 받아 이를 생활비로 소비한 후 현금 2,000만 원을 丙에게 반환하였다면 ~~丙으로부터~~ 2,000만 원을 추징하여야 한다.

해설 및 정답 2020년 제9회 변호사시험 기출문제 40   **정답** ✕

대법원 1999. 1. 29. 선고 98도3584 판결 [특정범죄가중처벌등에 관한 법률 위반(뇌물) · 뇌물수수]

[판시사항] [1] 자백의 임의성을 의심할 만한 상당한 이유가 있는 검사 작성의 피의자신문조서의 증거능력(소극) 및 그 임의성에 대한 입증책임의 소재(=검사) [2] 공무원의 직무와 관련한 금품을 사교적 의례의 형식으로 수수한 경우, 뇌물성 여부(적극) [3] 뇌물죄에 있어서 직무의 범위 [4] 단일하고 계속적 범의에 의한 수회의 뇌물수수행위의 죄수(=포괄일죄) [5] 자기앞수표를 뇌물로 받아 소비한 후 액면금 상당을 반환한 경우, 추징 여부(적극)

[판결요지] [1] 피고인의 검찰에서의 자백이 잠을 재우지 아니한 채 폭언과 강요, 회유한 끝에 받아낸 것으로 임의로 진술한 것이 아니라고 의심할 만한 상당한 이유가 있는 때에 해당한다면 형사소송법 제309조의 규정에 의하여 그 피의자신문조서는 증거능력이 없다. 임의성에 다툼이 있을 때에는 그 임의성을 의심할 만한 합리적이고, 구체적인 사실을 피고인이 입증할 것이 아니고 검사가 그 임의성의 의문점을 해소하는 입증을 하여야 한다.

[2] 공무원의 직무와 관련하여 금품을 수수하였다면 그 수수한 금품은 뇌물이 되는 것이다. 그것이 사교적 의례의 형식을 사용하고 있다 하여도 직무행위의 대가로서의 의미를 가질 때에는 뇌물이 된다.

[3] 뇌물죄에 있어서의 직무라 함은 공무원이 법령상 관장하는 직무 그 자체뿐만 아니라 그 직무와 밀접한 관계가 있는 행위 또는 관례상이나 사실상 소관하는 직무행위 및 결정권자를 보좌하거나 영향을 줄 수 있는 직무행위도 포함된다.

[4] 뇌물을 여러 차례에 걸쳐 수수함으로써 그 행위가 여러 개이더라도 그것이 단일하고 계속적 범의로 이루어지고 동일법익을 침해한 때 포괄일죄로 처벌함이 상당하다.

[5] 수뢰자가 자기앞수표를 뇌물로 받아 이를 소비한 후 자기앞수표 상당액을 증뢰자에게 반환하였다 하더라도 뇌물 그 자체를 반환한 것은 아니다. 그러므로 이를 몰수할 수 없다. 수뢰자로부터 그 가액을 추징하여야 할 것이다.

중요 ⑤ 공판과정에서 丙은 甲, 乙에게 준 돈의 명목을 대여금이라고 주장하면서 범행을 부인하고 있는데 乙에 대한 피고인신문 과정 중 이루어진 "甲과 함께 있는 자리에서 丙이 단속을 무마해 달라면서 우리에게 4,000만 원을 줬다."는 乙의 진술은 丙에 대한 유죄의 증거로 사용될 수 있다.

해설 및 정답 2020년 제9회 변호사시험 기출문제 40 ★ **정답** ○

대법원 1992. 7. 28. 선고 92도917 판결 [강도상해 · 특수강도[인정된 죄명: 특정범죄가중처벌등에 관한 법률 위반(강도)], 공무집행방해 · 폭력행위등 처벌에 관한 법률 위반 · 강도 · 특정범죄가중처벌등에 관한 법률위반(강도 · 특수강도강간)] ★★★★★

[판시사항] [1] 공범인 공동피고인의 진술의 증거능력 [2] 합동범의 객관적 요건인 실행행위의 분담의 의미 [3] 강도행위가 야간에 주거에 침입하여 이루어지는 특수강도죄의 실행의 착수시기. **절도범인 또는 강도범인이 체포를 면탈할 목적으로 경찰관에게 폭행(협박)을 가한 경우 준강도죄 또는 강도죄와 공무집행방해죄의 죄수** [4] 강도강간미수가 중지범의 요건인 자의성을 결여하였다고 본 사례.

[판결요지] [1] 형사소송법 제310조의 피고인의 자백에는 공범인 공동피고인의 진술은 포함되지 않는다. 이러한 공동피고인의 진술에 대하여는 피고인의 반대신문권이 보장되어 있어 독립한 증거능력이 있다.

[2] 합동범은 주관적 요건으로서 공모 외에 객관적 요건으로서 현장에서의 실행행위의 분담을 요한다. 그러나 이 실행행위의 분담은 반드시 동시에 동일장소에서 실행행위를 특정하여 분담하는 것만을 뜻하는 것이 아니다. 시간적으로나 장소적으로 서로 협동관계에 있다고 볼 수 있으면 충분하다.

[3] 형법 제334조 제1항 소정의 야간주거침입강도죄는 주거침입과 강도의 결합범으로서 시간적으로 주거침입행위가 선행된다. 그러므로 주거침입을 한 때에 본죄의 실행에 착수한 것으로 볼 것이다. 같은 조 제2항 소정의 흉기휴대 합동강도죄에 있어서도 그 강도행위가 야간에 주거에 침입하여 이루어지는 경우에는 주거침입을 한 때에 실행에 착수한 것으로 보는 것이 타당하다.

[4] 절도범인이 체포를 면탈할 목적으로 경찰관에게 폭행 협박을 가한 때에는 준강도죄와 공무집행방해죄를 구성하고 양죄는 상상적 경합관계에 있다. 그러나 강도범인이 체포를 면탈할 목적으로 경찰관에게 폭행을 가한 때에는 강도죄와 공무집행방해죄는 실체적 경합관계에 있다. 상상적 경합관계에 있는 것이 아니다.

[5] 피고인 갑, 을, 병이 강도행위를 하던 중 피고인 갑, 을은 피해자를 강간하려고 작은 방으로 끌고 가 팬티를 강제로 벗기고 음부를 만지던 중 피해자가 수술한 지 얼마 안 되어 배가 아프다면서 애원하는 바람에 그 뜻을 이루지 못하였다면, 강도행위의 계속 중 이미 공포상태에 빠진 피해자를 강간하려고 한 이상 강간의 실행에 착수한 것이다. 피고인들이 간음행위를 중단한 것은 피해자를 불쌍히 여겨서가 아니라 피해자의 신체조건상 강간을 하기에 지장이 있다고 본 데에 기인한 것이다. 그러므로 이는 일반의 경험상 강간행위를 수행함에 장애가 되는 외부적 사정에 의하여 범행을 중지한 것에 지나지 않는 것으로서 중지범의 요건인 자의성을 결여하였다.

제5강 2019년 제8회 변호사시험 선택형 종합문제

2019년 제8회 변호사시험 선택형 종합문제 12 · 32 · 34 · 35 · 36 · 38 · 39 · 40

출제분석

- 12번 │ 배임증재죄 · 업무상횡령죄 · 녹음테이프 증거능력 · 법원의 보증금납입조건부석방결정 · 항고
- 32번 │ 횡령죄 · 특정경제범죄가중처벌등에관한법률위반(횡령)죄 · 불이익변경금지
- 34번 │ 현행범인체포 · 상습야간주거침입절도죄 · 변호인조력과 진술거부권
- 35번 │ 증언거부권 · 재심신규성 · 증거인멸죄
- 36번 │ 사기죄 · 횡령죄 · 장물취득죄 · 당사자일방녹음(통신비밀보호업) · 자백보강법칙(공범인 공동피고인 법정진술 증거능력
- 38번 │ 배임죄 · 불이익변경금지 · 상소 재소자 특칙
- 39번 │ 문서죄 · 형법적용범위 · 전문증거 증거능력
- 40번 │ 업무상배임죄 · 위법수집증거배제법칙 · 자백보강법칙

---

01 ★★★★★

X회사의 대표이사 甲은 신축 중인 건물공사의 하도급과 관련하여 발주업체의 이사 乙에게 "개인채무변제에 필요하니 하도급 공사대금 20억 원을 23억 원으로 부풀리는데 눈감아 달라. 그리고 3억 원은 급하니 공사완료 전에 미리 개인적으로 지급해주면 2,000만 원을 주겠다."라고 부탁하였고, 며칠 후 약속한 대로 업무상 보관 중이던 X회사의 비자금 2,000만 원을 그 정을 알고 있는 운전기사 丙에게 주면서 乙에게 그 돈을 전달하게 하였다. 丙은 甲에게서 받은 2,000만 원 중 1,000만 원은 자신의 유흥비로 소비하고 ^{업무상횡령죄─} 나머지 1,000만 원만 乙에게 교부하였다. ^{업무상배임죄+} 그로부터 일주일 후 甲은 丙에게 "2,000만 원을 乙에게 잘 전달하였느냐?"라고 물었고, 丙은 甲이 말한 내용을 보이스펜에 녹음하였다. 경찰관 P가 위 범행에 대한 제보를 받고 수사에 나서자 丙은 수사에 협조하여 선처를 받고자 甲의 말을 녹음해 두었던 원본 보이스펜을 P에게 임의제출하였다. ^{적법한 증거제출+} 그 후 검사는 피의자 甲을 구속한 상태에서 수사를 진행하였다. 이에 관한 설명 중 옳지 않은 것은? (특별법 위반의 점은 논외로 하고, 다툼이 있는 경우 판례에 의함)

① 甲이 업무상 보관중이던 X회사의 비자금을 丙을 통하여 乙에게 전달한 행위는 배임증재죄와 업무상횡령죄를 구성한다.

해설 및 정답 2019년 제8회 변호사시험 기출문제 12 **정답** ○

대법원 2010. 5. 13. 선고 2009도13463 판결 [배임수재 · 배임증재]

쟁점은 배임증재죄 · 업무상횡령죄 · 녹음테이프 증거능력 · 법원의 보증금납입조건부석방결정 · 항고이다.

[판결요지] 회사의 대표이사가 업무상 보관하던 회사 자금을 빼돌려 횡령한 다음 그 중 일부를 더 많은 장비 납품 등의 계약을 체결할 수 있도록 해달라는 취지의 묵시적 청탁과 함께 배임증재에 공여한 사안이다. 위 횡령의 범행과 배임증재의 범행은 서로 범의 및 행위의 태양과 보호법익을 달리하는 별개의 행위이다. 위 횡령의 점에 대하여 약식명령이 확정되었다고 하더라도 그 기판력이 배임증재의 점에는 미치지 아니한다.

② 丙이 甲으로부터 받은 2,000만 원 중 1,000만 원을 개인적으로 사용한 행위에 대해서는 횡령죄가 성립하지 않는다.

해설 및 정답 2019년 제8회 변호사시험 기출문제 12 　　　　　**정답** ○

사안은 불법원인급여물에 대한 횡령죄 성립문제이다. 대법원은 원칙적으로 횡령죄 성립을 부정한다. 다만 예외적으로 불법성 비교를 하여 횡령죄를 인정한다. 포주가 윤락녀의 화대를 횡령한 경우이다.

대법원 2017. 4. 26. 선고 2016도18035 판결 [특정경제범죄가중처벌등에관한법률위반(횡령) · 범죄수익은닉의규제및처벌등에관한법률위반] 〈자금세탁을 위해 교부받은 범죄수익 등인 수표를 횡령한 사건〉

[판시사항] 피고인이 갑으로부터 수표를 현금으로 교환해 주면 대가를 주겠다는 제안을 받고 위 수표가 을 등이 사기범행을 통해 취득한 범죄수익 등이라는 사실을 잘 알면서도 교부받아 그 일부를 현금으로 교환한 후 병, 정과 공모하여 아직 교환되지 못한 수표 및 교환된 현금을 임의로 사용하여 횡령하였다고 하여 특정경제범죄 가중처벌 등에 관한 법률 위반으로 기소된 사안에서, 피고인이 갑으로부터 범죄수익 등의 은닉범행 등을 위해 교부받은 수표는 불법의 원인으로 급여한 물건에 해당하여 소유권이 피고인에게 귀속되므로 횡령죄가 성립하지 않는다고 한 사례.

[판결요지] 피고인이 갑으로부터 액면금 합계 19억 2,370만 원인 수표들(이하 '수표'라고 한다)을 현금으로 교환해 주면 대가를 주겠다는 제안을 받고 수표가 을 등이 불법 금융 다단계 유사수신행위에 의한 사기범행을 통해 취득한 범죄수익이거나 이러한 범죄수익에서 유래한 재산(이하 합쳐서 '범죄수익 등'이라고 한다)이라는 사실을 잘 알면서도 교부받아 그 일부를 14억 원에서 15억 원가량의 현금으로 교환한 후 병, 정과 공모하여 아직 교환되지 못한 수표 및 교환된 현금을 임의로 사용하여 횡령하였다고 하여 특정경제범죄 가중처벌 등에 관한 법률 위반으로 기소된 사안이다.

피고인이 갑으로부터 범죄수익 등의 은닉범행 등을 위해 교부받은 수표는 불법의 원인으로 급여한 물건에 해당하여 소유권이 피고인에게 귀속된다. 따라서 피고인이 그중 교환하지 못한 수표와 이미 교환한 현금을 임의로 소비하였더라도 횡령죄가 성립하지 않는다.

대법원 1999. 6. 11. 선고 99도275 판결 [뇌물수수 · 횡령 · 뇌물공여]

③ 만약 법정에서 甲에 대한 증거로 제출된 보이스펜의 녹음내용을 증거로 함에 甲이 부동의한 경우에는 보이스펜이 甲이 말한 내용을 녹음한 원본임이 입증되고, 「형사소송법」 제313조 제1항 단서에 따라 공판준비 또는 공판기일에서 丙

의 진술에 의하여 보이스펜에 녹음된 甲의 진술내용이 甲이 진술한 대로 녹음된 것임이 증명되고, 그 진술이 특히 신빙할 수 있는 상태에서 행하여진 것임이 인정되면 보이스펜에 녹음된 진술의 증거능력을 인정할 수 있다.

해설 및 정답 2019년 제8회 변호사시험 기출문제 12 　　　　　　　　**정답** ○

대법원 2001. 10. 9. 선고 2001도3106 판결 [간통]

사안은 사인(私人)이 녹음한 녹음테이프의 진술부분 증거능력이다. 대화당사자 중 1인이 녹음한 경우 통신비밀보호법 위반이 아니다. 피고인이 녹음테이프 증거능력에 동의하지 않는 경우, 원본 복사 사본 증명과 녹음자 진술에 의한 진정성립 증명과 특신상태가 인정되어야 증거능력이 있다.

[판결요지] [1] 형사소송법 제230조 제1항 본문은 "친고죄에 대하여는 범인을 알게 된 날로부터 6월을 경과하면 고소하지 못한다"고 규정하고 있다. 여기서 범인을 알게 된다 함은 통상인의 입장에서 보아 고소권자가 고소를 할 수 있을 정도로 범죄사실과 범인을 아는 것을 의미한다. 범죄사실을 안다는 것은 고소권자가 친고죄에 해당하는 범죄의 피해가 있었다는 사실관계에 관하여 확정적인 인식이 있음을 말한다.

[2] 검사가 자의적으로 공소권을 행사하여 피고인에게 실질적인 불이익을 줌으로써 소추재량권을 현저히 일탈하였다고 보여지는 경우에는 이를 공소권의 남용으로 보아 공소제기의 효력을 부인할 수 있다.

[3] 녹음테이프 검증조서의 기재 중 피고인과 공소외인 간의 대화를 녹음한 부분은 공개되지 아니한 타인간의 대화를 녹음한 것이다. 그러므로 위 법 제14조 제2항 및 제4조의 규정에 의하여 그 증거능력이 없다. 피고인들 간의 전화통화를 녹음한 부분은 피고인의 동의없이 불법감청한 것이다. 그러므로 위 법 제4조에 의하여 그 증거능력이 없다.

또한 녹음테이프 검증조서의 기재 중 고소인이 피고인과의 대화를 녹음한 부분은 타인간의 대화를 녹음한 것이 아니다. 그러므로 위 법 제14조의 적용을 받지는 않는다. 그러나 그 녹음테이프에 대하여 실시한 검증의 내용은 녹음테이프에 녹음된 대화의 내용이 검증조서에 첨부된 녹취서에 기재된 내용과 같다는 것에 불과하여 증거자료가 되는 것은 여전히 녹음테이프에 녹음된 대화의 내용이라 할 것이다. 그 중 피고인의 진술내용은 실질적으로 형사소송법 제311조, 제312조 규정 이외에 피고인의 진술을 기재한 서류와 다를 바 없다. 그러므로 피고인이 그 녹음테이프를 증거로 할 수 있음에 동의하지 않은 이상 그 녹음테이프 검증조서의 기재 중 피고인의 진술내용을 증거로 사용하기 위해서는 형사소송법 제313조 제1항 단서에 따라 공판준비 또는 공판기일에서 그 작성자인 고소인의 진술에 의하여 녹음테이프에 녹음된 피고인의 진술내용이 피고인이 진술한 대로 녹음된 것이라는 점이 증명되고 그 진술이 특히 신빙할 수 있는 상태하에서 행하여진 것으로 인정되어야 한다.

[4] 피고인 아닌 자의 공판기일에서의 진술이 피고인의 진술을 그 내용으로 하는 것인 때에는 형사소송법 제316조 제1항의 규정에 따라 그 진술이 특히 신빙할 수 있는 상태하에서 행하여진 때에는 이를 증거로 할 수 있다. 그 전문진술이 기재된 조서는 형사소송법 제312조 내지 제314조의 규정에 의하여 그 증거능력이 인정될 수 있는 경우에 해당하여야 한다. 그리고 나아가 형사소송법 제316조 제1항의 규정에 따른 위와 같은 조건

을 갖춘 때에는 증거능력을 인정하여야 할 것이다. 여기서 '그 진술이 특히 신빙할 수 있는 상태하에서 행하여진 때'라 함은 그 진술을 하였다는 것에 허위개입의 여지가 거의 없고, 그 진술내용의 신빙성이나 임의성을 담보할 구체적이고 외부적인 정황이 있는 경우를 가리킨다.

☞ 2012년 제1회 변호사시험 기출문제 27

(중요) ④ 甲이 청구한 구속적부심사절차에서 법원이 甲에게 보증금 납입을 조건으로 석방을 결정한 경우 甲은 그 결정에 대하여 취소의 실익이 있어도 「형사소송법」제402조에 의한 항고를 할 수 <s>없다.</s> ^{있다.}

해설 및 정답 2019년 제8회 변호사시험 기출문제 12 ★ 　　**정답** ✕

대법원 1997. 8. 27. 자 97모21 결정 [체포적부심사석방에대한재항고]
법원의 보증금납입조건부석방결정 경우, 피의자는 취소 실익이 있는 한 형사소송법 제402조에 근거하여 항고가 가능하다.
[판시사항] [1] 긴급체포된 피의자에게 체포적부심사청구권이 있는지 여부(적극) [2] 체포적부심사절차에서 피의자를 보증금 납입을 조건으로 석방할 수 있는지 여부(소극) [3] 보증금 납입을 조건으로 한 피의자 석방결정에 대하여 항고할 수 있는지 여부(적극)
[결정요지] [1] 헌법 제12조 제6항은 누구든지 체포 또는 구속을 당한 때에는 적부의 심사를 법원에 청구할 권리를 가진다고 규정하고 있다. 형사소송법 제214조의2 제1항은 체포영장 또는 구속영장에 의하여 체포 또는 구속된 피의자 등이 체포 또는 구속의 적부심사를 청구할 수 있다고 규정하고 있다. 형사소송법의 위 규정이 체포영장에 의하지 아니하고 체포된 피의자의 적부심사청구권을 제한한 취지라고 볼 것은 아니다. 그러므로 긴급체포 등 체포영장에 의하지 아니하고 체포된 피의자의 경우에도 헌법과 형사소송법의 위 규정에 따라 그 적부심사를 청구할 권리를 가진다.
[2] 형사소송법은 수사단계에서의 체포와 구속을 명백히 구별하고 있다. 이에 따라 체포와 구속의 적부심사를 규정한 같은 법 제214조의2에서 체포와 구속을 서로 구별되는 개념으로 사용하고 있다. 같은 조 제4항에 기소 전 보증금 납입을 조건으로 한 석방의 대상자가 '구속된 피의자'라고 명시되어 있다. 같은 법 제214조의3 제2항의 취지를 체포된 피의자에 대하여도 보증금 납입을 조건으로 한 석방이 허용되어야 한다는 근거로 보기는 어렵다 할 것이다. 현행법상 체포된 피의자에 대하여는 보증금 납입을 조건으로 한 석방이 허용되지 않는다.
[3] 형사소송법 제402조의 규정에 의하면, 법원의 결정에 대하여 불복이 있으면 항고를 할 수 있으나 다만 같은 법에 특별한 규정이 있는 경우에는 예외로 하도록 되어 있다. 체포 또는 구속적부심사절차에서의 법원의 결정에 대한 항고의 허용 여부에 관하여 같은 법 제214조의2 제7항은 제2항과 제3항의 기각결정 및 석방결정에 대하여 항고하지 못하는 것으로 규정하고 있을 뿐이다. 제4항에 의한 석방결정에 대하여 항고하지 못한다는 규정은 없다. 뿐만 아니라 같은 법 제214조의2 제3항의 석방결정은 체포 또는 구속이 불법이거나 이를 계속할 사유가 없는 등 부적법한 경우에 피의자의 석방을 명하는 것임에 비하여, 같은 법 제214조의2 제4항의 석방결정은 구속의 적법을 전제로 하면서 그 단서

에서 정한 제한사유가 없는 경우에 한하여 출석을 담보할 만한 보증금의 납입을 조건으로 하여 피의자의 석방을 명하는 것이다. 같은 법 제214조의2 제3항의 석방결정과 제4항의 석방결정은 원래 그 실질적인 취지와 내용을 달리 하는 것이다. 또한 **기소 후 보석결정에 대하여 항고가 인정된다.** 이 점에 비추어 그 보석결정과 성질 및 내용이 유사한 기소 전 보증금 납입 조건부 석방결정에 대하여도 항고할 수 있도록 하는 것이 균형에 맞는 측면도 있다 할 것이다. 그러므로 같은 법 제214조의2 제4항의 석방결정에 대하여는 피의자나 검사가 그 취소의 실익이 있는 한 같은 법 제402조에 의하여 항고할 수 있다.

⑤ 만약 甲이 X회사의 자금을 이용하여 비자금을 조성하였다 하더라도 그것이 비자금 소유자인 X회사 이외의 제3자가 이를 발견하기 곤란하게 하기 위한 <u>장부상 분식에 불과하거나 X회사의 운영에 필요한 자금을 조달하는 수단으로 인정되는 경우에는 업무상횡령죄의 불법영득의사를 인정할 수 없다.</u>

해설 및 정답 ┃ 2019년 제8회 변호사시험 기출문제 12 ★   **정답** ○

대법원 1999. 9. 17. 선고 99도2889 판결 [특정경제범죄가중처벌등에관한법률위반(횡령)·업무상횡령(일부 인정된 죄명 : 업무상배임)·배임수재]

[판결요지] [1] 횡령행위의 한 태양으로서의 은닉이란, 타인의 재물의 보관자가 위탁의 본지에 반해 그 재물을 발견하기 곤란한 상태에 두는 것을 말하는 것이다. 피고인이 조성한 비자금이 회사의 장부상 일반자금 속에 은닉되어 있었다 하더라도 이는 당해 비자금의 소유인 회사 이외의 제3자가 이를 발견하기 곤란하게 하기 위한 장부상의 분식(粉飾)에 불과하여 그것만으로 피고인의 불법영득의 의사를 인정할 수는 없다.

[2] 공동정범이 성립하기 위한 주관적 요건으로서 공동가공의 의사는 타인의 범행을 인식하면서도 이를 제지하지 아니하고 용인하는 것만으로 부족하고, 공동의 의사로 특정한 범죄행위를 하기 위하여 일체가 되어 서로 다른 사람의 행위를 이용하여 자기의 의사를 옮기는 것을 내용으로 하는 것이어야 한다.

02

甲은 종중으로부터 명의신탁된 시가 10억 원 상당의 임야에 대하여 ㉠ 2013. 7. 3. 자신의 채무를 담보하기 위하여 A에게 채권최고액 2억 원의 근저당권을 임의로 설정하여 주었고,^{횡령죄+} ㉡ 2018. 7. 4. 다시 B에게 이를 임의매도하고 대금 8억 원을 받아 소비하였다.^{특정경제범죄가중처벌등에관한법률위반(횡령)죄+} 甲은 ㉠, ㉡죄의 경합범으로 기소된 후 제1심에서 전부 유죄로 인정되어 징역 2년을 선고받았다. 이에 甲만 무죄라는 취지로 항소하였다. 항소심 법원은 ㉠죄에 대하여는 무죄를 선고하고, ㉡죄에 대하여는 유죄로 인정하여 징역 2년을 선고하였다. 검사는 ㉠부분에 대하여만 상고하였고 대법원은 ㉠죄도 유죄라고 판단하였다.^{대법원은 ㉠죄에 대하여 파기환송+} 이에 관한 설명 중 옳은 것(○)과 옳지 않은 것(×)을 올바르게 조합한 것은? (다툼이 있는 경우 판례에 의함)

① ㉠행위는 횡령죄를 구성한다.

해설 및 정답 2019년 제8회 변호사시험 기출문제 32 　　　　　　　　　　**정답** ○

횡령죄·특정경제범죄가중처벌등에관한법률위반(횡령)죄·불이익변경금지를 묻는 종합사례이다.

대법원 1971. 6. 22. 선고 71도740 전원합의체 판결 [사기횡령]

[판결요지] 종중소유의 부동산을 명의신탁 받아 소유권등기를 거친 사람이 이를 임의로 처분하면 횡령죄가 성립한다. 이 사건 토지가 공소외 1 소유로서 피고인 1에게 신탁되어 같은 피고인 명의로 소유권보존등기가 되어 있다. 그런데 피고인 양명이 공모하여 이것을 타인에게 처분하였다면, 이것은 피고인 1이 점유하는 위 소종중 소유의 이 사건 토지를 횡령하는 행위라 할 것이다.

② ㉡행위는 특정경제범죄가중처벌등에관한법률위반(횡령)죄를 구성한다.

해설 및 정답 2019년 제8회 변호사시험 기출문제 32 　　　　　　　　　　**정답** ○

대법원 2015. 1. 29. 선고 2014도12022 판결 [횡령]

[판결요지] 타인의 부동산을 보관 중인 자가 불법영득의사를 가지고 그 부동산에 근저당권설정등기를 경료함으로써 일단 횡령행위가 기수에 이르렀다 하더라도 그 후 같은 부동산에 별개의 근저당권을 설정하여 새로운 법익침해의 위험을 추가함으로써 법익침해의 위험을 증가시키거나 해당 부동산을 매각함으로써 기존의 근저당권과 관계없이 법익침해의 결과를 발생시켰다면, 이는 당초의 근저당권 실행을 위한 임의경매에 의한 매각 등 그 근저당권으로 인해 당연히 예상될 수 있는 범위를 넘어 새로운 법익침해의 위험을 추가시키거나 법익침해의 결과를 발생시킨 것이므로 특별한 사정이 없는 한 불가벌적 사후행위로 볼 수 없고, 별도로 횡령죄를 구성한다(대법원 2013. 2. 21. 선고 2010도10500 전원합의체 판결 참조).

대법원 2013. 2. 21. 선고 2010도10500 전원합의체 판결 [횡령] 〈'명의수탁자의 처분과 횡령' 관련 사건〉

[판시사항] [1] 선행 처분행위로 횡령죄가 기수에 이른 후 이루어진 후행 처분행위가 별도로 횡령죄를 구성하는지 여부 및 타인의 부동산을 보관 중인 자가 그 부동산에 근저당권설정등기를 마침으로써 횡령행위가 기수에 이른 후 같은 부동산에 별개의 근저당권을 설정하거나 해당 부동산을 매각한 행위가 별도로 횡령죄를 구성하는지 여부(원칙적 적극)

[2] 피해자 갑 종중으로부터 토지를 명의신탁 받아 보관 중이던 피고인 을이 개인 채무변제에 사용할 돈을 차용하기 위해 위 토지에 근저당권을 설정하였는데, 그 후 피고인 을, 병이 공모하여 위 토지를 정에게 매도한 사안에서, 피고인들의 토지 매도행위가 별도의 횡령죄를 구성한다고 본 원심판단을 정당하다고 한 사례.

[판결요지] 후행 처분행위가 이를 넘어서서, 선행 처분행위로 예상할 수 없는 새로운 위험을 추가함으로써 법익침해에 대한 위험을 증가시키거나 선행 처분행위와는 무관한 방법으로 법익침해의 결과를 발생시키는 경우라면, 이는 선행 처분행위에 의하여 이미 성립된 횡령죄에 의해 평가된 위험의 범위를 벗어나는 것이므로 특별한 사정이 없는 한 별

도로 횡령죄를 구성한다고 보아야 한다.

당초의 근저당권 실행을 위한 임의경매에 의한 매각 등 그 근저당권으로 인해 당연히 예상될 수 있는 범위를 넘어 새로운 법익침해의 위험을 추가시키거나 법익침해의 결과를 발생시킨 것이므로 특별한 사정이 없는 한 불가벌적 사후행위로 볼 수 없고, 별도로 횡령죄를 구성한다.

③ ㉠, ㉡죄에는 1개의 형이 선고되어야 하므로 대법원은 ㉠, ㉡죄 전부에^{무죄부분에} 대하여 파기 환송하여야 한다.

해설 및 정답 2019년 제8회 변호사시험 기출문제 32   **정답** ✕

대법원 1992. 1. 21. 선고 91도1402 전원합의체 판결 [부녀매매]

경합범 중 일부에 대하여 무죄, 일부에 대하여 유죄를 선고한 항소심 판결에 대하여 검사만이 무죄 부분에 대하여 상고를 제기한 경우, 상고심에서 이를 파기할 때의 파기범위에 대해, 판례는 일부파기설의 입장에서 무죄부분만을 파기해야 한다는 입장이다.

[판시사항] [1] 부녀매매죄의 주체 및 객체와 그 성립요건 [2] **경합범 중 일부에 대하여 무죄, 일부에 대하여 유죄를 선고한 항소심 판결에 대하여 검사만이 무죄 부분에 대하여 상고를 제기한 경우 상고심에서 이를 파기할 때의 파기범위**

[판결요지] 경합범 중 일부에 대하여 무죄, 일부에 대하여 유죄를 선고한 항소심 판결에 대하여 검사만이 무죄 부분에 대하여 상고를 한 경우 피고인과 검사가 상고하지 아니한 유죄판결 부분은 상고기간이 지남으로써 확정되어 상고심에 계속된 사건은 무죄판결 부분에 대한 공소뿐이라 할 것이므로 상고심에서 이를 파기할 때에는 무죄 부분만을 파기할 수밖에 없다.

④ 환송받은 법원은 상고심 판단의 기초가 된 증거관계에 변동이 생기지 않는 한 ㉠죄 부분을 유죄로 판단하여야 한다.

해설 및 정답 2019년 제8회 변호사시험 기출문제 32   **정답** ○

대법원 2009. 4. 9. 선고 2008도10572 판결 [공갈]

환송 받은 법원은 증거 관계에 변동이 없으면, 상고심 판단에 구속된다.

[판결요지] [1] 법원조직법 제8조는 "상급법원의 재판에 있어서의 판단은 당해 사건에 관하여 하급심을 기속한다"고 규정하고, 민사소송법 제436조 제2항 후문도 상고법원이 파기의 이유로 삼은 사실상 및 법률상의 판단은 하급심을 기속한다는 취지를 규정하고 있다. 형사소송법에서는 이에 상응하는 명문의 규정은 없지만 법률심을 원칙으로 하는 상고심은 형사소송법 제383조 또는 제384조에 의하여 사실인정에 관한 원심판결의 당부에 관하여 제한적으로 개입할 수 있는 것이다. 그러므로 조리상 상고심판결의 파기이유가 된 사실상의 판단도 기속력을 가진다. 따라서 상고심으로부터 사건을 환송받은 법원은 그 사건을 재판함에 있어서 상고법원이 파기이유로 한 사실상 및 법률상의 판단에 대하여 환송 후의 심리과정에서 새로운 증거가 제시되어 기속적 판단의 기초가 된 증거관계

에 변동이 생기지 않는 한 이에 기속된다.

[2] 환송 후 원심에서의 증인들의 각 증언 내용이 환송 전과 같은 취지여서 그들의 종전 진술을 다시 한 번 확인하는 정도에 그쳤고, 그 외에 환송 후 원심에서 추가적인 증거조사가 이루어지지 않았다면, '환송 후의 심리 과정에서 새로운 증거가 제시되어 기속적 판단의 기초가 된 증거관계의 변동이 생긴 경우'에 해당한다고 볼 수 없다고 한 사례이다.

⑤ 환송받은 법원은 ㉠죄 부분을 유죄로 판단하더라도 형을 선고하지 아니한다는 주문을 선고하여야 한다.

해설 및 정답 2019년 제8회 변호사시험 기출문제 32 　　　　　**정답** ○

환송판결도 불이익변경원칙의 적용을 받는다. 유죄로 판단할 경우에도 제1심보다 불이익한 형을 선고하여서는 안 된다.

대법원 1957. 10. 4. 선고 4290형비상1 판결 [증뢰]

[판시사항] 제1심 유죄판결에 대하여 검사공소가 없고 피고인만의 공소가 있는 제2심 판결에 대한 검사상고와 상고심에 있어서의 불이익변경금지원칙의 적용

[판결요지] 제1심 유죄판결에 대하여 검사의 공소가 없고 피고인만의 공소가 있는 제2심 유죄판결에 대하여 검사상고가 있는 경우에 상고심은 검사의 불복 없는 제1심 판결의 형보다 중한 형을 과할 수 없다.

대법원 1992. 12. 8. 선고 92도2020 판결 [음화판매]

[판결요지] [1] 피고인만의 상고에 의하여 상고심에서 원심판결을 파기하고 사건을 항소심에 환송한 경우에는 환송 전 원심판결과의 관계에서도 불이익변경금지의 원칙이 적용되어 그 파기된 항소심판결보다 중한 형을 선고할 수 없다. [2] 환송 후 원심판결이 환송 전 원심판결에서 선고하지 아니한 몰수를 새로이 선고하는 것은 불이익변경금지의 원칙에 위배된다.

03　★★★★★

甲은 주간에 A의 집에 들어가^{주거침입죄+} 자전거 1대를 절취(㉠)하여 가던 중 귀가하던 A에게 2018. 9. 1. 15:00에 체포되었다. 같은 날 15:30 甲을 지체 없이 인수받은 사법경찰관 P는 진술거부권을 고지하지 않고 질문하여 甲으로부터 ㉠은 물론 며칠 전 길에 세워 둔 B의 자전거 1대를 절취(㉡)하였다는 사실도 자백 받았다.^{상습절도죄+} 경찰서에 도착한 P는 甲에게 진술거부권을 고지한 후 신문하였고, 甲의 ㉠, ㉡에 관한 자백이 담긴 신문조서를 작성하였다. P는 검사 S에게 甲에 대한 구속영장을 신청하였고, S는 법원에 2018. 9. 3. 15:15 영장을 청구하였다. 만약 위 혐의사실에 관한 공판심리 중 甲에게 절도의 상습성이 인정되었다고 할 때, 이에 관한 설명 중 옳은 것(○)과 옳지 않은 것(×)을 올바르게 조합한 것은? (다툼이 있는 경우 판례에 의함)

중요 ① 甲에게는 상습절도죄 외에 주거침입죄가 별도로 성립한다.

해설 및 정답 2019년 제8회 변호사시험 기출문제 34 ★   정답 ○

대법원 2015. 10. 15. 선고 2015도8169 판결 [특정범죄가중처벌등에관한법률위반(절도)(인정된 죄명: 상습절도)·주거침입]

이 문제는 현행범체포·상습야간주거침입절도죄·구속영장청구기간·진술거부권을 묻는 종합문제이다. 형법 제332조 상습절도죄 범행수단으로 범한 주간주거침입죄는 별개의 행위로 상습절도죄와 주거침입죄 실체적 경합범이다.

[판시사항] 형법 제332조에 규정된 상습절도죄를 범한 범인이 범행의 수단으로 주간에 주거침입을 한 경우, 주간 주거침입행위가 별개로 주거침입죄를 구성하는지 여부(적극)/ 형법 제332조에 규정된 상습절도죄를 범한 범인이 그 범행 외에 상습적인 절도의 목적으로 주간에 주거침입을 하였다가 절도에 이르지 아니하고 주거침입에 그친 경우, 주간 주거침입행위가 별개로 주거침입죄를 구성하는지 여부(적극)

[판결요지] 형법 제330조에 규정된 야간주거침입절도죄 및 형법 제331조 제1항에 규정된 특수절도(야간손괴침입절도)죄를 제외하고 일반적으로 주거침입은 절도죄의 구성요건이 아니므로 절도범인이 범행수단으로 주거침입을 한 경우에 주거침입행위는 절도죄에 흡수되지 아니하고 별개로 주거침입죄를 구성하여 절도죄와는 실체적 경합의 관계에 서는 것이 원칙이다. 또 형법 제332조는 상습으로 단순절도(형법 제329조), 야간주거침입절도(형법 제330조)와 특수절도(형법 제331조) 및 자동차 등 불법사용(형법 제331조의2)의 죄를 범한 자는 그 죄에 정한 각 형의 2분의 1을 가중하여 처벌하도록 규정하고 있다. 그러므로 위 규정은 주거침입을 구성요건으로 하지 않는 상습단순절도와 주거침입을 구성요건으로 하고 있는 상습야간주거침입절도 또는 상습특수절도(야간손괴침입절도)에 대한 취급을 달리하여, 주거침입을 구성요건으로 하고 있는 상습야간주거침입절도 또는 상습특수절도(야간손괴침입절도)를 더 무거운 법정형을 기준으로 가중처벌하고 있다. 따라서 상습으로 단순절도를 범한 범인이 상습적인 절도범행의 수단으로 주간(낮)에 주거침입을 한 경우에 주간 주거침입행위의 위법성에 대한 평가가 형법 제332조, 제329조의 구성요건적 평가에 포함되어 있다고 볼 수 없다. 그러므로 형법 제332조에 규정된 상습절도죄를 범한 범인이 범행의 수단으로 주간에 주거침입을 한 경우 주간 주거침입행위는 상습절도죄와 별개로 주거침입죄를 구성한다. 또 형법 제332조에 규정된 상습절도죄를 범한 범인이 그 범행 외에 상습적인 절도의 목적으로 주간에 주거침입을 하였다가 절도에 이르지 아니하고 주거침입에 그친 경우에도 주간 주거침입행위는 상습절도죄와 별개로 주거침입죄를 구성한다.

☞ 2018년 제7회 변호사시험 기출문제 18

② 甲이 ㉠, ㉡ 이후에 범한 절도죄로 이미 유죄판결을 받고 확정되었다면, 법원은 면소판결을 하여야 한다.

해설 및 정답 2019년 제8회 변호사시험 기출문제 34   정답 ✕

대법원 2004. 9. 16. 선고 2001도3206 전원합의체 판결 [사기]

절도죄와 야간주거침입절도죄를 상습으로 범한 경우 상습야간주거침입절도죄의 포괄일죄가 된다.

[판시사항] [1] 상습으로 저질러진 수개의 범죄의 죄수관계(＝포괄일죄) [2] 상습범으로서 포괄적 일죄의 관계에 있는 여러 개의 범죄사실 중 일부에 대하여 유죄판결이 확정된 경우, 그 확정판결의 사실심판결 선고 전에 저질러진 나머지 범죄에 대하여 면소판결을 선고하기 위한 요건

[판결요지] [1] [다수의견] 상습성을 갖춘 자가 여러 개의 죄를 반복하여 저지른 경우에는 각 죄를 별죄로 보아 경합범으로 처단할 것이 아니다. 그 모두를 포괄하여 상습범이라고 하는 하나의 죄로 처단하는 것이 상습범의 본질 또는 상습범 가중처벌규정의 입법취지에 부합한다.

[2] [다수의견] 상습범으로서 포괄적 일죄의 관계에 있는 여러 개의 범죄사실 중 일부에 대하여 유죄판결이 확정된 경우에, 그 확정판결의 사실심판결 선고 전에 저질러진 나머지 범죄에 대하여 새로이 공소가 제기되었다면, 그 새로운 공소는 확정판결이 있었던 사건과 동일한 사건에 대하여 다시 제기된 데 해당하므로 이에 대하여는 판결로써 면소의 선고를 하여야 한다(형사소송법 제326조 제1호). 다만 이러한 법리가 적용되기 위해서는 전의 확정판결에서 당해 <u>피고인이 상습범으로 기소되어 처단되었을 것을 필요로 하는 것</u>이다. 상습범 아닌 기본 구성요건의 범죄로 처단되는 데 그친 경우에는, 뒤에 기소된 사건에서 비로소 드러났거나 새로 저질러진 범죄사실과 전의 판결에서 이미 유죄로 확정된 범죄사실 등을 종합하여 그 모두가 상습범으로서의 포괄적 일죄에 해당하는 것으로 판단된다 하더라도 뒤늦게 앞서의 확정판결을 상습범의 일부에 대한 확정판결이라고 보아 그 기판력이 그 사실심판결 선고 전의 나머지 범죄에 미친다고 보아서는 아니 된다.

형법 제37조(경합범)
판결이 확정되지 아니한 수개의 죄 또는 금고 이상의 형에 처한 판결이 확정된 죄와 그 **판결확정 전에 범한 죄를 경합범으로 한다.** 〈개정 2004.1.20〉

형법 제39조(판결을 받지 아니한 경합범, 수개의 판결과 경합범, 형의 집행과 경합범)
① **경합범중 판결을 받지 아니한 죄가 있는 때에는 그 죄와 판결이 확정된 죄를 동시에 판결할 경우와 형평을 고려하여 그 죄에 대하여 형을 선고한다. 이 경우 그 형을 감경 또는 면제할 수 있다.** 〈개정 2005.7.29.〉 ② 삭제 〈2005.7.29.〉 ③ 경합범에 의한 판결의 선고를 받은 자가 경합범 중의 어떤 죄에 대하여 사면 또는 형의 집행이 면제된 때에는 다른 죄에 대하여 다시 형을 정한다. ④ 전 3항의 형의 집행에 있어서는 이미 집행한 형기를 통산한다.

---

③ S의 구속영장청구는 현행범이 ~~채포된~~^{인도된} 때로부터 48시간이 경과한 시점에 이루어진 것으로 법원은 이를 기각하여야 한다.

┃해설 및 정답┃ 2019년 제8회 변호사시험 기출문제 34　　　　　　　　　**정답** ✕

대법원 2011. 12. 22. 선고 2011도12927 판결 [해상강도살인미수 · 강도살인미수 · 해상강도상해 · 강도상해 · 선박및해상구조물에대한위해행위의처벌등에관한법률위반]

사인이 현행범인을 체포한 경우 영장청구 시점은 검사·경찰에 인계된 때부터 기산한다.
[판시사항] 형사소송법 제213조 제1항에서 '즉시'의 의미 및 검사 또는 사법경찰관리 아닌 이에 의하여 현행범인이 체포된 후 불필요한 지체 없이 검사 등에게 인도된 경우, **구속영장 청구기간인 48시간의 기산점(=검사 등이 현행범인을 인도받은 때)**
[판결요지] 현행범인은 누구든지 영장 없이 체포할 수 있고(형사소송법 제212조), 검사 또는 사법경찰관리(이하 '검사 등'이라고 한다) 아닌 이가 현행범인을 체포한 때에는 즉시 검사 등에게 인도하여야 한다(형사소송법 제213조 제1항). 여기서 '즉시'라고 함은 반드시 체포시점과 시간적으로 밀착된 시점이어야 하는 것은 아니고, '정당한 이유 없이 인도를 지연하거나 체포를 계속하는 등으로 불필요한 지체를 함이 없이'라는 뜻으로 볼 것이다. 검사 등이 아닌 이에 의하여 현행범인이 체포된 후 불필요한 지체 없이 검사 등에게 인도된 경우 위 48시간의 기산점은 체포시가 아니라 검사 등이 현행범인을 인도받은 때라고 할 것이다.

④ 甲이 제1심에서 변호인의 조력을 받고 진술거부권을 고지 받은 상태에서 ㉠, ㉡죄에 대하여 다시 자백하는 등 인과관계가 희석되었다고 하더라도 그 법정자백은 증거능력을 부여받을 수 없다.

┃해설 및 정답┃ 2019년 제8회 변호사시험 기출문제 34　　　　　　　**˙정답˙** ✕

대법원 2009. 3. 12. 선고 2008도11437 판결 [강도]
체포 당시 진술거부권을 미고지한 경우라도 이후 변호인 조력과 진술거부권을 고지 받은 경우라면 증거능력이 있다.
[판시사항] [1] 헌법과 형사소송법이 정한 절차를 위반하여 수집한 증거를 기초로 획득한 2차적 증거의 증거능력 및 그 판단 기준 [2] 2차적 증거의 증거능력을 인정할 만한 구체적 정황례 [3] 진술거부권을 고지하지 않은 상태에서 임의로 행해진 피고인의 자백을 기초로 한 2차적 증거 중 피고인 및 피해자의 법정진술은 공개된 법정에서 임의로 이루어진 것이라는 점에서 유죄 인정의 증거로 사용할 수 있다고 한 사례.
[판결요지] 나아가 1차적 증거를 기초로 하여 다시 2차적 증거를 수집하는 과정에서 추가로 발생한 모든 사정들까지 구체적인 사안에 따라 주로 인과관계 희석 또는 단절 여부를 중심으로 전체적·종합적으로 고려하여야 한다.
[2] 구체적인 사안에서 2차적 증거들의 증거능력 인정 여부는 제반 사정을 전체적·종합적으로 고려하여 판단하여야 한다. 예컨대 진술거부권을 고지하지 않은 것이 단지 수사기관의 실수일 뿐 피의자의 자백을 이끌어내기 위한 의도적이고 기술적인 증거확보의 방법으로 이용되지 않았고. 그 이후 이루어진 신문에서는 진술거부권을 고지하여 잘못이 시정되는 등 수사 절차가 적법하게 진행되었다는 사정. 최초 자백 이후 구금되었던 피고인이 석방되었다거나 변호인으로부터 충분한 조력을 받은 가운데 상당한 시간이 경과하였음에도 다시 자발적으로 계속하여 동일한 내용의 자백을 하였다는 사정. 최초 자백 외에도 다른 독립된 제3자의 행위나 자료 등도 물적 증거나 증인의 증언 등 2차적 증거 수집의 기초가 되었다는 사정, 증인이 그의 독립적인 판단에 의해 형사소송법이 정한 절차에 따라 소환을 받고 임의로 출석하여 증언하였다는 사정 등은 통상 2차적 증거의 증거능력을 인정할만한 정황에 속한다.

[3] 강도 현행범으로 체포된 피고인에게 진술거부권을 고지하지 아니한 채 강도범행에 대한 자백을 받고, 이를 기초로 여죄에 대한 진술과 증거물을 확보한 후 진술거부권을 고지하여 피고인의 임의자백 및 피해자의 피해사실에 대한 진술을 수집한 사안이다. 제1심 법정에서의 피고인의 자백은 진술거부권을 고지 받지 않은 상태에서 이루어진 최초 자백 이후 40여 일이 지난 후에 변호인의 충분한 조력을 받으면서 공개된 법정에서 임의로 이루어진 것이다. 피해자의 진술은 법원의 적법한 소환에 따라 자발적으로 출석하여 위증의 벌을 경고 받고 선서한 후 공개된 법정에서 임의로 이루어진 것이다. 예외적으로 유죄 인정의 증거로 사용할 수 있는 2차적 증거에 해당한다.

⑤ 甲의 ㉠행위가 일몰 후에 행해졌더라면 甲의 ㉠, ㉡행위는 포괄하여 상습야간주거침입절도죄가 성립한다.

해설 및 정답 2019년 제8회 변호사시험 기출문제 34 　　　　**정답** ○

대법원 1975. 5. 27. 선고 75도1184 판결 [상습특수절도 · 상습특수절도미수 · 상습야간주거침입절도 · 상습야간주거침입절도미수]

[판시사항] 상습특수절도, 상습특수절도미수, 상습야간 주거침입절도, 상습절도가 반복되는 경우에 죄수

[판결요지] 1974. 9. 5. 03:00부터 1974. 9. 26. 22:00까지 행한 3번의 특수절도사실, 2번의 특수절도미수사실, 1번의 야간주거침입절도사실, 1번의 절도사실들이 상습적으로 반복된 것으로 볼 수 있다면, 이러한 경우에는 그중 법정형이 가장 중한 상습특수절도의 죄에 나머지의 행위를 포괄시켜 하나의 죄만이 성립된다고 보는 것이 상당하다.

04

甲이 乙을 조수석에 태우고 자동차를 운전하고 가다가 부주의로 사람을 치고 나서 몹시 당황하자, 乙은 걱정 말라고 甲을 달랜 후 자동차를 정비소에 맡겨 사고의 **흔적을 없애는 한편,**증거인멸죄+ 자신이 운전을 하다 사고를 낸 것이라고 경찰에 **허위로 자수하였고**범인은닉죄+ 乙은 해당 범죄로 기소되었다. 이에 관한 설명 중 옳은 것은? (다툼이 있는 경우 판례에 의함)

① 乙이 자동차를 정비소에 맡겨 사고의 흔적을 없앤 것은 수사절차가 개시되기 전이므로 증거인멸죄가 성립하지 않는다.

해설 및 정답 2019년 제8회 변호사시험 기출문제 35 　　　　**정답** ×

이 문제는 증거인멸죄 · 범인도피죄 · 친족상도례 · 증언거부권 · 재심 신규성을 묻는 종합문제이다. 증거인멸죄의 타인의 형사사건에 인멸 당시 아직 수사절차가 개시되기 전이라도 장차 형사사건이 될 수 있는 사건까지 포함한다.

대법원 2013. 11. 28. 선고 2011도5329 판결 [증거인멸・공용물건손상・직권남용권리행사방해・업무방해・방실수색・공용서류은닉・공용물건은닉]

[판시사항] [1] 피고인 자신을 위한 증거인멸 행위가 동시에 다른 공범자에 관한 증거를 인멸한 결과가 되는 경우, 증거인멸죄가 성립하는지 여부(소극) [2] 증거인멸죄에서 '타인의 형사사건 또는 징계사건'의 의미 [3] 증거인멸죄에서 '증거'의 의미 [4] 상관의 위법 내지 불법한 명령에 대한 하관의 복종의무 유무(소극) [5] 형법 제141조 제1항에서 정한 '공무소에서 사용하는 서류'의 의미 및 공용서류은닉죄에서 범의의 내용 [6] 직권남용권리행사방해죄에서 '직권남용'의 의미

[판결요지] 증거인멸죄는 타인의 형사사건 또는 징계사건에 관한 증거를 인멸하는 경우에 성립하는 것이다. 피고인 자신이 직접 형사처분이나 징계처분을 받게 될 것을 두려워한 나머지 자기의 이익을 위하여 그 증거가 될 자료를 인멸하였다면, 그 행위가 동시에 다른 공범자의 형사사건이나 징계사건에 관한 증거를 인멸한 결과가 된다고 하더라도 이를 증거인멸죄로 다스릴 수 없다(대법원 1995. 9. 29. 선고 94도2608 판결 등 참조). 한편 증거인멸죄에 있어서 타인의 형사사건 또는 징계사건이란 인멸행위 시에 아직 수사 또는 징계절차가 개시되기 전이라도 장차 형사 또는 징계사건이 될 수 있는 것까지를 포함한다(대법원 1995. 3. 28. 선고 95도134 판결 등 참조).

대법원 2011. 2. 10. 선고 2010도15986 판결 [사기・제3자뇌물취득・뇌물수수・뇌물공여・공무집행방해・위계공무집행방해・폭력행위등처벌에관한법률위반(공동협박)(인정된죄명: 협박)・증거위조교사・위조증거사용교사・수산업법위반]

[판시사항] [1] 공무집행방해죄에서 '협박'의 의미 [2] 수산업협동조합 조합장이 해양경찰서 경찰공무원의 사건 수사에 항의하여 전화로 폭언하며 협박함으로써 직무집행을 방해하였다는 공소사실에 대하여, 이를 유죄로 인정한 원심판단을 정당하다고 한 사례. [3] 피의자 등이 수사기관에 조작된 증거를 제출함으로써 수사활동을 방해한 경우, 위계에 의한 공무집행방해죄의 성립 여부(적극) [4] 증거위조죄의 구성요건 중 '타인의 형사사건', '위조'의 의미 및 자기의 형사사건에 관한 증거를 위조하기 위하여 타인을 교사한 경우 증거위조교사죄가 성립하는지 여부(적극) [5] 구 수산업법 제34조 제1항의 입법 취지 및 '어업권자 아닌 사람이 그 어업의 경영을 사실상 지배'하는지 여부의 판단 기준

[판결요지] [1] 공무집행방해죄에서 협박이란 상대방에게 공포심을 일으킬 목적으로 해악을 고지하는 행위를 의미하는 것이다. 고지하는 해악의 내용이 객관적으로 상대방으로 하여금 공포심을 느끼게 하는 것이어야 한다. 그 협박이 경미하여 상대방이 전혀 개의치 않을 정도인 경우에는 협박에 해당하지 않는다.

[2] 피고인은 당시 조합장을 7년 이상 역임해 온 자로서 지역사회에 상당한 영향력을 행사하고 있었고, 검찰청 또는 해양경찰청 고위 간부들과의 친분관계를 과시하였다. 수사를 계속하는 경우에는 담당 경찰관에게 어떤 인사상 불이익이 가해지리라는 것을 통보함으로써 공포심을 품게 하려는 데 그 목적이 있었다 할 것이다.

[3] 피의자 등이 적극적으로 허위의 증거를 조작하여 제출하고 그 증거 조작의 결과 수사기관이 그 진위에 관하여 나름대로 충실한 수사를 하더라도 제출된 증거가 허위임을 발견하지 못할 정도에 이르렀다면, 이는 위계에 의하여 수사기관의 수사행위를 적극적으로 방해한 것으로서 위계에 의한 공무집행방해죄가 성립된다.

[4] 형법 제155조 제1항의 증거위조죄에서 타인의 형사사건이란 증거위조 행위시에 아직 수사절차가 개시되기 전이라도 장차 형사사건이 될 수 있는 것까지 포함한다. 그 형사사건이 기소되지 아니하거나 무죄가 선고되더라도 증거위조죄의 성립에 영향이 없다. 여기에서의 '위조'란 문서에 관한 죄에 있어서의 위조 개념과는 달리 새로운 증거의 창조를 의미하는 것이다. 그러므로 **존재하지 아니한 증거를 이전부터 존재하고 있는 것처럼 작출하는 행위도 증거위조에 해당한다.** 증거가 문서의 형식을 갖는 경우 증거위조죄에 있어서의 증거에 해당하는지 여부가 그 작성권한의 유무나 내용의 진실성에 좌우되는 것은 아니다. 또한 자기의 형사사건에 관한 증거를 위조하기 위하여 타인을 교사하여 죄를 범하게 한 자에 대하여는 증거위조교사죄가 성립한다.

[5] '어업권자 아닌 다른 사람이 그 어업의 경영을 사실상 지배'하는지 여부는 어업권자와 다른 사람 사이의 계약의 명칭에 구애됨이 없이 그 실질을 따져 다른 사람이 어업의 경영에 관여하여 이를 사실상 지배하고 있는지 여부에 따라 가려야 한다.

☞ 2015년 제4회 변호사시험 기출문제 19

② 乙이 적극적으로 허위의 증거를 조작하여 제출하는 등의 행위에 나아가지 않았다고 하더라도, 허위로 자수한 이상 위계공무집행방해죄가 성립한다.

│해설 및 정답│ 2019년 제8회 변호사시험 기출문제 35 　　　　　**정답** ✕

피의자를 가장하여 수사기관에 대하여 허위사실을 진술한 경우 위계에 의한 공무집행방해죄가 성립한다. 참고인이 적극적으로 증거를 조작하여 제출한 경우, 수사기관이 충실한 수사를 하여도 잘못 결론을 내린 경우 위계에 의한 공무집행방해죄가 성립한다.

대법원 1977. 2. 8. 선고 76도3685 판결 [위계공무집행방해 · 범인은닉]

[판시사항] 피의자나 참고인이 아닌 자가 자발적이고 계획적으로 피의자를 가장하여 수사기관에서 허위진술을 한 경우 위계에 의한 공무집행방해죄를 구성하는지 여부

[판결요지] 수사기관이 범죄사건을 수사함에 있어서는 피의자나 피의자로 자처하는 자 또는 참고인의 진술여하에 불구하고 피의자를 확정하고 그 피의사실을 인정할 만한 객관적인 제반증거를 수집 조사하여야 할 권리와 의무가 있는 것이라고 할 것이다. 그러므로 피의자나 참고인이 아닌 자가 자발적이고 계획적으로 피의자를 가장하여 수사기관에 대하여 허위사실을 진술하였다 하여 바로 이를 위계에 의한 공무집행방해죄가 성립된다고 할 수 없다.

대법원 1971. 3. 9. 선고 71도186 판결 [위계에의한공무집행방해]

[판시사항] 수사기관에 대하여 피의자가 허위자백을 하거나 참고인이 허위진술을 한 사실만으로써는 위계에 의한 공무집행방행죄가 성립된다고 할 수 없다.

[판결요지] 수사기관에 대하여 피의자가 허위자백을 하거나 참고인이 허위의 진술을 한 것만으로는 위계에 의한 공무집행방해죄가 성립된다고 할 수 없다. 선서를 시키고 진술을 하게 할 수 없는 참고인이 수사기관에게 대하여 허위진술을 하였다 하더라도 이를 곧 공무집행방해에 해당된다고는 해석할 수 없는 이상, 그 교사자인 피고인 "갑"의 위와 같은 교사행위도 공무집행방해죄에는 해당될 수 없다.

③ 만약 甲과 乙이 사실혼관계에 있다면, 범인도피죄에서 친족간의 특례규정이 적용된다.

| **해설 및 정답** 2019년 제8회 변호사시험 기출문제 35 | **정답** ✕

대법원 2003. 12. 12. 선고 2003도4533 판결 [증거인멸 · 범인도피]

형법 제151조 제2항에 근거하여 처벌을 받지 아니하는 친족에 '사실혼 배우자'는 해당하지 않는다.

[판시사항] [1] 범인도피죄의 의의 및 성립요건 [2] **사실혼관계에 있는 자가 형법 제151조 제2항 및 제155조 제4항 소정의 '친족'에 해당하는지 여부(소극)**

[판결요지] [1] 형법 제151조에서 규정하는 범인도피죄는 범인은닉 이외의 방법으로 범인에 대한 수사, 재판 및 형의 집행 등 형사사법의 작용을 곤란 또는 불가능하게 하는 행위를 말하는 것이다. 그 방법에는 어떠한 제한이 없다. 또 위 죄는 위험범으로서 현실적으로 형사사법의 작용을 방해하는 결과가 초래될 것이 요구되지 아니한다. 그러므로 **형법 제151조 제1항의 이른바, 죄를 범한 자라 함은 범죄의 혐의를 받아 수사대상이 되어 있는 자를 포함한다. 나아가 벌금 이상의 형에 해당하는 죄를 범한 자라는 것을 인식하면서도 도피하게 한 경우에는 그 자가 당시에는 아직 수사대상이 되어 있지 않았다고 하더라도 범인도피죄가 성립한다고 할 것이다.** 한편, 증거인멸죄에 관한 형법 제155조 제1항의 이른바 타인의 형사사건이란 인멸행위시에 아직 수사절차가 개시되기 전이라도 장차 형사사건이 될 수 있는 것까지 포함한다.

[2] 형법 제151조 제2항 및 제155조 제4항은 친족, 호주 또는 동거의 가족이 본인을 위하여 범인도피죄, 증거인멸죄 등을 범한 때에는 처벌하지 아니한다고 규정하고 있다. **사실혼관계에 있는 자는 민법 소정의 친족이라 할 수 없어 위 조항에서 말하는 친족에 해당하지 않는다.**

④ 만약 甲과 乙이 법률상 부부였다가 이혼하였더라도 甲은 친족관계에 있었던 자로 증언거부권이 있다.

| **해설 및 정답** 2019년 제8회 변호사시험 기출문제 35 | **정답** ○

대법원 2010. 2. 25. 선고 2007도6273 판결 [위증]

이혼한 전처도 증언거부권자에 해당한다. 적극적으로 허위 진술한 경우 위증죄가 성립한다.

[판시사항] [1] 재판장이 신문 전에 증언거부권을 고지하지 않은 경우 위증죄 성립 여부의 판단 기준 [2] 전 남편에 대한 도로교통법 위반(음주운전) 사건의 증인으로 법정에 출석한 전처(前妻)가 증언거부권을 고지 받지 않은 채 공소사실을 부인하는 전 남편의 변명에 부합하는 내용을 적극적으로 허위 진술한 사안에서, 위증죄의 성립을 긍정한 사례.

[판결요지] 증인으로 출석하여 증언한 경위와 그 증언 내용, 증언거부권을 고지받았더라도 그와 같이 증언을 하였을 것이라는 취지의 진술 내용 등을 전체적 · 종합적으로 고려할 때 선서 전에 재판장으로부터 증언거부권을 고지받지 아니하였다 하더라도 이로 인하여 증언거부권이 사실상 침해당한 것으로 평가할 수는 없다는 이유로 위증죄의 성립을 긍정한 사례이다.

⑤ 만약 乙이 유죄판결 확정 후 변심하여 숨겨두었던 사고 당시 甲이 운전하는 모습을 촬영한 사진을 증거로 제출하였다면, 재심사유로서 '증거가 새로 발견된 때'에 해당한다.

해설 및 정답 2019년 제8회 변호사시험 기출문제 35   **정답** ✕

위장자수자에 대한 유죄의 확정판결 이후의 진범의 발견은 재심 사유에 해당하지 않는다.

대법원 1963. 10. 31. 선고 63로6 판결 [재심청구기각결정에대한항고]

[판시사항] 형사소송법 제420조 제1항 제5호의 "명백한 증거를 새로 발견한 때"의 의의

[판결요지] 본조 제5호의 명백한 증거를 새로 발견한 때라 함은 재심청구인이 확정판결 이전의 소송절차에서 증거가 있음을 알았으나 제출할 수가 없었던 경우 또는 그 증거가 있음을 알지 못하고 있다가 확정판결 후 새로 발견하였다고 인정되는 경우를 말한다고 해석함이 타당하다.

[판결요지] 형사소송법 제420조 제1항 제5호에 소위 명백한 증거를 새로 발견한 때라 함은 재심청구인이 확정판결 이전의 소송절차에서 증거가 있음을 알았으나 제출할 수가 없었던 경우 또는 그 증거가 있음을 알지 못하고 있다가 확정판결 후 새로 발견하였다고 인정되는 경우를 말한다고 해석함이 타당하다.

대법원 2009. 7. 16. 자 2005모472 전원합의체 결정 [재심기각결정에대한재항고]

[결정요지] [다수의견] 형사소송법 제420조 제5호에 정한 무죄 등을 인정할 '증거가 새로 발견된 때'란 재심대상이 되는 확정판결의 소송절차에서 발견되지 못하였거나 또는 발견되었다 하더라도 제출할 수 없었던 증거를 새로 발견하였거나 비로소 제출할 수 있게 된 때를 말한다. 피고인이 재심을 청구한 경우 재심대상이 되는 확정판결의 소송절차 중에 그러한 증거를 제출하지 못한 데 과실이 있는 경우에는 그 증거는 위 조항에서의 '증거가 새로 발견된 때'에서 제외된다고 해석함이 상당하다.

---

05 ★★★★★

전기통신금융사기(이른바 보이스피싱 범죄)를 계획한 甲이 순진해 보이는 乙에게 은행계좌를 개설하여 현금인출카드를 주면 50만 원을 주겠다고 하자 乙은 甲이 범죄에 사용할 수도 있다는 것을 알면서도 돈을 벌 생각으로 자신의 계좌번호, 현금인출카드를 건네주었다.<u>乙의 사기방조죄+(사기고의인식+ 과 사기방조고의+ 인정) 甲의 계획대로 기망당한 다수의 피해자들은 현금을 乙의 계좌로 송금하였다.</u>갑의 사기죄+ 한편 乙은 자신이 통장과 도장을 보관하고 있는 것을 이용하여 甲의 승낙없이 위 계좌에서 500만 원을 인출하여 사용하였다.횡령죄-, 사기방조죄로 취득한 금액 500만원 인출+ 검사는 위 범행에 대해 甲과 乙을 공소제기 하였다. 이에 관한 설명 중 옳은 것은? (다툼이 있는 경우 판례에 의함)

① 乙은 사기방조죄 외에 사기 피해자들에 대한 횡령죄도 성립한다.

해설 및 정답 2019년 제8회 변호사시험 기출문제 36   **정답** ×

대법원 2018. 7. 19. 선고 2017도17494 전원합의체 판결 [사기방조·횡령] 〈사기이용계좌의 명의인이 전기통신금융사기(보이스피싱) 피해금을 횡령한 사건〉

이 문제는 사기죄·사기방조죄·횡령죄·장물취득죄·자백보강법칙을 묻는 종합문제이다. 타인의 사기범행에 자신의 계좌를 양도하여 사기방조를 한 사람이 자기 계좌에 송금된 돈을 인출한 경우, 그 돈은 현금과 같은 재물이다. 이 재물은 사기방조로 취득한 물건이다. 별도 장물취득죄가 성립되지 않는다. 인출한 돈을 소비한 경우 불가벌적 사후행위로 처벌되지 않는다. 그러나 대법원 2018. 7. 19. 선고 2017도17494 전원합의체 판결은 문제 사례와 사실관계가 다르다. 대포통장명의인이 별도로 소지한 체크카드를 이용하여 전기통신금융사기 피해금을 임의로 인출한 행위이다. 대법원 다수의견은 대포통장명의인을 사기죄 방조범으로 보지 않는다. 그러나 대포통장명의인에게 **송금·이체의 원인이 된 법률관계가 존재하지 않음에도 송금의뢰인을 위하여 보관하는 지위를 인정하여 횡령죄가 성립한다고 한다.** 횡령죄의 '행위주체' 보관자에 대한 법리가 명확하지 않기 때문에 별개의견(횡령죄: 위탁관계존재설)과 반대의견(무죄: 위탁관계부존재설)이 제시되고 있다. 잘 정리하길 바란다.

☞ 2021년 제10회 변호사시험에 다시 출제될 가능성이 아주 높다.

[판시사항] [1] 횡령죄의 주체인 '타인의 재물을 보관하는 자'의 의미 및 이에 해당하는지 판단하는 기준 [2] 송금의뢰인이 다른 사람의 예금계좌에 자금을 송금·이체하여 송금의뢰인과 계좌명의인 사이에 송금·이체의 원인이 된 법률관계가 존재하지 않음에도 송금·이체에 의하여 계좌명의인이 그 금액 상당의 예금채권을 취득한 경우, **계좌명의인이 송금·이체된 돈을 그대로 보관하지 않고 영득할 의사로 인출하면 횡령죄가 성립하는지 여부(적극)** / 계좌명의인이 개설한 예금계좌가 전기통신금융사기 범행에 이용되어 그 계좌에 피해자가 사기피해금을 송금·이체한 경우, 계좌명의인이 그 돈을 영득할 의사로 인출하면 피해자에 대한 횡령죄가 성립하는지 여부(한정 적극) 및 이때 계좌명의인의 인출 행위가 전기통신금융사기의 범인에 대한 관계에서도 횡령죄가 되는지 여부(소극)

[3] 피고인 갑, 을이 공모하여, 피고인 갑 명의로 개설된 예금계좌의 접근매체를 보이스피싱 조직원 병에게 양도함으로써 병의 정에 대한 전기통신금융사기 범행을 방조하고, 사기피해자 정이 병에게 속아 위 계좌로 송금한 사기피해금 중 일부를 별도의 접근매체를 이용하여 인출함으로써 주위적으로 병의 재물을, 예비적으로 정의 재물을 횡령하였다는 내용으로 기소되었는데, 원심이 피고인들에 대한 사기방조 및 횡령의 공소사실을 모두 무죄로 판단한 사안에서, 피고인들에게 사기방조죄가 성립하지 않는 이상 사기피해금 중 일부를 임의로 인출한 행위는 사기피해자 정에 대한 횡령죄가 성립한다고 한 사례.

[판결요지] [1] [다수의견] 송금의뢰인이 다른 사람의 예금계좌에 자금을 송금·이체한 경우 특별한 사정이 없는 한 송금의뢰인과 계좌명의인 사이에 그 원인이 되는 법률관계가 존재하는지 여부에 관계없이 계좌명의인(수취인)과 수취은행 사이에는 그 자금에 대하여 예금계약이 성립한다. 계좌명의인은 수취은행에 대하여 그 금액 상당의 예금채권을 취득한다. 이때 송금의뢰인과 계좌명의인 사이에 송금·이체의 원인이 된 법률관계가 존재하지 않음에도 송금·이체에 의하여 계좌명의인이 그 금액 상당의 예금채권을 취득한 경우 계좌명의인은 송금의뢰인에게 그 금액 상당의 돈을 반환하여야 한다. 이와 같이 계좌명의인이 송금·이체의 원인이 되는 법률관계가 존재하지 않음에도 계좌이체에 의하여

취득한 예금채권 상당의 돈은 송금의뢰인에게 반환하여야 할 성격의 것이다. 그러므로 계좌명의인은 그와 같이 송금·이체된 돈에 대하여 송금의뢰인을 위하여 보관하는 지위에 있다고 보아야 한다. 따라서 **계좌명의인이 그와 같이 송금·이체된 돈을 그대로 보관하지 않고 영득할 의사로 인출하면 횡령죄가 성립한다.** 이러한 법리는 계좌명의인이 개설한 예금계좌가 전기통신금융사기 범행에 이용되어 그 계좌에 피해자가 사기피해금을 송금·이체한 경우에도 마찬가지로 적용된다. 계좌명의인은 피해자와 사이에 아무런 법률관계 없이 송금·이체된 사기피해금 상당의 돈을 피해자에게 반환하여야 한다. 그러므로 피해자를 위하여 사기피해금을 보관하는 지위에 있다고 보아야 한다. 만약 **계좌명의인이 그 돈을 영득할 의사로 인출하면 피해자에 대한 횡령죄가 성립한다.** 이때 **계좌명의인이 사기의 공범이라면 자신이 가담한 범행의 결과 피해금을 보관하게 된 것일 뿐이어서 피해자와 사이에 위탁관계가 없고, 그가 송금·이체된 돈을 인출하더라도 이는 자신이 저지른 사기범행의 실행행위에 지나지 아니하여 새로운 법익을 침해한다고 볼 수 없으므로 사기죄 외에 별도로 횡령죄를 구성하지 않는다.** 한편 계좌명의인의 인출행위는 전기통신금융사기의 범인에 대한 관계에서는 횡령죄가 되지 않는다.

[2] 피고인 갑, 을이 공모하여, 피고인 갑 명의로 개설된 예금계좌의 접근매체를 보이스피싱 조직원 병에게 양도함으로써 병의 정에 대한 전기통신금융사기 범행을 방조하고, 사기피해자 정이 병에게 속아 위 계좌로 송금한 사기피해금 중 일부를 별도의 접근매체를 이용하여 임의로 인출함으로써 주위적으로는 병의 재물을, 예비적으로는 정의 재물을 횡령하였다는 내용으로 기소되었다. 그런데 원심이 피고인들에 대한 사기방조 및 횡령의 공소사실을 모두 무죄로 판단한 사안에서, **피고인들에게 사기방조죄가 성립하지 않는 이상 사기피해금 중 일부를 임의로 인출한 행위는 사기피해자 정에 대한 횡령죄가 성립한다**는 이유로, 원심이 공소사실 중 횡령의 점에 관하여 병을 피해자로 삼은 주위적 공소사실을 무죄로 판단한 것은 정당하나, 이와 달리 **정을 피해자로 삼은 예비적 공소사실도 무죄로 판단한 데에는 횡령죄에서의 위탁관계 등에 관한 법리를 오해한 위법이 있다**고 한 사례.

② 乙은 사기방조죄 외에 장물취득죄도 성립한다.

해설 및 정답 2019년 제8회 변호사시험 기출문제 36   **정답** ✕

사기방조죄인 경우 송금된 금액과 인출된 금액은 모두 재물이지만, 본범의 사기행위 결과로 취득한 범죄수익에 불과하다. 따라서 별도로 장물취득죄는 성립하지 않는다.
대법원 2010. 12. 9. 선고 2010도6256 판결 [사기방조·장물취득·전자금융거래법위반]
[판시사항] [1] 사기 범행의 피해자로부터 현금을 예금계좌로 송금 받은 경우, 그 사기죄의 객체가 '재물'인지 또는 '재산상의 이익'인지 여부(=재물) [2] 본인 명의의 예금계좌를 양도하는 방법으로 본범의 사기 범행을 용이하게 한 방조범이 본범의 사기행위 결과 그의 예금계좌에 입금된 돈을 인출한 경우, '장물취득죄'가 성립하는지 여부(소극) [3] 사기 범행에 이용되리라는 사정을 알고서도 자신의 명의로 은행 예금계좌를 개설하여 갑에게 이를 양도함으로써 갑이 을을 속여 을로 하여금 현금을 위 계좌로 송금하게 한 사기 범행을 방조한 피고인이 위 계좌로 송금된 돈 중 일부를 인출하여 갑이 편취한 장물을 취

득하였다는 공소사실에 대하여, 위 '장물취득' 부분을 무죄로 선고한 원심판단을 정당하다고 한 사례.

[판결요지] [1] 피해자가 본범의 기망행위에 속아 현금을 피고인 명의의 은행 예금계좌로 송금하였다면, 이는 재물에 해당하는 현금을 교부하는 방법이 예금계좌로 송금하는 형식으로 이루어진 것에 불과하여, 피해자의 은행에 대한 예금채권은 당초 발생하지 않는다.

[2] 장물취득죄에서 '취득'이라 함은 장물의 점유를 이전받음으로써 그 장물에 대하여 사실상 처분권을 획득하는 것을 의미한다. 그런데 이 사건의 경우 본범의 사기행위는 피고인이 예금계좌를 개설하여 본범에게 양도한 방조행위가 가공되어 본범에게 편취금이 귀속되는 과정 없이 피고인이 피해자로부터 피고인의 예금계좌로 돈을 송금받아 취득함으로써 종료되는 것이다. 그 후 피고인이 자신의 예금계좌에서 위 돈을 인출하였다 하더라도 이는 예금명의자로서 은행에 예금반환을 청구한 결과일 뿐이다. 본범으로부터 위 돈에 대한 점유를 이전받아 사실상 처분권을 획득한 것은 아니다. 그러므로 피고인의 위와 같은 인출행위를 장물취득죄로 벌할 수는 없다.

③ 甲이 사기 피해자들로부터 취득한 것은 재산상 이익이므로 乙이 예금계좌에서 인출한 500만 원은 장물에 해당하지 않는다.

해설 및 정답 2019년 제8회 변호사시험 기출문제 36   **정답** ×

사기방조죄인 경우 송금된 금액과 인출된 금액은 모두 재물이지만, 본범의 사기행위 결과로 취득한 범죄수익에 불과하다. 따라서 별도로 장물취득죄는 성립하지 않는다.

대법원 2010. 12. 9. 선고 2010도6256 판결 [사기방조 · 장물취득 · 전자금융거래법위반]

④ 乙이 甲과의 대화 내용을 甲 몰래 스마트폰으로 녹음하였다가 SD카드에 저장하여 경찰관에게 임의 제출한 경우, ^{위법수집증거 아님-} 甲이 동의하더라도 이는 「통신비밀보호법」을 위반하여 위법하게 수집된 증거이므로 증거능력이 없다.

해설 및 정답 2019년 제8회 변호사시험 기출문제 36   **정답** ×

대법원 1997. 3. 28. 선고 97도240 판결 [강간치상(인정된 죄명: 강간)]

[판시사항] 피해자가 피고인으로부터 걸려온 전화내용을 비밀녹음한 녹음테이프가 위법수집증거에 해당하는지 여부(소극)

[판결요지] 피고인이 범행 후 피해자에게 전화를 걸어오자 피해자가 증거를 수집하려고 그 전화내용을 녹음한 경우, 그 녹음테이프가 피고인 모르게 녹음된 것이라 하여 이를 위법하게 수집된 증거라고 할 수 없다.

대법원 2012. 9. 13. 선고 2012도7461 판결 [특정경제범죄가중처벌등에관한법률위반(공갈)]

[판시사항] [1] 대화 내용을 녹음한 녹음테이프 및 파일 등 전자매체의 증거능력 [2] 구 특정경제범죄 가중처벌 등에 관한 법률 위반(공갈) 피고사건에서, 피해자 토지구획정리사업조합의 **대표자 갑이 디지털 녹음기로 피고인과의 대화를 녹음한 후 저장된 녹음파일**

원본을 컴퓨터에 복사하고 디지털 녹음기의 파일 원본을 삭제한 뒤 다음 대화를 다시 녹음하는 과정을 반복하여 작성한 녹음파일 사본과 해당 녹취록의 증거능력이 문제된 사안에서, 증거능력을 인정한 사례.

[판결요지] [1] 피고인과 상대방 사이의 대화 내용에 관한 녹취서가 공소사실의 증거로 제출되어 녹취서의 기재 내용과 녹음테이프의 녹음 내용이 동일한지에 대하여 법원이 검증을 실시한 경우에, **증거자료가 되는 것은 녹음테이프에 녹음된 대화 내용 자체이다.** 그 중 피고인의 진술 내용은 실질적으로 형사소송법 제311조, 제312조의 규정 이외에 피고인의 진술을 기재한 서류와 다름없어, **피고인이 녹음테이프를 증거로 할 수 있음에 동의하지 않은 이상 녹음테이프에 녹음된 피고인의 진술 내용을 증거로 사용하기 위해서는 형사소송법 제313조 제1항 단서에 따라 공판준비 또는 공판기일에서 작성자인 상대방의 진술에 의하여 녹음테이프에 녹음된 피고인의 진술 내용이 피고인이 진술한 대로 녹음된 것임이 증명되고 나아가 그 진술이 특히 신빙할 수 있는 상태하에서 행하여진 것임이 인정되어야 한다.** 또한 대화 내용을 녹음한 파일 등 전자매체는 성질상 작성자나 진술자의 서명 또는 날인이 없을 뿐만 아니라, 녹음자의 의도나 특정한 기술에 의하여 내용이 편집·조작될 위험성이 있음을 고려하여, **대화 내용을 녹음한 원본이거나 원본으로부터 복사한 사본일 경우에는 복사과정에서 편집되는 등의 인위적 개작 없이 원본의 내용 그대로 복사된 사본임이 증명되어야 한다.**

⑤ 甲은 사기죄, 乙은 사기방조죄로 기소된 경우, 변론 분리 없이 검사의 피고인신문 과정에서 "甲으로부터 은행 계좌를 개설하여 현금인출카드를 주면 50만 원을 주겠다는 제안을 받고 현금인출카드를 교부하였다."라고 한 乙의 진술을 甲의 범죄사실을 인정하는 증거로 삼더라도 위법하지 않다.

┃해설 및 정답┃ 2019년 제8회 변호사시험 기출문제 36　　　　　　　　**˙정답** ○

형사소송법 제310조의 피고인의 자백에는 공범인 공동피고인의 진술은 포함되지 않는다. 이러한 공동피고인의 진술에 대하여는 피고인의 반대신문권이 보장되어 있어 독립한 증거능력이 있다.

대법원 1992. 7. 28. 선고 92도917 판결 [강도상해·특수강도[인정된 죄명: 특정범죄가중처벌등에관한법률위반(강도)]·공무집행방해·폭력행위등처벌에관한법률위반·강도·특정범죄가중처벌등에관한법률위반(강도·특수강도강간)]

[판시사항] 공범인 공동피고인의 진술의 증거능력

[판결요지] 형사소송법 제310조의 피고인의 자백에는 공범인 공동피고인의 진술은 포함되지 않는다. 이러한 공동피고인의 진술에 대하여는 피고인의 반대신문권이 보장되어 있어 독립한 증거능력이 있다.

06

甲은 2014. 1. 9. A를 상대로 ○○지방검찰청에, "2010. 9. 1. A로부터 건물창호공사를 도급받아 시공한 공사대금을 9,000만 원으로 정산하고 위 건물 201호를 대물변제받기로 하였으나, A가 자신에게 소유권이전등기를 해 주지 않고 다른 사람에게 매도하였으므로 처벌해 달라."라는 내용으로 고소장을 제출하였다. 그러나 수사과정에서 사실은 공사대금이 700만 원에 불과하고 위 금원마저 모두 지급되어 둘 사이의 채권채무관계가 정산되었음이 확인되었다. 이에 검사는 2014. 9. 1. A에 대하여 불기소처분을 하였고, 甲을 무고죄로 기소하였다. 한편 甲이 A를 고소할 당시, 대법원은 '채권담보로 부동산에 관한 대물변제예약을 체결한 채무자가 그 부동산을 처분한 경우 배임죄가 성립한다'고 보았으나, 2014. 8. 21. 판례를 변경하여 '배임죄가 성립하지 않는다'고 하였다. 이에 관한 설명 중 옳지 않은 것은? (다툼이 있는 경우 판례에 의함)

① 변경된 대법원 판례에 따르면 A는 타인의 사무를 처리하는 자가 아니다.

해설 및 정답   2019년 제8회 변호사시험 기출문제 38   **정답** ○

이 문제는 배임죄·유리한 판례변경과 형법 제1조·간이공판절차 증거조사 효력·불이익변경금지·법원 서류제출 도달주의와 상소의 제소자 특칙을 묻는 종합문제이다. 채권 담보 목적으로 부동산에 관한 대물변제예약을 체결한 채무자가 대물로 변제하기로 한 부동산을 제3자에게 처분한 경우, 배임죄가 성립하지 않는다. 피고인이 '타인의 사무를 처리하는 자'의 지위에 있다고 볼 수 없기 때문이다.

대법원 2014. 8. 21. 선고 2014도3363 전원합의체 판결 [배임] 〈대물변제예약 사안에서 배임죄 사건〉

[판시사항] [1] 채권 담보 목적으로 부동산에 관한 대물변제예약을 체결한 채무자가 대물로 변제하기로 한 부동산을 제3자에게 처분한 경우, 배임죄가 성립하는지 여부(소극) [2] 채무자인 피고인이 채권자 갑에게 차용금을 변제하지 못할 경우 자신의 어머니 소유 부동산에 대한 유증상속분을 대물변제하기로 약정한 후 유증을 원인으로 위 부동산에 관한 소유권이전등기를 마쳤음에도 이를 제3자에게 매도함으로써 갑에게 손해를 입혔다고 하여 배임으로 기소된 사안에서, 피고인이 '타인의 사무를 처리하는 자'의 지위에 있다고 볼 수 없는데도, 이와 다른 전제에서 유죄를 인정한 원심판결에 법리오해의 위법이 있다고 한 사례.

[판결요지] [1] [다수의견] (가) 채무자가 채권자에 대하여 소비대차 등으로 인한 채무를 부담하고 이를 담보하기 위하여 장래에 부동산의 소유권을 이전하기로 하는 내용의 대물변제예약에서, 약정의 내용에 좇은 이행을 하여야 할 채무는 특별한 사정이 없는 한 '자기의 사무'에 해당하는 것이 원칙이다.

(나) 채무자가 대물변제예약에 따라 부동산에 관한 소유권이전등기절차를 이행할 의무는 궁극적 목적을 달성하기 위해 채무자에게 요구되는 부수적 내용이어서 이를 가지고 배임죄에서 말하는 신임관계에 기초하여 채권자의 재산을 보호 또는 관리하여야 하는 '타인의 사무'에 해당한다고 볼 수는 없다.

(다) 그러므로 **채권 담보를 위한 대물변제예약** 사안에서 채무자가 대물로 변제하기로 한 부동산을 제3자에게 처분하였다고 하더라도 형법상 배임죄가 성립하는 것은 아니다.

[2] 피고인이 대물변제예약에 따라 갑에게 부동산의 소유권이전등기를 마쳐 줄 의무는 민사상 채무에 불과할 뿐 타인의 사무라고 할 수 없어 피고인이 '타인의 사무를 처리하는 자'의 지위에 있다고 볼 수 없다. 그럼에도 피고인이 이에 해당된다고 전제하여 유죄를 인정한 원심판결에 배임죄에서 '타인의 사무를 처리하는 자'의 의미에 관한 법리오해의 위법이 있다고 한 사례이다.

② 판례가 변경되었다고 하더라도 특별한 사정이 없는 한 이미 성립한 甲의 무고죄에는 영향을 미치지 않는다.

┃해설 및 정답┃ 2019년 제8회 변호사시험 기출문제 38 　　　　　　　**정답** ○

대법원 2017. 5. 30. 선고 2015도15398 판결 [무고]

허위로 신고한 사실이 무고행위 당시 형사처분의 대상이 될 수 있었으나 이후 형사범죄가 되지 않는 것으로 판례가 변경된 경우, 이미 성립한 무고죄에 영향을 미치지 않는다.

[판시사항] 무고죄의 보호법익/허위로 신고한 사실 자체가 신고 당시 형사범죄를 구성하지 않는 경우, 무고죄가 성립하는지 여부(소극) 및 허위로 신고한 사실이 무고행위 당시 형사처분의 대상이 될 수 있었으나 이후 형사범죄가 되지 않는 것으로 판례가 변경된 경우, 이미 성립한 무고죄에 영향을 미치는지 여부(원칙적 소극)

[판결요지] 허위로 신고한 사실이 무고행위 당시 형사처분의 대상이 될 수 있었던 경우에는 국가의 형사사법권의 적정한 행사를 그르치게 할 위험과 부당하게 처벌받지 않을 개인의 법적 안정성이 침해될 위험이 이미 발생하였으므로 무고죄는 기수에 이른다. 이후 그러한 사실이 형사범죄가 되지 않는 것으로 판례가 변경되었더라도 특별한 사정이 없는 한 이미 성립한 무고죄에는 영향을 미치지 않는다.

③ 만약 甲이 제1심 법원에서 공소사실을 자백하여 간이공판절차로 진행된 후 甲이 항소심에서 범행을 부인하면, 간이공판절차의 효력이 상실되므로 다시 증거조사를 하여야 한다.

┃해설 및 정답┃ 2019년 제8회 변호사시험 기출문제 38 　　　　　　　**정답** ✕

대법원 1998. 2. 27. 선고 97도3421 판결 [폭력행위등처벌에관한법률위반]

제1심 법원에서 간이공판절차에 의하여 심판하기로 하여 형사소송법 제318조의3 규정에 따라 증거능력이 있는 증거를 항소심에서 범행을 부인하는 경우, 항소심에서도 계속 증거로 할 수 있다.

[판시사항] [1] 검사의 신문에는 공소사실을 자백하다가 변호인의 반대신문시 부인한 경우, 간이공판절차에 의하여 심판할 수 있는지 여부(소극) [2] 제1심 법원에서 간이공판절차에 의하여 심판하기로 하여 형사소송법 제318조의3 규정에 따라 증거능력이 있는 증거를 항소심에서 범행을 부인하는 경우, 항소심에서도 계속 증거로 할 수 있는지 여부(적

극) [3] 폭력행위등처벌에관한법률 제3조 제1항 소정의 '위험한 물건'의 위험성 여부 판단 기준 [4] 항소심판결 당시 미성년이었으나 상고심 계속 중 성년이 된 자에 대한 부정기형 선고의 적부(적극)

[판결요지] [1] 피고인이 공소사실에 대하여 검사가 신문을 할 때에는 공소사실을 모두 사실과 다름없다고 진술하였다. 그러나 변호인이 신문을 할 때에는 범의나 공소사실을 부인하였다면 그 공소사실은 간이공판절차에 의하여 심판할 대상이 아니다. 따라서 피고인의 법정에서의 진술을 제외한 나머지 증거들은 간이공판절차가 아닌 일반절차에 의한 적법한 증거조사를 거쳐 그에 관한 증거능력이 부여되지 아니하는 한 그 공소사실에 대한 유죄의 증거로 삼을 수 없다.

[2] 피고인이 제1심 법원에서 공소사실에 대하여 자백하여 제1심 법원이 이에 대하여 간이공판절차에 의하여 심판할 것을 결정하고, 이에 따라 제1심 법원이 제1신 판결 명시의 증거들을 증거로 함에 피고인 또는 변호인의 이의가 없어 형사소송법 제318조의3의 규정에 따라 증거능력이 있다고 보고, 상당하다고 인정하는 방법으로 증거조사를 한 이상, 가사 항소심에 이르러 범행을 부인하였다고 하더라도 제1심 법원에서 증거로 할 수 있었던 증거는 항소법원에서도 증거로 할 수 있는 것이므로 제1심 법원에서 이미 증거능력이 있었던 증거는 항소심에서도 증거능력이 그대로 유지되어 심판의 기초가 될 수 있다. 다시 증거조사를 할 필요가 없다.

[3] 폭력행위등처벌에관한법률 제3조 제1항에서 정한 '위험한 물건'의 위험성 여부는 구체적인 사안에 따라서 사회통념에 비추어 그 물건을 사용하면 상대방이나 제3자가 곧 살상의 위험을 느낄 수 있으리라고 인정되는 물건인가에 따라 이를 판단하여야 한다.

[4] 상고심에서의 심판대상은 항소심 판결 당시를 기준으로 하여 그 당부를 심사하는 데에 있는 것이다. 그러므로 항소심판결 선고 당시 미성년이었던 피고인이 상고 이후에 성년이 되었다고 하여 항소심의 부정기형의 선고가 위법이 되는 것은 아니다.

④ 만약 甲이 제1심 법원에서 징역 1년 6월, 집행유예 3년의 판결을 선고받아 甲이 만이 항소한 경우, 항소심 법원이 징역 1년의 실형을 선고하였다면, 「형사소송법」 제368조에 정해진 불이익변경금지원칙에 위배된다.

┃해설 및 정답┃ 2019년 제8회 변호사시험 기출문제 38   **정답** ○

대법원 1965. 12. 10. 선고 65도826 전원합의체 판결

제1심이 1년 6개월에 집행유예 3년을 선고하였다. 피고인이 항소하였다. 제2심이 징역 1년 실형을 선고한 경우 불이익변경원칙을 위반한다.

[판결요지] 징역 1년에 3년간 집행유예가 선고된 제1심 판결에 대하여 피고인 및 검사가 제기한 항소를 기각하고 직권으로 제1심 판결의 형이 중하다는 이유로 이를 파기한 후 징역 10월의 실형을 선고한 경우에는 불이익변경의 금지규정에 위배된다(실질적으로 보면 집행유예라는 법률적, 사회적 가치판단은 높게 평가하지 않을 수 없으므로 총체적으로 고려하여 보면 원심의 형(실형 10월)은 제1심의 형(징역 1년 집행유예 3년간)보다 중하다고 하지 않을 수 없다).

⑤ 만약 구치소에 있는 甲이 검사의 불기소처분에 대하여 재정신청을 하였으나 법원으로부터 기각결정을 받고 이에 재항고를 제기하고자 한다면, 그 재항고에 대한 법정기간의 준수 여부는 재항고장이 법원에 도달한 시점을 기준으로 판단하여야 하고, 거기에 「형사소송법」 제344조 제1항에서 정한 재소자 피고인 특칙은 준용되지 아니한다.

해설 및 정답 2019년 제8회 변호사시험 기출문제 38 　　　　　　　　　 **정답** ○

대법원 2015. 7. 16. 자 2013모2347 전원합의체 결정 [재정신청기각결정에대한재항고]

형사소송에서 서류 제출은 법원에 도달시가 기준이다. 재소자 서류제출 특칙은 재정신청 절차에서 적용되지 않는다.

[판시사항] 재정신청 기각결정에 대한 재항고나 그 재항고 기각결정에 대한 즉시항고로서의 재항고에 대한 법정기간 준수 여부는 도달주의 원칙에 따라 판단하여야 하는지 여부(적극) 및 여기에 형사소송법 제344조 제1항의 '재소자 피고인에 대한 특칙'이 준용되는지 여부(소극)

[결정요지] [다수의견] 형사소송절차에서 법원에 제출하는 서류는 법원에 도달하여야 제출의 효과가 발생한다. 각종 서류의 제출에 관하여 법정기간의 준수 여부를 판단할 때에도 당연히 해당 서류가 법원에 도달한 시점을 기준으로 하여야 한다.

형사소송법은 상소장 외에 재소자가 제출하는 다른 서류에 대하여는 재소자 피고인 특칙을 일반적으로 적용하거나 준용하지 아니한다.

재정신청절차에 대하여는 재소자 피고인 특칙의 준용 규정을 두고 있지 아니하다.

재정신청절차는 고소·고발인이 검찰의 불기소처분에 불복하여 법원에 그 당부에 관한 판단을 구하는 절차로서 검사가 공소를 제기하여 공판절차가 진행되는 형사재판절차와는 다르다. 또한 고소·고발인인 재정신청인은 검사에 의하여 공소가 제기되어 형사재판을 받는 피고인과는 지위가 본질적으로 다르다. 또한 재정신청인이 교도소 또는 구치소에 있는 경우에도 제3자에게 제출권한을 위임하여 재정신청 기각결정에 대한 재항고장을 제출할 수 있고, 게다가 특급우편제도를 이용할 경우에는 발송 다음 날까지 재항고장이 도달할 수도 있다.

법정기간 준수에 대하여 도달주의 원칙을 정하고 재소자 피고인 특칙의 예외를 개별적으로 인정한 형사소송법의 규정 내용과 입법 취지, 재정신청절차가 형사재판절차와 구별되는 특수성, 법정기간 내의 도달주의를 보완할 수 있는 여러 형사소송법상 제도 및 신속한 특급우편제도의 이용 가능성 등을 종합하여 보면, 재정신청 기각결정에 대한 재항고나 그 재항고 기각결정에 대한 즉시항고로서의 재항고에 대한 법정기간의 준수 여부는 도달주의 원칙에 따라 재항고장이나 즉시항고장이 법원에 도달한 시점을 기준으로 판단하여야 하고, 거기에 재소자 피고인 특칙은 준용되지 아니한다.

07

외국에 거주하는 위장결혼 알선 브로커인 한국인 甲은, 국내에 거주하는 노숙자 乙에게 100만 원을 송금해 주기로 하고 진정한 혼인의사가 없는 乙로 하여금 외국인 여성 A와의 혼인 신고서를 작성하여 ○○구청 공무원 B에게 제출하도록 하였다. B는 가족관계등록부와 동일한 공전자기록에 乙과 A가 혼인한 것으로 입력하여 등록하였다.^{공전자} ^{기록불실기재죄+, 동행사죄+} 한편 100만 원의 입금을 기다리던 乙은 전혀 모르는 사람인 C의 이름으로 100만 원이 착오 입금되었으나, 이를 알면서도 인출하여 사용해 버렸다.^{횡령죄} ⁺ 이에 관한 설명 중 옳지 않은 것은? (다툼이 있는 경우 판례에 의함)

① 乙에게는 공전자기록등불실기재죄 및 동행사죄가 성립한다.

해설 및 정답 2019년 제8회 변호사시험 기출문제 39 　　　　　　　　　　　**정답** ○

대법원 2009. 12. 24. 선고 2009도11349 판결 [전자기록등불실기재·불실기재공전자기록 등행사]

이 문제는 문서죄·공증증서불실기재죄와 동행사죄·허위공문서작성죄 간접정범·형법적용범위·송금착오 횡령죄·전문증거 증거능력을 묻는 종합문제이다. 가장 혼인 신고인 경우 공전자기록불실기재죄와 동행사죄가 성립한다.

[판시사항] 위장결혼을 숨기기 위한 지극히 형식적인 동거에 불과한 것이 분명하여, 이러한 동거 사실이 이미 유죄로 확정된 다른 공범에 대한 형사판결의 사실 판단을 채용하기 어렵다고 인정할 만한 특별한 사정에 해당한다고 볼 수 없음에도 불구하고, 위 확정판결의 사실판단을 받아들일 수 없다고 한 원심판결에 증명력에 관한 법리오해 및 사실오인의 잘못이 있다고 한 사례.

[판결이유] 피고인과 공소외 1이 약 1개월 정도 함께 지낸 것은 진정한 혼인에 따른 동거가 아니라 위장결혼을 숨기기 위한 지극히 형식적인 동거에 불과한 것임이 분명하다. 그렇다면 이러한 동거 사실이 이미 확정된 공소외 1에 대한 형사판결의 사실 판단을 채용하기 어렵다고 인정할 만한 특별한 사정에 해당한다고 볼 수는 없다.

② 외국에 거주하는 甲도 우리 「형법」의 적용 대상이 된다.

해설 및 정답 2019년 제8회 변호사시험 기출문제 39 　　　　　　　　　　　**정답** ○

속인주의는 대한민국 영역외에서 범한 내국인에게도 적용된다. 형법 제3조(내국인의 국외범) 본법은 대한민국영역외에서 죄를 범한 내국인에게 적용한다.

③ 만약 乙이 허위의 정을 모르는 B로 하여금 乙과 A가 부부로 기재된 가족관계증명서를 발급하게 하였더라도 乙에게는 허위공문서작성죄의 간접정범이 성립하지 않는다.

해설 및 정답 2019년 제8회 변호사시험 기출문제 39 　　**정답** ○

대법원 1971. 1. 26. 선고 70도2598 판결 [허위공문서작성]

공무원 아닌 일반인에게 허위공문서작성죄 간접정범은 성립하지 않는다. 다만 형법 제228는 예외이다. 공무원과 일반인 공동하여 허위공문서작성죄를 범한 경우 허위공문서작성죄 공동정범이 성립한다.

[판결요지] 공무원 아닌 자가 허위공문서작성의 간접정범일 때에는 본법 제228조의 경우를 제외하고는 이를 처단하지 못하므로 면장의 거주확인증 발급을 위한 허위사실의 신고는 죄가 되지 않는다(대법원 1962. 1. 31. 선고 1961년 형상595호 판결 참조).

> 형법 제228조(공정증서원본 등의 불실기재)
> ① 공무원에 대하여 허위신고를 하여 공정증서원본 또는 이와 동일한 전자기록등 특수매체기록에 부실의 사실을 기재 또는 기록하게 한 자는 5년 이하의 징역 또는 1천만원 이하의 벌금에 처한다. 〈개정 1995.12.29.〉
> ② 공무원에 대하여 허위신고를 하여 면허증, 허가증, 등록증 또는 여권에 부실의 사실을 기재하게 한 자는 3년 이하의 징역 또는 700만원 이하의 벌금에 처한다. 〈개정 1995.12.29〉

④ 乙은 계좌에 착오로 입금된 금전을 반환해야 하는 타인의 사무처리자이므로, 이를 인출하여 사용한 행위는 배임죄를 구성한다.

해설 및 정답 2019년 제8회 변호사시험 기출문제 39 　　**정답** ×

대법원 2005. 10. 28. 선고 2005도5975 판결 [횡령]

착오로 송금된 돈을 임의로 인출한 경우 횡령죄가 성립한다.

[판결요지] 피고인이 자신 명의의 계좌에 착오로 송금된 돈을 다른 계좌로 이체하는 등 임의로 사용한 경우, 횡령죄가 성립한다.

⑤ 乙에 대한 사법경찰관 작성의 피의자신문조서는 乙이 진정성립을 인정하였더라도 甲이 공판기일에 내용을 부인하면 甲에 대하여 증거능력이 부정된다.

해설 및 정답 2019년 제8회 변호사시험 기출문제 39 　　**정답** ○

쟁점은 당해 피고인과 공범 관계가 있는 다른 피의자에 대한 검사 이외의 수사기관이 작성한 피의자신문조서의 증거능력이다. 형법 제312조 제4항 요건을 갖추었더라도 내용을 부인하면 증거능력이 없다. 그러나 다른 피의자의 성립 진정과 당해 피고인이 조서 내용을 인정하면 증거능력이 있다.

대법원 2009. 7. 9. 선고 2009도2865 판결 [부정수표단속법위반]

[판시사항] 피고인과 공범 관계에 있는 다른 피의자에 대한 검사 이외의 수사기관 작성의 피의자신문조서가 형사소송법 제312조 제4항의 요건을 갖추었더라도 피고인이 공판기일

에 그 조서의 내용을 부인하는 경우, 그 증거능력의 유무(소극)

[판결요지] 형사소송법 제312조 제3항은 검사 이외의 수사기관이 작성한 당해 피고인에 대한 피의자신문조서를 유죄의 증거로 하는 경우 적용된다. 뿐만 아니라 검사 이외의 수사기관이 작성한 당해 피고인과 공범관계에 있는 다른 피고인이나 피의자에 대한 피의자신문조서를 당해 피고인에 대한 유죄의 증거로 채택할 경우에도 적용된다. 따라서 **당해 피고인과 공범 관계가 있는 다른 피의자에 대하여 검사 이외의 수사기관이 작성한 피의자신문조서는, 그 피의자의 법정진술에 의하여 그 성립의 진정이 인정되는 등 형사소송법 제312조 제4항의 요건을 갖춘 경우라고 하더라도 당해 피고인이 공판기일에서 그 조서의 내용을 부인한 이상 이를 유죄 인정의 증거로 사용할 수 없다.**

08

주식회사의 임원 甲은 애인 乙과 공모하여 업무수행용 법인카드를 이용해 3개월간 3,000만 원에 해당하는 금액을 개인용도로 사용하였다.^{업무상배임죄+} 친구 甲이 급여에 비하여 소비가 지나친 것을 수상하게 여기던 사법경찰관 P는 때마침 회사의 제보를 받고 甲과 乙에게 출석을 요구하여 조사한 결과 甲으로부터는 자백을 받았으나,^{자백보강법칙+} 乙은 범죄사실을 부인하였다. 이에 P는 법관의 영장에 의하지 아니하고 신용카드 회사에 근무하는 친구로부터 甲의 법인카드사용내역을 확보하였다.^{위법수집증거배제+, 증거능력−} 이에 관한 설명 중 옳은 것을 모두 고른 것은? (다툼이 있는 경우 판례에 의함)

① 甲의 행위는 업무상배임죄에 해당한다.

┃해설 및 정답┃ 2019년 제8회 변호사시험 기출문제 40　　　　　　　　**┃정답┃** ○

대법원 2014. 2. 21. 선고 2011도8870 판결 [특정경제범죄가중처벌등에관한법률위반(횡령)·업무상배임·횡령]

이 문제는 업무상배임죄·위법수집증거배제법칙·자백보강법칙을 묻는 종합문제이다.

[판결요지] [1] 회사가 타인의 사무를 처리하는 일을 영업으로 영위하고 있는 경우, 회사의 대표이사가 그 타인의 사무를 처리하면서 업무상 임무에 위배되는 행위를 함으로써 재산상 이익을 취득하거나 제3자로 하여금 이를 취득하게 하고 그로 인하여 회사로 하여금 그 타인에 대한 손해배상책임 등 채무를 부담하게 한 때에는 회사에 손해를 가하거나 재산상 실해 발생의 위험을 초래한 것으로 볼 수 있다. 그러므로 이러한 행위는 회사에 대한 관계에서 업무상배임죄를 구성한다.

[2] 주식회사의 임원이 공적 업무수행을 위하여서만 사용이 가능한 법인카드를 개인 용도로 계속적, 반복적으로 사용한 경우 특별한 사정이 없는 한 임원에게는 임무위배의 인식과 그로 인하여 자신이 이익을 취득하고 주식회사에 손해를 가한다는 인식이 있었다고 볼 수 있다. 그러므로 이러한 행위는 업무상배임죄를 구성한다. 위와 같은 법인카드 사용에 대하여 실질적 1인 주주의 양해를 얻었다거나 실질적 1인 주주가 향후 그 법인카드 대금을 변상, 보전해 줄 것이라고 일방적으로 기대하였다는 사정만으로는 업무상배임의

고의나 불법이득의 의사가 부정된다고 볼 수 없다.

② 乙의 행위는 업무상배임죄에 정한 형으로 처단된다.

해설 및 정답 2019년 제8회 변호사시험 기출문제 40   **정답** ✕

대법원 1997. 12. 26. 선고 97도2609 판결 [특정범죄가중처벌등에관한법률위반(뇌물)・특정경제범죄가중처벌등에관한법률위반(사기・횡령・증재 등・알선수재)・사기・제3자뇌물취득・제3자뇌물교부・뇌물공여・상호신용금고법위반(일부 인정된 죄명: 배임)・부정수표단속법위반]

[판시사항] 상호신용금고법 제39조 제1항 제2호 위반죄와 형법상 배임죄는 신분관계로 인하여 형의 경중이 있는 경우인지 여부 및 비신분자가 위 상호신용금고법위반죄의 공범이 된 경우의 적용법조

[판결요지] 상호신용금고법 제39조 제1항 제2호 위반죄는 상호신용금고의 발기인・임원・관리인・청산인・지배인 기타 상호신용금고의 영업에 관한 어느 종류 또는 특정한 사항의 위임을 받은 사용인이 그 업무에 위배하여 배임행위를 한 때에 성립하는 것이다. 이는 위와 같은 지위에 있는 자의 배임행위에 대한 형법상의 배임 내지 업무상배임죄의 가중규정이다. 따라서 형법 제355조 제2항의 배임죄와의 관계에서는 신분관계로 인하여 형의 경중이 있는 경우라고 할 것이다. 그리고 위와 같은 **신분관계가 없는 자가 그러한 신분관계에 있는 자와 공모하여 위 상호신용금고법위반죄를 저질렀다면, 그러한 신분관계가 없는 자에 대하여는 형법 제33조 단서에 의하여 형법 제355조 제2항에 따라 처단하여야 할 것이다. 그러한 경우에는 신분관계가 없는 자에게도 일단 업무상배임으로 인한 상호신용금고법 제39조 제1항 제2호 위반죄가 성립한 다음 형법 제33조 단서에 의하여 중한 형이 아닌 형법 제355조 제2항에 정한 형으로 처벌되는 것이다.**

③ P가 수집한 카드사용내역은 적법한 절차에 따르지 아니하고 수집한 증거에 해당하여 유죄의 증거로 사용할 수 없다.

해설 및 정답 2019년 제8회 변호사시험 기출문제 40   **정답** ○

대법원 2013. 3. 28. 선고 2012도13607 판결 [특정범죄가중처벌등에관한법률위반(절도)]

형사소송법 제308조의2(위법수집증거의 배제) 적법한 절차에 따르지 아니하고 수집한 증거는 증거로 할 수 없다.

[판결요지] [1] 수사기관이 영장에 의하지 아니하고 매출전표의 거래명의자에 관한 정보를 획득하였다면, 그와 같이 수집된 증거는 원칙적으로 형사소송법 제308조의2에서 정하는 **'적법한 절차에 따르지 아니하고 수집한 증거'에 해당하여 유죄의 증거로 삼을 수 없다.**

[2] 수사기관이 법관의 영장에 의하지 아니하고 매출전표의 거래명의자에 관한 정보를 획득한 경우, 이에 터 잡아 수집한 2차적 증거들, 예컨대 피의자의 자백이나 범죄 피해에 대한 제3자의 진술 등이 유죄 인정의 증거로 사용될 수 있는지를 판단할 때, 수사기관이 의도적으로 영장주의의 정신을 회피하는 방법으로 증거를 확보한 것이 아니라고 볼 만한 사정, 위와 같은 정보에 기초하여 범인으로 특정되어 체포되었던 피의자가 석방된 후 상

당한 시간이 경과하였음에도 다시 동일한 내용의 자백을 하였다거나 그 범행의 피해품을 수사기관에 임의로 제출하였다는 사정, 2차적 증거 수집이 체포 상태에서 이루어진 자백 등으로부터 독립된 제3자의 진술에 의하여 이루어진 사정 등은 통상 2차적 증거의 증거 능력을 인정할 만한 정황에 속한다고 볼 수 있다.

④ 만약 카드사용내역이 증거로 사용될 수 없고 다른 증거가 없다면, 甲은 자신의 자백이 유일한 증거이므로 처벌되지 아니한다.

┃해설 및 정답┃ 2019년 제8회 변호사시험 기출문제 40 　　　　　　　　　　**정답** ○

형사소송법 제310조(불이익한 자백의 증거능력) 피고인의 자백이 그 피고인에게 불이익한 유일의 증거인 때에는 이를 유죄의 증거로 하지 못한다.

2018년 제7회 변호사시험 선택형 종합문제 2 · 20 · 34 · 35 · 36 · 38

출제분석

- 2번 | 교통사고처리특례법위반 죄수 · 영장 없는 감정의뢰회보 증거능력
- 20번 | 업무방해죄 · 공갈죄 · 컴퓨터사용사기죄
- 34번 | 독립행위경합 · 동시범 · 검사 이외 수사기관작성 피의자신문조서 증거능력 · 선서 없이 한 공동피고인 법정 진술 증거능력 · 증언거부권
- 35번 | 불법영득의사 · 계좌이체 · 현금자동지급기 현금인출 · 자수 · 소변채취
- 36번 | 현행범인체포 · 토지관할 · 공동정범
- 38번 | 중간생략명의신탁 · 위전착 · 고소불가분 · 재정신청과 공소시효 · 공소제기

중요 **01** ★★★★★

甲과 乙은 식당에서 큰 소리로 대화를 하던 중 옆 테이블에서 혼자 식사 중인 丙이 甲, 乙에게 "식당 전세 냈냐. 조용히 좀 합시다."라고 말하였다. 甲, 乙은^{행위주체} 丙에게 다가가 甲은 "식당에서 말도 못하냐?"라고 소리치며 丙을^{행위객체} 밀어 넘어뜨리고,^{행위} 乙은 이에 가세하여 발로 丙의 몸을 찼다.^{행위} 丙은 약 3주간의 치료를 요하는 상해를 입었다.^{결과발생} 甲, 乙 중 누구의 행위에 의하여 상해가 발생하였는지는 불분명하다.^{폭행치상죄 동시범+, 인과관계불명} 한편, 丙은 이에 대항하여 甲의 얼굴을 주먹으로 때려 약 2주간의 치료를 요하는 상해를 가하였는데 수사기관에서 자신의 범행을 부인하였다. 검사는 甲, 乙, 丙을 하나의 사건으로 기소하였고 甲, 乙, 丙은 제1심 소송계속 중이다. 이에 관한 설명 중 옳지 않은 것을 모두 고른 것은? (다툼이 있는 경우 판례에 의함)

① 甲, 乙 중 누구의 행위에 의하여 상해의 결과가 발생되었는가를 불문하고 甲, 乙은 상해의 결과에 대하여 책임을 진다.

해설 및 정답 2018년 제7회 변호사시험 기출문제 34 종합사례 **정답** ○

갑과 을은 동시범으로 상해죄가 성립한다.

> 형법 제263조(동시범)
> ¹독립행위경합으로 ²상해결과가 발생한 경우 ³원인행위가 판명되지 않은 경우 ⁴공동정범으로 처벌된다.

② 만일 乙이 甲과 상해에 대해 공모한 사실이 없고 발로 丙의 몸을 찬 사실, 즉 丙에게 폭행을 가한 사실 자체도 분명하지 않은 경우, 「형법」 제263조 동시범의 특례 규정이 적용되지 아니하여 乙은 상해죄의 죄책을 지지 아니한다.

해설 및 정답 2018년 제7회 변호사시험 기출문제 34 종합사례 **정답** ○

동시범 특례가 인정되려면, 2인 이상의 실행행위가 있어야 한다. 독립된 행위가 있었는지 불분명할 경우 동시범 특례는 적용되지 않는다.

③ 乙이 자신에 대한 사법경찰관 작성 피의자신문조서의 내용을 인정하였다면 그 피의자신문조서는 甲이 부동의하더라도 甲의 공소사실에 대하여 증거능력이 있다.

해설 및 정답 2018년 제7회 변호사시험 기출문제 34 종합사례 **정답** ✕

대법원 2009. 10. 15. 선고 2009도1889 판결 [석유 및 석유대체연료사업법위반]

검사 이외 수사기관에서 작성한 피의자신문조서는 공동피고인 법정진술로 성립 진정이 인정되더라도, 피고인이 그 내용을 부인하면, 증거능력이 없다.

[판결요지] 형사소송법 제312조 제3항은 검사 이외의 수사기관이 작성한 당해 피고인에 대한 피의자신문조서를 유죄의 증거로 하는 경우뿐만 아니라, 검사 이외의 수사기관이 작성한 당해 피고인과 공범관계에 있는 다른 피고인이나 피의자에 대한 피의자신문조서를 당해 피고인에 대한 유죄의 증거로 채택할 경우에도 적용된다. 따라서 당해 피고인과 공범관계에 있는 공동피고인에 대해 검사 이외의 수사기관이 작성한 피의자신문조서는 그 공동피고인의 법정진술에 의하여 성립의 진정이 인정되더라도 당해 피고인이 공판기일에서 그 조서의 내용을 부인하면 증거능력이 부정된다.

④ 甲이 선서 없이 피고인으로서 한 공판정에서의 진술도 丙에게 반대신문권이 보장되어 있으므로 丙의 동의여부와 관계없이 丙에 대한 유죄의 증거로 사용할 수 있다.(없다.)

해설 및 정답 2018년 제7회 변호사시험 기출문제 34 종합사례 **정답** ✕

대법원 1982. 6. 22. 선고 82도898 판결 [뇌물공여·관세법위반·방위세법위반·해외이주법위반·폭력행위 등에 관한 법률위반]

[판시사항] 피고인과 별개의 범죄사실로 기소되어 병합 심리중인 공동피고인의 법정 및 검찰진술의 증거능력

[판결요지] 피고인과 별개의 범죄사실로 기소되어 병합심리되고 있던 공동피고인은 피고인에 대한 관계에서는 증인의 지위에 있음에 불과하다. 그러므로 선서 없이 한 그 공동피고인의 법정 및 검찰진술은 피고인에 대한 공소범죄사실을 인정하는 증거로 할 수 없다.

☞ 2014년 제3회 변호사시험 기출문제 39·2013년 제2회 변호사시험 기출문제 37·2012년 제1회 변호사시험 기출문제 27

⑤ 甲, 乙의 공소사실에 대하여 丙을 증인으로 신문하는 과정에서 丙에게 증언거부권이 고지되지 않고 증인신문절차가 진행된 경우, 丙이 자신의 기억에 반하여 甲의 얼굴을 주먹으로 때리지 않았다고 허위로 증언하였더라도, 丙이 증언거부

권을 행사하는 데 사실상 장애가 초래되었다고 볼 수 있는 경우에는 위증죄가 성립하지 않는다.

해설 및 정답 2018년 제7회 변호사시험 기출문제 34 종합사례   **정답** ○

대법원 2010. 1. 21. 선고 2008도942 전원합의체 판결 [위증]

증언거부권을 고지 받지 못한 경우, 증언거부권 행사에 실질적 장애가 있는 것이다. 위증죄로 처벌될 수 없다. 선서 없이 한 공동피고인의 법정진술은 증거능력이 없다.

[판시사항] [1] 위증죄의 구성요건인 '법률에 의하여 선서한 증인'의 의미 [2] 증인신문절차에서 법률에 규정된 증인 보호 규정이 지켜진 것으로 인정되지 않은 경우, 허위진술을 한 증인을 위증죄로 처벌할 수 있는지 여부(원칙적 소극) [3] 증언거부사유가 있음에도 증언거부권을 고지 받지 못함으로 인하여 그 증언거부권을 행사하는 데 사실상 장애가 초래되었다고 볼 수 있는 경우 위증죄 성립 여부(소극)

[판결요지] [1] 위증죄와 형사소송법의 취지, 정신과 기능을 고려하여 볼 때, 형법 제152조 제1항에서 정한 '법률에 의하여 선서한 증인'이라 함은 '법률에 근거하여 법률이 정한 절차에 따라 유효한 선서를 한 증인'이라는 의미이다. 그 증인신문은 법률이 정한 절차 조항을 준수하여 적법하게 이루어진 경우여야 한다고 볼 것이다.

[2] 증인신문절차에서 법률에 규정된 증인 보호를 위한 **규정이 지켜진 것으로 인정되지 않은 경우에는 증인이 허위의 진술을 하였다고 하더라도 위증죄의 구성요건인 "법률에 의하여 선서한 증인"**에 해당하지 아니한다고 보아 이를 위증죄로 처벌할 수 없는 것이 원칙이다.

[3] 헌법 제12조 제2항에 정한 불이익 진술의 강요금지 원칙을 구체화한 자기부죄거부특권에 관한 것이거나 기타 증언거부사유가 있음에도 **증인이 증언거부권을 고지 받지 못함으로 인하여 그 증언거부권을 행사하는 데 사실상 장애가 초래되었다고 볼 수 있는 경우에는 위증죄의 성립을 부정하여야 할 것이다.**

---

02   ★★★★★

甲은[행위주체] 집에서 필로폰을 투약한 다음, 함께 사는 사촌언니 A의 K은행 예금통장을[행위객체+, 동거사촌언니=동거친족 친족상도례+] 몰래 가지고 나왔다.[절취행위] K은행 현금자동지급기에 넣고 미리 알고 있던 통장 비밀번호를 입력하여 A 명의의 예금잔고 중 100만 원을[행위객체] 甲 명의의 M은행 계좌로 이체한 후[컴퓨터사용사기죄+] 집으로 돌아와 예금통장을 원래 자리에 가져다 놓았다.[절도죄+] 이후 甲은 자신의 신용카드로 M은행 현금자동지급기에서 위와 같이 이체한 100만 원을 인출하였다.[불가벌적 사후행위+] 마침 부근을 순찰 중인 경찰관이 필로폰 기운으로 비틀거리는 甲을 수상히 여겨 甲에게 동행을 요구하였으나 甲은 그대로 도주하였다. 필로폰 투약 사실을 알게 된 A의 설득으로 甲은 다음 날 경찰서에 자진출석하였으나 필로폰 투약사실을 일관되게 부인하며 소변의 임의제출도 거부하므로 경찰관은 소변 확보를 위해 압수·수색·검증영장을 발부받았다.[적법절차+, 증거능력+] 이에 관한 설명 중 옳지 않은 것은? (다툼이 있는 경우 판례에 의함)

① A의 예금통장을 가지고 나온 행위에 대하여 甲이 비록 예금통장을 그 자리에 가져다 놓았다고 하더라도 절도죄가 인정되지만 A의 고소가 있어야 처벌이 가 능하다.

해설 및 정답 2018년 제7회 변호사시험 기출문제 35 종합문제 **정답** ✕

대법원 2010. 5. 27. 선고 2009도9008 판결 [절도]

경미한 경우 불법영득의사를 인정할 수 없다. 절도죄가 성립하지 않는다. 그러나 경제적 가치 소모가 큰 경우, 비록 사용 후 돌려 주었다고 하더라도, 불법영득의사를 인정할 수 있다. 절도죄가 성립한다. 사촌언니 A는 동거친족이다. 형법 제328조 제1항에 근거하여 그 형을 면제한다.

[판시사항] 타인의 예금통장을 무단사용하여 **예금을 인출한 후 바로 예금통장을 반환한** 경우, 예금통장에 대한 절도죄가 성립하는지 여부(한정 적극)

[판결요지] 증명기능은 예금통장 자체가 가지는 경제적 가치라고 보아야 한다. 경제적 가 치의 소모가 무시할 수 있을 정도로 경미한 경우가 아닌 이상, 예금통장 자체가 가지는 예금액 증명기능의 경제적 가치에 대한 불법영득의 의사를 인정할 수 있으므로 절도죄가 성립한다.

② A의 예금계좌에서 甲의 계좌로 100만 원을 이체한 행위는 컴퓨터등사용사기죄 에 해당되고 이 경우 친족상도례가 적용되지 않는다.

해설 및 정답 2018년 제7회 변호사시험 기출문제 35 **정답** ○

대법원 2007. 3. 15. 선고 2006도2704 판결 [컴퓨터등사용사기]

범죄피해자는 금융기관이다. 친족상도례가 적용되지 않는다.

[판시사항] [1] 절취한 친족 소유의 예금통장을 현금자동지급기에 넣고 조작하여 예금 잔 고를 다른 금융기관의 자기 계좌로 이체하는 방법으로 저지른 **컴퓨터등사용사기죄에 있 어서의 피해자(=친족 명의 계좌의 금융기관)** [2] 손자가 할아버지 소유 농업협동조합 예 금통장을 절취하여 이를 현금자동지급기에 넣고 조작하는 방법으로 예금 잔고를 자신의 거래 은행 계좌로 이체한 사안에서, 위 농업협동조합이 컴퓨터 등 사용사기 범행 부분의 피해자라는 이유로 친족상도례를 적용할 수 없다고 한 사례.

③ 甲이 자신의 신용카드로 현금자동지급기에서 100만 원을 인출한 행위는 별도 로 절도죄나 사기죄의 구성요건에 해당하지 않는다.

해설 및 정답 2018년 제7회 변호사시험 기출문제 35 **정답** ○

대법원 2008. 6. 12. 선고 2008도2440 판결 [사기·절도·혼인빙자간음]

금융이체 후 자신의 신용카드로 현금자동지급기에서 인출한 행위는 절도죄도 성립하지 않고, 사기죄도 성립하지 않는다.

[판결요지] 절취한 타인의 신용카드를 이용하여 현금지급기에서 계좌이체를 한 행위는 컴

퓨터등사용사기죄에서 **컴퓨터 등 정보처리장치에 권한 없이 정보를 입력하여 정보처리를 하게 한 행위에 해당**함은 별론으로 하고 이를 절취행위라고 볼 수는 없다. 한편 위 **계좌이체 후 현금지급기에서 현금을 인출한 행위는 자신의 신용카드나 현금카드를 이용한 것**이어서 이러한 현금인출이 현금지급기 관리자의 의사에 반한다고 볼 수 없어 절취행위에 해당하지 않으므로 절도죄를 구성하지 않는다.

④ 甲은 경찰서에 자진 출석하였으나 혐의를 부인하고 있으므로 필로폰 투약 사실에 대한 자수로서의 효력이 없다.

┃**해설 및 정답**┃ 2018년 제7회 변호사시험 기출문제 35 　　　　　　　　　　**정답** ○

대법원 2004. 10. 14. 선고 2003도3133 판결 [특정범죄가중처벌등에관한법률위반(뇌물)·특정경제범죄가중처벌등에관한법률위반(알선수재)]

[판시사항] [1] 형법 제52조 제1항에 정한 자수의 의미와 요건 및 자백과의 구별 [2] 자수서를 소지하고 수사기관에 자발적으로 출석하였으나 **자수서를 제출하지 아니하고 범행사실도 부인하였다면 자수가 성립하지 아니하고, 그 이후 구속까지 된 상태에서 자수서를 제출하고 범행사실을 시인한 것을 자수에 해당한다고 인정할 수 없다**고 한 사례이다.

(중요) ⑤ 사법경찰관은 압수·수색·검증영장의 효력에 의하여 甲의 동의 없이 그 신체에서 소변을 채취할 수 있고, 이 경우 별도로 감정처분허가장까지 필요한 것은 아니다.

┃**해설 및 정답**┃ 2018년 제7회 변호사시험 기출문제 35 ★ 　　　　　　　　**정답** ○

대법원 2012. 11. 15. 선고 2011도15258 판결 [도로교통법위반(음주운전)]

[판시사항] [1] 영장이나 감정처분허가장 없이 채취한 혈액을 이용한 혈중알코올농도 감정 결과의 증거능력 유무(원칙적 소극) 및 피고인 등의 동의가 있더라도 마찬가지인지 여부(적극) [2] 강제채혈의 법적 성질(=감정에 필요한 처분 또는 압수영장의 집행에 필요한 처분) [3] 음주운전 중 교통사고를 내고 의식불명 상태에 빠져 병원으로 후송된 운전자에 대하여 수사기관이 영장 없이 강제채혈을 할 수 있는지 여부(한정 적극) 및 이 경우 사후 압수영장을 받아야 하는지 여부(적극)

[판결요지] [1] 수사기관이 법원으로부터 **영장 또는 감정처분허가장을 발부받지 아니한 채 피의자의 동의 없이 피의자의 신체로부터 혈액을 채취하고 사후에도 지체 없이 영장을 발부받지 아니한 채 혈액 중 알코올농도에 관한 감정을 의뢰하였다면**, 이러한 과정을 거쳐 얻은 감정의뢰회보 등은 형사소송법상 영장주의 원칙을 위반하여 수집하거나 그에 기초하여 획득한 증거로서, 원칙적으로 **절차위반행위가 적법절차의 실질적인 내용을 침해하여 피고인이나 변호인의 동의가 있더라도 유죄의 증거로 사용할 수 없다.**

[2] 수사기관이 범죄 증거를 수집할 목적으로 피의자의 동의 없이 피의자의 혈액을 취득·보관하는 행위는 법원으로부터 감정처분허가장을 받아 형사소송법 제221조의4 제1항, 제173조 제1항에 의한 '감정에 필요한 처분'으로도 할 수 있다. 또한 형사소송법 제

219조, 제106조 제1항에 정한 압수의 방법으로도 할 수 있다. 압수의 방법에 의하는 경우 혈액의 취득을 위하여 피의자의 신체로부터 혈액을 채취하는 행위는 혈액의 압수를 위한 것으로서 형사소송법 제219조, 제120조 제1항에 정한 '압수영장의 집행에 있어 필요한 처분'에 해당한다.

[3] 음주운전 중 교통사고를 야기한 후 피의자가 의식불명 상태에 빠져 있는 등으로 도로교통법이 음주운전의 제1차적 수사방법으로 규정한 호흡조사에 의한 음주측정이 불가능하고 혈액 채취에 대한 동의를 받을 수도 없을 뿐만 아니라 **법원으로부터 혈액 채취에 대한 감정처분허가장이나 사전 압수영장을 발부받을 시간적 여유도 없는 긴급한 상황이** 생길 수 있다. 이러한 경우 피의자의 신체 내지 의복류에 주취로 인한 냄새가 강하게 나는 등 **형사소송법 제211조 제2항 제3호가 정하는 범죄의 증적이 현저한 준현행범인의 요건이 갖추어져 있고 교통사고 발생 시각으로부터 사회통념상 범행 직후라고 볼 수 있는 시간 내라면,** 피의자의 생명·신체를 구조하기 위하여 **사고현장으로부터 곧바로 후송된 병원 응급실 등의 장소는 형사소송법 제216조 제3항의 범죄 장소에 준한다 할 것이** 다. 그러므로 검사 또는 사법경찰관은 피의자의 혈중알코올농도 등 증거의 수집을 위하여 의료법상 의료인의 자격이 있는 자로 하여금 의료용 기구로 의학적인 방법에 따라 **필요최소한의 한도 내에서 피의자의 혈액을 채취하게 한 후 그 혈액을 영장 없이 압수할수 있다.** 다만 이 경우에도 형사소송법 제216조 제3항 단서, 형사소송규칙 제58조, 제107조 제1항 제3호에 따라 사후에 지체 없이 강제채혈에 의한 압수의 사유 등을 기재한 영장청구서에 의하여 법원으로부터 압수영장을 받아야 한다.

03　**소말리아 해적재판**

외국인 해적들인 甲, 乙, 丙, 丁은^{행위주체} 선박을 강취하여 선원들을 인질로 삼아 석방 대가를 요구하기로 공모하고, 공해상에서 운항 중인 한국인 선원이 승선한 선박 ○○호를^{행위객체} 강취하였다.^{행위} 이에 대한민국 해군이 선원의 구조를 위해 ○○호에 접근하자, 甲, 乙, 丙, 丁은 총기를 소지한 채 해군을 살해하여서라도 저지하기로 공모하고, 甲, 乙, 丙은 해군의 보트를 향해서 일제히 조준사격을 하여 해군 3인이^{행위객체} 총상을 입었다.^{행위} 이 때 소총을 소지한 丁은 역할 분담에 따라 통신실에서 통신장비를 감시하고 있었기 때문에 외부의 총격전에는 가담하지 않았다. 해군의 공격에 더 이상 버티기 힘든 상황이 되자, 두목 甲은 같이 있던 乙, 丙에게 총기를 조타실 밖으로 버리고 선실로 내려가 피신하라고 명령하였다. 乙, 丙은 명령을 따랐고, 실질적으로 해적들의 저항은 종료되었다. 이후 甲은 조타실에서 한국인 선장 A를 살해하려고 총격을 가하여 복부관통상을 가하였으나 A는 사망에 이르지 아니하였다. 해군은 甲 등을 총격 종료 직후 현장에서 체포하여 비행기로 부산 김해공항으로 이송하였고, 공항에서 사법경찰관에게 신병을 인도하였다. 이에 관한 설명 중 옳지 않은 것은? (다툼이 있는 경우 판례에 의함)

① 해군이 甲 등을 체포한 것은 수사기관이 아닌 이에 의한 현행범인 체포이다.

해설 및 정답 2018년 제7회 변호사시험 기출문제 36   **정답** ○

대법원 2011. 12. 22. 선고 2011도12927 판결 [해상강도살인미수·강도살인미수·해상강
도상해·강도상해·특수공무집행방해치상·선박및해상구조물에대한위해행위의처벌등에관한법
률위반]

[판결요지] 형사소송법 제4조 제1항은 "토지관할은 범죄지, 피고인의 주소, 거소 또는 현
재지로 한다"라고 정하고, **여기서 '현재지'라고 함은 공소제기 당시 피고인이 현재한 장소
로서 임의에 의한 현재지 뿐만 아니라 적법한 강제에 의한 현재지도 이에 해당한다. 청
해부대 소속 군인들이 피고인들을 현행범인으로 체포한 것은 검사 등이 아닌 이에 의한
현행범인 체포에 해당한다. 피고인들 체포 이후 국내로 이송하는 데에 약 9일이 소요된
것은 공간적·물리적 제약상 불가피한 것으로 정당한 이유 없이 인도를 지연하거나 체포
를 계속한 경우로 볼 수 없다.**

② 현행범인 체포 시 구속영장 청구는 체포한 때로부터 48시간 이내에 이루어져
야 한다. 사례의 경우 그 기산점은 ~~해군에 의한 체포 시이다.~~ ^{국내 수사기관에 신병이 인}
^{도된 때이다.}

해설 및 정답 2018년 제7회 변호사시험 기출문제 36   **정답** ×

대법원 2011. 12. 22. 선고 2011도12927 판결

[판시사항] 형사소송법 제213조 제1항에서 '즉시'의 의미 및 검사 또는 사법경찰관리 아
닌 이에 의하여 현행범인이 체포된 후 불필요한 지체 없이 검사 등에게 인도된 경우, 구
속영장 청구기간인 48시간의 기산점(＝검사 등이 현행범인을 인도받은 때)

[판결요지] 현행범인은 누구든지 영장 없이 체포할 수 있고(형사소송법 제212조), 검사
또는 사법경찰관리(이하 '검사 등'이라고 한다) 아닌 이가 현행범인을 체포한 때에는 즉시
검사 등에게 인도하여야 한다(형사소송법 제213조 제1항). 여기서 '즉시'라고 함은 반드
시 체포시점과 시간적으로 밀착된 시점이어야 하는 것은 아니고, '정당한 이유 없이 인도
를 지연하거나 체포를 계속하는 등으로 불필요한 지체를 함이 없이'라는 뜻으로 볼 것이
다. 또한 검사 등이 현행범인을 체포하거나 현행범인을 인도받은 후 현행범인을 구속하
고자 하는 경우 48시간 이내에 구속영장을 청구하여야 하고 그 기간 내에 구속영장을 청
구하지 아니하는 때에는 즉시 석방하여야 한다(형사소송법 제213조의2, 제200조의2 제5
항). 검사 등이 아닌 이에 의하여 현행범인이 체포된 후 불필요한 지체 없이 검사 등에게
인도된 경우 위 48시간의 기산점은 체포시가 아니라 검사 등이 현행범인을 인도받은 때
라고 할 것이다.

③ 토지관할은 범죄지, 피고인의 주소, 거소 또는 현재지가 기준이 되는데, 적법한
강제에 의한 현재지도 이에 해당한다.

해설 및 정답 2018년 제7회 변호사시험 기출문제 36   **정답** ○

형사소송법 제4조 제1항은 "토지관할은 범죄지, 피고인의 주소, 거소 또는 현재지로 한

다"라고 정한다. 여기서 '현재지'라고 함은 공소제기 당시 피고인이 현재한 장소로서 임의에 의한 현재지 뿐만 아니라 적법한 강제에 의한 현재지도 이에 해당한다.

대법원 2011. 12. 22. 선고 2011도12927 판결

[판시사항] 소말리아 해적인 피고인들 등이 공해상에서 대한민국 해운회사가 운항 중인 선박을 납치하여 대한민국 국민인 선원 등에게 해상강도 등 범행을 저질렀다는 내용으로 국군 청해부대에 의해 체포·이송되어 국내 수사기관에 인도된 후 구속·기소된 사안에서, 피고인들은 적법한 체포, 즉시 인도 및 적법한 구속에 의하여 공소제기 당시 국내에 구금되어 있어 현재지인 국내법원에 토지관할이 있다고 본 원심판단을 수긍한 사례.

[판결요지] 청해부대 소속 군인들이 피고인들을 현행범인으로 체포한 것은 검사 등이 아닌 이에 의한 현행범인 체포에 해당한다. 피고인들 체포 이후 국내로 이송하는 데에 약 9일이 소요된 것은 공간적·물리적 제약상 불가피한 것으로 정당한 이유 없이 인도를 지연하거나 체포를 계속한 경우로 볼 수 없으며, 경찰관들이 피고인들의 신병을 인수한 때로부터 48시간 이내에 청구하여 발부된 구속영장에 의하여 피고인들이 구속되었으므로, 피고인들은 적법한 체포, 즉시 인도 및 적법한 구속에 의하여 공소제기 당시 국내에 구금되어 있다 할 것이어서 현재지인 국내법원에 토지관할이 있다.

④ 해군 3인에게 총상을 입힌 행위에 대하여 丁은 해상강도살인미수죄의 공동정범이 인정된다.

┃해설 및 정답┃ 2018년 제7회 변호사시험 기출문제 36　　　　　　　　**정답** ○

대법원 2011. 12. 22. 선고 2011도12927 판결

[판결요지] 이 사건 전체 범행의 경위 및 공모내용, 이 사건 해적행위에 가담한 사람들의 전체적인 역할 분담 내용을 종합하여 보면, 위 피고인이 이 부분 범행에 관한 실행행위를 직접 분담하지 아니하였다고 하더라도 이에 대한 본질적 기여를 통하여 위 해상강도 살인행위에 대하여 기능적 행위지배를 한 공모자라고 보아야 할 것이다. 위 피고인도 이 부분 범행에 대하여 공동정범의 죄책을 부담한다.

⑤ 선장 A를 살해하려는 행위에 대하여 乙, 丙은 해상강도살인미수죄의 공동정범이 인정되지 않는다.

┃해설 및 정답┃ 2018년 제7회 변호사시험 기출문제 36　　　　　　　　**정답** ○

대법원 2011. 12. 22. 선고 2011도12927 판결

[판시사항] 소말리아 해적인 피고인들 등이 공모하여 공해상에서 대한민국 해운회사가 운항 중인 선박을 납치하여 대한민국 국민인 선원 등에게 해상강도 등 범행을 저질렀다는 내용으로 국내법원에 기소된 사안에서, 피고인 갑이 선장 을을 살해할 의도로 을에게 총격을 가하여 미수에 그친 사실을 충분히 인정할 수 있다. 그러나 나머지 피고인들로서는 피고인 갑이 을을 살해하려고 할 것이라는 점까지 예상할 수는 없었다고 본 원심판단을 수긍한 사례.

[판결요지] 자신들의 생존 여부도 장담할 수 없는 상황에서 보복하기 위하여 그 원인을 제공한 이를 살해하는 것까지 공모한 것으로는 볼 수 없다. 당시 피고인 갑을 제외한 나머지 해적들은 두목의 지시에 따라 무기를 조타실 밖으로 버리고 조타실 내에서 몸을 숙여 총알을 피하거나 선실로 내려가 피신함으로써 저항을 포기하였고, 이로써 해적행위에 관한 공모관계는 실질적으로 종료하였다. 그러므로 그 이후 자신의 생존을 위하여 피신하여 있던 나머지 피고인들로서는 피고인 갑이 을에게 총격을 가하여 살해하려고 할 것이라는 점까지 예상할 수는 없었다.

(중요) **04** ★★★★★

甲은 A 소유의 부동산을 매수하면서 A와 매매계약을 한 후 소유권이전등기는 명의신탁약정을 맺은 乙 앞으로 경료하였다. 乙은^(행위주체) 등기가 자신 명의로 되어있음을 기화로 친구인 <u>丙과 공모하여</u>^(행위주체) 甲의 승낙 없이 이 <u>부동산을</u>^(행위객체) 丙에게 헐값으로 <u>처분하였다.</u>^(횡령죄 공동정범+) 이 사실을 안 甲이 乙과 丙에게 폭언을 퍼붓자, <u>乙과 丙은</u>^(행위주체) 서로 짜고 B를 포함한 여러 사람들에게 <u>甲을 모욕하는 말을 떠들고 다녔다.</u>^(모욕죄 공동정범+) 이에 <u>甲은 乙과 丙을 횡령과 모욕의 범죄사실로 고소하였다.</u> 이후 甲은 도로상에서 만난 丙이 "왜 나를 고소했느냐?"라고 따지면서 대들자 마침 그곳을 지나가는 동생 丁에게 "강도인 저 사람이 칼을 갖고 형을 협박하니 좀 때려라."라고 하면서 상해의 고의로 옆에 있던 위험한 물건인 몽둥이를 건네주었고, <u>甲의 말만 믿은 丁은 甲을 방위할 의사로 丙에게 약 3주간의 치료를 요하는 상해를 가하였다.</u>^(특수상해죄+. 위법성조각사유의전제사실착오 +. 과실치상죄+) 이에 관한 설명 중 옳지 않은 것은? (다툼이 있는 경우 판례에 의함)

(중요) ① 甲은 신탁부동산의 소유권을 가지지 아니하고, 甲과 乙 사이에 위탁신임관계를 인정할 수도 없어 乙을 甲의 부동산을 보관하는 자라고 할 수 없으므로, 乙이 신탁 받은 부동산을 임의로 처분하여도 甲에 대한 관계에서 횡령죄가 성립하지 아니한다.

‖ **해설 및 정답** 2018년 제7회 변호사시험 기출문제 38　　　　　　　　˚**정답**˳ ○

이 문제는 중간생략명의신탁·위법성전제사실착오·고소불가분·피해자 참고인 증인신청·재정신청·공소시효를 묻는 종합문제이다. 중간생략명의신탁에서 수탁자의 임의처분 경우 신탁자에 대한 횡령죄는 성립되지 않는다.

대법원 2016. 5. 19. 선고 2014도6992 전원합의체 판결 [횡령] 〈중간생략등기형 명의신탁에서 신탁부동산의 임의 처분 사건〉

[판시사항] 명의신탁자가 매수한 부동산에 관하여 부동산 실권리자명의 등기에 관한 법률을 위반하여 명의수탁자와 맺은 명의신탁약정에 따라 매도인에게서 바로 명의수탁자 명의로 소유권이전등기를 마친 이른바 중간생략등기형 명의신탁을 한 경우, 명의수탁자가 명의신탁자의 재물을 보관하는 자인지 여부(소극) 및 명의수탁자가 신탁 받은 부동산을

임의로 처분하면 명의신탁자에 대한 관계에서 횡령죄가 성립하는지 여부(소극)

[판결요지] 횡령죄가 성립하기 위하여는 재물의 보관자와 재물의 소유자(또는 기타의 본권자) 사이에 법률상 또는 사실상의 위탁신임관계가 존재하여야 한다. 이러한 위탁신임관계는 사용대차·임대차·위임 등의 계약에 의하여서뿐만 아니라 사무관리·관습·조리·신의칙 등에 의해서도 성립될 수 있다. 위탁신임관계는 횡령죄로 보호할 만한 가치 있는 신임에 의한 것으로 한정함이 타당하다. 명의수탁자 명의의 소유권이전등기는 무효이다. 신탁부동산의 소유권은 매도인이 그대로 보유하게 된다. 신탁부동산의 소유자도 아닌 명의신탁자에 대한 관계에서 명의수탁자가 횡령죄에서 말하는 '타인의 재물을 보관하는 자'의 지위에 있다고 볼 수는 없다. 명의수탁자에 대한 관계에서 명의신탁자를 사실상 또는 실질적 소유권자라고 형법적으로 평가하는 것은 부동산실명법이 명의신탁약정을 무효로 하고 있음에도 불구하고 무효인 명의신탁약정에 따른 소유권의 상대적 귀속을 인정하는 것과 다름이 없다. 부동산실명법의 규정과 취지에 명백히 반하여 허용될 수 없다. 명의신탁자와 명의수탁자 사이에 위탁신임관계를 근거 지우는 계약인 명의신탁약정 또는 이에 부수한 위임약정이 무효임에도 불구하고 횡령죄 성립을 위한 사무관리·관습·조리·신의칙에 기초한 위탁신임관계가 있다고 할 수는 없다. 명의신탁자가 매수한 부동산에 관하여 부동산실명법을 위반하여 명의수탁자와 맺은 명의신탁약정에 따라 매도인에게서 바로 명의수탁자 명의로 소유권이전등기를 마친 이른바 **중간생략등기형 명의신탁을** 한 경우, 명의신탁자는 신탁부동산의 소유권을 가지지 아니하고, 명의신탁자와 명의수탁자 사이에 위탁신임관계를 인정할 수도 없다. 따라서 명의수탁자가 명의신탁자의 재물을 보관하는 자라고 할 수 없다. 그러므로 명의수탁자가 신탁받은 부동산을 임의로 처분하여도 명의신탁자에 대한 관계에서 횡령죄가 성립하지 아니한다.

② 丁이 丙을 강도로 오인한 데 대하여 <u>정당한 이유가 인정되지 않는 경우</u>, 엄격책임설에 의하면 甲은 특수상해죄의 교사범이 성립한다.

▎**해설 및 정답**▎ 2018년 제7회 변호사시험 기출문제 38　　　　　　　　　　**정답** ○

위법성조각사유전제사실착오 경우 엄격책임설은 형법 제16조 법률착오를 적용한다. 정당한 이유가 없으면, 유죄이다. 정은 특수상해죄가 성립한다. 갑은 특수상해죄 교사범이 성립한다.

③ 乙과 丙이 모욕죄의 공범으로 기소되어 제1심 공판심리 중 甲이 乙에 대한 고소를 취소하면 수소법원은 乙과 丙 모두에 대하여 공소기각의 판결을 선고해야 한다.

▎**해설 및 정답**▎ 2018년 제7회 변호사시험 기출문제 38　　　　　　　　　　**정답** ○

대법원 2015. 11. 17. 선고 2013도7987 판결 [강제추행]

모욕죄는 친고죄이다. 고소분가분의 원칙이 적용된다. 공범 관계이기 때문에 주관적 고소 불가분의 원칙이 적용된다.

[**판결요지**] 법원은 검사가 공소를 제기한 범죄사실을 심판하는 것이지 고소권자가 고소한 내용을 심판하는 것이 아니다. 고소권자가 비친고죄로 고소한 사건이더라도 **검사가 사건을 친고죄로 구성하여 공소를 제기하였다면**, 공소장 변경절차를 거쳐 공소사실이 비친고죄로 변경되지 아니하는 한, **법원으로서는 친고죄에서 소송조건이 되는 고소가 유효하게 존재하는지를 직권으로 조사·심리하여야 한다.** 그리고 이 경우 친고죄에서 고소와 고소취소의 불가분 원칙을 규정한 형사소송법 제233조는 당연히 적용된다. 만일 공소사실에 대하여 피고인과 공범관계에 있는 사람에 대한 적법한 고소취소가 있다면 고소취소의 효력은 피고인에 대하여 미친다.

형사소송법 제233조(고소불가분)

친고죄 **공동정범·교사범·방조범** 중 그 1인 또는 수인에 대한 **고소·고소취소는** 다른 공동정범·교사범·방조범에게 **효력이 있다.**

---

④ 乙과 丙의 모욕죄에 대한 공판심리 중 피해자인 甲은 B를 증인으로 신문해 줄 것을 수소법원에 신청할 수 ~~있다.~~ 없다.

│해설 및 정답│ 2018년 제7회 변호사시험 기출문제 38 　　　　**정답** ✕

현행 형사소송법상 피해자인 甲은 B를 증인으로 신문해 줄 것을 수소법원에 신청할 수 없다.

형사소송법 제294조(당사자 증거신청)

① **검사·피고인·변호인은** 서류·물건을 증거로 제출할 수 있고, 증인·감정인·통역인·번역인 신문을 신청할 수 있다.

② 법원은 검사·피고인·변호인이 고의로 증거를 뒤늦게 신청하여 공판완결을 지연하는 것으로 인정될 경우 직권으로 또는 상대방 신청으로 결정으로 증거신청을 각하(却下)할 수 있다.

[전문개정 2007.6.1] [[시행일 2008.1.1]]

[본조제목개정 2007.6.1] [[시행일 2008.1.1.]]

형사소송법 제294조2(범죄피해자·법정대리인 진술권)

① 법원은 범죄피해자·법정대리인(피해자가 사망한 경우 배우자·직계친족·형제자매를 포함한다. 이하 이 조에서 "피해자등"이라 한다)의 신청이 있는 경우 피해자 등을 증인으로 신문한다. 다만 다음 각 호 어느 하나에 해당하는 경우 피해자 등을 증인으로 신문하지 않는다. [개정 2007.6.1] [[시행일 2008.1.1]]

1. 삭제 [2007.6.1] [[시행일 2008.1.1]]

2. 피해자 등이 해당 사건에 관해 공판절차에서 충분히 진술하여 다시 진술할 필요가 없다고 인정되는 경우

3. 피해자 등이 진술하여 공판절차가 현저하게 지연될 우려가 있는 경우

---

⑤ 만일 검사로부터 丙을 모욕죄로 공소를 제기하지 아니한다는 통지를 받은 甲이 관할 고등법원에 재정신청을 하였다면 재정결정이 확정될 때까지 공소시효의 진행은 정지되며, 법원의 공소제기 결정에 대하여 검사는 즉시항고 등의 방법으로 불복할 수 없다.

해설 및 정답　2018년 제7회 변호사시험 기출문제 38 　　　　　　　　　　**정답**．○
형사소송법 제260조(재정신청)·형사소송법 제262조(심리와 결정)·형사소송법 제262조4(공소시효정지)

(중요)　**05**　★★★★★

甲(17세)은^{행위주체} 친구들과 술을 마셔 혀가 꼬부라진 발음을 하며 걸음을 제대로 걷지 못한 채 비틀거리는 등 만취한 상태에서 00:45경 자동차를 운전하다가 행인 A를 뒤늦게 발견하고 미처 피하지 못하여 A에게 전치 4주의 상해를 입히고 B 소유의 상점 출입문을 들이받아 파손한 후^{특가법 위험운전치상죄+, 교특법 제3조/도로교통법 제151조 업무상과실재물손괴죄+} 의식을 잃고 곧바로 사고현장 인근 병원 응급실로 후송되었다. 병원 응급실로 출동한 경찰관 P는 甲에게서 술 냄새가 강하게 나는 등 음주운전의 가능성이 현저하자 같은 날 01:50경 甲의 아버지의 동의를 받고 그 병원 의료인에게 의학적인 방법에 따라 필요최소한의 한도 내에서 甲의 혈액을 채취하게 한 후 그 혈액을 영장 없이 압수하였다.^{위법증거수집+, 증거능력−} 그 후 P는 그 혈액을 국립과학수사연구원에 감정의뢰하였고 甲의 혈중알콜농도는 0.15%로 회신되었다. 이에 관한 설명 중 옳지 않은 것은? (다툼이 있는 경우 판례에 의함)

① 甲이 A에게 상해를 입힌 점은 교통사고처리특례법위반(치상)죄와 특정범죄가 중처벌등에관한법률위반(위험운전치상)죄를 구성하고 양자는 상상적 경합관계에 있다.

해설 및 정답　2018년 제7회 변호사시험 기출문제 2 　　　　　　　　　**정답**．×
이 문제는 특정범죄가중처벌 등에 관한 법률 위반(위험운전치사상)죄와 교통사고처리특례법위반죄 죄수·영장 없는 감정의뢰회보 증거능력을 묻는 종합문제이다.
대법원 2008. 12. 11. 선고 2008도9182 판결 [특정범죄가중처벌등에관한법률위반(위험운전치사상)·교통사고처리특례법위반·도로교통법위반(음주운전)·도로교통법위반(무면허운전)]
[판시사항] [1] 교통사고처리특례법 제3조 제2항 단서의 각 호에서 규정한 예외 사유가 경합할 때의 죄수(＝일죄) [2] 위험운전치사상죄의 입법 취지 및 교통사고처리특례법 위반죄와의 관계(＝흡수관계)
[판결요지] 음주로 인한 특정범죄가중처벌 등에 관한 법률 위반(위험운전치사상)죄는 형

법 제268조에서 규정하고 있는 업무상과실치사상죄의 특례를 규정하여 가중처벌함으로써 피해자의 생명·신체의 안전이라는 개인적 법익을 보호하기 위한 것이다. 따라서 그 죄가 성립하는 때에는 차의 운전자가 형법 제268조의 죄를 범한 것을 내용으로 하는 교통사고처리특례법 위반죄는 그 죄에 흡수되어 별죄를 구성하지 아니한다.

② 甲이 B 소유의 상점 출입문을 파손한 점은 도로교통법위반죄를 구성하지만, B가 甲을 처벌하지 말아달라는 의사표시를 한 경우 검사는 甲을 도로교통법위반죄로 기소할 수 없다.

해설 및 정답 2018년 제7회 변호사시험 기출문제 2　　　　　　　　　　**정답** ○
도로교통법 제151조(벌칙)·교통사고처리 특례법 제3조(처벌의 특례)

중요 ③ 甲의 동의를 기대할 수 없었던 상황이었다고 하더라도 甲의 법정대리인인 아버지의 동의만으로는 혈액채취에 관한 유효한 동의가 있었다고 볼 수 없다.

해설 및 정답 2018년 제7회 변호사시험 기출문제 2 ★　　　　　　　　**정답** ○
혈액채취는 당사자 동의를 받거나, 반드시 영장을 받아야 한다.
대법원 2014. 11. 13. 선고 2013도1228 판결 [도로교통법위반·도로교통법위반(음주운전)]
〈미성년자의 음주운전과 법정대리인의 채혈 동의 사건〉
[판시사항] 음주운전과 관련한 도로교통법 위반죄의 범죄수사를 위하여 미성년자인 피의자의 혈액채취가 필요한 경우, 법정대리인이 의사능력 없는 피의자를 대리하여 채혈에 관한 동의를 할 수 있는지 여부(원칙적 소극)
[판결요지] 형사소송법상 소송능력이란 소송당사자가 유효하게 소송행위를 할 수 있는 능력, 즉 피고인 또는 피의자가 자기의 소송상의 지위와 이해관계를 이해하고 이에 따라 방어행위를 할 수 있는 의사능력을 의미한다. 그런데 피의자에게 의사능력이 있으면 직접 소송행위를 하는 것이 원칙이다. 피의자에게 의사능력이 없는 경우에는 형법 제9조 내지 제11조의 규정의 적용을 받지 아니하는 범죄사건에 한하여 예외적으로 법정대리인이 소송행위를 대리할 수 있다(형사소송법 제26조). 따라서 음주운전과 관련한 도로교통법 위반죄의 범죄수사를 위하여 미성년자인 피의자의 혈액채취가 필요한 경우에도 피의자에게 의사능력이 있다면 피의자 본인만이 혈액채취에 관한 유효한 동의를 할 수 있다. 피의자에게 의사능력이 없는 경우에도 명문의 규정이 없는 이상 법정대리인이 피의자를 대리하여 동의할 수는 없다.

④ 甲이 후송된 병원 응급실은 「형사소송법」 제216조 제3항의 범죄장소에 준한다.

해설 및 정답 2018년 제7회 변호사시험 기출문제 2　　　　　　　　　　**정답** ○
대법원 2012. 11. 15. 선고 2011도15258 판결 [도로교통법위반(음주운전)]

⑤ P가 혈액을 압수한 후 지체 없이 압수수색영장을 발부받지 않았다면 국립과학
수사연구원이 작성한 감정의뢰회보는 증거능력이 없다.

┃**해설 및 정답**┃ 2018년 제7회 변호사시험 기출문제 2　　　　　　　　　**정답** ○

대법원 2014. 11. 13. 선고 2013도1228 판결 [도로교통법위반·도로교통법위반(음주운전)]
〈미성년자의 음주운전과 법정대리인의 채혈 동의 사건〉

[판결요지] 수사기관이 법원으로부터 영장 또는 감정처분허가장을 발부받지 아니한 채 피
의자의 동의 없이 피의자의 신체로부터 혈액을 채취하고 사후에도 지체 없이 영장을 발
부받지 아니한 채 그 혈액 중 알코올농도에 관한 감정을 의뢰하였다면, 이러한 과정을
거쳐 얻은 감정의뢰회보 등은 형사소송법상 영장주의 원칙을 위반하여 수집하거나 그에
기초하여 획득한 증거로서, 그 절차위반행위가 적법절차의 실질적인 내용을 침해하여 피
고인이나 변호인의 동의가 있더라도 유죄의 증거로 사용할 수 없다(대법원 2012. 11. 15.
선고 2011도15258 판결 등 참조).

중요 | **06**　**재산죄 종합문제** ★★★★★

사채업자 甲은 소규모 간판업자 乙에게 300만 원을 빌려 주었는데 乙이 변제기가 지
나도록 채무를 변제하지 않자 하루 간격으로 두 차례 과격한 표현의 경고성 문구를 담
은 문자메시지를 乙의 휴대폰으로 발송하고, 경범죄처벌법 불안감조성죄+ 乙의 사무실과 휴대폰
으로 매일 수십 회에 걸쳐 독촉전화를 걸었다. 그러나 실제 통화를 한 것은 한 번뿐이
고 나머지는 전화를 받지 아니하였다. 이에 甲은 乙을 찾아가 "당장 돈을 내놓지 않으
면 사람을 시켜 쥐도 새도 모르게 죽여버리겠다."라고 乙을 위협하였고, 협박죄+. 공갈죄에 흡
수+ 이에 乙은 겁을 먹고 자신의 현금카드를 건네주면서 현금자동지급기에서 원금과 이
자조로 현금 400만 원을 직접 인출해 가도록 하였다. 공갈죄+ 이에 관한 설명 중 옳지 않
은 것은? (다툼이 있는 경우 판례에 의함)

① 甲이 乙의 휴대폰으로 경고성 문구를 담은 문자메시지를 발송한 점은 정보통신
망이용촉진및정보보호등에관한법률위반죄를 구성한다.

┃**해설 및 정답**┃ 2018년 제7회 변호사시험 기출문제 20　　　　　　　　**정답** ✕

대법원 2009. 4. 23. 선고 2008도11595 판결 [사기·정보통신망이용촉진 및 정보보호 등
에 관한 법률 위반]

[판결요지] [1] 각 행위 상호간에 일시·장소의 근접, 방법의 유사성, 기회의 동일, 범의
의 계속 등 밀접한 관계가 있어 그 전체를 일련의 반복적인 행위로 평가할 수 있는 경우
라야 한다. 따라서 그와 같이 평가될 수 없는 일회성 내지 비연속적인 단발성 행위가 수
차 이루어진 것에 불과한 경우에는 그 문언의 구체적 내용 및 정도에 따라 협박죄나 경
범죄처벌법상 불안감 조성행위 등 별개의 범죄로 처벌함은 별론으로 하더라도 위 법 위

반죄로 처벌할 수는 없다.

[2] 투자금 반환과 관련하여 을로부터 지속적인 변제독촉을 받아오던 갑이 을의 핸드폰으로 하루 간격으로 2번 문자메시지를 발송한 행위는 일련의 반복적인 행위라고 단정할 수 없을 뿐만 아니라, 그 경위도 피해자의 불법적인 모욕행위에 격분하여 그러한 행위의 중단을 촉구하는 차원에서 일시적·충동적으로 다소 과격한 표현의 경고성 문구를 발송한 것이어서, '정보통신망 이용촉진 및 정보보호 등에 관한 법률' 제74조 제1항 제3호에 정한 '공포심이나 불안감을 유발하는 문언을 반복적으로 도달하게 한 행위'에 해당하지 않는다고 한 사례.

② 甲이 우월한 경제적 지위를 이용하여 乙을 압박하는 방법으로 전화공세를 하여 乙의 업무가 방해될 위험이 발생하였다면 甲은 업무방해의 죄책을 진다.

해설 및 정답 2018년 제7회 변호사시험 기출문제 20 　　　　　　　**정답** ○

대법원 2005. 5. 27. 선고 2004도8447 판결 [업무방해]

[판결요지] [1] 업무방해죄에 있어서의 '위력'이란 사람의 자유의사를 제압·혼란케 할 만한 일체의 세력을 말한다. 유형적이든 무형적이든 묻지 않는다. 폭행·협박은 물론 사회적, 경제적, 정치적 지위와 권세에 의한 압박 등을 포함한다고 할 것이다. 위력에 의해 현실적으로 피해자의 자유의사가 제압되는 것을 요하는 것은 아니다.

[2] 대부업체 직원이 대출금을 회수하기 위하여 소액의 지연이자를 문제 삼아 법적 조치를 거론하면서 소규모 간판업자인 채무자의 휴대전화로 수백 회에 이르는 전화공세를 한 것이 사회통념상 허용한도를 벗어난 채권추심행위로서 채무자의 간판업 업무가 방해되는 결과를 초래할 위험이 있었다고 보아 업무방해죄를 구성한다고 한 사례.

중요 ③ 甲이 乙을 위협하여 乙로부터 현금카드를 건네받아 현금자동지급기에서 400만원을 인출한 점은 포괄하여 하나의 공갈죄를 구성한다.

해설 및 정답 2018년 제7회 변호사시험 기출문제 20 　　　　　　　**정답** ○

대법원 1996. 9. 20. 선고 95도1728 판결 [폭력행위등처벌에관한법률위반·절도(인정된 죄명 공갈)]

[판결요지] 예금주인 현금카드 소유자를 협박하여 그 카드를 갈취하였고, 하자 있는 의사표시이기는 하지만 피해자의 승낙에 의하여 현금카드를 사용할 권한을 부여받아 이를 이용하여 현금을 인출한 이상, 피해자가 그 승낙의 의사표시를 취소하기까지는 현금카드를 적법, 유효하게 사용할 수 있다. 은행의 경우 피해자의 지급정지 신청이 없는 한 피해자의 의사에 따라 그의 계산으로 적법하게 예금을 지급할 수밖에 없는 것이다. 그러므로 피고인이 피해자로부터 현금카드를 사용한 예금인출의 승낙을 받고 현금카드를 교부받은 행위와 이를 사용하여 현금자동지급기에서 예금을 여러 번 인출한 행위들은 모두 피해자의 예금을 갈취하고자 하는 피고인의 단일하고 계속된 범의 아래에서 이루어진 일련의 행위로서 포괄하여 하나의 공갈죄를 구성한다고 볼 것이다. 현금지급기에서 피해자의 예

금을 취득한 행위를 현금지급기 관리자의 의사에 반하여 그가 점유하고 있는 현금을 절취한 것이라 하여 이를 현금카드 갈취행위와 분리하여 따로 절도죄로 처단할 수는 없다.

④ 공갈죄의 수단으로서 한 협박은 공갈죄에 흡수되어 별도로 협박죄를 구성하지 않는다. 그러므로 乙이 甲을 협박죄로 고소하였다가 취소하였다고 하여도 이는 甲을 공갈죄로 처벌하는 데에 장애가 되지 않는다.

|해설 및 정답| 2018년 제7회 변호사시험 기출문제 20 　　　　　**정답** ○

공갈죄의 수단으로서 한 협박은 공갈죄에 흡수될 뿐 별도로 협박죄를 구성하지 않는다.
대법원 1996. 9. 24. 선고 96도2151 판결 [협박(공갈미수)]
[판결요지] [1] 피고인이 피해자와의 동거를 정산하는 과정에서 피해자에 대하여 금전채권이 있다고 하더라도, 그 권리행사를 빙자하여 사회통념상 용인되기 어려운 정도를 넘는 협박을 수단으로 사용하였다면, 공갈죄가 성립한다고 본 사례.
[2] 공갈죄의 수단으로서 한 협박은 공갈죄에 흡수될 뿐 별도로 협박죄를 구성하지 않는다. 그러므로 그 범죄사실에 대한 피해자의 고소는 결국 공갈죄에 대한 것이라 할 것이어서 그 후 고소가 취소되었다 하여 공갈죄로 처벌하는 데에 아무런 장애가 되지 않는다. 검사가 공소를 제기할 당시에는 그 범죄사실을 협박죄로 구성하여 기소하였다 하더라도, 그 후 공판 중에 기본적 사실관계가 동일하여 공소사실을 공갈미수로 공소장 변경이 허용된 이상 그 공소제기의 하자는 치유된다.

⑤ 만약 乙이 자유로운 의사로 甲에게 자신의 현금카드를 주면서 400만 원을 인출해 가라고 하였는데 甲이 500만 원을 인출한 다음 현금카드를 되돌려주었다면, 위임받은 범위를 초과하여 인출한 100만 원에 대해서는 컴퓨터등사용사기의 죄책을 진다.

|해설 및 정답| 2018년 제7회 변호사시험 기출문제 20 　　　　　**정답** ○

대법원 2006. 3. 24. 선고 2005도3516 판결 [컴퓨터등사용사기]
[판결요지] 예금주인 현금카드 소유자로부터 일정한 금액의 현금을 인출해 오라는 부탁을 받으면서 이와 함께 현금카드를 건네받은 것을 기화로 그 위임을 받은 금액을 초과하여 현금을 인출하는 방법으로 그 차액 상당을 위법하게 이득할 의사로 현금자동지급기에 그 초과된 금액이 인출되도록 입력하여 그 초과된 금액의 현금을 인출한 경우에는 그 인출된 현금에 대한 점유를 취득함으로써 이때에 그 인출한 현금 총액 중 인출을 위임받은 금액을 넘는 부분의 비율에 상당하는 재산상 이익을 취득한 것으로 볼 수 있다. 그러므로 이러한 행위는 그 차액 상당액에 관하여 형법 제347조의2(컴퓨터등사용사기)에 규정된 '컴퓨터 등 정보처리장치에 권한 없이 정보를 입력하여 정보처리를 하게 함으로써 재산상의 이익을 취득'하는 행위로서 컴퓨터 등 사용사기죄에 해당된다.

제**7**강 2017년 제6회 변호사시험 선택형 종합문제

2017년 제6회 변호사시험 선택형 종합문제	16 · 20 · 27 · 29 · 36 · 37

출제분석

- 16번 │ 준강도 · 강도상해죄 · 공범인 공동피고인 증거능력 · 사진
- 20번 │ 공갈죄 · 공소장변경과 공소시효 판단 · 피고인 자백과 보강증거
- 27번 │ 죄수 · 준강도 포괄일죄 · 준강도와 공무집행방해 · 법원 CCTV 검증
- 29번 │ 사자점유 · 사자명의문서 · 긴급체포 · 필요적 변호사건
- 36번 │ 수뢰죄 · 수사상 증거보전절차 · 변호인참여 · 포괄일죄
- 37번 │ 모욕죄 · 선서무능력자 증언 · 친고죄 고소 · 공갈죄

중요

01 ★★★★★

다음 〈사례〉에 관한 설명 중 옳은 것을 모두 고른 것은? (다툼이 있는 경우 판례에 의함)

甲과 乙은 야간에 A의 집에 있는 다이아몬드를 훔쳐서 유흥비를 마련하기로 모의하였다. 범행이 발각되는 경우 어떤 수단을 사용해서라도 체포되어서는 아니된다고 약속하였다. 밤 12시 경 甲이 집 밖에서 망을 보고 있는 사이 乙은 A의 집에 들어가서 다이아몬드를 들고 나오다가^{특수절도죄+} 이를 본 A가 "도둑이야!"라고 소리치자 집 밖으로 도망쳤다.

ⓐ A가 乙을 체포하기 위해 집 밖으로 나오는 순간 집 밖에서 기다리고 있던 <u>甲은 체포를 면탈할 목적으로 A를 넘어뜨렸다.</u>^{준강도죄+} <u>A는 상해를 입었고,</u>^{강도상해죄 공동정범+} ^{또는 강도치상죄 공동정범+} A는 더 이상 추적을 할 수 없었다.

ⓑ 이에 A는 경찰서에 신고를 하였다. 출동한 경찰관 B는 乙을 추격하여 체포하려고 하자, <u>乙은 B를 밀쳐서 B는 상해를 입었다.</u>^{준강도죄+, 공무집행방해죄+}

ⓒ 甲과 乙은 모두 체포되어 공동정범으로 기소되어 재판을 받고 있다. 甲은 법정에서 범행을 자백하면서 乙과 함께 다이아몬드를 훔칠 것을 모의하였다고 진술하였다. 그러나 <u>乙은 모의한 사실이 없고 지나가다가 甲의 범행에 도움을 준 것이라고 주장하면서 범행을 부인하였다.</u>

ⓓ 한편 경찰관 C는 증거확보를 위해 A의 상해부위를 사진촬영하였고, 검사는 그 사진을 법원에 증거로 신청하였다.

> ㄱ. ⓐ 사실과 관련하여 甲에게는 강도상해죄 또는 강도치상죄가 성립한다.
>
> ㄴ. ⓐ 사실과 관련하여 乙에게는 강도상해죄 또는 강도치상죄가 성립한다.
>
> ㄷ. ⓑ 사실과 관련하여 乙에게는 ~~공무집행방해치상죄가 성립한다.~~
>
> ㄹ. ⓒ 사실과 관련하여 변론의 분리 없이도 甲은 乙의 범죄사실에 대한 증인적격이 ~~인정된다.~~ 인정되지 않는다.
>
> ㅁ. ⓓ 사실과 관련하여 상해부위 촬영사진에 대해서는 전문법칙이 적용되지 않는다.

① ㄹ, ㅁ   ② ㄱ, ㄴ, ㄹ

③ ㄱ, ㄴ, ㅁ   ④ ㄱ, ㄷ, ㅁ

⑤ ㄱ, ㄴ, ㄷ, ㅁ

┃해설 및 정답┃ 2017년 제6회 변호사시험 기출문제 16   **정답** ③

ㄱ. (○) 대법원 1984. 2. 28. 선고 83도3321 판결 [강도상해]

[판시사항] [1] 절도의 공모자중 1인이 체포를 일탈할 목적으로 폭행하여 상해를 가한 때 나머지 자의 죄책 [2] 망을 보다가 도주한 후 다른 절도 공범자가 폭행하여 상해를 가한 경우 도주한 다른 절도공범자의 죄책

[판결요지] [1] 준강도가 성립하려면 절도가 절도행위의 실행 중 또는 실행직후에 체포를 면탈할 목적으로 폭행, 협박을 한 때에 성립하고 이로써 상해를 가하였을 때에는 강도상해죄가 성립되는 것이다. **공모합동하여 절도를 한 경우 범인 중의 하나가 체포를 면탈할 목적으로 폭행을 하여 상해를 가한 때에는 나머지 범인도 이를 예기하지 못한 것으로 볼 수 없다면 강도상해죄의 죄책을 면할 수 없다.**

[2] 절도를 공모한 피고인이 다른 공모자 (갑)의 폭행행위에 대하여 사전양해나 의사의 연락이 전혀 없었고, 범행장소가 빈 가게로 알고 있었고, 위 (갑)이 담배창구를 통하여 가게에 들어가 물건을 절취하고 피고인은 밖에서 망을 보던 중 예기치 않았던 인기척 소리가 나므로 도주해버린 이후에 위 (갑)이 창구에 몸이 걸려 빠져 나오지 못하게 되어 피해자에게 붙들리자 체포를 면탈할 목적으로 피해자에게 폭행을 가하여 상해를 입힌 것이다. 피고인은 그동안 상당한 거리를 도주하였을 것으로 추정되는 상황하에서는 피고인이 위 (갑)의 폭행행위를 전연 예기할 수 없었다고 보여지므로 피고인에게 준강도상해죄의 공동책임을 지울 수 없다.

ㄴ. (○) 대법원 1984. 2. 28. 선고 83도3321 판결 [강도상해]

ㄷ. (×) 공무집행방해죄는 결과적 가중범이 규정되어 있지 않다.

ㄹ. (×) 대법원 2008. 6. 26. 선고 2008도3300 판결 [위증]

[판시사항] [1] 공범인 공동피고인이 다른 공동피고인에 대한 공소사실에 관하여 증인적격이 있는지 여부(원칙적 소극) [2] 게임장의 종업원이 그 운영자와 함께 게임산업진흥에 관한 법률 위반죄의 공범으로 기소되어 공동피고인으로 재판을 받던 중, 운영자에 대한 공소사실에 관한 증인으로 증언한 내용과 관련하여 위증죄로 기소된 사안이다. **소송절차가 분리되지 않은 이상 위 종업원은 증인적격이 없어 위증죄가 성립하지 않는다고 한 사례.**

[판결요지] [1] 공범인 공동피고인은 당해 소송절차에서는 피고인의 지위에 있으므로 다른 공동피고인에 대한 공소사실에 관하여 증인이 될 수 없다. 그러나 소송절차가 분리되어 피고인의 지위에서 벗어나게 되면 다른 공동피고인에 대한 공소사실에 관하여 증인이 될 수 있다.

[2] 게임장의 종업원이 그 운영자와 함께 게임산업진흥에 관한 법률 위반죄의 공범으로 기소되어 공동피고인으로 재판을 받던 중, 운영자에 대한 공소사실에 관한 증인으로 증언한 내용과 관련하여 위증죄로 기소된 사안에서, 소송절차가 분리되지 않은 이상 위 종업원은 증인적격이 없어 위증죄가 성립하지 않는다고 한 사례.

ㅁ. (○) 대법원 2007. 7. 26. 선고 2007도3906 판결 [폭력행위등처벌에관한법률위반(야간·공동상해)

[판시사항] [1] 검사가 약식명령의 청구와 동시에 증거서류와 증거물을 법원에 제출한 것이 공소장일본주의를 위반한 것인지 여부(소극) 및 정식재판청구 후 법원이 위 증거서류와 증거물을 검사에게 반환하지 않은 것이 위법한지 여부(소극) [2] 형사소송법 제55조 제1항이 피고인에게 공판조서의 열람·등사청구권을 부여한 이유 및 피고인이 원하는 시기에 공판조서를 열람·등사하지 못하였더라도 변론종결 전에는 이를 하였던 경우 위 공판조서의 증거능력 유무(원칙적 적극) [3] 증거동의의 의사표시를 취소·철회할 수 있는 시한(=증거조사 완료시)

[판결요지] '상해부위를 촬영한 사진'은 비진술증거로서 전문법칙이 적용되지 않는다.

(중요)

02 ★★★★★

甲은 2016. 12. 4. 02:30경 A의 자취방에서 A로부터 심한 욕설을 듣자 격분하여 <u>부엌칼로 A를 찔러 살해하였다.</u>^{제1행위 살인죄+} 甲은 같은 날 05:00경 피 묻은 자신의 옷을 A의 점퍼로 갈아입고 나오려 하다가 A의 점퍼 주머니 안에 A 명의의 B은행 계좌의 <u>예금통장(예금액 500만 원)과 도장이 들어 있는 것을 발견하였다.</u>^{제2행위 절도죄+} 甲은 A의 점퍼를 입고 집으로 돌아간 후에 2016. 12. 5. 10:30경 B은행으로 가서 위 <u>예금통장과 도장을 이용하여 A 명의로 예금청구서를 작성하여 이를 은행직원에게 제출하고 예금 500만 원을 모두 인출하였고,</u>^{제3행위 사문서위조죄+, 위조사문서행사죄+, 사기죄+, 실체적 경합+} 위 예금통장과 도장은 甲의 집에 보관하고 있었다. 이에 관한 설명 중 옳은 것은? (다툼이 있는 경우 판례에 의함)

① ~~甲이 A를 살해하고 A의 예금통장과 도장이 들어 있는 점퍼를 입고 나온 행위는 강도살인죄가 성립한다.~~^{살인죄와 절도죄의 실체적 경합관계이다.}

┃**해설 및 정답**┃ 2017년 제6회 변호사시험 기출문제 29   **정답** ✕

대법원 1993. 9. 28. 선고 93도2143 판결 [살인·사기·절도·사문서위조·동행사]

[판시사항] [1] 살해된 피해자의 재물에 대한 점유 [2] 생존중의 날짜를 작성일자로 하여 사망자 명의의 문서를 작성한 경우 사문서위조죄의 성부

[판결요지] [1] 피해자를 살해한 방에서 사망한 피해자 곁에 4시간 30분쯤 있다가 그곳 피해자의 자취방 벽에 걸려 있던 피해자가 소지하는 물건들을 영득의 의사로 가지고 나온 경우 피해자가 생전에 가진 점유는 사망 후에도 여전히 계속되는 것으로 보아야 한다.

[2] 사망자 명의로 된 문서라고 할지라도 그 문서의 작성일자가 명의자의 생존중의 날짜로 된 경우 일반인으로 하여금 사망자가 생존 중에 작성한 것으로 오신케 할 우려가 있으므로, 비록 시간적으로 피해자의 사망 이후에 피해자 명의의 문서를 위조하고 이를 행사한 것이라 하더라도 사문서위조죄와 동행사죄가 성립한다.

② 甲이 A 명의로 예금청구서를 작성하고 이를 은행직원에게 제출하여 예금을 인출한 행위는 사문서위조죄 및 위조사문서행사죄, 사기죄가 성립하고, ~~그 중 위조사문서행사죄와 사기죄는 상상적 경합관계에 있다.~~ 이들 죄는 실체적 경합관계에 있다.

해설 및 정답 2017년 제6회 변호사시험 기출문제 29 **정답** ✕

대법원 1991. 9. 10. 선고 91도1722 판결 [특정범죄가중처벌등에관한법률위반(강도·피고인 김기호에 대하여 인된 죄명: 특수강도)·강도상해·사문서위조·사문서위조행사·사기·강도·특수강도·강도강간 등]

[판시사항] 예금통장을 강취하고 예금자 명의의 예금청구서를 위조한 다음 이를 은행원에게 제출행사하여 예금인출금 명목의 금원을 교부받은 경우의 죄책 및 그 죄수관계(=실체적 경합관계)

[판결요지] 피고인이 예금통장을 강취하고 예금자 명의의 예금청구서를 위조한 다음 이를 은행원에게 제출행사하여 예금인출금 명목의 금원을 교부받았다면 강도, 사문서위조, 동행사, 사기의 각 범죄가 성립하고 이들은 실체적 경합관계에 있다 할 것이다.

③ 만일 甲이 위 예금통장을 B은행 현금자동지급기에 넣고 甲 명의의 C은행 계좌로 500만 원을 계좌이체한 후, 이체된 500만 원을 현금자동지급기를 이용하여 인출하였다면, 이러한 행위는 컴퓨터등사용사기죄 ~~및 절도죄가 성립하고 양 죄는 실체적 경합관계에 있다.~~ 가 성립한다.

해설 및 정답 2017년 제6회 변호사시험 기출문제 29 **정답** ✕

은행창구에서 현금을 인출하면 사기죄가 성립한다. 반면 현금인출기에서 예금통장으로 현금을 인출하면 절도죄가 성립한다. 그러나 **계좌로 이체하는 경우 컴퓨터사용사기죄가 성립한다.** 이후 자기통장에서 돈을 인출하면 불가벌적 사후행위이다.

④ 만일 사법경찰관이 2016. 12. 6. 14:00에 甲의 집에서 약 10킬로미터 떨어져 있는 버스터미널에서 甲을 적법하게 긴급체포하였다면, 사법경찰관은 긴급

히 압수할 필요가 있는 때에는 2016. 12. 7. 14:00 이내에 한하여 甲의 집에서 위 예금통장과 도장을 영장 없이 압수·수색할 수 있다.

해설 및 정답 2017년 제6회 변호사시험 기출문제 29 **정답** ○

형사소송법 제217조(영장에 의하지 아니하는 강제처분)와 형사소송법 제200조3(긴급체포) 참조. 중요한 조문이기 때문에 반드시 정리해야 한다.

형사소송법 제217조(영장 없이 가능한 대물강제처분 2: 압수·수색·검증) ★★★★★
① 검사·사법경찰관은 제200조3에 근거하여 긴급체포된 사람이 소유·소지·보관하는 물건에 대하여 긴급히 압수할 필요가 있는 경우 긴급체포한 때부터 24시간 이내에 영장 없이 압수·수색·검증을 할 수 있다.
② 검사·사법경찰관은 제216조 제1항 제2호·제217조 제1항에 근거하여 압수한 물건을 계속 압수할 필요가 있는 경우 긴급체포한 때부터 48시간 이내에 압수수색영장을 청구하여야 한다.
③ 검사·사법경찰관은 제217조 제2항에 근거하여 청구한 압수수색영장을 발부받지 못한 때 압수한 물건을 즉시 반환하여야 한다.

형사소송법 제200조3(긴급체포) ★★★★★
① 검사·사법경찰관은 피의자가 제200조3 제1호에 해당하고, 제2호·제3호 중 어느 하나에 해당하는 경우 긴급한 상황으로 지방법원판사에게 체포영장을 받을 수 없는 때 영장 없이 피의자를 체포할 수 있다. 이 경우 긴급한 상황이란 피의자를 우연히 발견한 경우 등 체포영장을 받을 시간적 여유가 없는 때를 말한다.
[개정 2007.6.1] [[시행일 2008.1.1]]
1. 사형·무기형·장기 3년 이상 징역형·장기 3년 이상 금고형에 해당하는 죄를 범하였다고 의심할 만한 상당한 이유가 있는 경우(필수조건)
2. 증거인멸을 할 가능성이 있는 경우
3. 도망·도망할 가능성이 있는 경우
② 사법경찰관이 제1항에 근거하여 피의자를 체포한 경우 사법경찰관은 즉시(3시간 이내) 검사에게 긴급체포승인을 받아야 한다.
③ 검사·사법경찰관이 제1항에 근거하여 피의자를 체포한 경우 즉시(3시간 이내) 범죄사실요지·긴급체포사유 등을 기재한 긴급체포서를 작성하여야 한다. [본조신설 95·12·29]

형사소송법 제200조4(긴급체포와 구속영장청구기간) ★★★★★
① 검사·사법경찰관이 제200조3에 근거하여 피의자를 체포한 경우 피의자를 구속하고자 할 때 검사는 피의자를 체포한 때부터 48시간 이내 관할지방법원판사에게 긴급체포서를 첨부하여 구속영장을 청구한다. 다만 사법경찰관은 검사에게 구속영장을 신청하여 검사청구로 관할지방법원판사에게 구속영장을 청구한다. [개정 2007.6.1] [[시행일 2008.1.1]]
② 검사·사법경찰관은 제1항에 근거하여 구속영장을 청구하지 아니한 경우 또는 구속영장을 발부받지 못한 경우 피의자를 즉시(3시간 이내) 석방하여야 한다.

③ **검사 · 사법경찰관**은 제2항에 근거하여 석방된 사람을 영장 없이 동일한 범죄사실로 다시 체포하지 못한다.

④ 검사는 **제1항에 근거하여** 구속영장을 청구하지 않고 피의자를 석방한 경우 **석방한 날부터 30일 이내에 법원에 긴급체포서 사본을 첨부하여** 서면으로 **다음 각 호 에 해당하는 모든 사항을** 통지한다. [신설 2007.6.1] [[시행일 2008.1.1]]

1. 긴급체포 후 석방된 사람 인적사항
2. 긴급체포 일시 · 장소와 긴급체포하게 된 구체적 이유
3. 석방일시 · 석방장소 · 석방사유
4. 긴급체포 · 석방한 검사성명 · 사법경찰관성명

⑤ 긴급체포 후 석방된 사람 · 그 변호인 · 법정대리인 · 배우자 · 직계친족 · 형제자매는 통지서 · 관련 서류를 열람 · 복사할 수 있다. [신설 2007.6.1] [[시행일 2008.1.1]]

⑥ 사법경찰관이 긴급체포한 피의자에게 구속영장을 신청하지 않고 **석방한 경우 즉시(3시간 이내)** 검사에게 보고한다. [신설 2007.6.1] [[시행일 2008.1.1.]] [본조신설 95 · 12 · 29]

⑤ 검사가 긴급체포된 甲에 대하여 구속영장을 청구한 경우 구속영장을 청구 받은 판사는 지체 없이 甲을 심문하여야 하며, 심문할 甲에게 변호인이 없는 때에는 ~~甲의 신청이 있는 경우에 한하여~~^{직권으로} 변호인을 선정하여 주어야 한다.

해설 및 정답 2017년 제6회 변호사시험 기출문제 29 **정답** ✕

형사소송법 제201조2(구속영장청구와 피의자심문)
① 제200조2 · 제200조3 · 제212조에 근거하여 **체포된 피의자에 대한 구속영장을 청구 받은 판사는 지체 없이(특별한 사정이 없는 한 신속하게) 피의자를 심문한다.** 이 경우 특별한 사정이 없는 한 구속영장이 청구된 날 다음날까지 심문한다.
⑧ 심문할 피의자에게 변호인이 없는 경우 지방법원판사는 직권으로 변호인을 선정한다. 이 경우 변호인선정은 피의자에 대한 구속영장청구가 기각되어 효력이 소멸한 경우를 제외하고 제1심까지 효력이 있다.

(중요) **03** ★★★★★

유흥업소를 운영하는 甲은 경찰관 乙에게 단속정보를 제공해 주는 대가로 2009. 5. 20. 200만 원의 뇌물을 공여하였다는 혐의로 조사를 받았다. 하지만 甲은 "돈을 가져오지 않으면 구속수사 하겠다는 乙의 협박 때문에 200만 원을 주었을 뿐이고, 乙로부터 단속정보를 제공받은 사실이 없으며, 그 대가로 준 것도 아니다."라고 강하게 부인

하였다. 그 후 甲이 잠적해 버리자, 고민을 거듭하던 검사는 甲의 부인 A로부터 "구속 수사를 피하기 위해 乙에게 200만 원을 주었다는 얘기를 甲으로부터 들었다."라는 진술을 확보하여 2016. 5. 21. 乙을 공갈죄로 기소하였다. 乙의 공판이 진행되던 2016. 7. 10. 검찰에 자진출석한 甲은 "乙로부터 경찰의 단속정보를 제공받는 대가로 200만 원을 제공한 것이 맞다."라고 진술하였다. 이에 관한 설명 중 옳은 것은? (다툼이 있는 경우 판례에 의함)

① 乙이 직무집행의 의사 없이 甲을 공갈하여 200만 원을 수수한 경우, 乙에게는 공갈죄와 뇌물수수죄의 상상적 경합이 인정된다. 공갈죄가 성립한다.

해설 및 정답 2017년 제6회 변호사시험 기출문제 20 **정답** ×

대법원 1994. 12. 22. 선고 94도2528 판결 [특정범죄가중처벌등에관한법률위반(뇌물),뇌물공여]

[판시사항] [1] 공무원이 직무와 관계없이 타인을 공갈하여 재물을 교부하게 한 경우, 뇌물공여죄가 성립되는지 여부(소극) [2] 회사에 대한 세무조사에서 과다계상된 손금항목에 대한 조사를 하지 않고 묵인하는 조건으로 금품을 수수하였다면, 문제된 세금계산서가 진정거래에 기한 것인지, 세무공무원의 묵인행위로 추징세금액수가 실제로 줄어든 것이 있는지 여부에 관계없이 뇌물죄를 구성한다고 한 사례. [3] 뇌물수수죄가 아니라 공갈죄를 구성한다거나 뇌물공여죄는 성립하지 않고 공갈죄의 피해자에 불과하다는 주장이 범죄성립의 조각이유나 형의 감면이유에 해당하는 사실의 주장인지 여부

[판결요지] [1] 공무원이 직무집행의 의사 없이 또는 직무처리와 대가적 관계없이 타인을 공갈하여 재물을 교부하게 한 경우에는 공갈죄만이 성립한다. 이러한 경우 재물의 교부자가 공무원의 해악의 고지로 인하여 외포의 결과 금품을 제공한 것이라면 그는 **공갈죄의 피해자가 될 것이고 뇌물공여죄는 성립될 수 없다**고 하여야 할 것이다.

[2] 세무공무원에게 회사에 대한 세무조사라는 직무집행의 의사가 있었고, 과다계상된 손금항목에 대한 조사를 하지 않고 이를 묵인하는 조건으로, 다시 말하면 그 직무처리에 대한 대가관계로서 금품을 제공받았으며, 회사의 대표이사는 공무원의 직무행위를 매수하려는 의사에서 금품을 제공하였고, 그 세무공무원은 세무조사 당시 타회사 명의의 세금계산서가 위장거래에 의하여 계상된 허위의 계산서라고 판단하고 이를 바로잡아 탈루된 세금을 추징할 경우 추징할 세금이 모두 50억 원에 이를 것이라고 알려 주었음이 명백하다면, 문제된 세금계산서가 진정한 거래에 기하여 제출된 것인지, 세무공무원의 묵인행위로 인하여 회사에게 추징된 세금액수가 실제적으로 줄어든 것이 있는지 여부에 관계없이 그 세무공무원 및 대표이사의 행위가 뇌물죄를 구성한다고 한 사례.

[3] 피고인들의 행위는 뇌물수수죄가 아니라 공갈죄를 구성하는 것이라거나 뇌물공여죄는 성립되지 않고 공갈죄의 피해자에 불과하다는 주장은, 형사소송법 제323조 제2항에 의하여 유죄판결의 이유에 판단을 명시하여야 하는 법률상 범죄의 성립을 조각하는 이유나 형의 감면이유에 해당하는 사실의 주장이 아닐 뿐만 아니라 피고인들의 행위가 뇌물죄에 해당한다고 인정한 판단에는 피고인들의 주장을 심리하고 이를 배척하는 판단이 포함되어 있다고 보아야 할 것이다.

② 乙이 직무처리와 대가적 관계없이 甲을 공갈하여 200만 원을 甲으로부터 교부받은 경우, 甲에게는 뇌물공여죄가 성립한다.^{성립하지 않는다.}

해설 및 정답 2017년 제6회 변호사시험 기출문제 20 　　　　　　　　**정답** ✕

대법원 1994. 12. 22. 선고 94도2528 판결 [특정범죄가중처벌등에관한법률위반(뇌물), 뇌물공여]

③ 공소장변경을 통해 乙에 대한 공소사실이 공갈에서 뇌물수수로 변경될 경우, 乙에 대해 적용될 공소시효의 기간은 공갈죄를 기준으로 한다.^{뇌물수수죄를 기준으로 한다.}

해설 및 정답 2017년 제6회 변호사시험 기출문제 20 　　　　　　　　**정답** ✕

대법원 2002. 10. 11. 선고 2002도2939 판결 [사기(일부 인정된 죄명: 횡령)]

[판시사항] [1] 목적, 용도를 정하여 위탁한 금전에 관한 횡령죄의 구성 [2] 공소장이 변경된 경우 공소시효 완성 여부의 기준시점 [3] 공소사실이 변경됨에 따라 법정형에 차이가 있는 경우, 공소시효기간의 기준이 되는 법정형(=변경된 공소사실에 대한 법정형) [4] 포괄일죄의 공소시효 기산점 [5] 공소사실의 특정 정도

[판결요지] [1] 목적, 용도를 정하여 위탁한 금전은 정해진 목적, 용도에 사용할 때까지는 이에 대한 소유권이 위탁자에게 유보되어 있는 것으로서, 특히 그 금전의 특정성이 요구되지 않는 경우 수탁자가 위탁의 취지에 반하지 않고 필요한 시기에 다른 금전으로 대체시킬 수 있는 상태에 있는 한 이를 일시 사용하더라도 횡령죄를 구성한다고 할 수 없다. 그러나 수탁자가 그 위탁의 취지에 반하여 다른 용도에 소비할 때 비로소 횡령죄를 구성한다.

[2] 공소장 변경이 있는 경우에 공소시효의 완성 여부는 당초의 공소제기가 있었던 시점을 기준으로 판단할 것이다. 공소장 변경시를 기준으로 삼을 것은 아니다.

[3] 공소장변경절차에 의하여 공소사실이 변경됨에 따라 그 법정형에 차이가 있는 경우에는 **변경된 공소사실에 대한 법정형이 공소시효기간의 기준이 된다.** [4] 포괄일죄의 공소시효는 최종의 범죄행위가 종료한 때로부터 진행한다. [5] 공소사실의 기재는 범죄의 일시, 장소와 방법을 명시하여 사실을 특정할 수 있도록 하여야 하는 것이다. 그러므로 범죄의 일시는 이중기소나 시효에 저촉되지 않는 정도로 기재하면 되는 것이다. 이와 같은 요소들에 의하여 공소사실의 특정을 요구하는 법의 취지는 피고인의 방어권 행사를 쉽게 해주기 위한 데에 있는 것이다. 그러므로 공소사실은 이러한 요소를 종합하여 구성요건 해당사실을 다른 사실과 식별할 수 있는 정도로 기재하면 족하다. 공소장에 범죄의 일시, 장소 등이 구체적으로 적시되지 않았더라도 위의 정도에 반하지 아니하고 더구나 공소범죄의 성격에 비추어 그 개괄적 표시가 부득이하며 또한, 그에 대한 **피고인의 방어권 행사에 지장이 없다고 보여지는 경우에는 그 공소내용이 특정되지 않았다고 볼 수 없다.**

④ 乙에게 뇌물수수죄가 인정되고 甲에게 뇌물공여죄가 인정될 경우, 乙에 대해 공소가 제기되더라도 甲의 뇌물공여죄에 관한 공소시효가 정지되지 않는다.

해설 및 정답 2017년 제6회 변호사시험 기출문제 20 　　　　　　　　**정답** ○

대법원 2015. 2. 12. 선고 2012도4842 판결 [제3자뇌물교부]

[판시사항] 형사소송법 제253조 제2항의 '공범'을 해석할 때 고려하여야 할 사항/이른바 대향범 관계에 있는 자 사이에서 각자 상대방 범행에 대하여 형법 총칙의 공범규정이 적용되는지 여부(소극)/형사소송법 제253조 제2항의 '공범'에 뇌물공여죄와 뇌물수수죄 사이와 같은 대향범 관계에 있는 자가 포함되는지 여부(소극)

[판결요지] 형사소송법 제248조 제1항, 제253조 제1항, 제2항에서 규정하는 바와 같이, 형사소송법은 공범 사이의 처벌에 형평을 기하기 위하여 공범 중 1인에 대한 공소의 제기로 다른 공범자에 대하여도 공소시효가 정지되도록 규정하고 있다. 그런데 위 공범의 개념이나 유형에 관하여는 아무런 규정을 두고 있지 아니하다. 따라서 형사소송법 제253조 제2항의 공범을 해석할 때에는 공범 사이의 처벌의 형평이라는 위 조항의 입법 취지, 국가형벌권의 적정한 실현이라는 형사소송법의 기본이념, 국가형벌권 행사의 대상을 규정한 형법 등 실체법과의 체계적 조화 등의 관점을 종합적으로 고려하여야 한다. 특히 위 조항이 공소제기 효력의 인적 범위를 확장하는 예외를 마련하여 놓은 것이므로 원칙적으로 엄격하게 해석하여야 하고 피고인에게 불리한 방향으로 확장하여 해석해서는 아니 된다. 뇌물공여죄와 뇌물수수죄 사이와 같은 이른바 대향범 관계에 있는 자는 강학상으로는 필요적 공범이라고 불리고 있다. 그러나 서로 대향된 행위의 존재를 필요로 할 뿐 각자 자신의 구성요건을 실현하고 별도의 형벌규정에 따라 처벌되는 것이다. 2인 이상이 가공하여 공동의 구성요건을 실현하는 공범관계에 있는 자와는 본질적으로 다르다. 대향범 관계에 있는 자 사이에서는 각자 상대방의 범행에 대하여 형법 총칙의 공범규정이 적용되지 아니한다. 이러한 점들에 비추어 보면, 형사소송법 제253조 제2항에서 말하는 '공범'에는 뇌물공여죄와 뇌물수수죄 사이와 같은 대향범 관계에 있는 자는 포함되지 않는다.

형사소송법 제253조는 공소시효정지와 공소시효효력을 규정하고 있다. 주요내용을 보면, ① 공소시효는 공소제기로 진행이 정지되고, 공소기각재판·관할위반재판이 확정된 날부터 진행된다. ② 공범 1명에게 공소가 제기되면, 제1항에 근거하여 공소시효는 그날부터 진행이 정지되고, 다른 공범자도 공소시효진행이 정지된다. 공범 1명에 대해 재판이 확정되면 그날부터 다른 공범자의 공소시효는 진행된다. ③ 범인이 형사처분을 면할 목적으로 국외에 있는 경우 국외체류기간동안 공소시효는 정지된다. [신설 95·12·29]

⑤ "乙에게 200만 원을 뇌물로 주었다."라는 甲의 진술이 유일한 증거인 경우, "甲으로부터 그런 얘기를 들었다."라는 A의 법정증언을 보강증거로 하여 甲의 뇌물공여를 유죄로 인정할 수 있다. 없다.

해설 및 정답 2017년 제6회 변호사시험 기출문제 20 　　　　　**정답** ✕

대법원 2008. 2. 14. 선고 2007도10937 판결 [마약류관리에관한법률위반(향정)]

[판시사항] [1] 피고인의 자백을 내용으로 하는, 피고인 아닌 자의 진술이 보강증거가 될 수 있는지 여부(소극) [2] 실체적 경합범과 자백의 보강증거 [3] 필로폰 매수 대금을 송금한 사실에 대한 증거가 필로폰 매수죄와 실체적 경합범 관계에 있는 필로폰 투약행위에 대한 보강증거가 될 수 없다고 한 사례. [4] 피고인의 모발에서 메스암페타민 성분이 검출되었는지 여부에 관한 국립과학수사연구소장의 감정의뢰회보의 증명력

[판결요지] [1] 피고인이 범행을 자인하는 것을 들었다는 피고인 아닌 자의 진술내용은 형사소송법 제310조의 피고인의 자백에는 포함되지 아니하나 이는 피고인의 자백의 보강증거로 될 수 없다.

[2] 실체적 경합범은 실질적으로 수죄이므로 각 범죄사실에 관하여 자백에 대한 보강증거가 있어야 한다.

[3] 필로폰 매수 대금을 송금한 사실에 대한 증거가 필로폰 매수죄와 실체적 경합범 관계에 있는 필로폰 투약행위에 대한 보강증거가 될 수 없다고 한 사례.

[4] 마약류관리에 관한 법률 위반사건의 피고인 모발에서 메스암페타민 성분이 검출되었다는 국립과학수사연구소장의 감정의뢰회보가 있는 경우, 그 회보의 기초가 된 감정에 있어서 실험물인 모발이 바뀌었다거나 착오나 오류가 있었다는 등의 구체적인 사정이 없는 한 피고인으로부터 채취한 모발에서 메스암페타민 성분이 검출되었다고 인정하여야 하고, 따라서 논리와 경험의 법칙상 피고인은 감정의 대상이 된 모발을 채취하기 이전 언젠가에 메스암페타민을 투약한 사실이 있다고 인정하여야 한다. 그러나 **피고인 모발에서 메스암페타민 성분이 검출되지 않았다는 국립과학수사연구소장의 감정의뢰회보가 있는 경우,** 개인의 연령, 성별, 인종, 영양상태, 개체차 등에 따라 차이가 있으나 모발이 평균적으로 한 달에 1㎝ 정도 자란다고 볼 때 감정의뢰된 모발의 길이에 따라 필로폰 투약시기를 대략적으로 추정할 수 있으므로, 위 **감정의뢰회보는 적어도 피고인은 모발채취일로부터 위 모발이 자라는 통상적 기간 내에는 필로폰을 투약하지 않았다는 유력한 증거에 해당한다.** 따라서 법원은 위 검사를 시행함에 있어 감정인이 충분한 자격을 갖추지 못하였다거나, 감정자료의 관리·보존상태 또는 검사방법이 적절하지 못하다거나, 그 결론 도출과정이 합리적이지 못하다거나 혹은 감정 결과 자체에 모순점이 있다는 등으로 그 감정 결과의 신뢰성을 의심할 만한 다른 사정이 있는지에 관하여 심리하여 본 다음 피고인의 범행 여부를 판단하여야 한다.

중요

04 ★★★★★

甲은^{행위주체} A가 운영하는 식당에 들어가 금품을 절취하기로 마음먹고 야간에 A의 식당 창문과 방충망을 그대로 창틀에서 분리만 한 후^{행위} 식당 안으로 들어 갔으나^{행위 야간주거} ^{침입절도미수죄+} 곧바로 방범시스템이 작동하여 그 경보 소리를 듣고 달려온 A와 근처를 순찰 중이던 경찰관 B에게 발각되자 체포를 면탈할 목적으로 A와 B를 폭행하고 도주하 였다.^{행위 A에 대한 준강도미수죄+. B에 대한 준강도미수죄+. 공무집행방해죄+. 상상적 경합+} 이러한 상황은 식당에 설치된 CCTV에 모두 녹화되었다. 甲은 공소제기되어 제1심 법원에서 재판 진행 중이다. 이에 관한 설명 중 옳지 않은 것을 모두 고른 것은? (다툼이 있는 경우 판례에 의함)

① 甲은 A에 대하여 준강도미수죄, B에 대하여 준강도미수죄와 공무집행방해죄가 성립하고, 각 죄는 실체적^{상상적} 경합관계에 있다.

해설 및 정답 2017년 제6회 변호사시험 기출문제 27 　　　　　　　　　　　**정답**　×

甲은 A와 B에 대한 폭행에 대하여 준강도미수죄 포괄일죄가 성립한다. 그리고 경찰관 B에 대한 공무집행방해행위는 공무집행방해죄가 성립한다. 각 죄는 상상적 경합관계에 있다.

대법원 2004. 11. 18. 선고 2004도5074 전원합의체 판결 [준강도(인정된 죄명: 준강도미수)]

[판시사항] [1] 준강도죄의 미수·기수의 판단 기준 [2] 절도미수범이 체포를 면탈할 목적으로 폭행한 행위에 대하여 준강도미수죄로 의율한 원심판결을 수긍한 사례

[판결요지] [1] [다수의견] 형법 제335조에서 절도가 재물의 탈환을 항거하거나 체포를 면탈하거나 죄적을 인멸할 목적으로 폭행 또는 협박을 가한 때에 준강도로서 강도죄의 예에 따라 처벌하는 취지는, 강도죄와 준강도죄의 구성요건인 재물탈취와 폭행·협박 사이에 시간적 순서상 전후의 차이가 있을 뿐 실질적으로 위법성이 같다고 보기 때문인바, 이와 같은 준강도죄의 입법 취지, 강도죄와의 균형 등을 종합적으로 고려해 보면, **준강도 죄의 기수 여부는 절도행위의 기수 여부를 기준으로 하여 판단하여야 한다.**

[2] 절도미수범이 체포를 면탈할 목적으로 폭행한 행위에 대하여 준강도미수죄로 의율한 원심판결을 수긍한 사례.

대법원 1966. 12. 6. 선고 66도1392 판결 [준강도 등]

[판시사항] 준강도상해죄의 포괄적일죄로 보아야 할 것을, 경합범으로 처벌한 위법이 있는 실례

[판결요지] [1] **절도가 체포를 면탈할 목적으로 추격하여 온 수인에 대하여 같은 기회에 동시 또는 이시에 폭행 또는 협박을 하였다 하더라도 준강도의 포괄일죄가 성립한다.** [2] **준강도행위가 진전하여 상해행위를 수반한 경우에도 일괄하여 준강도상해죄의 일죄가 성립하는 것이다.** 별도로 준강도죄의 성립이 있는 것은 아니다.

중요 ② 만일 甲이 위와 같은 방법으로 식당 안에 침입하여 현금을 절취한 후 발각되지 않고 도주하였다면, 甲은 「형법」 제331조 제1항(야간손괴침입절도)의 특수절도죄의 죄책을 진다.~~지지 않는다.~~

해설 및 정답 2017년 제6회 변호사시험 기출문제 27 　　　　　　　　　　　**정답**　×

만일 甲이 위와 같은 방법으로 식당 안에 침입하여 현금을 절취한 후 발각되지 않고 도주하였다면, 甲은 야간주거침입절도죄가 성립한다. 창문과 방충망 분리행위를 손괴로 볼 수 없다.

대법원 2015. 10. 29. 선고 2015도7559 판결 [특수절도미수·특수절도(일부인정된죄명: 야간건조물침입절도)·야간주거침입절도(일부 인정된 죄명: 야간건조물침입절도·절도·건조물침입)·야간주거침입절도미수(인정된 죄명: 야간건조물침입절도미수)]

[판시사항] [1] 형법 제331조 제1항에 정한 '손괴'의 의미 [2] 피고인이 야간에 피해자들이 운영하는 식당의 창문과 방충망을 손괴하고 침입하여 현금을 절취하였다는 내용으로 형법 제331조 제1항의 특수절도로 기소된 사안에서, 피고인은 창문과 방충망을 창틀에서 분리하였을 뿐 물리적으로 훼손하여 효용을 상실하게 한 것은 아니라는 이유로 무죄를 인정한 사례.

[**판결요지**] 형법 제331조 제1항은 야간에 문호 또는 장벽 기타 건조물의 일부를 손괴하고 형법 제330조의 장소에 침입하여 타인의 재물을 절취한 자는 1년 이상 10년 이하의 징역에 처한다고 규정하고 있다. **형법 제331조 제1항에 정한 '손괴'는 물리적으로 문호 또는 장벽 기타 건조물의 일부를 훼손하여 그 효용을 상실시키는 것을 말한다**(대법원 2004. 10. 15. 선고 2004도4505 판결 참조). 피고인이 야간에 피해자들이 운영하는 식당의 창문과 방충망을 손괴하고 침입하여 현금을 절취하였다는 내용으로 형법 제331조 제1항의 특수절도로 기소된 사안이다. 피고인은 **창문과 방충망을 창틀에서 분리하였을 뿐 물리적으로 훼손하여 효용을 상실하게 한 것은 아니라**는 이유로 무죄를 인정한 사례이다.

중요 ③ 만일 상습으로 단순절도를 범했던 甲이 오후 3시에 A의 식당에 들어가 현금을 절취한 후 발각되지 않고 도주하였다면, 甲에게는 상습절도죄와 별개로 주거침입죄가 성립한다.

▌**해설 및 정답** 2017년 제6회 변호사시험 기출문제 27   **정답** ○

대법원 2015. 10. 15. 선고 2015도8169 판결 [특정범죄가중처벌등에관한법률위반(절도)(인정된 죄명: 상습절도)·주거침입]

만일 상습으로 단순절도를 범했던 甲이 오후 3시에 A의 식당에 들어가 현금을 절취한 후 발각되지 않고 도주하였다면, 甲에게는 상습절도죄와 별개로 주거침입죄가 성립한다.

[**판시사항**] 형법 제332조에 규정된 상습절도죄를 범한 범인이 범행의 수단으로 주간에 주거침입을 한 경우, 주간 주거침입행위가 별개로 주거침입죄를 구성하는지 여부(적극)/ 형법 제332조에 규정된 상습절도죄를 범한 범인이 그 범행 외에 상습적인 절도의 목적으로 주간에 주거침입을 하였다가 절도에 이르지 아니하고 주거침입에 그친 경우, 주간 주거침입행위가 별개로 주거침입죄를 구성하는지 여부(적극)

[**판결요지**] 형법 제330조에 규정된 야간주거침입절도죄 및 형법 제331조 제1항에 규정된 특수절도(야간손괴침입절도)죄를 제외하고 일반적으로 주거침입은 절도죄의 구성요건이 아니다. 그러므로 절도범인이 범행수단으로 주거침입을 한 경우에 주거침입행위는 절도죄에 흡수되지 아니하고 별개로 주거침입죄를 구성하여 절도죄와는 실체적 경합의 관계에 서는 것이 원칙이다. 또 형법 제332조는 상습으로 단순절도(형법 제329조), 야간주거침입절도(형법 제330조)와 특수절도(형법 제331조) 및 자동차 등 불법사용(형법 제331조의2)의 죄를 범한 자는 그 죄에 정한 각 형의 2분의 1을 가중하여 처벌하도록 규정하고 있다. 그러므로 위 규정은 주거침입을 구성요건으로 하지 않는 상습단순절도와 주거침입을 구성요건으로 하고 있는 상습야간주거침입절도 또는 상습특수절도(야간손괴침입절도)에 대한 취급을 달리하여, 주거침입을 구성요건으로 하고 있는 상습야간주거침입절도 또는 상습특수절도(야간손괴침입절도)를 더 무거운 법정형을 기준으로 가중처벌하고 있다. 따라서 **상습으로 단순절도를 범한 범인이 상습적인 절도범행의 수단으로 주간(낮)에 주거침입을 한 경우에 주간 주거침입행위의 위법성에 대한 평가가 형법 제332조, 제329조의 구성요건적 평가에 포함되어 있다고 볼 수 없다. 그러므로 형법 제332조에 규정된 상습절도죄를 범한 범인이 범행의 수단으로 주간에 주거침입을 한 경우 주간 주거침입행위는 상습절도죄와 별개로 주거침입죄를 구성한다.** 또 형법 제332조에 규정된 상습절도

죄를 범한 범인이 그 범행 외에 상습적인 절도의 목적으로 주간에 주거침입을 하였다가 절도에 이르지 아니하고 주거침입에 그친 경우에도 주간 주거침입행위는 상습절도죄와 별개로 주거침입죄를 구성한다.

④ 검사가 위 CCTV 녹화기록을 증거로 제출하였는데, 제1심 법원이 공판기일에 CCTV에 대한 검증을 행한 경우, 그 검증결과가 바로 증거가 되는 것이고 그 검증의 결과를 기재한 검증조서가 서증으로서 증거가 되는 것은 아니다.

해설 및 정답 2017년 제6회 변호사시험 기출문제 27 　　　　　**정답** ○

검사가 위 CCTV 녹화기록을 증거로 제출하였는데, 제1심 법원이 공판기일에 CCTV에 대한 검증을 행한 경우, **그 검증결과가 바로 증거가 되는 것이다.** 그 검증의 결과를 기재한 검증조서가 서증으로서 증거가 되는 것은 아니다.

대법원 2009. 11. 12. 선고 2009도8949 판결 [무고 · 출판물에 의한 명예훼손]

[판시사항] [1] 무고죄에서 고소 내용이 사실에 기초하여 그 정황을 다소 과장한 것일 때 무고죄가 성립하는지 여부(소극) [2] 고소사실 자체가 인정되지 않는 경우에는 고소 내용이 설사 피고인의 과실 또는 무지에 기인한 것이라고 하더라도 이를 단순한 정황의 과장에 해당한다고 볼 수 없어, 무고죄가 성립한다고 한 사례. [3] 갑이 신문사 기자인 을에게 연예인 A의 실명을 거론하면서 허위사실을 적시함으로써 A를 비방할 목적으로 기사의 자료를 제공하자, 이를 진실한 것으로 오신한 을이 기사를 작성하여 공표한 사안에서, 갑에게 출판물에 의한 명예훼손죄가 성립한다고 한 사례.

[참조조문] 엘리베이터 CCTV 동영상 검증 경우, **수소법원이 공판기일에 검증을 행한 경우에는 그 검증결과 즉 법원이 오관의 작용에 의하여 판단한 결과가 바로 증거가 된다.** 그 검증의 결과를 기재한 검증조서가 서증으로서 증거가 되는 것은 아니다.

⑤ 위 사건에 대한 제1심 법원의 판결에 대하여 검사만이 양형부당을 이유로 항소한 경우, 피고인 甲은 항소심판결에 대하여 사실오인, 채증법칙 위반, 심리미진 또는 법령위반 등의 사유를 들어 상고이유로 삼을 수 없다.

해설 및 정답 2017년 제6회 변호사시험 기출문제 27 　　　　　**정답** ○

위 사건에 대한 **제1심 법원의 판결에 대하여 검사만이 양형부당을 이유로 항소한 경우, 피고인 甲은 항소심판결에 대하여 사실오인, 채증법칙위반, 심리미진 또는 법령위반 등의 사유를 들어 상고이유로 삼을 수 없다.**

대법원 2013. 4. 11. 선고 2013도1079 판결 [사기]

[판시사항] 상고심의 심판 범위 및 피고인이 상고이유로 삼을 수 있는 사유의 범위

[판결요지] 제1심판결에 대하여 검사만이 양형부당을 이유로 항소한 이 사건에서 **원심이 심판대상으로 삼지 아니한 사항에 관하여 피고인이 상고심에 이르러서 비로소 상고이유로 내세우는 것에 불과하므로 적법한 상고이유가 될 수 없다.**

대법원 1994. 8. 12. 선고 94도1705 판결 [살인]

[판시사항] 양형과경을 이유로 한 검사 상고의 가부

[판결요지] 피고인에 대하여 사형, 무기 또는 10년 이상의 징역이나 금고의 형이 선고된 경우에 있어서도 형사소송법 제383조 제4항의 해석상 검사는 그 형이 심히 가볍다는 이유로는 상고할 수 없다. 이러함이 당원의 견해(당원 1990.9.25. 선고 90도1624 판결 참조)이므로 피고인 A에 대하여 무기징역을, 피고인 C에 대하여 징역 15년을 각 선고한 원심의 형의 양정이 심히 경하여 부당하다는 논지는 받아들일 수 없다.

05 ★★★★★

공무원인 甲은^행위주체 건설회사 대표 乙에게 자신이 속한 부서가 관장하는 관급공사를 수주할 수 있게 해주겠다고 약속하고, 그 대가로 乙로부터 2016. 3. 15. 1,000만 원을, 2016. 4. 1. 1,500만 원을 받았다.^뇌물수수죄+ 그 후 甲은 乙에게 직무상 비밀인 관급공사의 예정가격을 알려주어^공무상비밀누설죄+. 상상적 경합+ 乙이 공사를 수주하게 되었다. 검사는 甲이 변호인의 참여를 원한다는 의사를 명백하게 표시하였음에도, 정당한 사유 없이 변호인을 참여하게 하지 아니한 채 甲을 신문하여 피의자신문조서를 작성하였고, ^위법수집증거+. 증거능력- 추가조사를 거친 후에 甲과 乙에 대해 공소제기 하였다. 이에 관한 설명 중 옳지 않은 것은? (다툼이 있는 경우 판례에 의함)

① 甲에 대한 임용결격사유가 밝혀져 당초의 임용행위가 무효가 되더라도, 甲은 뇌물수수죄에 규정된 공무원에 해당한다.

해설 및 정답 2017년 제6회 변호사시험 기출문제 36 　　　　　　　　**정답** ○

대법원 2014. 3. 27. 선고 2013도11357 판결 [뇌물수수]

[판시사항] 임명권자에 의하여 임용되어 공무에 종사하여 온 사람이 나중에 임용결격자이었음이 밝혀져 당초의 임용행위가 무효인 경우 형법 제129조에서 규정한 '공무원'에 해당하는지 여부(적극) 및 그가 직무에 관하여 뇌물을 수수한 경우 수뢰죄로 처벌할 수 있는지 여부(적극)

[판결요지] 형법이 뇌물죄에 관하여 규정하고 있는 것은 공무원의 직무집행의 공정과 그에 대한 사회의 신뢰 및 직무행위의 불가매수성을 보호하기 위한 것이다. 법령에 기한 임명권자에 의하여 임용되어 공무에 종사하여 온 사람이 나중에 그가 임용결격자이었음이 밝혀져 당초의 임용행위가 무효라고 하더라도, 그가 임용행위라는 외관을 갖추어 실제로 공무를 수행한 이상 공무 수행의 공정과 그에 대한 사회의 신뢰 및 직무행위의 불가매수성은 여전히 보호되어야 한다. 따라서 이러한 사람은 형법 제129조에서 규정한 공무원으로 봄이 타당하다. 그가 그 직무에 관하여 뇌물을 수수한 때에는 수뢰죄로 처벌할 수 있다.

② 甲에게는 수뢰후부정처사죄 및 공무상비밀누설죄가 성립하고, 양 죄는 상상적 경합관계에 있다.

해설 및 정답 2017년 제6회 변호사시험 기출문제 36 **정답** ○

대법원 1970. 6. 30. 선고 70도562 판결 [공무상비밀누설]

[판시사항] [1] 공무상 비밀누설죄의 범죄사실 적시에서 피고인 "갑"이 "병"에게 알려준 내용사실이 시험의 당락에 중요한 영향을 미칠 문제에 속하였던 사실을 적시하면 족하다. 그 내용 사항이 구체적으로 출제된 여부의 점까지 밝힐 필요는 없다. [2] 피고인이 시험 정리원으로서 그 직무에 관련하여 "병"으로부터 돈을 받은 것은 뇌물수수죄가 된다. [3] 피고인이 그 직무상 지득한 구술시험 문제 중에서 소론 사항을 "병"에게 알린 것은 공무상 비밀의 누설인 동시에 형법 제131조 제1항의 부정한 행위를 한 때에 해당한다.

[판결요지] [1] 공무상 비밀누설죄의 범죄사실 적시에서 피고인 "갑"이 "병"에게 알려준 내용사실이 시험의 당락에 중요한 영향을 미칠 문제에 속하였던 사실을 적시하면 족하고, 그 내용사항이 구체적으로 출제된 여부의 점까지 밝힐 필요는 없다.

[2] 피고인이 시험 정리원으로서 그 직무에 관련하여 "병"으로부터 돈을 받는 것은 뇌물수수죄가 된다.

[3] 피고인이 그 직무상 지득한 구술시험 문제 중에서 소론 **사항을 "병"**에게 알린 것은 공무상 비밀의 누설인 동시에 형법 제131조 제1항의 부정한 행위를 한 때에 해당한다.

③ 검사는 수사단계에서 甲에 대한 증거를 미리 보전하기 위하여 필요한 경우라도 甲과 乙은 필요적 공범이므로 판사에게 乙을 증인으로 신문할 것을 청구할 수 ~~없다.~~ 있다.

해설 및 정답 2017년 제6회 변호사시험 기출문제 36 **정답** ○

대법원 1988. 11. 8. 선고 86도1646 판결 [특정범죄가중처벌등에관한법률위반(뇌물)]

[판시사항] [1] 수사단계에서 검사가 증거보전을 위하여 필요적 공범관계에 있는 공동피고인을 증인으로 신문할 수 있는지 여부(적극) [2] 증거보전절차로 증인신문을 하는 경우에 당사자의 참여권 [3] 기재내용이 서로 다른 공판조서에 대한 증명력

[판결요지] [1] 공동피고인과 피고인이 뇌물을 주고 받은 사이로 필요적 공범관계에 있다고 하더라도 검사는 수사단계에서 피고인에 대한 증거를 미리 보전하기 위하여 필요한 경우에는 판사에게 공동피고인을 증인으로 신문할 것을 청구할 수 있다.

[2] 판사가 형사소송법 제184조에 의한 증거보전절차로 증인신문을 하는 경우에는 동법 제221조의2에 의한 증인신문의 경우와는 달라 동법 제163조에 따라 검사, 피의자 또는 변호인에게 증인신문의 시일과 장소를 미리 통지하여 증인신문에 참여할 수 있는 기회를 주어야 하나 참여의 기회를 주지 아니한 경우라도 **피고인과 변호인이 증인신문조서를 증거로 할 수 있음에 동의하여 별다른 이의 없이 적법하게 증거조사를 거친 경우에는 위 증인신문조서는 증인신문절차가 위법하였는지의 여부에 관계없이 증거능력이 부여된다.**

[3] 동일한 사항에 관하여 두개의 서로 다른 내용이 기재된 공판조서가 병존하는 경우 양자는 동일한 증명력을 가지는 것으로서 그 증명력에 우열이 있을 수 없다고 보아야 할 것이다. 그러므로 그 중 어느 쪽이 진실한 것으로 볼 것인지는 공판조서의 증명력을 판단하는 문제로서 **법관의 자유로운 심증에 따를 수밖에 없다.**

(중요) ④ 검사가 작성한 피의자신문조서는 「형사소송법」 제312조 제1항에 정한 '적법한 절차와 방식'에 위반된 증거일 뿐만 아니라, 「형사소송법」 제308조의2에서 정한 '적법한 절차에 따르지 아니하고 수집한 증거'에 해당하므로 이를 증거로 할 수 없다.

해설 및 정답 2017년 제6회 변호사시험 기출문제 36 　　　　　　　**정답** ○

대법원 2013. 3. 28. 선고 2010도3359 판결 [업무상횡령]

[판시사항] [1] 진술거부권 행사 여부에 대한 피의자의 답변이 형사소송법 제244조의3 제2항에 규정한 방식에 위배된 경우, 사법경찰관 작성 피의자신문조서의 증거능력 유무(원칙적 소극) [2] 피의자가 변호인 참여를 원하는 의사를 표시하였는데도 수사기관이 정당한 사유 없이 변호인을 참여하게 하지 아니한 채 피의자를 신문하여 작성한 피의자신문조서의 증거능력 유무(소극)

[판결요지] [1] 헌법 제12조 제2항, 형사소송법 제244조의3 제1항, 제2항, 제312조 제3항에 비추어 보면, 비록 사법경찰관이 피의자에게 진술거부권을 행사할 수 있음을 알려 주고 그 행사 여부를 질문하였다 하더라도, 형사소송법 제244조의3 제2항에 규정한 방식에 위반하여 진술거부권 행사 여부에 대한 피의자의 답변이 자필로 기재되어 있지 아니하거나 그 답변 부분에 피의자의 기명날인 또는 서명이 되어 있지 아니한 사법경찰관 작성의 피의자신문조서는 특별한 사정이 없는 한 형사소송법 제312조 제3항에서 정한 '적법한 절차와 방식'에 따라 작성된 조서라 할 수 없으므로 그 증거능력을 인정할 수 없다.

[2] 헌법 제12조 제1항, 제4항 본문, 형사소송법 제243조의2 제1항 및 그 입법 목적 등에 비추어 보면, 피의자가 변호인의 참여를 원한다는 의사를 명백하게 표시하였음에도 수사기관이 정당한 사유 없이 변호인을 참여하게 하지 아니한 채 피의자를 신문하여 작성한 피의자신문조서는 형사소송법 제312조에 정한 '적법한 절차와 방식'에 위반된 증거일 뿐만 아니라, 형사소송법 제308조의2에서 정한 '적법한 절차에 따르지 아니하고 수집한 증거'에 해당하므로 이를 증거로 할 수 없다.

⑤ 위 사건에서 심리결과 1,500만 원에 대한 부분만 무죄로 판단되는 경우에는 판결이유에만 기재하고 주문에서 따로 무죄를 선고할 것이 아님에도 불구하고 법원이 그 판결주문에 무죄를 표시하였더라도 이러한 잘못이 판결에 영향을 미친 위법사유가 되는 것은 아니다.

해설 및 정답 2017년 제6회 변호사시험 기출문제 36 　　　　　　　**정답** ○

대법원 1995. 3. 24. 선고 94도1112 판결 [특정경제범죄가중처벌등에관한법률위반]

[판시사항] [1] 포괄1죄의 관계에 있는 공소사실 중 일부가 무죄로 판단되는 경우, 이를 판결주문에 표시한 잘못이 판결에 영향을 미칠 위법사유가 되는지 여부 [2] 공문서 기안 담당자가 적법한 절차를 거침이 없이 임의로 결재된 원문서에 누락사실을 추가기재한 경우, 문서변조의 범의를 인정한 사례. [3] 공문서변조죄에 있어서 행사할 목적의 의의

[판결요지] [1] 포괄1죄의 관계에 있는 공소사실 중 일부가 무죄로 판단된다고 하더라도 주문에서 따로 무죄의 선고를 할 것이 아님에도 불구하고, 공소사실 일부에 대하여 무죄

의 선고를 하고 이를 판결주문에 표시하였다고 하여 이러한 잘못이 판결에 영향을 미칠 위법사유가 되는 것은 아니다.

[2] 최종 결재권자를 보조하는 기안담당자가 토지가격 감정의뢰서에 첨부된 재산명세서상에 **일부 기재가 누락된 토지가 있었으나** 그 감정의뢰에 따른 감정을 하는 과정에서 그 누락사실이 발견되어 감정평가사가 그 토지까지 감정하여 작성한 감정평가서를 송부하여 오자, 사후에 이를 일치시킨다는 생각에서 위 재산명세서상에 **그 누락된 토지들을 추가기재하였더라도** 그 과정에서 적법한 절차를 거침이 없이 임의로 결재된 원문서에 없는 사항을 추가기재한 이상 그러한 행위에 대하여는 공문서변조의 범의를 인정하기에 충분하고, 감정의뢰서에 누락된 토지에 대한 감정까지 하여 작성한 감정평가서에 대하여 위 감정의뢰서 작성명의자인 최종 결재권자의 결재가 있었다고 하여 이로써 위 감정의뢰서 추가기재 행위에 대하여 작성명의자의 승낙이 있었다고 볼 수 없다고 한 사례.

[3] **공문서변조죄에 있어서 행사할 목적이란 변조된 공문서를 진정한 문서인 것처럼 사용할 목적 즉 행사의 상대방이 누구이든지간에 그 상대방에게 문서의 진정에 대한 착오를 일으킬 목적이면 충분한 것이지** 반드시 변조 전의 그 문서의 본래의 용도에 사용할 목적에 한정되는 것은 아니다.

중요

06 ★★★★★

채권자인 甲과 그의 아내 乙은^{행위주체} 빚을 갚지 못하고 있는 채무자 A를 찾아가^{공연성-}함께 심한 욕설을 하였다.^{행위} 이에 관한 설명 중 옳은 것(○)과 옳지 않은 것(×)을 올바르게 조합한 것은? (다툼이 있는 경우 판례에 의함)

① 위 사건현장에 甲, 乙, A만 있었다면 모욕죄는 성립하지 않는다.

해설 및 정답 2017년 제6회 변호사시험 기출문제 37 **정답** ○

대법원 1984. 4. 10. 선고 83도49 판결 [모욕·명예훼손]

[판시사항] 여관방에서 피해자 및 그 가족 앞에서 행한 발설과 공연성(소극)

[판결요지] 피고인이 각 피해자에게 "사이비 기자 운운" 또는 "너 이 쌍년 왔구나"라고 말한 장소가 **여관방안이다.** 그곳에는 피고인과 그의 처, 피해자들과 그들의 딸, 사위, 매형 밖에 없었다. 피고인이 피고인의 딸과 피해자들의 아들간의 파탄된 혼인관계를 수습하기 위하여 만나 얘기하던 중 감정이 격화되어 위와 같은 발설을 한 사실이 인정된다. 그렇다면 위 발언은 불특정 또는 다수인이 인식할 수 있는 상태, 또는 불특정다수인에게 전파될 가능성이 있는 상태에서 이루어진 것이라 보기 어렵다. 그러므로 이는 공연성이 없다 할 것이다.

② 위 사건현장에 있던 <u>A의 아들 B(5세)</u>가 사건을 목격하였고 당시 <u>상황을 이해하고 답변할 수 있다고 하더라도,</u>^{증거능력+} B는 16세 미만의 선서무능력자이므로 그의 증언은 증거로 할 수 <s>없다.</s>^{있다.}

┃해설 및 정답┃ 2017년 제6회 변호사시험 기출문제 37　　　　　　　　　　**정답** ✕

대법원 1991. 5. 10. 선고 91도579 판결 [강간치상]

[판결요지] [1] 증인의 증언능력은 증인 자신이 과거에 경험한 사실을 그 기억에 따라 공술할 수 있는 정신적인 능력이라 할 것이다. 그러므로 유아의 증언능력에 관해서도 그 유무는 단지 공술자의 연령만에 의할 것이 아니라 그의 지적수준에 따라 개별적이고 구체적으로 결정되어야 함은 물론 공술의 태도 및 내용 등을 구체적으로 검토하고, 경험한 과거의 사실이 공술자의 이해력, 판단력 등에 의하여 변식될 수 있는 범위 내에 속하는가의 여부도 충분히 고려하여 판단하여야 한다.

[2] 사고 당시는 만 3년 3월 남짓, 증언 당시는 만 3년 6월 남짓된 강간치상죄의 피해자인 여아가 피해상황에 관하여 비록 구체적이지는 못하지만 개괄적으로 물어 본 검사의 질문에 이를 이해하고 고개를 끄덕이는 형식으로 답변함에 대하여 증언능력이 있다고 인정한 사례.

(중요) ③ 검사가 甲과 乙을 모욕죄로 공소제기한 이후라도 A가 제1심 법원에 고소장을 제출하여 고소가 추완된 경우에는 제1심 법원은 공소기각의 판결이 ~~아니라 실체재판~~을 하여야 한다. ^{친고죄 고소추완불가}

┃해설 및 정답┃ 2017년 제6회 변호사시험 기출문제 37　　　　　　　　　　**정답** ✕

모욕죄는 친고죄이다. 고소추완은 허용되지 않는다. 그만큼 신중하게 고소하라는 말이다. 공소제기 후 고소장을 제출한 경우 형사소송법 제327조 제6호에 근거하여 공소기각판결을 선고하여야 한다. **형사소송법 제327조는 공소기각판결을 규정하고 있다.** 주요내용을 보면, 재판장은 다음 각 호 어느 하나에 해당하는 경우 판결로써 공소기각을 선고한다. 1. 피고인에 대해 재판권이 없는 경우. 2. 공소제기절차가 법률위반으로 무효인 경우. 3. 공소제기된 사건에 대하여 다시 공소제기된 경우. 4. 제329조 공소취소와 재기소를 위반하여 공소제기된 경우. 5. **친고죄 사건에서 고소가 취소된 경우.** 6. 반의사불벌죄 사건에서 처벌희망 의사표시가 없거나 또는 철회된 경우.

④ A가 경찰청 인터넷 홈페이지에 '甲과 乙을 철저히 조사해 달라'는 취지의 민원을 접수하는 형태로 甲과 乙에 대한 조사를 촉구하는 의사표시를 하였더라도 「형사소송법」에 따른 적법한 고소를 한 것으로 볼 수 없다.

┃해설 및 정답┃ 2017년 제6회 변호사시험 기출문제 37　　　　　　　　　　**정답** ○

대법원 2012. 2. 23. 선고 2010도9524 판결 [저작권법위반]

[판시사항] 출판사 대표인 피고인이 도서의 저작권자인 피해자와 전자도서(e-book)에 대하여 별도의 출판계약 등을 체결하지 않고 전자도서를 제작하여 인터넷서점 등을 통해 판매하였다고 하여 구 저작권법 위반으로 기소된 사안이다. 피해자가 경찰청 인터넷 홈페이지에 '피고인을 철저히 조사해 달라'는 취지의 민원을 접수하는 형태로 피고인에 대한 조사를 촉구하는 의사표시를 한 것은 형사소송법에 따른 적법한 고소로 보기 어렵다는

이유로 공소를 기각한 원심판단을 정당하다고 한 사례.

[판결요지] 고소라 함은 범죄의 피해자 기타의 고소권자가 수사기관에 단순히 피해사실을 신고하거나 수사 및 조사를 촉구하는 것에 그치지 않고 범죄사실을 신고하여 범인의 소추·처벌을 요구하는 의사표시인 점, 특히 친고죄에 있어서의 고소는 고소요건의 충족, 고소기간의 경과, 고소 효력의 범위 등과 관련하여 중요한 의미가 있어 절차의 확실성이 요구되는 점, 현재 형사소송법 제237조 제1항은 고소의 형식으로 서면과 구술로 한정하고 있는 점 등을 고려하여야 한다.

(중요) ⑤ 만일 甲과 乙이 심한 욕설과 함께 A의 사무실 유리탁자 등 집기를 손괴하면서 당장 빚을 갚지 않으면 조직폭력배를 동원하여 A의 가족에게 해를 가하겠다고 말하였더라도 甲과 乙은 채권자로서 권리를 행사한 것이므로 공갈죄는 성립할 수 없다.~~있다.~~

‖해설 및 정답 2017년 제6회 변호사시험 기출문제 37 　　　　　　　　**정답** ✕

대법원 1991. 12. 13. 선고 91도2127 판결 [공갈·공갈미수·무고]

[판시사항] [1] 공사부실로 하자가 발생하여 공사를 중단한 수급인이 도급인으로부터 공사대금 명목의 금품을 받은 소위가 정당한 권리행사에도 해당되지 않고 그 수단이 사회통념상 허용되는 범위를 넘는 것이어서 공갈죄에 해당한다고 본 사례. [2] 무고죄에 있어서의 "형사처분을 받게 할 목적"의 의미 및 범의의 내용 [3] 국세청장에 대한 탈세혐의 사실에 관한 허위의 진정서 제출이 무고죄에 해당하는지의 여부(적극)

[판결요지] [1] 정당한 권리가 있다 하더라도 그 권리행사에 빙자하여 사회통념상 허용되는 범위를 넘어 협박을 수단으로 상대방을 외포시켜 재물의 교부 또는 재산상의 이익을 받는 경우와 같이 그 행위가 정당한 권리행사라고 인정되지 아니하는 경우에는 공갈죄가 성립된다고 할 것이다. 공사 수급인의 공사부실로 하자가 발생되어 도급인측에서 하자보수시까지 기성고 잔액의 지급을 거절하자 수급인이 일방적으로 공사를 중단하여 수급인에게 자신이 임의로 결가계산한 기성고 잔액 등 금 199,000,000원의 지급청구권이 있다고 볼 수 없을 뿐만 아니라, 비록 그렇지 않다 하더라도 수급인이 권리행사에 빙자하여 도급인측에 대하여 비리를 관계기관에 고발하겠다는 내용의 협박 내지 사무실의 장시간 무단점거 및 직원들에 대한 폭행 등의 위법수단을 써서 기성고 공사대금 명목으로 금 80,000,000원을 교부받은 소위는 사회통념상 허용되는 범위를 넘는 것으로서 이는 공갈죄에 해당한다.

[2] 무고죄에 있어서의 형사처분을 받게 할 목적이란 허위신고를 함으로써 다른 사람이 그로 인하여 형사처분을 받게 될 것이라는 인식이 있으면 족하다. 그 결과 발생을 희망하는 것까지는 필요치 않다. 또 무고죄에 있어서의 범의는 반드시 확정적 고의임을 요하지 아니하다. 그러므로 신고자가 진실하다는 확신 없는 사실을 신고함으로써 무고죄는 성립한다. 그 신고사실이 허위라는 것을 확신할 것까지는 없다.

[3] 국세청장은 조세범칙행위에 대하여 벌금 상당액의 통고처분을 하거나 검찰에 이를 고발할 수 있는 권한이 있다. 그러므로 국세청장에 대하여 탈세혐의사실에 관한 허위의 진정서를 제출하였다면 무고죄가 성립한다.

2016년 제5회 변호사시험 선택형 종합문제   16 · 17 · 23 · 29 · 31 · 39

출제분석

- 16번 | 공문서부정행사 · 긴급체포 · 미란다원칙 고지시기 · 제척
- 17번 | 특수절도죄 · 자백보강법칙 · 원심판결파기
- 23번 | 현행범인체포 · 공무집행방해죄 · 적법한 공무집행 · 정당방위
- 29번 | 불이익변경원칙 · 죄수 · 준항고 · 압수 · 수색 · 검증
- 31번 | 압수목록 · 압수 · 수색영장 · 전자정보에 대한 압수 · 수색 · 진술서 증거능력
- 39번 | 야간주거침입절도 · 불가벌적 사후행위 · 친족상도례 · 영장재집행

중요

01 ★★★★★

외국인 근로자 甲은^{행위주체} 외국인인 A의 운전면허증(서울지방경찰청장 발행)을 훔쳐^{제1행위 절도죄+} 소지함을 기화로 이동통신 대리점에서 A로 행세하면서 A 명의로 이동전화가 입신청서를 작성하여^{제2행위 사문서위조죄+, 동행사죄+} A의 운전면허증과 함께 제출한 뒤^{제3행위 공문서부정행사죄+} 휴대전화기를 교부받으려다 A가 아님을 알아차린 업주에게 현행범으로 체포되어 경찰에 인계되어 조사 받은 후 석방되었다. 甲은 검사 작성의 피의자신문조서에 이의 없음을 진술하고도 간인, 날인 및 서명을 거부하여 검사는 조서에 그러한 취지를 기재하고 기소하였고, 담당 재판부는 甲이 공판기일에 수회 불출석하여 구속영장을 발부하였다. 공판기일에 A의 사실혼 배우자 B가 증인으로 출석하여 운전면허증을 도난당한 상황을 증언한 후 이어서 A의 증언을 통역하였다.^{증거능력-} 이에 관한 설명 중 옳지 않은 것은? (특별법 위반의 점은 논외로 하고, 다툼이 있는 경우 판례에 의함)

중요 ① 운전면허증은 자격증명의 기능뿐만 아니라 동일인증명의 기능도 있으므로, 甲이 이동통신 대리점에서 A의 행세를 하면서 A의 운전면허증을 업주에게 제출한 행위는 공문서부정행사죄에 해당한다.

해설 및 정답 2016년 제5회 변호사시험 기출문제 16   **정답** ○

대법원 2001. 4. 19. 선고 2000도1985 전원합의체 판결 [공문서부정행사]

[판시사항] 제3자로부터 신분확인을 위하여 신분증명서의 제시를 요구받고 **다른 사람의 운전면허증을 제시한 경우, 공문서부정행사죄에 해당하는지 여부(적극)**

[판결요지] [다수의견] 운전면허증은 운전면허를 받은 사람이 운전면허시험에 합격하여 자동차의 운전이 허락된 사람임을 증명하는 공문서로서, 운전면허증에 표시된 사람이 운전면허시험에 합격한 사람이라는 **'자격증명'**과 이를 지니고 있으면서 내보이는 사람이 바로 그 사람이라는 **'동일인증명'**의 기능을 동시에 가지고 있다. 따라서 제3자로부터 신분확인을 위하여 신분증명서의 제시를 요구받고 다른 사람의 운전면허증을 제시한 행위는 그 사용목적에 따른 행사로서 공문서부정행사죄에 해당한다고 보는 것이 옳다.

② 업주가 甲을 체포할 때 피의사실의 요지, 체포의 이유와 변호인을 선임할 수 있음을 말하고 변명할 기회를 주어야 할 의무는 없고, 甲을 인도받은 사법경찰관이 인도받을 때 위 절차를 밟으면 된다.

해설 및 정답 2016년 제5회 변호사시험 기출문제 16 　　　　　**정답** ○

업주는 사인(私人)이다. 미란다원칙 고지의무가 없다. 업주에게 인도 받은 사법경찰관은 피의자에게 피의사실요지·체포이유·변호인선임을 할 수 있다는 점을 분명하게 알리고, 피의자에게 변명할 기회를 주어야 한다.

> **형사소송법 제213조2(준용규정)**
> **검사·사법경찰관리**가 현행범인을 체포한 경우 또는 검사·사법경찰관리가 현행범인을 인도받은 경우 제87조·제89조·제90조·제200조2 제5항·제200조5를 준용한다.
>
> **형사소송법 제200조5(피의자체포와 피의사실요지·체포이유·변호인선임 고지의무)**
> **검사·사법경찰관은** 피의자를 체포할 때, 피의자에게 피의사실요지·체포이유·변호인선임을 할 수 있다는 점을 분명하게 알리고, 피의자에게 변명할 기회를 주어야 한다. [본조신설 2007.6.1] [[시행일 2008.1.1.]]
>
> **형사소송법 제213조(현행범인인도)**
> ① 검사·사법경찰관리 아닌 사람이 현행범인을 체포한 때 **검사·사법경찰관리에게** 즉시 (바로) 인도하여야 한다.
> ② 사법경찰관리가 현행범인을 인도받은 때 체포자성명·체포자주거·체포사유를 물어야 하며 필요한 때 체포자에게 경찰관서로 동행을 요구할 수 있다.
> ③ 삭제 [87·11·28]

중요 ③ 피의자의 날인 또는 서명이 누락된 피의자신문조서는 증거능력이 없으나, 피의자가 이의 없이 조사를 받은 후 타당한 이유 없이 날인 또는 서명을 거부하였다는 취지가 조서말미에 기재되었다면 그 조서의 증거능력이 있다. ^{없다.}

해설 및 정답 2016년 제5회 변호사시험 기출문제 16 　　　　　**정답** ×

대법원 1999. 4. 13. 선고 99도237 판결 [국가보안법위반(찬양, 고무 등)]
[판시사항] 서명만이 있고 날인이나 간인이 없는 검사 작성의 피고인에 대한 피의자신문조서의 증거능력 유무(소극)
[판결요지] 조서말미에 피고인의 서명만이 있고, 그 날인(무인 포함)이나 간인이 없는 검사 작성의 피고인에 대한 피의자신문조서는 증거능력이 없다고 할 것이다. 그 **날인이나 간인이 없는 것이 피고인이 그 날인이나 간인을 거부하였기 때문이어서 그러한 취지가 조서말미에 기재되었다거나**, 피고인이 법정에서 그 피의자신문조서의 임의성을 인정하였다고 하여 달리 볼 것은 아니다.

중요 ④ 甲에 대한 구속영장 발부는 '검사나 사법경찰관에 의하여 구속되었다가 석방된 자는 다른 중요한 증거를 발견한 경우를 제외하고는 동일한 범죄사실에 관하여 재차 구속하지 못한다'는 「형사소송법」 제208조 제1항에 위배되는 위법한 구속이라고 볼 수 없다.

해설 및 정답 2016년 제5회 변호사시험 기출문제 16　　　　　　　　　　　　**정답** ○

대법원 2001. 9. 28. 선고 2001도4291 판결 [마약류관리에관한법률위반(향정)]

[판시사항] 긴급체포되었다가 수사기관의 조치로 석방된 후 법원이 발부한 구속영장에 의하여 구속이 이루어진 경우, 형사소송법 제200조의4 제3항, 제208조에 위배되는 위법한 구속인지 여부(소극)

[판결요지] 형사소송법 제200조의4 제3항은 영장 없이는 긴급체포 후 석방된 피의자를 동일한 범죄사실에 관하여 체포하지 못한다는 규정으로, 위와 같이 **석방된 피의자라도 법원으로부터 구속영장을 발부받아 구속할 수 있음은 물론이다.** 같은 법 제208조 소정의 '구속되었다가 석방된 자'라 함은 구속영장에 의하여 구속되었다가 석방된 경우를 말하는 것이다. **긴급체포나 현행범으로 체포되었다가 사후영장발부 전에 석방된 경우는 포함되지 않는다** 할 것이다. 그러므로 피고인이 수사 당시 긴급체포되었다가 수사기관의 조치로 석방된 후 법원이 발부한 구속영장에 의하여 구속이 이루어진 경우 앞서 본 법조에 위배되는 위법한 구속이라고 볼 수 없다.

⑤ 통역인이 사실혼 배우자인 경우는 제척사유에 해당하지 않으나 통역인이 사건에 관하여 증인으로 증언한 때에는 직무집행에서 제척되므로 B가 통역한 A에 대한 증인신문조서는 유죄 인정의 증거로 사용할 수 없다.

해설 및 정답 2016년 제5회 변호사시험 기출문제 16　　　　　　　　　　　　**정답** ○

대법원 2011. 4. 14. 선고 2010도13583 판결 [특정경제범죄가중처벌등에관한법률위반(사기) · 사문서위조 · 위조사문서행사 · 사기]

[사실관계] 통역인 갑이 피고인들에 대한 특정경제범죄 가중처벌 등에 관한 법률 위반(사기) 사건의 **공판기일에 증인으로 출석하여 진술한 다음, 같은 기일에 위 사건의 피해자로서 자신의 사실혼 배우자인 증인 을의 진술을 통역한 사안이다.**

[판시사항] [1] 통역인이 사건에 관하여 증인으로 증언한 경우 통역인 제척사유에 해당하는지 여부(적극) 및 제척사유 있는 통역인이 통역한 증인의 증인신문조서가 증거능력이 있는지 여부(소극) [2] 통역인이 피해자의 사실혼 배우자인 경우 통역인 제척사유에 해당하는지 여부(소극) [3] 통역인 갑이 피고인들에 대한 특정경제범죄 가중처벌 등에 관한 법률 위반(사기) 사건의 **공판기일에 증인으로 출석하여 진술한 다음, 같은 기일에 위 사건의 피해자로서 자신의 사실혼 배우자인 증인 을의 진술을 통역한 사안에서, 원심이 갑이 통역한 을의 증인신문조서를 유죄 인정의 증거로 삼은 것은 잘못이라고 한 사례.**

[판결요지] [1] 형사소송법 제17조 제4호는 '법관이 사건에 관하여 증인, 감정인, 피해자의 대리인으로 된 때에는 직무집행에서 제척된다'고 규정하고 있다. 위 규정은 같은 법

제25조 제1항에 의하여 통역인에게 준용된다. 그러므로, **통역인이 사건에 관하여 증인으로 증언한 때에는 직무집행에서 제척되고, 제척사유가 있는 통역인이 통역한 증인의 증인신문조서는 유죄 인정의 증거로 사용할 수 없다.**

[2] 형사소송법 제17조 제2호는 '법관이 피고인 또는 피해자의 친족 또는 친족관계가 있었던 자인 때에는 직무집행에서 제척된다'고 규정하고 있고, 위 규정은 형사소송법 제25조 제1항에 의하여 통역인에게 준용되나, 사실혼관계에 있는 사람은 민법에서 정한 친족이라고 할 수 없어 형사소송법 제17조 제2호에서 말하는 친족에 해당하지 않으므로, **통역인이 피해자의 사실혼 배우자라고 하여도 통역인에게 형사소송법 제25조 제1항, 제17조 제2호에서 정한 제척사유가 있다고 할 수 없다.**

[3] 제척사유 있는 갑이 통역한 을의 증인신문조서는 유죄 인정의 증거로 사용할 수 없는데도 원심이 이를 증거로 삼은 것은 잘못이라고 한 사례.

(중요) **02** ★★★★★

甲은 2015. 11. 3. <u>01:00</u>경 건축자재 등을 훔칠 생각으로 乙과 함께 주택 신축공사 현장에 있는 컨테이너 박스 앞에서, 乙은 망을 보고 甲은 컨테이너 박스 앞에 놓여 있던 노루발못뽑이(일명 빠루)를 이용하여 컨테이너 박스의 출입문의 시정장치를 부순 혐의로 <u>특수절도미수죄</u>+ 기소되었다. 甲은 제1심 법정에서 乙이 시켜서 한 일이라고 자백하였으나, 제1심 법원은 공소사실에는 「형법」 제331조 제2항(합동절도)의 특수절도미수죄만 포함되어 있음을 전제로, 乙의 존재에 대하여는 증거가 불충분하여 공소사실을 무죄로 판단하면서, 다만 공소사실에는 절도미수죄의 공소사실이 포함되어 있다는 이유로 동일한 공소사실범위 내에 있는 절도미수죄만을 유죄로 인정하였다. 이에 관한 설명 중 옳지 않은 것은? (다툼이 있는 경우 판례에 의함)

① 乙의 존재가 인정되지 않는다면 甲의 행위는 「형법」 제331조 제1항(야간손괴침입절도)에 해당하므로 손괴행위시에 실행의 착수가 인정되어, 甲에게는 특수절도죄의 미수범이 성립한다.

해설 및 정답　2016년 제5회 변호사시험 기출문제 17　　　　**정답** ○

형법 제331조는 특수절도를 규정하고 있다. 주요내용을 보면, ① [3-1]**야간에 문호·장벽·기타 건조물 일부를 손괴하고** [3-2]타인 주거·타인이 관리하는 저택·건조물·선박·항공기·점유하는 **방실에 침입하여** [3-3]**야간·주간에** [2]타인 재물을 [3-4]**절취한** [1]사람은 1년 이상 10년 이하 징역형으로 처벌된다. ② [3-1]**흉기를 보이고 타인 재물을** [3-2]**절취한 사람** 또는 [3-1]**2인 이상이 합동하여 타인 재물을** [3-2]**절취한 사람**은 1년 이상 10년 이하 징역형으로 처벌된다.

중요 ② 만약 甲과 乙이 합동하여 <u>주간에 타인의 아파트에 들어가</u>^{제1행위 주거침입죄 공동정범+}
<u>물건을 절취하면서</u>^{제2행위 특수절도죄+, 실체적 경합+} 그 범행수단으로 주거침입을 한 경
우에 그 주거침입행위는 별죄를 구성한다.

해설 및 정답 2016년 제5회 변호사시험 기출문제 17   **정답** ○

대법원 2009. 12. 24. 선고 2009도9667 판결 [특수절도미수]
주거침입행위는 형법 제331조 제2항 특수절도(합동절도)의 구성요건이 아니다. 양 죄는
실체적 경합관계이다.
[사실관계] '주간에' 아파트 출입문 시정장치를 손괴하다가 발각되어 도주한 피고인들이
특수절도미수죄로 기소된 사안이다.
[판시사항] [1] **형법 제331조 제2항의 특수절도에서 절도범인이 ⊥ 범행수단으로 주거에
침입한 경우, 특수절도죄와 주거침입죄와의 죄수관계(＝실체적 경합) 및 특수절도죄의 실
행의 착수 시기(＝물색행위시)** [2] '실행의 착수'가 없었다는 이유로 형법 제331조 제2항
의 특수절도죄의 점에 대해 무죄를 선고한 원심 판단을 수긍한 사례.
[판결요지] 형법 제331조 제2항의 특수절도에 있어서 주거침입은 그 구성요건이 아니므
로, 절도범인이 그 범행수단으로 주거침입을 한 경우에 그 주거침입행위는 절도죄에 흡수
되지 아니하고 별개로 주거침입죄를 구성하여 절도죄와는 실체적 경합의 관계에 있게 되
고, 2인 이상이 합동하여 야간이 아닌 주간에 절도의 목적으로 타인의 주거에 침입하였
다 하여도 아직 절취할 물건의 물색행위를 시작하기 전이라면 특수절도죄의 실행에는 착
수한 것으로 볼 수 없는 것이어서 그 미수죄가 성립하지 않는다.

중요 ③ 만약 甲과 乙이 절도의 의사로 합동하여 주간에 아파트의 출입문 시정장치를
손괴하다가 발각되어 함께 체포되었다면, 甲, 乙에게는 「형법」 제331조 제2항
(합동절도)의 특수절도미수죄가 성립한다.

해설 및 정답 2016년 제5회 변호사시험 기출문제 17   **정답** ×

대법원 2009. 12. 24. 선고 2009도9667 판결 [특수절도미수]

④ 적법하게 수집된 범행에 사용된 노루발못뽑이와 손괴된 쇠창살의 모습이 촬영
되어 수사보고서에 첨부된 현장 사진은 「형법」 제331조 제1항(야간손괴침입절
도)의 죄에 관한 甲의 자백에 대한 보강증거로 인정될 수 있다.

해설 및 정답 2016년 제5회 변호사시험 기출문제 17   **정답** ○

대법원 2011. 9. 29. 선고 2011도8015 판결 [특수절도미수(인정된 죄명: 절도미수)·절
도·건조물침입]
[판시사항] [1] 피고인이 갑과 합동하여 야간에 절취 목적으로 공사 현장 컨테이너 박스
출입문 시정장치를 부수다가 체포되어 미수에 그쳤다는 내용으로 기소된 사안에서, 위 공

소사실에는 **형법 제342조, 제331조 제2항의 특수절도미수죄** 외에 야간주거침입손괴에 의한 형법 제342조, 제331조 제1항의 특수절도미수죄도 포함되어 있는데 원심이 이에 관하여 아무런 판단을 하지 아니한 것은 위법하다고 한 사례. [2] **자백에 대한 보강증거의 정도** [3] 피고인이 갑과 합동하여 을의 재물을 절취하려다가 미수에 그쳤다는 내용의 공소사실을 자백한 사안에서, **피고인을 현행범으로 체포한 을의 수사기관에서의 진술과 현장사진이 첨부된 수사보고서가 피고인 자백의 진실성을 담보하기에 충분한 보강증거**가 되는데도, 이와 달리 본 원심판결에 법리오해의 위법이 있다고 한 사례.

[판결요지] 자백에 대한 보강증거는 범죄사실의 전부 또는 중요 부분을 인정할 수 있는 정도가 되지 아니하더라도 피고인의 자백이 가공적인 것이 아닌 진실한 것임을 인정할 수 있는 정도만 되면 족한 것으로서, 자백과 서로 어울려서 전체로서 범죄사실을 인정할 수 있으면 유죄의 증거로 충분하다(대법원 2008. 5. 29. 선고 2008도2343 판결 등 참조).

⑤ 항소심에서 제1심 법원이 무죄로 판단한 특수절도미수죄를 파기하는 경우에 제1심 법원이 유죄로 인정한 절도미수죄도 파기되어야 한다.

해설 및 정답 2016년 제5회 변호사시험 기출문제 17   **정답** ○

대법원 2011. 9. 29. 선고 2011도8015 판결 [특수절도미수(인정된 죄명: 절도미수)·절도·건조물침입]

[판결요지] 원심판결 중 특수절도미수죄 부분은 위법하여 파기되어야 하고, **원심에서 유죄로 인정한 절도미수죄도 그와 일죄의 관계에 있으므로 파기되어야 하며, 그 파기되는 부분은 피고인에 대한 원심판결의 나머지 유죄 부분과 형법 제37조 전단의 경합범 관계에 있으므로, 결국 원심판결은 전부가 파기되어야 한다.**

중요

03 ★★★★★

甲은 경찰관 A로부터 불심검문을 받고 운전면허증을 교부하였는데 A가 이를 곧바로 돌려주지 않고 신분조회를 위해 순찰차로 가는 것을 보자 화가 나 인근 주민 여러 명이 있는 가운데 A에게 큰 소리로 욕설을 하였다.^모욕행위+ 이에 A는 「형사소송법」 제200조의5에 따라 피의사실의 요지, 체포의 이유, 변호인선임권 등을 고지한 후 甲을 모욕죄의 현행범으로 체포하였고, 그 과정에서 甲은 A에게 반항하면서 몸싸움을 하다가 얼굴 부위에 찰과상 등을 가하였다. 이에 관한 설명 중 옳지 않은 것은? (다툼이 있는 경우 판례에 의함)

① A가 甲을 체포할 당시 甲은 모욕 범행을 실행 중이거나 실행행위를 종료한 즉후인 자에 해당하므로 현행범인이다.

해설 및 정답 2016년 제5회 변호사시험 기출문제 23   **정답** ○

대법원 2011. 5. 26. 선고 2011도3682 판결 [상해·공무집행방해]

[사실관계] 피고인이 경찰관의 불심검문을 받아 운전면허증을 교부한 후 경찰관에게 큰 소리로 욕설을 하였다. 그런데 경찰관이 피고인을 모욕죄의 현행범으로 체포하려고 하자 피고인이 반항하면서 경찰관에게 상해를 가한 사안이다.

[판시사항] [1] 현행범인을 체포하기 위하여 '체포의 필요성'이 있어야 하는지 여부(적극) 및 현행범인 체포 요건을 갖추지 못하여 위법한 체포에 해당하는지의 판단 기준 [2] 공무집행방해죄에서 '적법한 공무집행'의 의미 및 현행범인이 경찰관의 불법한 체포를 면하려고 반항하는 과정에서 경찰관에게 상해를 가한 경우 '정당방위'의 성립 여부(적극) [3] 위 행위가 정당방위에 해당한다는 이유로, 피고인에 대한 '상해' 및 '공무집행방해'의 공소사실을 무죄로 인정한 원심판단을 수긍한 사례.

[판결요지] [1] 현행범인은 누구든지 영장 없이 체포할 수 있는데(형사소송법 제212조), 현행범인으로 체포하기 위하여는 행위의 가벌성, 범죄의 현행성·시간적 접착성, 범인·범죄의 명백성 이외에 체포의 필요성 즉, 도망 또는 증거인멸의 염려가 있어야 한다. 이러한 요건을 갖추지 못한 현행범인 체포는 법적 근거에 의하지 아니한 영장 없는 체포로서 위법한 체포에 해당한다. 여기서 현행범인 체포의 요건을 갖추었는지는 체포 당시 상황을 기초로 판단하여야 한다. 이에 관한 검사나 사법경찰관 등 수사주체의 판단에는 상당한 재량 여지가 있다. 그러나 체포 당시 상황으로 보아도 요건 충족 여부에 관한 검사나 사법경찰관 등의 판단이 경험칙에 비추어 현저히 합리성을 잃은 경우에는 그 체포는 위법하다고 보아야 한다.

[2] 형법 제136조가 규정하는 공무집행방해죄는 공무원의 직무집행이 적법한 경우에 한하여 성립한다. 여기서 적법한 공무집행은 그 행위가 공무원의 추상적 권한에 속할 뿐 아니라 구체적 직무집행에 관한 법률상 요건과 방식을 갖춘 경우를 가리킨다. 경찰관이 현행범인 체포 요건을 갖추지 못하였는데도 실력으로 현행범인을 체포하려고 하였다면 적법한 공무집행이라고 할 수 없다. 현행범인 체포행위가 적법한 공무집행을 벗어나 불법인 것으로 볼 수밖에 없다면, 현행범이 체포를 면하려고 반항하는 과정에서 경찰관에게 상해를 가한 것은 불법체포로 인한 신체에 대한 현재의 부당한 침해에서 벗어나기 위한 행위로서 정당방위에 해당하여 위법성이 조각된다.

[3] 피고인은 경찰관의 불심검문에 응하여 이미 운전면허증을 교부한 상태이고, 경찰관뿐 아니라 인근 주민도 욕설을 직접 들었으므로, 피고인이 도망하거나 증거를 인멸할 염려가 있다고 보기는 어렵다. 피고인의 모욕 범행은 불심검문에 항의하는 과정에서 저지른 일시적, 우발적인 행위로서 사안 자체가 경미할 뿐 아니라, 피해자인 경찰관이 범행현장에서 즉시 범인을 체포할 급박한 사정이 있다고 보기도 어렵다. 그러므로 경찰관이 피고인을 체포한 행위는 적법한 공무집행이라고 볼 수 없다.

② 甲이 불심검문에 응하여 이미 운전면허증을 교부한 상태이고, 인근 주민도 甲의 욕설을 들었으므로 甲이 도망하거나 증거를 인멸할 염려가 있다고 보기 어렵다.

▐ **해설 및 정답** 2016년 제5회 변호사시험 기출문제 23   ▐ **정답** ○

대법원 2011. 5. 26. 선고 2011도3682 판결 [상해·공무집행방해]

③ <u>甲의 모욕 범행은 불심검문에 항의하는 과정에서 저지른 일시적, 우발적인 행위로서 사안 자체가 경미할 뿐 아니라 피해자인 경찰관이 범행 현장에서 즉시 범인을 체포할 급박한 사정이 있다고 보기 어렵다.</u>

해설 및 정답　2016년 제5회 변호사시험 기출문제 23　　　　**정답** ○
대법원 2011. 5. 26. 선고 2011도3682 판결 [상해·공무집행방해]

④ 甲에 대한 체포는 현행범인 체포의 요건을 갖추지 못하여 위법한 체포에 해당한다.

해설 및 정답　2016년 제5회 변호사시험 기출문제 23　　　　**정답** ○
대법원 2011. 5. 26. 선고 2011도3682 판결 [상해·공무집행방해]

(중요) ⑤ 甲이 공무집행방해죄와 상해죄로 기소된 경우 법원은 甲의 행위가 위법한 공무집행에 대한 항의과정에서 발생한 것이므로 두 죄 모두 정당방위를 이유로 ~~무죄를 선고하여야 한다.~~ 공무집행방해죄는 구성요건해당성이 없어 무죄이고, 상해죄는 정당방위에 해당하여 무죄이다.

해설 및 정답　2016년 제5회 변호사시험 기출문제 23　　　　**정답** ✕
공무집행방해죄는 구성요건해당성이 없다. 그러나 상해죄는 구성요건해당성이 인정된다. 다만 상해죄는 형법 제21조 정당방위로 위법성이 조각된다.

(중요)　**04**　★★★★★

K의 착오에 의해 자신의 계좌로 1,000만 원이 잘못 송금되어 입금된 것을 ^{행위객체 재물+} 발견한 甲은 ^{행위주체} 이를 전액 인출한 다음, ^{횡령죄+. 신의칙상 보관자+} 다른 지방에 거주하는 친구인 乙에게 위 사정을 말하고 그 돈을 맡겼다. 乙은 그 돈을 자신의 계좌에 입금하였다가, ^{乙-1행위 장물보관죄+. 횡령죄-} 그중 100만 원을 수표로 인출하여 임의로 사용하였다. ^{乙-2행위 불가벌적 사후행위+} 甲은 점유이탈물횡령죄로 약식명령을 받은 후 양형 부당을 이유로 A법원에 정식재판을 청구하였고, 검사는 정식재판을 청구하지 않았다. 甲에 대한 재판 계속 중 검사는 횡령죄로 공소장변경을 신청하고, 증거를 보완하기 위하여 乙 주거지 관할 B법원에 ^{다른 법원} 乙의 금융계좌 등에 대한 압수·수색영장을 청구하였다. ^{위법한 압수·수색영장+ 증거능력-. 항고불가. 법원결정이 아닌 지방법원판사가 한 압수영장발부 재판에 대하여 항고방법으로 불복할 수 없다.} 이에 관한 설명 중 옳은 것은? (다툼이 있는 경우 판례에 의함)

① 점유이탈물횡령죄보다 횡령죄의 법정형이 더 중하므로 횡령죄로 죄명, 적용법조를 변경하는 것은 약식명령의 경우보다 불이익하게 변경되는 것이어서 불이익변경금지원칙에 따라 공소장변경은 허용되지 않는다.

해설 및 정답 2016년 제5회 변호사시험 기출문제 29 　　　　　　　　　　　　　**정답** ✕

대법원 2013. 2. 28. 선고 2011도14986 판결 [사문서위조·위조사문서행사·사기]
[사실관계] 약식명령에 대하여 피고인만이 정식재판을 청구하였는데, 검사가 당초 사문서위조 및 위조사문서행사의 공소사실로 공소제기하였다가 제1심에서 사서명위조 및 위조사서명행사의 공소사실을 예비적으로 추가하는 내용의 공소장변경을 신청한 사안이다.
[판시사항] [1] 형사소송법 제457조의2에서 정한 불이익변경금지 원칙의 의미 [2] **불이익변경금지 원칙 등을 이유로 공소장변경을 불허한 채 원래의 공소사실에 대하여 무죄를 선고한 제1심 판결을 그대로 유지한 원심의 조치에 법리오해의 위법이 있다고 한 사례.**
[판결요지] [1] 형사소송법 제457조의2에서 규정한 불이익변경금지의 원칙은 피고인이 약식명령에 불복하여 정식재판을 청구한 사건에서 약식명령의 주문에서 정한 형보다 중한 형을 선고할 수 없다는 것이다. 그러므로 그 **죄명이나 적용법조가 약식명령의 경우보다 불이익하게 변경되었다고 하더라도 선고한 형이 약식명령과 같거나 약식명령보다 가벼운 경우에는 불이익변경금지의 원칙에 위배된 조치라고 할 수 없다.**
[2] 불이익변경금지 원칙 등을 이유로 공소장변경을 불허할 것은 아닌데도, 이를 불허한 채 원래의 공소사실에 대하여 무죄를 선고한 제1심 판결을 그대로 유지한 원심의 조치에 공소사실의 동일성이나 공소장변경에 관한 법리오해의 위법이 있다고 한 사례.

(중요) ② 甲은 K와 거래관계가 없다고 하더라도 신의칙상 보관관계가 인정되어 횡령죄가 성립하고, 乙은 K에 대하여는 횡령죄가 성립하나 甲에 대하여는 횡령죄가 성립하지 않는다.

해설 및 정답 2016년 제5회 변호사시험 기출문제 29 　　　　　　　　　　　　　**정답** ✕

대법원 2010. 12. 9. 선고 2010도891 판결 [횡령(인정된 죄명: 점유이탈물횡령)]
[판시사항] [1] 착오로 송금되어 입금된 돈을 임의로 인출하여 소비한 행위가 **송금인과 피고인 사이에 별다른 거래관계가 없는 경우에도 횡령죄에 해당하는지 여부(적극)** [2] **피고인이, 갑 회사의 직원이 착오로 피고인 명의 은행 계좌에 잘못 송금한 돈을 임의로 인출하여 사용한 사안이다.** 피고인이 갑 회사와 아무런 거래관계가 없다는 등의 이유만으로 주위적 공소사실인 횡령에 대하여 무죄를 선고한 원심판결에 법리오해의 위법이 있다고 한 사례.
[판결요지] **어떤 예금계좌에 돈이 착오로 잘못 송금되어 입금된 경우에는 그 예금주와 송금인 사이에 신의칙상 보관관계가 성립한다고 할 것이다. 그러므로 피고인이 송금 절차의 착오로 인하여 피고인 명의의 은행 계좌에 입금된 돈을 임의로 인출하여 소비한 행위는 횡령죄에 해당한다**(대법원 1968. 7. 24. 선고 1966도1705 판결, 대법원 2005. 10. 28. 선고 2005도5975 판결, 대법원 2006. 10. 12. 선고 2006도3929 판결 등 참조). 이는 송금인과 피고인 사이에 별다른 거래관계가 없다고 하더라도 마찬가지이다. 원심이 유지한 제

1심판결은, 그 채택 증거를 종합하여 피고인은 2008. 6. 4.경 피해자 공소외 주식회사에 근무하는 이름을 알 수 없는 **직원이 착오로 피고인 명의의 홍콩상하이(HSBC)은행 계좌로 잘못 송금한 300만 홍콩달러(한화 약 3억 9,000만 원 상당)를 그 무렵 임의로 인출하여 사용한 사실**을 인정하였다. 이를 위 법리에 비추어 살펴보면, **피고인의 행위는 횡령죄에 해당한다**고 할 것이다.

대법원 2004. 4. 9. 선고 2003도8219 판결 [횡령]

[판시사항] [1] 장물보관 의뢰를 받은 자가 그 정을 알면서 이를 보관하고 있다가 임의 처분한 경우, 장물보관죄 이외에 횡령죄가 성립하는지 여부(소극) [2] 피고인이 업무상 과실로 장물을 보관하고 있다가 처분한 행위는 업무상과실장물보관죄의 가벌적 평가에 포함되고 별도로 횡령죄를 구성하지 않는다고 한 원심의 판단을 수긍한 사례.

[판결요지] [1] 절도 범인으로부터 장물보관 의뢰를 받은 자가 그 정을 알면서 이를 인도받아 보관하고 있다가 임의 처분하였다 하여도 장물보관죄가 성립하는 때에는 **이미 그 소유자의 소유물 추구권을 침해하였으므로 그 후의 횡령행위는 불가벌적 사후행위에 불과하여 별도로 횡령죄가 성립하지 않는다.**

[2] 피고인이 업무상 과실로 장물을 보관하고 있다가 처분한 행위는 업무상과실장물보관죄의 가벌적 평가에 포함되고 별도로 횡령죄를 구성하지 않는다고 한 원심의 판단을 수긍한 사례.

③ B법원 판사가 위 영장을 기각한 경우, 검사는 그 결정에 대하여 항고나 준항고로 다툴 수 있다.

┃**해설 및 정답** 2016년 제5회 변호사시험 기출문제 29 　　　　　　　　　　**정답** ✕

대법원 1997. 9. 29. 자 97모66 결정 [압수영장에대한준항고기각에대한재항고]

[판시사항] 지방법원 판사가 한 압수영장발부의 재판에 대하여 준항고나 항고로 불복할 수 있는지 여부(소극)

[결정요지] 형사소송법 제402조, 제403조에서 규정하는 항고는 법원이 한 결정을 그 대상으로 하는 것이다. 그러므로 법원의 결정이 아닌 지방법원 판사가 한 압수영장발부의 재판에 대하여 그와 같은 항고의 방법으로도 불복할 수 없다.

④ B법원 판사가 위 영장을 발부한 경우, 검사는 그 영장을 통해 확보한 수표발행 전표 등을 위 재판의 증거로 사용할 수 있다.

┃**해설 및 정답** 2016년 제5회 변호사시험 기출문제 29 　　　　　　　　　　**정답** ✕

대법원 2011. 4. 28. 선고 2009도10412 판결 [뇌물수수 · 뇌물공여]

[판시사항] [1] 검사가 '공소제기 후' 형사소송법 제215조에 따라 수소법원 이외의 지방법원 판사로부터 발부받은 압수 · 수색 영장에 의해 수집한 증거의 증거능력 유무(원칙적 소극) [2] 헌법과 형사소송법이 정한 절차를 위반하여 수집한 증거를 예외적으로 유죄의 증거로 사용할 수 있는 경우 및 그와 같은 특별한 사정에 대한 증명책임의 소재(=검사)

[3] 공정거래위원회 소속 공무원인 피고인 갑이 을로부터 뇌물을 수수하였다고 하여 기소된 사안이다. 검사 제출의 증거들은 모두 공소제기 후 적법한 절차에 따르지 아니하고 수집한 것이거나 이를 기초로 획득한 2차적 증거에 불과하여 유죄 인정의 증거로 사용할 수 없다는 이유로, 피고인 갑에게 무죄를 선고한 원심판단을 수긍한 사례.
[판결요지] [1] 공소가 제기된 후에는 피고사건에 관하여 검사로서는 형사소송법 제215조에 의하여 압수·수색을 할 수 없다고 보아야 한다. 그럼에도 검사가 공소제기 후 형사소송법 제215조에 따라 수소법원 이외의 지방법원 판사에게 청구하여 발부받은 영장에 의하여 압수·수색을 하였다면, 그와 같이 수집된 증거는 기본적 인권 보장을 위해 마련된 적법한 절차에 따르지 않은 것으로서 원칙적으로 유죄의 증거로 삼을 수 없다.

⑤ 검사는 A법원에 사실조회를 신청하여 위 수표발행전표 등을 확보할 수 있다.

해설 및 정답 2016년 제5회 변호사시험 기출문제 29 　　　　**정답** ○

> 형사소송법 제272조(공공기관 조회)
> ① 법원은 직권으로 또는 검사·피고인·변호인 신청으로 공공기관·공사단체에 조회하여 필요한 사항을 보고하거나 또는 보관서류 송부를 요구할 수 있다.
> ② 법원은 제1항 신청을 기각할 경우 결정으로 한다.

(중요)

05 ★★★★★

사법경찰관 P는 'X 제약회사 대표 甲과 직원 乙이 공모하여 의사 丙에게 리베이트를 제공한 범죄사실'의 압수·수색영장[제1 영장]에 근거하여 X회사를 압수·수색하였다. P는 압수·수색 시 위 영장을 甲에게 제시하였으나, 현장에 없는 乙에게는 영장을 제시하지 아니한 채^{적법한 압수수색+} 甲과 乙의 컴퓨터에 저장된 전자정보 전부를 이미징하는 방법으로 외장하드에 복제하여 경찰서로 가져갔다.^{적법한 압수수색+} 그 후 P는 甲이 참여하지 않은 상태에서^{위법한 압수수색+, 증거능력-} 이미징한 전자정보를 탐색·분석하던 중, 우연히 甲이 공무원에게 뇌물을 공여한 내역을 발견하고 이를 문서로 출력하여^{위법한 압수수색+, 증거능력-} 소명자료로 제출하면서 법원으로부터 다시 압수·수색영장[제2 영장]을 발부받았다.^{위법+} P는 [제2 영장]을 근거로 甲의 참여가 없는 상태에서 위 외장하드에서 정보를 탐색하면서 뇌물공여내역을 출력하는 방식으로 압수·수색을 하였고,^{위법한 압수수색+, 증거능력-} 그 압수 후 5개월 뒤에 甲의 요청에 따라 압수물 목록을 교부하였다.^{위법한 압수수색+, 증거능력-} 한편, P는 [제1 영장]에 의한 압수·수색 과정에서 사무실에 보관 중이던 A변호사 작성의 리베이트 관련 법률의견서도 압수하였다.^{적법한 압수수색+, 증거능력-} 이에 관한 설명 중 옳지 않은 것을 모두 고른 것은? (다툼이 있는 경우 판례에 의함)

① 압수물 목록은 즉시 교부하여야 하는 것은 아니므로, 위 압수물 목록 교부는 ~~적법하다.~~ ^{위법하다.}

해설 및 정답 2016년 제5회 변호사시험 기출문제 31 **정답** ✕

대법원 2009. 3. 12. 선고 2008도763 판결 [공직선거법위반]

압수물 목록은 압수 직후 현장에서 바로 작성하여 교부해야 한다. 5개월이나 지난 뒤에 압수물 목록을 교부한 것은 위법하다.

[판시사항] [1] 압수·수색영장에 압수대상물을 압수장소에 '보관중인 물건'으로 기재한 경우, 이를 '현존하는 물건'으로 해석가능한지 여부(소극) [2] 압수·수색영장의 제시방법 (=개별적 제시) [3] 형사소송법상 압수목록의 작성·교부시기(=압수 직후) [4] 헌법과 형사소송법이 정한 절차를 위반하여 수집한 증거를 예외적으로 유죄의 증거로 사용할 수 있는 경우 및 그와 같은 특별한 사정에 대한 증명책임자(=검사)

[판결요지] 압수·수색영장은 처분을 받는 자에게 반드시 제시하여야 하는바, 현장에서 압수·수색을 당하는 사람이 여러 명일 경우에는 그 사람들 모두에게 개별적으로 영장을 제시해야 하는 것이 원칙이다. 적법한 절차를 따르지 않고 수집된 증거를 유죄의 증거로 삼을 수 없다는 원칙이 훼손되지 않도록 유념하여야 하고, 그러한 예외적인 경우에 해당한다고 볼 만한 구체적이고 특별한 사정이 존재한다는 것은 검사가 입증하여야 한다.

② 위 법률의견서는 변호사가 업무상 위탁을 받은 관계로 알게 된 타인의 비밀에 관한 것이지만, 적법한 압수·수색영장에 근거하여 압수한 것으로 위법수집증거 라고 할 수 없다.

해설 및 정답 2016년 제5회 변호사시험 기출문제 31 **정답** ○

법률의견서는 특별히 압수가 제한되는 물건이라고 볼 수 없다. 적법한 압수·수색영장에 근거하여 압수된 것이다. 증거능력이 있다.

③ 乙에 대하여 영장을 제시하지 아니한 채 압수·수색을 하였다는 이유만으로도 당해 압수물의 증거능력은 인정될 수 없다. ^{있다.}

해설 및 정답 2016년 제5회 변호사시험 기출문제 31 **정답** ✕

대법원 2015. 1. 22. 선고 2014도10978 전원합의체 판결 [내란음모·국가보안법위반(찬양·고무 등)·내란선동] 〈내란음모에 관한 사건〉

[판시사항] [1] 압수·수색영장의 제시가 현실적으로 불가능한 경우, 영장제시 없이 이루어진 압수·수색의 적법 여부(적극) [2] 통신비밀보호법 제9조 제1항 후문 등에서 통신기관 등에 대한 집행위탁이나 협조요청 및 대장 비치의무 등을 규정하고 있는 취지 / '대화의 녹음·청취'를 집행주체가 제3자에게 집행을 위탁하거나 그로부터 협조를 받아 할 수 있는 경우 및 이때 통신기관 등이 아닌 일반 사인(私人)에게 대장을 작성하여 비치할 의무가 있는지 여부(소극) [3] 대화 내용을 녹음한 파일 등 전자매체의 증거능력을 인정

하기 위한 요건 / 증거로 제출된 녹음파일의 증거능력을 판단하는 기준

[판결요지] [1] 형사소송법 제219조가 준용하는 제118조는 "압수·수색영장은 처분을 받는 자에게 반드시 제시하여야 한다."고 규정하고 있으나, 이는 **영장제시가 현실적으로 가능한 상황을 전제로 한 규정으로 보아야 하고,** 피처분자가 현장에 없거나 현장에서 그를 발견할 수 없는 경우 등 영장제시가 현실적으로 불가능한 경우에는 영장을 제시하지 아니한 채 압수·수색을 하더라도 위법하다고 볼 수 없다.

[2] 반드시 집행주체가 '대화의 녹음·청취'를 직접 수행하여야 하는 것은 아니다. 따라서 집행주체가 제3자의 도움을 받지 않고서는 '대화의 녹음·청취'가 사실상 불가능하거나 곤란한 사정이 있는 경우에는 비례의 원칙에 위배되지 않는 한 제3자에게 집행을 위탁하거나 그로부터 협조를 받아 '대화의 녹음·청취'를 할 수 있다고 봄이 타당하다.

[3] 대화 내용을 녹음한 파일 등의 전자매체는 성질상 작성자나 진술자의 서명 혹은 날인이 없다. 뿐만 아니라, 녹음자의 의도나 특정한 기술에 의하여 내용이 편집·조작될 위험성이 있다. 이 점을 고려하여 대화 내용을 녹음한 원본이거나 혹은 원본으로부터 복사한 사본일 경우에는 복사 과정에서 편집되는 등 인위적 개작 없이 원본의 내용 그대로 복사된 사본임이 입증되어야만 한다. 그러한 입증이 없는 경우에는 쉽게 그 증거능력을 인정할 수 없다.

(중요) ④ [제1 영장]에 근거하여 출력한 뇌물공여내역서는 증거능력이 없지만, [제2 영장]에 기하여 다시 압수한 뇌물공여내역서 등 뇌물공여에 대한 증거는 증거능력이 있다.^{없다.}

해설 및 정답 2016년 제5회 변호사시험 기출문제 31   **정답** ╳

뇌물공여내역서는 위법하게 수집된 증거이기에 증거능력이 없다. 대법원 2015. 7. 16. 자 2011모1839 전원합의체 결정 [준항고인용결정에대한재항고] 〈전자정보에 대한 압수·수색 사건〉

[판시사항] [1] 전자정보에 대한 압수·수색이 저장매체 또는 복제본을 수사기관 사무실 등 외부로 반출하는 방식으로 허용되는 예외적인 경우 및 수사기관 사무실 등으로 반출된 저장매체 또는 복제본에서 혐의사실 관련성에 대한 구분 없이 **임의로 저장된 전자정보를 문서로 출력하거나 파일로 복제하는 행위가 영장주의 원칙에 반하는 위법한 압수인지 여부(원칙적 적극)**

[2] 전자정보가 담긴 저장매체 또는 복제본을 수사기관 사무실 등으로 옮겨 복제·탐색·출력하는 일련의 과정에서, **피압수·수색 당사자나 변호인에게 참여의 기회를 보장하고 혐의사실과 무관한 전자정보의 임의적인 복제 등을 막기 위한 적절한 조치가 취해지지 않은 경우, 압수·수색의 적법 여부(원칙적 소극) 및 수사기관이 저장매체 또는 복제본에서 혐의사실과 관련된 전자정보만을 복제·출력하였더라도 마찬가지인지 여부(적극)**

[3] 전자정보에 대한 압수·수색 과정에서 이루어진 현장에서의 저장매체 압수·이미징·탐색·복제 및 출력행위 등 일련의 행위가 모두 진행되어 압수·수색이 종료된 후 전체 압수·수색 과정을 단계적·개별적으로 구분하여 각 단계의 개별 처분의 취소를 구하는 준항고가 있는 경우, **당해 압수·수색 과정 전체를 하나의 절차로 파악하여 그 과**

정에서 나타난 위법이 압수·수색 절차 전체를 위법하게 할 정도로 중대한지 여부에 따라 전체적으로 압수·수색 처분을 취소할 것인지를 가려야 하는지 여부(원칙적 적극) 및 이때 위법의 중대성을 판단하는 기준

[4] 검사가 압수·수색영장을 발부받아 갑 주식회사 빌딩 내 을의 사무실을 압수·수색 하였는데, 저장매체에 범죄혐의와 관련된 정보(유관정보)와 범죄혐의와 무관한 정보(무관 정보)가 혼재된 것으로 판단하여 갑 회사의 동의를 받아 저장매체를 수사기관 사무실로 반출한 다음 을 측의 참여하에 저장매체에 저장된 전자정보파일 전부를 '이미징'의 방법 으로 다른 저장매체로 복제(제1 처분)하고, 을 측의 참여 없이 이미징한 복제본을 외장 하드디스크에 재복제(제2 처분)하였으며, 을 측의 참여 없이 하드디스크에서 유관정보를 탐색하는 과정에서 갑 회사의 별건 범죄혐의와 관련된 전자정보 등 무관정보도 함께 출 력(제3 처분)한 사안에서, 제1 처분은 위법하다고 볼 수 없으나, **제2·3 처분의 위법의 중대성에 비추어 위 영장에 기한 압수·수색이 전체적으로 취소되어야 한다고 한 사례.**

[5] 전자정보에 대한 압수·수색이 종료되기 전에 혐의사실과 관련된 전자정보를 적법하게 탐색하는 과정에서 별도의 범죄혐의와 관련된 전자정보를 **우연히 발견한 경우, 수사기관이 적법하게 압수·수색하기 위한 요건**/이 경우 피압수·수색 당사자에게 참여권을 보장하고 압수한 전자정보 목록을 교부하는 등 피압수자의 이익을 보호하기 위한 적절한 조치가 이루어져야 하는지 여부(원칙적 적극)

[6] 검사가 압수·수색영장(제1 영장)을 발부받아 갑 주식회사 빌딩 내 을의 사무실을 압수·수색하였는데, 저장매체에 범죄혐의와 관련된 정보(유관정보)와 범죄혐의와 무관한 정보(무관정보)가 혼재된 것으로 판단하여 갑 회사의 동의를 받아 저장매체를 수사기관 사무실로 반출한 다음 을 측의 참여하에 저장매체에 저장된 전자정보파일 전부를 '이미 징'의 방법으로 다른 저장매체로 복제하고, 을 측의 참여 없이 이미징한 복제본을 외장 하드디스크에 재복제하였으며, 을 측의 참여 없이 하드디스크에서 유관정보를 탐색하던 중 우연히 을 등의 별건 범죄혐의와 관련된 전자정보(별건 정보)를 발견하고 문서로 출력하였고, 그 후 을 측에 참여권 등을 보장하지 않은 채 다른 검사가 별건 정보를 소명자료로 제출하면서 압수·수색영장(제2 영장)을 발부받아 외장 하드디스크에서 별건 정보를 탐색·출력한 사안에서, 제2 영장 청구 당시 압수할 물건으로 삼은 정보는 그 자체가 위법한 압수물이어서 별건 정보에 대한 영장청구 요건을 충족하지 못하였고, 제2 영장에 기한 압수·수색 당시 을 측에 압수·수색 과정에 참여할 기회를 보장하지 않았으므로, 제2 영장에 기한 압수·수색은 전체적으로 위법하다고 한 사례.

[결정요지] [1] 수사기관 사무실 등으로 반출된 저장매체 또는 복제본에서 혐의사실 관련 성에 대한 구분 없이 임의로 저장된 전자정보를 문서로 출력하거나 파일로 복제하는 행위는 원칙적으로 영장주의 원칙에 반하는 위법한 압수가 된다.

[2] 형사소송법 제219조, 제121조에서 규정하는 피압수·수색 당사자(이하 '피압수자'라 한다)나 변호인에게 참여의 기회를 보장하고 혐의사실과 무관한 전자정보의 임의적인 복제 등을 막기 위한 적절한 조치를 취하는 등 영장주의 원칙과 적법절차를 준수하여야 한다. 만약 그러한 조치가 취해지지 않았다면 특별한 사정이 없는 이상 압수·수색이 적법하다고 평가할 수 없고, 비록 수사기관이 저장매체 또는 복제본에서 혐의사실과 관련된 전자정보만을 복제·출력하였다 하더라도 달리 볼 것은 아니다.

(중요) ⑤ 수사기관의 참고인조사 과정에서 乙은 甲의 증뢰사실에 관하여 진술서를 작성하여 제출하였는데, 수사기관이 그에 대한 조사과정을 기록하지 아니하였다면 특별한 사정이 없는 한 그 진술서는 증거능력이 부정된다.

해설 및 정답 2016년 제5회 변호사시험 기출문제 31   **정답** ○

대법원 2015. 4. 23. 선고 2013도3790 판결 [정치자금법위반] 〈진술서 증거능력 사건〉

[판시사항] 피고인이 아닌 자가 수사과정에서 진술서를 작성하였으나 수사기관이 그에 대한 조사과정을 기록하지 아니하여 형사소송법 제244조의4 제3항, 제1항에서 정한 절차를 위반한 경우, 그 진술서의 증거능력 유무(원칙적 소극)

[판결요지] 형사소송법 제221조 제1항, 제244조의4 제1항, 제3항, 제312조 제4항, 제5항 및 그 입법 목적 등을 종합하여 보면, 피고인이 아닌 자가 수사과정에서 진술서를 작성하였지만 수사기관이 그에 대한 조사과정을 기록하지 아니하여 형사소송법 제244조의4 제3항, 제1항에서 정한 절차를 위반한 경우에는, 특별한 사정이 없는 한 '적법한 절차와 방식'에 따라 수사과정에서 진술서가 작성되었다 할 수 없으므로 증거능력을 인정할 수 없다.

(중요)

06 ★★★★★

甲은 2015. 6. 16. 15:40경 휴가를 떠나 비어 있던 A의 집에 들어가^{주간주거침입죄+} 잠을 잔 후, 같은 날 22:00경 방에 있던 태블릿PC 1대와 자기앞수표 1장을 훔쳤다.^{절도죄+} 이에 관한 설명 중 옳은 것을 모두 고른 것은? (다툼이 있는 경우 판례에 의함)

① 甲에게는 야간주거침입절도죄가 성립되지 않는다.

해설 및 정답 2016년 제5회 변호사시험 기출문제 39   **정답** ○

대법원 2011. 4. 14. 선고 2011도300, 2011감도5 판결 [절도・건조물침입・유해화학물질관리법위반(환각물질흡입)・야간방실침입절도(인정된 죄명: 방실침입・절도)・치료감호]

[판시사항] '주간에' 사람의 주거 등에 침입하여 '야간에' 타인의 재물을 절취한 행위를 형법 제330조의 야간주거침입절도죄로 처벌할 수 있는지 여부(소극)

[판결요지] 형법은 제329조에서 절도죄를 규정하고 곧바로 제330조에서 야간주거침입절도죄를 규정하고 있을 뿐, 야간절도죄에 관하여는 처벌규정을 별도로 두고 있지 아니하다. 이러한 형법 제330조의 규정형식과 그 구성요건의 문언에 비추어 보면, 형법은 야간에 이루어지는 주거침입행위의 위험성에 주목하여 그러한 행위를 수반한 절도를 야간주거침입절도죄로 중하게 처벌하고 있는 것으로 보아야 한다. 따라서 주거침입이 주간에 이루어진 경우에는 야간주거침입절도죄가 성립하지 않는다고 해석하는 것이 타당하다.

(중요) ② 만약 甲이 태블릿PC를 자기 것인 양 중고사이트에 올려 매각하고, 자기앞수표로 백화점에서 물건을 구입한 경우, 매각행위와 구입행위는 절취한 재물을 통

해 새로운 법익을 침해한 것으로 각각 사기죄가 성립한다.

해설 및 정답 2016년 제5회 변호사시험 기출문제 39   **정답** ✕

대법원 1987. 1. 20. 선고 86도1728 판결 [사기]

[판시사항] 절취한 자기앞수표를 현금 대신으로 교부한 행위의 사기죄 성부

[판결요지] 금융기관발행의 자기앞수표는 그 액면금을 즉시 지급받을 수 있어 현금에 대신하는 기능을 하고 있다. 그러므로 절취한 자기앞수표를 현금 대신으로 교부한 행위는 절도행위에 대한 가벌적 평가에 당연히 포함되는 것으로 봄이 상당하다 할 것이다. 그러므로 절취한 자기앞수표를 음식대금으로 교부하고 거스름돈을 환불받은 행위는 절도의 불가벌적 사후처분행위로서 사기죄가 되지 아니한다.

③ 만약 甲이 A의 혼인 외의 출생자인데, 공판 기간 중 A가 甲을 인지한 경우라면 친족상도례의 규정을 적용할 수 ~~없어~~ 甲에 대한 형을 면제할 수 없다.

해설 및 정답 2016년 제5회 변호사시험 기출문제 39   **정답** ✕

대법원 1997. 1. 24. 선고 96도1731 판결 [절도]

[판시사항] 인지의 소급효가 친족상도례 규정에 미치는지 여부(적극)

[판결요지] 형법 제344조, 제328조 제1항 소정의 친족간의 범행에 관한 규정이 적용되기 위한 친족관계는 원칙적으로 범행 당시에 존재하여야 한다. 그렇지만 부가 혼인 외의 출생자를 인지하는 경우에 있어서는 민법 제860조에 의하여 그 자의 출생시에 소급하여 인지의 효력이 생기는 것이다. 이와 같은 인지의 소급효는 친족상도례에 관한 규정의 적용에도 미친다고 보아야 할 것이다. 그러므로 인지가 범행 후에 이루어진 경우라고 하더라도 그 소급효에 따라 형성되는 친족관계를 기초로 하여 친족상도례의 규정이 적용된다.

(중요) ④ 수사기관이 甲의 주거에 대해 압수수색영장을 한번 집행한 후 아직 그 영장의 유효기간이 남아 있더라도 甲의 주거에 대하여 다시 압수수색하기 위해서는 새로운 영장을 발부받아야 한다.

해설 및 정답 2016년 제5회 변호사시험 기출문제 39 · 2019년 제8회 변호사시험 기출문제 27   **정답** ○

대법원 1999. 12. 1. 자 99모161 결정 [압수처분에대한준항고기각에대한재항고]

압수 · 수색영장유효기간을 7일이다. 이미 압수 · 수색영장집행을 종료하였다면, 영장효력은 상실된다.

[판시사항] 수사기관이 압수 · 수색영장을 제시하고 집행에 착수하여 **압수 · 수색을 실시하고 그 집행을 종료**한 후 그 압수 · 수색영장의 유효기간 내에 동일한 장소 또는 목적물에 대하여 다시 압수 · 수색할 필요가 있는 경우, 종전의 압수 · 수색영장을 제시하고 다시 압수 · 수색할 수 있는지 여부(소극)

제9강 2015년 제4회 변호사시험 선택형 종합문제

2015년 제4회 변호사시험 선택형 종합문제   31 · 33 · 38 · 39 · 40

출제분석

- 31번 │ 허위공문서작성 · 증거위조 · 참고인 진술 영상녹화와 독립증거 부정
- 33번 │ 명예훼손죄 · 녹음테이프 증거능력 · 형사소송법 제313조 제1항 요건
- 38번 │ 명예훼손죄 · 반의사불벌죄 · 소송상 문제 · 전문증거
- 39번 │ 현주건조물방화 · 구속기간(초일 · 말일 기간산입)
- 40번 │ 준강도 · 위법수집증거 · 영장없는 압수 · 수색 · 형사소송법 제217조 · 요급 처분

중요

01 ★★★★★

공무원인 甲은 화물자동차운송회사의 대표인 乙의 교사를 받고 ^{허위공문서작성죄 간접정범 교사죄+} 허위의 사실을 기재한 화물자동차운송사업변경(증차)허가신청 검토보고서를 작성하여 그 사정을 모르는 최종 결재자인 담당과장의 결재를 받았다. ^{허위공문서작성죄 간접정범+} 위 운송회사의 경리직원인 丙은 사법경찰관 A로부터 甲과 乙에 대한 위 피의사건의 참고인으로 조사를 받게 되자 그 사건에 관하여 허위내용의 사실확인서(증거1)를 작성하여 A에게 제출하고 ^{증거위조죄—} 참고인 진술을 할 당시 위 확인서에 기재된 내용과 같이 허위진술을 하였고, ^{증거위조죄+} A는 丙에 대한 진술조서를 작성하였다. 검사 P는 丙을 참고인으로 조사하면서 진술조서를 작성하고 그 전 과정을 영상녹화 하였다. ^{영상녹화물은 실질적 진정성립을 증명하거나 참고인의 기억을 환기시키기 위한 것으로 한정됨} 그 후 丙은 이 사건에 관하여 제3자와 대화를 하면서 서로 허위로 진술하고 그 진술을 녹음하여 녹음파일(증거2)을 만들어 검사에게 제출하였다. 검사는 甲과 乙을 기소하였다. 이에 관한 설명 중 옳은 것은? (다툼이 있는 경우 판례에 의함)

① 甲에게는 허위공문서작성죄의 간접정범이 성립하지만, 乙에게는 허위공문서작성죄의 간접정범의 교사범이 성립하지 <del>않는다.</del> ^{성립한다.}

해설 및 정답   2015년 제4회 변호사시험 기출문제 31   **정답** ╴ ╳

대법원 1992. 1. 17. 선고 91도2837 판결 [허위공문서작성 · 동행사]

[판시사항] 공무원 아닌 자가 공문서작성을 보좌하는 공무원과 공모하여 허위의 문서초안을 상사에게 제출하여 결재케 함으로써 허위 공문서를 작성케 한 경우, 간접정범의 공범으로서의 죄책을 지는지 여부(적극)

[판결요지] 공문서의 작성권한이 있는 공무원의 직무를 보좌하는 자가 그 직위를 이용하여 행사할 목적으로 허위의 내용이 기재된 문서 초안을 그 정을 모르는 상사에게 제출하여 결재하도록 하는 등의 방법으로 작성권한이 있는 공무원으로 하여금 허위의 공문서를 작성하게 한 경우에는 간접정범이 성립된다. 이와 공모한 자 역시 그 간접정범의 공범으로서의 죄책을 면할 수 없는 것이다. 여기서 말하는 공범은 반드시 공무원의 신분이 있

는 자로 한정되는 것은 아니라고 할 것이다.

② 丙에게는 증거1에 대한 증거위조죄가 성립하지 않지만, 증거2에 대한 증거위조
죄가 성립한다.

│해설 및 정답│ 2015년 제4회 변호사시험 기출문제 31   **정답** ○

대법원 2011. 7. 28. 선고 2010도2244 판결 [증거위조·위조증거사용]
[판시사항] [1] 증거위조죄 구성요건 중 '증거' 및 '위조'의 의미 [2] 참고인이 수사기관에
서 허위의 진술을 하는 경우, 증거위조죄 성립 여부(소극) [3] 참고인이 허위의 진술서
등을 작성하여 수사기관에 제출한 경우, 증거위조죄 성립 여부(소극)
[판시사항] 타인의 형사사건 또는 징계사건에 관한 증거를 위조한 경우에 성립하는 **형법
제155조 제1항의 증거위조죄에서 '증거'**라 함은 타인의 형사사건 또는 징계사건에 관하
여 수사기관이나 법원 또는 징계기관이 국가의 **형벌권 또는 징계권의 유무를 확인하는**
데 관계있다고 인정되는 일체의 자료를 의미한다. 존재하지 아니한 증거를 이전부터 존
재하고 있는 것처럼 작출하는 행위도 증거위조에 해당한다. 타인의 형사사건 등에 관한
증거를 위조한다 함은 증거 자체를 위조함을 말하는 것이다. 참고인이 수사기관에서 허
위의 진술을 하는 것은 여기에 포함되지 않는다(대법원 1995. 4. 7. 선고 94도3412 판결
등 참조). 한편 참고인이 타인의 형사사건 등에서 직접 진술 또는 증언하는 것을 대신하
거나 그 진술 등에 앞서서 허위의 사실확인서나 진술서를 작성하여 수사기관 등에 제출
하거나 또는 제3자에게 교부하여 제3자가 이를 제출한 것은 존재하지 않는 문서를 이전
부터 존재하고 있는 것처럼 작출하는 등의 방법으로 새로운 증거를 창조한 것이 아닐뿐
더러, 참고인이 수사기관에서 허위의 진술을 하는 것과 차이가 없으므로, 증거위조죄를
구성하지 않는다고 할 것이다.
대법원 2013. 12. 26. 선고 2013도8085,2013전도165 판결 [증거위조교사]
[판시사항] 참고인이 타인의 형사사건 등에 관하여 제3자와 대화를 하면서 허위로 진술
하고 그 진술이 담긴 대화 내용을 녹음한 녹음파일 또는 이를 녹취한 녹취록을 만들어
수사기관 등에 제출하는 행위가 증거위조죄를 구성하는지 여부(적극)
[판결요지] 참고인이 타인의 형사사건 등에 관하여 제3자와 대화를 하면서 허위로 진술하
고 위와 같은 허위 진술이 담긴 대화 내용을 녹음한 녹음파일 또는 이를 녹취한 녹취록
은 참고인의 허위진술 자체 또는 참고인 작성의 허위 사실확인서 등과는 달리 그 진술내
용만이 증거자료로 되는 것이 아니고 녹음 당시의 현장음향 및 제3자의 진술 등이 포함
되어 있어 그 일체가 증거자료가 된다고 할 것이다. 그러므로 이는 증거위조죄에서 말하
는 '증거'에 해당한다. 또한 위와 같이 참고인의 허위 진술이 담긴 대화 내용을 녹음한
녹음파일 또는 이를 녹취한 녹취록을 만들어 내는 행위는 무엇보다도 그 녹음의 자연스
러움을 뒷받침하는 현장성이 강하여 단순한 허위진술 또는 허위의 사실확인서 등에 비하
여 수사기관 등을 그 증거가치를 판단함에 있어 오도할 위험성을 현저히 증대시킨다고
할 것이다. 그러므로 이러한 행위는 허위의 증거를 새로이 작출하는 행위로서 증거위조
죄에서 말하는 '위조'에도 해당한다고 봄이 상당하다. 따라서 참고인이 타인의 형사사건
등에 관하여 제3자와 대화를 하면서 허위로 진술하고 위와 같은 허위 진술이 담긴 대화

내용을 녹음한 녹음파일 또는 이를 녹취한 녹취록을 만들어 수사기관 등에 제출하는 것은, 참고인이 타인의 형사사건 등에 관하여 수사기관에 허위의 진술을 하거나 이와 다를 바 없는 것으로서 허위의 사실확인서나 진술서를 작성하여 수사기관 등에 제출하는 것과는 달리, 증거위조죄를 구성한다.

③ 제1심에서 유죄를 선고받은 乙이 항소심 재판 중 사망한 경우 법원은 乙에 대하여 형면재판결을^{공소기각결정을} 하여야 한다.

해설 및 정답 2015년 제4회 변호사시험 기출문제 31 　　　　　　　　　　　**정답** ✕

> 형사소송법 제328조(공소기각결정) ★★★★★
> ① 재판장은 다음 각 호 어느 하나에 해당하는 경우 결정으로 공소를 기각한다.
> 1. 공소가 취소된 경우
> **2. 피고인이 사망하거나 또는 피고인인 법인이 존속하지 아니한 경우**
> 3. 제12조·제13조에 근거하여 재판을 할 수 없는 경우
> 4. 공소장에 적혀 있는 사실이 진실하더라도 범죄사실이 없는 경우
> ② 검사·피고인·변호인은 제1항 결정에 대해 즉시항고를 할 수 있다.

④ 「형사소송법」에서 A와 P가 작성한, 丙에 대한 참고인 진술조서의 증거능력 인정요건은 동일하지 않다.^{동일하다.}

해설 및 정답 2015년 제4회 변호사시험 기출문제 31 　　　　　　　　　　　**정답** ✕
피의자신문조서는 검찰과 경찰에서 작성한 경우 증거능력 인정요건이 다르다. 그러나 참고인 진술조서 경우 증거능력 인정요건은 동일하다. 형사소송법 제312조 제1항·제2항 제3항 제4항.

⑤ P가 丙의 진술을 녹화한 영상녹화물은 甲에 대한 공소사실을 직접 증명할 수 있는 독립적인 증거로 사용할 수 있다.^{없다.}

해설 및 정답 2015년 제4회 변호사시험 기출문제 31 　　　　　　　　　　　**정답** ✕
대법원 2014. 7. 10. 선고 2012도5041 판결 [존속살해방조[인정된 죄명: 폭력행위등처벌에관한법률위반(공동존속감금)]·자살방조]
[판시사항] 수사기관이 참고인을 조사하는 과정에서 형사소송법 제221조 제1항에 따라 작성한 영상녹화물이 공소사실을 직접 증명할 수 있는 독립적인 증거로 사용될 수 있는지 여부(원칙적 소극)
[판결요지] 수사기관이 참고인을 조사하는 과정에서 형사소송법 제221조 제1항에 따라 작성한 영상녹화물은, 다른 법률에서 달리 규정하고 있는 등의 특별한 사정이 없는 한,

공소사실을 직접 증명할 수 있는 독립적인 증거로 사용될 수는 없다고 해석함이 타당하다.

중요

02 ★★★★★

甲은 자신의 아들 A에게 폭행을 당하여 입원한 B의 1인 병실로 병문안을 가서 B의 모친인 C와 대화하던 중 C의 여동생인 D가 있는 자리에서 "과거에 B에게 정신병이 있었다고 하더라."라고 말하였다.^{공연성─} 이에 화가 난 B는 甲을 명예훼손죄로 고소하였고, 甲은 명예훼손죄로 기소되었다. 한편 C는 자신과 D가 나눈 대화내용을 녹음한 녹음테이프를 증거로 제출하였는데 그 녹음테이프에는 '甲이 위의 발언을 한 것을 들었다'라는 D의 진술이 녹음되어 있었다. 이에 관한 설명 중 옳지 않은 것은? (다툼이 있는 경우 판례에 의함)

① 甲이 B, C, D의 3명이 있는 자리에서 위의 발언을 한 것이라면 불특정 또는 다수인이 인식할 수 있는 상태라고 할 수 없다.

해설 및 정답 2015년 제4회 변호사시험 기출문제 33 　　　　　　　**정답** ○

대법원 2011. 9. 8. 선고 2010도7497 판결 [명예훼손]

[사실관계] 피고인이 자신의 아들 등에게 폭행을 당하여 입원한 피해자의 병실로 찾아가 그의 모(母) 갑과 대화하던 중 갑의 이웃 을 및 피고인의 일행 병 등이 있는 자리에서 "학교에 알아보니 피해자에게 원래 정신병이 있었다고 하더라."라고 허위사실을 말하여 피해자의 명예를 훼손하였다는 내용으로 기소된 사안이다.

[판시사항] [1] 사인(私人)이 피고인 아닌 사람과의 대화내용을 녹음한 녹음테이프의 증거능력을 인정하기 위한 요건 [2] 갑이 갑의 이웃 을과 나눈 대화내용을 녹음한 녹음테이프 등을 기초로 작성된 녹취록은 증거능력이 없어 이를 유죄의 증거로 사용할 수 없다고 한 사례. [3] 명예훼손죄 구성요건 중 '공연성'의 의미 [4] 피고인의 발언에 공연성이 있다고 보아 유죄를 인정한 원심판단에 법리오해 등의 위법이 있다고 한 사례.

[판결요지] [1] 수사기관 아닌 사인(私人)이 피고인 아닌 사람과의 대화내용을 녹음한 녹음테이프는 형사소송법 제311조, 제312조 규정 이외의 피고인 아닌 자의 진술을 기재한 서류와 다를 바 없다. 진술내용이 자신이 진술한 대로 녹음된 것이라는 점이 인정되어야 한다.

[2] 검사가 녹취록 작성의 토대가 된 대화내용을 녹음한 원본 녹음테이프 등을 증거로 제출하지 아니하고, 원진술자인 갑과 을의 공판준비나 공판기일에서의 진술에 의하여 자신들이 진술한 대로 기재된 것이라는 점이 인정되지도 아니하는 등 형사소송법 제313조 제1항에 따라 녹취록의 진정성립을 인정할 수 있는 요건이 전혀 갖추어지지 않았으므로, 위 녹취록은 증거능력이 없어 이를 유죄의 증거로 사용할 수 없다고 한 사례.

[3] 명예훼손죄에서 '공연성'은 불특정 또는 다수인이 인식할 수 있는 상태를 의미한다. 전파될 가능성이 없다면 특정한 한 사람에 대한 사실의 유포는 공연성이 없다.

[4] 피고인이 병과 함께 피해자의 병문안을 가서 피고인·갑·을·병 4명이 있는 자리에

서 피해자에 대한 폭행사건에 관하여 대화를 나누던 중 위 발언을 한 것이라면 불특정 또는 다수인이 인식할 수 있는 상태라고 할 수 없다. 또 그 자리에 있던 사람들의 관계 등 여러 사정에 비추어 피고인의 발언이 불특정 또는 다수인에게 전파될 가능성이 있다고 보기도 어려워 공연성이 없다.

대법원 1981. 10. 27. 선고 81도1023 판결 [명예훼손]

[판시사항] 특정한 한 사람에 대한 사실의 유포와 명예훼손죄에 있어서의 공연성

[판결요지] 명예훼손죄의 구성요건인 '공연성'은 불특정 또는 다수인이 인식할 수 있는 상태를 의미한다. 비록 개별적으로 한 사람에 대하여 사실을 유포하였다고 하여도 이로부터 불특정 또는 다수인에게 전파될 가능성이 있다면 공연성의 요건을 충족하는 것이나, 이와 반대의 경우라면 특정한 한 사람에 대한 사실의 유포는 공연성을 결여한 것이다.

대법원 2000. 5. 16. 선고 99도5622 판결 [사기미수 · 명예훼손 · 사자명예훼손]

[판시사항] [1] 명예훼손죄에 있어서 공연성의 의미 [2] 기자를 통하여 사실을 적시함에 있어 기자가 취재를 한 상태에서 아직 기사화하여 보도하지 않은 경우, 공연성 여부(소극)

[판결요지] [1] 명예훼손죄의 구성요건인 공연성은 불특정 또는 다수인이 인식할 수 있는 상태를 의미한다. 비록 개별적으로 한사람에 대하여 사실을 유포하였다고 하더라도 그로부터 불특정 또는 다수인에게 전파될 가능성이 있다면 공연성의 요건을 충족하지만 이와 달리 전파될 가능성이 없다면 특정한 한 사람에 대한 사실의 유포는 공연성을 결한다.

[2] 통상 기자가 아닌 보통 사람에게 사실을 적시할 경우에는 그 자체로서 적시된 사실이 외부에 공표되는 것이다. 그러므로 그 때부터 곧 전파가능성을 따져 공연성 여부를 판단하여야 할 것이다. 하지만 그와는 달리 기자를 통해 사실을 적시하는 경우에는 기사화되어 보도되어야만 적시된 사실이 외부에 공표된다고 보아야 할 것이다. 그러므로 기자가 취재를 한 상태에서 아직 기사화하여 보도하지 아니한 경우에는 전파가능성이 없다고 할 것이어서 공연성이 없다고 봄이 상당하다.

(중요) ② 위 사례에서 검사가 허위사실적시 명예훼손죄로 기소하였으나 심리결과 적시한 사실이 허위임에 대한 입증이 없는 경우 공소장 변경없이 법원이 사실적시 명예훼손죄를 직권으로 인정할 수 있음에도 무죄를 선고하였더라도 위법하지 아니하다.

‖**해설 및 정답**‖ 2015년 제4회 변호사시험 기출문제 33 　　　　　　　　　**정답** ○

대법원 2008. 10. 9. 선고 2007도1220 판결 [명예훼손]

[사실관계] 목사가 예배 중 특정인을 가리켜 "이단 중에 이단이다"라고 설교한 부분이 명예훼손죄에서 말하는 '사실의 적시'에 해당하지 않는다고 한 사안이다.

[판시사항] [1] 형법 제307조 제2항에 정한 '허위의 사실' 해당 여부의 판단 기준 [2] 명예훼손죄에서 '사실의 적시'의 의미 및 그 판단 방법 [3] 허위사실적시 명예훼손죄로 기소된 사안에서, 공소장변경 없이 사실적시 명예훼손죄를 직권으로 인정할 수 있음에도 무죄를 선고한 법원의 조치가 위법한지 여부(소극)

[판결요지] [1] 형법 제307조 제2항을 적용하기 위하여 적시된 사실이 허위의 사실인지

여부를 판단하는 경우, 적시된 사실의 내용 전체의 취지를 살펴볼 때 **중요한 부분이 객관적 사실과 합치되면 세부에 있어서 진실과 약간 차이가 나거나 다소 과장된 표현이 있다 하더라도 이를 허위의 사실이라고 볼 수 없다.**

[2] 명예훼손죄에 있어서의 '사실의 적시'란 가치판단이나 평가를 내용으로 하는 의견표현에 대치되는 개념으로서 시간과 공간적으로 구체적인 과거 또는 현재의 사실관계에 관한 보고 내지 진술을 의미하는 것이며, 그 표현내용이 증거에 의한 입증이 가능한 것을 말한다. 또한, 판단할 진술이 사실인가 또는 의견인가를 구별할 때는 언어의 통상적 의미와 용법, 입증가능성, 문제된 말이 사용된 문맥, 그 표현이 행하여진 사회적 상황 등 전체적 정황을 고려하여 판단하여야 한다.

[3] **형법 제307조 제2항의 허위사실적시에 의한 명예훼손의 공소사실 중에는 같은 조 제1항의 사실적시에 의한 명예훼손의 공소사실이 포함되어 있다.** 그러므로 위 허위사실 적시에 의한 명예훼손으로 기소된 사안에서 적시한 사실이 허위임에 대한 입증이 없다면 **법원은 공소장변경절차 없이도 직권으로 위 사실적시에 의한 명예훼손죄를 인정할 수 있다.** 다만, 법원이 공소사실의 동일성이 인정되는 범위 내에서 공소가 제기된 범죄사실에 포함된 이보다 **가벼운 범죄사실을 공소장변경 없이 직권으로 인정할 수 있는 경우라고 하더라도**, 공소가 제기된 범죄사실과 대비하여 볼 때 실제로 인정되는 범죄사실의 사안이 중대하여 공소장이 변경되지 않았다는 이유로 이를 처벌하지 않는다면 적정절차에 의한 신속한 실체적 진실의 발견이라는 형사소송의 목적에 비추어 현저히 정의와 형평에 반하는 것으로 인정되는 경우가 아닌 한, **법원이 직권으로 그 범죄사실을 인정하지 아니하였다고 하여 위법한 것은 아니다.**

③ 甲이 자신의 위 발언내용을 진실한 것으로 알고 있었다면 그것이 객관적으로 허위의 사실로 밝혀지더라도「형법」제307조 제2항의 허위사실적시 명예훼손죄에 해당하지 않는다.

|해설 및 정답| 2015년 제4회 변호사시험 기출문제 33 ★★★★★　　　　　　**정답** ○

형법 제307조 제2항 허위사실 적시 명예훼손죄가 적용되려면, 객관적 구성요건과 주관적 구성요건이 모두 충족되어야 한다. 사안 경우 주관적 구성요건이 결여되어 있다. 형법 제15조 제1항 사실착오로 중한 죄로 벌하지 않는다. 그렇다면 형법 제307조 제1항 사실적시 명예훼손죄가 적용된다.

형법 제15조는 사실착오를 규정하고 있다. 주요내용을 보면, 행위자가 **특별히 중한 범죄가 된다는 사실을 인식하지 못한 경우** 중한 범죄로 처벌되지 않는다. 한편 대법원은 2017년 이상한 논리로 형법 제307조 제1항을 설명하고 있다. 기존 범죄체계를 무너뜨린 판결이다.

대법원 2017. 4. 26. 선고 2016도18024 판결 [명예훼손]

[판시사항] 형법 제307조 제1항에서 말하는 '사실'의 의미 / 형법 제307조 제1항의 명예훼손죄는 적시된 사실이 진실한 사실인 경우이든 허위의 사실인 경우이든 모두 성립할 수 있는지 여부(적극) 및 적시된 사실이 허위의 사실이나 행위자에게 허위성에 대한 인식이 없는 경우, 제307조 제1항의 명예훼손죄가 성립하는지 여부(적극)

[판결요지] 형법 제307조 제1항, 제2항, 제310조의 체계와 문언 및 내용에 의하면, 제307조 제1항의 '사실'은 제2항의 '허위의 사실'과 반대되는 '진실한 사실'을 말하는 것이 아니라 가치판단이나 평가를 내용으로 하는 '의견'에 대치되는 개념이다. 따라서 제307조 제1항의 명예훼손죄는 적시된 사실이 진실한 사실인 경우이든 허위의 사실인 경우이든 모두 성립될 수 있다. 특히 적시된 사실이 허위의 사실이라고 하더라도 행위자에게 허위성에 대한 인식이 없는 경우에는 제307조 제2항의 명예훼손죄가 아니라 제307조 제1항의 명예훼손죄가 성립될 수 있다. 제307조 제1항의 법정형이 2년 이하의 징역 등으로 되어 있는 반면 제307조 제2항의 법정형은 5년 이하의 징역 등으로 되어 있는 것은 적시된 사실이 객관적으로 허위일 뿐 아니라 행위자가 그 사실의 허위성에 대한 주관적 인식을 하면서 명예훼손행위를 하였다는 점에서 가벌성이 높다고 본 것이다.

④ 위 녹음테이프는 수사기관이 아닌 사인이 피고인이 아닌 사람과의 대화내용을 녹음한 것이므로 「형사소송법」 제311조, 제312조 규정 이외에 피고인이 아닌 자의 진술을 기재한 서류와 다를 바 없다.

┃해설 및 정답┃ 2015년 제4회 변호사시험 기출문제 33　　　　　　　**정답**　○

형사소송법 제313조(검찰수사과정 · 사법경찰관수사과정 이외의 장소에서 작성된 피의자 진술서 · 제3자 진술서 · 피의자 진술기재서류 · 제3자 진술기재서류)

⑤ 위 녹음테이프에 녹음된 D의 진술내용이 명예훼손죄를 입증할 증거가 될 수 있기 위해서는 녹음테이프가 원본이거나 원본의 내용 그대로 복사된 사본임이 인정되고, 그 진술이 특히 신빙할 수 있는 상태에서 행하여진 것임이 인정되어야 한다.

┃해설 및 정답┃ 2015년 제4회 변호사시험 기출문제 33　　　　　　　**정답**　×

대법원 2011. 9. 8. 선고 2010도7497 판결 [명예훼손]

[판시사항] 피고인이 자신의 아들 등에게 폭행을 당하여 입원한 피해자의 병실로 찾아가 그의 모(母) 갑과 대화하던 중 허위사실을 적시하여 피해자의 명예를 훼손하였다는 내용으로 기소된 사안에서, **갑이 갑의 이웃 을과 나눈 대화내용을 녹음한 녹음테이프 등을 기초로 작성된 녹취록은 증거능력이 없어 이를 유죄의 증거로 사용할 수 없다고 한 사례.**

[판결요지] [1] 수사기관 아닌 사인(私人)이 피고인 아닌 사람과의 대화내용을 녹음한 녹음테이프는 형사소송법 제311조, 제312조 규정 이외의 피고인 아닌 자의 진술을 기재한 서류와 다를 바 없다. 인위적 개작 없이 원본 내용 그대로 복사된 사본일 것, 진술내용이 자신이 진술한 대로 녹음된 것이라는 점이 인정되어야 한다.

[2] 검사가 녹취록 작성의 토대가 된 대화내용을 녹음한 원본 녹음테이프 등을 증거로 제출하지 아니하고, 원진술자인 갑과 을의 공판준비나 공판기일에서의 진술에 의하여 자신들이 진술한 대로 기재된 것이라는 점이 인정되지도 아니하는 등 형사소송법 제313조

제1항에 따라 녹취록의 진정성립을 인정할 수 있는 요건이 전혀 갖추어지지 않았으므로, 위 녹취록은 증거능력이 없어 이를 유죄의 증거로 사용할 수 없다고 한 사례.

[3] 명예훼손죄에서 '공연성'은 불특정 또는 다수인이 인식할 수 있는 상태를 의미한다. 전파될 가능성이 없다면 특정한 한 사람에 대한 사실의 유포는 공연성이 없다.

[4] 피고인이 병과 함께 피해자의 병문안을 가서 피고인·갑·을·병 4명이 있는 자리에서 피해자에 대한 폭행사건에 관하여 대화를 나누던 중 위 발언을 한 것이라면 불특정 또는 다수인이 인식할 수 있는 상태라고 할 수 없다.

[5] 원심이 유죄의 증거로 채용한 위 녹취록은 사인(私人)인 공소외 1이 피고인이 아닌 공소외 2와의 대화내용을 녹음한 녹음테이프 등을 기초로 작성된 것으로서, **형사소송법 제313조**의 진술서에 준하여 피고인의 동의가 있거나 원진술자의 공판준비나 공판기일에서의 진술에 의하여 그 성립의 진정함이 증명되어야 증거능력을 인정할 수 있을 것이다. 그런데 피고인이 위 녹취록을 증거로 함에 동의하지 않았고, 공소외 1이 원심 법정에서 "공소외 2가 사건 당시 피고인의 말을 다 들었다. 그래서 지금 녹취도 해왔다."고 진술하였을 뿐, 검사는 위 녹취록 작성의 토대가 된 대화내용을 녹음한 원본 녹음테이프 등을 증거로 제출하지 아니하고, 원진술자인 공소외 1과 공소외 2의 공판준비나 공판기일에서의 진술에 의하여 자신들이 진술한 대로 기재된 것이라는 점이 인정되지 아니하는 등 **형사소송법 제313조 제1항**에 따라 위 녹취록의 진정성립을 인정할 수 있는 요건이 전혀 갖추어지지 않았으므로 위 녹취록의 기재는 증거능력이 없어 이를 유죄의 증거로 사용할 수 없다.

중요 **03** ★★★★★

甲은 자신의 집에서 A4용지 1장에, A에 대하여 아래와 같은 내용을 수기(手記)로 작성한 다음 잉크젯 복합기를 이용하여 복사하는 방법으로 유인물을 30장 제작하였다. 甲은 15장은 자신이 직접, 나머지 15장은 친구 乙에게 부탁하여 A가 거주하는 아파트 단지 곳곳에 게시하였다.^{명예훼손죄+} 이에 관한 설명 중 옳은 것은? (다툼이 있는 경우 판례에 의함)

> *A, 그는 누구인가?!*
>
> A는 처자식이 있는 몸임에도 불구하고, 2014. 12.경 △△도 ○○시 등지 모텔에서 B와 수차례 불륜행위를 저질렀다.

① 다른 사람들이 보기 전에 A가 아파트 단지에 게시된 위 유인물을 모두 회수하였다면 甲과 乙은 명예훼손죄의 미수범으로 처벌된다.

해설 및 정답 2015년 제4회 변호사시험 기출문제 38 　　　　**정답** ✕

대법원 2007. 10. 25. 선고 2006도346 판결 [정보통신망이용촉진및정보보호등에관한법률위반(명예훼손){인정된 죄명: 명예훼손}]

[판시사항] 정보통신망을 이용한 명예훼손의 경우 범죄행위의 종료시기

[판결요지] 서적·신문 등 기존의 매체에 명예훼손적 내용의 글을 게시하는 경우에 그 게시행위로써 명예훼손의 범행은 종료하는 것이다. 그 서적이나 신문을 회수하지 않는 동안 범행이 계속된다고 보지는 않는다는 점을 고려해 보면, **정보통신망을 이용한 명예훼손의 경우에, 게시행위 후에도 독자의 접근가능성이 기존의 매체에 비하여 좀 더 높다고 볼 여지가 있다 하더라도 그러한 정도의 차이만으로 정보통신망을 이용한 명예훼손의 경우에 범죄의 종료시기가 달라진다고 볼 수는 없다.**

② 甲이 A와 합의하여 A가 甲에 대한 처벌을 원하지 않는다는 내용의 합의서를 작성하여 수사기관에 제출한 경우, 이 합의서의 효력은 乙에게도 미친다.^{미치지 않}
는다.

해설 및 정답 2015년 제4회 변호사시험 기출문제 38 　　　　**정답** ✕

대법원 1994. 4. 26. 선고 93도1689 판결 [출판물에의한명예훼손·사자명예훼손]

[판시사항] 친고죄에 있어서의 고소불가분의 원칙을 규정한 형사소송법 제233조의 규정이 반의사불벌죄에 준용되는지 여부

[판결요지] 형사소송법이 고소와 고소취소에 관한 규정을 하면서 제232조 제1항, 제2항에서 고소취소의 시한과 재고소의 금지를 규정하고 제3항에서는 반의사불벌죄에 제1항, 제2항의 규정을 준용하는 규정을 두면서도, **제233조에서 고소와 고소취소의 불가분에 관한 규정을 함에 있어서는 반의사불벌죄에 이를 준용하는 규정을 두지 아니한 것은 처벌을 희망하지 아니하는 의사표시나 처벌을 희망하는 의사표시의 철회에 관하여 친고죄와는 달리 공범자간에 불가분의 원칙을 적용하지 아니하고자 함에 있다고 볼 것이지, 입법의 불비로 볼 것은 아니다.**

형사소송법 제233조는 고소불가분을 규정하고 있다. 주요내용을 보면, 친고죄 공동정범·교사범·방조범 중 그 1인 또는 수인에 대한 고소·고소취소는 다른 공동정범·교사범·방조범에게 효력이 있다. 형법 제308조 사자명예훼손죄와 형법 제311조 모욕죄는 친고죄이다. 그러나 나머지는 모두 반의사불벌죄이다. 반의사불벌죄에도 형사소송법 제233조 고소불가분원칙이 적용되는지 여부에 대해 많은 논란이 있다. 판례는 입법자의 입법의사로 보아 부정한다. 판례에 따르면 합의서 효력은 을에게 미치지 않는다.

③ 위 유인물이 甲과 乙의 명예훼손사건의 증거로 제출된 경우, 이는 「형사소송법」 제313조 제1항의 '피고인이 작성한 진술서'이므로 그 진술자이며 작성자인 甲이 공판준비나 공판기일에서 진정성립 진술을 하여야 증거능력이 인정된다.^{원진술}
의 존재 자체가 요증사실인 경우 유인물은 본래증거에 해당한다. 따라서 전문증거의 증거능력에 관한 형사소송법 제313조 적용여부는 문제가 되지 않는다.

해설 및 정답 2015년 제4회 변호사시험 기출문제 38 　　　　**정답** ✕

대법원 2012. 7. 26. 선고 2012도2937 판결 [특정경제범죄가중처벌등에관한법률위반(사기)]
(피고인2에 대하여 일부 인정된 죄명: 사기)·사기·변호사법위반·횡령·업무상횡령]

[판시사항] [1] 형사소송법 제312조 제4항에서 정한 '특히 신빙할 수 있는 상태'의 의미 및 그 증명책임 소재(＝검사)와 증명의 정도(＝자유로운 증명) [2] 검사가 제1심 증인신문 과정에서 증인 갑 등에게 주신문을 하면서 형사소송규칙상 허용되지 않는 유도신문을 하였다고 볼 여지가 있었는데, 그 다음 공판기일에 재판장이 증인신문 결과 등을 각 공판조서(증인신문조서)에 의하여 고지하였음에도 피고인과 변호인이 '변경할 점과 이의할 점이 없다'고 진술한 사안에서, 주신문의 하자가 치유되었다고 한 사례. [3] **타인의 진술을 내용으로 하는 진술이 본래증거 또는 전문증거인지 판단하는 기준**

[판결요지] [1] 형사소송법 제312조 제4항에서 **'특히 신빙할 수 있는 상태'란 진술 내용이나 조서 작성에 허위개입의 여지가 거의 없고, 진술 내용의 신빙성이나 임의성을 담보할 구체적이고 외부적인 정황이 있는 것을 말한다. 그리고 이러한 '특히 신빙할 수 있는 상태'는 증거능력의 요건에 해당하므로 검사가 그 존재에 대하여 구체적으로 주장·증명하여야 하지만, 이는 소송상의 사실에 관한 것이므로 엄격한 증명을 요하지 아니하고 자유로운 증명으로 족하다.**

[2] 타인의 진술을 내용으로 하는 진술이 전문증거인지는 요증사실과 관계에서 정하여지는데, 원진술의 내용인 사실이 요증사실인 경우에는 전문증거이다. 그러나 원진술의 존재 자체가 요증사실인 경우에는 본래증거이지 전문증거가 아니다.

대법원 2013. 2. 15. 선고 2010도3504 판결 [국가보안법위반(찬양·고무등)]

[판시사항] [1] 국가보안법 제7조 제1항의 반국가단체 등 활동 선전·동조죄에서 '선전', '동조'의 의미와 판단 기준 [2] **정보저장매체에 기억된 문자정보 또는 그 출력물의 증거능력**

[판결요지] [1] 국가보안법 제7조 제1항의 **'선전' 또는 '동조'** 행위는 국가의 존립·안전이나 자유민주적 기본질서에 실질적 해악을 끼칠 명백한 위험성이 있는 정도에 이르러야 한다.

[2] 피고인 또는 피고인 아닌 사람이 컴퓨터용디스크 그 밖에 이와 비슷한 정보저장매체에 입력하여 기억된 문자정보 또는 그 출력물을 증거로 사용하는 경우, 이는 실질에 있어서 피고인 또는 피고인 아닌 사람이 작성한 진술서나 그 진술을 기재한 서류와 크게 다를 바 없다. 압수 후의 보관 및 출력과정에 조작의 가능성이 있으며, 기본적으로 반대신문의 기회가 보장되지 않는 점 등에 비추어 그 내용의 진실성에 관하여는 전문법칙이 적용된다. 따라서 원칙적으로 형사소송법 제313조 제1항에 의하여 작성자 또는 진술자의 진술에 의하여 성립의 진정함이 증명된 때에 한하여 이를 증거로 사용할 수 있다. 다만 정보저장매체에 기억된 문자정보의 내용의 진실성이 아닌 그와 같은 내용의 문자정보의 존재 자체가 직접 증거로 되는 경우에는 전문법칙이 적용되지 아니한다.

④ 수사기관에 출석한 B가 자신의 명예도 훼손되었다고 진술하고 있는 경우, B에 대한 명예훼손범행을 처벌하기 위하여 B의 고소가 필요한 것은 아니다.

명예훼손죄는 친고죄가 아니다. 반의사불벌죄이다. 고소가 없어도 수사가 가능하다.

⑤ 위 유인물은 복합기를 이용하여 제작되었으므로 「형법」 제309조 소정의 출판
물에 ~~해당한다.~~ ^{해당하지 않는다.}

해설 및 정답　2015년 제4회 변호사시험 기출문제 38　　　　　　　　　**정답**　×

대법원 2000. 2. 11. 선고 99도3048 판결 [출판물에의한명예훼손]

[판시사항] [1] 형법 제309조 제1항 소정의 '기타 출판물'에 해당하기 위한 요건 [2] **컴퓨터 워드프로세서로 작성되어 프린트된 A4 용지 7쪽 분량의 인쇄물이 형법 제309조 제1항 소정의 '기타 출판물'에 해당하지 않는다고 본 사례.** [3] 형법 제310조의 소정의 '진실한 사실', '오로지 공공의 이익에 관한 때'의 의미 및 그 판단 기준

[판결요지] [1] **형법 제309조 제1항 소정의 '기타 출판물'에 해당한다고 하기 위하여는 그것이 등록·출판된 제본인쇄물이나 제작물은 아니라고 할지라도 적어도 그와 같은 정도의 효용과 기능을 가지고 사실상 출판물로 유통·통용될 수 있는 외관을 가진 인쇄물로 볼 수 있어야 한다.**

[2] 컴퓨터 워드프로세서로 작성되어 프린트된 A4 용지 7쪽 분량의 인쇄물이 형법 제309조 제1항 소정의 '기타 출판물'에 해당하지 않는다고 본 사례.

[3] 행위자의 주요한 동기 내지 목적이 공공의 이익을 위한 것이라면 부수적으로 다른 사익적 목적이나 동기가 내포되어 있더라도 형법 제310조의 적용을 배제할 수 없다.

대법원 1997. 8. 26. 선고 97도133 판결 [출판물에의한명예훼손]

[판시사항] [1] 출판물에의한명예훼손죄에 있어서 출판물의 개념 [2] **장수가 2장에 불과하며 제본방법도 조잡한 것으로 보이는 최고서 사본이 [1]항 소정의 출판물에 해당하는지 여부(소극)**

[판결요지] [1] 형법 제309조 제1항 소정의 '기타 출판물'에 해당한다고 하기 위하여는 그것이 등록·출판된 제본인쇄물이나 제작물은 아니라고 할지라도 적어도 그와 같은 정도의 효용과 기능을 가지고 사실상 출판물로 유통·통용될 수 있는 외관을 가진 인쇄물로 볼 수 있어야 한다.

[2] 장수가 2장에 불과하며 제본방법도 조잡한 것으로 보이는 최고서 사본이 출판물이라고 할 수 있을 정도의 외관과 기능을 가진 인쇄물에 해당한다고 보기는 어렵다.

대법원 1998. 10. 9. 선고 97도158 판결 [출판물에의한명예훼손]

[판시사항] [1] 형법 제310조 소정의 '진실한 사실'의 의미 [2] 형법 제309조 제1항 소정의 '기타 출판물'의 의미 [3] 형법 제309조 제1항과 310조와의 관계 [4] 형법 제310조 소정의 '오로지 공공의 이익에 관한 때'의 의미 및 그 판단 기준

[판결요지] [1] 형법은 명예에 관한 죄에 대하여 제307조 및 제309조에서 적시한 사실이 진실인지 허위인지에 따라 법정형을 달리 규정하고 제310조에서 진실한 사실로서 오로지 공공의 이익에 관한 때에는 처벌하지 아니하다고 규정하고 있다.

[2] 등록·출판된 제본 인쇄물이나 제작물은 아니라고 할지라도 적어도 그와 같은 정도의 효용과 기능을 가지고 사실상 출판물로 유통·통용될 수 있는 외관을 가진 인쇄물로

볼 수 있어야 한다.

[3] 형법 제310조의 공공의 이익에 관한 때에는 처벌하지 아니한다는 규정은 사람을 비방할 목적이 있어야 하는 형법 제309조 제1항 소정의 행위에 대하여는 적용되지 아니하고 그 목적을 필요로 하지 않는 형법 제307조 제1항의 행위에 한하여 적용되는 것이다. 반면에 적시한 사실이 공공의 이익에 관한 것인 경우에는 특별한 사정이 없는 한 비방 목적은 부인된다고 봄이 상당하다. 그러므로 이와 같은 경우에는 **형법 제307조 제1항 소정의 명예훼손죄의 성립 여부가 문제될 수 있다. 또한 이에 대하여는 다시 형법 제310조에 의한 위법성 조각 여부가 문제로 될 수 있다.**

[4] 형법 제310조에서 '오로지 공공의 이익에 관한 때'라 함은 적시된 사실이 객관적으로 볼 때 공공의 이익에 관한 것으로서 행위자도 주관적으로 공공의 이익을 위하여 그 사실을 적시한 것이어야 하는 것이다. 행위자의 주요한 동기 내지 목적이 공공의 이익을 위한 것이라면 부수적으로 다른 사익적 목적이나 동기가 내포되어 있더라도 형법 제310조의 적용을 배제할 수 없다.

중요

04 ★★★★★

다음 사례에 관한 설명 중 옳지 않은 것은? (다툼이 있는 경우 판례에 의함)

> 독신인 甲은 보험금을 지급받을 목적으로, 2014. 10. 1. 23:30 화재보험에 가입된 혼자 사는 자신의 단독주택에 휘발유를 뿌린 뒤 라이터로 불을 붙였다.^{현주건조물방화죄−, 타인소유건조물방화죄+} 때마침 불길에 휩싸인 甲의 주택을 보고 깜짝 놀라 달려 나온 이웃주민 A가 甲을 덮쳐 넘어뜨려 체포하였다.^{현행범체포+} A는 甲을 붙잡은 상태에서 곧바로 경찰서에 신고하였고, 이 신고를 받고 출동한 경찰관 B는 2014. 10. 2. 00:10 A로부터 甲을 인도받으면서 피의사실의 요지, 체포이유 등을 고지하였다.^{적법절차+} B는 甲의 자백과 함께 방화범행의 증거물에 대한 조사를 마치고, 검사에게 구속영장을 신청하면서 수사관계서류를 관할 검찰청에 접수하였고, 검사는 같은 날 17:00 관할 법원에 구속영장청구서 및 수사관계서류를 접수시켰다.
>
> 관할 법원 영장전담판사는 2014. 10. 3. 10:00 구속 전 피의자심문절차를 실시하였고, 같은 날 13:00 구속영장을 발부하면서, 수사관계서류를 검찰청에 반환하였다.

① 甲의 방화 당시 위 주택에 甲 이외의 사람이 없었다면 현주건조물방화죄는 성립하지 않는다.

해설 및 정답 2015년 제4회 변호사시험 기출문제 39   **정답** ○

형법 제164조는 현주건조물방화를 규정하고 있다. 주요내용을 보면, ① ³불을 놓아 《²다른 사람 주거사용·사람이 현존하는 건조물·기차·전차·자동차·선박·항공기·광갱을》⁴소훼(燒燬, 스스로 연소할 수 있는 상태에 이르게) 한 ¹사람은 무기형·3년 이상 징역형으로 처벌된다. ② 제1항 죄를 범하여 사람을 **상해에 이르게 한 사람**은 무기형·5년 이상 징역형으로 처벌된다. ③ 제1항 죄를 범하여 사람을 **사망에 이르게 한 사람**은 사형·무기형·7년 이상 징역형으로 처벌된다. [전문개정 1995.12.29.] **여기서 사람이란 범인이외 사람을 의미한다. 범인이 혼자 사는 건조물은 현주건조물방죄 객체가 되지 않는다.**

② 甲이 보험금 지급청구를 하지 않았다면 사기죄의 실행의 착수는 인정되지 않는다.

해설 및 정답 2015년 제4회 변호사시험 기출문제 39 **정답** ○

대법원 2013. 11. 14. 선고 2013도7494 판결 [사기]

[판시사항] [1] 타인의 사상을 보험사고로 하는 생명보험계약을 체결할 때 제3자가 피보험자인 것처럼 가장하여 체결하는 등으로 그 유효요건이 갖추어지지 못한 경우, **보험계약을 체결한 행위만으로 보험금 편취를 위한 기망행위의 실행에 착수한 것으로 볼 수 있는지 여부(원칙적 소극)** [2] 정범의 실행의 착수 이전에 장래의 실행행위를 예상하고 이를 용이하게 하기 위하여 방조한 경우, 종범이 성립하는지 여부(한정 적극)

[판결요지] [1] 타인의 사망을 보험사고로 하는 생명보험계약을 체결함에 있어 제3자가 피보험자인 것처럼 가장하여 체결하는 등으로 그 유효요건이 갖추어지지 못한 경우에도, **보험계약 체결 당시에 이미 보험사고가 발생하였음에도 이를 숨겼다거나 보험사고의 구체적 발생 가능성을 예견할 만한 사정을 인식하고 있었던 경우 또는 고의로 보험사고를 일으키려는 의도를 가지고 보험계약을 체결한 경우와 같이 보험사고의 우연성과 같은 보험의 본질을 해칠 정도라고 볼 수 있는 특별한 사정이 없는 한, 그와 같이 하자 있는 보험계약을 체결한 행위만으로는 미필적으로라도 보험금을 편취하려는 의사에 의한 기망행위의 실행에 착수한 것으로 볼 것은 아니다. 그러므로 그와 같이 기망행위의 실행의 착수로 인정할 수 없는 경우에 피보험자 본인임을 가장하는 등으로 보험계약을 체결한 행위는 단지 장차의 보험금 편취를 위한 예비행위에 지나지 않는다.**

[2] 종범은 정범이 실행행위에 착수하여 범행을 하는 과정에서 이를 방조한 경우뿐 아니라, 정범의 실행의 착수 이전에 장래의 실행행위를 미필적으로나마 예상하고 이를 용이하게 하기 위하여 방조한 경우에도 그 후 정범이 실행행위에 나아갔다면 성립할 수 있다.

③ 甲의 주택이 甲의 단독소유이고, 전세권이나 저당권 등 제한물권이 설정되어 있지 않았다면, 甲의 행위는 ~~자기소유건조물방화죄에 해당한다.~~ 타인소유건조물방화죄에 해당한다.

해설 및 정답 2015년 제4회 변호사시험 기출문제 39 **정답** ×

형법 제176조는 타인 권리대상이 된 자기 물건을 규정하고 있다. 주요내용을 보면, 자기소유에 속하는 물건도 압류·그 밖에 강제처분을 받은 경우 또는 타인 권리·보험 목적물이 된 경우 제13장 적용에서 타인 물건으로 간주한다.

④ A가 甲을 현행범인으로 체포할 당시 甲에게 피의사실의 요지, 체포이유 등을 고지하지 않았다고 하더라도 A의 체포행위는 위법하지 않다.

해설 및 정답 2015년 제4회 변호사시험 기출문제 39 　　　　　 **정답** ○

A는 수사기관이 아니다. 그러므로 형사소송법 제200조5는 일반시민에게 적용되지 않는다. 체포절차에서 권리고지규정을 준수하지 않아도 된다.

형사소송법 제200조5는 **피의자체포와 피의사실요지 · 체포이유 · 변호인선임 고지의무**를 규정하고 있다. 주요내용을 보면, **검사 · 사법경찰관은 피의자를 체포할 때, 피의자에게 피의사실요지 · 체포이유 · 변호인선임을 할 수 있다는 점을 분명하게 알리고, 피의자에게 변명할 기회를 주어야 한다.** [본조신설 2007.6.1] [[시행일 2008.1.1.]]

형사소송법 제213조2는 준용규정을 규정하고 있다. 주요내용을 보면, 검사 · 사법경찰관리가 현행범인을 체포한 경우 또는 **검사 · 사법경찰관리가 현행범인을 인도받은 경우** 제87조 · 제89조 · 제90조 · 제200조2 제5항 · **제200조5를 준용한다.** [개정 95 · 12 · 29, 2007.6.1] [[시행일 2008.1.1.]] [본조신설 87 · 11 · 28]

⑤ B의 구속절차가 적법하다면, B는 2014. 10. 13. 24:00까지 甲을 검사에게 인치하여야 한다.

해설 및 정답 2015년 제4회 변호사시험 기출문제 39 　　　　　 **정답** ○

형사소송법 제66조는 기간계산을 규정하고 있다. 주요내용을 보면, ① 기간은 즉시부터 시(時)로써 계산한다. 일 · 월 · 연 기간은 첫날을 계산하지 않는다. 다만 시효와 구속기간 **첫날은 시간을 계산함이 없이 1일로 계산**한다. ② 연 · 월 기간은 태양력으로 계산한다. ③ 기간말일이 공휴일 · 토요일인 경우 그날은 기간에 계산하지 않는다. 다만 시효와 구속기간은 1일로 계산한다. [개정 2007.12.21.]

형사소송법 제202조는 **사법경찰관 10일 구속기간을 규정**하고 있다. 주요내용을 보면, 사법경찰관이 피의자를 구속한 때 검사에게 피의자를 **10일 이내에 인치하거나 또는 석방하여야** 한다.

형사소송법 제203조2는 체포기간 · 구인기간을 구속기간산입을 규정하고 있다. 주요내용을 보면, 피의자가 제200조2 · 제200조3 · 제201조2 제2항 · 제212조에 근거하여 **체포 · 구인된 경우** 제202조 · 제203조 구속기간은 피의자를 **체포 · 구인한 날부터 기산**한다. [개정 97 · 12 · 13, 2007.6.1] [[시행일 2008.1.1.]] [본조신설 95 · 12 · 29]

형사소송법 제201조2는 구속영장청구와 피의자심문을 규정하고 있다. 제7항을 보면, ⑦ 피의자심문 경우 법원이 **구속영장청구서 · 수사 관계 서류 · 증거물을 접수한 날부터 구속영장을 발부하여 검찰청에 반환한 날까지 기간은 제202조 · 제203조 적용에서 구속기간에 이 기간을 산입하지 않는다.**

2014.10.2.17:00에 수사관계서류를 접수하고, 2014.10.3. 13:00에 법원이 구속영장발부하면서 수사기관에 반환하였다. 그렇다면 2일이 연장된다. 사법경찰관 B의 구속기관은 2014.10.13. 24:00까지이다.

중요

05 ★★★★★

甲은 2014. 6. 25. 23:30경 물건을 훔칠 생각으로 복면을 하고 A의 집에 침입하였다가^{야간주거침입절도미수죄+} 마침 거실에 있던 애완견이 짖는 바람에 잠이 깬 A에게 발각되어, A가 "도둑이야!" 라고 고함치자 집 밖으로 도망쳐 나왔다.

> ※ 아래의 ㉠과 ㉡은 위 사실관계 후 전개된 상황으로 서로 독립적인 별개의 상황이다.
>
> ㉠ A는 혼자서 甲을 추격하여 체포하였는데, 그 과정에서 甲은 체포를 면탈할 목적으로, 주먹으로 A의 얼굴 부위를 1회 때려 A에게 비골 골절상을 가하였다.
> 준강도+, 최종 죄명 강도상해죄+
>
> ㉡ 마침 A의 집 주변에서 야간순찰 중이던 경찰관 B는 A의 고함소리와 동시에 A의 집에서 도망쳐 나오는 甲을 발견하고, 혼자서 甲을 추격하여 체포하였는데, 그 과정에서 甲은 체포를 면탈할 목적으로 발로 B의 왼쪽 허벅지 부위를 1회 걷어차 폭행하였다.

다음 설명 중 옳지 않은 것은? (다툼이 있는 경우 판례에 의함)

① ㉠ 상황이라면, 甲이 A에게 상해를 가한 것은 A에 대하여 강도상해죄를 구성한다.

해설 및 정답 2015년 제4회 변호사시험 기출문제 40 **정답** ○

대법원 1991. 11. 26. 선고 91도2267 판결 [강도상해]

[판시사항] 합동절도범행 도중에, 공범 중 1인이 체포면탈의 목적으로 피해자를 폭행하여 상처를 입게 함으로써 추적을 할 수 없게 한 경우의 강도상해의 성부(적극)

[판결요지] 피고인들이 합동하여 절도범행을 하는 도중에, 사전에 구체적인 의사연락이 없었다고 하여도, 피고인이 체포를 면탈할 목적으로 피해자를 힘껏 떠밀어 콘크리트바닥에 넘어뜨려 상처를 입게 함으로써 추적을 할 수 없게 한 경우, 폭행의 정도가 피해자의 추적을 억압할 정도의 것이었던 이상 피고인들은 강도상해의 죄책을 면할 수 없다.

대법원 1982. 7. 13. 선고 82도1352 판결 [강도상해·특수절도]

[판시사항] [1] 준강도죄의 성립에 있어서 절취행위와 체포면탈을 위한 폭행, 협박과의 근접성의 표준 [2] 합동절도 중 1인이 체포를 면탈할 목적으로 폭행하여 상해를 가한 경우 여타범인의 준강도상해죄 성부

[판결요지] [1] 절도범행의 종료 후 얼마 되지 아니한 단계이고 안전지대에로 이탈하지 못하고 피해자측에 의하여 체포될 가능성이 남아있는 단계에서 추적당하여 체포되려 하자 구타한 경우에는 절도행위와 그 체포를 면탈하기 위한 구타행위와의 사이에 시간상 및 거리상 극히 근접한 관계에 있다 할 것이다. 그러므로 준강도죄가 성립한다.

[2] 합동하여 절도를 한 경우 범인 중 1인이 체포를 면탈할 목적으로 폭행을 하여 상해

를 가한 때에는 나머지 범인도 이를 예기하지 못한 것으로 볼 수 없으면 준강도상해죄의
죄책을 면할 수 없다.

② ㉡ 상황이라면, 甲이 B를 폭행한 것은 B에 대하여 준강도죄와 공무집행방해죄
를 구성하고, 양 죄는 상상적 경합관계에 있다.

┃해설 및 정답┃ 2015년 제4회 변호사시험 기출문제 40 　　　　　　　　**정답** ○

대법원 1992. 7. 28. 선고 92도917 판결 [강도상해·특수강도[인정된 죄명: 특정범죄가중
처벌등에관한법률위반(강도)]·공무집행방해·폭력행위등처벌에관한법률위반·강도·특정범
죄가중처벌등에관한법률위반(강도·특수강도강간)]

[판시사항] [1] 공범인 공동피고인의 진술의 증거능력 [2] 합동범의 객관적 요건인 실행
행위의 분담의 의미 [3] 강도행위가 야간에 주거에 침입하여 이루어지는 특수강도죄의
실행의 착수시기. 절도범인 또는 강도범인이 체포를 면탈할 목적으로 경찰관에게 폭행(협
박)을 가한 경우 준강도죄 또는 강도죄와 공무집행방해죄의 죄수 [4] 강도강간미수가 중
지범의 요건인 자의성을 결여하였다고 본 사례.

[판결요지] [1] 형사소송법 제310조의 피고인의 자백에는 공범인 공동피고인의 진술은 포
함되지 않으며, 이러한 **공동피고인의 진술**에 대하여는 피고인의 **반대신문권**이 보장되어
있어 **독립한 증거능력**이 있다.

[2] 합동범은 주관적 요건으로서 공모 외에 객관적 요건으로서 현장에서의 실행행위의
분담을 요하나 이 실행행위의 분담은 반드시 동시에 동일장소에서 실행행위를 특정하여
분담하는 것만을 뜻하는 것이 아니라 **시간적으로나 장소적으로 서로 협동관계에 있다고
볼 수 있으면 충분하다.**

[3] 형법 제334조 제1항 소정의 야간주거침입강도죄는 주거침입과 강도의 결합범으로서
시간적으로 주거침입행위가 선행되므로 **주거침입을 한 때에 본죄의 실행에 착수한 것으
로 볼 것**인바, 같은 조 제2항 소정의 흉기휴대 합동강도죄에 있어서도 그 강도행위가 야
간에 주거에 침입하여 이루어지는 경우에는 주거침입을 한 때에 실행에 착수한 것으로
보는 것이 타당하다.

[4] **절도범인이 체포를 면탈할 목적으로 경찰관에게 폭행 협박을 가한 때에는 준강도죄
와 공무집행방해죄를 구성하고 양죄는 상상적 경합관계에 있다.** 그러나 강도범인이 체포
를 면탈할 목적으로 경찰관에게 폭행을 가한 때에는 강도죄와 공무집행방해죄는 실체적
경합관계에 있고 상상적 경합관계에 있는 것이 아니다.

[5] 피고인 갑, 을, 병이 강도행위를 하던 중 피고인 갑, 을은 피해자를 강간하려고 작은
방으로 끌고가 팬티를 강제로 벗기고 음부를 만지던 중 피해자가 수술한 지 얼마 안 되
어 배가 아프다면서 애원하는 바람에 그 뜻을 이루지 못하였다면, 강도행위의 계속 중
이미 공포상태에 빠진 피해자를 강간하려고 한 이상 강간의 실행에 착수한 것이다. 피고
인들이 간음행위를 중단한 것은 피해자를 불쌍히 여겨서가 아니라 피해자의 신체조건상
강간을 하기에 지장이 있다고 본 데에 기인한 것이다. 그러므로 이는 일반의 경험상 **강간
행위를 수행함에 장애가 되는 외부적 사정에 의하여 범행을 중지한 것에 지나지 않는 것
으로서 중지범의 요건인 자의성을 결여하였다.**

③ ㉡ 상황이라면, 만일 B가 진술거부권을 고지하지 않고, 甲을 신문한 결과 절도 범행을 자백하는 내용의 피의자신문조서를 작성한 경우 이 피의자신문조서는 증거능력이 없다.

해설 및 정답 2015년 제4회 변호사시험 기출문제 40 　　　　**정답** ○

대법원 2011. 11. 10. 선고 2010도8294 판결 [변호사법위반·외국인투자촉진법위반]
[판시사항] [1] 수사기관 조사과정에서 작성된 피의자의 진술을 녹취 내지 기재한 '진술조서'나 '진술서' 등의 증거능력 [2] **진술거부권을 고지하지 않은 상태에서 행해진 피의자 진술의 증거능력 유무(소극)** [3] 검사가 범죄를 '인지'하였다고 보아야 하는 시기
[판결요지] 피의자의 진술을 녹취 내지 기재한 서류 또는 문서가 수사기관에서의 조사과정에서 작성된 것이라면, 그것이 '진술조서, 진술서, 자술서'라는 형식을 취하였다고 하더라도 피의자신문조서와 달리 볼 수 없다. 한편 「형사소송법」이 보장하는 피의자의 진술거부권은 헌법이 보장하는 형사상 자기에 불리한 진술을 강요당하지 않는 자기부죄거부의 권리에 터 잡은 것이다. 그러므로 수사기관이 피의자를 신문함에 있어서 피의자에게 미리 진술거부권을 고지하지 않은 때에는 그 피의자의 진술은 위법하게 수집된 증거로서 진술의 임의성이 인정되는 경우라도 증거능력이 부인되어야 한다(대법원 2009. 8. 20. 선고 2008도8213 판결 등 참조).

④ ㉡ 상황이라면, 만일 B가 진술거부권을 고지하지 않고 甲을 조사하여 자백을 받은 경우, B가 공판기일에 증인으로 출석하여, 甲이 A의 집에서 도망쳐 나오는 장면을 증언하더라도 그 증언은 증거능력이 ~~없다.~~ 있다.

해설 및 정답 2015년 제4회 변호사시험 기출문제 40 　　　　**정답** ×

대법원 1995. 5. 9. 선고 95도535 판결 [특정범죄가중처벌등에관한법률위반(절도)]
[판시사항] [1] 현행범을 체포한 경찰관의 진술의 증거능력 [2] 형사재판에 있어서 자유심증주의의 한계
[판결요지] 현행범을 체포한 경찰관의 진술이라 하더라도 범행을 목격한 부분에 관하여는 여느 목격자의 진술과 다름없이 증거능력이 있다.
대법원 2008. 10. 23. 선고 2008도7471 판결 [강도강간·강도상해·절도]
[판시사항] 수사기관이 적법절차를 위반하여 지문채취 대상물을 압수한 경우, 그전에 이미 범행 현장에서 위 대상물에서 채취한 지문이 위법수집증거에 해당하는지 여부(소극)
[판시요지] 범행 현장에서 지문채취 대상물에 대한 지문채취가 먼저 이루어진 이상, 수사기관이 그 이후에 지문채취 대상물을 적법한 절차에 의하지 아니한 채 압수하였다고 하더라도(한편, 이 사건 지문채취 대상물인 맥주컵, 물컵, 맥주병 등은 피해자 공소외 1이 운영하는 주점 내에 있던 피해자 공소외 1의 소유로서 이를 수거한 행위가 피해자 공소외 1의 의사에 반한 것이라고 볼 수 없다. 그러므로 이를 가리켜 위법한 압수라고 보기도 어렵다), 위와 같이 채취된 지문은 위법하게 압수한 지문채취 대상물로부터 획득한 2차적 증거에 해당하지 아니함이 분명하여, 이를 가리켜 위법수집증거라고 할 수 없다.

⑤ ⓛ 상황이라면, B가 甲을 체포할 당시 甲이 소지하고 있던 복면은 필요한 때에는 영장 없이 압수할 수 있으나, 계속 압수할 필요가 있는 경우에는 지체 없이 압수·수색영장을 청구하여야 한다.

해설 및 정답 2015년 제4회 변호사시험 기출문제 40   **정답** ○

형사소송법 제212조는 현행범인체포를 규정하고 있다. 주요내용을 보면, 누구든지 현행범인을 영장 없이 체포할 수 있다.

관련법조항 •• **형사소송법 제212조(현행범인체포) · 형사소송법 제216조(영장 없이 가능한 대인강제처분 · 대물강제처분 1: 수사 · 압수 · 수색 · 검증) · 형사소송법 제217조(영장 없이 가능한 대물강제처분 2: 압수 · 수색 · 검증)**

형사소송법 제212조(현행범인체포)
누구든지 현행범인을 영장 없이 체포할 수 있다.
형사소송법 제216조(영장 없이 가능한 대인 · 대물강제처분 1: 수사 · 압수 · 수색 · 검증)
① 검사 · 사법경찰관은 제200조2(체포영장) · 제200조3(긴급체포) · 제201조(구속) · 제212조(현행범인체포)에 근거하여 피의자를 **체포 · 구속하는 경우 필요한 때** 영장 없이 다음 각 호 처분을 할 수 있다. [개정 95 · 12 · 29]
1. 다른 사람 주거 · 다른 사람이 관리하는 가옥 · 건조물 · 항공기 · 선차 내에서 피의자 수사
2. 체포현장에서 압수 · 수색 · 검증
② 검사 · 사법경찰관이 피고인에게 구속영장을 집행하는 경우 제1항 제2호를 준용한다.
③ 검사 · 사법경찰관은 범행 중·범행직후 범죄 장소에서 긴급하여 지방법원판사에게 영장을 받을 수 없는 때 영장 없이 압수 · 수색 · 검증을 할 수 있다. 이 경우 사후에 지체 없이 지방법원판사에게 반드시 영장을 받아야 한다.
형사소송법 제217조(영장 없이 가능한 대물강제처분 2: 압수 · 수색 · 검증)
① 검사 · 사법경찰관은 제200조3(긴급체포)에 근거하여 긴급체포된 사람이 소유 ·소지 · 보관하는 물건에 대하여 긴급히 압수할 필요가 있는 경우 **긴급체포한 때부터** 24시간 이내에 영장 없이 압수 · 수색 · 검증을 할 수 있다.
② 검사 · 사법경찰관은 제216조 제1항 제2호 · 제217조 제1항에 근거하여 압수한 물건을 계속 압수할 필요가 있는 경우 긴급체포한 때부터 48시간 이내에 압수수색영장을 청구하여야 한다.
③ 검사 · 사법경찰관은 제217조 제2항에 근거하여 청구한 압수수색영장을 발부받지 못한 때 압수한 물건을 즉시 반환하여야 한다.

제10강 2014년 제3회 변호사시험 선택형 종합문제

2014년 제3회 변호사시험 선택형 종합문제   34 · 35 · 36 · 37 · 38 · 39

01

다음 사례에 관한 설명 중 옳은 것(○)과 옳지 않은 것(×)을 올바르게 조합한 것은?

甲(1994. 4. 15.생)은 2011. 6. 15. 서울중앙지방법원에서 폭력행위등처벌에관한법률위반(집단·흉기등상해)죄로 징역 1년에 집행유예 2년을 선고받아 2011. 6. 22. 판결이 확정되었다.

甲은 19세 미만이던 2013. 2. 1. 11:00경 피해자(여, 55세)가 현금인출기에서 돈을 인출하여 가방에 넣고 나오는 것을 발견하고 오토바이를 타고 피해자를 뒤따라가 인적이 드문 골목길에 이르러 속칭 '날치기' 수법으로 손가방만 살짝 채어 갈 생각으로 피해자의 손가방을 순간적으로 낚아채어 도망을 갔다. 甲이 손가방을 낚아채는 순간 피해자가 넘어져 2주 간의 치료가 필요한 상해를 입었다. ^{강도치상죄−, 절도죄+, 폭행치상죄+}

甲은 같은 날 22:30경 주택가를 배회하던 중 주차된 자동차를 발견하고 물건을 훔칠 생각으로 자동차의 유리창을 통하여 그 내부를 손전등으로 비추어 보다가 ^{절도미수죄−} 순찰 중이던 경찰관에게 검거되었다. 당시 甲은 절도 범행이 발각되었을 경우 체포를 면탈하는데 도움이 될 수 있을 것이라는 생각에서 등산용 칼과 포장용 테이프를 휴대하고 있었다. ^{준강도 예비죄−}

검사는 2013. 2. 15. 甲을 강도치상, 절도미수, 강도예비로 기소하였고 재판 도중에 강도예비를 주위적 공소사실로, 「폭력행위 등 처벌에 관한 법률」 제7조 위반을 예비적 공소사실로 공소장변경을 신청하였다.

제1심법원은 2013. 3. 29. 유죄 부분에 대하여 징역 단기 2년, 장기 4년을 선고하였다. 이에 대하여 甲만 항소하였는데, 항소심법원은 2013. 6. 28. 판결을 선고하였다.

※ 참조 조문: 「폭력행위 등 처벌에 관한 법률」 제7조(우범자)

정당한 이유 없이 이 법에 규정된 범죄에 공용될 우려가 있는 흉기 기타 위험한 물건을 휴대하거나 제공 또는 알선한 자는 3년 이하의 징역 또는 300만원 이하의 벌금에 처한다.

가. 사례에 관한 설명 중 옳은 것이다(○).

① 甲이 손가방을 낚아채어 달아나면서 피해자에게 상해를 입힌 것은 강도치상죄에 해당하지 아니한다.

해설 및 정답 2014년 제3회 변호사시험 기출문제 34 　　**정답** ○

대법원 2003. 7. 25. 선고 2003도2316 판결 [강도치상·특정범죄가중처벌등에관한법률위반(절도)]

[판시사항] [1] 날치기 수법에 의한 절도범이 점유탈취의 과정에서 우연히 피해자를 넘어지게 하거나 부상케 하는 경우, 이를 강도치상죄로 의율할 수 있는지 여부(소극) [2] 준강도죄에 있어서의 '재물의 탈환을 항거할 목적'의 의미 [3] 피해자의 상해가 차량을 이용한 날치기 수법의 절도시 점유탈취의 과정에서 우연히 가해진 것에 불과하고, 그에 수반된 강제력 행사도 피해자의 반항을 억압하기 위한 목적 또는 정도의 것은 아니었던 것으로 보아 강도치상죄로 의율한 원심판결을 파기한 사례.

[판결요지] [1] 날치기와 같이 강력적으로 재물을 절취하는 행위는 때로는 피해자를 전도시키거나 부상케 하는 경우가 있다. 구체적인 상황에 따라서는 이를 강도로 인정하여야 할 때가 있다 할 것이다. 그러나 그와 같은 **결과가 피해자의 반항억압을 목적으로 함이 없이 점유탈취의 과정에서 우연히 가해진 경우라면 이는 절도에 불과한 것으로 보아야 한다.**

[2] 준강도죄에 있어서의 '재물의 탈환을 항거할 목적'이라 함은 일단 절도가 재물을 자기의 배타적 지배하에 옮긴 뒤 탈취한 재물을 피해자측으로부터 탈환당하지 않기 위하여 대항하는 것을 말한다.

[3] **피해자의 상해가 차량을 이용한 날치기 수법의 절도시 점유탈취의 과정에서 우연히 가해진 것에 불과하고, 그에 수반된 강제력 행사도 피해자의 반항을 억압하기 위한 목적 또는 정도의 것은 아니었던 것으로 보아 강도치상죄로 의율한 원심판결을 파기한 사례이다.**

② 만일 피해자가 넘어진 상태에서 손가방을 빼앗기지 않으려고 계속 붙잡고 매달리자 甲이 이 상태로 피해자를 10여m 끌고 가 피해자에게 상해를 입힌 경우라면 甲은 강도치상죄로 처벌될 수 있다.

해설 및 정답 2014년 제3회 변호사시험 기출문제 34   **정답** ○

대법원 2007. 12. 13. 선고 2007도7601 판결 [강도치상(인정된 죄명: 절도·상해)]

[판시사항] [1] '날치기'의 수법의 점유탈취 과정에서 벌어진 강제력의 행사가 피해자의 반항을 억압하거나 항거 불능케 할 정도인 경우, 강도죄의 폭행에 해당하는지 여부(적극)
[2] 날치기 수법으로 피해자가 들고 있던 가방을 탈취하면서 강제력을 행사하여 상해를 입힌 사안에서 강도치상죄의 성립을 인정한 사례.

[판결요지] [1] 소위 '날치기'와 같이 강제력을 사용하여 재물을 절취하는 행위가 때로는 피해자를 넘어뜨리거나 상해를 입게 하는 경우가 있다. 그러한 결과가 피해자의 반항 억압을 목적으로 함이 없이 점유탈취의 과정에서 우연히 가해진 경우라면 이는 강도가 아니라 절도에 불과하다. 그러나 그 강제력의 행사가 사회통념상 객관적으로 상대방의 반항을 억압하거나 항거 불능케 할 정도의 것이라면 이는 강도죄의 폭행에 해당한다. 그러므로 날치기 수법의 점유탈취 과정에서 이를 알아채고 재물을 빼앗기지 않으려는 상대방의 반항에 부딪혔음에도 계속하여 피해자를 끌고 가면서 억지로 재물을 빼앗은 행위는 피해자의 반항을 억압한 후 재물을 강취한 것으로서 강도에 해당한다.
[2] 날치기 수법으로 피해자가 들고 있던 가방을 탈취하면서 가방을 놓지 않고 버티는 피해자를 5m 가량 끌고 감으로써 피해자의 무릎 등에 상해를 입힌 경우, 반항을 억압하기 위한 목적으로 가해진 강제력으로서 그 반항을 억압할 정도에 해당한다고 보아 강도치상죄의 성립을 인정한 사례.

③ 甲의 절도미수의 점은 무죄이다.

해설 및 정답 2014년 제3회 변호사시험 기출문제 34   **정답** ○

대법원 1985. 4. 23. 선고 85도464 판결 [절도미수]

[판시사항] 절취의 목적으로 자동차내부를 손전등으로 비추어 본 것이 절도의 실행에 착수한 것인지 여부
[판결요지] 노상에 세워 놓은 자동차 안에 있는 물건을 훔칠 생각으로 자동차의 유리창을 통하여 그 내부를 손전등으로 비추어 본 것에 불과하다면 비록 유리창을 따기 위해 면장갑을 끼고 있었고 칼을 소지하고 있었다 하더라도 절도의 예비행위로 볼 수는 있겠으나 타인의 재물에 대한 지배를 침해하는데 밀접한 행위를 한 것이라고는 볼 수 없어 절취행위의 착수에 이른 것이었다고 볼 수 없다.

④ 강도예비 공소사실에 대하여는 甲에게 단순히 '준강도'할 목적이 있음에 그쳤으므로 강도예비죄로 처벌할 수 없다.

해설 및 정답 2014년 제3회 변호사시험 기출문제 34   **정답** ○

대법원 2006. 9. 14. 선고 2004도6432 판결 [강도예비]

[판시사항] [1] 강도를 할 목적에 이르지 않고 준강도할 목적이 있음에 그치는 경우에 강도예비·음모죄가 성립하는지 여부(소극) [2] 항소심이 이유에서만 항소가 이유 없다고

판단하고 주문에서는 항소기각의 선고를 하지 않은 경우에 형사소송법 제364조 제4항을 위반한 위법이 있는지 여부(적극)

[판결요지] [1] 강도예비·음모죄가 성립하기 위해서는 예비·음모 행위자에게 미필적으로라도 '강도'를 할 목적이 있음이 인정되어야 하고 그에 이르지 않고 **단순히 '준강도'할 목적이 있음에 그치는 경우에는 강도예비·음모죄로 처벌할 수 없다.**

[2] 형사소송법 제364조 제4항은 항소심은 항소이유 없다고 인정한 때에는 판결로써 항소를 기각하여야 한다고 규정하고 있다. 공소사실 중 강도예비죄 부분에 대하여 제1심에서 무죄가 선고되어 검사가 항소하였는데 원심이 그 판결 이유에서는 검사의 항소가 이유 없다고 판단하면서도 주문에서는 항소기각의 선고를 하지 아니하였다면, 원심판결에는 형사소송법 제364조 제4항을 위반한 위법이 있다.

⑤ 부정기형의 선고 대상인 소년인지 여부는 행위시가 아니라 재판시를 기준으로 하므로 항소심법원은 甲에게 정기형을 선고하여야 한다.

╏**해설 및 정답**╏ 2014년 제3회 변호사시험 기출문제 35 　　　　　**정답** ○

대법원 2008. 10. 23. 선고 2008도8090 판결 [폭력행위등처벌에관한법률위반(공동상해)]

[판시사항] 제1심에서 부정기형을 선고한 판결에 대한 항소심 계속 중 개정 소년법이 시행되었고 **항소심 판결선고시에는 이미 신법상 소년에 해당하지 않게 된 경우, 법원이 취하여야 할 조치(=정기형 선고)**

[판결요지] 개정 소년법은 제2조에서 '소년'의 정의를 '20세 미만'에서 '19세 미만'으로 개정하였다. 이는 같은 법 **부칙 제2조에 따라 위 법 시행 당시 심리 중에 있는 형사사건에 관하여도 적용된다.** 제1심은 피고인을 구 소년법(2007. 12. 21. 법률 제8722호로 개정되기 전의 것) 제2조에 의한 소년으로 인정하여 구 소년법 제60조 제1항에 의하여 부정기형을 선고하였다. 그 항소심 계속 중 개정 소년법이 시행되었다. 그런데 **항소심판결 선고일에 피고인이 이미 19세에 달하여 개정 소년법상 소년에 해당하지 않게 되었다면, 항소심법원은 피고인에 대하여 정기형을 선고하여야 한다.**

⑥ 법원은 공소장변경이 없어도 강도치상죄의 공소사실을 절도죄로 처벌할 수 있다.

╏**해설 및 정답**╏ 2014년 제3회 변호사시험 기출문제 35 　　　　　**정답** ○

대구고등법원 2007. 8. 23. 선고 2007노193 판결 [강도치상(인정된 죄명: 절도·상해)·특수강도·도로교통법위반(무면허운전)·사기·교통사고처리특례법위반]

[판결요지] 공소장변경 없이 인정되는 범죄사실. 다만 위와 같이 피고인들에게 강도치상죄를 유죄로 인정할 수 없다고 하더라도, 피고인들이 날치기를 하기로 공모한 다음 실제로 피고인 1이 절도행위에 나아갔고, 그 과정에서 피해자에게 상해를 가한 사실이 인정되고(당심증인 공소외 1의 증언과 의사 공소외 3 작성의 공소외 1에 대한 소견서의 기재에 의할 때, 피해자가 입은 좌측 견관절 염좌상이 상처가 극히 경미하여 굳이 치료할 필요 없이 자연적으로 치유될 수 있는 정도로서 '상해'에 해당하지 않는다고 보기는 어렵다), **피고인들이 한 날치기행위의 수단과 방법, 그 과정에서 가해진 강제력의 정도와 피해자**

가 다친 부위 및 정도 등에 비추어 위 강도치상의 공소사실에는 절도와 상해의 사실이 포함되어 있을 뿐만 아니라 이를 인정하더라도 피고인들의 방어에 실질적인 불이익을 줄 염려가 없다. 그러므로 이 법원은 공소장변경 없이 절도와 상해의 범죄사실을 인정하기로 한다.

⑦ 甲에게 강도치상죄를 인정하지 않고 절도죄를 인정한 법원의 결론이 맞다면 법원은 판결이유에서 강도치상의 점이 무죄임을 판단하여야 한다.

｜해설 및 정답｜ 2014년 제3회 변호사시험 기출문제 35　　　　　　　　　**정답**｜○

서울고법 1990. 7. 20. 선고 90노1080 제3형사부판결: 상고 [특정경제범죄가중처벌등에관한법률위반(사기, 인정된 죄명: 사기)등 피고사건]

[판시사항] 공소사실과 동일성이 인정되는 범위 내에서 구성요건적 평가를 축소인정하면서도 그에 대한 이유를 명시하지 아니한 경우와 형사소송법 제364조 제2항 소정의 직권심판사유

[판결요지] 형사소송법 제364조 제2항 소정의 "판결"은 주문과 이유로 구성된 판결 전체를 말하는 것으로서 위 법조항이 판결에 영향을 미친 사유에 관하여는 직권으로 심판할 수 있도록 한 취지는 불필요한 원심판결의 파기를 막기 위하여 원심판결 중의 경미한 잘못은 판결에 영향을 미치지 아니한 것으로 보아야 한다는 뜻으로 풀이하여야 할 것이다. **또한 같은 법 제39조에 따라 판결에는 어떠한 형태로든 그 이유를 명시하도록 되어 있어 상상적 경합범이나 포괄1죄의 일부에 대하여 무죄를 선고하는 경우나 공소사실의 동일성이 인정되는 범위 내에서 구성요건적 평가를 축소인정하는 경우에도 판결의 이유 중에서 그 이유를 명시하여야 하고 그 기재를 누락한 판결에는 중대한 잘못이 있다고 보아야 할 것이다.** 그러므로 특정경제범죄가중처벌등에관한법률위반의 공소사실에 대하여 구성요건적 평가를 축소인정하여 처단형의 범위가 크게 달라지는 형법상 단순사기죄의 경합범으로 의율하면서도 그에 대한 이유를 명시하지 아니한 경우에는 판결에 영향을 미친 직권심판사유가 있다고 보아야 한다.

형사소송법 제39조는 판결이유를 규정하고 있다. 주요내용을 보면, 판결은 이유를 명시한다. 다만 상소를 불허하는 결정·명령은 이유를 명시하지 않는다.

⑧ 甲은 항소심판결 선고시 집행유예기간이 경과하였으므로 항소심법원이 다시 집행유예를 선고하더라도 위법하지 않다.

｜해설 및 정답｜ 2014년 제3회 변호사시험 기출문제 35　　　　　　　　　**정답**｜○

대법원 2007. 7. 27. 선고 2007도768 판결 [폭력행위등처벌에관한법률위반(야간집단·흉기등상해){인정된 죄명: 폭력행위등처벌에관한법률위반(집단·흉기등상해)}·공무집행방해]

[판시사항] [1] 형의 집행유예를 선고받고 그 유예기간이 경과하지 않은 경우가 구 **형법 제62조 제1항 단서에서 정한 집행유예 결격사유에 해당하는지 여부(원칙적 적극)** [2] 구 형법 제62조 제1항 단서에 정한 집행유예 결격사유의 해석 범위 [3] **현행 형법 제62조의**

해석상 집행유예기간 중에 범한 죄에 대하여 공소가 제기된 후 그 재판 도중에 집행유예기간이 경과한 경우, 다시 집행유예를 선고할 수 있는지 여부(적극) [4] 구 형법 시행 중 범한 범죄에 대하여 형을 선고함에 있어, 범죄 당시 집행유예기간 중이었고 그 유예기간 경과 전에 집행유예 취소결정이 확정되었다면 구 형법 제62조에 의하든 현행 형법 제62조에 의하든 모두 집행유예 결격사유에 해당하므로, 종전 규정이 피고인에게 더 유리하다고 할 수 없다고 한 사례.

[판결요지] 집행유예기간 중에 범한 죄에 대하여 형을 선고할 때에, 집행유예의 결격사유를 정하는 현행 형법 제62조 제1항 단서 소정의 요건에 해당하는 경우란, 이미 집행유예가 실효 또는 취소된 경우와 그 선고 시점에 미처 유예기간이 경과하지 아니하여 형 선고의 효력이 실효되지 아니한 채로 남아 있는 경우로 국한된다. **집행유예가 실효 또는 취소됨이 없이 유예기간을 경과한 때에는 위 단서 소정의 요건에 해당하지 않으므로, 집행유예기간 중에 범한 범죄라고 할지라도 집행유예가 실효 또는 취소됨이 없이 그 유예기간이 경과한 경우에는 이에 대해 다시 집행유예의 선고가 가능하다.**

나. 사례에 관한 설명 중 옳지 않은 것이다(×).

① 강도예비의 공소사실과 「폭력행위 등 처벌에 관한 법률」 제7조 위반의 공소사실은 그 동일성의 범위를 벗어나므로 제1심법원은 공소장변경을 허가하여서는 아니 된다.

해설 및 정답 2014년 제3회 변호사시험 기출문제 34 **정답** ×

대법원 1987. 1. 20. 선고 86도2396 판결 [강도예비(인정된 죄명: 폭력행위등처벌에관한법률위반)]

[판시사항] [1] **기본적 사실이 동일하므로 공소장 변경이 적법하다고 한 예** [2] 정당한 이유 없이 폭력범죄에 공용될 우려가 있는 흉기를 휴대하고 있는 사실만으로 폭력행위등처벌에관한법률 제7조에 해당하는지 여부

[판결요지] [1] 흉기를 휴대하고 다방에 모여 강도예비를 하였다는 공소사실을 정당한 이유 없이 폭력범죄에 공용될 우려가 있는 **흉기를 휴대하고 있었다는** 폭력행위등처벌에관한법률 제7조 소정의 죄로 공소장 변경을 하였다면, **그 변경전의 공소사실과 변경후의 공소사실은 그 기본적 사실이 동일하므로 공소장변경은 적법하다.**

[2] 정당한 이유 없이 폭력범죄에 공용될 우려가 있는 흉기를 휴대하고 있었다면 다른 구체적인 범죄행위가 없다 하더라도 그 휴대행위 자체에 의하여 폭력행위등처벌에관한법률 제7조에 규정한 죄의 구성요건을 충족한다.

② 항소심법원이 甲에게 정기형을 선고하여야 한다는 결론이 맞다면 제1심법원에서 선고된 장기형보다 낮은 징역 3년을 선고하는 것은 불이익변경금지의 원칙에 반하지 않는다.

┃해설 및 정답┃ 2014년 제3회 변호사시험 기출문제 35   **정답** ×

대법원 2006. 4. 14. 선고 2006도734 판결 [살인·중감금·폭력행위등처벌에관한법률위반 (야간·공동폭행)]

[판시사항] [1] 살인죄에서 살인의 범의의 인정 기준 및 피고인이 범행 당시 살인의 범의 는 없었고 상해 또는 폭행의 범의만 있었을 뿐이라고 다투는 경우, 살인의 범의에 대한 판단 기준 **[2] 불이익변경금지 규정을 적용함에 있어 부정기형과 정기형 사이에 그 경중 을 가리는 기준**

[판결요지] [1] 살인죄에서 살인의 범의는 반드시 살해의 목적이나 계획적인 살해의 의도 가 있어야 인정되는 것은 아니고, 자기의 행위로 인하여 타인의 사망이라는 **결과를 발생 시킬 만한 가능성 또는 위험이 있음을 인식하거나 예견하면 족한 것이다. 그 인식이나 예견은 확정적인 것은 물론 불확정적인 것이라도** 이른바 미필적 고의로 인정되는 것이다. 피고인이 범행 당시 살인의 범의는 없었고 단지 상해 또는 폭행의 범의만 있었을 뿐이라 고 다투는 경우에 피고인에게 범행 당시 살인의 범의가 있었는지 여부는 피고인이 범행 에 이르게 된 경위, 범행의 동기, 준비된 흉기의 유무·종류·용법, 공격의 부위와 반복 성, 사망의 결과발생가능성 정도 등 범행 전후의 객관적인 사정을 종합하여 판단할 수밖 에 없다.

[2] 피고인이 항소한 사건에서 항소심은 제1심의 형보다 중한 형을 선고할 수 없다. 이 러한 불이익변경금지 규정을 적용함에 있어, 부정기형과 정기형 사이에 그 경중을 가리 는 경우에는 부정기형 중 최단기형과 정기형을 비교하여야 한다.

02

甲은 乙 명의의 차용증을 위조한 후 乙 소유 부동산에 대한 가압류신청을 하여 법원 으로부터 가압류결정을 받았다.^{위계공무집행방해죄-, 사기죄-} 이에 대하여 乙의 고소로 개시된 수사절차에서, 乙이 미국에 거주하는 A로부터 위 부동산을 1억 원에 매수하였으나 차 후 양도소득세를 적게 낼 목적으로 1억 5,000만 원에 매수한 것인 양 신고하여 부동 산등기부에 매매가액이 1억 5,000만 원으로 기재되게 하고^{공전자기록불실기재죄-, 불실기재공전자} ^{기록등행사죄-} 소유권이전등기를 마친 사실이 확인되었다. 미국에 있는 A와의 전화통화 내 용을 문답 형식으로 기재하고 검찰주사만 기명날인한 수사보고서를 검사는 공소제기 후 증거로 제출하였다.^{수사보고서 진술서-, 서명날인-} 한편, 甲의 범행을 알고 있는 B가 법정에 서 허위증언을 하자 검사가 B를 소환하여 추궁 끝에 법정증언을 번복하는 취지의 진술 조서를 작성하여 이를 증거로 제출하였다.^{위법수집증거-, 증거능력-} 이에 관한 설명 중 옳은 것은? (다툼이 있는 경우 판례에 의함)

① 甲이 허위 주장을 하거나 허위 증거를 제출하여 가압류결정을 받은 것은 법원 의 구체적이고 현실적인 직무집행을 방해한 ~~것이므로 위계에 의한 공무집행방 해죄가 성립한다.~~ 것으로 볼 수 없어 위계에 의한 공무집행방해죄가 성립하지 않는다.

해설 및 정답 2014년 제3회 변호사시험 기출문제 36 **정답** ×

이 문제는 **문서위조죄 · 사기죄 · 허위증거제출과 위계공무집행방해죄 불성립(대법원) · 형사소송법 제313조 요건 · 법정진술 번복한 진술조서와 증거능력**이다.

대법원 2012. 4. 26. 선고 2011도17125 판결 [위계공무집행방해]

[판시사항] 가처분신청 시 당사자가 허위의 주장을 하거나 허위의 증거를 제출한 경우, 위계에 의한 공무집행방해죄가 성립하는지 여부(소극)

[판결요지] 법원은 당사자의 허위 주장 및 증거 제출에도 불구하고 진실을 밝혀야 하는 것이 그 직무이다. 그러므로 가처분신청 시 당사자가 허위의 주장을 하거나 허위 증거를 제출하였다 하더라도 그것만으로 **법원의 구체적이고 현실적인 어떤 직무집행이 방해되었다고 볼 수 없다.** 그러므로 이로써 바로 위계에 의한 공무집행방해죄가 성립한다고 볼 수 없다.

② 甲이 본안소송을 제기하지 아니한 채 가압류를 신청한 것만으로는 사기죄의 실행에 착수하였다고 할 수 없다.

해설 및 정답 2014년 제3회 변호사시험 기출문제 36 **정답** ○

대법원 1982. 10. 26. 선고 82도1529 판결 [사문서변조 · 사문서변조행사 · 사기미수 · 문서손괴]

[판시사항] 허위채권에 의한 가압류가 사기죄의 실행의 착수에 해당하는지 여부(소극)

[판결요지] 가압류는 강제집행의 보전방법에 불과하다. 그 기초가 되는 허위의 채권에 의하여 실제로 청구의 의사표시를 한 것이라고 할 수 없다. 그러므로 **소의 제기 없이 가압류신청을 한 것만으로는 사기죄의 실행에 착수한 것이라고 할 수 없다.**

③ 乙이 행정기관에 거래가액을 거짓으로 신고하여 신고필증을 받은 뒤 이를 기초로 사실과 다른 내용의 거래가액이 부동산등기부에 등재되도록 한 것은 공전자기록등불실기재죄 및 불실기재공전자기록등행사죄에 해당한다.

해설 및 정답 2014년 제3회 변호사시험 기출문제 36 **정답** ×

대법원 2013. 1. 24. 선고 2012도12363 판결 [사기 · 무고 · 공전자기록등불실기재 · 불실기재공전자기록등행사 · 공인중개사의업무및부동산거래신고에관한법률위반]

[판시사항] [1] 공정증서원본불실기재죄 또는 공전자기록등불실기재죄에서 '부실(불실)의 사실'의 의미 [2] **부동산 거래당사자가 '거래가액'을 시장 등에게 거짓으로 신고하여 받은 신고필증을 기초로 사실과 다른 내용의 거래가액이 부동산등기부에 등재되도록 한 경우, 공전자기록등불실기재죄 및 불실기재공전자기록등행사죄가 성립하는지 여부(소극)**

[판결요지] [1] 형법 제228조 제1항이 규정하는 공정증서원본불실기재죄나 공전자기록등불실기재죄는 특별한 신빙성이 인정되는 권리의무에 관한 공문서에 대한 공공의 신용을 보장함을 보호법익으로 하는 범죄이다. 공무원에 대하여 진실에 반하는 허위신고를 하여 공정증서원본 또는 이와 동일한 전자기록 등 특수매체기록에 그 증명하는 사항에 관하여

실체관계에 부합하지 아니하는 '부실(불실)의 사실'을 기재 또는 기록하게 함으로써 성립한다. 그러므로 여기서 '부실의 사실'이란 권리의무관계에 중요한 의미를 갖는 사항이 객관적인 진실에 반하는 것을 말한다.

[2] 부동산등기부에 기재되는 거래가액은 당해 부동산의 권리의무관계에 중요한 의미를 갖는 사항에 해당한다고 볼 수 없다. 따라서 부동산의 거래당사자가 거래가액을 시장 등에게 거짓으로 신고하여 신고필증을 받은 뒤 이를 기초로 사실과 다른 내용의 거래가액이 부동산등기부에 등재되도록 하였다면, '공인중개사의 업무 및 부동산 거래신고에 관한 법률'에 따른 과태료의 제재를 받게 됨은 별론으로 하고, **형법상의 공전자기록등불실기재죄 및 불실기재공전자기록등행사죄가 성립하지는 아니한다.**

④ 위 수사보고서는 A가 외국거주로 인히여 공판기일에 진술할 수 없<del>으므로</del> 수사보고서를 작성한 검찰주사가 특히 신빙할 수 있는 상태하에서 작성한 것임을 증명하면 증거로 할 수 있다. ^{없다.}

┃해설 및 정답┃ 2014년 제3회 변호사시험 기출문제 36　　　　　　　　**정답** ×

대법원 1999. 2. 26. 선고 98도2742 판결 [사기]

[판시사항] [1] 형사소송법 제314조 소정의 '특히 신빙할 수 있는 상태하에서 행하여진 때'의 의미 [2] 외국에 거주하는 참고인과의 전화 대화내용을 문답형식으로 기재한 검찰주사보 작성의 수사보고서의 증거능력

[판결요지] [1] 원진술자가 사망·질병·외국거주 기타 사유로 인하여 공판정에 출정하여 진술을 할 수 없을 때에는 그 진술 또는 서류의 작성이 특히 신빙할 수 있는 상태에서 행하여진 경우에 한하여 형사소송법 제314조에 의하여 예외적으로 원진술자의 진술 없이도 증거능력을 가진다. 여기서 **특히 신빙할 수 있는 상태하에서 행하여진 때라 함은 그 진술내용이나 조서 또는 서류의 작성에 허위개입의 여지가 거의 없고, 그 진술내용의 신빙성이나 임의성을 담보할 구체적이고 외부적인 정황이 있는 경우를 가리킨다.**

[2] 외국에 거주하는 참고인과의 전화 대화내용을 문답형식으로 기재한 검찰주사보 작성의 수사보고서는 전문증거로서 형사소송법 제310조의2에 의하여 제311조 내지 제316조에 규정된 것 이외에는 이를 증거로 삼을 수 없는 것이다. 위 수사보고서는 제311조, 제312조, 제315조, 제316조의 적용대상이 되지 아니함이 분명하다. 그러므로 결국 제313조의 진술을 기재한 서류에 해당하여야만 제314조의 적용 여부가 문제될 것이다. 제313조가 적용되기 위하여는 그 진술을 기재한 서류에 그 진술자의 서명 또는 날인이 있어야한다.

⑤ B가 다시 법정에 출석하여 위 진술조서의 진정성립을 인정하고 甲에게 반대신문의 기회가 부여되었다면 그 진술조서는 증거능력이 있다. ^{없다.}

┃해설 및 정답┃ 2014년 제3회 변호사시험 기출문제 36　　　　　　　　**정답** ×

대법원 2000. 6. 15. 선고 99도1108 전원합의체 판결 [변호사법위반]

[판시사항] 공판준비 또는 공판기일에서 이미 증언을 마친 증인을 검사가 소환한 후 피고인에게 유리한 그 증언 내용을 추궁하여 이를 일방적으로 번복시키는 방식으로 작성한 진술조서의 증거능력을 인정할 수 있는지 여부(소극)

[판결요지] [다수의견] 공판준비 또는 공판기일에서 이미 증언을 마친 증인을 검사가 소환한 후 피고인에게 유리한 그 증언 내용을 추궁하여 이를 일방적으로 번복시키는 방식으로 작성한 진술조서를 유죄의 증거로 삼는 것은 당사자주의·공판중심주의·직접주의를 지향하는 현행 형사소송법의 소송구조에 어긋나는 것이다. 뿐만 아니라, 헌법 제27조가 보장하는 기본권, 즉 법관의 면전에서 모든 증거자료가 조사·진술되고 이에 대하여 피고인이 공격·방어할 수 있는 기회가 실질적으로 부여되는 재판을 받을 권리를 침해하는 것이다. 그러므로 이러한 진술조서는 피고인이 증거로 할 수 있음에 동의하지 아니하는 한 그 증거능력이 없다고 하여야 할 것이다. 그 후 원진술자인 종전 증인이 다시 법정에 출석하여 증언을 하면서 그 진술조서의 성립의 진정함을 인정하고 피고인측에 반대신문의 기회가 부여되었다고 하더라도 그 증언 자체를 유죄의 증거로 할 수 있음은 별론으로 하고 위와 같은 진술조서의 증거능력이 없다는 결론은 달리할 것이 아니다.

03

甲은 A로부터 B 명의의 주민등록증을 만들어 달라는 의뢰를 받고, 인터넷 포털사이트, 포토샵 프로그램 등을 이용하여 발행인이 서울 X구청장으로 된 주민등록증 이미지 파일을 만들어 A가 요청한 이메일에 첨부하여 전송하는 등 월 10회 이상 주민등록증 등 공문서를 위조해 오고 있다.공문서위조-, 위조공문서행사죄- 한편, 甲이 위와 같이 공문서를 위조한다는 제보를 듣고 수사를 개시한 경찰관 乙은 甲의 컴퓨터에 저장된 문서위조와 관련된 증거를 입수하기 위하여 법원으로부터 압수·수색영장을 발부받아 영장 유효기간 내에 영장을 집행하였다. 이에 관한 설명 중 옳지 않은 것은? (다툼이 있는 경우 판례에 의함)

① 컴퓨터 모니터 화면에 나타난 B 명의의 주민등록증 이미지는 계속적으로 화면에 고정된 것으로 볼 수 없어 문서에 관한 죄의 객체인 문서에 해당하지 않는다.

해설 및 정답 2014년 제3회 변호사시험 기출문제 37 **정답** ○

이 문제는 컴퓨터 모니터 화면 이미지와 공문서위조 부정(대법원)·이미지 파일과 공문서위조 부정(대법원)·전자정보 압수·수색영장 집행절차·위법수집증거와 인과관계 희석(대법원 예외적 증거능력 인정) 등이 쟁점이다.

대법원 2007. 11. 29. 선고 2007도7480 판결 [공문서위조·위조공문서행사]

[사실관계] 자신의 이름과 나이를 속이는 용도로 사용할 목적으로 주민등록증의 이름·주민등록번호란에 글자를 오려붙인 후 이를 컴퓨터 스캔 장치를 이용하여 이미지 파일로 만들어 컴퓨터 모니터로 출력하는 한편 타인에게 이메일로 전송한 사안이다.

[판시사항] [1] 형법상 문서에 관한 죄에서 문서의 의미 [2] **컴퓨터 모니터 화면에 나타**

나는 이미지는 형법상 문서에 관한 죄의 문서에 해당하지 않으므로 공문서위조 및 위조
공문서행사죄를 구성하지 않는다고 한 사례.

[판결요지] 컴퓨터 모니터 화면에 나타나는 이미지는 이미지 파일을 보기 위한 프로그램
을 실행할 경우에 그때마다 전자적 반응을 일으켜 화면에 나타나는 것에 지나지 않아서
계속적으로 화면에 고정된 것으로는 볼 수 없다. 그러므로 형법상 문서에 관한 죄에 있
어서의 '문서'에는 해당되지 않는다.

② 甲이 A에게 전송한 B 명의의 주민등록증 이미지 파일은 시각적 방법에 의하여
이해할 수 있는 것이 아니므로 문서에 관한 죄의 객체인 문서에 해당하지 않는다.

해설 및 정답 2014년 제3회 변호사시험 기출문제 37 　　　　　　　　　　　**정답** ○

대법원 2008. 4. 10. 선고 2008도1013 판결 [사기 · 공문서위조 · 위조공문서행사]

[판시사항] [1] 형법상 문서에 관한 죄에서 '문서'의 의미 [2] 컴퓨터 모니터에 나타나는
이미지가 형법상 문서에 관한 죄의 '문서'에 해당하는지 여부(소극) [3] 컴퓨터 스캔 작업
을 통하여 만들어낸 공인중개사 자격증의 이미지 파일이 형법상 문서에 관한 죄의 '문서'
에 해당하지 않는다고 한 사례.

[판결요지] 형법상 문서에 관한 죄에 있어서 문서라 함은, 문자 또는 이에 대신할 수 있
는 가독적 부호로 계속적으로 물체상에 기재된 의사 또는 관념의 표시인 원본 또는 이와
사회적 기능, 신용성 등을 동일시할 수 있는 기계적 방법에 의한 복사본으로서 그 내용
이 법률상, 사회생활상 주요 사항에 관한 증거로 될 수 있는 것을 말한다(대법원 2006.
1. 26. 선고 2004도788 판결). 컴퓨터 모니터 화면에 나타나는 이미지는 이미지 파일을
보기 위한 프로그램을 실행할 경우에 그때마다 전자적 반응을 일으켜 화면에 나타나는
것에 지나지 않아서 계속적으로 화면에 고정된 것으로는 볼 수 없다. 그러므로 형법상
문서에 관한 죄에 있어서의 '문서'에는 해당되지 않는다고 할 것이다(대법원 2007. 11.
29. 선고 2007도7480 판결). 피고인이 컴퓨터 스캔 작업을 통하여 만들어낸 공인중개사
자격증의 이미지 파일은 전자기록으로서 전자기록 장치에 전자적 형태로서 고정되어 계속
성이 있다고 볼 수는 있다. 그러나 그러한 형태는 그 자체로서 시각적 방법에 의해 이해
할 수 있는 것이 아니어서 이를 형법상 문서에 관한 죄에 있어서의 '문서'로 보기 어렵다.

③ 만일 甲이 C의 의뢰로 미리 주워 가지고 있던 D의 공무원신분증에 E의 사진을
정교하게 붙이는 방법으로 일반인이 공무원신분증이라고 믿을만한 외관을 갖춘
다음 이를 스캐너로 읽어 들여 이미지화하고, 그 파일을 의뢰인 C에게 전송하
여 C로 하여금 컴퓨터 화면상에서 그 이미지를 보게 하였다면 그 행위는 위조
공문서행사죄에 해당하지 않는다.

해설 및 정답 2014년 제3회 변호사시험 기출문제 37 　　　　　　　　　　　**정답** ○

대법원 2008. 10. 23. 선고 2008도5200 판결 [위조사문서행사]

의뢰인 C가 위조된 공문서임을 안 경우, 위조공문서행사죄를 구성한다.

[판시사항] [1] 위조문서행사죄에서 말하는 '행사'의 방법 [2] 휴대전화 신규 가입신청서를 위조한 후 이를 스캔한 이미지 파일을 제3자에게 이메일로 전송한 것이 위조사문서의 '행사'에 해당한다고 한 사례.

[판결요지] [1] 위조문서행사죄에 있어서 행사라 함은 위조된 문서를 진정한 문서인 것처럼 그 문서의 효용방법에 따라 이를 사용하는 것을 말한다. 위조된 문서를 제시 또는 교부하거나 비치하여 열람할 수 있게 두거나 우편물로 발송하여 도달하게 하는 등 위조된 문서를 진정한 문서인 것처럼 사용하는 한 그 행사의 방법에 제한이 없다. 또한, 위조된 문서 그 자체를 직접 상대방에게 제시하거나 이를 기계적인 방법으로 복사하여 그 복사본을 제시하는 경우는 물론, 이를 모사전송의 방법으로 제시하거나 컴퓨터에 연결된 스캐너(scanner)로 읽어 들여 이미지화한 다음 이를 전송하여 컴퓨터 화면상에서 보게 하는 경우도 행사에 해당하여 위조문서행사죄가 성립한다.

[2] 휴대전화 신규 가입신청서를 위조한 후 이를 스캔한 이미지 파일을 제3자에게 이메일로 전송한 사안에서, 이미지 파일 자체는 문서에 관한 죄의 '문서'에 해당하지 않으나, 이를 전송하여 컴퓨터 화면상으로 보게 한 행위는 이미 위조한 가입신청서를 행사한 것에 해당하므로 위조사문서행사죄가 성립한다고 한 사례이다.

대법원 2012. 2. 23. 선고 2011도14441 판결 [공문서위조(일부 인정된 죄명: 공문서변조)·위조공문서행사(일부 변경된 죄명: 변조공문서행사)·사기]

[판시사항] [1] 위조문서를 공범자 등에게 행사한 경우 위조문서행사죄가 성립하는지 여부(소극) 및 간접정범을 통한 위조문서행사 범행에서 도구로 이용된 자에게 행사한 경우 위조문서행사죄가 성립하는지 여부(적극)

[2] 피고인이 위조·변조한 공문서의 이미지 파일을 갑 등에게 이메일로 송부하여 프린터로 출력하게 함으로써 '행사'하였다는 내용으로 기소되었는데, 갑 등은 출력 당시 위 파일이 위조된 것임을 알지 못한 사안이다. 피고인의 행위가 위조·변조공문서행사죄를 구성한다고 보아야 하는데도, 이와 달리 보아 무죄를 선고한 원심판결에 법리오해의 위법이 있다고 한 사례.

④ 전자정보에 대한 압수수색영장의 집행에 있어서는 원칙적으로 영장발부의 사유로 된 혐의사실과 관련된 부분만을 문서 출력물로 수집하거나 수사기관이 휴대한 저장매체에 해당 파일을 복제하는 방식으로 이루어져야 한다.

해설 및 정답 2014년 제3회 변호사시험 기출문제 37 　　　　　**정답** ○

대법원 2011. 5. 26. 자 2009모1190 결정 [준항고기각결정에대한재항고]

[사실관계] 수사기관이 전국교직원노동조합 본부 사무실에 대한 압수·수색영장을 집행하면서 방대한 전자정보가 담긴 저장매체 자체를 수사기관 사무실로 가져가 그곳에서 저장매체 내 전자정보파일을 다른 저장매체로 복사하였는데, 이에 대하여 위 조합 등이 준항고를 제기한 사안이다.

[판시사항] 전자정보에 대한 압수·수색영장을 집행할 때 저장매체 자체를 수사기관 사무실

등 외부로 반출할 수 있는 예외적인 경우 및 위 영장 집행이 적법성을 갖추기 위한 요건

[결정요지] [1] 전자정보에 대한 압수·수색영장을 집행할 때에는 원칙적으로 영장 발부의 사유인 **혐의사실과 관련된 부분만을 문서 출력물로 수집하거나 수사기관이 휴대한 저장매체에 해당 파일을 복사하는 방식**으로 이루어져야 한다. 집행현장 사정상 위와 같은 방식에 의한 집행이 불가능하거나 현저히 곤란한 부득이한 사정이 존재하더라도 **저장매체 자체를 직접 혹은 하드카피나 이미징 등 형태로 수사기관 사무실 등 외부로 반출하여 해당 파일을 압수·수색할 수 있도록 영장에 기재되어 있고** 실제 그와 같은 **사정이 발생한 때에 한하여** 위 방법이 예외적으로 허용될 수 있을 **뿐이다.** 나아가 이처럼 저장매체 자체를 수사기관 사무실 등으로 옮긴 후 영장에 기재된 범죄 혐의 관련 전자정보를 탐색하여 해당 **전자정보를 문서로 출력하거나 파일을 복사하는 과정 역시 전체적으로 압수·수색영장 집행의 일환에 포함된다**고 보아야 한다. 범죄 혐의 관련성에 대한 구분 없이 저장된 전자정보 중 임의로 문서출력 혹은 파일복사를 하는 행위는 특별한 사정이 없는 한 **영장주의 등 원칙에 반하는 위법한 집행이다.** 전체 과정을 통하여 피압수·수색 당사자나 변호인의 계속적인 참여권 보장, 피압수·수색 당사자가 배제된 상태의 저장매체에 대한 열람·복사 금지, 복사대상 전자정보 목록의 작성·교부 등 압수·수색 대상인 저장매체 내 전자정보의 왜곡이나 훼손과 오·남용 및 임의적인 복제나 복사 등을 막기 위한 적절한 조치가 이루어져야만 집행절차가 적법하게 된다.

[2] 영장의 명시적 근거 없이 수사기관이 임의로 정한 시점 이후의 접근 파일 일체를 복사하는 방식으로 8,000여 개나 되는 파일을 복사한 영장집행은 원칙적으로 압수·수색영장이 허용한 범위를 벗어난 것으로서 위법하다고 볼 여지가 있다. 그런데 위 압수·수색 전 과정에 비추어 볼 때, **수사기관이 영장에 기재된 혐의사실 일시로부터 소급하여 일정 시점 이후의 파일들만 복사한 것은 나름대로 대상을 제한하려고 노력한 것으로 보이고, 당사자 측도 그 적합성에 대하여 묵시적으로 동의한 것으로 보는 것이 타당하다. 그러므로 위 영장 집행이 위법하다고 볼 수는 없다는 이유로, 같은 취지에서 준항고를 기각한 원심의 조치를 수긍한 사례이다.**

⑤ 乙이 영장집행 결과 甲의 컴퓨터 하드디스크에서 문서위조 외에 관세법위반에 관한 자료를 새로 발견하여 출력하고 이를 甲에게 제시하여 甲으로부터 자백을 받았다면, 이 출력물과 자백은 위법하게 수집한 증거로서 증거능력이 없으므로, 피고인이 법정에서 변호인의 조력을 받아 다른 증거관계를 고려하여 관세법위반 사실을 자백하더라도 이 역시 위법수집증거로서 증거능력을 가질 수 없다.^{있다}

┃해설 및 정답┃ 2014년 제3회 변호사시험 기출문제 37 　　　　　　　　　**정답** ╳

대법원 2011. 5. 26. 자 2009모1190 결정 [준항고기각결정에대한재항고] ④번 참조
대법원 2009. 3. 12. 선고 2008도11437 판결 [강도]

[사실관계] 강도 현행범으로 체포된 피고인에게 진술거부권을 고지하지 아니한 채 강도범행에 대한 자백을 받고, 이를 기초로 여죄에 대한 진술과 증거물을 확보한 후 진술거부권을 고지하여 피고인의 임의자백 및 피해자의 피해사실에 대한 진술을 수집한 사안이다.

[판시사항] [1] 헌법과 형사소송법이 정한 절차를 위반하여 수집한 증거를 기초로 획득한 2차적 증거의 증거능력 및 그 판단 기준 [2] **2차적 증거의 증거능력을 인정할 만한 구체적 정황례** [3] 진술거부권을 고지하지 않은 상태에서 임의로 행해진 피고인의 자백을 기초로 한 2차적 증거 중 피고인 및 피해자의 법정진술은 공개된 법정에서 임의로 이루어진 것이라는 점에서 유죄 인정의 증거로 사용할 수 있다고 한 사례

[판결요지] [1] 오히려 그 증거의 증거능력을 배제하는 것이 헌법과 형사소송법이 형사소송에 관한 절차 조항을 마련하여 적법절차의 원칙과 실체적 진실 규명의 조화를 도모하고 이를 통하여 형사 사법 정의를 실현하려 한 취지에 반하는 결과를 초래하는 것으로 평가되는 예외적인 경우라면, 법원은 그 증거를 유죄 인정의 증거로 사용할 수 있다. 1차적 증거를 기초로 하여 다시 2차적 증거를 수집하는 과정에서 추가로 발생한 모든 사정들까지 구체적인 사안에 따라 주로 인과관계 희석 또는 단절 여부를 중심으로 전체적·종합적으로 고려하여야 한다.

[2] 최초 자백 이후 구금되었던 피고인이 석방되었다거나 변호인으로부터 충분한 조력을 받은 가운데 상당한 시간이 경과하였음에도 다시 자발적으로 계속하여 동일한 내용의 자백을 하였다는 사정, 최초 자백 외에도 다른 독립된 제3자의 행위나 자료 등도 물적 증거나 증인의 증언 등 2차적 증거 수집의 기초가 되었다는 사정, 증인이 그의 독립적인 판단에 의해 형사소송법이 정한 절차에 따라 소환을 받고 임의로 출석하여 증언하였다는 사정 등은 통상 2차적 증거의 증거능력을 인정할만한 정황에 속한다.

[3] 제1심 법정에서의 피고인의 자백은 진술거부권을 고지 받지 않은 상태에서 이루어진 최초 자백 이후 40여 일이 지난 후에 변호인의 충분한 조력을 받으면서 공개된 법정에서 임의로 이루어진 것이다. 피해자의 진술은 법원의 적법한 소환에 따라 자발적으로 출석하여 위증의 벌을 경고 받고 선서한 후 공개된 법정에서 임의로 이루어진 것이다. 예외적으로 유죄 인정의 증거로 사용할 수 있는 2차적 증거에 해당한다고 한 사례이다.

04

甲은 乙로부터 5,000만 원을 차용하면서 그 담보로 甲의 丙에 대한 5,000만 원 임대차보증금 반환채권을 乙에게 양도하기로 하고 乙과 채권양도계약을 체결하였다. 그런데 甲은 丙에게 채권양도통지를 하지 않고 있다가 채권양도 사실을 모르고 있던 丙으로부터 5,000만 원을 지급받아 이를 임의로 소비하였다.^{횡령죄+} 이를 알게 된 乙은 甲이 운영하는 성매매업소에 찾아가 자신이 휴대한 회칼로 甲과 손님들을 위협한 후 야구방망이로 甲을 폭행하였다.^{업무방해죄-. 특수폭행+} 사법경찰관은 "乙의 주거지인 3층 옥탑방에 보관 중인 야구방망이 등 범행도구"가 압수·수색할 장소와 물건으로 기재된 압수·수색영장을 집행하여 1층 주인집 거실에서 발견된 주인 소유의 야구방망이를 압수하였다.^{위법수집증거, 영장미제시, 증거능력-} 며칠 후 사법경찰관은 乙의 자동차에서 위 회칼을 발견하여 甲으로부터 범행도구임을 확인 받고 甲으로부터 임의제출을 받은 것으로 압수조서를 작성하고 이를 압수하였다.^{위법수집증거, 압수대상재(소유자·소지자·보관자-, 증거능력-} 이에 관한 설명 중 옳은 것은? (다툼이 있는 경우 판례에 의함)

① 甲이 차용금에 대한 변제의사 및 능력이 없고, 처음부터 채권양도통지를 할 생각 없이 乙을 속이기 위하여 담보로 채권양도를 하겠다고 한 경우라면 ~~사기죄와 횡령죄의 양 죄가 성립하고, 양 죄는 상상적 경합범의 관계에 있다.~~ ^{횡령죄가 성립한다.}

| **해설 및 정답** | 2014년 제3회 변호사시험 기출문제 38 | **정답** ✕ |

대법원 2011. 5. 13. 선고 2011도1442 판결 [사기 · 횡령]

[사실관계] 피고인이 피해자 갑에게서 돈을 빌리면서 담보 명목으로 을에 대한 채권을 양도하였는데도 채권양도 통지 전에 이를 추심하여 임의로 소비한 사안이다.

[판시사항] [1] 피고인의 일련의 행위에 대한 법률적 평가에서 범죄의 비양립성이 인정되는 경우 [2] 비양립적 관계에 있는 사기의 점 및 횡령의 점을 모두 유죄로 인정한 원심 판단에 법리오해 및 심리미진의 위법이 있다고 한 사례.

[판결요지] [1] 외형상으로는 공소사실의 기초가 되는 피고인의 일련의 행위가 여러 개의 범죄에 해당되는 것 같지만 합쳐져서 하나의 사회적 사실관계를 구성하는 경우에 그에 대한 법률적 평가는 하나밖에 성립되지 않는 관계, 즉 일방의 범죄가 성립되는 때에는 타방의 범죄는 성립할 수 없고, 일방의 범죄가 무죄로 될 경우에만 타방의 범죄가 성립할 수 있는 비양립적인 관계가 있을 수 있다.

[2] 차용금 편취의 점과 담보로 양도한 채권을 추심하여 임의 소비한 횡령의 점은 양도된 채권의 가치, 채권양도에 관한 피고인의 진정성 등의 사정에 따라 비양립적인 관계라 할 것이어서, 이러한 사정을 심리하여 **피고인의 위 일련의 행위가 그 중 어느 죄에 해당하는지를 가렸어야 할 것**인데도, 사기죄 및 횡령죄를 모두 인정한 원심판단에 법리오해 및 심리미진의 위법이 있다고 한 사례.

② 乙에게는 甲에 대한 업무방해죄를 인정할 수 ~~있다.~~ ^{없다.}

| **해설 및 정답** | 2014년 제3회 변호사시험 기출문제 38 | **정답** ✕ |

대법원 2011. 10. 13. 선고 2011도7081 판결 [폭력행위등처벌에관한법률위반(공동공갈) · 업무방해 · 폭력행위등처벌에관한법률위반(단체등의구성 · 활동) · 폭력행위등처벌에관한법률위반(집단 · 흉기등감금) · 협박]

[사실관계] 폭력조직 간부인 피고인이 조직원들과 공모하여 갑이 운영하는 성매매업소 앞에 속칭 '병풍'을 치거나 차량을 주차해 놓는 등 위력으로써 업무를 방해하였다는 내용으로 기소된 사안이다.

[판시사항] [1] 업무방해죄 보호대상인 '업무'의 의미 [2] 구 '성매매알선 등 행위의 처벌에 관한 법률'에서 정하고 있는 성매매알선 등 행위가 업무방해죄의 보호대상인 '업무'에 해당하는지 여부(소극) [3] 성매매업소 운영업무가 업무방해죄의 보호대상인 업무라고 볼 수 없는데도, 이와 달리 보아 피고인에게 유죄를 인정한 원심판결에 법리오해의 위법이 있다고 한 사례.

[판결요지] [1] 형법상 업무방해죄의 보호대상이 되는 '업무'란 직업 또는 계속적으로 종사하는 사무나 사업으로서 타인의 위법한 침해로부터 형법상 보호할 가치가 있는 것이어

야 한다. 그러므로 **어떤 사무나 활동 자체가 위법의 정도가 중하여 사회생활상 도저히 용인될 수 없는 정도로 반사회성을 띠는 경우에는 업무방해죄 보호대상이 되는 '업무'에 해당한다고 볼 수 없다.**

[2] **성매매알선 등 행위는 법에 의하여 원천적으로 금지된 행위로서 형사처벌의 대상이 되는 중대한 범죄행위일 뿐 아니라 정의관념상 용인될 수 없는 정도로 반사회성을 띠는 경우에 해당하므로, 업무방해죄의 보호대상이 되는 업무라고 볼 수 없다.**

[3] 갑은 사창가 골목에서 윤락녀를 고용하여 성매매업소를 운영하여 왔는데, 성매매업소 운영에는 성매매를 알선·권유하거나 성매매장소를 제공하는 행위 등이 필연적으로 수반되고 따라서 업소 운영자는 구 성매매알선 등 행위의 처벌에 관한 법률(2010. 4. 15. 법률 제10261호로 개정되기 전의 것) 제19조 제1항 제1호의 '성매매알선 등 행위를 한 자' 또는 같은 법 제19조 제2항 제1호의 '영업으로 성매매알선 등 행위를 한 자'에 해당한다. 그러므로 갑의 성매매업소 운영업무는 업무방해죄의 보호대상이 되는 업무라고 볼 수 없는데도, 이와 달리 보아 피고인에게 유죄를 인정한 원심판결에 법리오해의 위법이 있다고 한 사례이다.

③ 乙이 甲과 손님을 위협, 폭행한 행위는 甲에 대한 업무방해의 수단이 되었으므로 이 폭행, 협박은 업무방해죄의 불가벌적 수반행위로 업무방해죄에 흡수된다.

┃해설 및 정답┃ 2014년 제3회 변호사시험 기출문제 38　　　　　　　**정답** ✕

대법원 2012. 10. 11. 선고 2012도1895 판결 [폭력행위등처벌에관한법률위반(공동폭행)·업무방해]

[판시사항] [1] 상상적 경합과 법조경합의 구별 기준 및 법조경합의 한 형태인 흡수관계에 속하는 이른바 '불가벌적 수반행위'의 의미 [2] **동일한 피해자에 대한 폭행행위가 업무방해죄의 수단이 된 경우, 폭행행위가 이른바 '불가벌적 수반행위'에 해당하여 업무방해죄에 대하여 흡수관계에 있는지 여부(소극)**

[판결요지] [1] 상상적 경합은 1개의 행위가 실질적으로 수개의 구성요건을 충족하는 경우를 말한다. **법조경합은 1개의 행위가 외관상 수개의 죄의 구성요건에 해당하는 것처럼 보이나 실질적으로 1죄만을 구성하는 경우를 말한다.** 실질적으로 1죄인가 또는 수죄인가는 구성요건적 평가와 보호법익의 측면에서 고찰하여 판단하여야 한다. 그리고 이른바 '불가벌적 수반행위'란 법조경합의 한 형태인 흡수관계에 속하는 것이다. 행위자가 특정한 죄를 범하면 비록 논리 필연적인 것은 아니지만 일반적·전형적으로 다른 구성요건을 충족하고 이때 그 구성요건의 불법이나 책임 내용이 주된 범죄에 비하여 경미하기 때문에 처벌이 별도로 고려되지 않는 경우를 말한다.

[2] 업무방해죄와 폭행죄는 구성요건과 보호법익을 달리하고 있다. 업무방해죄의 성립에 일반적·전형적으로 사람에 대한 폭행행위를 수반하는 것은 아니다. 폭행행위가 업무방해죄에 비하여 별도로 고려되지 않을 만큼 경미한 것이라고 할 수도 없다. 그러므로 설령 **피해자에 대한 폭행행위가 동일한 피해자에 대한 업무방해죄의 수단이 되었다고 하더라도 그러한 폭행행위가 이른바 '불가벌적 수반행위'에 해당하여 업무방해죄에 대하여 흡수관계에 있다고 볼 수는 없다.**

④ 사법경찰관이 위 압수·수색영장에 의하여 야구방망이를 압수한 것은 위법하다.

|| **해설 및 정답** || 2014년 제3회 변호사시험 기출문제 38 **정답** ○

대법원 2009. 3. 12. 선고 2008도763 판결 [공직선거법위반]

[판시사항] [1] 압수·수색영장에 압수대상물을 압수장소에 '보관중인 물건'으로 기재한 경우, 이를 '현존하는 물건'으로 해석가능한지 여부(소극) [2] 압수·수색영장의 제시방법 (=개별적 제시) [3] 형사소송법상 압수목록의 작성·교부시기(=압수 직후) [4] 헌법과 형사소송법이 정한 절차를 위반하여 수집한 증거를 예외적으로 유죄의 증거로 사용할 수 있는 경우 및 그와 같은 특별한 사정에 대한 증명책임자(=검사)

[판결요지] [1] 헌법과 형사소송법이 구현하고자 하는 적법절차와 영장주의의 정신에 비추어 볼 때, 법관이 압수·수색영장을 발부하면서 '압수할 물건'을 특정하기 위하여 기재한 문언은 엄격하게 해석하여야 한다. 함부로 피압수자 등에게 불리한 내용으로 확장 또는 유추 해석하여서는 안 된다. 따라서 압수·수색영장에서 압수할 물건을 '압수장소에 보관중인 물건'이라고 기재하고 있는 것을 '압수장소에 현존하는 물건'으로 해석할 수는 없다.

[2] 압수·수색영장은 처분을 받는 자에게 반드시 제시하여야 한다. 현장에서 압수·수색을 당하는 사람이 여러 명일 경우에는 그 사람들 모두에게 개별적으로 영장을 제시해야 하는 것이 원칙이다. 수사기관이 압수·수색에 착수하면서 그 장소의 관리책임자에게 영장을 제시하였다고 하더라도, 물건을 소지하고 있는 다른 사람으로부터 이를 압수하고자 하는 때에는 그 사람에게 따로 영장을 제시하여야 한다.

[3] 공무원인 수사기관이 작성하여 피압수자 등에게 교부해야 하는 압수물 목록에는 작성연월일을 기재하고, 그 내용은 사실에 부합하여야 한다. 압수물 목록은 피압수자 등이 압수물에 대한 환부·가환부신청을 하거나 압수처분에 대한 준항고를 하는 등 권리행사 절차를 밟는 가장 기초적인 자료가 된다. 그러므로 이러한 권리행사에 지장이 없도록 압수 직후 현장에서 바로 작성하여 교부해야 하는 것이 원칙이다.

예외적인 경우에 해당한다고 볼 만한 구체적이고 특별한 사정이 존재한다는 것은 검사가 입증하여야 한다.

⑤ 회칼은 甲이 임의로 제출한 물건이므로 사법경찰관이 영장없이 이를 압수한 것은 적법하다.

|| **해설 및 정답** || 2014년 제3회 변호사시험 기출문제 38 **정답** ×

영치는 강제처분이다. 임의로 제출하는 경우 영장 없이 할 수 있다. 그러나 **소유자·소지자·보관자가 임의로 제출해야 한다.**

형사소송법 **제218조는 영장 없이 할 수 있는 압수를** 규정하고 있다. 주요내용을 보면, 검사·사법경찰관은 **다음 각 호 어느 하나에 기재된 사람의 물건에 대해 영장 없이 압수할 수 있다. 1. 피의자·그 밖에 다른 사람이 유류한 물건, 2. 소유자·소지자·보관자가 임의로 제출한 물건**

05

다음 사례에 관한 설명 중 옳은 것은? (다툼이 있는 경우 판례에 의함)

> ㄱ. 甲은 발행일이 백지인 수표 1장을 위조하여 乙에게 교부하였다. 그런데 이 수표가
> 위조된 사실을 알고 있는 乙은 이를 자신의 채무를 변제하기 위하여 사용하였다. 부
> 정수표단속죄+
>
> ㄴ. 양도담보권설정자인 채무자가 점유개정의 방식으로 담보목적물인 동산을 점유하
> 고 있는 상태에서 양도담보권자인 채권자 丙이 丁에게 담보목적물을 매각하고 목
> 적물반환청구권을 양도하여 丁이 임의로 이를 가져가게 하였다. 丁은 유효한 소유권 취득
>
> ㄷ. A가 자동차를 구입하여 장애인에 대한 면세 혜택 등의 적용을 받기 위해 戊의 명
> 의를 빌려 등록하였다. 명의수탁자 戊와 그의 딸 己는 공모하여, 戊는 己에게 자
> 동차이전등록서류를 교부하고, 己는 그 자동차를 명의신탁자 A 몰래 가져와 이를
> 다른 사람에게 처분하였다. 절도죄 공동정범+

① 사안 ㄱ.에서 발행일이 기재되지 않은 수표는 적법하게 지급받을 수 없으므로
甲은 수표위조로 인한 부정수표단속법위반의 죄책을 지지 않는다.

┃해설 및 정답┃ 2014년 제3회 변호사시험 기출문제 39 　　　　　정답 ✕

대법원 2013. 12. 26. 선고 2011도7185 판결 [부정수표단속법위반]

이 문제는 부정수표단속법위반죄(백지수표 포함)·공범 아닌 공동피고인 자백과 증인 심
문·양도담보·명의신탁·공범의 공소시효정지가 쟁점이다.

[판시사항] [1] 백지수표의 발행이 부정수표 단속법의 규제를 받는지 여부(원칙적 적극)
및 백지수표를 교부받은 수표소지인이 제3자에게 유통시킬 가능성이 없고 장차 백지보충
권을 행사하여 지급제시할 때에는 이미 당좌거래가 정지된 상황에 있을 것임이 수표 발
행 당시부터 명백하게 예견되는 경우, 그 백지수표 발행행위를 부정수표 단속법 제2조 제
2항 위반죄로 처벌할 수 있는지 여부(소극) [2] 백지수표의 금액란이 부당보충된 경우,
발행인이 부정수표 단속법 위반죄의 죄책을 지는지 여부 및 그 범위

[판결요지] [1] 금액과 발행일자의 기재가 없는 이른바 백지수표도 소지인이 보충권을 행
사하여 금액과 날짜를 기입하면 완전무결한 유가증권인 수표가 되는 것이다. 특별한 사
정이 없는 한 백지수표를 발행하는 그 자체로서 보충권을 소지인에게 부여하였다고 보아
야 한다. 수표면이나 그 부전에 명시되어 있지 않는 한 보충권의 제한을 선의의 취득자
에게 대항할 수 없으므로 백지수표도 유통증권에 해당한다. 따라서 백지수표의 발행도
부정수표 단속법의 규제를 받아야 함은 물론이다. 다만 백지수표를 발행한 목적과 경위,
수표소지인 지위의 공공성, 발행인과의 계약관계 및 그 내용, 예정된 백지보충권 행사의
사유 등에 비추어 백지수표를 교부받은 수표소지인이 이를 제3자에게 유통시킬 가능성이
없을 뿐만 아니라 장차 백지보충권을 행사하여 지급제시를 하게 될 때에는 이미 당좌거

래가 정지된 상황에 있을 것임이 그 수표 발행 당시부터 명백하게 예견되는 등의 특별한 사정이 인정된다면, 그 백지수표는 유통증권성을 가지지 아니한 단순한 증거증권에 지나지 아니하는 것이다. 그러한 백지수표를 발행한 행위에 대해서까지 부정수표 단속법 제2조 제2항 위반죄로 처벌할 수는 없다.

[2] 백지수표의 금액란이 부당보충된 경우, 적어도 보충권의 범위 내에서는 백지수표의 발행인이 그 금액을 보충한 것과 다를 바 없어 백지수표의 발행인은 그 범위 내에서는 부정수표 단속법 위반죄의 죄책을 진다고 할 것이다. 이와 달리 보충권을 넘어서는 금액에 관하여는 발행인이 그와 같은 금액으로 보충한 것과 동일하게 볼 수는 없다. 그러므로 그 발행인에게 보충권을 넘어서는 금액에 대하여까지 부정수표 단속법 위반죄의 죄책을 물을 수는 없다.

② 사안 ㄱ.에서 甲과 乙이 공동피고인으로 기소된 경우 乙이 피고인으로서 "甲으로부터 그가 위조한 수표를 받은 사실이 있다."라고 한 법정진술은 甲이 乙에게 위조수표를 교부한 사실에 대한 증거로 사용할 수 있다.

║해설 및 정답║ 2014년 제3회 변호사시험 기출문제 39　　　　　　　　　**정답** ✕

대법원 1982. 6. 22. 선고 82도898 판결 [뇌물공여·관세법위반·방위세법위반·해외이주법위반·폭력행위 등에 관한 법률위반]

[판시사항] 피고인과 별개의 범죄사실로 기소되어 병합 심리중인 공동피고인의 법정 및 검찰진술의 증거능력

[판결요지] 피고인과 별개의 범죄사실로 기소되어 병합심리되고 있던 공동피고인은 피고인에 대한 관계에서는 증인의 지위에 있음에 불과하므로 선서없이 한 그 공동피고인의 법정 및 검찰진술은 피고인에 대한 공소범죄사실을 인정하는 증거로 할 수 없다.

　☞ 2018년 제7회 변호사시험 기출문제 34·2013년 제2회 변호사시험 기출문제 37·2012년 제1회 변호사시험 기출문제 27

③ 사안 ㄴ.에서 위 동산의 실질적인 소유권은 채무자에게 있으므로 丙과 丁은 절도죄의 공동정범의 죄책을 진다.

║해설 및 정답║ 2014년 제3회 변호사시험 기출문제 39　　　　　　　　　**정답** ✕

대법원 2008. 11. 27. 선고 2006도4263 판결 [절도]

[판시사항] [1] 점유개정 방식의 동산 양도담보계약에서 소유권의 귀속관계 [2] 동산의 양도담보권자가 채무자의 점유 아래 있는 담보목적물을 매각하고 목적물반환청구권을 양도한 다음 매수인으로 하여금 목적물을 취거하게 한 경우, 절도죄의 성립 여부(소극)

[판결요지] [1] 금전채무를 담보하기 위하여 채무자가 그 소유의 동산을 채권자에게 양도하되 점유개정에 의하여 채무자가 이를 계속 점유하기로 한 경우, 특별한 사정이 없는 한 동산의 소유권은 신탁적으로 이전된다. 채권자와 채무자 사이의 대내적 관계에서 채무자는 의연히 소유권을 보유한다. 대외적인 관계에 있어서 채무자는 동산의 소유권을 이미

채권자에게 양도한 무권리자가 된다. 따라서 동산에 관하여 양도담보계약이 이루어지고 채권자가 점유개정의 방법으로 인도를 받았다면, 그 정산절차를 마치기 전이라도 양도담보권자인 채권자는 제3자에 대한 관계에 있어서는 담보목적물의 소유자로서 그 권리를 행사할 수 있다.

[2] 양도담보권자인 채권자가 제3자에게 담보목적물인 동산을 매각한 경우, 제3자는 채권자와 채무자 사이의 정산절차 종결 여부와 관계없이 양도담보 목적물을 인도받음으로써 소유권을 취득하게 되고, 양도담보의 설정자가 담보목적물을 점유하고 있는 경우에는 그 목적물의 인도는 채권자로부터 목적물반환청구권을 양도받는 방법으로도 가능하다. **채권자가 양도담보 목적물을 위와 같은 방법으로 제3자에게 처분하여 그 목적물의 소유권을 취득하게 한 다음 그 제3자로 하여금 그 목적물을 취거하게 한 경우, 그 제3자로서는 자기의 소유물을 취거한 것에 불과하므로, 채권자의 이 같은 행위는 절도죄를 구성하지 않는다.**

④ 사안 ㄷ.에서 위 자동차에 대한 실질적인 소유권은 A에게 있으므로 戊와 己는 절도죄의 공동정범의 죄책을 진다.

> **해설 및 정답** 2014년 제3회 변호사시험 기출문제 39 　　　　　　　　　　　　　**정답** ○
> 대법원 2007. 1. 11. 선고 2006도4498 판결 [사기·절도]
> [판시사항] [1] 자동차, 중기에 관하여 명의신탁관계가 인정될 수 있는지 여부(적극) [2] **자동차 명의신탁관계에서 제3자가 명의수탁자로부터 승용차를 가져가 매도할 것을 허락받고 명의신탁자 몰래 가져간 경우, 위 제3자와 명의수탁자의 공모·가공에 의한 절도죄의 공모공동정범이 성립한다고 한 사례** [3] 자동차의 명의수탁자가 명의신탁 사실을 고지하지 않고, 나아가 자신 소유라는 말을 하면서 자동차를 제3자에게 매도하고 이전등록까지 마쳐 준 경우, 매수인에 대한 사기죄가 성립하는지 여부(소극)
> [판결요지] 자동차 명의신탁관계에서 제3자가 명의수탁자로부터 승용차를 가져가 매도할 것을 허락받고 인감증명 등을 교부받아 위 승용차를 명의신탁자 몰래 가져간 경우, 위 제3자와 명의수탁자의 공모·가공에 의한 절도죄의 공모공동정범이 성립한다고 한 사례.

⑤ 사안 ㄷ.에서 공소시효의 진행은 개별적으로 진행되므로 戊가 먼저 기소되어 유죄판결을 받아 그 판결이 확정된 경우 戊가 기소되어 판결이 확정될 때까지의 기간 동안 己에 대한 공소시효의 진행은 정지되지 않는다.

> **해설 및 정답** 2014년 제3회 변호사시험 기출문제 39 　　　　　　　　　　　　　**정답** ×

제11강 2013년 제2회 변호사시험 선택형 종합문제

2013년 제2회 변호사시험 선택형 종합문제   32 · 35 · 36 · 37 · 38 · 39 · 40

출제분석

- 32번 | 죄수(도로교통법 음주운전죄와 특가법 위험운전치상죄 실체경합, 도로교통법 업무상과실손괴죄와 특가법 위험운전치상죄 상상경합)·위법수집증거배제법칙·임의제출물 압수로의 의미

- 35번 | 죄수(주거침입죄와 특수절도죄 실체경합)·특수절도(합동절도)·공소권남용공소장변경

- 36번 | 협박죄 기수시기·휴대전화기 문자정보·사진 증거능력·전문법칙

- 37번 | 증인적격·위증죄·증언거부권 불고지·쌍방 폭행 공동피고인

- 38번 | 공연성·형사소송법 제312조 제1항·제2항 검사 작성 피의자신문조서 증거능력·제312조 제3항 사법경찰관 작성 피의자신문조서 증거능력사법경찰관 피고인자백을 내용으로 하는 피의자 아닌 자의 진술과 자백보강법칙·고소취소

- 39번 | 보험사기 실행착수와 기수시기·공소장변경·확정판결 기판력

- 40번 | 입목절도 기수시기(채취시)·장물운반죄·구속전피의자심문조서 형사소송법 제315조 제3호 증거능력

---

01 ★★★★★

甲은 만취하여 정상적인 운전이 곤란한 상태로 도로에서 자동차를 운전하다가^{도로교통법} 음주운전죄+ 과실로 보행자를 들이받아 그를 사망케하고 자신은 그 충격으로 기절하였다.^{특 가법 위험운전치사죄+} 의식을 잃은 甲이 병원 응급실로 호송되자, 출동한 경찰관은 법원으로부터 압수·수색 또는 검증 영장을 발부받지 아니한 채 甲의 아들의 채혈동의를 받고 의사로 하여금 甲으로부터 채혈하도록 한 다음 이를 감정의뢰하였으나, 사후적으로도 지체 없이 이에 대한 법원의 영장을 발부받지 않았다.^{위법수집증거+, 증거능력-} 위 사례에 대한 설명 중 옳지 않은 것은? (다툼이 있는 경우 판례에 의함)

① 甲은 특정범죄가중처벌등에관한법률위반(위험운전치사상)죄와 도로교통법위반(음주운전)죄의 실체적 경합범에 해당한다.

해설 및 정답 2013년 제2회 변호사시험 기출문제 32   **정답** ○

대법원 2008. 11. 13. 선고 2008도7143 판결 [특정범죄가중처벌등에관한법률위반(위험운전치사상)·도로교통법위반(음주운전)]

[판시사항] 특정범죄가중처벌 등에 관한 법률상 '위험운전치사상죄'와 도로교통법상 '음주운전죄'의 관계(=실체적 경합)

[판결요지] 음주로 인한 특정범죄가중처벌 등에 관한 법률 위반(위험운전치사상)죄와 도로교통법 위반(음주운전)죄는 **입법 취지와 보호법익 및 적용영역을 달리하는 별개의 범죄**

이다. 그러므로 양 죄가 모두 성립하는 경우 두 죄는 실체적 경합관계에 있다.

② 위 채혈로 수집한 甲에 대한 혈액의 감정에 따라 甲이 도로교통법상 음주운전에 해당하더라도 그 혈액을 이용한 혈중알코올농도에 관한 감정서에 대하여는 증거능력이 부정된다.

┃해설 및 정답┃ 2013년 제2회 변호사시험 기출문제 32   **정답** ○

대법원 2011. 4. 28. 선고 2009도2109 판결 [도로교통법위반(음주운전)·도로교통법위반(무면허운전)]

[사실관계] 피고인이 운전 중 교통사고를 내고 의식을 잃은 채 병원 응급실로 호송되자, 출동한 경찰관이 법원으로부터 압수·수색 또는 검증 영장을 발부받지 아니한 채 피고인의 동서로부터 채혈동의를 받고 의사로 하여금 채혈을 하도록 한 사안이다.

[판시사항] [1] 헌법과 형사소송법이 정한 절차를 위반하여 수집한 증거와 이를 기초로 획득한 2차적 증거의 증거능력 유무(＝원칙적 소극) 및 그 판단 기준 [2] 피고인의 동의 또는 영장 없이 채취한 혈액을 이용한 감정결과보고서 등의 증거능력 유무(소극) [3] 위 혈액을 이용한 혈중알콜농도에 관한 감정서 등의 증거능력을 부정하여 피고인에 대한 구 도로교통법 위반(음주운전)의 공소사실을 무죄로 판단한 원심판결을 수긍한 사례.

[판결요지] [1] 압수·수색·검증 및 감정처분에 관한 적법절차와 영장주의의 근간을 선언한 헌법과 이를 이어받아 실체적 진실 규명과 개인의 권리보호 이념을 조화롭게 실현할 수 있도록 압수·수색·검증 및 감정처분절차에 관한 구체적 기준을 마련하고 있는 형사소송법의 규범력은 확고히 유지되어야 한다. 그러므로 2차적 증거 역시 유죄 인정의 증거로 삼을 수 없다. 오히려 그 증거의 증거능력을 배제하는 것이 헌법과 형사소송법이 형사소송에 관한 절차 조항을 마련하여 적법절차의 원칙과 실체적 진실 규명의 조화를 도모하고 이를 통하여 형사사법 정의를 실현하려고 한 취지에 반하는 결과를 초래하는 것으로 평가되는 예외적인 경우라면, 법원은 그 증거를 유죄 인정의 증거로 사용할 수 있다고 보아야 한다. 이는 적법한 절차에 따르지 아니하고 수집한 증거를 기초로 하여 획득한 2차적 증거의 경우에도 마찬가지여서, 절차에 따르지 아니한 증거 수집과 2차적 증거 수집 사이에 인과관계가 희석 또는 단절되었는지 여부를 중심으로 2차적 증거 수집과 관련된 사정을 전체적·종합적으로 고려하여 볼 때 위와 같은 예외적인 경우에 해당한다고 볼 수 있으면 유죄 인정의 증거로 사용할 수 있다.

[2] 형사소송법 제215조 제2항, 제216조 제3항, 제221조, 제221조의4, 제173조 제1항의 규정을 위반하여 수사기관이 법원으로부터 영장 또는 감정처분허가장을 발부받지 아니한 채 피의자의 동의 없이 피의자의 신체로부터 혈액을 채취하고 사후적으로도 지체 없이 이에 대한 영장을 발부받지도 아니한 채 강제채혈한 피의자의 혈액 중 알콜농도에 관한 감정이 이루어졌다면, 이러한 감정결과보고서 등은 형사소송법상 영장주의 원칙을 위반하여 수집되거나 그에 기초한 증거로서 그 절차 위반행위가 적법절차의 실질적인 내용을 침해하는 정도에 해당하고, 이러한 증거는 피고인이나 변호인의 증거동의가 있다고 하더라도 유죄의 증거로 사용할 수 없다.

[3] 적법한 절차에 따르지 아니하고 수집된 피고인의 혈액을 이용한 혈중알콜농도에 관

한 국립과학수사연구소 감정서 및 이에 기초한 주취운전자적발보고서의 증거능력을 부정한 것은 정당하다.

③ 만약 만취한 甲이 관리인이 있는 공영주차장 내에서 운전하였다 해도 도로교통법상 음주운전에 해당한다.

│해설 및 정답│ 2013년 제2회 변호사시험 기출문제 32 　　　　　　　　　　　　**정답** ○

대법원 2005. 9. 15. 선고 2005도3781 판결 [도로교통법위반(음주운전)]
공용주차장도 음주운전죄의 도로에 해당한다.
[판시사항] [1] 도로교통법 제2조 제1호에서 도로의 개념으로 정한 '일반교통에 사용되는 모든 곳'의 의미 **[2] 지역 일대의 주차난 해소 등의 공익적 목적을 가지고 설치된 공영주차장이 불특정 다수의 사람 또는 차량의 통행을 위하여 공개된 장소로서 도로교통법 제2조 제1호에서 말하는 도로에 해당한다**고 한 사례. [3] 도로교통법 제2조 제19호에서 말하는 '운전'의 의미 및 도로에서 주차된 다른 차량의 출입의 편의를 위하여 주차시켜 놓았던 차량을 이동시켜 주기 위하여 자동차의 시동을 걸어 이동한 것이 도로교통법상의 '운전'에 해당하는지 여부(적극).
도로교통법 제2조 제26호 "운전"이란 도로(제44조·제45조·제54조제1항·제148조 및 제148조의2의 경우에는 도로 외의 곳을 포함한다)에서 차마를 그 본래의 사용방법에 따라 사용하는 것(조종을 포함한다)을 말한다. 도로 외의 곳에서 술에 취한 상태로 운전하면 음주운전에 해당한다.

④ 만약 경찰관이 간호사로부터 진료 목적으로 이미 채혈되어 있는 혈액 중 일부를 음주운전 여부에 대한 감정 목적으로 임의로 제출받은 경우였다면, 그 압수절차가 피고인 또는 피고인 가족의 동의 및 영장 없이 행하여졌다고 하더라도 이에 적법절차를 위반한 위법이 있다고 할 수 없다.

│해설 및 정답│ 2013년 제2회 변호사시험 기출문제 32 　　　　　　　　　　　　**정답** ○

대법원 1999. 9. 3. 선고 98도968 판결 [교통사고처리특례법위반]
[판시사항] 경찰관이 간호사로부터 진료 목적으로 채혈된 피고인의 혈액 중 일부를 주취운전 여부에 대한 감정을 목적으로 제출받아 압수한 경우, 적법절차의 위반 여부(소극)
[판결요지] 형사소송법 제218조는 "검사 또는 사법경찰관은 피의자, 기타인의 유류한 물건이나 소유자, 소지자 또는 보관자가 **임의로 제출한 물건을 영장 없이 압수할 수 있다.**"라고 규정하고 있다. 같은 법 제219조에 의하여 준용되는 제112조 본문은 "변호사, 변리사, 공증인, 공인회계사, 세무사, 대서업자, 의사, 한의사, 치과의사, 약사, 약종상, 조산사, 간호사, 종교의 직에 있는 자 또는 이러한 직에 있던 자가 그 업무상 위탁을 받아 소지 또는 보관하는 물건으로 타인의 비밀에 관한 것은 **압수를 거부할 수 있다.**"라고 규정하고 있을 뿐이다. 달리 형사소송법 및 기타 법령상 의료인이 진료 목적으로 채혈한 혈액을 수사기관이 수사 목적으로 압수하는 절차에 관하여 특별한 절차적 제한을 두고 있지 않다.

그러므로 의료인이 진료 목적으로 채혈한 환자의 혈액을 수사기관에 임의로 제출하였다면 그 혈액의 증거사용에 대하여도 환자의 사생활의 비밀 기타 인격적 법익이 침해되는 등의 특별한 사정이 없는 한 반드시 그 환자의 동의를 받아야 하는 것이 아니다. 따라서 경찰관이 간호사로부터 진료 목적으로 이미 채혈되어 있던 피고인의 혈액 중 일부를 주취운전 여부에 대한 감정을 목적으로 임의로 제출 받아 이를 압수한 경우, 당시 **간호사가 위 혈액의 소지자 겸 보관자인 병원 또는 담당의사를 대리하여 혈액을 경찰관에게 임의로 제출할 수 있는 권한이 없었다고 볼 특별한 사정이 없는 이상, 그 압수절차가 피고인 또는 피고인의 가족의 동의 및 영장 없이 행하여졌다고 하더라도 이에 적법절차를 위반한 위법이 있다고 할 수 없다.**

⑤ 만약 위 사례에서 甲이 다른 자동차를 충격하여 그 운전자를 사망케 함과 동시에 그 자동차를 손괴하였다면, 특정범죄가중처벌등에관한법률위반(위험운전치사상)죄, 도로교통법위반(음주운전)죄, 업무상 과실재물손괴로 인한 도로교통법위반죄의 실체적 경합범에 해당한다.(① 도로교통법 음주운전죄+, ② 도로교통법 업무상 과실재물손괴죄+, ③ 특정범죄가중처벌등에관한법률위반(위험운전치사상죄)+, ②와 ③은 상상경합이다. ①과 ③은 실체적 경합범에 해당한다.)

┃해설 및 정답┃ 2013년 제2회 변호사시험 기출문제 32　　　**정답** ×

대법원 2010. 1. 14. 선고 2009도10845 판결 [특정범죄가중처벌등에관한법률위반(위험운전치사상) · 도로교통법위반(음주운전) · 도로교통법위반 · 도로교통법위반(무면허운전)]

[사실관계] 자동차 운전면허 없이 술에 취하여 정상적인 운전이 곤란한 상태에서 차량을 운전하던 중 전방에 신호대기로 정차해 있던 화물차의 뒷부분을 들이받아 그 화물차가 밀리면서 그 앞에 정차해 있던 다른 화물차를 들이받도록 함으로써, 피해자에게 상해를 입게 함과 동시에 위 각 화물차를 손괴하였다.

[판시사항] [1] 특정범죄가중처벌 등에 관한 법률상 '위험운전치사상죄'와 도로교통법상 '업무상과실 재물손괴죄'의 죄수관계(=상상적 경합) [2] 특정범죄가중처벌 등에 관한 법률 위반(위험운전치사상)죄와 각 업무상과실 재물손괴로 인한 도로교통법 위반죄는 실체적 경합관계라고 본 원심판결에 죄수관계에 관한 법리를 오해한 위법이 있다고 한 사례.

[판결요지] [1] 음주 또는 약물의 영향으로 정상적인 운전이 곤란한 상태에서 자동차를 운전하여 사람을 상해에 이르게 함과 동시에 다른 사람의 재물을 손괴한 때에는 특정범죄가중처벌 등에 관한 법률 위반(위험운전치사상)죄 외에 업무상과실 재물손괴로 인한 도로교통법 위반죄가 성립하고, 위 두 죄는 **1개의 운전행위로 인한 것으로서 상상적 경합관계에 있다.**

[2] 공소사실에 대하여, 유죄로 인정되는 각 범죄 중 도로교통법 위반(음주운전)죄와 도로교통법 위반(무면허운전)죄 상호간만 상상적 경합관계에 있고 특정범죄가중처벌 등에 관한 법률 위반(위험운전치사상)죄와 각 업무상과실 재물손괴로 인한 도로교통법 위반죄는 실체적 경합관계라고 본 원심판결에 죄수관계에 관한 법리를 오해한 위법이 있다고 한 사례.

02

甲, 乙, 丙, 丁은 절도를 하기로 모의하였다. 빈집털이 경험이 풍부한 甲은 乙, 丙, 丁에게 빈집털이와 관련하여 범행대상, 물색방법, 범행 시 유의사항 등을 자세히 설명하였다. 乙, 丙, 丁은 A의 집을 범행대상으로 정하고, 당일 14시 30분경 丙과 丁이 A의 집 문을 열고 침입하여 현금 800만 원을 절취하였다. 을병정-특수절도죄 +, 갑-특수절도죄 공동정범+, 병정-특가법 공동주거침입죄+ 丙과 丁이 A의 집 안으로 들어간 직후 밖에서 망을 보기로 한 乙은 갑자기 후회가 되어 현장을 이탈하였다. 검사 P는 丙과 丁을 특수절도죄, 甲을 특수절도죄에 대한 공동정범으로 기소하였으나 乙은 범행모의단계에서 기여도가 적고 절도범행이 개시되기 이전에 이탈했다는 점을 고려하여 기소유예처분을 하였다. 이 경우 다음 설명 중 옳지 않은 것을 모두 고른 것은? (다툼이 있는 경우 판례에 의함)

① 만일 丙과 丁이 금품을 절취하기 위하여 A의 집에 침입한 사실이 함께 기소되었다면, 특수절도죄와 주거침입죄의 상상적실체적 경합범으로 처벌된다.

해설 및 정답 2013년 제2회 변호사시험 기출문제 35 　　　　　　　　**정답** ✕

대법원 2009. 12. 24. 선고 2009도9667 판결 [특수절도미수]

[사실관계] '주간에' 아파트 출입문 시정장치를 손괴하다가 발각되어 도주한 피고인들이 특수절도미수죄로 기소된 사안이다.

[판시사항] [1] 형법 제331조 제2항의 특수절도에서 절도범인이 그 범행수단으로 주거에 침입한 경우, 특수절도죄와 주거침입죄와의 죄수관계(＝실체적 경합) 및 특수절도죄의 실행의 착수 시기(＝물색행위시) [2] '실행의 착수'가 없었다는 이유로 형법 제331조 제2항의 특수절도죄의 점에 대해 무죄를 선고한 원심 판단을 수긍한 사례.

[판결요지] [1] 형법 제331조 제2항의 특수절도에 있어서 주거침입은 그 구성요건이 아니다. 그러므로 절도범인이 그 범행수단으로 주거침입을 한 경우에 그 주거침입행위는 절도죄에 흡수되지 아니하고 별개로 주거침입죄를 구성하여 절도죄와는 실체적 경합의 관계에 있게 된다. 2인 이상이 합동하여 야간이 아닌 주간에 절도의 목적으로 타인의 주거에 침입하였다 하여도 아직 절취할 물건의 물색행위를 시작하기 전이라면 특수절도죄의 실행에는 착수한 것으로 볼 수 없는 것이어서 그 미수죄가 성립하지 않는다. [2] '실행의 착수'가 없었다는 이유로 형법 제331조 제2항의 특수절도죄의 점에 대해 무죄를 선고한 원심 판단을 수긍한 사례.

② 특수절도죄의 성립과 관련하여 검사 P가 범행현장에 없었던 甲을 특수절도죄의 공동정범으로 인정한 것은 대법원의 태도에 부합한다.

해설 및 정답 2013년 제2회 변호사시험 기출문제 35 　　　　　　　　**정답** ○

대법원 1998. 5. 21. 선고 98도321 전원합의체 판결 [강도상해·특수절도·사기]

[판시사항] 3인 이상이 합동절도를 모의한 후 2인 이상이 범행을 실행한 경우, 직접 실행

행위에 가담하지 않은 자에 대한 공모공동정범의 인정 여부(적극)

[판결요지] 3인 이상의 범인이 합동절도의 범행을 공모한 후 적어도 2인 이상의 범인이 범행 현장에서 시간적, 장소적으로 협동관계를 이루어 절도의 실행행위를 분담하여 절도 범행을 한 경우에는 공동정범의 일반 이론에 비추어 그 공모에는 참여하였으나 현장에서 절도의 실행행위를 직접 분담하지 아니한 다른 범인에 대하여도 그가 현장에서 절도 범행을 실행한 위 2인 이상의 범인의 행위를 자기 의사의 수단으로 하여 합동절도의 범행을 하였다고 평가할 수 있는 정범성의 표지를 갖추고 있다고 보여지는 한 **그 다른 범인에 대하여 합동절도의 공동정범의 성립을 부정할 이유가 없다고 할 것이다.** 형법 제331조 제2항 후단의 규정이 위와 같이 3인 이상이 공모하고 적어도 2인 이상이 합동절도의 범행을 실행한 경우에 대하여 공동정범의 성립을 부정하는 취지라고 해석할 이유가 없을 뿐만 아니라, 만일 공동정범의 성립가능성을 제한한다면 직접 실행행위에 참여하지 아니하면서 배후에서 합동절도의 범행을 조종하는 수괴는 그 행위의 기여도가 강력함에도 불구하고 공동정범으로 처벌받지 아니하는 불합리한 현상이 나타날 수 있다. 그러므로 합동절도에서도 공동정범과 교사범·종범의 구별기준은 일반원칙에 따라야 하고, 그 결과 범행현장에 존재하지 아니한 범인도 공동정범이 될 수 있으며, 반대로 상황에 따라서는 장소적으로 협동한 범인도 방조만 한 경우에는 종범으로 처벌될 수도 있다.

③ 검사 P는 丙과 丁은 기소하면서 乙은 기소유예처분하였는데 이는 공소제기절차가 법률의 규정에 위반된 경우이므로 법원은 공소기각판결을 선고해야 한다.

해설 및 정답 2013년 제2회 변호사시험 기출문제 35 **정답** ✕

대법원 1990. 9. 25. 선고 90도1613 판결 [국가보안법위반]

검사가 을에 대해 기소유예처분을 하였더라도, 병과 정에 대한 공소제기가 무효라고 할 수 없다.

[판시사항] [1] 기소편의주의에 의한 재량권행사에 따른 공소의 제기가 공소권남용이 되는지 여부(소극) [2] 변호인의 접견 전에 작성된 검사의 피고인에 대한 피의자신문조서의 증거능력 유무(적극) [3] 정황증거나 간접증거도 자유에 대한 보강증거가 될 수 있는지 여부(적극)

[판결요지] [1] 형사소송법 제246조와 제247조가 검사에게 자의적이고 무제한적인 소추권을 부여한 것은 아니라고 할지라도 검사는 범죄의 구성요건에 해당하여 형사적 제재를 함이 상당하다고 판단되는 경우에는 공소를 제기할 수 있고, 또 형법 제51조의 사항을 참작하여 공소를 제기하지 아니할 수 있는 재량권이 부여되어 있는 것이므로 이 재량권의 행사에 따라 공소제기하였다 하여 공소권을 남용한 경우에 해당한다고 할 수 없다.

[2] 변호인접견 전에 작성된 검사의 피고인에 대한 피의자신문조서가 증거능력이 없다고 할 수 없다.

[3] 자유에 대한 보강증거는 범죄사실 전체에 관한 것이 아니라고 하더라도 피고인의 자백이 가공적이 아니고 진실한 것이라고 인정할 수 있는 정도이면 되는 것이고 이러한 증거는 직접증거뿐 아니라 정황증거나 간접증거라도 상관없다.

④ 甲에게 특수절도죄에 대한 방조고의와 방조행위가 인정되고 실질적으로 甲의 방어권 행사에 불이익이 없는 경우 법원은 공소장변경 없이 甲을 특수절도죄의 종범으로 인정할 수 있다.

│해설 및 정답│ 2013년 제2회 변호사시험 기출문제 35   **정답** ○

대법원 2012. 6. 28. 선고 2012도2628 판결 [특정경제범죄가중처벌에관한법률위반(횡령)] [피고인4에 대하여 인정된 죄명: 특정경제범죄가중처벌등에관한법률위반(횡령)방조 · 특정경제범죄가중중처벌등에관한법률위반(배임) · 근로기준법위반 · 업무상횡령]

[판시사항] [1] 주식회사의 주주나 대표이사가 회사 소유 재산을 사적인 용도로 임의 처분한 경우, 횡령죄가 성립하는지 여부(적극) [2] 방조범 성립요건으로서 '고의'의 의미와 증명 빙법 [3] **법원이 공소장변경 없이 직권으로 공동정범으로 기소된 범죄사실을 방조사실로 인정할 수 있는지 여부(한정 적극)**

[판결요지] 형법상 방조행위는 정범이 범행을 한다는 정을 알면서 그 실행행위를 용이하게 하는 직접 · 간접의 행위를 말한다. 그러므로 **방조범은 정범의 실행을 방조한다는 이른바 방조의 고의와 정범의 행위가 구성요건에 해당하는 행위인 점에 대한 정범의 고의가 있어야 한다.** 그러나 이와 같은 고의는 내심적 사실이다. 그러므로 피고인이 이를 부정하는 경우에는 사물의 성질상 고의와 상당한 관련성이 있는 간접사실을 증명하는 방법에 의하여 입증할 수밖에 없다. 이때 무엇이 상당한 관련성이 있는 간접사실에 해당할 것인지는 정상적인 경험칙에 바탕을 두고 치밀한 관찰력이나 분석력에 의하여 사실의 연결상태를 합리적으로 판단하는 외에 다른 방법이 없다고 할 것이다.

또한 **방조범의 경우에 정범의 고의는 정범에 의하여 실현되는 범죄의 구체적 내용을 인식할 것을 요하는 것은 아니고 미필적 인식 또는 예견으로 족하다**(대법원 2005. 4. 29. 선고 2003도6056 판결 등 참조).

그리고 법원은 공소사실의 동일성이 인정되는 범위 내에서 공소가 제기된 범죄사실보다 가벼운 범죄사실이 인정되는 경우에, 그 심리의 경과 등에 비추어 볼 때 **피고인의 방어에 실질적인 불이익을 주지 아니한다면 공소장변경 없이 직권으로 가벼운 범죄사실을 인정할 수 있다고 할 것이므로, 공동정범으로 기소된 범죄사실을 방조사실로 인정할 수 있다**(대법원 2004. 6. 24. 선고 2002도995 판결, 대법원 2011. 11. 24. 선고 2009도7166 판결 등 참조).

⑤ 법원은 심리 중 甲의 행위가 특수절도죄의 공동정범이 아니라 종범에 해당하는 사실을 인정한 경우에 직권으로 이를 종범으로 인정하지 않고 특수절도죄의 공동정범에 대하여 무죄를 선고하는 것은 허용되지 않는다.

│해설 및 정답│ 2013년 제2회 변호사시험 기출문제 35   **정답** ×

대법원 2001. 12. 11. 선고 2001도4013 판결 [특수강도]

[판시사항] [1] 합동범에 있어서 공모나 모의에 대한 입증의 정도. [2] 피고인의 특수강도에 관한 공모의 의사를 부정한 원심의 조치를 수긍한 사례. [3] **법원이 공소장변경절차**

없이 직권으로 공소사실 내용보다 가벼운 범죄사실을 인정하지 아니한 조치가 위법한지 여부(한정 소극) [4] 특수강도의 공소사실은 인정할 수 없으나 공동 폭행·협박 또는 특수강도의 종범에 관한 범죄사실은 인정할 수 있다 하더라도 이를 유죄로 인정하지 아니한 원심의 조치가 위법하지는 않다고 한 사례.

[판결요지] [1] 형법 제334조 제2항 소정의 합동범에 있어서의 공모나 모의는 반드시 사전에 이루어진 것만을 필요로 하는 것이 아니다. 범행현장에서 암묵리에 의사상통하는 것도 포함된다. 그러나 이와 같은 공모나 모의는 그 '범죄될 사실'이라 할 것이므로 이를 인정하기 위하여는 엄격한 증명에 의하지 않으면 안 된다.

[2] 피고인의 특수강도에 관한 공모의 의사를 부정한 원심의 조치를 수긍한 사례.

[3] 법원은 공소사실의 동일성이 인정되는 범위 내에서 공소가 제기된 범죄사실에 포함된 보다 가벼운 범죄사실이 인정되는 경우에 심리의 경과에 비추어 피고인의 방어권행사에 실질적 불이익을 초래할 염려가 없다고 인정되는 때에는 공소장이 변경되지 않았더라도 직권으로 공소장에 기재된 공소사실과 다른 범죄사실을 인정할 수 있다.

[4] 특수강도의 공소사실은 인정할 수 없으나 공동 폭행·협박 또는 특수강도의 종범에 관한 범죄사실은 인정할 수 있다 하더라도 이를 유죄로 인정하지 아니한 원심의 조치가 위법하지는 않다고 한 사례.

03

甲은 사장 A가 자신을 해고한 것에 불만을 품고 A의 휴대전화로 "그런 식으로 살지 말라. 계속 그렇게 행동하다간 너의 가족이 무사하지 않을 것이다."라는 내용의 문자메시지를 보내고, 그 후 다시 "따님은 학교를 잘 다니고 계신지. 곧 못 볼 수도 있는 딸인데 맛있는 것 많이 사 주시지요." 라는 문자메시지를 보냈다.^{협박죄} + 이를 본 A는 전혀 공포심을 느끼지 못했다. 이 경우 다음 설명 중 옳지 않은 것은? (다툼이 있는 경우 판례에 의함)

① 협박죄에는 상대방 본인뿐만 아니라 본인과 밀접한 관계에 있는 제3자에 대한 해악을 고지하는 것도 포함되기 때문에 甲의 행위는 협박죄의 협박에 해당한다.

해설 및 정답 2013년 제2회 변호사시험 기출문제 36   **정답** ○

대법원 2010. 7. 15. 선고 2010도1017 판결 [협박]

[사실관계] 채권추심회사의 지사장이 자신의 횡령행위에 대한 민·형사상 책임을 모면하기 위하여 회사 본사에 '회사의 내부비리 등을 관계 기관에 고발하겠다'는 취지의 서면을 보내는 한편, 위 회사의 임원에게 전화를 걸어 위 서면의 내용과 같은 취지로 발언한 사안이다.

[판시사항] [1] '제3자'의 법익을 침해하겠다는 내용의 해악 고지가 피해자 본인에 대한 협박죄를 구성하는지 여부의 판단 기준 및 위 제3자에 '법인'이 포함되는지 여부(적극)

[2] '법인'이 협박죄의 객체가 될 수 있는지 여부(소극) [3] 위 회사의 임원에 대한 협박

죄를 인정한 원심의 판단을 수긍한 사례.

[판결요지] [1] 협박죄에서 협박이란 일반적으로 보아 사람으로 하여금 공포심을 일으킬 정도의 해악을 고지하는 것을 의미한다. 그 고지되는 해악의 내용, 즉 침해하겠다는 법익의 종류나 법익의 향유 주체 등에는 아무런 제한이 없다. 따라서 피해자 본인이나 그 친족뿐만 아니라 그 밖의 '제3자'에 대한 법익 침해를 내용으로 하는 해악을 고지하는 것이라고 하더라도 피해자 본인과 제3자가 밀접한 관계에 있어 그 해악의 내용이 피해자 본인에게 공포심을 일으킬 만한 정도의 것이라면 협박죄가 성립할 수 있다. 이 때 '제3자'에는 자연인뿐만 아니라 법인도 포함된다 할 것인데, 피해자 본인에게 법인에 대한 법익을 침해하겠다는 내용의 해악을 고지한 것이 피해자 본인에 대하여 공포심을 일으킬 만한 정도가 되는지 여부는 고지된 해악의 구체적 내용 및 그 표현방법, 피해자와 법인의 관계, 법인 내에서의 피해자의 지위와 역할, 해악의 고지에 이르게 된 경위, 당시 법인의 활동 및 경제적 상황 등 여러 사정을 종합하여 판단하여야 한다.

[2] 협박죄는 사람의 의사결정의 자유를 보호법익으로 하는 범죄이다. 형법규정의 체계상 개인적 법익, 특히 사람의 자유에 대한 죄 중 하나로 구성되어 있다. 위와 같은 협박죄의 보호법익, 형법규정상 체계, 협박의 행위 개념 등에 비추어 볼 때, **협박죄는 자연인만을 그 대상으로 예정하고 있을 뿐 법인은 협박죄의 객체가 될 수 없다.**

[3] 위 상무이사에 대한 협박죄를 인정한 원심의 판단을 수긍한 사례.

형법 제283조(협박 · 존속협박)

① 《다른 사람을》 협박한 사람은 3년 이하 징역 · 500만원 이하 벌금형 · 구류형 · 과료형으로 처벌된다. 〈개정 1995.12.29〉

② 《자기직계존속 · 배우자직계존속을》 협박한 사람은 5년 이하 징역형 · 700만원 이하 벌금형으로 처벌된다.
〈개정 1995.12.29〉

③ 제1항 · 제2항 죄는 피해자 명시한 의사에 반하여 공소가 제기될 수 없다. 〈개정 1995.12.29.〉

형법 제284조(특수협박)

다음 각 호 어느 행위로 제283조 제1항 · 제2항 죄를 범한 사람은 7년 이하 징역형 · 1천만원 이하 벌금형으로 처벌된다.

1. 단체위력을 보임
2. 다중위력을 보임
3. 위험물건을 보임

형법 제285조(상습범)

상습으로 제283조 제1항 · 제2항 · 제284조 죄를 범한 사람은 그 죄에 정한 법정형 2분의 1까지 가중처벌된다.

형법 제286조(미수범)

제283조 · 제284조 · 제285조 미수범은 처벌된다.

② 만일 甲에게 협박죄가 성립한다면 협박죄는 위험범이므로 A가 공포심을 느끼지 못했다고 하더라도 협박죄의 기수가 된다.

해설 및 정답 | 2013년 제2회 변호사시험 기출문제 36 　　　　　　　**정답** ○

대법원 2007. 9. 28. 선고 2007도606 전원합의체 판결 [형의실효등에관한법률위반·협박]

[사실관계] 정보보안과 소속 경찰관이 자신의 지위를 내세우면서 타인의 민사분쟁에 개입하여 빨리 채무를 변제하지 않으면 상부에 보고하여 문제를 삼겠다고 말한 사안이다.

[판시사항] [1] **협박죄의 기수에 이르기 위하여 상대방이 현실적으로 공포심을 일으킬 것을 요하는지 여부(소극)** [2] **객관적으로 상대방이 공포심을 일으키기에 충분한 정도의 해악의 고지에 해당하므로 현실적으로 피해자가 공포심을 일으키지 않았다 하더라도 협박죄의 기수에 이르렀다고 본 사례.** [3] 권리행사나 직무집행의 일환으로 해악을 고지한 경우, 협박죄의 성립 여부 [4] 정보보안과 소속 경찰관이 자신의 지위를 내세우면서 타인의 민사분쟁에 개입하여 빨리 채무를 변제하지 않으면 상부에 보고하여 문제를 삼겠다고 말한 사안에서, **상대방이 채무를 변제하고 피해 변상을 하는지 여부에 따라 직무집행 여부를 결정하겠다는 취지이더라도 정당한 직무집행이라거나 목적 달성을 위한 상당한 수단으로 인정할 수 없어 정당행위에 해당하지 않는다고 한 사례.** [5] 구 형의 실효 등에 관한 법률 제6조 제2항 등에서 말하는 '수사자료표의 내용 누설'의 의미

[판결요지] [1] [다수의견] (가) 협박죄가 성립하려면 고지된 해악의 내용이 행위자와 상대방의 성향, 고지 당시의 주변 상황, 행위자와 상대방 사이의 친숙의 정도 및 지위 등의 상호관계, 제3자에 의한 해악을 고지한 경우에는 그에 포함되거나 암시된 제3자와 행위자 사이의 관계 등 행위 전후의 여러 사정을 종합하여 볼 때에 일반적으로 **사람으로 하여금 공포심을 일으키게 하기에 충분한 것이어야 하지만, 상대방이 그에 의하여 현실적으로 공포심을 일으킬 것까지 요구하는 것은 아니며, 그와 같은 정도의 해악을 고지함으로써 상대방이 그 의미를 인식한 이상, 상대방이 현실적으로 공포심을 일으켰는지 여부와 관계없이 그로써 구성요건은 충족되어 협박죄의 기수에 이르는 것으로 해석하여야 한다.** (나) 결국, 협박죄는 사람의 의사결정의 자유를 보호법익으로 하는 위험범이라 봄이 상당하다. 협박죄의 미수범 처벌조항은 해악의 고지가 현실적으로 상대방에게 도달하지 아니한 경우나, 도달은 하였으나 상대방이 이를 지각하지 못하였거나 고지된 해악의 의미를 인식하지 못한 경우 등에 적용될 뿐이다.

[2] 객관적으로 상대방이 공포심을 일으키기에 충분한 정도의 해악의 고지에 해당하므로 현실적으로 피해자가 공포심을 일으키지 않았다 하더라도 협박죄의 기수에 이르렀다고 본 사례.

[3] 권리행사나 직무집행의 일환으로 상대방에게 일정한 해악을 고지한 경우, 그 해악의 고지가 정당한 권리행사나 직무집행으로서 사회상규에 반하지 아니하는 때에는 협박죄가 성립하지 아니하나, 외관상 권리행사나 직무집행으로 보이더라도 **실질적으로 권리나 직무권한의 남용이 되어 사회상규에 반하는 때에는 협박죄가 성립한다고 보아야 할 것이다.** 구체적으로는 그 해악의 고지가 정당한 목적을 위한 상당한 수단이라고 볼 수 있으면 위법성이 조각된다. 그러나 위와 같은 관련성이 인정되지 아니하는 경우에는 그 위법성이 조각되지 아니한다.

③ 검사가 유죄의 증거로 문자정보가 저장되어 있는 휴대전화기를 법정에 제출하는 경우 그 휴대전화기에 저장된 문자정보는 그 자체가 증거로 사용될 수 있다.

해설 및 정답 2013년 제2회 변호사시험 기출문제 36　　　　　　　　　**정답** ○

휴대전화기에 저장된 문자정보가 그 증거가 되는 경우, 그 문자정보는 범행의 직접적인 수단이고 경험자의 진술에 갈음하는 대체물에 해당하지 않으므로, 형사소송법 제310조의2에서 정한 전문법칙이 적용되지 않는다.

대법원 2008. 11. 13. 선고 2006도2556 판결 [정보통신망이용촉진및정보보호등에관한법률위반(음란물유포등)]

[판시사항] [1] 구 정보통신망 이용촉진 및 정보보호 등에 관한 법률 제65조 제1항 제3호 위반죄와 관련하여 **휴대전화기에 저장된 문자정보 및 이를 휴대전화기 화면에 띄워 촬영한 사진의 증거능력** [2] 구 정보통신망 이용촉진 및 정보보호 등에 관한 법률 제65조 제1항 제3호 **위반죄와 관련하여 휴대전화기에 저장된 문자정보가 증거로 제출된 경우, 형사소송법 제310조의2의 전문법칙이 적용되는지 여부(소극)** [3] 구 정보통신망 이용촉진 및 정보보호 등에 관한 법률 제65조 제1항 제3호 위반죄와 관련하여 **문자메시지로 전송된 문자정보를 휴대전화기 화면에 띄워 촬영한 사진에 대하여, 피고인이 성립 및 내용의 진정을 부인한다는 이유로 증거능력을 부정한 것은 위법하다고 한 사례.**

[판결요지] [1] 검사가 위 죄에 대한 유죄의 증거로 문자정보가 저장되어 있는 휴대전화기를 법정에 제출하는 경우, 휴대전화기에 저장된 문자정보 그 자체가 범행의 직접적인 수단으로서 증거로 사용될 수 있다. 또한, 검사는 휴대전화기 이용자가 그 문자정보를 읽을 수 있도록 한 휴대전화기의 화면을 촬영한 사진을 증거로 제출할 수도 있다. 그런데 이를 증거로 사용하려면 문자정보가 저장된 휴대전화기를 법정에 제출할 수 없거나 그 제출이 곤란한 사정이 있고, 그 사진의 영상이 휴대전화기의 화면에 표시된 문자정보와 정확하게 같다는 사실이 증명되어야 한다.

[2] 형사소송법 제310조의2는 사실을 직접 경험한 사람의 진술이 법정에 직접 제출되어야 하고 이에 갈음하는 대체물인 진술 또는 서류가 제출되어서는 안 된다는 이른바 전문법칙을 선언한 것이다. 그런데 정보통신망을 통하여 공포심이나 불안감을 유발하는 글을 반복적으로 상대방에게 도달하게 하는 행위를 하였다는 공소사실에 대하여 **휴대전화기에 저장된 문자정보가 그 증거가 되는 경우, 그 문자정보는 범행의 직접적인 수단이고 경험자의 진술에 갈음하는 대체물에 해당하지 않으므로, 형사소송법 제310조의2에서 정한 전문법칙이 적용되지 않는다.**

[3] 구 정보통신망 이용촉진 및 정보보호 등에 관한 법률(2005. 12. 30. 법률 제7812호로 개정되기 전의 것) 제65조 제1항 제3호 위반죄와 관련하여 **문자메시지로 전송된 문자정보를 휴대전화기 화면에 띄워 촬영한 사진에 대하여, 피고인이 성립 및 내용의 진정을 부인한다는 이유로 증거능력을 부정한 것은 위법하다고 한 사례.**

④ 휴대전화기 이용자가 문자정보가 저장된 휴대전화기를 법정에 제출할 수 없거나 그 제출이 곤란한 사정이 있는 경우, 검사는 그 문자정보를 읽을 수 있도록 한 휴대전화기의 화면을 촬영한 사진을 증거로 제출할 수 있다.

해설 및 정답 2013년 제2회 변호사시험 기출문제 36   **정답** ○
대법원 2008. 11. 13. 선고 2006도2556 판결 [정보통신망이용촉진및정보보호등에관한법률위반(음란물유포등)]

⑤ 휴대전화기에 저장된 문자정보는 경험자의 진술에 갈음하는 대체물에 해당되므로 형사소송법 제310조의2에서 정한 전문법칙이 ~~적용된다.~~

해설 및 정답 2013년 제2회 변호사시험 기출문제 36   **정답** ✕
대법원 2008. 11. 13. 선고 2006도2556 판결

---

04 ★★★★★

甲과 乙은 쌍방 폭행사건으로 기소되어 공동피고인으로 재판을 받고 있으면서, 공판기일에 甲은 자신은 결코 乙을 때린 적이 없으며, 오히려 자신이 폭행의 피해자라고 주장하였다. 그러던 중 乙을 피고인으로 하는 폭행사건이 변론분리되었고, 그 재판에서 법원은 甲을 증인으로 채택하였다. 甲은 증인으로 선서한 후 乙에 대한 폭행 여부에 대하여 신문을 받았는데, 乙에 대한 폭행을 시인하면 자신의 유죄를 인정하는 것이 되기 때문에 증언거부를 할 수 있었고, 乙에 대한 폭행을 부인하면 위증죄로 처벌받을 수도 있는 상황이었다. 이와 같이 甲에게 증언거부사유가 발생하였음에도 재판장은 증언거부권을 고지하지 아니하고 증인신문절차를 진행하였다. 甲은 결코 乙을 때리지 않았으며, 오히려 자신이 피해자라는 종전의 주장을 되풀이하였으나 이후 甲의 증언이 허위임이 밝혀졌다. 이 경우 다음 설명 중 옳은 것은? (다툼이 있는 경우 판례에 의함)

① 변론분리 전 甲과 乙은 공범 아닌 공동피고인의 관계에 있으므로 甲은 乙의 피고사건에 대하여 ~~증인적격이 없고,~~ 증인지위에 있고, 따라서 甲은 위증죄의 주체가 될 수 ~~없다.~~ 있다.

해설 및 정답 2013년 제2회 변호사시험 기출문제 37   **정답** ✕
대법원 1982. 6. 22. 선고 82도898 판결 [뇌물공여·관세법위반·방위세법위반·해외이주법위반·폭력행위 등에 관한 법률위반]
[판시사항] 피고인과 별개의 범죄사실로 기소되어 병합 심리 중인 공동피고인의 법정 및 검찰진술의 증거능력

[판결요지] 피고인과 별개의 범죄사실로 기소되어 병합심리되고 있던 공동피고인은 피고인에 대한 관계에서는 증인의 지위에 있음에 불과하므로 선서없이 한 그 공동피고인의 법정 및 검찰진술은 피고인에 대한 공소범죄사실을 인정하는 증거로 할 수 없다.

② 증인 甲에게 증언거부사유가 존재함에도 불구하고 증언거부권을 고지받지 않은 채 허위진술을 한 경우 위증죄가 성립하지 않는 것이 원칙이지만, 증언거부권을 고지받았더라도 증언거부권을 포기하고 허위진술을 하였을 것이라는 점이 인정되는 등 그 진술이 자신의 진정한 의사에 의한 것이라고 볼 수 있는 경우에는 위증죄가 성립한다.

┃해설 및 정답┃ 2013년 제2회 변호사시험 기출문제 37　　　　　　　　　**정답** ○

대법원 2010. 2. 25. 선고 2007도6273 판결 [위증]

[사실관계] 전 남편에 대한 도로교통법 위반(음주운전) 사건의 증인으로 법정에 출석한 전처(前妻)가 증언거부권을 고지받지 않은 채 공소사실을 부인하는 전 남편의 변명에 부합하는 내용을 적극적으로 허위 진술한 사안이다.

[판시사항] [1] 재판장이 신문 전에 증언거부권을 고지하지 않은 경우 위증죄 성립 여부의 판단 기준 [2] 위증죄의 성립을 긍정한 사례.

[판결요지] [1] 증인이 침묵하지 아니하고 진술한 것이 자신의 진정한 의사에 의한 것인지 여부를 기준으로 위증죄의 성립 여부를 판단하여야 한다.

[2] 증인으로 출석하여 증언한 경위와 그 증언 내용, 증언거부권을 고지받았더라도 그와 같이 증언을 하였을 것이라는 취지의 진술 내용 등을 전체적·종합적으로 고려할 때 선서 전에 재판장으로부터 증언거부권을 고지받지 아니하였다 하더라도 이로 인하여 증언거부권이 사실상 침해당한 것으로 평가할 수는 없다는 이유로 위증죄의 성립을 긍정한 사례.

　　☞ 2018년 제7회 변호사시험 기출문제 34·2014년 제3회 변호사시험 기출문제 39·2012년 제1회 변호사시험 기출문제 27

③ 재판장으로부터 증언거부권을 고지받지 않고 행한 甲의 증언은 효력이 없다.

┃해설 및 정답┃ 2013년 제2회 변호사시험 기출문제 37　　　　　　　　　**정답** ×

대법원 1957. 3. 8. 선고 4290형상23 판결 [위증교사]

[판시사항] [1] 선서 무능력자의 선서와 증언의 효력 [2] 증언거부권 불고지와 증언의 효력

[판결요지] [1] 선서 무능력자에 대하야 선서케하고 신문한 경우라 할지라도 그 선서만이 무효가 되고 그 증언의 효력에 관하여는 영향이 없고 유효하다.

[2] 증인신문에 당하야 증언거부권 있음을 설명하지 아니한 경우라 할지라도 증인이 선서하고 증언한 이상 그 증언의 효력에 관하여는 역시 영향이 없고 유효하다고 해석함이 타당하다.

④ 甲이 피고인의 자격에서 행한 법정진술은 乙의 피고사실에 대한 증거로 이를 사용할 수 있다.

| 해설 및 정답 | 2013년 제2회 변호사시험 기출문제 37 | **정답** ✕ |

대법원 1982. 6. 22. 선고 82도898 판결 [뇌물공여·관세법위반·방위세법위반·해외이주 법위반·폭력행위 등에 관한 법률 위반]

[판시사항] 피고인과 별개의 범죄사실로 기소되어 병합 심리 중인 공동피고인의 법정 및 검찰진술의 증거능력

[판결요지] 피고인과 별개의 범죄사실로 기소되어 병합심리되고 있던 공동피고인은 피고인에 대한 관계에서는 증인의 지위에 있음에 불과하므로 선서없이 한 그 공동피고인의 법정 및 검찰진술은 피고인에 대한 공소범죄사실을 인정하는 증거로 할 수 없다.

☞ 2018년 제7회 변호사시험 기출문제 34·2014년 제3회 변호사시험 기출문제 39·2012년 제1회 변호사시험 기출문제 27

⑤ 甲과 乙은 공범인 공동피고인이므로 변론을 분리하면 甲은 피고인의 지위에서 벗어나게 되어 증인적격을 인정할 수 있다.

| 해설 및 정답 | 2013년 제2회 변호사시험 기출문제 37 | **정답** ✕ |

갑과 을은 쌍방 폭행한 당사자이다. 갑과 을은 공범 아닌 공동피고인에 불과하다. 변론을 분리하지 않더라도 증인적격이 있다. **쌍방 폭행한 피고인은 공범이 아니다.** 이들은 **공동피고인**에 해당한다. 이 경우 **병합심리**하는 것이 재판에 효율적이다. 피고인들은 별개의 범죄사실로 기소되어 병합 심리 중이다. **공동피고인은 증인적격이 인정**된다. 공동피고인 **각자 위증죄의 주체가 된다.** 다만 증인신문절차를 거쳐야 증거능력이 인정된다. 증인이 증언거부권을 고지 받지 않은 채 허위진술을 한 경우, 원칙적으로 **위증죄가 성립되지 않는다.** 예외적으로 진술거부권을 고지 받았더라도 증언거부권을 포기하고, 허위진술을 하였을 것이라는 점이 인정된다면, **위증죄가 성립한다.** 판례의 입장이다(대법원 2010. 2. 25. 선고 2007도6273 판결 [위증]).

---

05 ★★★★★

다음 사안에 대한 설명 중 옳은 것은? (다툼이 있는 경우 판례에 의함)

> 甲은 A에게 공공장소에서 "㉠ 너는 사기 전과가 5개나 되잖아.
> ㉡ 이 사기꾼 같은 놈아, 너 같은 사기꾼은 총 맞아 뒈져야 해."라고
> 말하여 A의 명예를 훼손하였다는 사실로 기소되었다.
> 검사가 제출한 증거는 아래와 같다.

> ㉮ A가 작성한 고소장(㉡을 말하였으므로 처벌해 달라는 취지)
> ㉯ 사법경찰관이 작성한 A에 대한 진술조서(㉡의 말을 하였다는 취지)
> ㉰ 사법경찰관이 작성한 甲에 대한 피의자신문조서(㉠, ㉡의 말을 하였다는 취지)
> ㉱ 검사가 작성한 甲에 대한 피의자신문조서(㉠, ㉡의 말을 하였다는 취지)
> 제1심에서 甲은 ㉡ 사실은 자백하였으나 ㉠은 말한 사실이 없다고 진술하면서, ㉮, ㉯에 대하여 「동의」, ㉰, ㉱에 대하여 「성립 및 임의성 인정, 내용부인」의 증거의견을 제출하였다.
> 제1심은 무죄를 선고하였다. 검사는 항소하였고 항소심에서 모욕죄로 공소장이 변경되었다. 그 후 A는 고소를 취소하였다.

① ㉠사실에 해당하는 범죄는 공연성을 구성요건으로 하지만, ㉡사실에 해당하는 범죄는 공연성을 구성요건으로 ~~하지 않는다.~~ 한다.

▌해설 및 정답▐ 2013년 제2회 변호사시험 기출문제 38 　　　　　**정답** ✕
　쟁점은 공연성·검사작성 피의자신문조서 증거능력·경찰작성 피의자신문조서 증거능력·자백의 보강증거·고소취소이다. 난이도가 높다. 다시 출제될 가능성이 있다.
　㉠은 형법 제307조 명예훼손죄에 해당한다. ㉡은 형법 제311조 모욕죄에 해당한다. 모두 **'공연성'을 요건으로 한다.**

② ㉰, ㉱는 <u>내용을 부인하였으므로 증거능력이 없고</u>, ㉮, ㉯ 및 법정진술은 ㉡만을 인정할 수 있는 증거이므로 제1심 판결은 옳다.

▌해설 및 정답▐ 2013년 제2회 변호사시험 기출문제 38 　　　　　**정답** ✕
　갑이 「성립 및 임의성 인정, 내용부인」의 증거의견을 제출하였다. **형사소송법 제312조 제1항·제2항에 근거하여 검사가 작성한 피의자신문조서(㉱)는 특신상태가 인정되면, 증거능력이 인정된다. 사법경찰관이 작성한 피의자신문조서(㉰)는 증거능력이 부정된다.**

③ 만약 甲이 ㉯에 대하여 공판정에서 증거로 사용함에 동의하지 않더라도 원진술자의 진술, 영상녹화물 등에 의하여 진정성립만 인정되면 증거로 사용할 수 있다.

▌해설 및 정답▐ 2013년 제2회 변호사시험 기출문제 38 　　　　　**정답** ✕
　형사소송법 제314조 제4항에 근거하여 사법경찰관이 작성한 A에 대한 참고인진술조서는 성립의 진정, 특신상태 및 원진술자 반대신문가능성이 있어야 증거능력이 인정된다.

④ 만약 甲이 공판정에서 ㉠사실에 대하여 자백을 하였다면 ㉕를 자백의 보강증거
로 사용할 수 있다.

해설 및 정답 2013년 제2회 변호사시험 기출문제 38   **정답** ✕

대법원 2008. 2. 14. 선고 2007도10937 판결 [마약류관리에관한법률위반(향정)]

[판시사항] [1] 피고인의 자백을 내용으로 하는, 피고인 아닌 자의 진술이 보강증거가 될
수 있는지 여부(소극) [2] 실체적 경합범과 자백의 보강증거 [3] 필로폰 매수 대금을 송
금한 사실에 대한 증거가 필로폰 매수죄와 실체적 경합범 관계에 있는 필로폰 투약행위
에 대한 보강증거가 될 수 없다고 한 사례. [4] 피고인의 모발에서 메스암페타민 성분이
검출되었는지 여부에 관한 국립과학수사연구소장의 감정의뢰회보의 증명력

[판결요지] [1] 피고인이 범행을 자인하는 것을 들었다는 피고인 아닌 자의 진술내용은
형사소송법 제310조의 피고인의 자백에는 포함되지 아니하나 이는 피고인의 자백의 보강
증거로 될 수 없다.

[2] 실체적 경합범은 실질적으로 수죄이므로 각 범죄사실에 관하여 자백에 대한 보강증
거가 있어야 한다.

[3] 필로폰 매수 대금을 송금한 사실에 대한 증거가 필로폰 매수죄와 실체적 경합범 관
계에 있는 필로폰 투약행위에 대한 보강증거가 될 수 없다고 한 사례.

[판결본문] 가. **피고인의 법정에서의 진술과 피고인에 대한 검찰 피의자신문조서의 진술
기재들은 피고인의 법정 및 검찰에서의 자백으로서 형사소송법 제310조에서 규정하는 자
백의 개념에 포함되어 그 자백만으로는 유죄의 증거로 삼을 수 없다.**

나. 공소외 1에 대한 검찰 진술조서의 진술기재는 피고인이 이 사건 범행을 자인하는 것
을 들었다는 진술로서 전문증거이기는 하나 간이공판절차에 의하여 심판할 것을 결정한
이 사건에 있어서는 같은 법 제318조의3의 규정에 의하여 피고인의 동의가 있는 것으로
간주되어 증거능력이 인정된다. 또한 이러한 진술조서는 자백자 본인의 진술 자체를 기재
한 것은 아니다. 그러므로 같은 법 제310조의 자백에는 포함되지 않는다 할 것이다. 그러
나 **피고인의 자백을 내용으로 하고 있는 이와 같은 진술기재 내용을 피고인의 자백의 보
강증거로 삼는다면 결국 피고인의 자백을 피고인의 자백으로서 보강하는 결과가 되어 아
무런 보강도 하는 바 없는 것이다. 따라서 보강증거가 되지 못하고, 오히려 보강증거를
필요로 하는 피고인의 자백과 동일하게 보아야 할 성질의 것이라고 할 것이다.** 그러므로
피고인의 자백의 보강증거로 될 수 없다(대법원 1981. 7. 7. 선고 81도1314 판결 참조).

다. 필로폰 시가보고는 몰수 및 추징 구형시 참고자료로 삼기 위해 필로폰의 도·소매가
격을 파악한 것에 불과하여 피고인의 자백에 대한 보강증거로 삼을 수 없다.

⑤ 친고죄인 모욕죄의 피해자 A가 고소를 취소하였음에도 불구하고 항소심은 유
죄 선고를 할 수 있다.

해설 및 정답 2013년 제2회 변호사시험 기출문제 38   **정답** ○

대법원 2007. 3. 15. 선고 2007도210 판결 [정보통신망이용촉진및정보보호등에관한법률위
반(명예훼손)(일부 인정된 죄명: 모욕)]

[판시사항] [1] 항소심에서 비로소 공소사실이 친고죄로 변경된 경우, 항소심에서의 고소취소가 친고죄에 대한 고소취소로서의 효력이 있는지 여부(소극) [2] 정보통신망 이용촉진 및 정보보호 등에 관한 법률 제61조 제2항 '비방할 목적'의 의미 및 그 판단 방법

[판결요지] 항소심에서 비로소 공소사실이 친고죄로 변경된 경우에도 항소심을 제1심이라 할 수는 없는 것이다. 그러므로 항소심에 이르러 고소인이 고소를 취소하였다면 이는 친고죄에 대한 고소취소로서의 효력이 없다(대법원 1999. 4. 15. 선고 96도1922 전원합의체 판결 참조).

06

甲과 乙은 고의로 교통사고를 낸 뒤 보험금을 청구하여 수령하기로 계획하였나. 이에 甲은 乙의 다리를 고의로 자동차로 치어 전치 4주의 상해를 입게 한 후 위 교통사고가 마치 과실에 의한 교통사고인 양 A보험회사와 B보험회사에 보험금을 청구하였다.^{사기죄 기망+} 그 이후 甲은 교통사고에 대하여 교통사고처리특례법위반죄로 기소되어 유죄판결을 받고 확정되었다. 甲과 乙은 A보험회사로부터는 보험금을 수령했고,^{사기죄 기수+} B보험회사로부터는 보험금을 수령하지 못하였다.^{사기죄 미수+} 이후 검사는 甲과 乙의 보험사기 범행에 대하여 사기 및 사기미수죄로 기소하였고, 甲은 교통사고처리특례법위반과 사기 및 사기미수는 일련의 행위로서 기본적 사실관계가 동일하다는 이유로 면소판결을 해 달라고 주장하였다. 이 사안과 관련한 설명 중 옳은 것은? (다툼이 있는 경우 판례에 의함)

① 사기죄의 실행의 착수시기는 편취의 의사로 기망행위를 개시한 때이며, 단순히 기망을 위한 수단을 준비하는 정도로는 아직 실행의 착수가 있다고 볼 수 없기 때문에 본 사안의 경우 사기죄의 실행의 착수를 인정할 수 없다.^{있다.}

해설 및 정답 2013년 제2회 변호사시험 기출문제 39 　　　　**정답** ✕
쟁점은 사기죄 실행의 착수시기·사기죄 기수시기·확정판결 기판력이다.
보험사기 경우 '보험금을 청구한 때' 실행의 착수가 인정된다.

② 보험금을 청구하였지만 보험금을 수령하지 못했다고 하더라도 사기죄는 기수가 된다.

해설 및 정답 2013년 제2회 변호사시험 기출문제 39 　　　　**정답** ✕
보험사기 경우 '보험금을 수령한 때' 기수가 인정된다.

③ 형사재판이 실체적으로 확정되면 동일한 범죄에 대하여 거듭 처벌할 수 없고, 확정판결이 있는 사건과 동일사건에 대하여 공소의 제기가 있는 경우에는 공소 <s>기각판결을</s>^{면소판결을} 해야 한다.

해설 및 정답 2013년 제2회 변호사시험 기출문제 39 　　　　　　　　　　　**정답** ×

대법원 2010. 2. 25. 선고 2009도14263 판결 [살인미수·사기·사기미수]

[판시사항] [1] 수 죄의 기본적 사실관계가 동일한지 여부의 판단 기준 [2] **과실로 교통 사고를 발생시켰다는** 각 '**교통사고처리 특례법 위반죄**'와 고의로 교통사고를 낸 뒤 보험 금을 청구하여 수령하거나 미수에 그쳤다는 '**사기 및 사기미수죄**'는 그 기본적 사실관계 가 동일하다고 볼 수 없으므로, 위 전자에 관한 확정판결의 기판력이 후자에 미친다고 할 수 없다고 한 사례.

[판결요지] [1] 형사재판이 실체적으로 확정되면 동일한 범죄에 대하여 거듭 처벌할 수 없다(헌법 제13조 제1항). **확정판결이 있는 사건과 동일사건에 대하여 공소의 제기가 있 는 경우에는 판결로써 면소의 선고를 하여야 하는 것이다(형사소송법 제326조 제1호).** 피고인에 대한 각 '교통사고처리 특례법 위반죄'의 확정판결의 기판력이 '사기 및 사기미 수죄'에 미치는 것인지의 여부는 그 기본적 사실관계가 동일한 것인가의 여부에 따라 판 단하여야 할 것이다. 또한 **기본적 사실관계가 동일한가의 여부는 규범적 요소를 전적으로 배제한 채 순수하게 사회적, 전법률적인 관점에서만 파악할 수는 없다. 그 자연적, 사회 적 사실관계나 피고인의 행위가 동일한 것인가 외에 그 규범적 요소도 기본적 사실관계 동일성의 실질적 내용의 일부를 이루는 것이라고 보는 것이 상당하다.**

[2] 과실로 교통사고를 발생시켰다는 각 '교통사고처리 특례법 위반죄'와 고의로 교통사고 를 낸 뒤 보험금을 청구하여 수령하거나 미수에 그쳤다는 '사기 및 사기미수죄'는 서로 행위 태양이 전혀 다르고, **각 교통사고처리 특례법 위반죄의 피해자는 교통사고로 사망한 사람들이나, 사기 및 사기미수죄의 피해자는 피고인과 운전자보험계약을 체결한 보험회사 들로서 역시 서로 다르다.** 따라서 위 각 교통사고처리 특례법 위반죄와 사기 및 사기미 수죄는 그 기본적 사실관계가 동일하다고 볼 수 없다. 그러므로 위 전자에 관한 확정판 결의 기판력이 후자에 미친다고 할 수 없다고 한 사례이다.

④ 교통사고처리특례법위반죄와 사기 및 사기미수죄는 서로 행위태양 및 피해자가 다르므로 그 기본적 사실관계가 동일하지 않기 때문에 전자에 관한 확정판결의 기판력이 후자에 미치지 않는다.

해설 및 정답 2013년 제2회 변호사시험 기출문제 39 　　　　　　　　　　　**정답** ○

대법원 2010. 2. 25. 선고 2009도14263 판결 [살인미수·사기·사기미수]

⑤ 기본적 사실관계가 동일한가의 여부는 규범적 요소를 전적으로 배제한 채 순수하게 사회적·전법률적인 관점에서만 파악해야 하며, 그 자연적·사회적 사실관

계나 피고인의 행위가 동일한 것인가는 기본적 사실관계 동일성의 실질적 내용
에 해당한다.

| **해설 및 정답** 2013년 제2회 변호사시험 기출문제 39 | **정답** × |

기본적 사실관계 동일성 여부는 자연적 사회적 사실관계와 규범적 요소를 고려해야 한다.
대법원 2010. 2. 25. 선고 2009도14263 판결 [살인미수 · 사기 · 사기미수]

07

甲女는 A연구소 마당에 승용차를 세워 두고 그곳에서 약 20m 떨어진 마당 뒤편에서
절취하기 위하여 <u>타인 소유의 나무 한 그루를 캐내었으나</u>,^{절도죄 기수+} 이 나무는 높이가
약 150cm 이상, 폭이 약 1m 정도로 상당히 커서 甲이 혼자서 이를 운반하기 어려웠
다. 이에 甲은 남편인 乙에게 전화를 하여 사정을 이야기하고 나무를 차에 싣는 것을
도와 달라고 말하였는데, 이를 승낙하고 잠시 후 현장에 온 乙은 甲과 함께 나무를 승
<u>용차까지 운반하였다.</u>^{장물운반죄+} 그 후 甲은 친구인 丙에게 위 절취사실을 말해 주었다.
이 경우 다음 설명 중 옳은 것은? (다툼이 있는 경우 판례에 의함)

① 乙은 甲의 절도범행이 기수에 이르기 전에 그 범행에 가담하여 甲이 캔 나무를
   甲과 함께 승용차에 싣기 위해 운반함으로써 절도범행을 완성한 것이다.

| **해설 및 정답** 2013년 제2회 변호사시험 기출문제 40 | **정답** × |

쟁점은 입복절도 기수시기 · 장물운반죄 · 피고인 자백을 내용으로 하는 제3자의 진술이
보강증거가 될 수 있는지 여부 · 구속전피의지심문조서 형사소송법 제315조 제3호 증거
능력이다.
대법원 2008. 10. 23. 선고 2008도6080 판결 [특수절도 · 건조물침입] 〈영산홍 사건〉
[판시사항] [1] **입목절도죄의 기수시기(=입목채취시)** [2] 절도범인이 혼자 입목을 땅에
서 완전히 캐낸 후에 비로소 제3자가 가담하여 함께 입목을 운반한 사안에서, 특수절도죄
의 성립을 부정한 사례.
[판결요지] 입목을 절취하기 위하여 **캐낸 때**에 소유자의 입목에 대한 점유가 침해되어 범
인의 사실적 지배하에 놓이게 되므로 범인이 그 점유를 취득하고 절도죄는 **기수**에 이른
다. 이를 운반하거나 반출하는 등의 행위는 필요하지 않다.

② 乙은 절도범행의 기수 이전에 甲과 함께 절취하였으므로 절도죄의 승계적 공동
   정범이 성립한다.

| **해설 및 정답** 2013년 제2회 변호사시험 기출문제 40 | **정답** × |

대법원 2008. 10. 23. 선고 2008도6080 판결 [특수절도 · 건조물침입]

③ 본범의 정범은 장물죄의 주체가 될 수 없으므로 乙에게는 장물운반죄가 성립하지 않는다.

해설 및 정답 2013년 제2회 변호사시험 기출문제 40 　　**정답** ✕

을은 절도범행이 기수에 이른 후에 가담하였다. 장물운반죄가 성립한다.

④ 공소사실에 대하여 甲이 자백하고 乙이 부인하는 상황에서 甲의 자백이 불리한 유일한 증거인 경우 공판기일에 丙이 증인으로 출석하여 '甲이 나무를 절취한 사실을 자신에게 말한 적이 있다'고 증언하였다 하더라도 이러한 丙의 증언은 甲의 자백에 대한 보강증거가 될 수는 없다.

해설 및 정답 2013년 제2회 변호사시험 기출문제 40 　　**정답** ○

대법원 2008. 2. 14. 선고 2007도10937 판결 [마약류관리에관한법률위반(향정)]

[판시사항] 피고인의 자백을 내용으로 하는, 피고인 아닌 자의 진술이 보강증거가 될 수 있는지 여부(소극)

[판결요지] 피고인이 범행을 자인하는 것을 들었다는 피고인 아닌 자의 진술내용은 형사소송법 제310조의 피고인의 자백에는 포함되지 아니하나 이는 피고인의 자백의 보강증거로 될 수 없다.

[판결본문] 피고인의 자백을 내용으로 하고 있는 이와 같은 진술기재 내용을 피고인의 자백의 보강증거로 삼는다면 결국 피고인의 자백을 피고인의 자백으로서 보강하는 결과가 되어 아무런 보강도 하는 바 없는 것이다. 따라서 보강증거가 되지 못하고, 오히려 보강증거를 필요로 하는 피고인의 자백과 동일하게 보아야 할 성질의 것이라고 할 것이다. 그러므로 피고인의 자백의 보강증거로 될 수 없다(대법원 1981. 7. 7. 선고 81도1314 판결 참조).

⑤ 甲에 대하여 구속영장이 청구되어 甲은 구속전피의자심문을 받으면서 자신의 범죄사실을 인정하였더라도 구속전피의자심문조서에 대하여 甲 또는 甲의 변호인이 증거로 함에 동의하지 않을 경우 甲의 공소사실을 인정하는 증거로 사용할 수 없다.

해설 및 정답 2013년 제2회 변호사시험 기출문제 40 　　**정답** ✕

대법원 2004. 1. 16. 선고 2003도5693 판결 [폭력행위등처벌에관한법률위반]

[판시사항] 구속적부심문조서의 증거능력 유무(적극)

[판결요지] 법원 또는 합의부원, 검사, 변호인, 청구인이 구속된 피의자를 심문하고 그에 대한 피의자의 진술 등을 기재한 **구속적부심문조서는 형사소송법 제311조가 규정한 문서에는 해당하지 않는다** 할 것이다. 그러나 특히 신용할 만한 정황에 의하여 작성된 문서라고 할 것이다. 그러므로 특별한 사정이 없는 한, **피고인이 증거로 함에 부동의하더라도 형사소송법 제315조 제3호에 의하여 당연히 그 증거능력이 인정된다.**

제12강 2012년 제1회 변호사시험 선택형 종합문제

2012년 제1회 변호사시험 선택형 종합문제 35 · 36 · 37 · 38 · 39 · 40

출제분석

- 35번 | 위법한 함정수사와 공소제기 효과·범죄장소에서 압수·수색·검증·구속 적부심사와 기소전보석·구속적부심사청구 후 전격기소와 법원 석방결정
- 36번 | 사기도박죄·압수·몰수에 대한 수사와 집행·체포현장에서의 압수·수색
- 37번 | 공모관계이탈·간이공판절차와 자백보강법칙·자백을 들은 피의자신문경찰관 증언과 자백보강법칙·예비죄 중지미수 부정(대법원)
- 38번 | 합동절도 공동정범 인정(대법원)·고소·고소취소·주관적 고소불가분원칙
- 39번 | 공범인 공동피고인과 증인적격·자백보강법칙·범인노피쇠·공소장변경
- 40번 | 신용훼손죄·공무집행방해죄와 고소기간·간이공판절차·공소장변경

01

마약수사관 甲은 자신의 정보원으로 일했던 乙에게 "우리 정보원 A가 또 다른 정보원의 배신으로 구속되게 되었다. A의 공적(다른 마약범죄에 대한 정보를 제공하여 수사기관의 수사를 도운 공적)을 만들어 A를 빼내려 한다. 그렇게 하기 위하여는 수사에 사용할 필로폰이 필요하니 좀 구해 달라. 구입하여 오면 수사기관에서 관련자의 안전을 보장한다."라고 하면서, <u>구입자금까지 교부하며 집요하게 부탁하였다.</u> ^{범의유발형 위법한 함정수사, 위법수사, 증거능력─} 이에 <u>乙은 甲을 돕기로 마음먹고 丙에게 이러한 사정을 이야기하면서 필로폰의 매입을 의뢰하였고, 丙도 비로소 필로폰을 매입하여 乙에게 교부하기로 마음먹고 乙에게서 받은 대금으로 B로부터 필로폰을 매수하여 乙을 통하여 甲에게 교부하였다.</u> 이 사례에 관한 설명 중 옳은 것은? (다툼이 있는 경우 판례에 의함)

① 乙과 丙이 마약류관리에 관한 법률에 위반한 죄로 기소되었다면 乙과 丙에 대하여 법원은 결정으로^{판결로써} 공소를 기각하여야 한다.

해설 및 정답 2012년 제1회 변호사시험 기출문제 35   **정답** ✕

대법원 2005. 10. 28. 선고 2005도1247 판결 [마약류관리에관한법률위반(향정)]

이 문제는 위법한 함정수사와 공소제기 효과 · 범죄장소에서 압수 · 수색 · 검증 · 보증금납입조건부 피의자석방 · 전격기소를 묻는 종합문제이다.

[판시사항] [1] 위법한 함정수사에 기한 공소제기의 효력(＝무효) [2] 종전 상고심에서 상고이유의 주장이 이유 없다고 배척되었으나 경합범 관계에 있는 다른 범죄부분으로 인하여 유죄부분 전부가 파기되어 환송받은 법원에서 다시 경합범으로 형을 정한 경우, 피고인이 종전 상고심에서 배척된 부분에 대한 주장을 다시 상고이유로 삼을 수 있는지 여부(소극)

[판결요지] [1] 범의를 가진 자에 대하여 단순히 범행의 기회를 제공하거나 범행을 용이

하게 하는 것에 불과한 수사방법이 경우에 따라 허용될 수 있음은 별론으로 한다. 그러나 **본래 범의를 가지지 아니한 자에 대하여 수사기관이 사술이나 계략 등을 써서 범의를 유발케 하여 범죄인을 검거하는 함정수사는 위법함을 면할 수 없다.** 이러한 **함정수사에 기한 공소제기는 그 절차가 법률의 규정에 위반하여 무효인 때에 해당한다.**

[2] 상고심에서 상고이유의 주장이 이유 없다고 판단되어 배척된 부분은 그 판결 선고와 동시에 확정력이 발생하여 이 부분에 대하여는 피고인은 더 이상 다툴 수 없고, 또한 환송받은 법원으로서도 이와 배치되는 판단을 할 수 없다고 할 것이므로, 피고인으로서는 더 이상 이 부분에 대한 주장을 상고이유로 삼을 수 없다.

> **형사소송법 제327조(공소기각판결)**★★★★★
> 재판장은 다음 각 호 어느 하나에 해당하는 경우 판결로써 공소기각을 선고한다.
> 1. 피고인에 대해 재판권이 없는 경우
> 2. **공소제기절차가 법률위반으로 무효인 경우**
> 3. 공소제기된 사건에 대하여 다시 공소제기된 경우
> 4. 제329조 공소취소와 재기소를 위반하여 공소제기된 경우
> 5. 친고죄 사건에서 고소가 취소된 경우
> 6. 반의사불벌죄 사건에서 처벌희망 의사표시가 없거나 또는 철회된 경우

② 丙이 더 많은 필로폰을 가지고 있을 것으로 판단한 수사관이 이를 대상으로 하는 압수수색영장을 발부받아 丙의 집에서 이 영장을 제시하고 필로폰을 수색하던 중 컬러복사기로 제작 중이던 위조지폐를 발견하고 이를 압수한 경우, 이 위조지폐는 사후에 압수수색영장을 발부받지 않았더라도 통화위조죄의 증거로 사용할 수 있다.^{없다.}

│ 해설 및 정답 │ 2012년 제1회 변호사시험 기출문제 35 　　　　**정답** ✕

대법원 2009. 5. 14. 선고 2008도10914 판결 [마약류관리에관한법률위반(향정)·마약류관리에관한법률위반(대마)·정보통신망이용촉진및정보보호등에관한법률위반(음란물유포)]

사후 압수수색영장을 발부받지 않은 경우 위 압수물과 압수조서는 형사소송법상 영장주의를 위반하여 수집한 증거로서 증거능력이 부정된다.

형사소송법 제216조는 영장 없이 가능한 강제처분 1: 압수·수색·검증을 규정하고 있다. 주요내용을 보면, ① 검사·사법경찰관은 제200조2·제200조3·제201조·제212조에 근거하여 피의자를 체포·구속하는 경우 필요한 때 영장 없이 다음 각 호 처분을 할 수 있다. [개정 95·12·29] 1. 사람 주거·타인이 간수하는 가옥·건조물·항공기·선차 내에서 피의자 수사, 2. 체포현장에서 압수·수색·검증 ② 검사·사법경찰관이 피고인에게 구속영장을 집행하는 경우 제1항 제2호를 준용한다. ③ **범행 중·범행직후 범죄 장소에서 긴급하여 지방법원판사에게 영장을 받을 수 없는 때 영장 없이 압수·수색·검증을 할 수 있다. 이 경우 사후에 지체 없이 지방법원판사에게 반드시 영장을 받아야 한다.**

[신설 61 · 9 · 1]

[사실관계] 음란물 유포의 범죄혐의를 이유로 압수수색영장을 발부받은 사법경찰리가 피고인의 주거지를 수색하는 과정에서 대마를 발견하자, 피고인을 마약류관리에 관한 법률 위반죄의 현행범으로 체포하면서 대마를 압수하였으나 그 다음날 피고인을 석방하고도 사후 압수수색영장을 발부받지 않은 사안이다.

[판시사항] [1] 헌법과 형사소송법이 정한 절차를 위반하여 수집한 압수물과 이를 기초로 획득한 2차적 증거의 증거능력 및 그 판단 기준 [2] **위 압수물과 압수조서는 형사소송법상 영장주의를 위반하여 수집한 증거로서 증거능력이 부정된다고 한 사례.** [3] 구 정보통신망 이용촉진 및 정보보호 등에 관한 법률 제65조 제1항 제2호의 규정 취지 및 '공연히 전시'의 의미 [4] 인터넷사이트에 집단 성행위 목적의 카페를 운영하는 자가 남녀 회원을 모집한 후 특별모임을 빙자하여 집단으로 성행위를 하고 그 촬영물이나 사진 등을 카페에 게시한 사안에서, 위 카페의 회원수에 비추어 위 게시행위가 음란물을 공연히 진시한 것에 해당한다고 한 사례.

[판결요지] 구 정보통신망 이용촉진 및 정보보호 등에 관한 법률상 음란물 유포의 범죄혐의를 이유로 압수 · 수색영장을 발부받은 사법경찰리가 피고인의 주거지를 수색하는 과정에서 대마를 발견하자, 피고인을 마약류관리에 관한 법률 위반죄의 현행범으로 체포하면서 대마를 압수하였으나, 그 다음날 피고인을 석방하였음에도 사후 압수 · 수색영장을 발부받지 않은 사안에서, 위 압수물과 압수조서는 형사소송법상 영장주의를 위반하여 수집한 증거로서 증거능력이 부정된다고 한 사례.

③ 乙이 체포된 후 자신은 수사기관을 도우려 한 것이므로 체포는 부당하다며 체포적부심을 청구하였다면, 이 경우 법원은 보증금납입을 조건으로 乙을 석방할 수 있다.

▌해설 및 정답▐ 2012년 제1회 변호사시험 기출문제 35   **정답** ✕

대법원 1997. 8. 27. 자 97모21 결정 [체포적부심사석방에대한재항고]
보증금납입조건부 석방은 체포된 피의자에 대하여는 허용되지 않는다.
형사소송법 제214조의2는 체포와 구속의 적부심사를 규정하고 있다. 제5항의 주요내용을 보면, ⑤ 법원은 구속된 피의자(심사청구 후 공소제기된 자를 포함한다)에 대하여 피의자의 출석을 보증할 만한 보증금의 납입을 조건으로 하여 결정으로 제4항의 석방을 명할 수 있다. 다만, 다음 각호에 해당하는 경우에는 그러하지 아니하다. [신설 95 · 12 · 29, 2004.10.16, 2007.6.1] [[시행일 2008.1.1.]] 1. 죄증을 인멸할 염려가 있다고 믿을만한 충분한 이유가 있는 때, 2. 피해자, 당해 사건의 재판에 필요한 사실을 알고 있다고 인정되는 자 또는 그 친족의 생명 · 신체나 재산에 해를 가하거나 가할 염려가 있다고 믿을만한 충분한 이유가 있는 때.

[판시사항] [1] 긴급체포된 피의자에게 체포적부심사청구권이 있는지 여부(적극) [2] **체포적부심사절차에서 피의자를 보증금 납입을 조건으로 석방할 수 있는지 여부(소극)**

[결정요지] [1] 헌법 제12조 제6항은 누구든지 체포 또는 구속을 당한 때에는 적부의 심사를 법원에 청구할 권리를 가진다고 규정하고 있고, 형사소송법 제214조의2 제1항은 체

포영장 또는 구속영장에 의하여 체포 또는 구속된 피의자 등이 체포 또는 구속의 적부심사를 청구할 수 있다고 규정하고 있는바, 형사소송법의 위 규정이 체포영장에 의하지 아니하고 체포된 피의자의 적부심사청구권을 제한한 취지라고 볼 것은 아니다. 그러므로 **긴급체포 등 체포영장에 의하지 아니하고 체포된 피의자의 경우에도 헌법과 형사소송법의 위 규정에 따라 그 적부심사를 청구할 권리를 가진다.**

[2] 형사소송법은 수사단계에서의 체포와 구속을 명백히 구별하고 있다. 이에 따라 체포와 구속의 적부심사를 규정한 같은 법 제214조의2에서 체포와 구속을 서로 구별되는 개념으로 사용하고 있다. 같은 조 제4항에 기소 전 보증금 납입을 조건으로 한 석방의 대상자가 '구속된 피의자'라고 명시되어 있다. 같은 법 제214조의3 제2항의 취지를 체포된 피의자에 대하여도 보증금 납입을 조건으로 한 석방이 허용되어야 한다는 근거로 보기는 어렵다 할 것이다. 현행법상 체포된 피의자에 대하여는 보증금 납입을 조건으로 한 석방이 허용되지 않는다.

④ 丙은 구속된 후 수사기관을 도우려 한 자신을 구속하는 것은 부당하다며 구속적부심을 청구하였는데, 검찰이 법원의 석방결정을 우려하여 석방결정전 丙을 기소하였더라도 법원의 그 석방결정의 효력은 丙에게 미친다.

┃해설 및 정답┃ 2012년 제1회 변호사시험 기출문제 35 **정답** ○

형사소송법 제214조의2는 체포와 구속의 적부심사를 규정하고 있다. **제1항과 제4항 주요내용을 보면,** ① 체포 또는 구속된 피의자 또는 그 변호인, 법정대리인, 배우자, 직계친족, 형제자매나 가족, 동거인 또는 고용주는 관할법원에 **체포 또는 구속의 적부심사를 청구할 수 있다.** [개정 87·11·28, 95·12·29, 2005.3.31 법률 제7427호(민법), 2007.6.1] [[시행일 2008.1.1.]] ④ 제1항의 청구를 받은 법원은 청구서가 접수된 때부터 48시간 이내에 체포 또는 구속된 피의자를 심문하고 수사관계서류와 증거물을 조사하여 그 **청구가 이유없다고 인정한 때에는 결정으로 이를 기각하고,** 이유있다고 인정한 때에는 결정으로 체포 또는 구속된 피의자의 석방을 명하여야 한다. **심사청구 후 피의자에 대하여 공소제기가 있는 경우에도 또한 같다.** [개정 95·12·29, 2004.10.16, 2007.6.1]

⑤ 乙과 丙은 수사기관의 사술에 의해 행위한 것에 불과하므로 범의가 인정될 수 없어 공범종속성설에 따라 甲에게 교사가 인정되지 않는다.

┃해설 및 정답┃ 2012년 제1회 변호사시험 기출문제 35 **정답** ×

을과 병에게 마약류관리에 관한 법률에 위반한 죄가 성립한다. 공범종속성설에 의할 경우 갑에게 교사가 성립한다. 을과 병에게 공소기각판결이 선고되는 경우에도 달리 볼 것이 아니다.

02

甲과 乙은 A모텔 906호실에는 몰래카메라를, 맞은편 B모텔 707호실에는 모니터를 설치하여 사기도박을 하기로 공모하고, 공모사실을 모르는 피해자들을 A모텔 906호실로 오게 하였다. 乙은 B모텔 707호실 모니터 화면에서 피해자들의 화투패를 인식하고, 甲은 피해자들과 속칭 '섯다'라는 도박을 정상적으로 하다가 어느 정도 시간이 지난 후에 리시버를 통해서 乙이 알려주는 피해자들의 화투패를 듣고 도박의 승패를 지배하는 방법으로 피해자들로부터 금원을 교부받았다.^{사기죄 공동정범+} 이에 관한 설명 중 옳지 않은 것은? (다툼이 있는 경우 판례에 의함)

① 甲, 乙이 사기도박에 필요한 준비를 갖추고 그러한 의도로 피해자들에게 도박에 참가하도록 권유한 때 또는 늦어도 그 정을 알지 못하는 피해자들이 도박에 참가한 때 이미 사기죄의 실행의 착수가 인정된다.

해설 및 정답   2012년 제1회 변호사시험 기출문제 36   **정답** ○

대법원 2011. 1. 13. 선고 2010도9330 판결 [사기·도박]

[판시사항] [1] 이른바 '사기도박'의 경우 사기죄 외에 도박죄가 별도로 성립하는지 여부 (소극) [2] 사기도박에서 실행의 착수시기(=사기도박을 위한 기망행위를 개시한 때) [3] 피고인 등이 사기도박에 필요한 준비를 갖추고 그 실행에 착수한 후에 사기도박을 숨기기 위하여 얼마간 정상적인 도박을 하였더라도 이는 사기죄의 실행행위에 포함되는 것이어서, 피고인에 대하여는 피해자들에 대한 사기죄만이 성립하고 도박죄는 따로 성립하지 아니한다고 한 사례. [4] 피고인 등이 피해자들을 유인하여 사기도박으로 도금을 편취한 행위는 사회관념상 1개의 행위로 평가함이 상당하므로, 피해자들에 대한 각 사기죄는 상상적 경합의 관계에 있다고 한 사례.

[판결요지] [1] 사기도박과 같이 도박당사자 일방이 사기 수단으로써 승패의 수를 지배하는 경우 도박에서 우연성이 결여되어 사기죄만 성립하고 도박죄는 성립하지 아니한다.

[2] 사기죄는 편취의 의사로 기망행위를 개시한 때에 실행에 착수한 것으로 보아야 한다. 그러므로 사기도박에서도 사기적인 방법으로 도금을 편취하려고 하는 자가 상대방에게 도박에 참가할 것을 권유하는 등 기망행위를 개시한 때에 실행의 착수가 있는 것으로 보아야 한다.

[3] 피고인 등이 사기도박에 필요한 준비를 갖추고 그러한 의도로 피해자들에게 도박에 참가하도록 권유한 때 또는 늦어도 그 정을 알지 못하는 **피해자들이 도박에 참가한 때에는 이미 사기죄의 실행에 착수하였다고 할 것이다.** 그러므로 피고인 등이 그 후에 사기도박을 숨기기 위하여 얼마간 정상적인 도박을 하였더라도 이는 사기죄의 실행행위에 포함되는 것이다. 피고인에 대하여는 피해자들에 대한 사기죄만이 성립하고 도박죄는 따로 성립하지 아니한다.

[4] 피고인 등이 피해자들을 유인하여 사기도박으로 도금을 편취한 행위는 사회관념상 1개의 행위로 평가하는 것이 타당하다. 그러므로 **피해자들에 대한 각 사기죄는 상상적 경합의 관계에 있다고 보아야 한다.**

② 甲, 乙이 사기도박을 숨기기 위하여 얼마간 정상적인 도박을 한 부분은 피해자
들에 대한 사기죄 외에 도박죄가 따로 성립한다.

해설 및 정답 2012년 제1회 변호사시험 기출문제 36 　　　　　　　　**정답** ×
대법원 2011. 1. 13. 선고 2010도9330 판결 [사기·도박]

③ 사기도박과 같이 도박당사자의 일방이 사기의 수단으로써 승패를 지배하는 경
우에는 도박에서의 우연성이 결여되어 사기죄만 성립하고 도박죄는 성립하지
아니한다.

해설 및 정답 2012년 제1회 변호사시험 기출문제 36 　　　　　　　　**정답** ○
대법원 2011. 1. 13. 선고 2010도9330 판결 [사기·도박]

④ 사법경찰관이 甲, 乙을 범행현장에서 체포하면서 필요한 때에는 위 카메라, 모
니터, 도박 판돈을 영장없이 압수할 수 있다.

해설 및 정답 2012년 제1회 변호사시험 기출문제 36 　　　　　　　　**정답** ○
**형사소송법 제216조는 영장 없이 가능한 강제처분 1: 압수·수색·검증을 규정하고 있
다.** 주요내용을 보면, ① **검사·사법경찰관은 제200조2·제200조3·제201조·제212조
에 근거하여 피의자를 체포·구속하는 경우 필요한 때 영장 없이 다음 각 호 처분을 할
수 있다.** [개정 95·12·29] 1. 사람 주거·타인이 간수하는 가옥·건조물·항공기·선
차 내에서 피의자 수사, 2. **체포현장에서 압수·수색·검증** ② 검사·사법경찰관이 피고
인에게 구속영장을 집행하는 경우 제1항 제2호를 준용한다. ③ 범행 중·범행직후 범죄
장소에서 긴급하여 지방법원판사에게 영장을 받을 수 없는 때 영장 없이 압수·수색·검
증을 할 수 있다. 이 경우 사후에 지체 없이 지방법원판사에게 반드시 영장을 받아야 한
다. [신설 61·9·1]

⑤ 만약 피의자 甲, 乙에 대한 적법한 압수수색영장을 발부받아 甲, 乙로부터 위
카메라, 모니터를 압수하였는데 법원에서 심리한 결과 위 압수물은 도망하여
기소되지 아니한 제3의 공범 丙의 소유물인 것이 밝혀졌다고 하더라도, 법원은
피고인 甲, 乙로부터 위 카메라 및 모니터를 몰수할 수 있다.

해설 및 정답 2012년 제1회 변호사시험 기출문제 36 　　　　　　　　**정답** ○
대법원 2006. 11. 23. 선고 2006도5586 판결 [상법위반]
[판시사항] [1] 형법 제48조 제1항의 '범인'에 포함되는 공범자의 범위 [2] 유죄의 죄책
을 지지 않는 공범자의 소유물을 몰수할 수 있는지 여부(적극)

[판결요지] [1] 형법 제48조 제1항의 '범인'에는 공범자도 포함된다. 그러므로 피고인의 소유물은 물론 공범자의 소유물도 그 공범자의 소추 여부를 불문하고 몰수할 수 있다. 여기에서의 공범자에는 공동정범, 교사범, 방조범에 해당하는 자는 물론 필요적 공범관계에 있는 자도 포함된다.

[2] 형법 제48조 제1항의 '범인'에 해당하는 공범자는 반드시 유죄의 죄책을 지는 자에 국한된다고 볼 수 없다. 공범에 해당하는 행위를 한 자이면 족하다. 그러므로 이러한 자의 소유물도 형법 제48조 제1항의 '범인 이외의 자의 소유에 속하지 아니하는 물건'으로서 이를 피고인으로부터 몰수할 수 있다.

03

甲은 2010. 7. 6. 23:00경 강도의 고의를 가지고 가스총을 주머니에 넣은 채 좁은 골목길이 복잡하게 얽혀 있는 동네 길목에서 '표적'을 기다리다가 귀가 중인 피해자에게 다가가 가스총으로 겁을 주어 현금 20만 원과 목걸이 및 반지를 빼앗았다.^{특수강도죄+} 일주일 후 甲은 양심의 가책을 느끼고 경찰서에 출석하여 위 범죄사실을 자수하였다. 하지만 경찰관은 甲이 범행한 장소와 피해자를 정확하게 기억하지 못하여 피해자에 대한 조사를 하지 못하였을 뿐 아니라, 목걸이와 반지도 모조품인 것을 알고 쓰레기통에 버렸다고 하고 20만 원은 이미 소비해 버린 상태인 것만 확인한 채 사건을 검찰에 송치하였다. 甲은 검찰에서도 범행을 자백하였고, 특수강도죄로 기소된 후 제1심 공판절차에서도 일관되게 자백하였다. 이에 관한 설명 중 옳은 것을 모두 고른 것은? (다툼이 있는 경우 판례에 의함)

① 만약 甲의 주도하에 甲과 乙이 사전에 범행을 모의하고 범행 당일 23:00경 범행 장소에서 만나기로 하였는데 乙이 마음을 바꾸어 약속장소에 나타나지 않아 ^{실행착수-} 甲이 혼자서 위 사례와 같은 범행을 한 것이라면, 乙에게도 특수강도죄의 공동정범이 성립한다.

│해설 및 정답│ 2012년 제1회 변호사시험 기출문제 37　　　　　　　　　**정답** ✕

대법원 2008. 4. 10. 선고 2008도1274 판결 [강도상해 · 특수절도]

[사실관계] 다른 3명의 공모자들과 강도 모의를 주도한 피고인이, 다른 공모자들이 피해자를 뒤쫓아 가자 단지 "어?"라고만 하고 더 이상 만류하지 아니하여 공모자들이 강도상해의 범행을 한 사안이다.

[판시사항] [1] 공동정범의 성립요건 [2] 공모에 주도적으로 참여한 공모자가 공모관계에서 이탈하여 공동정범으로서 책임을 지지 않기 위한 요건 [3] 피고인이 그 공모관계에서 이탈하였다고 볼 수 없다고 한 사례.

[판결요지] [1] 형법 제30조의 공동정범은 2인 이상이 공동하여 죄를 범하는 것으로서, 공동정범이 성립하기 위하여는 주관적 요건으로서 공동가공의 의사와 객관적 요건으로서

공동의사에 기한 기능적 행위지배를 통한 범죄의 실행사실이 필요하다. 공동가공의 의사는 타인의 범행을 인식하면서도 이를 제지하지 아니하고 용인하는 것만으로는 부족하고 공동의 의사로 특정한 범죄행위를 하기 위하여 일체가 되어 서로 다른 사람의 행위를 이용하여 자기의 의사를 실행에 옮기는 것을 내용으로 하는 것이어야 한다.

[2] 공모공동정범에 있어서 공모자 중의 1인이 다른 공모자가 실행행위에 이르기 전에 그 공모관계에서 이탈한 때에는 그 이후의 다른 공모자의 행위에 관하여는 공동정범으로서의 책임은 지지 않는다 할 것이다. 그러나 공모관계에서의 이탈은 공모자가 공모에 의하여 담당한 기능적 행위지배를 해소하는 것이 필요하므로 공모자가 공모에 주도적으로 참여하여 다른 공모자의 실행에 영향을 미친 때에는 범행을 저지하기 위하여 적극적으로 노력하는 등 실행에 미친 영향력을 제거하지 아니하는 한 공모관계에서 이탈하였다고 할 수 없다.

[3] 피고인에게 공동가공의 의사와 공동의사에 기한 기능적 행위지배를 통한 범죄의 실행사실이 인정되므로 강도상해죄의 공모관계에 있고, 다른 공모자가 강도상해죄의 실행에 착수하기까지 범행을 만류하는 등으로 그 공모관계에서 이탈하였다고 볼 수 없으므로 강도상해죄의 공동정범으로서의 죄책을 진다고 한 사례.

② 제1심 법원이 甲의 자백에 따라 위 사건을 간이공판절차에 의해 심판하게 되었다고 하더라도, 甲의 자백에 대한 보강증거가 없으면 甲을 유죄로 인정할 수 없다.

┃해설 및 정답┃ 2012년 제1회 변호사시험 기출문제 37 　　　　　**정답** ○

간이공판절차특칙은 증거능력과 증거조사에 대한 특칙을 인정하는 것이다. 증명력에 관한 자백의 보강법칙은 적용된다.

형사소송법 제286조2는 간이공판절차결정을 규정하고 있다. 주요내용을 보면, **피고인이 공소사실을 공판정에서 자백한 경우 법원은 공소사실을 간이공판절차로 심판할 것을 결정할 수 있다.** [개정 95 · 12 · 29] [본조신설 73 · 1 · 25]

형사소송법 제318조3는 간이공판절차에서 증거능력에 관한 특례를 규정하고 있다. 주요내용을 보면, 법원은 제286조2 간이공판절차결정을 한 사건 증거인 경우 **제310조2 · 제312조 · 제313조 · 제314조 · 제316조에 근거한 증거에 대해서 제318조 제1항 당사자 동의가 있는 것으로 본다.** 다만 검사 · 피고인 · 변호인이 증거동의에 이의를 제기한 경우, 동의가 있는 것으로 보지 않는다.

③ 만약 甲을 조사한 경찰관이 공판정에서 피고인이 피의자신문시 공소사실을 자백하는 것을 들었다고 증언한다면, 이 증언은 甲의 자백에 대한 보강증거가 될 수 있다.

┃해설 및 정답┃ 2012년 제1회 변호사시험 기출문제 37 　　　　　**정답** ×

대법원 2008. 2. 14. 선고 2007도10937 판결 [마약류관리에관한법률위반(향정)]
[판시사항] [1] 피고인의 자백을 내용으로 하는, 피고인 아닌 자의 진술이 보강증거가 될 수 있는지 여부(소극)
[2] 실체적 경합범과 자백의 보강증거
[3] 필로폰 매수 대금을 송금한 사실에 대한 증거가 필로폰 매수죄와 실체적 경합범 관계에 있는 필로폰 투약행위에 대한 보강증거가 될 수 없다고 한 사례.
[4] 피고인의 모발에서 메스암페타민 성분이 검출되었는지 여부에 관한 국립과학수사연구소장의 감정의뢰회보의 증명력
[판결요지] [1] 피고인이 범행을 자인하는 것을 들었다는 피고인 아닌 자의 진술내용은 형사소송법 제310조의 피고인의 자백에는 포함되지 아니하나 이는 피고인의 자백의 보강증거로 될 수 없다.
[2] 실체적 경합범은 실질적으로 수죄이므로 각 범죄사실에 관하여 자백에 대한 보강증거가 있어야 한다.
[3] 필로폰 매수 대금을 송금한 사실에 대한 증거가 필로폰 매수죄와 실체적 경합범 관계에 있는 필로폰 투약행위에 대한 보강증거가 될 수 없다고 한 사례.
[4] 마약류관리에 관한 법률 위반사건의 피고인 모발에서 메스암페타민 성분이 검출되었다는 국립과학수사연구소장의 감정의뢰회보가 있는 경우, 그 회보의 기초가 된 감정에 있어서 실험물인 모발이 바뀌었다거나 착오나 오류가 있었다는 등의 구체적인 사정이 없는 한 피고인으로부터 채취한 모발에서 메스암페타민 성분이 검출되었다고 인정하여야 한다.

④ 만약 甲이 동네 길목에서 기다리다가 양심의 가책을 받아 범행을 포기하였더라도 甲에게는 형법 제26조(중지범)가 적용될 수 없다.

해설 및 정답 2012년 제1회 변호사시험 기출문제 37 　　　　　　　**정답** ○

대법원 1999. 4. 9. 선고 99도424 판결 [특정범죄가중처벌등에관한법률위반(관세)]
[판시사항] 예비음모 행위를 처벌하는 경우, 중지범의 인정 여부(소극)
[판결요지] 형법 제28조는 범죄의 음모 또는 예비행위가 실행의 착수에 이르지 아니한 때에는 법률에 특별한 규정이 없는 한 벌하지 아니한다고 규정하고 있다.
관세법 제182조 제2항은 제180조 소정의 관세포탈죄 등을 범할 목적으로 그 예비를 한 자를 미수범과 함께 본죄에 준하여 처벌한다고 규정하며, 특정범죄가중처벌등에관한법률 제6조 제7항은 관세법 제182조에 규정된 죄를 범한 자를 일정한 요건하에 가중 처벌하는 규정을 두고 있다.
중지범은 범죄의 실행에 착수한 후 자의로 그 행위를 중지한 때를 말하는 것이고 실행의 착수가 있기 전인 예비음모의 행위를 처벌하는 경우에 있어서 중지범의 관념은 이를 인정할 수 없다.

04

甲의 주도하에 <u>甲, 乙, 丙은 절도를 공모하고</u> 2010. 7. 8. 23:00경 <u>乙은 A의 집에 들어가 A 소유의 다이아몬드 반지 1개를 가지고 나오고, 丙은 A의 집 문 앞에서 망을 보았다는 공소사실로 기소되었다.</u>특수절도죄+ 법원의 심리결과 공소사실은 모두 사실로 밝혀졌고, 다만 甲은 자신의 집에서 전화로 지시를 하였을 뿐 30km 떨어져 있는 A의 집에는 가지 않았음이 확인되었다. <u>甲의 누나로서, 결혼하여 따로 살고 있는 A는</u> 경찰에 도난신고를 할 당시에는 <u>범인이 누구인지를 알지 못하고 무조건 범인 모두를 처벌해 달라고 고소하였는데,</u> 나중에 친동생 甲이 처벌되는 것을 원하지 않아 제1심 공판중 <u>甲에 대한 고소만을 취소하였다.</u>고소불가분. 신분자 고소취소+. 비신분자 고소취소- 이에 관한 설명 중 옳은 것을 모두 고른 것은? (다툼이 있는 경우 판례에 의함)

① ~~乙에 대해서는 야간주거침입절도죄가 성립하고, 丙에 대해서는 야간주거침입절도죄의 방조범이 성립한다.~~

┃**해설 및 정답** 2012년 제1회 변호사시험 기출문제 38 　　　　**정답** ✕

대법원 1989. 3. 14. 선고 88도837 판결 [특수절도]
을과 병은 합동하여 절도를 한 경우이다. 특수절도죄가 성립한다.
[판시사항] 합동범인 특수절도죄의 성립요건
[판결요지] 형법 제331조 제2항 후단의 2인 이상이 합동하여 타인의 재물을 절취한 경우의 이른바 합동범으로서의 특수절도가 성립되기 위하여서는 주관적 요건으로서의 공모와 객관적 요건으로서의 실행행위의 분담이 있어야 하고 그 실행행위에 있어서는 시간적으로나 장소적으로 협동관계가 있음을 요한다(대법원 1973.5.22. 선고 73도480 판결; 1985.3.26. 선고 84도2956 판결; 1988.9.13. 선고 88도1197판결 참조).

② 甲에 대해서는 특수절도죄의 공동정범이 성립한다.

┃**해설 및 정답** 2012년 제1회 변호사시험 기출문제 38 　　　　**정답** ○

대법원 2011. 5. 13. 선고 2011도2021 판결 [특정범죄가중처벌등에관한법률위반(절도)[인정된 죄명: 특정범죄가중처벌등에관한법률위반(절도)방조]]
[사실관계] 피고인이 갑, 을과 공모한 후 갑, 을은 피해자 회사의 사무실 금고에서 현금을 절취하고, 피고인은 위 사무실로부터 약 100m 떨어진 곳에서 망을 보는 방법으로 합동하여 재물을 절취하였다고 하여 주위적으로 기소된 사안이다.
[판결요지] 3인 이상의 범인이 합동절도의 범행을 공모한 후 적어도 2인 이상의 범인이 범행 현장에서 시간적, 장소적으로 협동관계를 이루어 절도의 실행행위를 분담하여 절도 범행을 한 경우에, 그 공모에는 참여하였으나 현장에서 절도의 실행행위를 직접 분담하지 아니한 다른 범인에 대하여도 그가 현장에서 절도 범행을 실행한 위 2인 이상의 범인의 행위를 자기 의사의 수단으로 하여 합동절도의 범행을 하였다고 평가할 수 있는 정범성의 표지를 갖추고 있는 한 공동정범의 일반 이론에 비추어 그 다른 범인에 대하여 합동

절도의 공동정범으로 인정할 수 있다(대법원 1998. 5. 21. 선고 98도321 전원합의체 판결 참조). 갑, 을의 합동절도 범행에 대한 공동정범으로서 죄책을 면할 수 없다.

대법원 1998. 5. 21. 선고 98도321 전원합의체 판결 [강도상해 · 특수절도 · 사기]

[판시사항] 3인 이상이 합동절도를 모의한 후 2인 이상이 범행을 실행한 경우, 직접 실행행위에 가담하지 않은 자에 대한 공모공동정범의 인정 여부(적극)

[판결요지] 공모에는 참여하였으나 현장에서 절도의 실행행위를 직접 분담하지 아니한 다른 범인에 대하여도 정범성의 표지를 갖추고 있다고 보여지는 한 그 다른 범인에 대하여 합동절도의 공동정범의 성립을 부정할 이유가 없다고 할 것이다. 그러므로 합동절도에서도 공동정범과 교사범 · 종범의 구별기준은 일반원칙에 따라야 하고, 그 결과 범행현장에 존재하지 아니한 범인도 공동정범이 될 수 있으며, 반대로 상황에 따라서는 장소적으로 협동한 범인도 방조만 한 경우에는 종범으로 처벌될 수도 있다.

③ 만약 A가 마음을 바꾸어 고소하고자 하더라도 甲을 다시 고소하지 못한다.

▌**해설 및 정답**▐ 2012년 제1회 변호사시험 기출문제 38 　　　　　　　　**정답** ○

> 형사소송법 제232조 (고소의 취소)
> ① 고소는 제1심 판결선고 전까지 취소할 수 있다.
> ② **고소를 취소한 자는 다시 고소하지 못한다.**
> ③ 피해자의 명시한 의사에 반하여 죄를 논할 수 없는 사건에 있어서 처벌을 희망하는 의사표시의 철회에 관하여도 전2항의 규정을 준용한다.

④ 고소의 주관적 불가분원칙에 의하여 법원은 甲, 乙, 丙 모두에 대하여 공소기각의 판결을 하여야 한다.

▌**해설 및 정답**▐ 2012년 제1회 변호사시험 기출문제 38 　　　　　　　　**정답** ×

절대적 친고죄는 고소불가분원칙을 적용한다. 그러나 상대적 친고죄는 고소불가분원칙이 적용되지 않는다. 상대적 친고죄 경우 비신분자에 대한 고소 효력은 신분 있는 공범자에게 미치지 않는다. 그리고 **상대적 친고죄 경우 신분자에 대한 고소취소는 비신분자에게 효력이 없다.** 따라서 **친족상도례 규정은 갑에게만 적용되어 공소기각판결을 선고해야 한다. 을과 병 경우 친족상도례가 적용되지 아니하므로 실체판결을 해야 한다. 형사소송법 제327조(공소기각의 판결) 제5호.**

⑤ A의 고소는 범인을 특정하지 않은 것이므로 부적법하다.

▌**해설 및 정답**▐ 2012년 제1회 변호사시험 기출문제 38 　　　　　　　　**정답** ×

대법원 1996. 3. 12. 선고 94도2423 판결 [저작권법위반]

[판시사항] 친고죄의 경우 양벌규정에 의하여 처벌받는 자에 대하여 별도의 고소를 요하는지 여부(소극)

[판결요지] 고소는 범죄의 피해자 또는 그와 일정한 관계가 있는 고소권자가 수사기관에 대하여 범죄사실을 신고하여 범인의 처벌을 구하는 의사표시이다. 그러므로 **고소인은 범죄사실을 특정하여 신고하면 족하고 범인이 누구인지 나아가 범인 중 처벌을 구하는 자가 누구인지를 적시할 필요도 없다.** 저작권법 제103조의 양벌규정은 직접 위법행위를 한 자 이외에 아무런 조건이나 면책조항 없이 그 업무의 주체 등을 당연하게 처벌하도록 되어 있는 규정으로서 당해 위법행위와 별개의 범죄를 규정한 것이라고는 할 수 없다. 그러므로 **친고죄의 경우에 있어서도 행위자의 범죄에 대한 고소가 있으면 족하고, 나아가 양벌규정에 의하여 처벌받는 자에 대하여 별도의 고소를 요한다고 할 수는 없다.**

---

05 ★★★★★

甲과 乙은 술에 취한 A가 모텔에서 혼자 투숙하고 있는 것을 알고 물건을 훔치기로 하여 甲은 밖에서 망을 보고 乙은 객실에 들어가 A의 가방을 뒤져 금목걸이를 가지고 왔다.^{특수절도죄+} 수차례의 절도전과가 있던 乙은 甲에게 "만약 경찰에 잡히면 나를 丙이라고 하라."라고 부탁하였다. 이에 관한 설명 중 옳지 않은 것은? (다툼이 있는 경우 판례에 의함)

① 甲과 乙이 공동피고인으로서 재판을 받더라도 변론을 분리하지 않는 한 서로에 대하여 증인적격이 없다.

해설 및 정답 2012년 제1회 변호사시험 기출문제 39 　　　　　　**정답** ○

대법원 2008. 6. 26. 선고 2008도3300 판결 [위증]

공범자인 공동피고인(예 특수절도죄와 특수강도죄) 경우 당해 소송절차에서 피고인 지위에 있다. 따라서 증인 적격이 없다. 증인 적격을 위해 법원은 변론을 분리해야 한다. 이와 달리 공범자 아닌 공동피고인(예 절도와 장물죄로 공동재판을 받는 사람들)은 당해 소송절차에서 증인 적격이 있다. 다만 선서를 하고 증인 자격을 취득한 후 법정진술을 해야 증거능력이 있다. 공동피고인의 법정자백은 독립된 증거능력이 있다. 반대신문권이 보장되기 때문이다. 이 증거는 보강증거가 된다.

☞ 변호사시험에 자주 출제되는 문제다. 제13회 변시에도 출제 가능성이 높다.

[사실관계] 게임장의 종업원이 그 운영자와 함께 게임산업진흥에 관한 법률 위반죄의 공범으로 기소되어 공동피고인으로 재판을 받던 중, 운영자에 대한 공소사실에 관한 증인으로 증언한 내용과 관련하여 위증죄로 기소된 사안이다.

[판시사항] [1] 공범인 공동피고인이 다른 공동피고인에 대한 공소사실에 관하여 증인적격이 있는지 여부(원칙적 소극) [2] 소송절차가 분리되지 않은 이상 위 종업원은 증인적격이 없어 위증죄가 성립하지 않는다고 한 사례.

[판결요지] [1] 공범인 공동피고인은 당해 소송절차에서는 피고인의 지위에 있으므로 다

른 공동피고인에 대한 공소사실에 관하여 증인이 될 수 없다. 그러나 소송절차가 분리되어 피고인의 지위에서 벗어나게 되면 다른 공동피고인에 대한 공소사실에 관하여 증인이 될 수 있다.

② 만약 甲이 수사기관에서 乙의 이름에 대하여 丙이라고만 진술하고 적극적으로 구체적인 허위정보나 허위자료를 제출하지 않은 경우라면, 수사기관으로 하여금 乙의 체포를 곤란 내지 불가능하게 할 정도에 이르지 않은 것이어서 범인도피죄가 성립하지 않는다.

∥해설 및 정답∥ 2012년 제1회 변호사시험 기출문제 39   **정답** ○

대법원 2010. 2. 11. 선고 2009도12164 판결 [범인도피교사]

[판시사항] [1] 피의자가 수사기관에서 공범에 관하여 허위 진술한 경우 범인도피죄의 성립 여부(원칙적 소극) [2] 수사기관에서 조사받는 피의자가 사실은 게임장·오락실·피씨방의 실제 업주가 아님에도 불구하고 자신이 실제 업주라고 허위로 진술하는 행위가 범인도피죄를 구성하는지 여부(원칙적 소극)

[판결요지] 수사기관은 범죄사건을 수사함에 있어서 피의자나 참고인의 진술 여하에 불구하고, 피의자를 확정하고 그 피의사실을 인정할 만한 객관적인 제반 증거를 수집·조사하여야 할 권리와 의무가 있다. 그러므로 **참고인이 수사기관에서 범인에 관하여 조사를 받으면서 그가 알고 있는 사실을 묵비하거나 허위로 진술하였다고 하더라도, 그것이 적극적으로 수사기관을 기만하여 착오에 빠지게 함으로써 범인의 발견 또는 체포를 곤란 내지 불가능하게 할 정도가 아닌 한 범인도피죄를 구성하지 않는 것이다**(대법원 2003. 2. 14. 선고 2002도5374 판결 등 참조). **이러한 법리는 피의자가 수사기관에서 공범에 관하여 묵비하거나 허위로 진술한 경우에도 그대로 적용된다**(대법원 2008. 12. 24. 선고 2007도11137 판결 등 참조).

③ 만약 乙이 친동생인 丁에게 乙인 것처럼 수사기관에 자수하여 피의자로 조사를 받게 한 경우라면, 비록 丁이 친족으로 처벌받지 않더라도 乙은 범인도피교사죄에 해당한다.

∥해설 및 정답∥ 2012년 제1회 변호사시험 기출문제 39·2017년 제6회 변호사시험 기출문제 10   **정답** ○

대법원 2006. 12. 7. 선고 2005도3707 판결 [범인도피교사]

범인도피죄가 성립되려면, 수사기관에 적극적 기만행위를 해야 한다. 범인 자신도 범인도피죄 교사범이 된다.

[판시사항] [1] 범인이 자신을 위하여 형법 제151조 제2항에 의하여 처벌을 받지 아니하는 친족 등으로 하여금 허위의 자백을 하게 하여 범인도피죄를 범하게 하는 경우, 범인도피교사죄의 성립 여부(적극) [2] 무면허 운전으로 사고를 낸 사람이 동생을 경찰서에

대신 출두시켜 피의자로 조사받도록 한 행위가 범인도피교사죄를 구성하는지 여부(적극)

[판결요지] [1] 범인이 자신을 위하여 타인으로 하여금 허위의 자백을 하게 하여 범인도 피죄를 범하게 하는 행위는 방어권의 남용으로 범인도피교사죄에 해당한다. 이 경우 그 타인이 형법 제151조 제2항에 의하여 처벌을 받지 아니하는 친족, 호주 또는 동거 가족 에 해당한다 하여 달리 볼 것은 아니다.

[2] 무면허 운전으로 사고를 낸 사람이 동생을 경찰서에 대신 출두시켜 피의자로 조사받 도록 한 행위는 범인도피교사죄를 구성한다.

④ 甲과 乙이 공동피고인으로서 함께 재판을 받으면서 甲은 범행사실을 자백하고 있지만 乙은 부인하고 있는 경우, 甲의 자백 외에는 다른 증거가 없다면 乙에게 는 유죄의 선고를 할 수 없다.^{있다}

해설 및 정답 2012년 제1회 변호사시험 기출문제 39 **정답** ×

대법원 1985. 6. 25. 선고 85도691 판결 [뇌물수수]

공동피고인의 법정자백은 독립된 증거능력이 있다. 반대신문권이 보장되기 때문이다. 이 증거는 보강증거가 된다.

☞ 변호사시험에 자주 출제되는 문제이다. 제13회 변시에도 출제 가능성이 높다.

[판시사항] 공동피고인의 자백의 증거능력

[판결요지] 공동피고인의 자백은 이에 대한 피고인의 반대신문권이 보장되어 있다. 증인 으로 신문한 경우와 다를 바 없다. 그러므로 독립한 증거능력이 있다.

⑤ 만약 검사가 乙의 상습성을 인정하여 형법상의 상습절도죄로 기소한 경우라면, 비록 구성요건이 동일하더라도 공소장변경 없이는 형이 더 무거운 특정범죄 가 중처벌 등에 관한 법률상의 상습절도죄로 처벌할 수 없다.

해설 및 정답 2012년 제1회 변호사시험 기출문제 39 **정답** ○

대법원 2007. 12. 27. 선고 2007도4749 판결 [상습절도{인정된 죄명: 특정범죄가중처벌등 에관한법률위반(절도)}]

[판시사항] [1] 법원이 공소장변경 없이 공소사실과 다른 사실을 인정하거나 적용법조를 달리하는 경우, 피고인의 방어권 행사에 실질적인 불이익을 초래하는지 여부의 판단 기준

[2] 일반법과 특별법의 동일한 구성요건에 모두 해당하는 범죄사실에 대하여 검사가 형 이 가벼운 일반법을 적용하여 기소한 경우, 법원이 공소장변경 없이 특별법을 적용할 수 있는지 여부(소극) [3] 절취행위에 대하여 형법 제332조, 제329조, 제330조를 적용하여 형법상의 상습절도죄로 기소한 경우, 비록 구성요건이 동일하더라도 공소장변경 없이 형 이 더 무거운 특정범죄 가중처벌 등에 관한 법률 제5조의4 제1항, 형법 제329조, 제330 조를 적용하여 처벌할 수 없다고 한 사례.

[판결요지] [1] 피고인의 방어권 행사에 실질적인 불이익을 초래할 염려가 없는 경우에는 법원이 공소장변경절차 없이 일부 다른 사실을 인정하거나 적용법조를 달리한다고 할지

라도 불고불리의 원칙에 위배되지 아니다. 하지만 방어권 행사에 있어서 실질적인 불이익 여부는 그 공소사실의 기본적 동일성이라는 요소 외에도 **법정형의 경중 및 그러한 경중의 차이에 따라 피고인이 자신의 방어에 들일 노력·시간·비용에 관한 판단을 달리할 가능성이 뚜렷한지 여부 등의 여러 요소를 종합하여 판단하여야 한다.**

[2] 일반법과 특별법이 동일한 구성요건을 가지고 있고 그 구성요건에 해당하는 어느 범죄사실에 대하여 검사가 그 중 형이 가벼운 일반법의 법조를 적용하여 그 죄명으로 기소하였다. 그런데 그 일반법과 특별법을 적용한 때 형의 범위가 차이 나는 경우에는, 비록 그 공소사실에 변경이 없고 적용법조의 구성요건이 완전히 동일하다 하더라도, 그러한 **적용법조의 변경이 피고인의 방어권 행사에 실질적인 불이익을 초래한다고 보아야 한다. 따라서 법원은 공소장변경 없이는 형이 더 무거운 특별법의 법조를 적용하여 특별법 위반의 죄로 처단할 수 없다.**

[3] 절취행위에 대하여 형법 제332조, 제329조, 제330조를 적용하여 형법상의 상습절도죄로 기소한 경우, 비록 구성요건이 동일하더라도 공소장변경 없이 형이 더 무거운 특정범죄 가중처벌 등에 관한 법률 제5조의4 제1항, 형법 제329조, 제330조를 적용하여 처벌할 수 없다고 한 사례.

06

甲은 'A퀵서비스'라는 상호로 배달·운송업을 하는 자로, 과거 乙이 운영하는 'B퀵서비스'의 직원으로 일하던 중 소지하게 된 B퀵서비스 명의로 된 영수증을 보관하고 있던 것을 이용하여, 2010. 2. 1.부터 2011. 2. 1.까지 자신의 A퀵서비스 배달업무를 하면서 불친절하고 배달을 지연시켜 손님의 불만이 예상되는 배달 건에 대하여는 B퀵서비스 명의로 된 영수증에 자신이 한 배달내역을 기입하여 <u>손님들의 불만을 乙에게 떠넘기는 방법으로 영업을 하였다.</u>^{업무방해죄+} 乙은 甲의 행위에 의하여 자신의 신용이 훼손되었다는 이유로 2011. 10. 1. 甲을 고소하였다. 검사는 甲을 <u>신용훼손죄로 기소하였다가, 공판 중 동일한 사실관계에 대하여 예비적으로 업무방해죄의 공소사실 및 적용법조를 추가한다는 공소장변경신청을 하였다.</u> 이에 관한 설명 중 옳은 것은? (다툼이 있는 경우 판례에 의함)

① 甲의 행위는 신용훼손죄에 <s>해당한다.</s> ^{해당하지 않는다.}

┃해설 및 정답┃ 2012년 제1회 변호사시험 기출문제 40 **정답** ✕

대법원 2011. 5. 13. 선고 2009도5549 판결 [신용훼손(인정된 죄명: 업무방해)]

[사실관계] 퀵서비스 운영자인 피고인이 허위사실을 유포하여 손님들로 하여금 불친절하고 배달을 지연시킨 사업체가 경쟁관계에 있는 피해자 운영의 퀵서비스인 것처럼 인식하게 한 사안이다.

[판시사항] [1] 신용훼손죄에서 '신용'의 의미 [2] 위 행위가 신용훼손죄에 해당하지 않는다고 본 원심판단을 수긍한 사례.

[판결요지] [1] 형법 제313조의 신용훼손죄에서 '신용'은 경제적 신용, 즉 사람의 지급능력 또는 지급의사에 대한 사회적 신뢰를 의미한다.

[2] 퀵서비스의 주된 계약내용이 신속하고 친절한 배달이라 하더라도, 그와 같은 사정만으로 위 행위가 피해자의 경제적 신용, 즉 지급능력이나 지급의사에 대한 사회적 신뢰를 저해하는 행위에 해당한다고 보기는 어렵다는 이유로, 피고인에 대한 신용훼손의 주위적 공소사실을 무죄로 인정한 원심판단을 수긍한 사례.

② 만약 'B퀵서비스'가 국가기관인 우체국이라면 甲의 행위는 공무집행방해죄에 해당한다.

해설 및 정답 2012년 제1회 변호사시험 기출문제 40 　　　　　　　　　 **정답** ✕

형법 제136조 공무집행방해죄가 성립하려면, 폭행 또는 협박이 있어야 한다. 따라서 이 사안은 구성요건이 성립하지 않는다.

형법 제136조는 공무집행방해를 규정하고 있다. 주요내용을 보면, ① 《**적법한 직무를 집행하는 공무원을**》 폭행·협박한 사람은 5년 이하 징역형 또는 1천만원 이하 벌금형으로 처벌된다. <개정 1995.12.29.> ② 다음 각 호 목적으로 적법한 직무를 집행하는 공무원을 폭행·협박한 사람은 5년 이하 징역형 또는 1천만원 이하 벌금형으로 처벌한다. **1. 직무행위 강요목적 2. 직무행위 조직목적 3. 공직 사퇴목적**

③ 乙이 甲의 행위를 2011. 2. 1. 알게 되었다면 ~~乙의 고소는 6개월의 고소기간을 도과하여 부적법하다.~~ 고소기간과 상관 없이 공소시효가 완성되기 전까지 기소를 할 수 있다.

해설 및 정답 2012년 제1회 변호사시험 기출문제 40 　　　　　　　　　 **정답** ✕

신용훼손죄는 비친고죄이다. 고소기간이 없다. 고소가 없어도 공소를 제기할 수 있다.

④ 甲이 공판정에서 위 사실관계를 완전히 인정하면서 다만 乙의 신용을 훼손하거나 업무를 방해할 생각은 없었다고 그 범의만을 부인하는 경우 법원은 간이공판절차에 의하여 재판할 수 없다.

해설 및 정답 2012년 제1회 변호사시험 기출문제 40 　　　　　　　　　 **정답** ○

대법원 1998. 2. 27. 선고 97도3421 판결 [폭력행위등처벌에관한법률위반]

[판시사항] [1] 검사의 신문에는 공소사실을 자백하다가 변호인의 반대신문시 부인한 경우, 간이공판절차에 의하여 심판할 수 있는지 여부(소극)

[2] 제1심법원에서 간이공판절차에 의하여 심판하기로 하여 형사소송법 제318조의3 규정에 따라 **증거능력이 있는 증거를 항소심에서 범행을 부인하는 경우, 항소심에서도 계속 증거로 할 수 있는지 여부(적극)**

[3] 폭력행위등처벌에관한법률 제3조 제1항 '위험한 물건'의 위험성 여부 판단 기준

[4] 항소심판결 당시 미성년이었으나 상고심 계속 중 성년이 된 자에 대한 부정기형 선고의 적부(적극)

[판결요지] [1] 피고인이 공소사실에 대하여 검사가 신문을 할 때에는 공소사실을 모두 사실과 다름없다고 진술하였다. 그러나 **변호인이 신문을 할 때에는 범의나 공소사실을 부인하였다면 그 공소사실은 간이공판절차에 의하여 심판할 대상이 아니다.** 따라서 피고인의 법정에서의 진술을 제외한 나머지 증거들은 간이공판절차가 아닌 일반절차에 의한 적법한 증거조사를 거쳐 그에 관한 증거능력이 부여되지 아니하는 한 그 공소사실에 대한 유죄의 증거로 삼을 수 없다.

[2] 피고인이 제1심법원에서 공소사실에 대하여 자백하여 제1심법원이 이에 대하여 간이공판절차에 의하여 심판할 것을 결정하고, 이에 따라 제1심법원이 제1심판결 명시의 증거들을 증거로 함에 피고인 또는 변호인의 이의가 없어 형사소송법 제318조의3의 규정에 따라 증거능력이 있다고 보고, 상당하다고 인정하는 방법으로 증거조사를 한 이상, 가사 **항소심에 이르러 범행을 부인하였다고 하더라도 제1심법원에서 증거로 할 수 있었던 증거는 항소법원에서도 증거로 할 수 있는 것이다. 그러므로 제1심법원에서 이미 증거능력이 있었던 증거는 항소심에서도 증거능력이 그대로 유지되어 심판의 기초가 될 수 있고 다시 증거조사를 할 필요가 없다.**

[3] 폭력행위등처벌에관한법률 제3조 제1항에서 정한 '위험한 물건'의 위험성 여부는 구체적인 사안에 따라서 사회통념에 비추어 **그 물건을 사용하면 상대방이나 제3자가 곧 살상의 위험을 느낄 수 있으리라고 인정되는 물건인가에 따라 이를 판단하여야 한다.**

[4] 상고심에서의 심판대상은 항소심 판결 당시를 기준으로 하여 그 당부를 심사하는 데에 있는 것이다. 그러므로 **항소심판결 선고 당시 미성년이었던 피고인이 상고 이후에 성년이 되었다고 하여 항소심의 부정기형의 선고가 위법이 되는 것은 아니다.**

⑤ 공소장변경이 적법하게 이루어진 경우, 법원은 신용훼손죄에 대하여 판단하지 않고 업무방해죄의 성립여부만을 판단할 수 있다.

| 해설 및 정답 | 2012년 제1회 변호사시험 기출문제 40 | 정답 × |

심판순서는 본위적 공소사실과 예비적 공소사실 순이다. 따라서 신용훼손죄를 먼저 판단하고, 이후 업무방해죄를 판단한다.

제 2 부

변호사시험 사례형 기출문제 분석

2023년도 제12회 변호사시험 문제

시험과목	형사법(사례형)	응시번호		성 명	

응시자 준수사항

1. 시험 시작 전 문제지의 봉인을 손상하는 경우, 봉인을 손상하지 않더라도 문제지를 들추는 행위 등으로 문제 내용을 미리 보는 경우 그 답안은 영점으로 처리됩니다.

2. 시험 시간 중에는 휴대전화, 스마트워치 등 무선통신 기기나 전자계산기 등 전산기기를 지녀서는 안 됩니다.

3. **답안은 반드시 문제번호에 해당하는 번호의 답안지**(제1문은 제1문 답안지 내, 제2문은 제2문 답안지 내)에 작성하여야 합니다. 즉, 해당 문제의 번호와 답안지의 번호가 일치하지 않으면 그 답안은 영점으로 처리됩니다. 다만, 답안지를 제출하기 전에 시험관리관이 답안지 번호를 정정해 준 경우에는 정상적으로 채점됩니다.

4. 답안은 흑색 또는 청색 필기구(사인펜이나 연필 사용 금지) 중 한 가지 필기구만을 사용하여 답안 작성란(흰색 부분) 안에 기재하여야 합니다.

5. 답안지에 성명과 수험번호 등을 기재하지 않아 인적사항이 확인되지 않는 경우에는 영점으로 처리되는 등 불이익을 받게 됩니다. 특히 답안지를 바꾸어 다시 작성하는 경우, 성명 등의 기재를 빠뜨리지 않도록 유의하여야 합니다.

6. 답안지에는 문제 내용을 쓸 필요가 없으며, 답안 이외의 사항을 기재하거나 밑줄 기타 어떠한 표시도 하여서는 안 됩니다. 답안을 정정할 경우에는 두 줄로 긋고 다시 써야 하며, 수정액·수정테이프 등은 사용할 수 없습니다.

7. 시험 종료 시각에 임박하여 답안지를 교체했더라도 시험 시간이 끝나면 그 즉시 새로 작성한 답안지를 회수합니다.

8. 시험 시간이 지난 후에는 답안지를 일절 작성할 수 없습니다. 이를 위반하여 **시험 시간이 종료되었음에도 불구하고 계속 답안을 작성할 경우 그 답안은 영점으로 처리됩니다.**

9. **배부된 답안지는 백지 답안이라도 모두 제출**하여야 하며, **답안지를 제출하지 아니한 경우 그 시간 시험과 나머지 시험에 응시할 수 없습니다.**

10. 지정된 시각까지 지정된 시험실에 입실하지 않거나 시험관리관의 승인 없이 시험 시간 중에 시험실에서 퇴실한 경우, 그 시간 시험과 나머지 시간의 시험에 응시할 수 없습니다.

11. 시험 시간 중에는 어떠한 경우에도 문제지를 시험실 밖으로 가지고 갈 수 없고, 그 시험 시간이 끝난 후에는 문제지를 시험장 밖으로 가지고 갈 수 있습니다.

| 2023년도 시행 제12회 변호사시험 | 형사법 |

〈제1문〉

(1) X회사의 개발팀장으로 근무하는 甲은 2022. 4. 1. 위 회사가 입주한 Y상가 관리소장 A와 방문객 주차 문제로 언쟁을 벌인 후, A를 비방할 목적으로 상가 입주자 약 200여 명이 회원으로 가입된 Y상가 번영회 인터넷 카페 사이트 게시판에 'A에게 혼외자가 있다'는 허위사실을 게시하였다.[甲: 정보통신망법 제70조 제2항 위반(명예훼손)죄 성립+.] 甲은 이 글의 신빙성을 높이기 위해 관리사무소 직원 B에게 부탁하여 'A가 혼외자와 함께 있는 것을 보았다'는 허위 내용이 기재된 B 명의의 사실확인서를 받아[甲: 형법 제231조, 제34조 사문서위조죄 간접정범 불성립.] 위 게시물에 첨부하였다.[甲: 정보통신망법 제70조 제2항 위반(명예훼손)죄 포괄일죄 성립+.]

(2) 향후 창업을 계획하고 있어 창업 자금이 필요하던 甲은 2022. 4. 3. 약혼녀인 C의 지갑에서 액면금 3천만 원의 수표를 꺼내 가져갔다.[甲: 형법 제329조 절도죄 검토.] 당시 C는 그 자리에서 甲의 행위를 보았으나 다른 생각을 하느라 별다른 행동을 하지 않았다. 이에 甲은 자신이 지갑에서 수표를 꺼내어 가져가는 데 C가 동의한 것으로 오인하였다.[甲: C의 양해가 있었다고 오인한 경우 형법 제329조 절도죄 무죄(구성요건조각+, 고의 없음), C의 승낙이 있었다고 오인한 경우 ① 형법 제24조, 제16조 불성립 형법 제329조 절도죄 성립+(=판례), ② 위법성조각사유 전제사실착오⇒법효과제한적책임설⇒과실절도 구성요건이 없음. 형법 제329조 절도죄 무죄.]

(3) X회사의 경쟁 회사 상무 D는 甲에게 접근하여 'X회사에서 10억 원 가량을 투입하여 새로 개발한 기밀에 해당하는 메모리칩 도면 파일을 빼내어 주면 3억 원을 지급하겠다'고 제안하였고, 창업 자금이 부족하다고 생각하던 甲은 D의 제안을 승낙하였다. 그 후 甲은 2022. 4. 11. 09:00경 회사에 출근하여 위 메모리칩 도면 파일을[재산상 이익+. 정보는 재물이 아님-. 甲: 형법 제329조 절도죄 불성립.] 자신의 이동식 저장장치(USB)에 몰래 복사하고,[甲: 형법 제356조 업무상배임죄 성립+.] 이를 가지고 나와 D에게 넘겨준 다음 현금 3억 원을 받았다.[甲: 형법 제357조 배임수재죄 성립+. 양죄는 두 개의 행위로 실체적 경합이다.]

(4) 사실관계 (3)에 대한 경찰 수사가 진행 중임을 직감한 甲은 이에 대비하기 위해 중학교 동창인 경찰관 乙에게 수사 상황을 알려 줄 것을 부탁하였다.[甲: 형]

법 제127조, 제31조 제1항 공무상비밀누설죄 교사범 불성립. 필요적 공범의 내부참가자 상호간에는 총칙상 공범규정은 적용되지 않음. 乙은 경찰에서 甲에 대한 체포영장을 곧 신청할 예정임을 알려 주었다. 乙: 형법 제127조 공무상비밀누설죄 성립+. 실제로 사법경찰관 P1은 다음 날 오후 사실관계 (3)의 혐의로 甲에 대한 체포영장을 발부받아 집행에 착수하였다.

(5) 甲이 기소되어 사실관계 (3)에 대한 재판을 받게 되자, 乙은 甲의 동생인 丙에게 甲을 위해 증인으로 출석하여 甲의 알리바이를 위한 허위의 증언을 해 줄 것을 부탁하였다. 乙: 형법 제152조, 제31조 제1항 위증죄 교사범 성립+. 비신분자에게 구성적 신분범 또는 진정신분범이 공동정범, 교사범, 방조범이 성립할 수 있음. 위증죄는 친족특례조항이 없음. 이에 따라 丙은 법정에 증인으로 출석하여 적법하게 선서한 후, '甲이 2022. 4. 11. 에는 휴가를 내고 당일 새벽 자신과 함께 여행을 떠났다가 다음 날 집에 돌아왔다'고 허위로 증언하였다. 丙: 형법 제152조 제1항 위증죄 성립+.

1. (1)에서 甲의 죄책은? (10점)

2. (2)에서 동의를 ① '양해'로 보는 견해와 구성요건조각설 ② '승낙'으로 보는 견해 위법성조각설로 나누어 甲의 죄책을 각각 논하시오. (15점)

3. (3)에서 甲의 죄책은? (주거침입의 점 및 특별법 위반의 점은 제외함) (15점)

4. (4)와 (5)에서 甲, 乙, 丙의 죄책은? (20점)

5. (1)에 대한 甲의 재판에서 다음 증거의 증거능력을 검토하시오.

   (가) 재판에서 검사는 甲이 허위 사실확인서를 이용하여 A에 대한 허위사실을 게시한 점을 입증하기 위한 증인으로 甲의 친구 W를 신청하였고, 공판기일에 출석한 W는 적법하게 선서한 후 "B에게 허위의 사실확인서 작성을 부탁하여 허위 내용 게시에 사용하였다'는 말을 甲으로부터 들었다"고 증언하였다. 위 W의 증언의 증거능력을 검토하시오. (10점) 증거능력+. 전문증거와 본래증거의 구별. W의 증언은 본래증거이다. 요증사실과 관련성이 있다. 그러므로 甲의 정보통신망이용촉진및정보보호등에관한법률위반(명예훼손)죄에 대해 증거능력을 가진다. I. 사안 쟁점 II. 본래증거와 전문증거 구별 III. 사안 해결.

   (나) 수사단계에서 사법경찰관 P2는 사실확인서를 작성한 B가 간암 말기 판정을 받고 중환자실에 입원하게 되자, 동료 직원 E를 조사하여 "고향선배인 甲이 부탁을 하여 어쩔 수 없이 A에 대한 허위 사실확인서를 작성하여 주었고 이후 인터넷 카페 사이트 게시판을 보고 甲이 이를 허위 내용 게시에 사용하였다는 것을 알게 되었다'는 말을 B로부터 들었다"는 진술을 듣고 진술조서

에 기재하였다. 검사는 공판기일에 E에 대한 진술조서를 증거로 제출하였다. 이 진술조서 중 위 진술부분의 증거능력을 검토하시오. (15점) _{재전문증거(재전문서}

류)의 증거능력 진술조서는 재전문서류이다. 전문서류는 형사소송법 제312조 제4항, 제314조, 전문진술로서

제316조 제2항의 요건이 모두 충족되면 그 증거능력을 인정할 수 있다. 전문서류는 형사소송법 제312조 제

4항에 근거하여 공판기일에 E의 성립 진정과 피고인 甲에게 반대신문의 기회가 보장되어야 증거능력이 있

다. 전문진술은 제316조 제2항에 근거하여 필요성과 특신상태가 증명되면 그 증거능력을 인정할 수 있다.

원진술자인 B는 간암 말기 판정을 받고 중환자실에 입원한 상태이다. 필요성은 충족된다. 특신상태가 증명

되면 증거능력을 인정할 수 있다. I. 사안 쟁점 II. 재전문증거의 증거능력 III. 사안 해결.

6. (4)에서 甲이 사법경찰관 P1의 체포를 면탈하기 위해 주먹으로 P1의 얼굴을 때려 약 4주간의 치료가 필요한 상해를 가하고 달아나다가 결국 체포되었다. 검사는 甲 의 이러한 행위를 공무집행방해죄와 상해죄의 경합범으로 기소하였고, 제1심 법원 은 공무집행방해죄에 대하여 유죄, 상해죄에 대하여 무죄를 각각 선고하였다. 위 제1심 판결에 대해 검사만 상해죄 부분에 대하여 항소하였고, 항소심 심리 결과 甲의 두 죄가 상상적 경합 관계에 있다는 결론에 도달한 경우, 항소심의 심판 범 위를 설명하시오. (15점) _{상소심에서 죄수 판단 변경과 심판범위. 공무집행방해죄 유죄, 상해죄 무죄 선}

고. 두 죄는 상상적 경합 관계에 있다. 검사만 일부상소한 상해죄의 무죄부분뿐만 아니라 나머지 공무집행방해죄

유죄부분도 항소심의 심판범위가 된다(전부심판설). I. 사안 쟁점 II. 상소심에서 죄수판단 변경과 심판범위 (1) 피

고인만 유죄부분 상소 (2) 검사만 유죄부분 상소 III. 사안 해결.

〈제2문〉

(1) 甲은 코로나19로 사업이 어렵게 되자 양부(養父) A에게 재산의 일부를 증여해 달라고 요구하였지만 핀잔만 듣게 되었다. 이에 화가 난 甲은 A를 살해하기로 마음먹고 따로 거주하고 있는 사촌 동생 乙에게 A를 살해하라고 교사하면서^{甲: 형법 제250조 제2항 존속살해교사죄 미수범 성립+. 형법 제250조 제1항 살인죄 교사범 성립+. 객체착오설 고의인정+. 타격착오설 고의인정+(법정적 부합설). 양죄는 상상적 경합.} 甲과 A가 함께 살고 있는 집의 현관 비밀번호 및 집 구조를 乙에게 알려 주었다.^{甲: 형법 제319조 제1항, 제31조 제1항 주거침입죄 교사범 성립+.} 甲이 알리바이를 위하여 다른 지역으로 출장을 떠난 사이, 乙은 범행 당일 새벽 2시경 甲이 알려 준 비밀번호를 이용하여 현관문을 열고 들어가^{乙: 형법 제319조 제1항 주거침입죄 성립+.} 침실에서 자고 있던 사람의 얼굴을 베개로 눌러 질식으로 사망케 하였다.^{乙: 형법 제250조 제1항 살인죄 성립+.} 그러나 사실 침실에서 자고 있던 사람은 A의 운전기사 B였다.^{객체의 착오도 고의 인정됨+.} 乙은 살해를 한 직후 거실에서 A 소유의 명품 시계 1개를 발견하고 욕심이 생겨 이를 가지고 나왔다.^{乙: 형법 제329조 절도죄 성립+. (망자 점유 재물 인정+). 甲은 절도죄 교사범이 성립하지 않음. 교사착오 중 질적초과에 해당함.}

(2) 다음 날 甲과 乙은 A가 위 범행 전날 밤 교통사고로 크게 다쳐 병원에 입원하였고 乙이 사망케 한 사람이 B라는 사실을 알게 되었다. B 사망사건에 대한 수사가 개시되자 甲은 범행을 포기하였다가 6개월 후 다시 A를 살해할 마음을 먹고 乙에게 계획을 설명했으나 乙은 甲에게 '더 이상 관여하지 않겠다'고 하였다.^{乙: 무죄+. 미수의 방조.} 이에 甲은 乙에게 '내가 알아서 하겠으니 A에게 투여할 독극물만 구입해 달'라고 하여 乙은 독극물을 구입하였지만^{乙: 무죄+. 타인예비.} 甲에게 주지 않은 채^{乙: 무죄+. 예비의 방조.} 그 다음 날 전화로 '나는 양심에 걸려 못하겠다'고 한 후 연락을 끊었다.^{乙: 무죄+ 또는 필요적 감면+ 예비 중지.} 이에 甲도 범행을 단념하였으나 사업이 점점 어려워지자 1개월 후 A가 입원해 있는 병실에서 산소호흡기를 착용하지 않으면 생명이 위독한 A의 산소호흡기를 제거하여 A를 살해하였다.^{甲: 형법 제250조 제2항 존속살해죄 성립+. 乙: 무죄+, 무관.}

(3) 甲은 A명의 부동산을 임의로 처분하기로 마음먹었다. 이에 甲은 A를 살해한 직후 병실에 보관되어 있던 A의 인감도장을 가지고 나온 다음^{甲: 형법 제329조 절도죄 성립+. 형법 제328조 제1항·제2항 친족상도례 검토.} 'A가 甲에게 인감증명서 발급을 위임한다'는 취지의 A명의 위임장 1장을 작성하고 같은 날 주민센터 담당 직원

C에게 제출하여^{甲:} ^{형법 제231조 사문서위조죄 성립+. 형법 제234조 위조사문서행사죄 성립+. 양죄} ^{는 실체적 경합.} A의 인감증명서를 발급받았다.^{甲:} ^{형법 제347조 사기죄 불성립. 형법 제227조,} ^{제34조 허위공문서작성죄 간접정범 불성립.}

(4) 甲의 여자친구 D는 甲이 잠이 든 D의 나체를 동의 없이 휴대전화를 이용하여 사진 촬영한 사실을 신고하면서 甲 몰래 가지고 나온 甲의 휴대전화를 사법경찰관 K에게 증거물로 제출하였다. K는 위 휴대전화를 압수한 후 D와 함께 휴대전화의 전자정보를 탐색하다가 D의 나체 사진 외에도 甲이 D와 마약류를 투약하는 장면이 녹화된 동영상을 발견하였고, 탐색을 계속하여 甲과 성명불상의 여성들이 마약류를 투약하는 장면이 녹화된 동영상을 발견하자 위 동영상들을 따로 시디(CD)에 복제하였다. 그 후 K는 위 시디(CD)에 대하여 영장을 발부받아 甲의 참여하에 이를 압수하였다.

1. (가) (1)에서 甲, 乙의 죄책은? (32점) ^{甲은 ① A에 대해 존속살해교사죄 미수범, B에 대해 살인교} ^{사죄가 성립한다. 상상적 경합. ② 주거침입교사죄가 성립한다. ①죄와 ②죄는 실체적 경합. 乙은 B에 대해} ^{살인죄, A의 주거에 대해 주거침입죄, A에 대해 절도죄가 성립한다. 실체적 경합.}

   (나) (2)에서 乙에 대하여 형사책임을 부인하거나 보다 가볍게 인정할 수 있는 이론적 근거를 모두 제시하시오. (10점) ^{미수의 방조 무죄. 타인인 예비 무죄, 예비의 방조} ^{무죄, 예비의 중지 필요적 감면.}

   (다) (3)에서 甲의 죄책은? (13점) ^{인감도장에 대해 절도죄 성립+. 형법 제328조 제1항·제2항 친족} ^{상도례 검토. 위임장 작성과 제출에 대해 사문서위조죄 성립+. 위조사문서행사죄 성립+. 실체적 경합. A의} ^{인감증명서를 발급에 대해 사기죄 불성립. 허위공문서작성죄 간접정범 불성립.}

2. (1)과 관련하여, 현장 DNA로 乙의 혐의를 확인한 사법경찰관 K가 연락이 되지 않는 乙의 주거지로 찾아가 탐문수사를 하던 중 귀가하던 乙을 우연히 발견하고 도주하려는 乙을 주거지 앞에서 적법하게 긴급체포하는 경우, 乙의 주거지 안에 있는 A의 시계에 대한 압수 방안에 관하여 모두 검토하시오. (15점) ^{형사소송법 제215} ^{조 사전 영장으로 압수. 형사소송법 제217조 긴급성으로 영장 없이 압수. 형사소송법 제218조 임의제출물 압수로} ^{영장 없이 압수. I. 사안 쟁점 II. 긴급체포와 압수 III. 사안 해결.}

3. (1)과 관련하여, 공판에서 검사 P가 ⓐ 살인이 일어난 범행 현장을 촬영한 사진과 乙이 범행을 재연하는 장면을 촬영한 사진이 첨부된 사법경찰관 작성 검증조서와 ⓑ 범행현장에서 乙의 DNA가 확인되었다는 내용의 국립과학수사연구원의 감정의뢰회보서를 유죄의 증거로 제출하였는데 乙이 위 증거들에 대하여 부동의하는 경

우, 위 ⓐ 검증조서에 첨부된 2개의 사진 및 ⓑ 감정의뢰회보서를 증거로 사용하기 위한 요건을 설명하시오. (15점) 검증조서에 첨부된 사진과 감정서의 증거능력. ⓐ살인 범행 현장 사진⇒형사소송법 제312조 제4항. 乙 범행 재연 장면 사진⇒형사소송법 제312조 제3항. ⓑ감정의뢰회보서 형사소송법 제313조 제3항. 각 요건을 충족하면 증거능력 인정. I. 사안 쟁점 II. 검정조서 첨부 사진 증거능력 III. 감정의뢰회보서 증거능력 IV. 사안 해결.

4. (4)와 관련하여, 甲이 위 동영상들과 관련된 범죄사실로 공소제기된 경우 甲의 변호인의 입장에서 위 시디(CD)의 증거능력을 부정할 수 있는 근거를 모두 제시하시오. (15점) ① 임의제출한 압수물이 범죄혐의사실과 구체적 · 개별적 연관관계 있는 전자정보로 보기 어렵다. ② 임의제출자가 아닌 실질적인 피압수자인 피의자에게 참여권을 보장하고, 압수한 전자정보 목록을 교부하여 피의자의 절차적 권리를 보장하기 위한 적절한 조치가 이루어지지 않았다. ③ 시디(CD)는 위법수집증거에 해당한다. 사후영장 또는 증거동의가 있어도 위법성은 치유될 수 없다. 시디(CD) 증거능력을 부정해야 한다. I. 사안 쟁점 II. 피해자 또는 제3자가 수사기관에게 피의자 소유 · 관리 전자정보를 임의제출한 경우, 압수 관련 법적 문제 III. 사안 해결.

〈제1문〉 해설

[문 1] (1)에서 甲의 죄책 (10점) ☞ 쟁점은 정보통신법 명예훼손죄 기수와 죄수(포괄일죄) · 사문서위조죄 간접정범이다.

1. 인터넷 카페 사이트 게시판에 'A에게 혼외자가 있다'는 허위사실을 게시하고, 허위 내용이 기재된 B 명의의 사실확인서를 받아 위 게시물에 첨부(정보통신망법 제70 조 제2항 위반(명예훼손)죄 포괄일죄 검토)

   (1) 정보통신망법 제70조 제2항 위반(명예훼손)죄는 사람을 '비방할 목적'으로 '정 보통신망'을 통하여 공공연하게 거짓의 사실을 드러내어 다른 사람의 명예를 훼손함으로써 성립한다.^{법리}

   (2) 甲에게 'A를 비방할 목적'이 있었고, Y상가 번영회 인터넷 카페 사이트 게시 판이 '정보통신망'에 해당하며, 甲이 'A에게 혼외자가 있다'는 허위사실을 게 시하였으므로 본죄가 성립한다. 그 후 甲이 'A가 혼외자와 함께 있는 것을 보 았다'는 허위 내용이 기재된 B가 작성한 사실확인서를 위 게시물에 첨부하였 다. 이 행위는 포괄일죄에 해당한다.^{사안}

   (3) 한편 판례는 「구체적인 사실이 불특정 또는 다수인이 직접 인식할 수 있는 상태에 이르면 기수가 성립한다. 그 사실을 인지하거나 명예훼손의 결과발생 을 요하지 않는다. **정보통신망을 이용한 명예훼손의 경우, 그 게시행위 즉 시 명예훼손의 범행은 종료되고 기수가** 성립한다」고 판시하였다.^{판례}

   (4) 죄책: 정보통신망법 제70조 제2항 위반(명예훼손)죄 포괄일죄가 성립한다. 동 법 제70조 제항에 근거하여 A의 처벌불원의 의사가 표시되면 공소를 제기할 수 없다.^{죄책}

2. B에게 부탁하여 '허위 내용이 기재된 B 명의의 사실확인서를 받은 행위(형법 제 231조, 제34조 제1항 사문서위조죄 간접정범 검토)

   (1) 사실확인서는 B가 자신의 명의로 작성한 문서이다. 그 내용이 허위일지라도 사문서위조죄는 성립하지 않는다. B가 문서의 내용을 알고 문서를 작성하였 다. 그러므로 甲이 B를 도구로 이용한 사문서위조죄 간접정범도 성립할 수 없다.^{법리}

   (2) 한편 판례도 「사문서위조죄 간접정범은 **명의인이 내용을 오신하고 있는 것 을 이용하여 그의 의사와 다른 내용의 문서에 서명날인을 받는 등으로 문 서를 작성**하게 한 경우에 성립한다」^{판례}

(3) 죄책: 형법 제231조, 제34조 제1항 사문서위조죄 간접정범은 성립하지 않는다.^{죄책}

[문 2] (2)에서 동의를 ① '양해'로 보는 견해와^{구성요건조각설} ② '승낙'으로 보는 견해^{위법성조각설}로 나누어 甲의 죄책을 각각 논하시오. (15점) ☞ 쟁점은 절도죄 불성립 논리와 성립 논리이다.

1. 3천만 원의 수표를 꺼내 가져가면서 C의 양해가 있었다고 오인한 행위(형법 제329조 절도죄 검토)^{5점}

   (1) 절도죄는 타인의 재물을 절취한 경우 성립한다. 고의와 불법영득의사가 있어야 한다. 피해자 동의가 양해인 경우 절취에 해당하지 않는다. '없음에도 있는 것으로 오인'했다면 절도 고의가 없다. 절도죄는 과실범을 처벌하지 않는다.

   (2) 사안에서 甲의 행위는 형법 제13조가 적용된다. 절도죄 구성요건 요소인 절취에 대한 인식과 의욕이 없기 때문에 고의가 조각된다.

   (3) 한편 판례는 「**절도죄에서 그 재물이 자기에게 취득할 것이 허용된 물건으로 오인하고 가져온 경우에는 범죄사실에 대한 인식이 있다고 할 수 없으므로 범의가 조각되어 절도죄가 성립하지 아니한다**」고 판시하였다.

   (4) 죄책: 형법 제329조 절도죄는 무죄이다.

2. 3천만 원의 수표를 꺼내 가져가면서 C가 승낙이 있었다고 오인한 행위(형법 제329조 절도죄 검토)^{10점}

   (1) '양해'로 보면 절도죄 구성요건에 해당하지 않는다. 반면 '승낙'으로 보면 구성요건에 해당하지만 위법성이 조각된다. 동의가 '없음에도 있는 것으로 오인'한 행위는 형법 제24조 피해자 승낙으로 무죄이다.

   (2) 형법 제24조의 객관적 요건인 '피해자 승낙'이 존재하지 않음에도 존재한다고 오인한 경우를 오상승낙이라고 한다. 이 경우 '위법성조각사유의 전제사실에 관한 착오'(**이하 '위전착'**)로 해결한다. '위전착'의 해결은 학설 대립이 심하다. 법효과제한책임설은 고의의 이중기능을 인정한다. 이 경우 구성요건 고의가 충족되고 고의불법이 인정된다. 다만 심정반가치로 책임고의를 인정할 수 없다. 법적 효과에서 구성요건 착오가 있는 경우와 동일하게 취급한다. 절도죄는 과실범을 처벌하지 않는다. 법효과제한적책임설에 따르면 무죄이다.

   (3) 한편 판례는 「**현재 급박하고 부당한 침해가 있는 것으로 오인한 경우, 정당한 사유가 있을 경우 형법 제16조에 근거하여 위법성이 없다**」고 판시하였

다. 판례의 법리에 따르면 '위전착'의 경우 그 착오에 정당한 이유가 있으면 '위법성'을 조각하고, 정당한 이유가 없으면 '위법성'을 인정하여 '고의범'이 성립한다.

(4) 사안에서 갑은 C의 의사를 정확히 확인하지도 않고 그냥 동의한 것으로 오인한 경우이다. 그렇다면 형법 제16조 정당한 이유가 없다. 절도행위는 위법성이 조각되지 않는다. 그리고 특별히 책임을 조각할 사안이 없다.

(5) 죄책: 형법 제329조 절도죄가 성립한다. 다만 이 사안도 '위전착'을 쟁점으로 절도죄 무죄를 주장할 수 있다.

[문 3] (3)에서 甲의 죄책은? (주거침입의 점 및 특별법 위반의 점은 제외함) (15점)

☞ 정보의 재물성·업무상배임죄 기수시기·배임수재죄의 부정한 청탁 판단.

1. 메모리칩 도면 파일을 저장장치(USB)에 몰래 복사한 행위(형법 제329조 절도죄 검토)

(1) 절도죄는 타인의 재물을 절취할 경우 성립한다. 사안의 쟁점은 정보의 재물성이다. 재물 개념에 대해 학설 대립이 있다. 유체물설과 관리가능성설이다. ① 유체물(고체·액체·기체처럼 일정한 공간을 차지하고 있는 물체)만이 재물이다. ② '물리적' 관리가 가능하면 유체물은 물론 동력도 재물이다. 통설은 관리가능성설이다.

(2) 한편 판례는 「**관리할 수 있는 동력도 재물에 포함된다**」고 **판시하였다.** 관리가능성설의 입장이다.

(3) 사안에서 '메모리칩 도면 파일'은 정보이다. 정보는 유체물도 아니고 자연적 에너지이다. 그러나 물질성을 지닌 동력에 해당하지 않는다. 따라서 절도죄 구성요건에 해당하지 않는다.

(4) 판례도 영업비밀의 재물성을 부정하였다. 「**영업비밀을 출력하더라도 그 정보가 감소하거나 또는 피해자의 점유와 이용가능성을 감소시킨 것이 아니다. 그러므로 복사·출력행위로 절도죄가 성립한다고 볼 수 없다**」고 판시하였다.

(5) 죄책: 형법 제329조 절도죄는 성립하지 않는다.

2. 메모리칩 도면 파일을 저장장치(USB)에 몰래 복사한 행위(형법 제356조 업무상배임죄 검토)

(1) 업무상배임죄는 업무로서 타인의 사무를 처리하는 자가 그 임무에 위배하는 행위로써 재산상의 이익을 취득하거나 제3자로 하여금 이를 취득하게 하여

본인에게 손해를 가한 때에 성립한다.

(2) 사안에서 甲은 업무상배임죄의 주체·객체·행위를 모두 충족한다. ① 행위주체: X회사 개발팀장이다. 새로 개발한 메모리칩 도면 파일을 관리·보관하는 사무를 담당한다. '업무로서 처리하는 자'에 해당한다. ② 행위객체: '메모리칩 도면 파일'은 피해 회사의 기밀이다. '영업비밀'에 해당하거나 최소한 '영업상 주요한 자산'에 해당한다. ③ 임무위배행위: 파일을 USB에 복사하여 무단 반출하는 행위는 회사와의 신임관계를 저버리는 '임무에 위배하는 행위'에 해당한다. ④ 손해발생: USB에 복사하여 무단 반출한 때에 그 파일상의 기밀인 메모리칩 노년 파일에 대한 이용가치로서 재산상의 이익을 취득하고 회사에 재산상의 손해가 발생한다.

(3) 한편 판례는 「'영업비밀' 또는 '영업상 주요한 자산'인 '메모리칩 도면 파일'을 경쟁업체에 유출하거나 스스로의 이익을 위하여 이용할 목적으로 무단으로 반출한 경우 그 반출시에 업무상배임죄는 기수가 성립한다」고 판시하였다.

(4) 죄책: 형법 제356조 업무상배임죄가 성립한다.

3. 메모리칩 도면 파일을 D에게 넘겨준 다음 현금 3억 원을 받은 행위(형법 제357조 배임수재죄 검토)

(1) 배임수죄죄는 타인의 사무를 처리하는 자가 그 임무에 관하여 부정한 청탁을 받고 재물 또는 재산상의 이익을 취득하거나 제3자로 하여금 이를 취득하게 함으로써 성립하는 범죄이다.

(2) 사안에서 ① X회사의 개발팀장이다. ② 도면 파일을 빼내어 달라는 부탁을 받았다. ③ USB를 D에게 넘겨주고 현금 3억 원을 받았다. ④ 3억원은 **부정한 청탁에 대한 대가 또는 사례이다.**

(3) 죄책: 형법 제357조 배임수재죄가 성립한다.

4. 甲의 죄수

업무상배임죄와 배임수재죄가 성립한다. **업무상배임죄와 배임수재죄는 별개의 독립된 범죄이다. 양 죄는 실체적 경합범 관계**에 있다.

[문 4] (4)와 (5)에서 甲, 乙, 丙의 죄책은? (20점) ☞ 대향범과 총칙 공범 규정·증언거부권자 위증죄·형법 제33조 공범과 신분·위증교사죄.

1. 甲이 경찰관 乙에게 수사 상황을 알려 줄 것을 부탁한 행위(형법 제127조, 제31조 제1항 공무상비밀누설죄 교사범 검토)

(1) 공무상비밀누설죄는 비밀을 누설하는 자와 누설받는 자의 대향적 협력에 의하여 성립한다. 필요적 공범(**대향범**)이다. 그러나 형법은 누설자만 처벌하고 누설 받는 자는 처벌하지 않는다. 사안의 쟁점은 대향범의 내부참가자 상호간에 총칙상 공범규정이 적용될 수 있는지이다. 처벌되지 않는 자가 처벌되는 자를 교사한 경우, 공무상비밀누설죄의 교사범으로 처벌할 수 있는지 문제이다.

(2) 이 문제는 학설이 대립한다. 긍정설과 부정설이다. ① 협력을 넘어 적극 본범을 교사한 경우 교사범이 성립한다. ② 명문 규정이 없으면 교사범이 성립하지 않는다. 죄형법정주의와 법적 안정성을 침해한다. 부정설이 다수설이다.

(3) 한편 판례는「필요적 공범의 **내부참가자 상호간에 총칙상 공범규정은 적용되지 않는다**」고 판시하였다. 변호사 사무실 직원이 법원공무원에게 부탁하여 수사 중인 사건의 체포영장 발부자 명단을 누설받은 사안이다. 대법원은「**직무상 비밀을 누설한 행위와 이를 누설받은 행위는 대향범 관계에 있다. 그러므로 공범에 관한 형법총칙 규정이 적용될 수 없다.** 변호사 사무실 직원의 행위는 공무상비밀누설교사죄에 해당한다고 할 수 없다」고 판시하였다.

(4) 죄책: 형법 제127조, 제31조 제1항 공무상비밀누설죄 교사범은 성립하지 않는다.

2. 乙이 경찰에서 甲에 대한 체포영장을 곧 신청할 예정임을 알려 준 행위(형법 제127조 공무상비밀누설죄 검토)

(1) 공무상비밀누설죄는 공무원 또는 공무원이었던 자가 법령에 의한 직무상 비밀을 누설함으로써 성립하는 범죄이다.

(2) 사안에서 ① 행위주체: 乙은 경찰관으로 '공무원'이다. ② 행위객체: 甲에 대한 체포영장을 신청할 예정은 비밀에 해당한다. ③ 행위: 甲에게 알려준 것은 '누설'에 해당한다.

(3) **한편 판례는「수사가 계속 진행 중인 사안에 관한 수사책임자의 잠정적인 판단 등 수사팀의 내부 상황에 관한 정보도 '법령에 의한 직무상의 비밀'에 해당한다」고 판시하였다.**

(4) 죄책: 형법 제127조 공무상비밀누설죄가 성립한다.

3. 乙이 甲의 동생인 丙에게 甲을 위해 증인으로 출석하여 甲의 알리바이를 위한 허위의 증언을 해 줄 것을 부탁한 행위(형법 제152조, 제31조 제1항 위증죄 교사범 검토)

(1) 위증죄는 '법률에 의하여 선서한 증인'만이 주체가 되는 진정신분범이다. 丙은 신분이 있지만 乙은 그러한 신분이 없다. 따라서 비신분자가 구성적 신분자의

범죄에 가담한 경우 신분범의 공범이 될 수 있는지가 문제이다.

(2) 형법 제33조 본문은 "신분이 있어야 성립되는 범죄에 신분 없는 사람이 가담한 경우에는 그 신분 없는 사람에게도 제30조부터 제32조까지의 규정을 적용한다"고 규정하고 있다. 그러므로 비신분자에게도 구성적 신분범 또는 진정신분범의 공동정범, 교사범, 방조범이 성립할 수 있다.

(3) 사안에서 乙은 위증죄의 신분자인 '증인'은 아니지만, 증인 아닌 자가 "신분이 있어야 성립되는 범죄에 교사로 가담한" 경우이다. 그러므로 비신분자 乙에게 진정신분범인 위증죄 교사범이 성립한다. 위증죄는 친족특례조항이 없다.

(4) 죄책: 형법 제152조, 제31조 제1항 위증죄 교사범이 성립한다.

4. 丙이 법정에 증인으로 출석하여 적법하게 선서한 후 허위로 증언한 행위(형법 제152조 제1항 위증죄 검토)

(1) 위증죄는 법률에 의하여 선서한 증인이 허위의 진술을 하면 성립하는 범죄이다.

(2) 사안에서 ① 행위주체: 丙은 법정에 증인으로 출석하여 적법하게 선서하였다. ②행위객체와 행위: 그 후 허위로 증언하였다. 다만, 丙은 형인 甲의 형사사건에 대해 증언거부권이 있다(형사소송법 제148조 제1호). 증언거부권자가 증언거부권을 행사하지 않고 증언하면서 허위로 증언한 경우, 위증죄가 성립하는지가 문제이다. 긍정설과 부정설이 있다. 긍정설이 타당하다.

(3) 한편 판례는 「증언으로 형사소추를 받을 염려가 있는 처지의 증인에게 **증언을 거부할 수 있는 권리를 인정한다. 이를 통해 위증죄로부터 탈출구를 마련하고 있다. 그래서 적법행위의 기대가능성이 없다고 할 수 없다. 선서한 증인이 증언거부권을 포기하고 허위의 진술을 하였다면 위증죄가 성립한다」고 판시하였다.**

(4) 죄책: 형법 제152조 제1항 위증죄가 성립한다.

5. 전체 죄수

(1) 甲은 무죄이다. 乙은 공무상비밀누설죄와 위증교사죄가 성립한다. 양죄는 실체적 경합이다. 丙은 위증죄가 성립한다.

(2) 丙은 위계에 의한 공무집행방해죄가 성립하지 않는다. 乙은 위계 공무집행방해죄 교사죄는 성립하지 않는다. 법원의 공무집행을 방해할 고의가 없다.

(3) 丙의 위증은 범인도피죄가 성립하지 않는다. 이를 교사한 乙은 범인도피교사죄가 성립하지 않는다. 증인에게 진실을 진술할 의무가 없다. 법원이 실체적 진실을 발견할 책무를 가진다.

5. (1)에 대한 甲의 재판에서 다음 증거의 증거능력을 검토하시오.

　가. 재판에서 검사는 甲이 허위 사실확인서를 이용하여 A에 대한 허위사실을 게시한 점을 입증하기 위한 증인으로 甲의 친구 W를 신청하였고, 공판기일에 출석한 W는 적법하게 선서한 후 "'B에게 허위의 사실확인서 작성을 부탁하여 허위 내용 게시에 사용하였다'는 말을 甲으로부터 들었다"고 증언하였다. 위 W의 증언의 증거능력을 검토하시오. (10점) ☞ 증거능력+. 전문증거와 본래증거의 구별. W의 증언은 본래증거이다. 요증사실과 관련성이 있다. 그러므로 甲의 정보통신망이용촉진및정보보호등에관한법률위반(명예훼손)죄에 대해 증거능력을 가진다. I. 사안 쟁점 II. 본래증거와 전문증거 구별 III. 사안 해결.

　　Ⅰ. 사안 쟁점

　　　W의 증언이 쟁점이다. 전문증거와 본래증거의 구별이다. 본래증거는 요증사실과 관련성만 인정되면 증거능력이 인정된다.

　　Ⅱ. 전문증거와 본래증거의 구별

　　1. 甲에게 들었다는 W의 증언 자체는 甲의 범죄사실을 인정할 수 있는 요증사실이다. **본래증거이다.** 전문법칙의 제한을 받지 않는다.

　　2. 판례는 「**원진술의 존재 그 자체**가 요증사실인 경우 본래증거이다. **그와 같은 진술을 하였다는 것 자체 또는 그 진술의 진실성과 관계없는 간접사실에 대한 정황증거로 사용될 경우 본래증거**이다. 그러나 **원진술의 내용인 사실**이 요증사실인 경우 **전문증거**이다. **원진술의 내용의 진실성이 요증사실에 대한 직접증거로 사용될 경우 전문증거**이다」고 판시하였다.

　　Ⅲ. 사안 해결

　　　W의 증언 자체는 요증사실과 관련성이 있다. 본래증거이다. 甲의 정보통신망이용촉진및정보보호등에관한법률위반(명예훼손)에 대해 증거능력을 가진다.

　나. 수사단계에서 사법경찰관 P2는 사실확인서를 작성한 B가 간암 말기 판정을 받고 중환자실에 입원하게 되자, 동료 직원 E를 조사하여 "'고향선배인 甲이 부탁을 하여 어쩔 수 없이 A에 대한 허위 사실확인서를 작성하여 주었고 이후 인터넷 카페 사이트 게시판을 보고 甲이 이를 허위 내용 게시에 사용하였다는 것을 알게 되었다'는 말을 B로부터 들었다"는 진술을 듣고 진술조서에 기재하였다. 검사는 공판기일에 E에 대한 진술조서를 증거로 제출하였다. 이 진술조서 중 위 진술부분의 증거능력을 검토하시오. (15점) ☞ 재전문증거(재전문서류)의 증거능력 진술조서는 재전문서류이다. 전문서류는 형사소송법 제312조 제4항, 제314조, 전문진술로서 제316조 제2항의 요건이 모두 충족하면 그 증거능력을 인정할 수 있다. 전문서류는 형사소송법 제312조 제4항

에 근거하여 공판기일에 E의 성립 진정과 피고인 甲에게 반대신문의 기회가 보장되어야 한다. 전문진술은 제 316조 제2항에 근거하여 필요성과 특신상태가 증명되면 그 증거능력을 인정할 수 있다. 원진술자인 B는 간 암 말기 판정을 받고 중환자실에 입원한 상태이다. 필요성은 충족된다. 특신상태가 증명되면 증거능력을 인정 할 수 있다. I. 사안 쟁점 II. 재전문증거의 증거능력 III. 사안 해결.

I. 사안 쟁점

사법경찰관 P2 작성 E에 대한 진술조서는 재전문증거 중 재전문서류이다. 전문서류는 형사소송법 제312조 제4항, 제314조, 전문진술로서 제316조 제2 항의 요건을 검토해야 한다.

II. 재전문증거의 증거능력

1. 학설 대립

(1) 재전문증거의 증거능력에 대하여는 부정설과 긍정설이 대립한다. ① 재전 문증거는 이중의 예외이고 명문의 규정도 없다. ② 재전문증거도 각각의 예외요건을 충족하면 증거능력을 인정할 수 있다.

(2) 판례는 「재전문증거 중 **재전문서류**는 전문서류로서 형사소송법 제312조 또는 제314조의 요건과 전문진술로서 형사소송법 제316조 제2항(원진술 자가 피고인 아닌 타인) 또는 제1항(원진술자가 피고인)의 요건을 모두 충족하면 그 증거능력을 인정할 수 있다. 그러나 **재전문진술**은 **피고인이 증거에 동의하지 않는 한** 그 증거능력을 인정할 수 없다」고 판시하였다.

(3) 사안에서 진술조서는 **재전문서류이다.** 전문서류로서 형사소송법 제312조 제4항 또는 제314조 그리고 전문진술로서 제316조 제2항의 요건이 모두 충족하면 그 증거능력을 인정할 수 있다.

III. 사안 해결

1. 사법경찰관 P2 작성 E에 대한 진술조서는 **재전문서류이다.** 전문서류로서 형사소송법 제312조 제4항에 근거하여 공판기일에 E의 성립 진정과 피고 인 甲에게 반대신문의 기회가 보장되어야 한다.

2. 전문진술로서 형사소송법 제316조 제2항에 근거하여 필요성과 특신상태가 증명되면 그 증거능력을 인정할 수 있다. 사안에서 원진술자인 B가 간암 말기 판정을 받고 중환자실에 입원한 상태다. 필요성은 충족된다. 특신상 태가 증명되면 증거능력이 인정된다.

6. (4)에서 甲이 사법경찰관 P1의 체포를 면탈하기 위해 주먹으로 P1의 얼굴을 때려

약 4주간의 치료가 필요한 상해를 가하고 달아나다가 결국 체포되었다. 검사는 甲의 이러한 행위를 공무집행방해죄와 상해죄의 경합범으로 기소하였고, 제1심 법원은 공무집행방해죄에 대하여 유죄, 상해죄에 대하여 무죄를 각각 선고하였다. 위 제1심 판결에 대해 검사만 상해죄 부분에 대하여 항소하였고, 항소심 심리 결과 甲의 두 죄가 상상적 경합 관계에 있다는 결론에 도달한 경우, 항소심의 심판 범위를 설명하시오. (15점) ☞ 상소심에서 죄수 판단 변경과 심판범위. 공무집행방해죄 유죄, 상해죄 무죄 선고. 두 죄는 상상적 경합 관계에 있다. 검사만 일부상소한 상해죄의 무죄부분뿐만 아니라 나머지 공무집행방해죄 유죄부분도 항소심의 심판범위가 된다(전부심판설). I. 사안 쟁점 II. 상소심에서 죄수판단 변경과 심판범위 (1) 피고인만 유죄부분 상소 (2) 검사만 유죄부분 상소 III. 사안 해결.

Ⅰ. 사안 쟁점

원심은 두 범죄를 경합범으로 판단하였다. 그러나 검사 또는 피고인 중 일방 당사자가 무죄 또는 유죄에 대해 단독으로 상소하였다. 상소심에서 두 범죄가 상소불가분원칙이 적용되는 단순일죄 또는 상상적 경합으로 판단한 경우 상소심 법원의 심판범위가 문제이다.

Ⅱ. 상소심에서 죄수 판단 변경과 심판범위

1. 피고인만 유죄부분 상소

학설 대립이 있다. 전부심판설, 분리확정설, 면소판결설이다. ① 양 사실 모두가 상소심에 소송계속이 된다. ② 무죄부분은 확정되고 유죄부분만 심판대상이 된다. ③ 일부 사실이 확정된 이상 상소심은 전체에 대해 면소판결을 해야 한다. 통설은 분리확정설이다. 피고인 이익을 고려한 이론이다.

2. 검사만 무죄부분 상소

(1) 검사만 무죄부분만 상소한 경우, 유죄부분도 상소심에서 심판대상이 된다. **피고인 이익보호 관점**에서 보면, **전부심판설**이 타당하다.

(2) **판례**는 「원심이 두 개의 죄를 경합범으로 보고 한 죄는 유죄, 다른 한 죄는 무죄를 각 선고하자 **검사만** 무죄부분만에 대하여 불복상고 하였더라도, 위 두 죄가 상상적 경합 관계이면 유죄부분도 상고심에서 심판대상이 된다」고 판시하였다. 판례는 **전부심판설**이다.

Ⅲ. 사안 해결

사안에서 **검사만** 상해죄 무죄부분을 항소하더라도, 항소심 심리 결과 甲의 두 죄가 상상적 경합 관계인 경우, 검사가 일부상소한 상해죄 무죄부분과 공무집행방해죄 유죄부분도 함께 항소심의 심판범위가 된다.

〈제2문〉 해설

[문 1]

가. (1)에서 甲, 乙의 죄책은? (32점) ☞ 구체적 사실의 착오·객체 착오의 효과, 정범의 객체 착오가
교사자에게 미치는 효과, 중한 사실을 교사하여 경한 사실이 실현된 경우 법적 효과, 공동주거에서 '침입', 공동정
범과 교사범의 구별, 친족상도례, 교사와 착오.

1. 甲이 양부(養父) A를 살해하기로 마음먹고 따로 거주하고 있는 사촌 동생 乙
    에게 A를 살해하라고 교사한 행위(형법 제250조 제2항, 제31조 제1항, 제25
    조 존속살해교사죄 미수범과 형법 제250조 제1항 살인죄 교사범 검토)

1-1. 형법 제250조 제2항, 제31조 제1항, 제25조 존속살해교사죄 미수범 검토

(1) 존속살해죄는 직계비속이 직계존속을 살해한 경우 성립한다. 甲은 乙에게
    甲 양부(養父) A에 대해 존속살해죄를 교사하였다. 그러나 결과발생은 존
    속 A가 아니고 운전기사 B였다. 그러므로 존속살해교사죄은 성립하지 않
    는다. 이 사안 경우 의도한 결과 발생하지 않았기 때문에 존속살해교사죄
    미수범이 성립한다.

(2) 한편 정범인 乙은 살인죄가 성립한다. 그렇다면 양부 A에 대해 존속살해
    를 교사한 甲은 존속살해교사죄 미수범외에도 살인죄의 교사범이 성립한
    다. 여기서 쟁점은 중한 사실을 교사하여 경한 사실이 실현된 경우 법적
    효과이다. '정범'이 중한 존속살해의 고의로 경한 단순살인을 실현한 경우,
    법정적 부합설은 '객체 착오'와 '방법 착오' 모두 형법 제250조 제1항 살
    인죄의 고의를 인정한다. 甲은 A에 대한 존속살해교사죄 미수범과 B에
    대한 살인죄 교사범이 성립한다. 양 죄는 상상적 경합이다.

(3) 형법 제33조 본문은 적용될 여지가 없다. 가중적 신분자가 비신분자의 범
    행에 가담한 경우 '비신분자가 신분자'의 범죄에 가담할 것을 전제하고 있
    기 때문이다. 사안은 甲이 사촌동생 乙에게 甲의 양부 A 살해를 교사한
    경우이다. 그러므로 형법 제33조 단서가 적용되어 범죄의 성립과 처벌은
    각자의 신분과 책임에 따라 개별화된다. 따라서 정범인 乙은 단순살인죄
    가 성립되더라도, 이를 교사한 甲은 존속살해교사죄 미수범과 살인죄의
    교사범이 모두 성립한다. 甲이 乙보다 중하게 처벌된다.

(3) 한편 판례는 「신분관계로 인하여 형의 경중이 있는 경우에 신분이 있는
    자가 신분이 없는 자를 교사하여 죄를 범하게 한 때에는 신분이 있는 교

사범이 신분이 없는 정범보다 중하게 처벌된다」고 판시하였다.

(4) 죄책: 형법 제250조 제2항, 제31조 제1항, 제25조 존속살해교사죄 미수범과 형법 제250조 제1항 살인죄 교사범이 성립한다. 양 죄는 상상적 경합이다.

1－2. 형법 제250조 제1항, 제31조 제1항 살인죄 교사범 검토

(1) 사안에서 쟁점은 정범의 객체 착오가 교사자에게 미치는 효과이다. 학설이 대립한다. 객체 착오설과 방법 착오설이다. ① 정범 착오 형태도 종속한다. ② 정범의 객체 착오는 교사자에게 행위방법의 잘못이다. 방법 착오와 구조적으로 동일하다. 양 이론에서 방법 착오가 타당하다.

(2) 다만 甲의 착오를 ① 객체 착오로 보던, ② 방법 착오로 보던, 법정적 부합설을 따르면 고의가 인정된다. B에 대해 살인죄 교사범이 성립한다. 그러나 방법 착오로 보면 결론이 다르다. 구체적 부합설에 따르면 A에 대해 살인미수죄 교사범과 발생사실인 B에 대해 과실치사죄가 성립한다. 양 죄는 상상적 경합이다. 생각건대 이 사안은 방법 착오로 보면서 법정적 부합설에 근거하여 결론을 도출함이 타당하다. 이 경우 살인죄 교사범이 성립한다. 왜냐하면 구체적 부합설은 고의기수의 인정 범위가 너무 좁고 법감정에도 반하기 때문이다.

(4) 죄책: 형법 제250조 제1항, 제31조 제1항 살인죄 교사범이 성립한다.

1－3. 죄수

甲은 양부(養父) A에 대해 존속살해교사죄 교사범이 성립한다. B에 대해 살인죄 교사범이 성립한다. 양 죄는 상상적 경합이다.

2. 甲이 甲과 A가 함께 살고 있는 집의 현관 비밀번호 및 집 구조를 乙에게 알려 준 행위(형법 제319조 제1항, 제31조 제1항 주거침입죄 교사범 검토)

(1) 교사범은 타인에게 범죄를 결의시켜 실행케 한 경우 성립한다. 공동정범은 행위를 공동으로 하는 사람이고, 교사자는 범죄를 결의하게 한 사람이다. 공동정범은 객관적 요건으로 공동의사에 기한 기능적 행위지배를 통한 '범죄의 실행사실'이 인정되고, 주관적 요건으로 '공동가공의 의사'가 있어야 성립한다. 공동가공의 의사는 공동 의사로 특정한 범죄행위를 하기 위하여 일체가 되어 서로 다른 사람의 행위를 이용하여 자기의 의사를 실행에 옮기는 것을 내용으로 한다.

(2) 사안에서 甲이 乙에게 甲과 A가 함께 살고 있는 '집의 현관 비밀번호 및

집 구조'를 알려 준 것은 범죄 결의를 촉진한 행위이다. 乙의 주거침입에 기능적 행위지배가 인정되는 역할분담으로 볼 여지도 있지만, 甲에게 주거침입행위를 乙과 공동으로 실행할 의사, 즉 공동의사가 있었다고 볼 수 없다. 그러므로 甲은 교사범이다.

(3) 죄책: 형법 제319조 제1항, 제31조 제1항 주거침입죄 교사범이 성립한다.

3. 乙이 범행 당일 새벽 2시경 甲이 알려 준 비밀번호를 이용하여 현관문을 열고 들어간 행위(형법 제319조 제1항 주거침입죄 검토)

(1) 주거침입죄는 타인의 주거에 침입한 경우 성립한다. 甲과 A의 공동주거에 들어간 행위가 '침입'애 해당하는지가 문제이다. 특히 乙이 주거 내부에 현재하지 않는 甲의 동의를 받고 현재하는 A의 의사에 반하여 들어간 경우이다.

(2) 주거침입죄에서 '침입'이란 '거주자가 주거에서 누리는 사실상의 평온상태를 해치는 행위태양으로 신체가 주거에 들어가는 것'을 의미한다. 공동주거의 경우 공동주거 내에 현재하는 공동거주자의 사실상의 평온을 해치는 행위태양인가를 기준으로 판단한다.

(3) 한편 판례는 「외부인이 공동거주자 중 주거 내에 현재하는 거주자의 현실적인 승낙을 받아 통상적인 출입방법에 따라 들어갔다면, 설령 그것이 부재중인 다른 거주자의 의사에 반하는 것으로 추정된다고 하더라도 주거침입죄의 보호법익인 사실상 주거의 평온을 깨트렸다고 볼 수 없으므로 '침입'이라 할 수 없다. 그러나 반대로 외부인이 부재중인 공동거주자의 승낙을 받아 통상적인 출입방법에 따라 들어갔더라도 주거 내에 현재하는 다른 공동주거자의 사실상 주거의 평온을 깨트렸다고 볼 수 있으면 '침입'에 해당한다」고 판시하였다.

(4) 사안에서 乙은 공동주거 내에 현재하는 A의 의사에 반하여 새벽 2시 경에 甲과 A의 공동주거에 들어간다는 의사로 들어갔다. 그러므로 주거침입죄의 고의는 인정된다. 비록 부재중인 공동거주자인 甲의 동의를 받고 비밀번호를 이용하여 통상적인 출입방법으로 들어갔더라도, A의 사실상 주거의 평온상태를 해치는 행위태양으로 볼 수 있다. 따라서 을의 행위는 침입에 해당한다.

(5) 죄책: 형법 제319조 제1항 주거침입죄가 성립한다.

4. 乙이 침실에서 자고 있던 사람의 얼굴을 베개로 눌러 질식으로 사망케 한 행

위, 그러나 사실 침실에서 자고 있던 사람은 A의 운전기사 B였다.(형법 제250조 제1항 살인죄 검토)

(1) 쟁점은 착오와 고의이다. 乙은 A를 살해할 고의로 B를 A로 오인하여 B를 사망케 하였다. 乙의 착오는 '구체적 사실의 착오 중 객체의 착오'에 해당한다. 구체적 부합설과 법정적 부합설 모두 발생사실인 B에 대해 살인죄 고의를 인정한다.

(2) 한편 판례는 법정적 부합설이다. 「乙을 타워파 조직원인 甲으로 오인하여 乙을 사망케 한 경우 구체적 사실의 착오 중 객체의 착오이다. 이 사례에서 乙에 대해 살인의 고의를 인정한다」고 판시하였다.

(3) 죄책: 형법 제250조 제1항 살인죄가 성립한다.

5. 乙이 살해를 한 직후 거실에서 A 소유의 명품 시계 1개를 발견하고 욕심이 생겨 이를 가지고 나온 행위(형법 제329조 절도죄 검토)

(1) 절도죄는 타인의 재물을 절취한 경우 성립한다. 쟁점은 타인성이다. 乙이 A를 살해한 것으로 알고 그 직후 A 소유의 명품 시계를 가지고 나왔다. 시계는 망자 A의 점유이다. A가 사망하지 않았음에도 사망한 것으로 잘못 안 乙의 착오가 있어도 고의가 인정된다.

(2) 한편 판례는 「피해자를 살해한 후 시간적·장소적으로 근접한 상황에서 피해자의 유품을 영득할 의사로 가지고 나온 경우, 피해자가 생전에 가진 점유는 사망 후에도 여전히 계속되는 것으로 보아 절도죄가 성립한다」고 판시하였다. 판례는 망자의 생전 점유 계속설이다.

(3) 乙은 甲의 사촌동생이다. 乙이 A의 조카라면 A의 고소가 있어야 처벌될 수 있다. 사안에서 친족상도례 적용이 명확하지 않다. 이 사안은 주거침입이 기수에 이른 후에 절취의사가 생긴 경우이다. 그러므로 야간주거침입절도죄는 성립할 수 없다.

(4) 죄책: 형법 제329조 절도죄가 성립한다.

(5) 甲은 乙에게 주거침입과 A에 대한 살인을 교사하였다. 그러므로 乙의 절도죄는 교사의 착오 중 질적 초과에 해당한다. 甲은 고의가 없다.

6. 전체 죄수

(1) 甲은 A에 대해 존속살해교사죄 미수범과 B에 대해 살인교사죄가 성립한다. 양 죄는 상상적 경합범이다. A의 주거에 대해 주거침입죄 교사범이 성립한다. 양 죄는 실체적 경합범이다.

(2) 乙은 B에 대해 살인죄가 성립한다. A의 주거에 대해 주거침입죄가 성립한다. A에 대해 절도죄가 성립한다. 이들 죄는 실체적 경합범이다.

[문 1]

나. (2)에서 乙에 대하여 형사책임을 부인하거나 보다 가볍게 인정할 수 있는 이론적 근거를 모두 제시하시오. (10점) ☞ 미수의 방조, 타인예비, 예비의 방조, 예비의 중지.

1. 甲이 A를 살해할 마음을 먹고 乙에게 계획을 설명했으나 乙은 甲에게 '더 이상 관여하지 않겠다'고 한 행위(형법 제250조 제1항, 제254조, 제32조 살인미수죄 방조범 검토)

   (1) 甲의 '독극물에 의한 살인 계획'은 실행의 착수가 없다. 살인미수죄가 성립하지 않는다.

   (2) 종범인 乙도 제한적 종속설에 따라서 형법 제250조 제1항, 제254조, 제32조 살인미수죄의 방조범이 성립하지 않는다. 乙은 무죄이다.

2. 乙이 독극물을 구입한 행위(형법 제250조 제1항, 제255조 살인예비죄 검토)

   (1) 사안의 쟁점은 타인을 위한 예비를 예비로 볼 수 있는지이다. 긍정설과 부정설이 대립한다. ① 타인예비도 법익침해의 실질적 위험성에서 자기예비와 차이가 없다. ② 타인예비를 인정하면 타인의 범죄를 준비하는 동일한 행위가 타인의 실행의 착수 여부에 따라 결론이 달라진다. 공범이 되기도 하고, 정범(예비죄의 정범)이 되기도 한다.

   (2) 예비죄는 어떤 범죄를 '범할 목적'이 있어야 성립한다. 그런데 타인에게 '제공할 목적' 또는 타인을 위하여 죄를 '범하게 할 목적'은 '범할 목적'에 포섭될 수 없다. 타인예비를 인정하면 가벌성이 확대된다. 부정설이 타당하다.

   (3) 죄책: 형법 제250조 제1항, 제255조 살인예비죄가 성립하지 않는다. 乙은 무죄이다.

3. 乙이 독극물을 구입하였지만 甲에게 주지 않은 행위(형법 제250조 제1항, 제255조, 제32조 살인예비죄 방조범 검토)

   (1) 예비란 물적 준비행위를 의미한다. 사안의 쟁점은 살인예비죄의 방조범이다. 긍정설과 부정설이 대립한다. ① 예비행위의 '실행행위성'을 인정하는 이상 이에 가담한 자에게 예비죄의 방조범을 긍정한다. ② 예비행위는 방조범이 종속될 정도의 실행행위로 볼 수 없다. 예비의 방조까지 처벌하면

처벌이 부당하게 확대된다. 예비의 방조를 인정할 수 없다. 부정설이 다수설이다.

(2) 형법 제31조 제2항·제3항은 기도된 교사를 예비·음모로 처벌한다. 기도된 방조는 처벌 규정이 없다. 부정설이 타당하다.

(3) 한편 판례도 「**정범이 실행의 착수에 이르지 아니한 예비의 단계에 그친 경우 이에 가공하는 행위가 예비의 공동정범이 되는 경우를 제외하고 종범의 성립을 인정할 수 없다**」고 판시하였다.

(4) 죄책: 형법 제250조 제1항, 제255조, 제32조 살인예비죄의 방조범이 성립하지 않는다. 乙은 무죄이다.

4. 乙은 그 다음 날 전화로 '나는 양심에 걸려 못하겠다'고 한 후 연락을 끊은 행위(형법 제250조 제1항, 제255조, 제26조 살인예비죄 중지미수범 검토)

(1) 乙은 甲과 연락을 끊은 이후 모든 범죄행위에 관여한 일이 없다. 乙은 무죄이다. '독극물에 의한 살인 시도'와 '호흡기 제거에 의한 살인'은 甲의 행위이다.

(2) 죄책: 한편 타인예비를 예비로 보는 긍정설을 취한다면 예비의 중지를 주장하면서 형의 감면을 주장할 수 있다. 예비의 중지미수는 준용긍정설과 준용부정설로 대립한다. 사안에서 乙은 예비를 자의로 중지했다. 준용긍정설에 따르면 필요적 감면을 받는다. 다만 판례는 「**실행의 착수가 있기 전인 예비·음모의 행위를 처벌하는 경우에 있어서 중지범의 관념은 이를 인정할 수 없다**」고 판시하였다. 판례는 준용부정설이다.

다. (3)에서 甲의 죄책은? (13점) ☞ 인감도장에 대해 절도죄 성립+. 위임장에 대해 사문서위조죄와 위조사문서행사죄가 성립. 이들 죄는 모두 실체적 경합이다. 사자 점유, 사자명의 문서의 문서성, 타인의 인감증명서 발급과 사기죄·문서죄.

1. 甲이 A를 살해한 직후 병실에 보관되어 있던 A의 인감도장을 가지고 나온 행위(형법 제329조 절도죄, 형법 제328조 제1항·제2항 검토)

(1) 절도죄는 타인의 재물을 절취한 경우 성립한다. A의 인감도장이 쟁점이다. 타인성이다. 사람을 살해 후 불법영득의사로 사자의 유품을 가져간 경우 학설이 대립한다. 점유이탈물설과 타인 재물설이다. ① 사자는 점유의사가 없다. 상속에 의한 점유의 승계도 인정되지 않는다. 점유이탈물횡령죄가 성립한다(다수설). ② 사자의 점유는 인정할 수 없다. 그러나 피해자의 생전의 점유가 계속된다. 절도죄가 성립한다.

(2) 사안에서 甲은 양부 A를 살해한 직후 병실에 보관되어 있던 A의 인감도장을 가지고 나왔다. A가 사망 후 계속되는 생전 점유를 침탈하여 A의 상속인들의 공동소유물을 절취하였다. 절도죄가 성립한다. 다만 존속을 살해한 A는 공동상속인이 되지 않는다. 공동상속인들의 동거 여부에 따라 형법 제328조 제1항 또는 제2항이 적용될 수 있다.

(3) 한편 판례는 「피해자가 생전에 가진 점유는 사망 후에도 여전히 계속되는 것으로 보아야 한다. 절도죄가 성립한다」고 판시하였다. 판례는 시간적 장소적 근접성에 근거하여 절도죄설을 채택하고 있다.

(3) 죄책: 형법 세329조 절도죄가 싱립한다.

2. A명의 위임장 1장을 작성하고 같은 날 주민센터 담당 직원 C에게 제출한 행위(형법 제231조 사문문서위조죄와 형법 제234조 위조사문서행사죄 검토)

(1) 사문서위조죄는 행사할 목적으로 권리·의무 또는 사실증명에 관한 타인의 사문서를 위조함으로써 성립한다. 쟁점은 타인의 사문서에 명의인이 실재하지 않는 사자 명의 문서도 포함되는지이다.

(2) 한편 판례는 「행사할 목적으로 작성된 문서가 일반인에게 당해 명의인의 권한 내에서 작성된 문서라고 믿게 할 수 있는 정도의 형식과 외관을 갖추고 있으면, 그 명의인이 문서의 작성일자 전에 이미 사망하였더라도 문서위조죄가 성립한다. 이는 사문서의 경우도 마찬가지이다」고 판시하였다.

(3) 형법 제231조 사문문서위조죄가 성립한다. 형법 제239조는 **사인부정사용죄는 사문서위조죄에 흡수된다.**

(4) 형법 제234조 위조사문서행사죄는 위조사문서를 행사하는 경우 성립한다. '행사'란 위조문서를 진정하게 작성된 문서로서 법적 거래의 상대방이 인식할 수 있는 상태에 두는 것을 말한다. 사안에서 甲이 위조한 A명의 위임장을 주민센터 담당 직원 C에게 '제출'한 행위는 위조사문서를 진정문서인 것처럼 법적 거래의 상대방이 인식 가능한 상태에 둔 행위이다. '사문서 행사'에 해당한다. 형법 제234조 위조사문서행사죄가 성립한다.

(5) 죄책: 형법 제231조 사문문서위조죄가 성립한다. 형법 제234조 위조사문서행사죄가 성립한다. 양 죄는 실체적 경합이다.

3. 주민센터 담당 직원 C에게 A의 인감증명서를 발급받은 행위(형법 제347조 사기죄와 형법 제227조, 제34조 허위공문서작성죄 간접정범 검토)

(1) 사기죄는 사람을 기망하여 재물 또는 재산상 이익을 교부받는 경우 성립

한다. 인감증명서는 '재물'에 해당한다.

(2) 주민센터는 신청인의 발급신청이 있으면 특별한 사정이 없는 한 인감증명서를 발급한다. 국가기관의 행정작용이다. 재산권 침해로 보기 어렵다.

(3) 죄책: 형법 제347조 사기죄는 성립하지 않는다.

(4) 또한 일반 사인인 甲은 인감증명서에 대한 허위공문서작성죄의 간접정범이 성립하지 않는다. 공무원이 아니기 때문이다. 공문서위조죄의 간접정범도 성립하지 않는다. 인감증명서의 성립은 진정하기 때문이다.

4. 전체 죄수

(1) 인감도장을 절취한 행위는 형법 제329조 절도죄가 성립한다.

(2) 위임장을 작성하고 사용한 행위는 형법 제231조 사문서위조죄가 성립한다. 형법 제234조 위조사문서행사죄가 성립한다. 양 죄는 실체적 경합이다.

(3) 이들 죄는 모두 실체적 경합이다.

2. (1)과 관련하여, 현장 DNA로 乙의 혐의를 확인한 사법경찰관 K가 연락이 되지 않는 乙의 주거지로 찾아가 탐문수사를 하던 중 귀가하던 乙을 우연히 발견하고 도주하려는 乙을 주거지 앞에서 적법하게 긴급체포하는 경우, 乙의 주거지 안에 있는 A의 시계에 대한 압수 방안에 관하여 모두 검토하시오. (15점) ☞ 형사소송법 제215조 사전 영장으로 압수. 형사소송법 제216조 체포현장·구속현장·범죄현장에서 긴급성으로 영장 없이 압수, 형사소송법 제217조 긴급체포시 긴급성으로 영장 없이 압수. 형사소송법 제218조 임의제출물 압수로 영장 없이 압수. I. 사안 쟁점 II. 형사소송법 제215조와 영장 압수 III. 형사소송법 제216조와 현장 압수 IV. 형사소송법 제217조와 긴급 압수 V. 형사소송법 제218조와 임의체출 압수 VI. 사안 해결.

I. 사안 쟁점

긴급체포와 압수 방안이다. 형사소송법 제215조 사전 영장으로 압수, 제216조 체포·구속현장·범죄현장에서 영장 없이 압수, 제217조 긴급성으로 영장 없이 압수, 제218조 임의제출물 압수로 영장 없이 압수하는 방안이 있다.

II. 형사소송법 **제215조** 사전 영장으로 압수

수사기관은 범죄혐의의 정황과 해당 사건과 관련성이 있는 경우 사전 영장을 발부받아 압수를 할 수 있다. A의 시계는 범죄혐의의 정황과 관련성이 인정된다. 사전에 발부받은 영장으로 압수할 수 있다.

III. 형사소송법 **제216조** 체포현장·구속**현장**·**범죄현장에서** 긴급성으로 영장 없이 압수

1. 체포현장·구속영장에서 긴급성으로 영장 없이 압수

(1) 수사기관은 피의자를 (영장·긴급·현행범인) 체포 또는 구속하는 경우 필요한 때 영장 없이 체포·구속현장에서 압수 등을 할 수 있다(형사소송법 제216조 제1항·제2호). 체포현장에 대해서 학설 대립이 있다. ① 시간적·장소적 접착설, ② 체포착수설, ③ 현장설, ④ 현실적 체포설이다.

(2) 판례는 체포착수설이다. 판례에 따르면 「체포장소에서 20m 또는 2km 떨어진 피의자의 주거지는 체포현장이 아니다. 乙의 주거지 앞에서 긴급체포하는 경우 乙의 주거지 안에서 영장 없는 압수는 허용되지 않는다.」

2. 범죄장소에서 긴급성으로 영장 없이 압수

(1) 범행 중 범행 직후의 범죄장소에서 긴급을 요하여 판사의 영장을 받을 수 없는 때 영장 없이 압수 등을 할 수 있다(형사소송법 제216조 제3항).

(2) 사안의 경우 乙의 주거지 안을 범죄장소로 볼 수 없다. 그러므로 乙의 주거지 안에서 영장 없는 압수는 허용되지 않는다.

IV. 형사소송법 제217조 긴급체포시 긴급성으로 영장 없이 압수

(1) 긴급체포시 긴급성으로 영장 없이 압수

긴급체포한 경우 체포된 자가 소유, 소지 또는 보관하는 물건에 대하여 긴급성이 있는 경우, 체포한 때부터 24시간 이내에 영장 없이 압수 등을 할 수 있다(형사소송법 제217조 제1항). 형사소송법 제216조 제1항·제2호와 달리 체포현장이 아닌 장소에서도 영장 없는 압수가 허용된다.

(2) 체포한 때부터 지체없이 48시간 이내에 사후압수영장을 청구

乙의 관련자들이 A의 시계를 파괴·은닉할 염려가 있고 24시간 이내라면 영장 없이 압수할 수 있다. 다만 체포한 때부터 지체없이 48시간 이내에 사후압수영장을 청구하여야 한다(형사소송법 제217조 제2항).

V. 형사소송법 제218조 임의제출물 압수로 영장 없이 압수

(1) 수사기관은 유류물 또는 임의로 제출한 물건을 영장 없이 압수할 수 있다.

(2) 판례는 「현행범 체포현장 또는 범죄장소에서 임의제출물 압수도 허용된다. 이 경우 별도로 사후영장을 받을 필요도 없다. 검사는 제출의 임의성을 합리적인 의심을 배제할 수 있을 정도로 증명하여야 한다」고 판시하였다.

(3) 따라서 A의 시계에 대한 임의제출물의 압수는 乙의 주거지 안에서 허용된다. 이 경우 별도 사후영장을 받을 필요는 없다. 다만 임의성에 다툼이 있으면 검사가 그 입증책임이 가진다.

Ⅵ. 사안 해결

1. 형사소송법 제215조에 근거하여 사전 영장을 발부받아 압수할 수 있다.

2. 형사소송법 제217조에 근거하여 긴급성이 인정되면 영장 없이 압수할 수 있다. 체포한 때부터 지체없이 48시간 이내에 사후압수영장을 청구하여야 한다. 계속 압수할 경우 사후영장을 받아야 한다.

3. 형사소송법 제218조에 근거하여 임의제출물의 압수로 영장 없이 압수할 수 있다. 사후영장을 받을 필요가 없다.

3. (1)과 관련하여, 공판에서 검사 P가 ⓐ 살인이 일어난 범행 현장을 촬영한 사진과 乙이 범행을 재연하는 장면을 촬영한 사진이 첨부된 사법경찰관 작성 검증조서와 ⓑ 범행현장에서 乙의 DNA가 확인되었다는 내용의 국립과학수사연구원의 감정의뢰회보서를 유죄의 증거로 제출하였는데 乙이 위 증거들에 대하여 부동의하는 경우, 위 ⓐ 검증조서에 첨부된 2개의 사진 및 ⓑ 감정의뢰회보서를 증거로 사용하기 위한 요건을 설명하시오. (15점) ☞ 검증조서에 첨부된 사진과 감정서의 증거능력. ⓐ살인 범행 현장 사진 ⇒ 형사소송법 제312조 제4항. 乙 범행 재연 장면 사진 ⇒ 형사소송법 제312조 제3항. ⓑ감정의뢰회보서 형사소송법 제313조 제3항. 각 요건을 충족하면 증거능력 인정. Ⅰ. 사안 쟁점 Ⅱ. 검증조서 첨부 사진 증거능력 Ⅲ. 감정의뢰회보서 증거능력 Ⅳ. 사안 해결.

Ⅰ. 사안 쟁점

사법경찰관이 작성한 검증조서의 증거능력이다. 검증조서에 첨부된 살인사건 범행 현장 사진의 증거능력과 범행 재연 장면 사진의 증거능력이다. **형사소송법 제312조 제4항·제3항**(ⓐ)을 검토해야 한다. 그리고 수사상 감정의뢰회보서의 증거능력이다. 형사소송법 **제313조 제3항을 검토해야 한다**(ⓑ).

Ⅱ. 사법경찰관 작성 검증조서의 증거능력

1. 검증조서

(1) 검증조서는 법원 또는 수사기관이 검증을 행하고 검증결과를 기재한 서면이다. 검증조서는 검증목적물의 현상을 명확하게 하기 위하여 사진이나 도화를 첨부할 수 있다. 검증조서의 증거능력은 검증의 주체에 따라 차이가 있다. 검증조서에 첨부된 사진과 도화는 검증조서와 일체를 이룬다.

(2) 수사기관이 작성한 검증조서는 법원의 검증조서에 비하여 차이가 있다. 당사자 참여권이 인정되지 않기 때문이다.

(3) 사법경찰관이 작성한 검증조서 중 범행 현장 사진은 형사소송법 제312조

제4항을 적용한다. 사법경찰관이 일방적으로 작성한 것이다. 피의자 아닌 자의 진술과 같다. 반면 범행 재연 장면 사진은 형사소송법 제312조 제3항을 적용한다. 피의자의 현장진술을 사진으로 담은 피의자신문조서와 같다.

2. 법적 성격

(1) 검증조서에 대해 학설대립이 있다. ① 검증조서 부정설, ② 현장지시 · 현장진술 구분설, ③ 수정구분설이다. 검증주체를 구분하여 적용하는 수정구분설이 타당하다.

(2) 한편 판례는 「사법경찰관 작성 검증조서에 첨부된 범행 재연 사진에 대하여 형사소송법 제312조 제3항을 적용한다」고 판시하였다. 판례는 수정구분설 · 구분설의 입장이다.

(3) 사안에서 乙이 범행을 재연하는 장면을 촬영한 사진 부분(ⓐ)은 사법경찰관 작성 피의자신문조서와 마찬가지로 형사소송법 제312조 제3항 요건을 모두 충족해야 증거능력이 있다.

Ⅲ. 수사상 감정의뢰회보서 증거능력

(1) 감정서는 감정의 경과와 결과를 기재한 서류이다. 감정은 법원의 명령 또는 수사기관의 촉탁으로 행한다. 감정서는 진술서에 준하여 증거능력이 인정된다(형사소송법 제313조 제2항).

(2) 사안에서 **감정의뢰회보서**는 피고인 아닌 자가 작성한 진술서와 마찬가지이다. ① 감정인이 자필이거나 그 서명 또는 날인이 있고, ② 공판정에서 작성자인 감정인의 진술에 의하여 그 성립의 진정함이 증명되면 증거능력이 인정된다(형사소송법 제313조 제3항 · 제1항).

Ⅳ. 사안 해결

살인 범행 현장 사진은 형사소송법 **제312조 제4항**, 범행 재연 장면을 사진은 형사소송법 제312조 제3항, **감정의뢰회보서는** 형사소송법 **제313조 제3항의 각 요건을 충족하면** 증거능력이 인정된다.

4. (4)와 관련하여, 甲이 위 동영상들과 관련된 범죄사실로 공소제기된 경우 甲의 변호인의 입장에서 위 시디(CD)의 증거능력을 부정할 수 있는 근거를 모두 제시하시오. (15점) ☞ ① 임의제출한 압수물이 범죄혐의사실과 구체적 · 개별적 연관관계 있는 전자정보로 보기 어렵다. ② 임의제출자가 아닌 실질적인 피압수자인 피의자에게 참여권을 보장하고, 압수한 전자정보 목록을 교부하여 피의자의 절차적 권리를 보장하기 위한 적절한 조치가 이루어지지 않았다. ③ 시디(CD)는 위법수집증거에 해당한

다. 사후영장 또는 증거동의가 있어도 위법성은 치유될 수 없다. 시디(CD) 증거능력을 부정해야 한다. I. 사안 쟁점 II. 피해자 또는 제3자가 수사기관에게 피의자 소유·관리 전자정보를 임의제출한 경우, 압수 관련 법적 문제 III. 사안 해결.

I. 사안 쟁점

甲의 변호인은 다음의 쟁점을 주장할 수 있다. 피해자 또는 제3자가 수사기관에게 피의자가 소유·관리하는 전자정보를 임의제출한 경우 ① 압수 대상과 압수 범위, ② 피의자의 절차적 권리를 보장하기 위한 적절한 조치 여부, ③ 위법수집 증거가 사후영장 또는 증거동의로 그 위법성을 치유할 수 있는지 여부이다.

II. 피해자 또는 제3자가 수사기관에게 피의자 소유·관리 전자정보를 임의제출한 경우, 압수 관련 법적 문제

1. 압수 대상과 압수 범위

임의제출의 동기가 된 범죄혐의사실과 구체적·개별적 연관관계가 있는 전자정보에 한하여 압수의 대상이 된다. 제한적으로 해석해야 한다.

2. 피의자의 절차적 권리를 보장하기 위한 적절한 조치

실질적인 피압수자인 피의자에게 참여권을 보장하여야 한다. 압수한 전자정보 목록을 교부하여야 한다(형사소송법 제219조, 제121조, 제129조).

3. 관련성 없는 전자정보 또는 피의자의 절차적 권리를 침해한 압수와 하자의 치유 여부

임의제출된 정보저장매체에서 압수대상의 범위를 넘어서는 전자정보에 대하여 별도의 영장 없이 압수·수색하거나 또는 이를 기초로 임의로 전자정보를 탐색·복제·출력하여 취득한 증거는 **위법수집증거이다. 또한** 피의자의 절차적 권리를 침해하여 압수한 증거는 **위법수집증거이다. 사후에 법원이 영장이 발부하였거나 또는 피고인이 증거로 함에 동의하였더라도 그 위법성이 치유될 수는 없다.**

III. 사안 해결

1. **임의제출에 따른 압수의 동기가 된 범죄혐의사실과 구체적·개별적 연관관계 있는 전자정보로 보기 어렵다.**

2. **임의제출자가 아닌 실질적인 피압수자인 피의자에게 참여권을 보장하고, 압수한 전자정보 목록을 교부하는 등 피의자의 절차적 권리를 보장하기 위한 적절한 조치가 이루어지지 않았다.**

3. **시디(CD)는 위법수집증거이다. 사후영장 또는 증거동의가 있더라도 그 위법성이 치유될 수는 없다. 시디(CD)의 증거능력을 부정해야 한다.**

2022년도 시행 제11회 변호사시험	형사법

〈제 1 문〉

(1) 甲은 따로 살고 있는 사촌형 A로부터 A가 2020. 12. 24. 10:00에 해외여행을 떠난다는 말을 들은 후 친구 乙에게 "A가 사채업으로 돈을 벌어 귀금속을 샀다고 들었는데, A가 12. 24. 10:00경 해외여행을 떠난다고 한다. 그런데 A가 조폭 출신이고 의심도 많아 내가 직접 훔치기 어려우니, 네가 나 대신 A의 집에서 귀금속을 훔쳐 달라. 귀금속을 가져다 주면 충분히 사례를 하겠다."라고 제안하였고,^{甲: 형법 제329조, 제31조 제1항 절도죄 교사범 성립+.} 乙은 이를 승낙하였다.

(2) 乙은 A의 집 주변을 사전 답사하면서 집 안을 엿보던 중 A가 현관문 옆 화분 아래에 비상용 열쇠를 둔다는 사실을 알게 되었고, 경제적으로 어려움을 겪는 후배 丙에게 범행을 함께할 것을 제안하여, 丙의 승낙을 받고 丙과 역할분담을 공모하였는데, 甲에게는 범행을 丙과 함께할 예정이라고 알리지 않았다.^{乙과 丙: 형법 제331조 특수절도죄 성립+.}

(3) 2020. 12. 24. 10:30경 乙과 丙은 함께 丙이 운전하는 승용차를 타고 A의 집 앞으로 갔다. 丙은 A의 집 대문 앞에 승용차를 주차하고 차에 탑승한 채 망을 보고, 乙은 A의 집 담을 넘은 다음 현관문 옆 화분 아래에서 열쇠를 찾아 그 열쇠로 현관문을 열고 집 안에 들어가서 안방을 뒤지기 시작하였는데,^{실행착수+} 마당 창고에서 여행용 가방을 가지고 나오는 A의 기척을 듣고 황급히 안방 장롱에 들어가 몸을 숨겼다. A는 10:50경 짐 싸기를 마치고 집을 나섰는데, 丙은 乙이 아니라 A가 집에서 나오는 것을 보고 놀라 바로 승용차를 운전하여 도망을 가 버렸다.^{丙: 형법 제331조 특수절도죄 성립+.}

(4) 乙은 A가 나간 것을 확인하고 다시 집 안을 뒤져 안방 서랍장에서 골드바 2개를 발견하고 미리 준비해 간 가방에 이를 넣고 11:00경 집 밖으로 나왔는데, 丙의 승용차가 보이지 아니하자 버스를 타기 위하여 200m 떨어진 버스정류장으로 걸어갔다.

(5) 한편 A는 공항으로 가려던 중 여권을 집에 두고 온 것을 깨닫고 11:10경 집으로 돌아왔는데, 누군가 집 안을 뒤진 흔적이 있어 도둑이 든 것을 알게 되

었다. A는 자신이 집을 비운 시간이 길지 않아 범인이 아직 주변에 있을지도 모른다고 생각하고 대로변으로 나와 살펴보던 중 버스정류장에서 A의 시선을 피하면서 어색한 행동을 보이는 乙을 발견하였다. A는 乙이 범인으로 의심되어 도둑질을 하지 않았느냐고 다그치면서 乙에게 A의 집으로 같이 갈 것을 요구하였다. 乙은 A의 위세에 눌려 A의 집으로 따라왔는데, A가 도둑질을 하지 않았느냐고 계속 추궁하면서 112 신고를 하려고 하자 체포를 면탈할 목적으로 양손으로 A의 가슴을 세게 밀쳐 넘어뜨려 A에게 약 2주간의 치료를 요하는 요추부 타박상 등을 입히고 그 자리에서 도망쳤다.^{乙: 형법 제331조 특수절도죄}

^{성립+, 형법 제257조 상해죄 성립+. 실체적 경합(=형법 제337조 강도상해죄− 형법 제335조 준강도죄−),}

^{甲: 형법 제257조, 제31조 제1항 상해죄 교사범 불성립(=초과부분, 예견가능성−),} 그 후 乙은 甲에게 훔친 골드바 2개를 건네 주었다.^{甲: 형법 제355조 제1항 장물취득죄 성립+.}

(6) 丙은 위와 같이 중간에 도망친 바람에 乙로부터 돈을 받기 어려워졌다고 생각하고 유흥비를 마련하기 위하여 휴대전화 메신저 어플리케이션을 이용하여 옛 여자친구 B에게 "내일까지 네가 3개월 전에 나한테서 빌려간 돈 100만 원을 무조건 갚아. 안 그러면 네 가족과 친구들이 이 동영상을 보게 될 거야."라는 메시지를 보내면서^{실행의 착수+} 과거 B와 성관계를 하면서 합의하에 촬영한 동영상을 캡처한 사진 파일을 첨부하였다. 위 메시지와 사진 파일을 받아본 B는 겁을 먹고 경찰에 신고하였다.^{丙−성폭력범죄의 처벌등에 관한 특례법 제14조 제2항}

^{(카메라등촬영이용·반포등) 불성립, 성폭력범죄의 처벌등에 관한 특례법 제14조의3 제1항(카메라등이용협박죄)}

^{성립+, 형법 제350조, 제352조, 제25조 공갈죄 장애미수범 성립+. 상상적 경합+.}

1. 甲, 乙, 丙의 죄책은? (55점) (주거침입의 점은 제외함. 이는 이하에서도 같음)

2. 경찰 수사로 위 범행이 밝혀지자 A는 수사 단계에서 甲, 乙, 丙을 고소하였다.

(가) 만약 1심 공판 과정에서 A가 甲에 대하여 처벌을 원하지 않는다는 취지로 고소취소장을 제출한 경우 함께 재판을 받는 甲, 乙, 丙에 대한 법원의 판단은? (10점) ^{쟁점: 상대적 친고죄와 주관적 고소불가분의 원칙(=형법 제328조 제1항, 형사소송법 제233}

^{조, 형사소송법 제327조 제5호), 甲: 공소기각판결, 乙: 유죄판결, 丙: 유죄판결.}

(나) 만약 훔친 골드바는 A가 잠시 보관하고 있는 것일 뿐 사실은 A의 친구 C의 소유물이고, 수사 단계에서 A, C가 함께 甲, 乙, 丙을 고소하였는데, A, C가 1심 공판 과정에서 甲에 대한 고소취소장을 제출한 경우 함께 재판을 받는 甲, 乙, 丙에 대한 법원의 판단은? (5점) ^{절도한 물건의 점유자와 소유자가 다를 경우, 소}

유자와 점유자 모두 친족관계가 있어야 함. 甲·乙·丙: 유죄판결.

3. B의 신고를 받은 경찰관 P는 수사를 거쳐 丙의 인적사항 등을 파악하였고, 위 (6)항 기재 내용을 범죄사실로 하는 압수수색영장을 발부받아 丙의 휴대전화를 압수하였다.

(가) 경찰관 P는 丙의 휴대전화에서 발견된 丙과 B의 성관계 동영상 파일을 CD 에 복사하여 기록에 편철하였다. 공판에서 丙이 디지털 포렌식 과정에서의 절차 위반을 주장하면서 증거 부동의를 하는 경우 CD에 저장된 동영상 파일 은 어떠한 요건을 갖추어야 증거능력이 인정되는가? (10점) I. 사안 쟁점 II. 정보 저장매체 압수·수색요건과 압수·수색방법 1. 형사소송법 제219조, 제106조 제3항, 제219조, 제122조 변호 인 참여권 보장 2. 판례 혐의 관련 범죄로 제한, 동일성과 무결성 해쉬값 증명 III. 사안 해결.

(나) 경찰관 P가 위 압수수색영장에 근거하여 압수한 丙의 휴대전화에서 丙이 乙 과 통화하면서 A의 집에서 귀금속을 훔치자고 모의하는 내용의 녹음 파일을 발견한 경우 경찰관 P는 이 녹음 파일을 어떠한 방법으로 압수할 수 있는가? (10점) I. 사안 쟁점 II. 압수·수색영장과 무관한 정보 압수·수색 방법 1. 범죄 혐의 관련 증거 압수 증거능력+. 2. 범죄 혐의 무관 정보 압수·수색영장 필요성+. 3. 판례 III. 사안 해결. 새로운 압수·수색 영장으로 녹음파일 압수.

4. 만약 乙과 丙의 공범사건에 대하여 乙이 먼저 기소되어 유죄판결이 확정된 후 丙이 기소되었는데, 丙에 대해서는 무죄판결이 선고, 확정된 경우 乙은 이를 이유로 재심을 청구할 수 있는가? (10점) I. 사안 쟁점 II. 공범자 무죄판결이 명백한 증거인지 여부 1. 형사소송법 제420조 제5호 2. 판결 자기 증거자료−, 새로 발견된 증거 −, 재심 사유− III. 사안 해결. 새로운 증거로서 명백성과 신규성 없음, 재심 청구−.

〈제2문〉

(1) A군(郡)의 군수인 甲은 사채업자인 乙과 공모하여 관내 건설업자 丙에게 금전적 지원을 요구하기로 마음먹었다. 甲은 丙을 군수집무실로 불러 A군(郡)이 둘레길 조성사업을 계획하고 있는데 이는 丙에게 좋은 기회가 될 것이라고 하면서 乙이 향후 둘레길 조성사업에 관여하게 될 것이니 乙에게 업무용 차량과 업무에 필요한 비품을 지원해 주라고 부탁하였다. 이에 丙은 乙에게 자기 소유인 시가 3,000만 원 상당의 K5 승용차를 주고 시가 1,000만 원 상당의 비품을 구매해 주었다. ^{甲: 특정범죄가중처벌법 제2조 제3호, 제33조, 제30조 뇌물수수죄(형법 제128조) 공동정범 성립+. 乙: 특정범죄가중처벌법 제2조 제3호, 제39조 뇌물수수죄(형법 제128조) 공동정범 성립+. 丙: 형법 제133조 뇌물공여죄 성립+.} 丙은 乙에게 K5 승용차의 소유권이전등록을 해 주지는 않았으나 앞으로 乙에게 이를 반환받을 마음이 없었으며 乙도 이를 丙에게 반환할 생각이 없었다.

(2) 乙은 과거 육군 대위로서 육군사관학교에 재직하면서 납품 관련 시험평가서를 기안하는 등 그 작성을 보조하는 업무를 담당하던 중에, B방위산업체에 근무하는 고교동창 丁으로부터 B방위산업체에서 생산하여 납품하려고 하는 탄환에 대한 시험평가서가 필요하니 도와달라는 부탁을 받고, 그 부탁에 따라 다른 업체에 대한 탄환 실험데이터를 도용하여 실험 결과를 허위로 기재한 육군사관학교장 명의의 시험평가서를 작성한 다음 그 정을 모르는 결재권자의 도장을 받았다. ^{乙: 형법 제227조, 제34조 제1항 허위공문서작성죄 간접정범 성립+. 丁: 형법 제227조, 제30조, 제34조 제1항 허위공문서작성죄 간접정범의 공동정범 성립+.}

(3) 丙은 자신의 집에서 C와 함께 술을 마시던 중, 술에 취해 누워 있는 C의 하의를 벗긴 후 C를 1회 간음하였다. 당시 丙은 C가 만취하여 심신상실 상태에 있다고 생각하고 이를 이용한 것이었는데, 실제로 C는 반항이 불가능할 정도로 술에 취하지는 않았다. ^{丙: 형법 제299조, 제300조, 제27조 준강간죄의 불능미수범 성립+.}

1. 각각의 죄책에 대하여 논하시오.

   (가) 위 사례 (1)에서 甲, 乙, 丙의 죄책은? (22점)

   (나) 위 사례 (2)에서 乙, 丁의 죄책은? (18점)

   (다) 위 사례 (3)에서 丙의 죄책은? (15점)

2. 위 사례 (1)에서 丙이 甲의 부탁으로 乙에게 2013. 8. 5. 시가 3,000만 원 상당의

업무용 차량과 1,000만 원 상당의 비품을 구매해 주었다.^{공무원 甲-특가법 뇌물수수죄 공소} ^{시효 10년. 건설업자 丙: 형법 뇌물공여죄 공소시효 7년. 사채업자 乙: 특가법 뇌물수수죄 공동정범 공소시효 10} ^{년.} 위 사건에 대한 수사가 개시되자 乙은 겁을 먹고 태국으로 도주해 2017. 8. 5. 부터 2018. 8. 4.까지 태국에 머무르다가 귀국하였다.^{乙: 해외 도피기간 공소시효 정지+. 甲:} ^{공범자도 해외 도피기간 공소시효 정지+. 丙: 대향범+. 공소시효 진행+. 공소시효정지 효과 없음+.} 검사는 2019. 8. 5. 乙에 대한 공소제기를 하였고 2020. 8. 4. 위 판결이 확정되었다.^{乙: 공} ^{소시효 정지+. 甲: 공범자도 공소제기-재판기간 공소시효 정지+. 丙: 공범자도 공소제기-재판기간 공소시효 정} ^{지+.} 검사가 2021. 12. 5. 甲과 丙에 대하여 공소를 제기하자, 甲과 丙의 변호인은 이미 공소시효가 만료된 사안으로 면소판결을 하여야 한다는 주장을 하였다. 변호 인의 주장은 타당한가? (13점)^{(1) 甲: 유죄판결. 공소시효 10년 미완성. 공범자도 해외 도피기간 공소} ^{시효 정지+. 공범자도 공소제기-재판기간 공소시효 정지+. (2) 乙: 유죄판결. 공소시효 10년 미완성. 해외 도피} ^{기간 공소시효 정지+. 공소제기-재판기간 공소시효 정지+. (3) 丙: 면소판결+. 공소시효 7년 완성+, 공범자} ^{해외 도피기간 공소시효 진행+, 공범자에게 재판기간 공소시효가 정지됨에도 공소시효 7년 완성-2021.12.5.}

3. 위 사례 (1)에서 1심 법원은 乙에 대한 공소사실을 전부 유죄로 인정하여 乙에게 징역 2년 6월 및 추징 40,000,000원을 선고하였고, 이에 대하여 乙만이 항소하였 는데, 항소심은 사실인정에 있어 1심보다 중하게 변경하면서 乙에게 징역 2년 6 월 및 집행유예 5년, 벌금 100,000,000원 및 추징 40,000,000원을 선고하였다. 항 소심의 판결은 적법한가? (10점)^{불이익변경금지원칙 위반+.}

4. 검사는 乙에 대한 구속영장을 발부받아 乙을 구속하였다. 이에 대하여 乙의 변호 인이 乙의 석방을 위해 취할 수 있는 조치를 공소제기 전과 후로 나누어 논하시 오. (10점)^{① 기소전: 구속적부심사청구+, 구속적부심사청구와 결합하여 기소 전 피의자 보석 청구+, ② 기소} ^{후: 피고인 보석청구+. 필요적 보석+.}

5. 위 사안에서 피고인 丙의 변호인은 검사에게 변론을 위해 수사서류 등의 열람· 등사(증거개시)를 요청하였으나 검사는 피해자 C에 대한 사생활보호 등을 이유로 거부하였다. 이에 변호인이 불복하여 법원에 열람·등사(증거개시)를 신청하였고, 법원은 검사에게 수사서류 등의 열람·등사를 허용할 것을 명하였다. ① 검사는 이러한 법원의 결정에 불복할 수 있는가,^{검사 불복 불가} ② 검사가 법원의 결정에 따 르지 않는 경우 피고인 丙의 변호인은 어떻게 대응할 수 있는가? (12점)^{공소권 남용} ^{+, 공소기각판결 주장+, 헌법재판소에 헌법소원심판 청구+.}

〈제1문〉 해설

[문 1] 甲, 乙, 丙의 죄책은? (55점) (주거침입의 점은 제외함. 이는 이하에서도 같음)

Ⅰ. 乙의 죄책[20점]

1. 乙이 丙과 역할 분담을 공모하고 안방 서랍장에서 골드바 2개를 11:00경 가방에 넣고 집 밖으로 나온 행위(형법 제331조 제2항 특수절도죄 검토)[10점]

   (1) 형법 제331조 제2항 특수절도죄는 2인 이상이 합동하여 타인의 재물을 절취한 경우 성립한다. 이 사안은 乙과 丙이 공모하고 역할을 분담하여 범행한 경우이다. 乙이 열쇠로 현관문을 열고 집 안에 들어가서 안방을 뒤지기 시작하였다면 실행의 착수가 있다. 그 이후 丙이 망을 보다가 놀라 도망간 경우라도 역할 분담을 한 乙이 골드바 2개를 절도하였다면, 乙과 丙은 특수절도죄가 성립한다. 합동범으로 시간적·장소적 근접성이 있다. 합동범에 해당한다(현장설).

   (2) 판례도 「합동이란 주관적 요건으로 공모와 객관적 요건으로 실행행위의 분담과 시간적 장소적 협동관계를 요한다」고 판시하였다. 「공모자 중 일부가 다른 공모자가 실행에 착수한 후에 공모관계에서 이탈하였다고 하더라도 공동정범이 성립한다」고 판시하였다.

   (3) 죄책: 형법 제331조 제2항 특수절도죄가 성립한다.

2. A에게 약 2주간의 치료를 요하는 요추부 타박상 등을 입힌 행위(형법 제257조 제1항 상해죄 검토)[8점]

   (1) 쟁점은 형법 제337조 강도상해죄이다. 강도상해죄가 성립하려면 강도죄 또는 준강도죄가 성립해야 한다. 형법 제355조 준강도가 성립하려면 절도범이 절도 기회에 체포면탈 목적으로 폭행해야 한다.

   (2) 이 사안은 특수절도 범행이 이미 완료된 후에 상해가 발생하였다. 그러므로 준강도가 성립할 수 없다. 형법 제257조 제1항 상해죄가 성립한다. 사안을 보면 절도 범행 10분 후 집에서 200m 떨어진 버스정류장에서 A의 집으로 따라왔고, 112 신고를 하려고 하자 체포를 면탈할 목적으로 약 2주간의 치료를 요하는 요추부 타박상 등을 입혔다.

   (3) 죄책: 형법 제257조 제1항 상해죄가 성립한다.

3. 죄수[1점]

형법 제331조 특수절도죄와 형법 제257조 제1항 상해죄가 성립한다. 양 죄는 실체적 경합 관계이다.

Ⅱ. 丙의 죄책[25점]

1. 乙이 丙과 역할 분담을 공모하고 안방을 뒤지다 놀라 도망간 행위(형법 제331조 제2항 특수절도죄 검토)[10점]

   (1) 쟁점은 공모관계 이탈이다. 실행의 착수 이전에 공모관계가 이탈하면 공동의 사가 조각된다. 형법 제331조 제2항 특수절도죄는 2인 이상이 합동하여 타인의 재물을 절취한 경우 성립한다. 이 사안은 乙과 丙이 공모하고 역할을 분담하여 범행한 경우이다. 丙이 망을 보다가 놀라 도망간 경우라도 역할 분담을 한 乙이 절도하였다면, 乙과 丙은 특수절도죄가 성립한다. 합동범으로 시간적·장소적 근접성이 있다. 합동범에 해당한다(현장설).

   (2) 판례도 「공모자 중 일부가 다른 공모자가 실행에 착수한 후에 공모관계에서 이탈하였다고 하더라도 공동정범이 성립한다」고 판시하였다. 「실행에 착수한 후에 공모자가 나머지 공모자에 의한 결과발생을 중지·방지하였다면 이탈한 사람은 중지미수가 성립한다」고 판시하였다. 이 사안은 결과가 발생한 경우이다.

   (3) 죄책: 형법 제331조 제2항 특수절도죄가 성립한다.

2. A에게 약 2주간의 치료를 요하는 요추부 타박상 등을 입힌 행위(형법 제257조 제1항, 제30조 상해죄 공동정범 검토)[3점]

   (1) 쟁점은 상해죄의 공동정범이다. 이 사안은 공범자가 범행을 공모한 후 1인이 공모를 초과하여 실행한 범죄이다. 전혀 별개 범죄이다. 질적 초과의 경우 1인 단독 범행이다. 죄질을 같이하는 양적 초과의 경우 예견가능성이 있어야 한다.

   (2) 사안의 경우 乙과 丙은 절도를 공모했다. 丙이 A에게 상해하였다. 전혀 다른 질적 초과 범죄이다. 따라서 丙은 상해죄 공동정범이 성립하지 않는다.

   (3) 죄책: 상해죄 공동정범은 무죄이다.

3. "동영상을 보게 될 거야."라는 메시지를 보내면서 과거 B와 성관계를 하면서 합의하에 촬영한 동영상을 캡처한 사진 파일을 첨부한 행위(성폭력범죄의 처벌등에 관한 특례법 제14조 제2항(카메라등촬영이용·반포등) 죄 검토)[5점]

   (1) 쟁점은 촬영물 제공의 의미이다. 성폭법 제14조 제2항 카메라등촬영이용·반포죄는 카메라를 이용하여 성적 욕망 또는 수치심을 유발할 수 있는 사람의

신체를 촬영한 촬영물을 반포·제공한 경우 성립한다. 사후에 그 촬영물과 복사물을 반포·제공한 경우에도 성립한다. 반포란 불특정 다수인에게 무상으로 교부하는 행위이다. 제공은 특정 1인에게 무상 교부하는 행위이다.

(2) 사안의 경우 합의하여 촬영하였다. 하지만 사후에 협박을 위해 B의 의사에 반하여 그 동영상을 캡처한 것이다. 그 촬영물도 복사물에 해당한다. 다만 촬영 대상자인 B에게 교부하는 행위는 '제공'이라고 볼 수 없다.

(3) 판례는 「촬영 대상자에게 교부는 제공에 포함되지 않는다」고 판시하였다.

(4) 죄책: 성폭력범죄의 처벌등에 관한 특례법 제14조 제2항 카메라등촬영이용·반포죄는 무죄이다.

4. "동영상을 보게 될 거야."라는 메시지를 보내면서 과거 B와 성관계를 하면서 합의하에 촬영한 동영상을 캡처한 사진 파일을 첨부한 행위(성폭력범죄의 처벌등에 관한 특례법 제14조의3 제1항(카메라등이용협박죄)[5점]

(1) 쟁점은 협박의 의미이다. 성폭력범죄의 처벌등에 관한 특례법 제14조의3 제1항 카메라등이용협박죄는 성적 욕망 수치심을 유발할 수 있는 촬영물과 복제물을 이용하여 사람을 협박한 경우 성립한다.

(2) 사안의 경우 丙은 B에게 100만원을 갚지 않으면 가족과 친구에게 B와 동영상을 보게 될 것이라고 메시지를 보낸 것은 협박에 해당한다.

(3) 판례는 「사람에게 공포심을 일으키기에 충분하면 협박에 해당한다. 사람에게 현실적으로 공포심을 일으킬 것까지 요구하는 것은 아니다」고 판시하였다.

(4) 죄책: 성폭력범죄의 처벌등에 관한 특례법 제14조의3 제1항 카메라등이용협박죄가 성립한다.

5. "돈 100만 원을 무조건 갚아." 메시지를 보낸 행위(형법 제350조, 제352조, 제25조 공갈죄 장애미수범 검토)[5점]

(1) 쟁점은 채권추심으로 이루어진 행위이다. 공갈죄는 사람을 공갈하여 재산의 교부를 받으면 성립한다. 불법영득의사가 있어야 한다. 위법성조각사유가 없어야 한다. 채권추심도 사회통념상 용인되는 정도여야 한다. 공갈죄는 재물 또는 재산상 이익을 취득하지 못하면 미수범이 성립한다.

(2) 사안의 경우 丙은 B에게 100만원을 갚지 않으면 가족과 친구에게 B와 동영상을 보게 될 것이라고 메시지를 보냈다. 하지만 경찰에 신고하였고, 100만원을 갚지 않았다. 성관계 동영상을 이용한 채권추심은 사회통념으로 용인되지 않는다. 공갈죄 장애미수에 해당한다.

(3) 판례는 「공갈행위가 채권추심 수단 등 권리행사 수단으로 이루어져도 사회통념상 용인되는 정도를 넘어서면 공갈죄가 성립한다」고 판시하였다.

(4) 죄책: 형법 제350조, 제352조, 제25조 공갈죄 장애미수범이 성립한다.

6. 전체 죄수[2점]

성폭력범죄의 처벌등에 관한 특례법 제14조의3 제1항 카메라등이용협박죄와 공갈죄 장애미수범이 성립한다. 양 죄는 상상적 경합 관계이다. 하나의 행위이다.

III. 甲의 죄책[10점]

1. "귀금속을 훔쳐 달라. 귀금속을 가져다 주면 충분히 사례를 하겠다."라고 제안한 행위(형법 제329조, 제31조 제1항 절도죄 교사범 검토)[4점]

   (1) 쟁점은 절도 교사에서 특수절도가 이루진 경우 초과 실행 부분이다. 형법 제31조 제1항 교사범은 타인에게 범죄 실행을 교사하면 성립한다. 교사 초과는 피교사자가 교사받은 범죄와 전혀 다른 범죄를 실행하는 것이다. 질적 초과와 양적 초과가 있다. 양적 초과의 경우 초과 부분에서 예견가능성이 있어야 한다. 그렇지 않으면 교사의 고의를 인정할 수 없다.

   (2) 사안의 경우 甲은 乙에게 절도를 교사했다. 그런데 乙이 丙과 함께 특수절도를 하였다. 교사에 대한 양적 초과에 해당한다. 甲에게 예견가능성이 없다. 따라서 특수절도 교사가 아닌 절도 교사가 성립한다.

   (3) 판례는 「교사자에게 결과 발생에 대하여 과실 또는 예견가능성이 있을 때 교사범이 성립한다」고 판시하였다.

   (4) 죄책: 형법 제329조, 제31조 제1항 절도죄 교사범이 성립한다.

2. A에게 약 2주간의 치료를 요하는 요추부 타박상 등을 입힌 행위(형법 제257조, 제31조 제1항 상해죄 교사범 검토)[1점]

   (1) 쟁점은 상해죄의 교사범이다. 이 사안은 교사의 범위를 초과하여 실행한 범죄이다. 전혀 별개 범죄이다. 질적 초과이다. 이 경우 1인 단독 범행이다.

   (2) 죄책: 형법 제257조, 제31조 제1항 상해죄 교사범은 무죄이다.

3. 훔친 골드바 2개를 건네받은 행위(형법 제355조 제1항 장물취득죄 검토)[4점]

   (1) 쟁점은 교사범의 장물취득이다. 장물죄는 타인(본범)이 불법하게 영득한 재물의 처분에 관여하는 범죄이다. 자기 범죄로 영득한 물건은 성립하지 않는다. 이는 불가벌적 사후행위이다. 그러나 정범·공동정범·합동범이 아닌 교사범은 본범이 아니다. 불가벌적 사후행위가 아니다. 이 경우 장물취득죄가 성립한다.

(2) 사안의 경우 甲은 절도를 교사했다. 乙은 훔친 골드바 2개를 甲에게 주었다. 이는 장물에 해당한다. 이를 취득하면 장물취득죄가 성립한다. 절도교사범이 장물을 취득하면 장물취득죄가 성립한다.

(3) 판례는 「자기 범죄란 정범·공동정범·합동범에 한정된다. 본범과 실질적 범죄집단을 이루었다 하더라도 정범이 되지 않는 이상 자기 범죄라 할 수 없다」고 판시하였다.

(4) 죄책: 형법 제355조 제1항 장물취득죄가 성립한다.

4. 죄수[1점]

절도죄 교사범과 장물취득죄가 성립한다. 양 죄는 실체적 경합 관계이다.

[문 2] 경찰 수사로 위 범행이 밝혀지자 A는 수사 단계에서 甲, 乙, 丙을 고소하였다.

(가) 만약 1심 공판 과정에서 A가 甲에 대하여 처벌을 원하지 않는다는 취지로 고소취소장을 제출한 경우 함께 재판을 받는 甲, 乙, 丙에 대한 법원의 판단은? (10점) ☞ 쟁점: 상대적 친고죄와 주관적 고소불가분의 원칙(= 형법 제328조 제1항, 형사소송법 제233조, 형사소송법 제327조 제5호), 甲: 공소기각판결, 乙: 유죄판결, 丙: 유죄판결.

┃ 파워특강 ┃

1. 10점 답안은 10 – 15줄 이내로 작성한다.
2. 쟁점 – 판례 – 사안 – 해결 순으로 반드시 목차를 잡아 답안을 쓴다.
3. 형사소송법은 반드시 뒷면 3 – 4면에 꽉 채운다. 목차를 잡고 법리와 판례를 언급한다. 형사절차법정주의이다. 관련 형사소송법 법조문은 반드시 요약하여 설명한다. 법조문만큼 강력한 논거가 없다. 판례는 반드시 언급한다. 선택형 지문 정도면 충분하다. 그래서 선택형이 사례형과 연결되어 있다.
4. 아래 답안은 현장을 생각하며 최대한 줄인 것이다. 현장에서 논문형으로 서술할 수가 없다. 대부분 수험생의 공통 의견이다. 일반 해설서는 공부를 위해 자세히 설명한다. 이 답안은 내용이 부실한 것이 아니라 쓸 만큼 줄인 것이다.
5. 채점 경험으로 형사소송법 답안에서 전혀 쓰지 못하거나 또는 부실한 답안이 많다. 변호사시험의 근본 문제일 수도 있다. 그러나 연습을 통해 어느 정도 극복이 가능하다. 목차를 정해 놓고 일필휘지(一筆揮之)하는 습관을 하나 만들면 된다. 목차는 쟁점＋조문＋판례＋해결 순이다. 백지 답안과 의지가 담긴 답안은 많은 차이가 있다.

Ⅰ. 사안 쟁점

상대적 친고죄의 주관적 불가분 원칙이 비신분자인 공범자에게 적용되는지 여부이다.

Ⅱ. 형사소송법 제328조 제1항·제327조 제5호·제233조 친고죄의 고소불가분의 원칙

1. 형법 제328조 제1항 친족 범행과 고소

직계혈족 사이 동거하지 않은 친족 간의 절도죄와 장물죄는 친고죄이다.

2. 형사소송법 제327조 제5호 공소기각판결

친고죄는 고소가 있어야 공소를 제기할 수 있다. 친고죄는 제1심 판결 선고 전까지 고소가 취소되면, 공소제기가 부적법하다. 공소기각판결을 선고해야 한다.

3. 형사소송법 제233조 고소불가분

친고죄의 주관적 고소불가분의 원칙은 친고죄의 공범 중 그 1인 또는 수인에 대한 고소 또는 고소 취소는 다른 공범자에게 효력이 있다.

4. 상대적 친고죄

상대적 친고죄는 공범 관계에 있는 공범 중에서 신분이 있는 공범에 대해서 친고죄를 적용한다. 신분이 없는 다른 공범자는 친고죄가 아닌 관계이다. 상대적 친고죄에서 비신분자에게 고소가 필요하지 않다. 비신분자에 대한 고소 효력은 신분자에게 미치지 않는다. 신분자에 대한 고소 취소는 비신분자에게 효력이 없다.

Ⅲ. 사안 해결

1. 甲은 A와 4촌의 혈족 관계이고 따로 살고 있다. A에 대한 절도죄 교사범과 장물취득죄는 상대적 친고죄이다. 따라서 제1심 공판 과정에서 A가 甲에 대해 고소취소장을 제출하면, 친족상도례가 적용된다. 공소가 부적법하다. 甲에게 형사소송법 제327조 제5호에 근거하여 공소기각판결을 선고한다.

2. 공범자 乙과 丙은 A와 친족관계가 없다. 절도죄는 상대적 친고죄이다. 그러므로 주관적 고소 불가분 원칙은 비신분자인 乙과 丙에게 적용되지 않는다. 고소 취소 효력이 없다. 乙과 丙에게 유죄판결을 선고한다.

(나) 만약 훔친 골드바는 A가 잠시 보관하고 있는 것일 뿐 사실은 A의 친구 C의 소유물이고, 수사 단계에서 A, C가 함께 甲, 乙, 丙을 고소하였는데, A, C가 1심 공판 과정에서 甲에 대한 고소취소장을 제출한 경우 함께 재판을 받는 甲, 乙, 丙에 대한 법원의 판단은? (5점) ☞ 절도한 물건의 점유자와 소유자가 다를 경우, 소유자와 점유자 모두 친족관계가 있어야 함. 甲·乙·丙: 유죄판결.

> **∥파워특강∥**
> 1. 5점 답안은 5-7줄 이내로 작성한다.
> 2. 쟁점-판례-사안-해결 순으로 답안을 쓴다.

1. 쟁점은 형법 제344조·제328조 친족상도례가 적용되기 위한 친족관계이다.
2. 판례는 「절도한 물건의 점유자와 소유자가 다를 경우, 범인과 피해 물건을 소유자와 점유자 모두 간의 친족관계가 있어야 친족상도례가 적용된다」고 판시하였다.
3. 사안에서 훔친 골드바 2개는 A가 잠시 보관하고 있을 뿐이다. A의 소유물이 아닌 C의 소유물이라면, 甲은 C와 친족관계가 있어야 친족상도례가 적용된다. 그러나 甲은 점유자 A와 친족관계일 뿐이다. 소유자인 C와 친족관계가 존재하지 않는다. 그러므로 친족상도례가 적용되지 않는다. 공범자의 乙과 丙은 C와 아무런 친족관계가 없어 친족상도례가 적용되지 않는다.
4. 법원은 甲·乙·丙 모두에게 유죄판결을 선고한다.

[문 3] B의 신고를 받은 경찰관 P는 수사를 거쳐 丙의 인적사항 등을 파악하였고, 위 (6)항 기재 내용을 범죄사실로 하는 압수수색영장을 발부받아 丙의 휴대전화를 압수하였다.

(가) 경찰관 P는 丙의 휴대전화에서 발견된 丙과 B의 성관계 동영상 파일을 CD에 복사하여 기록에 편철하였다. 공판에서 丙이 디지털 포렌식 과정에서의 절차 위반을 주장하면서 증거 부동의를 하는 경우 CD에 저장된 동영상 파일은 어떠한 요건을 갖추어야 증거능력이 인정되는가? (10점) ☞ I. 사안 쟁점 II. 정보저장매체 압수·수색요건과 압수·수색방법 1. 형사소송법 제219조, 제106조 제3항, 제219조, 제122조 변호인 참여권 보장 2. 판례 혐의 관련 범죄로 제한, 동일성과 무결성 해쉬값 증명 III. 사안 해결.

 I. 사안 쟁점

　쟁점은 정보저장매체에 저장된 전자정보를 압수수색 할 때, 적법한 압수·수색요건이다.

 II. 정보저장매체 압수·수색방법

1. 형사소송법 제219조, 제106조 제3항, 제219조, 제122조 변호인 참여권

(1) 형사소송법 제219조, 제106조 제3항 본문에 근거하면 영장에 기재된 범죄사실과 관련된 정보만을 출력하거나 복제하는 방식으로 압수·수색한다.

(2) 이 방법이 불가능하면, 형사소송법 제106조 제3항 단서에 근거하여 정보저장매체를 직접 외부로 반출하여 관련 정보를 탐색하여 압수·수색할 수 있

다. 반드시 변호인 참여권을 보장해야 한다.

2. 판례

(1) 판례는 「수사기관이 휴대한 정보저장매체에 해당 파일을 복제하는 방식으로 하고, 외부 반출은 압수·수색 목적의 달성이 어려운 경우 예외적으로 한다. 이때 정보 탐색 선별 과정은 압수·수색 일환이다. 형사소송법 제219조와 제222조에 근거하여 변호인 참여권을 보장해야 한다」고 판시하였다.

(2) 또한 판례는 「당사자 또는 변호인 참여권을 보장하고, 압수·수색목록을 작성·교부한다. 범죄혐의와 관련 있는 정보만 복제·출력하고, 변호인 참여권을 보장해야 한나. 원본이 있는 경우 원본이 원칙이고, 부득이 사본인 경우 동일성과 무결성 해쉬값으로 증명해야 한다」고 판시하였다.

Ⅲ. 사안 해결

1. 경찰관 P는 丙의 휴대전화에서 정보를 탐색할 때, 丙이나 丙의 변호인에게 참여권을 보장한다. P는 당사자 또는 변호인에게 참여를 보장하고 압수한 전자 정보 목록을 작성하여 제공한다. P가 압수한 성관계 동영상 파일을 USB·CD에 복사한 경우, USB는 사본에 해당한다.

2. USB·CD로 사본을 만드는 것은 적법하다. 사본을 증거로 제출하는 경우, 원본인 동영상과 USB·CD로 복제한 사본과 동일성 무결성을 입증한다. P는 피압수자인 丙이 해쉬값 동일성을 인정하는 취지의 확인 서면을 제출하여 USB·CD 증거능력을 인정해 받을 수 있다.

(나) 경찰관 P가 위 압수수색영장에 근거하여 압수한 丙의 휴대전화에서 丙이 乙과 통화하면서 A의 집에서 귀금속을 훔치자고 모의하는 내용의 녹음 파일을 발견한 경우 경찰관 P는 이 녹음 파일을 어떠한 방법으로 압수할 수 있는가? (10점)

☞ Ⅰ. 사안 쟁점 Ⅱ. 압수·수색영장과 무관한 정보 압수·수색 방법 1. 범죄 혐의 관련 증거 압수 증거능력 +. 2. 범죄 혐의 무관 정보 압수·수색영장 필요성+. 3. 판례 Ⅲ. 사안 해결. 새로운 압수·수색영장으로 녹음파일 압수.

Ⅰ. 사안 쟁점

쟁점은 압수·수색 집행과정 중 혐의사실과 무관한 정보를 발견한 경우, 이를 압수·수색하는 방법이다.

Ⅱ. 압수·수색영장과 무관한 정보 압수 방법

1. 압수·수색영장에 기재한 혐의사실과 압수수색물 사인 객관적 관련성, 압수·수색 대상자와 인적 관련성이 있는 증거만 압수·수색이 가능하다. 객

관적 관련성, 인적 관련성이 없는 별건 증거를 압수하면, 위법하게 수집한 증거로 증거능력을 인정하지 않는다.

2. 판례는 「압수·수색 고장 중 혐의 사실과 무관한 다른 범죄사실을 발견한 경우, 추가 타색을 중단하고, 법원에 별도의 범죄혐의에 대하여 압수·수색 영장을 발부받아야 한다」고 판시하였다.

Ⅲ. 사안 해결

경찰관 P는 丙이 B를 협박하기 위해 사용한 성관계 동영상에 대해서 압수·수색영장을 발부받았다. 이 범죄사실은 丙과 乙의 절도 범행과 객관적 관련성이 없다. 범죄혐의 사실과 무관한 정보이다. 따라서 P가 압수한 丙의 휴대전화에서 우연히 절도를 모의 내용의 녹음 파일을 발견하였다면, 즉시 탐색을 중단한다. 그리고 법원에 절도 혐의에 대한 새로운 압수·수색영장을 받아야 한다. 그렇게 해야 녹음 파일을 적법하게 압수할 수 있다.

[문 4] 만약 乙과 丙의 공범사건에 대하여 乙이 먼저 기소되어 유죄판결이 확정된 후 丙이 기소되었는데, 丙에 대해서는 무죄판결이 선고, 확정된 경우 乙은 이를 이유로 재심을 청구할 수 있는가? (10점) ☞ Ⅰ. 사안 쟁점 Ⅱ. 공범자 무죄판결이 명백한 증거인지 여부 1. 형사소송법 제420조 제5호 2. 판결 자기 증거자료−, 새로 발견된 증거−, 재심 사유 − Ⅲ. 사안 해결. 새로운 증거로서 명백성과 신규성 없음, 재심 청구−.

Ⅰ. 사안 쟁점

쟁점은 유죄의 확정판결을 받은 공범자가 후에 내려진 다른 공범자에 대한 무죄판결로 무죄를 인정할 새로운 명백한 증거로 재심 청구를 제기할 수 있는가이다.

Ⅱ. 공범자 무죄판결이 명백한 증거인지 여부

1. 형사소송법 제420조 제5호 의미

형사소송법 제420조 제5호는 형의 선고를 받은 자에 대해 형면제 또는 원판결이 인정한 죄보다 경한 죄를 인정할 명백한 증거가 새로 발견된 때에는 재심 청구가 가능하다고 규정하고 있다. 새로 발견된 때란 신증거와 유기적으로 밀접하게 관련된 증거이다. 명백한 증거는 새로 발견된 증거와 사실인정의 기초가 모순되어 재심 대상 판결을 유지할 수 없을 고도의 개연성이 있는 경우이다.

2. 판례

판례는 「당해 사건의 증거가 아니고 공범자 중 1인에 대하여 무죄, 다른 1인에 대하여 유죄의 확정판결이 있는 경우에 무죄 확정판결의 증거자료를 자기의 증거자료로 하지 못한다. 또한 새로 발견된 것이 아닌 한 무죄 확정판결 자체만으로 유죄 확정판결에 대한 새로운 증거로 볼 수 없다. 그러므로 재심 사유에 해당하지 않는다」고 판시하였다.

Ⅲ. 사안 해결

1. 乙이 먼저 기소되어 유죄판결이 확정된 후, 丙에 대해 무죄판결이 선고 확정되면, 공범에 대한 모순된 판결이 존재한다. 그러나 자유심증주의를 따르면 법관마다 증명력 판단 차이가 있을 수 있다. 그러므로 무죄 확정판결만으로 유죄 확정판결에 대해 새로운 증거로서 명백성과 신규성이 인정할 수 없다. 그러므로 재심 사유로 보기 어렵다.

2. 丙에 대하여 무죄판결이 확정되었다는 이유로 乙은 재심을 청구할 수 없다.

〈제2문〉 해설

[문 1] 각각의 죄책에 대하여 논하시오.

　　(가) 위 사례 (1)에서 甲, 乙, 丙의 죄책은? (22점)

　　(나) 위 사례 (2)에서 乙, 丁의 죄책은? (18점)

　　(다) 위 사례 (3)에서 丙의 죄책은? (15점)

(가) (1) 甲, 乙, 丙의 죄책 ^{22점}

(가) (1) 甲의 죄책

1. 甲이 사채업자 乙과 공모하여 건설업자 丙에게 금전적 지원을 요구하고, 丙은 乙에게 자기 소유인 시가 3,000만 원 상당의 K5 승용차를 주고 시가 1,000만 원 상당의 비품을 구매해 준 행위(특정범죄가중처벌법 제2조 제3호, 제30조 뇌물수수죄(형법 제128조) 공동정범 검토) ^{8점}

(1) 형법 제129조 뇌물수수죄는 공무원이 직무와 관련하여 뇌물을 수수하는 경우 성립한다. 뇌물은 직무관련성과 대가관계 있는 이익을 말한다. 여기서 대가관계 이익이란 투기적 사업에 참여 기회도 포함한다. 공무원이 공무원 아닌 사람에게 뇌물수수의 공동의사와 뇌물 수수행위에 기능적 행위지배가 있다면, 공동정범이 성립한다. 수뢰 액수가 3천만 원 이상이면 특가법 제2조 제3호가 성립한다. 뇌물수수액은 공동정범 전원의 수뢰액을 합한 금액이다. 각 공범자들이 실제로 취득한 금액이나 분배받기로 한 금액이 아니다.

(2) 판례도 「비공무원이 뇌물을 수수하여도 공무원이 직접 뇌물을 받은 것과 동일하게 평가할 수 있다. 이 경우 비공무원이 제3자뇌물수수죄에서 뇌물을 수수한 제3자가 될 수 없다」고 판시하였다.

(3) 죄책: 특정범죄가중처벌법 제2조 제3호, 제30조 뇌물수수죄(형법 제128조) 공동정범이 성립한다.

(나) (1) 乙의 죄책

1. 甲이 사채업자 乙과 공모하여 건설업자 丙에게 금전적 지원을 요구하고, 丙은 乙에게 자기 소유인 시가 3,000만 원 상당의 K5 승용차를 주고 시가 1,000만 원 상당의 비품을 구매해 준 행위(특정범죄가중처벌법 제2조 제3호, 제33조, 제30조 뇌물수수죄(형법 제128조) 공동정범 검토) ^{8점}

(1) 형법 제129조 뇌물수수죄는 공무원이 직무와 관련하여 뇌물을 수수하는 경우

성립한다. 진정신분범이다. 신분 없는 사람이 신분 관계로 성립할 범죄에 가담한 경우 공동정범이 성립한다(형법 제33조 본문). 이 사안에서 비록 사채업자 乙이 공무원이 아니라도 공무원 甲과 공동으로 뇌물수수를 한 경우 공동정범이 성립한다. 비품 1천만원, K5 3천만원 합한 가액이 3천만원을 넘어 특가법 뇌물수수죄가 적용된다.

(2) 판례도「비공무원이 공무원과 공동가공의사로 뇌물수수에 기능적 행위지배를 했다면, 공무원이 직접 뇌물을 받은 것과 동일하게 평가할 수 있어서 뇌물수수죄의 공동정범이 성립한다」고 판시하였다.

(3) 죄책: 득정범죄가중서빌범 제2조 제3호, 제30조 뇌물수수죄(형법 제128조) 공동정범이 성립한다.

(다) (1) 丙의 죄책

1. 甲이 사채업자 乙과 공모하여 건설업자 丙에게 금전적 지원을 요구받고 丙은 乙에게 자기 소유인 시가 3,000만 원 상당의 K5 승용차를 주고 시가 1,000만 원 상당의 비품을 구매해 준 행위(형법 제133조 뇌물공여죄 검토) [4점]

   (1) 형법 제133조 뇌물공여죄는 뇌물을 공여한다는 의사표시를 한때 성립한다. 직무 관련 뇌물이어야 한다. 뇌물을 제3자에게 제공하여도 공동정범 관계가 성립하면, 공무원에게 공여한 것으로 본다.

   (2) 뇌물공여죄는 공여 금액이 3천만 이상이어도 특가법이 적용되지 않는다.

   (3) 죄책: 형법 제133조 뇌물공여죄가 성립한다.

(나) 위 사례 (2)에서 乙, 丁의 죄책은? [18점]

(나) (2) 乙의 죄책

1. 납품 관련 시험평가서 작성을 보조하는 사람이 탄환 실험데이터를 도용하여 실험결과를 허위로 기재한 육군사관학교장 명의의 시험평가서를 작성한 다음 그 정을 모르는 결재권자의 도장을 받은 행위(형법 제227조, 제34조 제1항 허위공문서작성죄 간접정범 검토) [10점]

   (1) 형법 제227조 허위공문서작성죄는 공무원이 행사할 목적으로 직무에 관하여 공문서를 허위로 작성한 경우 성립한다. 허위 작성이란 작성권한이 있는 공무원이 권한을 남용하여 그 내용을 객관적 진실과 다르게 문서를 작성함을 말한다. 쟁점은 보조공무원이 허위공문서작성죄의 간접정범이 될 수 있는지 여부이다. 학설은 긍정설과 부정설도 나뉜다.

(2) 판례는 「공문서의 작성권한이 있는 공무원의 직무를 보좌하는 자가 그 직위를 이용하여 행사할 목적으로 허위의 내용이 기재된 문서 초안을 그 정을 모르는 상사에게 제출하여 결재하도록 하는 등의 방법으로 작성권한이 있는 공무원으로 하여금 허위의 공문서를 작성하게 한 경우에는 간접정범이 성립된다. 이와 공모한 자 역시 그 간접정범의 공범으로서의 죄책을 면할 수 없다. 여기서 말하는 공범은 반드시 공무원의 신분이 있는 자로 한정되는 것은 아니다」고 판시하였다.^{대법원 1992. 1. 17. 선고 91도2837 판결 [허위공문서작성·동행사]}

(3) 죄책: 형법 제227조, 제34조 제1항 허위공문서작성죄의 간접정범이 성립한다.

(나) (2) 丁의 죄책

1. 丁이 납품 관련 시험평가서 작성을 보조하는 사람에게 탄환 실험데이터를 도용하여 실험 결과를 허위로 기재한 육군사관학교장 명의의 시험평가서를 작성한 다음 결제를 부탁하여 그 정을 모르는 결재권자의 도장을 받은 행위(형법 제227조, 제30조, 제34조 제1항 허위공문서작성죄 간접정범의 공동정범 검토) ^{8점}

(1) 허위공문서작성죄는 진정신분범이다. 비공무원이 허위공문서작성죄에 가담한 경우 형법 제33조에 근거하여 비공무원도 허위공문서작성죄의 간접정범의 공동정범이 성립한다. 공동정범이란 객관적 구성요건으로 행위지배가 있어야 한다. 주관적 구성요건으로 공동가공의 의사가 있어야 한다. 이 사안의 경우 모두 충족한다.

(2) 판례는 「공모한 자 역시 그 간접정범의 공범으로서의 죄책을 면할 수 없다. 여기서 말하는 공범은 반드시 공무원의 신분이 있는 자로 한정되는 것은 아니다」고 판시하였다.^{대법원 1992. 1. 17. 선고 91도2837 판결 [허위공문서작성·동행사]}

(3) 죄책: 형법 제227조, 제30조, 제34조 제1항 허위공문서작성죄의 간접정범의 공동정범이 성립한다.

(다) 위 사례 (3)에서 丙의 죄책은? ^{15점}

1. 丙은 술에 취해 누워 있는 C를 1회 간음한 행위(형법 제299조, 제300조, 제27조 준강간죄의 불능미수범 검토)

(1) 형법 제299조 준강간죄는 사람의 심신상실 또는 항거불능의 상태를 이용하여 간음한 경우 성립한다. 사안의 쟁점은 객체이다. ①사람설과 ②심신상실 상태에 있는 사람설이다. ①사람설을 취하면 준강간의 기수가 성립한다. 행위와 고의 모두 구성요건을 충족한다. 그러나 ②심신상실 상태에 있는 사람설을 취하면 대상의 착오가 된다. 이 경우 형법 제27조에 근거하여 준강간의 불능미

수죄가 성립한다. 당시 丙은 C가 만취하여 심신상실 상태에 있다고 생각하고 이를 이용하였지만 실제로 C는 반항이 불가능할 정도로 술에 취하지는 않았기 때문이다. 존재하지 않는 대상에 대한 착오가 있다.

(2) 대법원 판례는 「**피고인이 피해자가 심신상실 또는 항거불능의 상태에 있다고 인식하고 그러한 상태를 이용하여 간음할 의사로 피해자를 간음하였으나 피해자가 실제로는 심신상실 또는 항거불능의 상태에 있지 않은 경우에는, 실행의 수단 또는 대상의 착오로 인하여 준강간죄에서 규정하고 있는 구성요건적 결과의 발생이 처음부터 불가능하였고 실제로 그러한 결과가 발생하였다고 할 수 없다. 피고인이 준강간의 실행에 착수하였으나 범죄가 기수에 이르지 못하였으므로 준강간죄의 미수범이 성립한다. 피고인이 행위 당시에 인식한 사정을 놓고 일반인이 객관적으로 판단하여 보았을 때 준강간의 결과가 발생할 위험성이 있었으므로 준강간죄의 불능미수가 성립한다**」고 판시하였다.^{대법원 2019. 3. 28. 선고 2018도16002 전원합의체 판결 [강간(인정된 죄명: 준강간미수, 변경된 죄명: 준강간)]}

(3) 죄책: 형법 제299조, 제300조, 제27조 **준강간죄의 불능미수죄가 성립한다.**

2. 대법원 판례 비판

(1) 피해자가 정상적인 사람이라면 형법 제297조 강간죄를 검토해야 한다.

(2) 행위자에게 폭행 또는 협박이 없다면, 형법 제297조 강간죄는 성립하지 않는다.

(3) 그 다음은 형법 제299조 준강간죄를 검토한다. 준강간죄의 객체는 심신상실 상태에 있는 사람이다. 이 사안 경우 행위자가 인식한 대상 '심신상실 상태에 있는 사람'을 객체로 본다. 행위도 마찬가지다. 고의도 마찬가지다. 준강간죄의 기수가 성립한다. 대상이 없는 것이 아니다. '심신상실 상태에 있는 사람'보다 더 심각한 '정상적인 사람'이기 존재한다. 그렇다면 행위자의 인식과 행동 그리고 고의로 판단하는 것이 타당하다.

(4) 객관적 구성요건에서 객체를 사람으로 보던, 심신상실 상태에 있는 사람(대법원 판례 입장)으로 보던, 이 사안 경우 법리상 모두 준강간죄 기수가 성립한다.

(5) 형법 제299조 준강간죄는 형법 제297조 강간죄 성립이 불가능한 경우, 적용되는 조문이다. 형법 제299조 준강간죄의 불능미수죄 법리는 '법리 유희'다. 대법원 소수견해가 오히려 타당하다.

(6) 더 나아가 입법론 보면, 형법 제299조 준강간죄의 객체는 심신상실 상태에 있는 사람이 아니고, 사람이다. 객체인 사람이 생략된 입법불비이다. 성폭력범죄의 처벌 등에 관한 특례법 제6조(장애인에 대한 강간·강제추행 등) 제4항과 비교하면 바로 알 수 있다. 성폭법은 객체를 명확히 '사람'으로 규정하고 있다. 그렇다면 형법과 성폭법의 법리 해석을 달리할 이유가 없다. 이것이 체계적 해석이다.

법조문 비교

형법 제299조(준강간, 준강제추행)

사람의 심신상실 또는 항거불능의 상태를 이용하여 간음 또는 추행을 한 자는 제297조, 제297조의2 및 제298조의 예에 의한다. 〈개정 2012.12.18〉

【출처】 형법 일부개정 2020. 12. 8. [법률 제17571호, 시행 2021. 12. 9.] 법무부.

성폭력범죄의 처벌 등에 관한 특례법 제6조(장애인에 대한 강간·강제추행 등)

① 신체적인 또는 정신적인 장애가 있는 **사람**에 대하여 「형법」 제297조(강간)의 죄를 범한 사람은 무기징역 또는 7년 이상의 징역에 처한다.

② 신체적인 또는 정신적인 장애가 있는 **사람**에 대하여 폭행이나 협박으로 다음 각 호의 어느 하나에 해당하는 행위를 한 사람은 5년 이상의 유기징역에 처한다.

1. 구강·항문 등 신체(성기는 제외한다)의 내부에 성기를 넣는 행위

2. 성기·항문에 손가락 등 신체(성기는 제외한다)의 일부나 도구를 넣는 행위

③ 신체적인 또는 정신적인 장애가 있는 **사람**에 대하여 「형법」 제298조(강제추행)의 죄를 범한 사람은 3년 이상의 유기징역 또는 3천만 원 이상 5천만 원 이하의 벌금에 처한다. 〈개정 2020.5.19〉

④ **신체적인 또는 정신적인 장애로 항거불능 또는 항거곤란 상태에 있음을 이용하여 사람을 간음하거나 추행한 사람은** 제1항부터 제3항까지의 예에 따라 처벌한다.

⑤ 위계(위계) 또는 위력(위력)으로써 신체적인 또는 정신적인 장애가 있는 **사람을** 간음한 사람은 5년 이상의 유기징역에 처한다.

⑥ 위계 또는 위력으로써 신체적인 또는 정신적인 장애가 있는 **사람을** 추행한 사람은 1년 이상의 유기징역 또는 1천만 원 이상 3천만 원 이하의 벌금에 처한다.

⑦ 장애인의 보호, 교육 등을 목적으로 하는 시설의 장 또는 종사자가 보호, 감독의 대상인 **장애인에** 대하여 제1항부터 제6항까지의 죄를 범한 경우에는 그 죄에 정한 형의 2분의 1까지 가중한다.

【출처】 성폭력범죄의 처벌 등에 관한 특례법 타법개정 2021. 9. 24. [법률 제18465호, 시행 2022. 7. 1.] 법무부.

---

2. 위 사례 (1)에서 丙이 甲의 부탁으로 乙에게 2013. 8. 5. 시가 3,000만 원 상당의 업무용 차량과 1,000만 원 상당의 비품을 구매해 주었다. ⌐ 공무원 甲: 특가법 뇌물수수죄

공소시효 10년. 건설업자. 丙: 형법 뇌물공여죄 공소시효 7년. 사채업자. 乙: 특가법 뇌물수수죄 공동정범 공소시효 10년. 위 사건에 대한 수사가 개시되자 乙은 겁을 먹고 태국으로 도주해 2017. 8. 5.부터 2018. 8. 4.까지 태국에 머무르다가 귀국하였다. 乙: 해외 도피기간 공소시효 정지+. 甲: 공범자도 해외 도피기간 공소시효 정지+. 丙: 대향범+. 공소시효 진행+. 공소시효정지 효과 없음+. 검사는 2019. 8. 5. 乙에 대한 공소제기를 하였고 2020. 8. 4. 위 판결이 확정되었다. 乙: 공소시효 정지+. 甲: 공법자도 공소제기-재판기간 공소시효 정지+. 丙: 공범자도 공소제기-재판기간 공소시효 정지+. 검사가 2021. 12. 5. 甲과 丙에 대하여 공소를 제기하자, 甲과 丙의 변호인은 이미 공소시효가 만료된 사안으로 면소판결을 하여야 한다는 주장을 하였다. 변호인의 주장은 타당한가? (13점) ⌐ (1) 甲: 유죄판결. 공소시효 10년 미완성. 공범자도 해외 도피기간 공소시효 정지+. 공범자도 공소제기-재판기간 공소시효 정지+. (2) 乙: 유죄판결. 공소시효 10년 미완성. 해외 도피기간 공소시효 정지+. 공소제기-재판기간 공소시효 정지+. (3) 丙: 면소판결+. 공소시효 7년 완성+, 공범자 해외 도피기간 공소시효 진행+, 공범자에게 재판기간 공소시효가 정지됨에도 공소시효 7년 완성 −2021.12.5.

Ⅰ. 사안 쟁점

이 사안은 ① 특가법 뇌물수수죄 공소시효 기간, ② 형법 뇌물공여죄 공소시효 기간, ③ 범인 해외 도피와 공소시효 정지와 공동정범 공소시효 정지 효과, ④ 공범자 대향범의 공소시효 정지 효과, ⑤ 공범 1인에 대한 공소제기와 재판확정시까지 공소시효 정지 효과, ⑥ 다른 공범에 대한 이 기간 공소시효 정지 효과, ⑦ 공소시효 완성과 재판이 쟁점이다. 형사소송법 제249조와 제253조가 검토되어야 한다.

Ⅱ. 공소시효

1. 형사소송법 제249조 제1항 제3호·제4호 공소시효 기간

(1) 공소시효는 범죄행위가 종료한 후에 공소제기 없이 일정한 기간이 경과하면 그 범죄에 대해 공소권이 소멸하는 제도이다. 공소시효는 실체적 측면과 절차적 측면이 고려된 제도이다. 형사소송법 제249조에 규정되어 있다.

(2) 형사소송법 제249조 제1항 제3호에 근거하면, 장기 10년 이상의 징역 또는 금고에 해당하는 범죄의 경우 공소시효는 10년이다. 제4호에 근거하면, 장기 10년 미만의 징역 또는 금고에 해당하는 범죄의 경우 공소시효는 7년이다. 특가법상 뇌물수수죄는 법정형이 5년 이상이다. 따라서 공소시효는 10년이다. 반면 형법 뇌물공여죄는 법정형이 5년 이하이다. 따라서 공소시효가 7년이다.

(3) 뇌물을 공동으로 받은 A군 군수 甲과 사채업자 乙의 공소시효는 10년이다.

그러나 뇌물을 준 건설업자 丙의 공소시효는 7년이다.

2. 형사소송법 제253조 제1항·제2항·제3항 공소시효 정지와 효력

(1) 형사소송법 제253조 제3항에 근거하면, 범인이 형사처분을 면할 목적으로 국외에 있는 경우, 그 도피기간 동안 공소시효는 정지된다. 해외 도피자 乙과 공동정범자 甲은 모두 공소시효가 정지된다. 그러나 甲의 부탁으로 뇌물을 제공한 대향범은 공소시효 정지 대상자에 포함되지 않는다. 丙의 공소시효는 뇌물수수자 甲과 乙과 다르게 그대로 진행된다.

(2) 乙에 대한 공소제기로 공소시효는 정지된다. 형사소송법 제253조 제2항에 근거하면, 공범의 1인에 대한 공소시효 정지는 다른 공범자에게 대하여 효력이 미치고 당해 사건의 재판이 확정된 때로부터 진행한다. 乙과 마찬가지로 甲과 丙은 모두 이 기간 공소시효가 정지된다.

(2) 판례는 「뇌물공여죄와 뇌물수수죄 사이와 같은 이른바 대향범 관계에 있는 자는 강학상으로는 필요적 공범이라고 불리고 있다. 그러나 서로 대향된 행위의 존재를 필요로 할 뿐 각자 자신의 구성요건을 실현하고 별도의 형벌규정에 따라 처벌된다. 2인 이상이 가공하여 공동의 구성요건을 실현하는 공범관계에 있는 자와는 본질적으로 다르다. 대향범 관계에 있는 자 사이에서는 각자 상대방의 범행에 대하여 형법 총칙의 공범규정이 적용되지 아니한다. 그러므로 형사소송법 제253조 제2항에서 말하는 '공범'에는 뇌물공여죄와 뇌물수수죄 사이와 같은 대향범 관계에 있는 자는 포함되지 않는다」고 판시하였다.[대법원 2015. 2. 12. 선고 2012도4842 판결 [제3자뇌물교부]] 대법원은 대향범에 대해 공소시효 정지 효과 특례를 인정한다.

3. 사안 검토

(1) 범행은 2013. 8. 5. 발생했다. 공무원 甲(특가법 뇌물수수자)에게 공소시효는 10년이다. 사채업자 丙(형법 뇌물공여자)에게 7년, 건설업자 乙(특가법 뇌물수수자 공동정범)에게 10년이다. 甲과 乙은 특가법 뇌물수수죄 공동정범이고, 丙은 뇌물공여죄 대향범이다.

(2) 乙은 2017. 8. 5.부터 2018. 8. 4.까지 태국에서 1년간 도피하였다. 해외 도피자 乙과 공동정범인 甲은 도피기간 1년 동안 공소시효가 정지된다. 다만 丙의 공소시효는 그대로 진행된다. 대향범이기 때문이다. 뇌물공여라는 자기 범행이 있기 때문이다.

(3) 사건 발생 6년 후 2019. 8. 5. 검사는 乙에게 공소를 제기하였다. 2020. 8. 4.

판결이 확정되었다. 형사소송법 제253조 제1항에 근거하여, 공소제기 시점부터 재판확정시까지 공소시효가 정지된다. 재판 중인 乙은 물론이고, 甲은 丙의 공소시효도 정지된다. 형사소송법 제253조 제2항에 근거하여 공소시효는 공소제기로 진행이 정지되고, 공소기각 또는 관할위반의 재판이 확정된 때로부터 진행한다. 甲과 丙의 공소시효는 乙의 확정판결 후 그 다음날 2020.8.5.부터 다시 진행된다.

(4) 2021. 12. 5. 검사는 甲과 丙에게 공소를 제기하였다. 甲의 공소시효는 미완성(4년＋1년＋4개월＝6년 4개월)이다. 丙의 공소시효(6년＋1년 4개월＝7년 4개월)는 완성되있다. 甲에게 실체판결을 하고, 丙에게 형식판결을 선고힌다.

Ⅲ. 사안의 해결

1. 甲의 변호인 주장은 타당하지 않다. 甲의 변호인은 甲의 공소시효가 완성되었다고 면소판결을 주장한다. 그러나 법원은 형사소송법 제323조에 근거하여 유죄를 선고해야 한다.

2. 丙의 변호인 주장은 타당하다. 丙의 변호인은 丙의 공소시효가 완성되었다고 면소판결을 주장한다. 법원은 형사소송법 제326조 제3호에 근거하여 면소판결을 선고해야 한다.

3. 위 사례 (1)에서 1심 법원은 乙에 대한 공소사실을 전부 유죄로 인정하여 乙에게 징역 2년 6월 및 추징 40,000,000원을 선고하였고, 이에 대하여 乙만이 항소하였는데, 항소심은 사실인정에 있어 1심보다 중하게 변경하면서 乙에게 징역 2년 6월 및 집행유예 5년, 벌금 100,000,000원 및 추징 40,000,000원을 선고하였다. 항소심의 판결은 적법한가? (10점) ☞ 불이익변경금지원칙 위반＋.

Ⅰ. 사안 쟁점

제1심 법원은 징역형을 선고하였다. 그러나 항소심은 제1심과 동일한 징역형에 집행유예를 선고하였다. 여기에 벌금형을 새롭게 병과하였다. 이것이 불이익변경금지원칙에 위반되는지 문제이다.

Ⅱ. 형사소송법 제368조 불이익변경금지원칙

1. 불이익변경금지원칙

불이익변경원칙은 피고인이 항소한 사건과 피고인을 위하여 항소한 사건에 대해서 원심판결의 형보다 무거운 형을 선고할 수 없다는 원칙이다. 불이익변경원칙은 피고인의 상소권을 실질적으로 보장하기 위한 제도이다.

2. 판례

   판례는 「불이익변경금지원칙을 적용할 때 주문을 개별적·형식적으로 고찰할 것이 아니라 전체적·실질적으로 고찰하여 그 경중을 판단하여야 한다. 선고된 형이 피고인에게 불이익하게 변경되었는지 여부는 일단 형법상 형의 경중을 기준으로 하되, 한 걸음 더 나아가 병과형이나 부가형, 집행유예, 노역장 유치기간 등 주문 전체를 고려하여 피고인에게 실질적으로 불이익한가에 의하여 판단하여야 한다」고 판시하였다.^{대법원 2013. 12. 12. 선고 2012도7198 판결 [뇌물수수]}

3. 사안 검토

(1) 항소심이 징역 2년 6월과 집행유예 5년을 선고한 것은 제1심 법원 선고형 징역 2년 6월보다 가볍다. 그러나 항소심은 제1심 법원이 선고하지 않은 벌금 100,000,000원을 병과하였다. 항소심은 사실인정을 제1심 법원보다 중하게 변경할 수 있다. 그러나 벌금형 추가는 주문 전체를 고려할 때 형을 중하게 변경한 것이다.

(2) 생각건대 집행유예의 실효나 취소가능성, 벌금 미납 시 노역장 유치 가능성과 그 기간 등을 전체적·실질적으로 고찰할 때 항소심이 선고한 형은 제1심이 선고한 형보다 무거워 피고인에게 불이익하다.

Ⅲ. 사안 해결

   항소심 판결은 불이익변경금지원칙을 위반하였다. 적법하지 않다.

4. 검사는 乙에 대한 구속영장을 발부받아 乙을 구속하였다. 이에 대하여 乙의 변호인이 乙의 석방을 위해 취할 수 있는 조치를 공소제기 전과 후로 나누어 논하시오. (10점) ☞ ① 기소전: 구속적부심사청구+, 구속적부심사청구와 결합하여 기소 전 피의자 보석 청구+, ② 기소 후: 피고인 보석청구+. 필요적 보석+.

Ⅰ. 사안 쟁점

   乙은 구속되었다. 乙의 석방을 위해 두 가지 방안이 있다. 기소 전 방안과 기소 후 방안이다. ① 기소 전이면, 구속적부심사를 청구하거나 또는 구속적부심사청구와 결합하여 기소 전 피의자 보석을 청구하는 방안이다. ② 공소가 제기되면, 피고인 보석을 청구한다. 형사소송법 제214조2와 형사소송법 제95조를 검토해야 한다.

Ⅱ. 형사소송법 제214조2 구속적부심사와 기소 전 피의자 보석(보증금납입조건부 피의자 석방)

1. 형사소송법 제214조2 제1항에 근거하여 구속적부심사를 청구할 수 있다. 구속적부심사란 구속이 불법인 경우와 구속 사유에 중대한 변경이 있는 경우에 청구할 수 있다. 공소가 제기되기 전까지 관할법원에 청구할 수 있다. 구속적부심사는 항고할 수 없다. 형사소송법 214조2 제8항에 규정되어 있다. ⑧ 제3항과 제4항의 결정에 대해서는 항고할 수 없다.

2. 형사소송법 제214조2 제5항에 근거하여 구속적부심사 청구와 결합하여 기소전 피의자 보석을 청구할 수 있다. 형사소송법은 구속된 피의자가 구속적부심사를 청구한 경우에 한하여 직권으로 보증금납입조건부 피의자석방을 인정한다. 형사소송법 제214조2 제5항 보면, 법원은 구속된 피의자(심사청구 후 공소제기된 사람을 포함한다)에 대하여 피의자의 출석을 보증할 만한 보증금의 납입을 조건으로 하여 결정으로 제4항의 석방을 명할 수 있다. 다만, 다음 각 호에 해당하는 경우 석방을 명할 수 없다. 1. 범죄의 증거를 인멸할 염려가 있다고 믿을 만한 충분한 이유가 있는 때 2. 피해자, 당해 사건의 재판에 필요한 사실을 알고 있다고 인정되는 사람 또는 그 친족의 생명·신체나 재산에 해를 가하거나 가할 염려가 있다고 믿을 만한 충분한 이유가 있는 때.

3. 보증금납입조건부 피의자 석방제도는 구속적부심사와 결합되어 있다. 구속적부심사가 보증금 납입조건부 석방과 연결된 경우 항고할 수 있다. 형사소송법 214조2 제8항에 규정되어 있다. ⑧ 제3항과 제4항의 결정에 대해서는 항고할 수 없다. 형사소송법 214조2 제5항의 경우 항고불가 사유가 없기 때문에 형사소송법 제402조에 근거하여 항고할 수 있다. 보석 규정이 준용된다. 형사소송법 제402조(항고할 수 있는 재판) 법원의 결정에 대하여 불복이 있으면 항고를 할 수 있다. 단, 이 법률에 특별한 규정이 있는 경우에는 예외로 한다. 형사소송법 제403조(판결 전의 결정에 대한 항고) ① 법원의 관할 또는 판결 전의 소송절차에 관한 결정에 대하여는 특히 즉시항고를 할 수 있는 경우 외에는 항고를 하지 못한다. ② 전항의 규정은 구금, 보석, 압수나 압수물의 환부에 관한 결정 또는 감정하기 위한 피고인의 유치에 관한 결정에 적용하지 아니한다.

Ⅲ. 형사소송법 제95조 보석

1. 법원이 공소를 제기하면 피고인은 보석을 청구할 수 있다. 보석은 일정한 조건으로 구속 집행을 정지하여 구속된 피고인을 석방하는 제도이다. 보석은 구속 집행만을 정지하는 제도이다. 보석청구권은 피고인에게만 인정되고, 피의자에

게 인정되지 않는다.

2. 형사소송법 제98조는 보석 조건을 규정하고 있다. 법원은 보석을 허가하는 경우 필요하고 상당한 범위 안에서 다음 각 호의 조건 중 하나 이상의 조건을 정하여야 한다. 보석 청구가 있는 경우, 일정한 제외 사유가 없는 한 보석을 허가해야 한다. 필요적 보석이 원칙이다.

3. 사안에서 乙의 변호인은 보석을 청구할 수 있다. 乙에게 필요적 보석의 제외 사유가 없다.

IV. 사안 해결

乙의 변호인은 구속된 乙의 석방을 위하여 ① 기소 전이면, 형사소송법 제214조2 제1항에 근거하여 구속적부심사를 청구하거나 또는 제5항에 근거하여 구속적부심사 청구와 결합하여 기소 전 보석을 청구할 수 있다. ② 공소가 제기되면, 형사소송법 제95조에 근거하여 보석을 청구할 수 있다.

5. 위 사안에서 피고인 丙의 변호인은 검사에게 변론을 위해 수사서류 등의 열람·등사(증거개시)를 요청하였으나 검사는 피해자 C에 대한 사생활보호 등을 이유로 거부하였다. 이에 변호인이 불복하여 법원에 열람·등사(증거개시)를 신청하였고, 법원은 검사에게 수사서류 등의 열람·등사를 허용할 것을 명하였다. ① 검사는 이러한 법원의 결정에 불복할 수 있는가,^{검사 불복 불가} ② 검사가 법원의 결정에 따르지 않는 경우 피고인 丙의 변호인은 어떻게 대응할 수 있는가? (12점) ☞ 공소권 남용+, 공소기각판결 주장+, 헌법재판소에 헌법소원심판 청구+.

I. 사안 쟁점

법원의 열람·등사(증거개시) 결정과 검사의 불복 방법과 검사 불복에 변호인 대응 방안이다. ① 형사소송법 제327조 제2호에 공소기각판결(공소권 남용) 주장, ② 형사소송법 제325조 무죄 주장, ③ 헌법소원심판 청구가 검토되어야 한다.

II. 법원의 열람·등사(증거개시) 결정과 검사의 불복 방법

1. 형사소송법 제403조 제1항 판결 전의 소송절차에 관한 결정과 형사소송법 제402조에 항고 방법으로 불복

법원이 검사에게 수사서류 등의 열람·등사 또는 서면의 교부를 허용할 것을 명한 결정이 형사소송법 제403조 제1항에서 정한 '판결 전의 소송절차에 관한 결정'에 해당하는지 여부(적극)와 위 결정에 대하여 형사소송법 제402조에 의한 항고의 방법으로 불복할 수 있는지 여부(소극)가 쟁점이다.

2. 판례

판례는 「제1심 법원이 변호인의 신청을 받아들여 검사에게 영상녹화물의 열람·등사를 허용할 것을 명하는 취지의 결정을 하였는데, 검사가 그 결정 중 등사를 허용한 부분에 불복한다는 취지로 보통항고를 제기하자 이를 기각하는 결정을 한 사안에서, 영상녹화물의 열람·등사 허용 결정에 대한 검사의 보통항고는 '판결 전의 소송절차에 관한 결정'에 대한 것으로서 법률상의 방식에 위반한 항고이다.」고 판시하였다.^{대법원 2013.} <small>1. 24.자 결정 [즉시항고기각결정에대한재항고]</small>

3. 사안 검토

형사소송법은 증거개시결정에 내하여 별도로 즉시항고 규정을 두고 있지 않다. 따라서 검사는 법원의 증거개시결정에 항고할 수 없다.

Ⅲ. 검사 불복과 변호인 대응 방안

1. 형사소송법 제327조 제2호에 공소기각판결(공소권 남용) 주장과 형사소송법 제325조 무죄 주장

(1) 증거개시는 피고인 방어권 보장과 연결되어 있다. 헌법은 피고인 방어권을 보장된다. 형사소송법 제266조3은 공소제기 후 검사가 보관하고 있는 서류 등의 열람·등사를 명확하게 규정하고 있다. ① 피고인 또는 변호인은 검사에게 공소제기된 사건에 관한 서류 또는 물건의 목록과 공소사실의 인정 또는 양형에 영향을 미칠 수 있는 다음 서류등의 열람·등사 또는 서면의 교부를 신청할 수 있다. 다만, 피고인에게 변호인이 있는 경우에는 피고인은 열람만을 신청할 수 있다. ② 검사는 국가안보, 증인보호의 필요성, 증거인멸의 염려, 관련 사건의 수사에 장애를 가져올 것으로 예상되는 구체적인 사유 등 열람·등사 또는 서면의 교부를 허용하지 아니할 상당한 이유가 있다고 인정하는 때에는 열람·등사 또는 서면의 교부를 거부하거나 그 범위를 제한할 수 있다. ⑤ 검사는 제2항에도 불구하고 서류등의 목록에 대하여는 열람 또는 등사를 거부할 수 없다.

(2) 판례는 「법원이 형사소송법 제272조 제1항에 근거하여 송부요구한 서류가 피고인의 무죄를 뒷받침할 수 있거나 또는 적어도 법관의 유·무죄에 대한 심증을 달리할 만한 상당한 가능성이 있는 중요증거의 경우, 정당한 이유 없이 피고인 또는 변호인의 열람·지정 내지 법원의 송부요구를 거절할 수 없다. 이것은 피고인의 신속·공정한 재판을 받을 권리와 변호인의 조력을 받을 권리를 중대하게 침해하는 것이다. 따라서 이러한 경우 서류 송부요

구를 한 법원도 해당 서류 내용을 가능한 범위에서 밝혀 서류가 제출되면, 유·무죄의 판단에 영향을 미칠 상당한 개연성이 있다고 인정될 경우, 공소 사실이 합리적 의심 없이 증명되었다고 보아서는 아니 된다」고 판시하였 다.^{대법원 2012. 5. 24. 선고 2012도1284 판결}

(3) 사안에서 검사가 법원의 증거개시결정을 위반하는 경우, 객관의무 위반과 공소권 남용에 해당한다. 피고인 丙의 변호인은 형사소송법 제327조 제2 호에 근거하여 공소기각판결을 주장할 수 있다. 나아가 형사소송법 제325 조에 근거하여 무죄를 주장할 수 있다.

2. 헌법소원심판 청구

(1) 변호인은 검사의 등사 거부행위가 청구인들의 기본권을 침해하였다고 주장하 며 헌법소원심판을 청구할 수 있다.

(2) 헌법재판소는 「서울중앙지방법원 2014고합1256 체포치상 등 사건에 관하여 2015. 3. 11. 위 법원이 한 열람·등사 허용 결정에 따라 청구인들의 변호인이 [별지 1] 기재 순번 1, 2, 3, 4, 6, 7, 8, 9번 수사서류에 대하여 한 열람·등사 신청 중 등사 부분에 대하여 2015. 4. 7. 피청구인이 이를 거부한 것은, 청구 인들의 신속하고 공정한 재판을 받을 권리와 변호인의 조력을 받을 권리를 침해한 것이므로 헌법에 위반됨을 확인한다」고 결정하였다.^{헌재 2017. 12. 28. 선고} ^{2015헌마632 결정문 [열람·등사신청 거부행위 위헌확인]}

Ⅳ. 사안 해결

검사는 법원의 열람·등사(증거개시) 결정에 불복할 수 없다. 검사가 법원의 열람·등 사(증거개시)에 불복하는 경우, ① 피고인 丙의 변호인은 공소권 남용을 이유로 형사 소송법 제327조 제2호에 근거하여 공소기각판결 주장하거나 또는 형사소송법 제325 조에 근거하여 무죄를 할 수 있다. ② 헌법재판소에 신속하고 공정한 재판을 받을 권리와 변호인 조력을 받을 권리 침해를 이유로 헌법소원심판을 청구할 수 있다.

2021년도 시행 제10회 변호사시험	형사법

〈제1문〉

(1) 甲은 평소 좋아하던 A(여, 20세)로부터^{A(여, 20세)에게} A의 은밀한 신체 부위가 드러난 사진을 전송받은 사실이 있다. 甲은 A와 영상 통화를 하면서 A에게 시키는 대로^{요구하는대로} 하지 않으면 기존에 전송받은 신체 사진을 유포하겠다고 A를 협박히어^{협박하였다.} ^{성폭력범죄의 처벌 등에 관한 특례법 제14조의3(촬영물 등을 이용한 협박·강요죄)제1항 촬영물이용협박죄+} 이에 겁을 먹은 A로 하여금^{A에게} 가슴과 음부를 스스로 만지게 하였다.^{형법 제298조, 제34조 제1항 강제추행죄 간접정범+} 그 후 甲은 A에게 여러 차례 만나자고 하였으나^{하였다. 그러나} A가 만나 주지 않자^{않았다. 그러자} A를 강간하기로 마음먹고^{먹었다.} A가 거주하는 아파트 1층 현관 부근에 숨어 있다가^{있었다. 귀가하는} A를 발견하고^{발견하였다.} A가 엘리베이터를 타자 따라 들어가^{들어갔다.} 주먹으로 A의 얼굴을 2회 때리고^{때렸다.} 5층에서 내린 다음 계단으로 끌고 가^{갔다.} 미리 준비한 청테이프로 A의 양손을 묶어 반항을 억압한^{억압하였다.} 후^{그후} A를 간음하려 하였으나^{하였다. 그러나} A가 그만두라고 애원하자^{애원하였다. 그러자} 자신의 행동을 뉘우치고 범행을 단념하였다. 그런데 A는 계단으로 끌려가는 과정에서 甲의 손을 뿌리치다가 넘어져^{넘어졌다.} 3주간의 치료가 필요한 발목이 골절되는 상해를 입었다.^{성폭력범죄의 처벌 등에 관한 특례법 제3조·제8조·제15조 제1항 검토. 성폭법 제8조} ^{강간치상죄 기수+}

(2) 甲은 마침 현장에 도착한 A의 아버지 B를 발견하고 체포될까 두려워 도망치다가^{도망쳤다.} 아파트 후문 노상에서 B에게 잡히자^{잡혔다. 그러자} B를 때려눕히고 발로 복부를 수 회 걷어찬 다음 도망갔다. 약 2시간 후 甲의 친구 乙이 평소에 감정이 좋지 않던 B가 쓰러진 것을 우연히 발견하고^{발견하였다.} 화가 나서 발로 B의 복부를 수 회 걷어찼다. 며칠 후 B는 장 파열로 사망하였는데,^{사망하였다. 그런데} 부검결과 甲과 乙 중 누구의 행위로 인하여 사망하였는지 판명되지 않았다.^{갑과 을은 형법 제259조와 제263조 상해치사죄+. 공동정범의 예에 따라 처벌된다.}

(3) 甲은 자신의 위 범행에 대해 사법경찰관 丙의 수사를 받던 중 乙도 입건될 것 같다는 생각이 들자,^{들었다. 그러자} 丙에게 "乙을 입건하지 않으면 좋겠다. 내가 전부 책임지겠다."라고 말하고,^{말했다.} 평소 丙과 친분이 있던 丁에게 이러한

사정을 말하면서^{말했다.} 丙에게 4,000만 원을 전달해 달라고 부탁하였다.^{갑은 형법} ^{제133조 제2항 제3자뇌물교부죄+} 丁은 甲으로부터 丙에게 전달할 4,000만 원을 받자^받 ^{았다.} 그러자 욕심이 생겨^{생겼다.} 1,000만 원은 자신이 사용하고^{사용하였다.} 나머지 3,000만 원만 丙에게 교부하였다.^{정은 형법 제133조 제2항 증뢰물 전달죄+} 돈을 전달 받은 丙은 乙을 입건하지 않았다.^{병은 특정범죄가중처벌에 관한 법률 제2조 제1항 수뢰후부정} ^{처사죄+} 甲은 乙에게 "丁의 도움으로 입건되지 않을 것 같다. 담당 경찰 丙 에게 적지 않은 금액으로 인사해 놨다."라고 말하였다.

1. 사실관계 (1)과 관련하여,

   (가) 甲의 죄책을 논하시오. (25점)^{갑의 죄책을 25줄 쓴다.}

   (나) 피해자 A가 甲의 집에 몰래 들어가^{들어갔다.} 범행에 사용된 청테이프를 절취하 여^{절취하였다.} 증거로 제출하였다면 위 청테이프를 증거로 사용할 수 있는가? (10점)^{형사소송법 제308조의2 위법수집증거능력 검토. ①법영역설: 증거능력-, ②이익형량설: 증거능력+,} ^{③적용부인설: 증거능력+, ④판례: 이익형량설: 증거능력+}

   (다) 만약, 사법경찰관 P가 甲을 적법하게 긴급체포한 후 지체 없이 2km 떨어진 甲의 집으로 가 범행에 사용된 청테이프를 압수하여 그 압수조서를 작성하고 ^{작성하였다.} 그 청테이프를 사진 촬영한^{촬영하였다.} 다음 사후영장을 발부받았다면, 위 청테이프와 그 압수조서 및 사진을 증거로 사용할 수 있는가? (5점)^{형사소송} ^{법 제217조·제215조·제49조 제1항·제120조·제129조. 판례: 증거능력+. 압수조서: 형사소송법 제312조} ^{제6항: 적법절차+, 진정성립+: 증거능력+}

   (라) 피해자 A는 甲과 영상 통화할 당시 甲이 A에게 "시키는 대로 하지 않으면 기존에 전송받은 신체 사진을 유포하겠다."라고 말한 내용을 몰래 음성 녹음 한^{하였다.} 후 수사기관에 제출하였다.^{통신비밀보호법 제14조 위반 아님.} 공판정에서 甲이 범행을 부인하자 검사는 A가 제출한 위 녹음물을 증거로 제출하였는데,^{제출하} ^{였다.} 그런데 甲의 변호인이 부동의하였다. 위 녹음물 중 甲이 말한 부분은 증거 능력이 있는가? (10점)^{현장녹음 비진술증거임. 진술자체가 협박죄의 직접증거. 본래증거로서 증거능} ^{력+}

2. 사실관계 (2)와 관련하여, 甲, 乙의 죄책을 논하시오. (10점)^{갑·을의 죄책을 10줄 쓴다.}

3. 사실관계 (3)과 관련하여,

   (가) 甲, 丙, 丁의 죄책을 논하시오. (25점)^{갑·정·병의 죄책을 25줄 쓴다.}

   (나) 검사는 甲과 丙에 대한 혐의사실과 관련하여 증인으로 乙을 신청하였고,^{신청하}

였다. 증인으로 출석한 乙이 공판절차에서 "甲으로부터 '丁의 도움으로 입건되지 않을 것 같다. 담당 경찰 丙에게 적지 않은 금액으로 인사해 놨다'고 들었습니다."라고 증언한^{증언하였다. 이} 경우, 甲과 丙에 대하여 乙의 증언은 증거능력이 있는가? (8점)^{①갑의진술내용: 형사소송법 제316조 제2항 피고인 아닌 다른 사람 진술: 공동피고인 갑도 포함. 증거능력: 불출석요건+, 특신상태+. ②병의 수뢰후부정처사내용: 형사소송법 제316조 제2항 피고인 아닌 다른 사람 진술: 공동피고인 갑도 포함. 증거능력: 불출석요건+, 특신상태+.}

(다) 丙은 제1심 유죄 판결에 불복하여 항소하면서 항소이유를 사실오인 및 양형부당으로 적시하고, 항소이유서는 추후 제출한다고 하였는데,^{하였다. 그런데} 항소심은 항소이유서 제출기간이 경과하기 전에 변론을 진행·종결하고 항소를 기각하였다. 항소심의 판단은 적법한가? (7점)^{형사소송법 제361조의3·제364조. 소송절차에 관한 법령위반으로 위법하다.}

제10회 변호사시험 사례형 제1문 답안작성방법(성폭법·강제추행죄 간접정범)

甲의 죄책

1. 甲은 A에게 전송받은 신체 사진을 유포하겠다고 협박한 행위(성폭력범죄의 처벌 등에 관한 특례법 제14조의3(촬영물 등을 이용한 협박·강요죄)제1항 촬영물 이용 협박죄 검토)

   甲은 성폭법 제14조3 제1항에 근거하여 성적 욕망 또는 수치심을 유발할 수 있는 촬영물 등을 이용한 협박으로 본죄가 성립한다.

2. 甲은 이에 겁을 먹은 A에게 가슴과 음부를 스스로 만지게 한 행위(형법 제298조, 제34조 제1항 강죄추행죄 간접정범 검토)

   (1) 강제추행죄는 정범 자신이 직접 범죄를 실행하여야 성립하는 자수범이 아니다. 성범죄 피해자가 협박을 받고 어쩔 수 없이 스스로 촬영하였다면, 직접정범(피해자론) 또는 간접정범(피해자 도구론)으로 볼 수 있다.

   (2) 대법원 판례는 「처벌되지 아니하는 피해자를 도구로 삼아 피해자의 신체를 이용하여 추행행위를 한 경우에도 강제추행죄의 간접정범에 해당할 수 있다.」고 판시하였다. 대법원 2018. 2. 8. 선고 2016도17733 판결.

3. 죄수: 성폭법 촬영물 이용 협박죄와 강죄추행죄 간접정범이 성립한다. 양 죄는 실체적 경합이다.

〈제2문〉

(1) 甲은 선배 A로부터^{A에게} A소유의 중고차 처분을 부탁받고^{부탁받았다.} B에게 5,000만 원에 그 중고차를 매도했음에도^{매도하였다.} ^{그럼에도} 4,000만 원에 매도한 것으로 기망하고 수수료는 받지 않겠다고 하면서 4,000만 원만 A에게 주었다.^{형법 제355조 제1항 횡령죄 +} 甲은 B에게서^{에게} 수표로 받은 잔액 1,000만 원을 그 정을 알고 있는 乙에게 보관해 달라고 부탁하였으나,^{부탁하였다.} 그러나 이를 받은 乙은 그 돈을 모두 유흥비로 탕진하였다.^{갑은 형법 제355조 제1항 횡령죄 불가벌적 사후행위 +. 을은 형법 제362조 장물보관죄 +. 형법 제355조 제1항 횡령죄 -. 판례: 장물보관죄 사후행위 +.} 이에 화가 난 甲은 乙을 상해하기로 마음먹고^{마음 먹었다.} 乙의 사무실 문 밖에서 기다리고 있다가^{있었다.} 늦은 밤에 사무실 문을 열고 나오는 사람의 얼굴을 가격하여 3주의 치료를 요하는 상해를 가하였다. 그러나 곧 쓰러진 사람을 확인해 보니 그 사람은 乙이 아니라 乙의 사무실에서 강도를 하고 나오던 강도범 C였다.^{형법 제257조 제1항 상해죄 +. (1)객체착오(고의인정) (2)우연방위 ①유죄설, ②무죄설, ③불능미수설, ④판례(유죄설). (3)유죄설이 타당하다. 위법성조각사유는 객관적 요소와 주관적 요소가 모두 충족되어야 한다.}

(2) 1,000만 원을 반환하라는 甲의 독촉에 시달리던 乙은 A의 재물을 강취하기로 마음먹고^{결심하였다.} 지인으로부터 A의 집 구조와 금고위치 등에 관한 정보를 입수하고^{입수하였다.} 미리 현장을 답사하였다. 그로부터 3일 뒤 밤 11시경 乙은 A의 단독주택에 도착하여^{도착하였다.} 외부 벽면을 타고 2층으로 올라가^{올라갔다.} 창문을 열고 들어가다가^{들어갔다.} 예상치 못하게 집안에서 거구의 남자 2명이 다가오자^{다가왔다.} 그러자 순간적으로 겁을 먹고 도망하였다.^{을은 형법 제342조, 제334조 제1항, 제25조 야간주거침입강도죄 장애미수범 +} 경찰의 검거지시가 내려지자^{내려졌다.} 乙은 친구 丙에게 그간의 사정을 이야기 하면서 도피 자금을 구해달라고 부탁하였다.^{갑은 형법 제151조 제1항, 제31조 범인도피교사죄 -. 방어권 남용이 아님.} 이를 승낙한 丙은 자기의 고가 골프채를 D에게 1,500만 원에 양도하기로 하여^{하였다.} D로부터^{D에게} 계약금과 중도금으로 800만 원을 받았음에도^{받았다.} ^{그럼에도} 그 골프채를 E에게 1,800만 원을 받고 양도한^{양도하였다.} 다음 그 중 1,000만 원을 乙에게 도피 자금으로 건네주었다.^{병은 형법 제151조 제1항 범인도피죄 +. 형법 제355조 제2항 배임죄 -. 타인 사무 처리자가 아님(판례: 동산과 부동산 모두 배임죄 주체 부정함).}

1. 사실관계 (1)에서 甲과 乙의 죄책을 논하시오. (25점)^{갑ㆍ을의 죄책을 25줄 쓴다.}

2. 사실관계 (2)에서 乙과 丙의 죄책을 논하시오. (25점)^{을 · 병의 죄책을 25줄 쓴다.}

3. 사실관계 (2)에서 乙은 도피를 위해 자신의 트럭을 운전하던^{운전하였다. 그러던} 중 H가 운전하던 자전거와 충분한 측면 간격을 유지하지 아니한 채 H를 추월하다가 H가 乙의 차바퀴에 치어 사망하였다. 이 경우 H가 만취상태였기 때문에 乙이 H의 자전거와 충분한 측면 간격을 유지하면서 추월했더라도 동일한 사망의 결과가 발생했을 것이 확실한 경우 乙에게 교통사고처리특례법위반(치사)죄가 성립하는지 논하시오. (10점)^{(1)쟁점: 인과관계와 객관적 귀속 문제이다. (2)판례: 상당인과관계. 객관적 지배가능성이 없음. (3)무죄이다.}

4. 사실관계 (1)에서 A는 친구 M을 만난 자리에서 "甲이 판매대금의 일부를 떼먹었다."고 이야기하였고,^{이야기를 하였다.} M은 참고인으로 경찰의 조사를 받으면서^{받았다.} A가 자기에게 말한 내용을 자필 진술서로 작성하여 제출하였다. 공판에서 甲이 M의 진술서에 증거 부동의하는^{부동의한다. 이} 경우 이 진술서를 증거로 사용하기 위한 요건은 무엇인가? (15점)^{형사소송법 제312조 제5항, 제4항 적용. ①적법절차, ②실질적 진정성립, ③반대신문권 보장, ④특신상태}

5. 사실관계 (1)과 관련하여 甲은 乙과 시비가 붙어 乙을 협박한 혐의로 공소가 제기되었으나^{제기되었다. 그러나} 공판절차에서 乙의 처벌불원의사로 공소기각판결이 선고되었다. 이 경우 甲이 乙에게 협박하지 않았다는 이유로 무죄를 주장하며 항소를 제기하였다면, 항소심 법원은 어떠한 조치를 취해야 하는가? (10점)^{(1)쟁점: 공소기각판결과 상소의 이익. (2)학설: ①긍정설, ②부정설: 실체판결청구결여설, 상소이익결여설, ③판례: 부정설, (3)법원조치: 형사소송법 제360조, 제362조 제1항 항소기각결정설}

6. 사실관계 (2)에서 법원은 A에 대한 乙의 범죄사실에 대하여 유죄를 선고하였다. 항소심에서 乙의 변호인으로 선임된 변호사 R은 변호인선임서를 제출하지 아니한 채 항소이유서만을 제출하고^{제출하였다.} 항소이유서 제출기간이 경과한 후에 변호인선임서를 항소법원에 제출하였다. 이 경우 변호사 R이 제출한 항소이유서는 효력이 있는가? (15점)^{(1) 사안 쟁점, (2) 변호인 선임 보정 추완 여부 ①긍정설: 피고인 이익, ②부정설: 소송법적 효과설, ③판례: 부정설 (3) 사안 해결: 효력이 발생하지 않는다.}

2020년도 시행 제9회 변호사시험	형사법

〈제1문〉

(1) 고등학교 체육교사인 甲이 학생 A와 B가 **말다툼을 하는 것을 발견하고 다가가 훈계하자**^{형법 제20조 정당행위(업무·법령·사회상규)-} A가 "이 아저씨는 누군데 간섭이야!"라고 말했고 화가 난 甲은 A에게 **10여 명의 학생이 지켜보는 가운데 "배워먹지 못한, 이 싸가지 없는 것, 망할 년"이라고 소리를 지르며,**^{형법 제311조 모욕죄+} 들고 있던 **종이 수첩으로 A의 머리를 때렸다.**^{형법 제260조 폭행죄+} 그 후 A의 아버지 C는 甲을 경찰에 고소하고 학교장에게 甲의 파면을 요구하였고, 甲은 결국 사직서를 제출하였다.

(2) 甲은 친구 乙, 丙에게 이러한 사정을 말하고 "C만 나대지 않았어도 일이 이렇게 되지는 않았을 것이다."라고 울분을 토로한 후 **乙과 丙에게 "학교 앞에서 귀금속 판매점을 운영하고 있는 C를 찾아가 며칠간 입원해야 할 정도로 혼내주었으면 좋겠다."라고 부탁하였다.**^{폭력행위처벌에관한법률위반 제2조 제2항 제1호, 형법 제31조 제1항 공동건조물침입죄 교사범+, 형법 제257조 제1항·제3항. 형법 제31조 제1항 상해미수죄 교사범+ 실체적 경합+} 사실 乙은 C와 원한관계에 있었고 건장한 C가 남들이 모르는 특이한 심장병을 앓고 있는 것을 알고 있었기 때문에 이 기회에 C가 죽었으면 좋겠다고 생각하여 위 부탁을 받아들였고, 이러한 사실을 알지 못하는 丙도 수락하였다.

(3) 甲은 범행 당일 아침 乙에게 전화를 걸어 "어제는 술김에 화가 나서 그런 말을 한 것이니까 C에 대한 일은 없었던 것으로 해라."라고 말하였지만 이 기회를 놓칠 수 없다고 판단한 乙은 甲에게 거절의사를 분명히 하였다. 당일 오후경 **乙은 귀금속 판매점 밖에서 망을 보고 丙은 안으로 들어가서**^{폭력행위처벌에관한법률위반 제2조 제2항 제1호 공동건조물침입죄 공동정범+,} **C를 향해 주먹을 휘두르는 순간 심장이 약한 C가 느닷없이 쓰러졌다.**^{형법 제257조 제1항·제3항, 형법 제30조 상해미수죄 공동정범+} 예상하지 못한 일에 당황한 丙은 C가 사망한 것으로 생각하였다.

(4) 밖으로 뛰어나온 丙이 乙에게 "큰일 났다, 도망가자."라고 말하면서 급히 현장을 떠나자, 확인을 위해 판매점 안으로 들어간 **乙이 기절하여 축 늘어져 있는 C를 보고 사망한 것으로 오인하여 사체은닉의 목적으로 C를 인근야**

<u>산에 매장하였다.</u> ^{을-형법 제250조 제1항 살인죄+(판례 개괄적 고의), 형법 제161조·제162조·제27}
조 사체은닉죄 불능미수범+(과실치사+사체은닉죄 상상경합), 형법 제250조 제1항 살인죄+(다수설 인과관정
^{착오)} 그런데 C는 부검결과, 매장으로 인한 질식사로 판명되었다.

1. (1)에서 甲의 죄책은? (15점)^{행위를 나누고, 행위별 쟁점·학설·판례를 설명한다.}

2. (2), (3), (4)에서 甲, 乙, 丙의 죄책은? (45점)^{갑·을·병을 나누고, 각 행위를 검토하고, 죄수를}
설명한다.

3. 영장에 의해 구속된 丙이 피의자신문을 위한 경찰의 출석요구에 불응하자, 경찰은
유치상에 있던 丙을 경찰서 소사실로 강제로 구인한 후,^{강제구인 적법성↓, 조사실 구인기능}
^(판례+) 진술거부권을 고지하고 신문하였다. 경찰의 丙에 대한 피의자신문은 적법한
가?^{강제구인 한 피의자신문의 적법성+, 임의수사방법+, 진술거부권고지+(판례)} (10점)

4. 기소의견으로 검찰에 송치된 丙을 신문한 검사가 **"만약 수사에 협조하고 자백하**
면 당신(丙)은 처벌받지 않도록 하겠다."라고 하자, 丙은 검사의 말을 믿고 범
행일체를 자백하였고 검사는 이를 조서로 작성한 후,^{형사소송법 제309조 수사기관 약속으로}
^{자백 증거능력−} 甲, 乙, 丙 모두를 공범으로 기소하였다. **丙이 그 후 공판기일에서**
범행을 뉘우치고 자백한 경우^{형사소송법 제308조2 위법수집증거−, 인과관계희석+, 제2차 증거는 증거}
^{능력+} 丙에 대한 피의자신문조서와 **법정자백을 각각 甲, 乙, 丙의 유죄 인정의**
증거로 사용할 수 있는가?^{공범인 공동피고인의 법정자백 증거능력+, 법관 면전 자백+(판례 적극설), 갑}
과 을에 대해 유죄의 증거로 사용가능함 (20점)

5. 제1심 법원이 丙에 대하여 징역 1년을 선고하자, 丙은 항소하려고 담당 교도관에
게 항소장 용지를 요청하였는데, 교도관이 착오로 상소권포기서 용지를 제공하였
다. 丙은 용지를 확인해 보지도 않고 서명·제출하여 결국 항소포기가 확정되었
다. 丙의 항소포기는 유효한가?^{착오로 발생한 항소포기 효력, 학설·판례, 효력무효(판례)} (10점)

〈제 2 문〉

(1) A사립학교법인 이사장 甲은 학교에서 발생한 폭력문제가 언론에 보도되는 등 학교운영에 어려움을 겪자 A사립학교법인의 임원 변경 방식을 통하여 학교의 운영권을 타인에게 넘기기로 마음먹었다. 이를 전해들은 **乙은 甲에게** 연락하여 **A사립학교법인의 운영권을 5억 원에 양도하고 자기를 A사립학교법인 이사장으로 선임해 줄 것을 부탁하였다.** 갑과 을-형법 제357조 제1항 배임증재죄-, 부정한 청탁-(판례) 乙은 자신이 이사장으로 선임된 이후 甲에게 5억 원을 이체하기로 하였다. **乙은** 이사장으로 선임된 직후 B로부터 **A사립학교법인의 교직원으로 채용해 달라는 부탁을 받고 그 대가로 1억 원을 교부받았다.** 을-형법 제357조 제1항 배임수재죄+

(2) 乙은 운영권 양수 대금인 5억 원을 甲의 계좌로 이체하려다가 착각하여 丙의 계좌로 잘못 이체하였다. 자신의 계좌에 乙의 명의로 **5억 원이 이체된 것을 확인하고** 돌려주려는 丙에게 친구인 丁은 아무런 근거 없이 "乙이 착오로 너에게 입금한 것이 분명해. 그 돈을 다른 계좌로 이체해도 **아무런 문제가 생기지 않을 테니까, 우선 내 계좌로 이체해.**"라고 말하였다. 정-특정경제범죄가중처벌등에관한법률 제3조 제1항 제2호, 형법 제31조 제1항, 형법 제33조 비신분자 횡령죄 교사범+, 형법 제16조 법률착오- 丙은 丁의 말을 듣고 막연히 괜찮을 것이라 생각하고 **5억 원을 丁의 계좌로 이체하였다.** 병-특정경제범죄가중처벌등에관한법률 제3조 제1항 제2호 횡령죄 성립+, 정-형법 제362조 제1항 장물보관죄+

(3) 한편 甲은 乙이 B로부터 교직원 채용의 대가로 1억 원을 받았다는 사실을 알고 그중 5,000만 원을 자신에게 이체할 것을 乙에게 요구하면서 '5,000만 원을 주지 않으면 부정채용으로 경찰에 고발하겠다'는 **문자를 일주일 동안 수십 차례 보냈다.** 정보통신망법 위반 제74조 제1항 제3호+ 문자를 받고 겁을 먹은 **乙은 甲에게 5,000만 원을 이체하였다.** 형법 제350조 제1항 공갈죄+

1. 가. (1)에서 甲, 乙의 죄책은? (15점) 갑과 을을 나누고, 행위별로 검토함. 쟁점-학설-판례순으로 설명함.

   나. (2)에서 丙, 丁의 죄책은? (25점) 병과 정을 나누고, 행위별로 검토함. 쟁점-학설-판례순으로 설명함.

   다. (3)에서 甲의 죄책은? (15점) 행위별로 검토함. 쟁점-학설-판례순으로 설명함. 죄수를 설명함.

2. 검사는 (3)의 범죄사실에 대해 甲을 기소하였다. 만약 제1심 공판 진행 중에 乙이 甲의 문자 내용에 겁을 먹은 것이 아니라 甲을 불쌍하게 여겨 5,000만 원을 이체한 것으로 밝혀졌다면 법원이 취해야 할 조치는? (15점) _{공소장변경+, 법원의 공소장변경요} _{구 학설과 판례입장 설명, 축소사실에 대한 법원의 심판의무 인정+, 공갈미수죄 판단+, ☞ I. 사안의 쟁점, II.} _{형사소송법 제298조와 판례 입장, III. 사안의 해결(당황하지 말고, 차분히 목차를 잡고, 법리(法理)를 판단하시오.} _{3-5줄 핵심을 쓴 답안과 법리를 설명한 15줄 답안은 분명 다르다.}

3. (2)와 관련하여 수사 및 공판 단계에서 지속적으로 丙은 범죄를 인정하고 丁은 부인하는 경우, 丙과 丁이 함께 기소된 **공판정에서 丙에 대한 사법경찰관 작성의 피의자신문조서와**_{공범에 대한 사법경찰관 작성 피의자신문조서 증거능력, 형사소송법 제312조 제3항(내} _{용인정 요건), 당해 피고인 내용인정설(판례), 사법경찰관 작성 피의자신문조서 증거능력 —} **검사 작성의 피의자신문조서를 丁의 유죄를 인정하기 위한 증거로 사용할 수 있는가?**_{공범에 대한} _{검사 작성 피의자신문조서 증거능력, 형사소송법 제312조 제1항과 제4항(피고인 아닌 자의 진술, 참고인진술조서에} _{준함), 제312조 제4항 적법 — 성립 — 반대신문 — 특신상태(판례), 요건 충족시 검사작성 작성 피의자신문조서 증거능력+} (15점)

4. B는 乙의 유죄를 인정하는 검찰에서의 진술을 번복하여 제1심 공판에서 乙에게 1억 원을 교부한 바 없다고 증언하였다(1차 증언)._{법정에서 참고인진술조서 내용을 부인함.} 이에 검찰이 B를 다시 소환하여 조사하자 1차 증언을 번복하여 진술하였고,_{증언을 번복} _{하는 내용의 검사 작성 진술조서의 증거능력 —, 피고인 비동의시 증거능력 부정(판례)} 법정에서도 다시 1억 원 교부를 인정하였다(2차 증언)._{형사소송법 제318조 증거동의+, 형사소송법 제312조 제4항 요건} _{충족시 증거능력+} **검찰에서 B를 재소환하여 작성한 진술조서와 2차 증언을 乙의 유죄의 증거로 사용할 수 있는가? (15점)**_{☞ I. 사안의 쟁점, II. 형사소송법 제312조 제4항(제1차 증} _{언)과 판례 입장, III. 형사소송법 제318조 증거동의(제2차 증거)와 제312조 제4항와 판례 입장, VI. 사안의 해결} _{(당황하지 말고, 차분히 목차를 잡고, 법리(法理)를 판단하시오. 3-5줄 핵심을 쓴 답안과 법리를 설명한 답안은} _{15줄 분명 다르다.}

제19회 변호사시험 사례형 제2문 답안작성법(특경법 횡령죄, 법률착오, 교사범, 죄수)

丙의 죄책

1. 착오로 송금된 5억원을 확인하고, 丁의 계좌로 이체한 행위(특정경제범죄가중처벌등에관한법률 제3조 제1항 제2호 횡령죄, 형법 제16조 법률착오 검토)

(1) 쟁점은 착오 송금의 횡령죄 성립 여부이다. 금액이 5억원으로 특경법이 적용된다. 그리고 형법 제16조 위법성착오이다. 정당한 이유가 있는지가 검토되어야 한다. 구체적으로 **송금의뢰인이 다른 사람의 예금계좌에 자금을 송금·이체하여 송금의뢰인과 계좌명의인 사이에 송금·이체의 원인이 된 법률관계가 존재하지 않음에도 송금·이체에 의하여 계좌명의인이 그 금액 상당의 예금채권을 취득한 경우, 계좌명의인이 그와 같이 송금·이체된 돈을 그대로 보관하지 않고 영득할 의사로 인출하면 횡령죄가 성립하는지 여부**이다. 긍정설과 부정설이 대립하고 있다.

(2) 판례는 「계좌명의인이 송금·이체의 원인이 되는 법률관계가 존재하지 않음에도 계좌이체에 의하여 취득한 예금채권 상당의 돈은 송금의뢰인에게 반환하여야 할 성격의 것이다. 그러므로 **계좌명의인은 그와 같이 송금·이체된 돈에 대하여 송금의뢰인을 위하여 보관하는 지위에 있다고 보아야 한다. 따라서 계좌명의인이 그와 같이 송금·이체된 돈을 그대로 보관하지 않고 영득할 의사로 인출하면 횡령죄가 성립한다.**」 대법원 2018. 7. 19. 선고 2017도17494 전원합의체 판결 [사기방조·횡령]

이 사안의 경우 현금 인출과 다시 송금을 동일하게 '횡령'으로 평가할 수 있다.

(3) 형법 제16조 위법성의 착오는 정당성이 있으면 무죄가 된다. **정당성은 회피가능성으로 전문가에게 문의하는 것이다. 즉 조회의무와 심사숙고가 핵심이다. 이 사안은 이 두 요건을 충족하지 못한다. 따라서 책임이 조각되지 않는다.**

(4) **판례는** 「형법 제16조에서 "자기가 행한 행위가 법령에 의하여 죄가 되지 아니한 것으로 오인한 행위는 그 오인에 정당한 이유가 있는 때에 한하여 벌하지 아니한다"고 규정하고 있는 것은 일반적으로 범죄가 되는 경우이지만 자기의 특수한 경우에는 법령에 의하여 허용된 행위로서 죄가 되지 아니한다고 그릇 인식하고 그와 같이 그릇 인식함에 정당한 이유가 있는 경우에는 벌하지 아니한다는 취지이고, 이러한 **정당한 이유가 있는지 여부는 행위자에게 자기 행위의 위법의 가능성에 대해 심사숙고하거나 조회할 수 있는 계기가 있어 자신의 지적능력을 다하여 이를 회피하기 위한 진지한 노력을 다하였더라면 스스로의 행위에 대하여 위법성을 인식할 수 있는 가능성이 있었음에도 이를 다하지 못한 결과 자기 행위의 위법성을 인식하지 못한 것인지 여부에 따라 판단하여야 할 것이다.**」

(4) 죄책: 특정경제범죄가중처벌등에관한법률(특경법) 제3조 제1항 제2호 횡령죄가 성립한다.

제19회 변호사시험 사례형 제2문 답안작성법(특경법 횡령죄, 법률착오, 교사범, 죄수)

丁의 죄책

1. 착오로 송금된 5억원을 자기의 계좌로 이체하도록 교사한 행위(특정경제범죄가중처벌등에관한법률 제3조 제1항 제2호, 형법 제31조 제1항, 형법 제33조 비신분자 횡령죄 교사범, 형법 제16조 법률착오 검토)

---

(1) 쟁점은 정의 가담형태이다. 부추긴 행위가 형법 제30조 공동정범인지, 형법 제31조 교사범인지가 문제이다. 범죄를 결의하게 하였다. 그러므로 교사범으로 보아야 한다. 그다음 비신분자가 신분범죄에 가담한 경우이다. 형법 제33조 본문에 근거하여 진정신분범인 횡령죄의 교사범이 된다.

(2) 죄책: 특정경제범죄가중처벌등에관한법률 제3조 제1항 제2호, 형법 제31조 본문 횡령죄 교사죄가 성립한다.

제19회 변호사시험 사례형 제2문 답안작성법(특경법 횡령죄, 법률착오, 교사범, 죄수)

丁의 죄책

2. 횡령 범죄 교사로 취득한 5억원을 계좌이체로 받은 행위(형법 제362조 제1항 장물보관죄 검토)

---

(1) 장물죄는 타인이 불법하게 영득한 재물에 대해 성립한다. 본범(재산범죄)의 정범은 장물죄 객체에서 '타인'이 아니고 본인 직접 범행한 자이다(판례는 불가벌적 사후행위라고 말한다). 그러나 본범의 교사범과 방조범은 장물죄의 객체의 '타인'이다.

대법원 1986. 9. 9. 선고 86도1273 판결 [강도살해 · 특수강도 · 특정범죄가중처벌등에관한법률위반(특수절도) · 특수절도 · 장물취득]

[판결요지] 장물죄는 〈타인(본범)이 불법하게 영득한 재물〉의 처분에 관여하는 범죄이다. 그러므로 자기의 범죄에 의하여 영득한 물건에 대하여는 성립하지 아니한다. 이는 불가벌적 사후행위에 해당한다. 그러나 여기에서 **자기의 범죄라 함은**

정범자(공동정범과 합동범을 포함한다)에 한정되는 것이다. 그러므로 평소 본범과 공동하여 수차 상습으로 절도등 범행을 자행함으로써 실질적인 범죄집단을 이루고 있었다 하더라도, 당해 범죄행위의 정범자(공동정범이나 합동범)로 되지 아니한 이상 이를 자기의 범죄라고 할 수 없다. 따라서 그 장물의 취득을 불가벌적 사후행위라고 할 수 없다. ☞ **장물죄 객체에서 '타인성' 논쟁이다.**

(2) 사안에서 송금된 돈을 재물로 볼 것인지, 재산상의 이익(예금채권)으로 볼 것인지 논란이 있다. 착오 송금을 횡령죄의 객체로 본다면, 논리상 장물죄의 객체가 될 수 있다. 그리고 '우선 내 계좌로 이체해'라는 표현은 장물취득죄로 보기는 어렵고, 장물보관죄로 볼 수 있다.

(3) 판례는 「횡령 교사를 한 후 그 횡령한 물건을 취득한 때에는 횡령교사죄와 장물취득죄의 경합범이 성립된다.」고 판시하였다. 대법원 1969. 6. 24. 선고 69도692 판결 [장물취득등]

3. **죄수**: 특정경제범죄가중처벌등에관한법률 제3조 제1항 제2호 횡령죄 교사죄가 성립한다. 장물보관죄도 성립한다. 양죄는 실체적 경합이다. ☞ 장물보관죄 부정 논리도 채점이 가능함.

2019년도 시행 제8회 변호사시험	형사법

〈제1문〉

甲이 乙에게 채무변제를 독촉하면서 "너 혼자 몰래 **A의 집에 들어가 A 소유의 도자기를 훔쳐 이를 팔아서 나에게 변제하라.**"라고 말하였다.^(갑-1 주거침입교사죄+: 초과 부분 고의-, 절도교사죄+: 초과부분 고의-, 사기교사죄+) 이를 승낙한 乙은 혼자 범행을 하는 것이 두려운 나머지 甲에게는 알리지 않은 채 친구 丙과 함께 A의 도자기를 훔치기로 공모하였다. 범행이 발각될 것이 두려웠던 甲은 乙에게 전화하여 범행 단념을 권유하였으나, 乙은 甲의 제안을 단호히 거절하였고 2018. 6. 20. 10:00경 丙과 함께 A의 집에 도착하였다. **丙은 A의 집 앞에서 망을 보고, 곧바로 乙은 A의 집에 들어가 A의 도자기를 훔친 후**^(을-1 폭처법 공동주거침입죄 공동정범+, 특수절도죄+, 병-1 폭처법 공동주거침입죄 공동정범+, 특수절도죄+) 丙과 함께 도주하였다. 그 후 乙은 **B를 기망하여 도자기를 1억 원에 판매하고**^(을-2 사기죄+) 자신의 몫 5,000만 원을 은행에 별도 계좌를 개설하여 예금해 두었다가 며칠 후 그 전액을 수표로 인출하여 그 정을 알고 있는 甲에게 채무변제금 명목으로 지급하였다.^(갑-2 장물취득죄+)

사건을 수사하던 사법경찰관 P는 2018. 6. 27. 22:00경 乙을 카페에서 적법하게 **긴급체포한 직후,** 乙이 자신의 노트북 컴퓨터로 작업하던 위 범행 관련 문서를 발견하고 **노트북 컴퓨터를 그 자리에서 영장 없이 압수하였다.**^(적법수집증거+, 증거능력+, 형소법 제217조 요건처분 대상아님+: 적법함 그러나 형소법 제106조 제3항 전자정보 압수·수색 위반-) 그 후 P는 경찰서로 연행된 乙로부터 도자기 판매대금이 예치되었던 예금통장이 乙의 집에 있다는 임의의 자백을 듣고, 가족이 이를 훼손할 염려가 있는 등 긴급히 그 예금통장을 압수할 필요가 있다고 판단하였다. P는 2018. 6. 28. 01:00경 **압수수색 영장 없이 乙의 집에 들어가** 그 집을 지키던 **乙의 배우자를 집 밖으로 나가게 한 채 집을 수색하여 예금통장을 압수하고 나서**^(위법수집증거-, 증거능력-, 형소법 제217조 요건처분 대상임-: 위법함) 즉시 노트북 컴퓨터와 예금통장에 대하여 압수수색영장을 발부받았다.

이러한 상황에서 乙의 배우자는 乙과 상의 없이 전직 경찰관 丁에게 "이 돈을 P에게 전달하여 남편의 일을 잘 무마해 달라."라고 하며 **3,000만 원을 건네주었고, 丁은 그 돈 전부를 P에게 전달하였다.**^(정-1 제3자뇌물취득죄+, 제3자뇌물공여죄-)

한편 乙의 체포사실을 알아차린 **丙은 바로 형사처분을 면할 목적으로 6개월 동**

<u>안 필리핀으로 도피하였다가 귀국하였다.</u>

1. 甲, 乙, 丙, 丁의 죄책은? (60점)

2. P가 압수한 예금통장^(위법수집증거-, 증거능력-, 형소법 제217조 요건처분 대상임-: 위법함)과 노트
   북 컴퓨터^{(적법수집증거+, 증거능력+, 형소법 제217조 요건처분 대상아님+: 적법함. 그러나 형소법 제106조}
   ^{제3항 전자정보 압수·수색 위반-, 증거능력-)}로부터 취득한 정보의 증거능력은 인정되는가?
   (20점)

3. '도자기 절취행위'에 대한 乙, 丙의 공소시효 완성일은 언제인가? (10점) ^{(을 공소시효}
   ^{10년, 해외도피공범자 공소시효 정지적용 안됨-, 병 공소시효 10년+6개월)}

4. 만약, 乙이 A의 도자기를 훔친 사실(제1사실)과 B에게 도자기를 판매한 사실(제2
   사실)로 각각 기소되어 제1사실에 대해서는 징역 1년, 제2사실에 대해서는 징역
   10월을 선고받고 乙만 각 판결에 대하여 항소하였고, 항소심이 비로소 병합심리한
   후 이를 경합범으로 처단하면서 乙에게 징역 1년 10월을 선고하였다면 이 선고는
   적법한가? (10점) ^(불이익변경원칙위반 아님-, 적법+)

제8회 변호사시험 사례형 제1문 2. 형사소송법 답안작성방법

1. <u>사안 쟁점</u> ☞ 쟁점 간략히 설명
   (1) 체포현장과 긴급체포시 압수수색 적법성. 정보저장매체 증거능력
   (2) 위법수집증거배제법칙 적용범위
2. <u>노트북 컴퓨터 증거능력</u> ☞ 법리와 판례 간략히 설명
   (1) 압수 적법성: 형사소송법 제216조 제1항 제2호, 제27조 제2항
   (2) 사안 해결: 체포현장에서 압수수색은 적법하다.
   (3) 형사소송법 제313조 요건
   (4) 사안 해결: 성립 진정 증명, 특신상태 증명, 증거능력 인정
3. <u>예금통장 증거능력</u> ☞ 법리와 판례 간략히 설명
   (1) 긴급체포시 영장 없는 압수수색. 형사소송법 제217조 제1항·제2항
   (2) 사안 해결: 형사소송법 제220조 요급처분 특칙 미적용. 위법하다.
   (3) 위법수집증거배제법칙 적용범위: 형사소송법 제308조2. 증거능력-
4. <u>사안 해결</u> ☞ 결론 위법 또는 적법, 증거능력 유무 요약 설명

〈제2문〉

甲과 乙은 **보이스피싱으로 돈을 마련하기로 공모했다.** 이에 따라 甲은 A에게 전화하여 "검찰청 수사관이다. 당신 명의의 계좌가 범죄에 이용되어 그 계좌에 곧 돈이 들어올 것이다. 그 돈을 포함해서 계좌에 있는 **돈 전액을 인출해서 검찰청 앞으로 와라.**"라고 말했다.^(갑-1/을-1 사기미수죄 공동정범+) 乙은 B에게 전화하여 "서초경찰서 경찰이다. 당신의 개인정보가 유출되었으니 계좌에 있는 돈을 안전한 계좌로 옮겨야 한다."라고 말히면서 A 명의의 계좌번호를 알려주었다. **B는 A 명의의 계좌로 1,000만 원을 이체했고,**^(갑-2/을-2 사기죄 공동정범+) A는 그 1,000만 원을 포함해서 자신의 계좌에 있던 전액 1,500만 원을 인출한 다음 甲에게 교부했다.^(갑-3 횡령죄-/장물취득죄-: 사기범행 피해금액임)

甲과 乙은 범행으로 취득한 1,500만 원의 배분 문제로 甲의 아파트 거실에서 다투다가 몸싸움을 하게 되었는데, 왜소한 체격의 **甲이 힘이 센 乙에게 밀리자 주방에 있던 식칼로 乙을 찌르려고 하기에**^(갑-4 특수상해미수죄+, 정당방위-) **乙은 甲으로부터 그 식칼을 빼앗아 甲의 목을 찌른 후**^(을-3 살인미수죄+, 정당방위-) 그 식칼을 가지고 **도주하였다.** 甲의 처 丙은 귀가하여 거실에서 많은 피를 흘리며 쓰러져 있는 甲을 발견하고 죽을 수도 있다고 생각했지만 평소 자신을 지속적으로 구타해 온 **甲이 차라리 죽었으면 좋겠다는 생각에 그대로 두고 나가버렸다.**^(병-1 부작위살인미수죄+, 정당방위-) 이후 사법경찰관 P1은 乙을 적법하게 체포하면서 **乙로부터 위 식칼을 임의로 제출받아 압수하였고 사후에 영장을 발부받지는 않았다.**^(적법수집증거+, 증거능력+) 그리고 P1은 乙과 함께 현장검증을 실시하여 혈흔이 남아 있는 범행현장을 사진으로 촬영하였고, 乙이 "식칼로 甲의 목을 찔렀다."라고 진술하면서 **범행을 재연하는 상황도 사진으로 촬영한 후, 이를 첨부하여 위 진술내용이 기재된 검증조서를 작성하였다.**^(범행재현사진 형사소송법 제312조 제6항+, 현장진술 제312조 제3항 범행부인 -)

병원으로 후송되어 치료를 받고 퇴원한 **甲은 丁에게 乙을 살해할 것을 부탁하였고**^(갑-5 살인미수교사죄+,) 이를 승낙한 **丁은 C를 乙로 오인하고 C를 자동차로 들이받았으나 6주의 상해를 가하는 데에 그쳤다.**^(정-1 살인미수죄+, 객체착오+, 고의+) 신고를 받고 출동한 사법경찰관 P2가 丁을 적법하게 체포하여 그 인적사항을 확인하자 **丁은 자신의 친형 D의 운전면허증을 제시하였고,**^(정-2 공문서부정행사죄+, 신분증명목적+) 丁은 피의자신문을 받은 후 P2가 작성한 피의자신문조서를 교부받아 열람하고 그 조서 말미에 **D 명의로 서명날인한 다음 P2에게 건네주었다.**^(정-3 사서명위조죄+, 동행사죄+)

1. 甲, 乙, 丙, 丁의 죄책은? (55점)

2. 공판과정에서 검사는 위 식칼을 乙에 대한 유죄의 증거로 제출하였는데, 乙은 이를 증거로 함에 부동의하였다. **위 식칼을 乙에 대한 유죄의 증거로 사용할 수 있는가?** (10점).^(임의제출물 적법수집증거+, 증거능력+)

3. 공판과정에서 검사가 위 검증조서를 乙에 대한 유죄의 증거로 제출하였는데, 乙이 이를 증거로 함에 부동의하였다면, 위 **검증조서에 첨부된 현장사진과 범행재연사진**^(범행재현사진 형사소송법 제312조 제6항+, 증거능력+) **및 乙의 자백 기재 진술**^(현장진술 형사소송법 제312조 제3항 범행부인-, 증거능력-)을 증거로 사용할 수 있는가? (15점)

4. 공판과정에서 검사가 甲과 乙이 함께 행한 보이스피싱 범행에 대하여 **乙의 자백 진술이 기재된 P1 작성의 乙에 대한 피의자신문조서를** 甲에 대한 유죄의 증거로 제출하였고 甲이 이를 증거로 함에 **부동의하였는데 乙이 교통사고로 사망**하였다면 위 피의자신문조서를 甲에 대한 유죄의 증거로 사용할 수 있는가?^(공범인 공동피고인 사경작성 피고인신문조서 형사소송법 제312조 제4항+, 부인할 경우 제314조-, 증거능력-) (10점)

5. 만일, P1이 위 사실관계에서와는 달리 乙을 체포하지 않고 임의동행을 요구하며 "동행을 거부할 수도 있지만 **거부하더라도 강제로 연행할 수 있다.**"라고 말하므로^(임의동행 적법성-/심리적 압박+) 乙이 명시적으로 거부의사를 표시하지 않고 P1을 따라 경찰서에 도착하여 범행을 자백하는 진술서를 작성하였고^(심리적 압박 상태에서 작성된 진술서 형사소송법 제312조 제3항-, 증거능력-) 그 과정에서 P1이 화장실에 가는 乙을 감시하였다면, 위 진술서의 증거능력을 인정할 수 있는가? (10점)^(임의동행 적법성-/심리적 압박+, 진술서 형사소송법 제312조 제3항-, 증거능력-)

제8회 변호사시험 사례형 제2문 4. 형사소송법 답안작성방법

1. 사안 쟁점 ☞ 쟁점 간략히 설명
   사법경찰관 작성 공범에 대한 피의자신문조서 증거능력
2. 형사소송법 제314조 적용 여부 ☞ 법리와 판례 간략히 설명
   (1) 학설: 형사소송법 제313조 제3항 ①긍정설, ②부정설(통설): 당해 피고인 내용부인, 공범피고인에 대해 유죄 증거로 사용할 수 없다.
   (2) 판례: 부정설. 내용부인하면, 형사소송법 제314조 적용되지 않는다.
3. 사안 해결 ☞ 결론 증거능력 유무 요약 설명

2018년도 시행 제7회 변호사시험	형사법

〈제1문〉

A(여, 26세)는 버스를 타고 남자친구를 만나러 가던 중 깜박 졸다가 휴대폰을 좌석에 둔 채 하차하였다. 그 순간 옆 좌석의 승객 甲(남, 30세)이 휴대폰을 발견하고 이를 전해주기 위해 A를 따라 하차하면서 A를 불렀으나 대답이 없자 뒤에서 **A의 어깨를 잡았다.**^{갑-1(폭행죄 -)} 그때 A를 기다리던 남자친구 乙은 그 장면을 보고 **甲을 성폭행범으로 오해하여 A를 구하기 위해 甲을 밀어 넘어뜨렸다.**^{을-1}

甲은 좋은 일을 하려다 봉변을 당한 데 대해 억울한 마음이 들어 합의금이라도 두둑이 받아야겠다고 생각하였으나 육안으로 보이는 상처가 없자 스스로 머리를 벽에 부딪쳐 이마에 상처를 낸 다음 국립대학교 병원 소속 의사 B를 찾아가 乙에게 맞아 **상해를 입었다고 거짓말하여 B에게서 상해진단서를 발급받았다.**^{갑-2(허위공문서작성죄 -)} 그 후 甲은 위 **상해진단서를 乙에게 제시하면서**^{갑-3(공문서부정행사죄 -)} 합의금 500만 원을 요구하였다.^{갑-4(사기죄 +)}

乙은 합의금을 마련하기 위하여 기숙사 룸메이트인 C의 지갑에서 **몰래 신용카드(현금카드 겸용)를 꺼내어**^{을-2(절도죄 -)} 편의점 앞에 있는 현금자동지급기로 가서 평소 알고 있던 비밀번호를 입력하여 **C의 예금계좌에서 잔고 전액인 300만 원을 인출하고, 200만 원은 현금서비스를 받은 다음**^{을-3(신용카드부정사용죄 +, 절도죄 + 실체경합)} **신용카드를 제자리에 가져다 놓았다.**^{을-2(절도죄 -)} 그 후 乙은 인출한 **500만 원을 甲에게 합의금으로 건네주었다.**^{갑-4(사기죄 +)}

1. 甲과 乙의 죄책은? (50점)

2. 만약 乙과 함께 있던 乙의 친구 丙이, 甲이 A에게 접근한 목적과 사정을 알고 있으면서도 평소 못마땅하게 생각하고 있던 甲을 이번 기회에 혼내주려고 乙에게 "甲이 A를 성폭행하려고 한다."라고 말하면서 **乙이 甲을 폭행하도록 부추겼고, 이에 乙이 甲의 행동을 오해하여 甲을 밀어 넘어뜨린 것이라면,** 丙의 죄책은?^(폭행교사 +) (10점)

3. 乙은 甲에 대한 폭행치상의 범죄사실로 기소되어 제1심 법원에서 유죄를 선고받고 항소하였다. 그러나 항소심은 상해의 점은 인정되지 않는다고 판단하고 있다.
   (1) 항소심은 직권으로 乙에게 폭행죄로만 유죄를 선고할 수 있는가?^{(폭행죄 유죄 선고}

가능 +) (15점)

(2) **항소심 계속 중에 폭행죄로 공소장이 변경되었고**, 그 후 甲이 乙에 대한 처벌을 원치 않는다는 내용의 **합의서를 제출한 경우** 항소심은 어떠한 판단을 내려야 하는가?^(실체판결 +) (5점)

4. 검사는 甲에 대한 구속영장을 청구하였다.

(1) 지방법원판사가 구속영장청구를 기각한 경우 검사가 취할 수 있는 「형사소송법」상 조치를 논하시오.^(항고-, 준항고 -) (10점)

(2) '구속 전 피의자심문'과정에서 甲이 피의사실에 대하여 자백한 내용이 심문조서에 기재되어 있다면 이 조서의 증거능력을 논하시오.^(형사소송법 제315조 제3호 증거능력 +) (10점)

제7회 변호사시험 사례형 제1문 4. (2) 답안작성방법

1. 구속 전 피의자심문조서의 증거능력 인정 여부

Ⅰ. 사안의 쟁점 또는 문제의 제기

구속 전 피의자심문조서 증거능력이 쟁점이다. 형사소송법 제311조와 제315조 제3호 적용 여부로 대립한다.

Ⅱ. 형사소송법 제311조 법원 또는 법관의 조서

구속 전 피의자심문조서는 법원·합의부원·검사·변호인 등이 구속된 피의자를 심문하고 피의자의 진술을 기재한 조서이다. 따라서 형사소송법 제311조 법원 또는 법관의 조서에 해당하지 않는다.

Ⅲ. 형사소송법 제315조 제3호 '기타 특히 신용할 만한 정황에 의하여 작성된 문서'

그러나 구속 전 피의자심문조서는 특히 신용할 만한 정황에서 작성된 문서에 해당한다. 판례도 「구속적부심사조서는 형사소송법 제311조 문서에 해당하지 않지만, 특히 신용할 만한 정황에 의하여 작성된 문서라 할 것이다. 피고인이 증거로 함에 부동의 하더라도 형사소송법 제315조 제3호에 의해 당연히 증거능력이 있다.」고 판시한 바 있다.

Ⅳ. 사안의 해결 또는 결론

구속 전 피의자심문조서는 형사소송법 제315조 제3호로 증거능력이 있다.

〈제2문〉

(1) 甲은 X주식회사의 대표이사이고 乙은 사채업자이다. 甲이 乙에게 수억 원 대내기 골프에 필요한 돈을 빌린 후 변제기에 갚지 않자 乙은 위 채무가 甲이 회사와 무관하게 개인적인 용도로 차용한 것임을 잘 알면서도, 甲에게 위 채무담보목적으로 <u>약속어음을 발행해 줄 것을 요청하였다.</u> 을-1(업무상배임죄 미수죄 교사범 +, 단순배임죄 미수범 교사범 처벌 +) 甲이 이를 승낙하여 乙은 위 회사 사무실에서 위 **회사 약속어음 용지에 액면금 5억 원, 발행일 등을 기재**하고 甲은 수취인을 乙로 기재하고 **"X주식회사 대표이사 甲"** 이라고 새겨진 **명판과 법인인감도장을 각각 날인**한 후 **약속어음을 乙에게 교부**하였다. 갑-1(업무상배임죄 미수 +) 그런데 위 회사에서 실제로 약속어음금을 지급하거나 <u>손해배상책임을 부담하지는 않았으며 위 약속어음이 제3자에게 유통되지도 아니하였다.</u>

(2) 한편, 위 회사 전무이사인 丙은 국립초등학교에 다니는 딸의 담임교사 A가 평소 딸을 많이 혼내는 것에 불만이 있었는데, 위 초등학교 부근을 걸어가다 도로에 인접한 딸의 교실에서 수업을 하고 있는 A를 보고 화가 나 위 교실 창문을 열고 **교실 안으로 얼굴을 들이밀어** 병-1(주거침입죄 +) 큰 소리로 **"잘 사는 애들만 대접받는 더러운 세상"** 이라고 외쳤다. 병-2(명예훼손죄 -. 모욕죄 -) A가 제지하는데도 丙은 약 20분간 계속 크게 소리를 내며 소란을 피워 <u>A는 수업을 중단하였고,</u> 병-3(업무방해죄 +) **학생들은 더 이상 수업을 받지 못하게 되었다.** 병-4(업무방해죄 -)

(3) 丙은 2017. 1.경 B와 토지 매매계약을 체결한 후 甲과 명의신탁약정을 체결하고 곧바로 甲 명의로 소유권이전등기를 마친 다음 丙 자신이 위 토지를 담보로 대출을 받았음에도 **"甲이 임의로 위 토지에 근저당권을 설정하였다."** 라며 허위로 甲을 경찰에 고소하였다. 병-5(무고죄 -)

(4) 그 후 丙은 위 약속어음 발행 건을 추가 고소하였고, 사법경찰관은 위 회사에서 甲과 乙이 만나 약속어음을 발행하는 상황이 녹화된 CCTV 동영상을 찾아내어 관리자의 동의를 얻어 그 부분의 동영상 **파일을 CD에 복사한 후 이를 임의로 제출받아 압수**하였는데, 이후 위 회사 CCTV 동영상의 보존기간이 경과하여 원본파일은 삭제되었다. (복사CD 파일 원본과 동일성 확인 후 증거능력 +, 제출불가능·곤란한 사정 +)

(5) 위 사건을 송치받은 검사는 甲의 위 내기 골프 사실을 밝혀내고 기존 사건에

도박죄를 병합하여 기소하였다. 甲의 재판에서 丙은 증인으로 출석하여 증언하면서 약속어음 발행 경위에 대한 수사기관에서의 진술을 번복하였다. 이에 검사는 **丙을 소환하여 수사기관에서의 진술이 맞다는 내용의 진술조서를 작성하여 이를 추가 증거로 제출하였다.**^(추가 진술조서 증거능력 −) 이후 증인으로 재차 출석한 丙은 수사기관에서의 진술대로 증언하였고, **추가 증거로 제출된 위 진술조서가 자신이 진술한 그대로 기재되어 있음을 인정하였다.**^(공판정 증언 증거능력 +)

1. 위 (1), (2), (3) 사실관계에서 甲, 乙, 丙의 죄책은? (부동산실권리자명의등기에관한법률위반의 점은 논외로 함) (60점)

2. 위 (4) 사실관계와 관련하여 압수된 위 CD는 증거로 사용할 수 있는가?^(복사CD 파일 원본과 동일성 확인 후 증거능력 +, 제출불가능·곤란한 사정 +) (15점)

3. 위 (5) 사실관계와 관련하여 법원에 추가 증거로 제출된 丙의 진술조서^(추가 진술조서 증거능력 −) 및 丙의 증언은 증거로 사용할 수 있는가?^(공판정 증언 증거능력 +) (15점)

4. 만일 甲의 위 **도박죄에 대하여 유죄판결이 확정**되었는데, 검사가 위 도박죄 범행 이전의 내기골프 **도박 범행 10회**와 위 도박죄 확정판결 이후의 내기골프 **도박 범행 3회**를 추가 수사한 후 상습도박죄로 기소하고, 공판심리 결과 甲에게 상습성이 인정된 경우 법원이 취할 수 있는 조치는?^(포괄하여 상습도박죄 실체판결 +) (10점)

제7회 변호사시험 사례형 제2문 2 답안작성방법

1. CCTV에 범행장면이 녹화된 장면을 복사한 CD 증거능력

Ⅰ. 사안의 쟁점 또는 문제의 제기^{2줄}

Ⅱ. 임의제출된 CD 파일의 적법성^{5줄}

형사소송법 제215조와 제218조에 근거하여 압수절차는 적법하다.

Ⅲ. CD 파일의 법적 성격과 증거사용 요건^{5줄}

CD 영상은 현장사진과 동일하다. ① 비진술증거설, ② 진술증거설, ③ 검증조서유추설이 있다. 판례는 비진술증거설이다. 전문법칙이 적용되지 않는다.

Ⅳ. 사안의 해결 / 결론^{1줄} 원본 존재와 동일성이 충족되면, 증거능력이 있다.

2017년도 시행 제6회 변호사시험	형사법

〈제 1 문〉

○○아파트 조경공사 관련 계약을 추진하던 입주자대표회장 甲은 공사 경험이 전무한 조경업자인 A로부터 적정 공사금액보다 크게 부풀려진 5,000만 원으로 공사를 성사하여 주면 200만 원을 리베이트로 주겠다는 제안을 받은 후, A에게 "5,000만 원에 조경공사계약을 제설하고 공사대금을 받으면 리베이트로 500만 원을 나에게 돌려주는 것으로 하자."라고 제안하였다. A가 망설이며 甲을 피해다니자, 甲은 A의 오랜 친구인 乙에게 그 사정을 말하였고, **乙은 甲을 도와주기 위해 A와 甲이 다시 한 번 만날 수 있도록 자리를 주선했다.** ^{을-1(단순배임죄의 방조범 +, 배임수재죄의 방조범 +)} 甲과 단둘이 만난 A는 甲의 설득으로 결국 그 제의를 받아들였다. 甲과 A는 2016. 12. 15. **공사대금 5,000만 원의 조경공사 계약서를 작성하였고,** ^{갑-1(업무상배임죄 +)} 甲은 이를 스캔하여 자신의 컴퓨터에 저장하였다. 같은 날 甲은 A에게 선급금 1,000만 원을 지급하였고 다음날 A는 **100만 원 권 자기앞수표 5장을 甲에게 리베이트로 건네주었다.** ^{갑-2(배임수재죄 +)} 甲은 자신의 컴퓨터에 '2016. 12. 16. A로부터 500만 원을 수령함'이라는 내용의 문서파일을 작성하여 저장하였다. 甲은 위 500만 원을 은행에 예금하고 며칠이 지난 뒤 다시 현금 500만 원을 인출하여 그 중 300만 원을 그 돈의 출처를 잘 알고 있는 **친구 丙에게 주면서 종이봉투에 잘 보관하라고 부탁하고,** ^{병-1(장물보관죄 +)} 乙에게 전화하여 "도움에 감사하다."라고 말하고 인근 술집으로 나오라고 한 후 밤새 술을 마시며 놀았다. 취기가 오른 乙은 새벽에 택시를 타고 귀가하였으나 甲은 만취하여 의식을 잃은 채 술집 소파에서 잠들어 버렸는데, **술집 사장 丁은 甲의 주머니에서 현금 200만 원을 발견하고 술 값 100만 원을 꺼내 가졌다.** ^{정-1(절도죄 +, 자구행위 -)} 한편 乙은 丙이 300만 원을 보관하고 있다는 사실을 알게 되자 이를 훔쳐 나올 생각으로 **늦은 밤 丙의 집에 몰래 들어갔으나 해가 뜰 때까지 丙이 잠들지 않자 丙이 잠들기를 기다리다가 오전 9시경 종이봉투에 담겨 장롱 속에 보관중인 현금 300만 원을 들고 나왔다.** ^{병-2(야간주거침입죄 +)}

1. 甲, 乙, 丙, 丁의 죄책은? (45점)

2. 만약 丁이 퇴근하기 위해 잠든 甲을 깨우려고 몇 차례 흔들어도 깨어나지 않자 **영하 10도의 추운 날씨임에도 난방을 끈 채 퇴근해 버렸는데, 甲이 다음 날 얼어 죽었다면,** ^(甲이 죽어도 어쩔 수 없다고 생각했던 경우부작위 살인죄 +)와 **甲의 죽음을 단지 예견할 수 있었던 경우**^(유기치사죄 +)를 나누어 丁의 죄책을 검토하시오. (15점)

3. 만약 검사 S가 甲을 리베이트 수수 혐의로 기소한 경우 다음 각 증거의 증거능력을 검토하시오.

   (1) 검사 S가 해당 범죄사실을 대상으로 한 압수수색영장을 집행하기 위하여 甲의 참여 하에 그의 **컴퓨터를 수색하던 중 위 조경공사 계약서 스캔파일을 발견하자 이를 외장하드에 복사·압수한 후,** ^(적법절차에 의한 증거수집 +, 증거능력 +) 법원에 제출한 경우 위 스캔파일 (20점)

   (2) '2016. 12. 16. A로부터 500만 원을 수령함'이라는 내용의 문서파일이 적법하게 압수되어 법원에 증거로 제출되었으나 甲은 위 문서파일을 작성한 사실이 없다고 주장하는 경우 위 문서파일^(형사소송법 제313조 증거능력 +) (10점)

4. 만약 검사 S가 위 영장집행 중 甲이 ○○아파트의 공금 2,000만 원을 자신의 중고자동차 구입에 사용한 사실을 추정케 하는 **입출금 전표를 우연히 발견하고 이를 압수하였으나**^(위법수집증거 +, 증거능력 −) 그 후 **甲에게 환부한 후 다시 제출받은 경우,** 위 입출금전표를 甲의 범행을 입증하기 위한 **증거로 사용할 수 있는 요건**은 무엇인가?^(임의제출 경우 증거능력 +) (10점)

제6회 변호사시험 사례형 제1문 답안작성방법 (행위자와 행위별로 작성)

1. 乙은 甲을 도와주기 위해 A와 甲이 다시 한 번 만날 수 있도록 자리를 주선한 행위(형법 제356조, 제32조 업무상배임죄 방조범 성립/검토)

가. 형법 제33조 공범과 신분에 대한 해석이 쟁점이다.

나. 형법 제33조 해석에 대해 학설대립이 있다. 한편 판례는 「형법 제33조 본문은 진정신분범과 부진정신분범에 대한 공범성립 문제를 규정한 것이다. 단서는 부진정신분범 과형 문제를 규정한 것이다」고 판시한 바 있다.

다. 죄책: 을은 단순배임죄 방조범과 배임수재죄 방조범이 성립한다. 양죄는 실체적 경합관계이다.

〈제2문〉

(1) 甲, 乙, 丙은 현금자동지급기 부스에서 나오는 사람을 상대로 금원을 빼앗기로 공모한 다음 丙은 범행에 사용할 전자충격기를 구해오기로 하였다.^{갑-1(강도예비죄 +), 을-1(강도예비죄 +)} 丙은 전자충격기를 구하여 乙에게 전해 주었으나, **범행에 가담한 것을 후회하고 자신은 그만 두겠다고 말한 뒤 잠적하였다.**^{병-1(강도예비죄 +, 강도예비죄 중지미수 -)}

(2) 이에 甲과 乙은 자신들만으로는 다른 사람의 금원을 빼앗는 것이 어렵다고 판단하여 길가에 주차된 승용차 안에 있는 물건을 훔치기로 계획을 변경하였다. 그리고 A 소유의 자동차를 범행대상으로 삼아 甲은 자동차의 문이 잠겨 있는지를 확인하기 위하여 **자동차의 손잡이를 잡아당겨 보고, 乙은 그 옆에서 망을 보았다.**^{갑-2(특수절도죄 미수범 공동정범 +), 을-2(특수절도죄 미수범 공동정범 +)} 그때 근처에서 두 사람의 행동을 수상히 여기고 이를 지켜보던 경찰관 P가 다가가자 **甲과 乙은 각각 도주하였다.**

(3) 도주하던 乙은 키가 꽂힌 채 주차되어 있던 丁 소유의 오토바이를 발견하고, 이를 타고 간 후 버릴 생각으로 **오토바이에 올라타 시동을 걸어 달아나려는 순간** 丁에게 발각되었다. **丁은 오토바이를 타고 약 5m 정도 진행하던 乙을 발로 걷어차 바닥에 넘어뜨렸고, 이 과정에서 乙은 전치 3주의 상해를 입었다.** 乙은 신고를 받고 출동한 경찰관 P에게 인계되었다.

(4) P는 乙을 인계받아 경찰차에 태운 다음 乙에게 신분증의 제시를 요구하였다. 乙은 얼마 전 길에서 **주운 B의 주민등록증**^{을-3(점유이탈물횡령죄)} 사진이 자신의 용모와 매우 흡사한 것을 기화로 **B의 주민등록증을 자신의 신분증인 것처럼 제시하였다.**^{을-4(공문서부정행사죄 +)} 그리고 P가 신분조회를 하는 틈을 이용하여, 자신이 소지하고 있던 **전자충격기로 P에게 충격을 가하여 기절시킨 후 도주하였다.**^{갑-3(강도상해죄 +, 특수공무집행방해치상죄 -, 예견가능성 -), 을-5(강도상해죄 +, 특수공무집행방해치상죄 +)} 얼마 후 의식을 회복한 P는 乙이 **도주하는 과정에서 떨어뜨리고 간 휴대전화를 압수한 후**, 적법한 절차를 거쳐 甲과 乙을 체포하였다. P는 甲과 乙(B 명의)에 대한 조사를 마친 후 검사에게 송치하였고, 검사는 이를 토대로 甲과 乙(B 명의)에 대하여 공소를 제기하였다.

1. 위 사례에서 甲, 乙, 丙의 죄책은? (50점)

2. (3)의 밑줄 친 행위에 대하여 乙이 丁을 폭행치상죄로 고소한 경우, 丁의 **변호인으로서 폭행치상죄가 성립하지 않음을 주장할 수 있는 근거**를 제시하시오.^{정-1(정당방위 +, 정당행위 +, 법령(현행범 체포 +)} (10점)

3. (4)에서 P가 **乙의 휴대전화를 압수한 조치가 적법한지 여부**를 서술하시오.^{(체포현장 압수(형사소송법 제216조 제1항 제2호 적법 +))} (10점)

4. 제1심 법원 공판 중 **피고인의 성명이 B가 아니라 乙이라는 점이 밝혀진 경우**, 검사와 법원이 취해야 할 조치는?^{(검사(공소장표시정정), 법원(공소장정정절차 +, 공소기각판결 +))} (15점)

5. 제1심 법원은 甲에 대한 (1) 관련 범죄에 대하여 범죄의 증명이 없다는 이유로 무죄를 선고하고, (2) 관련 범죄만 유죄로 인정하여 징역 1년을 선고하였다. 제1심 법원의 판결에 대하여 甲은 항소하지 않고 **검사만이 무죄가 선고된 (1) 부분에 대하여 항소한 경우**, 검사의 일부상소의 허용여부 및 항소심의 심판범위를 논하시오.^{검사(일부상소 가능능 +, 일부파기설 +), 법원(분리 확정 후 (1) 부부만 심판대상)} (15점)

제6회 변호사시험 사례형 제2문 답안작성방법 (행위자와 행위별로 작성)

1. 특수절도범인 을이 전자충격기로 P에게 충격을 가하여 기절시킨 후 도주한 행위(형법 제337조 강도상해죄와 제144조 제2항 특수공무집행방해치상죄 성부/검토) ☞ 쟁점 – 법리검토 – 죄수를 체계적으로 서술하라.

가. 형법 제329조 절도죄가 성립한다. 절도 기회에 전기충격기로 사람에게 상해를 가하여 형법 제355조 준강도죄가 성립한다. 실신(생리적 기능훼손)하였기 때문에 형법 제337조 강도상해죄가 성립한다.

나. **부진정 결과적 가중범 성립은 과실과 고의가 모두 포함된다. 정당한 공무를 집행 중인 경찰관 P에게 위험한 물건, 전기충격기로 폭행을 가하여 실신하게 하였다. 그러므로 형법 제144조 제2항 특수공무집행방해치상죄가 성립한다. 특수상해죄도 성립하지만, 부진정 결과적 가중범 보다 법정형이 가볍다.**

다. 죄책: 강도상해죄와 특수공무집행방해치상죄가 성립한다. 양죄는 상상적 경합관계이다.

2016년도 시행 제5회 변호사시험	형사법

〈제1문〉

甲과 乙은 공원을 배회하던 중 혼자 걸어가던 여성 A(22세)를 함께 **강간하기로 모의하고** A를 으슥한 곳으로 끌고 간 다음 乙이 망을 보고 있는 사이 甲은 A를 세게 밀어 바닥에 넘어뜨리고 A의 위에 올라타 수차례 뺨을 때리면서 옷을 벗기려 하였다. 이에 A는 비명을 지르며 필사적으로 반항하면서 도망하다가 돌부리에 걸려 넘어지면서 **발목이 부러지는 상해를 입었고,** ^{갑-1(특수강간치상죄 +), 을-1(특수강간치상죄 +)} 그때 공원을 순찰 중이던 경찰관 P1이 A의 비명소리를 듣고 달려왔다. 이를 본 乙은 혼자서 급히 다른 곳으로 도주해 버렸고 甲은 **바닥에 떨어져 있던 A의 핸드백을 들고 도주하였다.** ^{갑-2(절도죄 +)} 그 장면을 목격한 P1이 도주하는 甲을 100여 미터 추적하여 붙잡으려 하자, 甲은 체포를 당하지 않으려고 **주먹으로 P1의 얼굴을 세게 때려 P1의 코뼈를 부러뜨리는 상해를 가하였다.** ^{갑-3(강도상해죄 +, 준강도 +, 특별관계, 공무집행방해죄 +, 상상경합 +)}

甲은 P1의 추적을 벗어난 다음 다른 곳에 도망가 있던 乙에게 연락하여 자신의 승용차 조수석에 乙을 태우고 운전하여 가던 중 육교 밑에서 도로를 **무단횡단하기 위해 갑자기 뛰어든 B를 발견하고 급제동을 하였으나 멈추지 못하고 앞범퍼로 B를 충격하였고,** ^{갑-4(업무상과실치상 -)} 이로 인해 B는 다리가 부러지는 **상해를 입고 도로변에 쓰러졌다.** 甲은 B의 상태를 살펴보기 위해 정차하려 하였으나 乙이 "그냥 가자!"라고 말하자 이에 동의하고 **정차하지 아니한 채 그대로 운전하여 가버렸다.** 갑-5(사고후 미조치죄 +, 사고후 미신고죄 +, 유기죄 +, 실체경합), 을-2(사고후 미조치죄 공동정범 +, 사고후 미신고죄 공동정범+, 유기죄 공동정범 +, 실체경합)다행히 B는 현장을 목격한 행인 C의 도움으로 병원에 후송되어 치료를 받았다.

1. 甲과 乙의 죄책을 논하시오. (60점)

2. C의 신고를 받은 경찰관 P2는 甲을 적법하게 긴급체포한 다음 甲으로부터 사고 장면이 녹화된 블랙박스를 자신의 집에 숨겨 두었다는 진술을 듣고 **긴급체포한 당일 23:00경 甲의 집을 수색하여 블랙박스를 발견하여 이를 압수한 후 그 다음 날 10:00경 사후압수·수색영장을 발부받았다.** 이 경우 블랙박스를 증거로 할 수 있는가?^{(형사소송법 제217조 제1항, 요급처분 특칙 미적용 -, 참여자 존재여부 -, 위법수집증거 증거}

능력 ⁻) (10점)

3. 甲은 적법하게 발부된 구속영장에 의하여 구치소에 수감되어 있던 중 검사로부터 피의자신문을 위한 출석요구를 받았으나 이에 불응하였다. 이 경우 검사는 **甲의 의사에 반하여 甲을 검찰청으로 구인할 수 있는가?**(검사 구인 가능 +, 구속영장 효력설 +) (10점)

4. 乙은 친구 D를 만나 그에게 "甲이 A를 강간하고 있는 동안 내가 망을 봐줬다."라고 말했고, 사법경찰관 P3는 D를 참고인으로 조사하여 D가 乙로부터 들은 내용이 기재된 진술조서를 적법하게 작성하였다. 공판정에서 乙이 범행을 부인하자 검사가 그 조서를 증거로 제출하였으나 乙은 증거로 함에 부동의 하였다. **이 경우 D에 대한 P3 작성의 참고인진술조서의 증거능력을 논하시오.**(형사소송법 제312조 제4항 참고인 진술조서, 제314조 요건, 제315조 제1항 특신상태 요건 구비시 증거능력 +) (20점)

☑ 2024년 제13회 변호사시험에 출제예상문제

제5회 변호사시험 사례형 제1문 답안작성방법(행위자와 행위별 작성)

1. **甲과 乙은**행위주체 공원을 배회하던 중 혼자 걸어가던 여성 A(22세)를 함께 <u>강간하기로 모의하고</u> A를 으슥한 곳으로 끌고 간 다음 乙이 망을 보고 있는 사이 甲은 A를 세게 밀어 바닥에 넘어뜨리고 A의 위에 올라타 <u>수차례 뺨을 때리면서 옷을 벗기려 하였다.</u>강간실행착수행위 이에 A는 비명을 지르며 필사적으로 반항하면서 도망하다가 돌부리에 걸려 넘어지면서 발목이 부러지는 <u>상해를 입었다.</u>결과발생 갑과 을의 죄책을 논하시오.

Ⅰ. 甲의 죄책

1. 갑과 을은 강간을 모의하고 A를 수차례 때리고 옷을 벗긴 행위와 이후 도망가다 상해를 입힌 행위(성폭법 제8조 제1항 특수강간죄치상죄 검토)

가. 성폭법 제8조 제1항 특수강간죄치상죄는 2인 이상이 합동하여 강간죄를 범하고, 강간행위로 상해를 발생하게 한 경우 성립한다. 강간의 경우 미수와 기수를 불문한다. 강간과 상해는 인과관계, 즉 객관적 예견가능성과 객관적 지배가능성이 있어야 한다. 이 사안의 경우 갑과 을은 강간 모의가 있었고, 실행행위를 분담한 합동범이다. 을이 망을 본 행위는 시간적·장소적 협동관계에 해당한다. 상해의 경우 강간을 모면하려다 발생한 것으로 상당인과관계가 있다.

다. 한편 판례도 『**강간이 미수에 그친 경우라도, 그 수단이 된 폭행으로 피해자가 상해를 입었으면, 강간치상죄가 성립한다**』고 판시한 바 있다.

라. 죄책: 甲은 A에 대해 성폭법 제8조 제1항 특수강간죄치상죄가 성립한다.

〈제 2 문〉

甲과 乙은 서울 소재의 참소식신문사(대표이사 김참말)에서 일하는 사회부 기자들이다. 甲과 乙은 연말 특종을 노리고 의사들의 수면유도제 프로포폴 불법투여 실태를 취재하고 있던 중, 다나아 종합병원 원장 A가 유명 연예인들에게 프로포폴을 불법투여한다는 풍문을 듣고 2014. 12. 30. 14:00경 취재를 위해 다나아 종합병원으로 찾아갔다. 그 과정에서 이 사실을 보고받은 대표이사 김참말은 甲과 乙에게 포상금 지급을 약속하면서 격려하였다. 다나아 종합병원에서 甲과 乙은 마침 유명 연예인 B가 진료실에서 병원장 A로부터 프로포폴을 투여받고 있는 것을 우연히 열린 문틈으로 목격하고, 프로포폴 불법투여가 사실이라고 믿게 되었다. 이에 甲과 乙은 보다 상세한 취재를 위해 자신들이 투여장면을 보았다고 말하면서 A와 B에게 인터뷰에 응해달라고 요청하였으나 B는 사생활이라 이야기하기 싫다고 답변하였고 병원장 A는 환자의 비밀이라 이야기할 수 없다고 하며 인터뷰를 거절하였다. 이에 甲과 乙은 1) 확실한 증거를 확보할 목적으로 몰래 진료실에 들어가 프로포폴 1병을 가지고 나왔다.^{갑-1(공동주거침입죄 +, 절도죄 공동정범 + 실체경합), 을-1(공동주거침입죄 +, 절도죄 공동정범 +, 실체경합 +)} 그리고 2) A와 B로부터 자세한 설명을 듣지는 못했으나 프로포폴을 주사하는 현장을 직접 목격했으므로 더 이상의 조사는 필요 없다고 생각하고, "병원장 A가 거액을 받고 상습적으로 프로포폴을 주사해 주고 있으며, B도 상습적으로 프로포폴을 불법투여받은 것으로 보인다."라는 내용의 기사를 작성하였고, 이 기사는 다음 날 참소식신문 1면 특종으로 게재되었다. 甲과 乙은 이 기사내용이 사실이라고 굳게 믿었고 A나 B를 비방할 의도 없이 이들의 불법투여사실을 알림으로써 프로포폴의 오·남용을 근절하는 데 일조한다는 생각에서 기사화한 것이었다. 그러나 사실 B는 성형수술을 목적으로 프로포폴 주사를 맞은 것이었고, 병원장 A에 관한 내용도 허위사실로서 다나아 종합병원의 경쟁병원 의사 C가 낸 헛소문에 불과한 것이었다.^{갑-2(허위사실 명예훼손죄 공동정범 +, 형법 제310조 위법성조각사유 - 또는 위법성조각사유전제사실착오 -), 을-2(허위사실 명예훼손죄 공동정범 +, 형법 제310조 위법성조각사유 - 또는 위법성조각사유전제사실착오 -)} 기사가 보도된 뒤 많은 사람들이 A와 B를 맹비난하였고 나중에 기사내용을 알게 된 A와 B는 터무니없는 허위기사를 쓴 기자 甲과 乙을 검찰에 고소하였다. 한편 3) 다나아 종합병원 소재지에 있는 보건소 공무원 丙은 참소식신문의 기사를 읽고 유흥비를 마련할 목적으로 병원장 A에게 전화를 걸어 "불법 프로포폴 투여사실 외에 그동안 수집한 비리를 언론에 제보하겠

<u>다."라고 말하여 이에 겁을 먹은 A로부터 1,000만 원을 받았다.</u> ^{병-1(공갈죄 +, 수뢰죄 -)}

1. 다음 질문에 답하시오.

   가. 1) 사실에 대해서 甲과 乙에게 성립가능한 죄책을 제시하고[마약류관리에관한
      법률위반(향정)은 논외로 함], 이때 변호인의 입장에서 甲과 乙의 무죄를
      주장하는 논거를 제시하시오. (10점)

   나. 2) 사실에 대해서 甲과 乙의 죄책을 논하시오. (25점)

   다. 위 나.의 경우 甲과 乙의 행위에 대하여, **대표이사 김참말에게 방조범의 성
      립을 긍정하는 견해**를 제시하시오. ^{(공범종속설중 제한종속형식 +, 위법성조각사유전제사실착오}
      ^{+, 법효과제한적책임설 +)} (5점)

2. 검사가 甲과 乙의 1)과 2) 사실에 대해서 수사를 개시하자, 甲과 乙은 L을 변호
   인으로 선임하여 자문을 받게 되었고, L은 그에 대한 검토의견서를 작성하여 甲과
   乙에게 송부하였으며, 검사는 이 검토의견서를 적법하게 압수하였다. 그 후 검사
   가 위 사실로 공소를 제기하고 검토의견서를 증거로 제출하였으나, 甲과 乙이 법
   정에서 이 검토의견서에 대해 증거로 함에 동의하지 아니하고, 증인으로 출석한 L
   이 그에 관한 증언을 거부한 경우, 검토의견서의 증거능력을 논하시오. ^{(형사소송법 제}
   ^{313조 제1항 진술서 증거능력 -, 제314조 '그 밖에 이에 준하는 사유' 증거능력 -)} (10점)

3. 만일 2) 사실에 대해 공소가 제기되어 제1심 공판절차 중에 **A와 B가 돌연히 甲
   에 대해서만 고소를 취소하였다면,** 이때 乙에 대하여 제1심 법원이 취할 수 있
   는 조치를 논하시오. ^(반의사불벌죄와 고소불가분원칙 준용 -, 실체판결 +) (20점)

4. 3) 사실에 대해서 丙의 죄책을 논하시오. ^(공갈죄 +, 수뢰죄 -) (10점)

5. 만일 丙이 3) 사실로 불구속 재판 중 A로부터 받은 돈으로 유흥주점에서 술을 마
   시다가 우발적으로 강도상해를 범하여 강도상해죄로 기소되었다면, 다음 질문에
   답하시오.

   가. 만일 공소장 부본이 丙에게 송달된 후 7일이 경과하고도 丙이 국민참여재판
      을 원하는 의사확인서를 제출하지 않았으나, 그 후 공판준비절차가 진행되지
      않은 상태에서 **제1회 공판기일이 열리기 전에 자신의 변호인과 상의하여 국
      민참여재판을 신청하였다면,** 이 경우에 **법원이 丙의 국민참여재판 신청을
      받아들일 수 있는지 여부**에 대하여 논하시오. ^{(국민형사재판참여법 제9조 배제결정 여부, 국}
      ^{민참여재판가능 +)} (10점)

나. 만일 이 사건을 국민참여재판으로 진행한 제1심 재판부가 피해자를 비롯한 다수의 사건 관련자들에 대해 증인신문을 한 후, **만장일치로 한 배심원의 무죄 평결이 재판부의 심증에 부합하자 丙에 대하여 무죄를 선고**하였으나, **항소심 재판부가 피해자에 대하여만 다시 증인신문을 실시한 다음 제1심의 판단을 뒤집어 유죄로 인정하였다면, 이에 대한 당부를 논하시오.** (실질적 직접주의 위반 부당 +, 명백한 증거 아니한 함부로 뒤집어서는 안됨 +) (10점)

제5회 변호사시험 사례형 제2문 답안작성방법 (행위자와 행위별로 작성)

1. 갑과 을이 진실한 사실로 믿고 비방할 의도 없이 '허위사실'을 보도한 행위(형법 제307조 제2항 허위명예훼손죄 성부/검토)

가. 형법 제307조 제2항은 공연히 허위의 사실을 적시하여 사람의 명예를 훼손한 경우 성립한다. 허위사실(행위객체)과 허위사실 적시 명예훼손(행위)에 대한 고의가 있어야 한다. 이 사안은 비방할 목적이 없기 때문에 형법 제309조 제2항이 적용되지 않는다. 이 사안의 첫 번째 쟁점은 갑과 을이 진실한 사실로 인식하고 있다는 점이다. 그렇다면 형법 제307조 제2항 고의를 인정할 수 없다. 단지 형법 제307조 제1항 고의만 인정할 수 있다.

나. **다음 쟁점은 형법 제307조 제1항과 제310조 위법성조각사유 적용 여부이다. 형법 제310조는 ① 진실성, ② 공익성을 요건으로 한다. 그러나 이 사안은 진실성 요건을 충족하지 못하고 있다. 따라서 형법 제310조를 적용할 수 없다. 그러나 진실성에 대한 착오가 있으면, 위법성조각사유전제사실착오에 해당한다. ① 엄격책임설(형법 제16조 정당한 이유가 있으면 무죄), ② 제한적 책임설(과실책임설로 과실범 구성요건이 없어 무죄), ③ 엄격고의설(무죄), ④ 법효과 제한적 책임설(무죄)이 있다. 현재 법효과 제한적 책임설이 다수설이다.**

다. 한편 **판례는「적시한 사실이 진실이라는 증명이 없더라도, 행위자가 그 사실을 진실이라고 믿었고, 그렇게 믿을만한 상당한 이유가 있는 경우 형법 제310조가 적용되어 위법성이 조각된다」고 판시한 바 있다.**

다. 죄책: 갑과 을은 무죄이다. 판례에 따라 형법 제310조를 적용하여 위법성을 조각하든, 학설인 법효과 제한적 책임설에 따라 고의책임을 조각하든 무죄이다. 형법 제310조가 적용되지 않으면, 제307조 제1항이 성립한다.

2015년도 시행 제4회 변호사시험	형사법

〈제 1 문〉

甲은 자기 소유의 아파트를 A에게 6억 원에 매도하기로 하고 계약금으로 6,000만 원을 받았다. 그 후 A는 甲에게 잔금을 지급하면서 수표를 잘못 세어 1억 원권 자기앞수표 5장과 1,000만 원권 자기앞수표 5장을 교부하였다. 甲은 그 **현장에서 A가 준 수표를 세어보고 1,000만 원이 더 지급된 것임을 알았음에도 이를 A에게 돌려주지 않았다.**^{갑-1(부작위 사기죄(A) +)}

甲은 친구 乙과 명의신탁약정을 한 후 위 아파트 매각대금 중 4억 원으로 B 소유의 X건물에 관하여 B와 매매계약을 체결하고 X건물에 대한 소유권이전등기는 B에서 바로 乙 명의로 경료하였다. 그런데 乙은 사업자금이 부족하게 되자 X건물이 자기명의로 등기되어 있는 것을 기화로 甲의 동의를 받지 않고 **X건물에 관하여 채권최고액 1억 5,000만 원의 근저당권을 설정하고 은행으로부터 1억 원을 대출받았다.**^{을-1(횡령죄(명의신탁자 갑) -, 부작위 사기죄(은행) -)} 그로부터 한 달 후 乙은 사업자금이 더 필요하여 **X건물을 임의로 매도하기로 마음먹고 C와 매매계약을 체결하여 계약금과 중도금을 받았다.**^{을-2(횡령죄(명의신탁자 갑) -, 배임죄(은행) -, 부작위 사기죄(C) -)} 그런데 乙과 C간의 위 매매계약 체결 및 중도금 지급 사실을 알고 있던 丙은 乙에게 X건물을 자신에게 매도할 것을 수차례 요청하면서 **만약 문제가 발생하면 모든 책임을 지겠다고 적극적으로 매도를 권유하였고,**^{병-1(배임죄 공동정범 +)} 이에 乙은 **丙으로부터 매매대금 3억 원 전액을 받고 임의로 X건물의 소유권이전등기를 경료해주었다.**^{을-3(횡령죄(명의신탁자 갑) -, 배임죄(은행) +, 배임죄(C) +)}

한편, 배우자 없는 甲은 乙의 처 丁이 乙과의 성격 차이로 잠시 별거 중인 것을 알고 있었음에도 丁과 성관계를 맺었다. 乙은 丁과 甲간의 성관계 사실을 의심하고 丁에게 "용서해 줄테니 자백하라"고 말하였고, 이에 丁은 甲과의 성관계 사실을 시인하였다. 그러나 乙은 그로부터 한 달 뒤 丁에 대한 이혼소송을 청구한 후 甲만 간통으로 고소하였다.

1. 甲, 乙, 丙의 죄책을 논하시오(부동산 실권리자명의 등기에 관한 법률 위반의 점은 논외로 함). (60점)

2. 검사가 甲과 丁을 간통죄로 기소한 것을 전제로 다음 물음에 답하시오.

   (1) 丁에 대한 기소는 적법한가? (7점)

   (2) 甲과 丁은 제1심 법원에서 공동피고인으로 심리를 받는 과정에서, 丁은 甲과의 간통사실을 자백하는 반면, 甲은 이를 부인하고 있다. 증인으로 출석한 D는 사건 발생 후 丁으로부터 甲과 성관계를 가졌다는 말을 들었다고 증언하였다.

      1) D의 증언은 증거능력이 있는가? (10점)

      2) 다른 증거가 없을 때 제1심 법원이 甲과 丁에게 간통죄로 유죄판결을 선고할 수 있는가? (15점)

   (3) 만약, 甲과 丁이 제1심 법원으로부터 유죄를 선고받고 丁은 항소하였으나 甲은 항소포기로 유죄판결이 확정된 다음 항소심에서 乙이 丁에 대한 이혼소송을 취하하였다고 가정할 경우, 항소심법원은 丁에 대하여 어떠한 재판을 해야 하는가? (8점)

제4회 변호사시험 사례형 제1문 답안작성방법 (행위자와 행위별로 작성)

1. 초과 지급된 매매 잔금 1,000만 원을 수령 후 알고서도 돌려주지 않은 행위(형법 제347조, 제18조 부작위 사기죄 성부/검토)

가. 사기죄는 타인을 기망하여 착오에 빠뜨리고 재물을 교부 받거나 또는 재산이익을 취득하는 범죄이다. 작위와 부작위로 성립한다. 부작위는 ① 결과발생, ② 일반적·개별적 가능성, ③ 부작위, ④ 동가치, ⑤ 보증인 지위, ⑥ 가설적 인과관계와 객관적 귀속, ⑦ 고의를 요건으로 한다. 이 사안 경우 **보증인 지위가 쟁점이다. 신의칙상 고지의무가 있다.** 매수인 착오를 제거할 가능성이 있음에도 이를 제거하지 않고 방치한 행위이다. 인과관계와 고의가 인정된다.

나. 한편 판례는 「초과수령액을 알면서도 돌려 주지 않은 것은 신의칙상 고지의무가 있는 자가 그 의무를 이행하지 않은 것으로 부작위 사기죄가 성립한다」고 판시한 바 있다. 별도 횡령죄는 성립하지 않는다.

다. 죄책: 부작위 사기죄가 성립한다. 소극설(점유이탈물횡령죄 성립).

〈제2문〉

甲과 乙은 후배인 V를 지속적으로 괴롭혀 왔다. **1) 2008. 3. 5. 甲과 乙은 함께 V의 자취방에서 V를 구타하다가 사망에 이르게 하였다.**^{갑-1(상해치사죄 공동정범 +,} 을-1(상해치사죄 공동정범 +) V가 사망하자 乙은 당황하여 도주하였는데, 甲은 V의 자취방을 뒤져 V명의의 **A은행 통장과 V의 주민등록증 및 도장을 훔친 후** 도주하였다. 갑-2(절도죄 +) **2) 다음 날인 3. 6. 12:00경 甲은 V의 주민등록증 사진을 자신의 사진으로 바꾸고,**갑-3(공문서위조죄 +) **같은 날 15:00경 A은행에 가서 V명의로 예금청구서를 작성하고 V의 도장을 찍어 V의 주민등록증을 제시한 후 V의 통장에서 현금 1,000만 원을 인출하였다.**갑-4(주거침입죄 +, 사문서위조죄 +, 사인부정사용죄 -, 사문서부정행사죄 +, 위조공문서부정행사죄 +, 작위 사기죄 +) **같은 해 3. 8. 甲과** 甲의 친구인 丙은 乙에게 찾아가 **A은행에서 찾은 현금 1,000만 원을 주면서**갑-5(장물양도죄 -) 乙 혼자 경찰에 자수하여 乙이 **단독으로 V를 때려 사망에 이르게 한 것이라고 진술하라고 하였다.**갑-6(범인도피교사죄 +) 만약 그렇게만 해주면 乙의 가족들에게도 상당한 금액으로 보상하고 乙이 출소하더라도 끝까지 뒤를 봐주겠다고 회유하였다.

고민하던 乙은 2008. 3. 11. 15:00경 경찰에 찾아가 자수하면서 자신이 혼자 V를 때려 사망에 이르게 한 것이라고 진술하였고, 이에 따라 2008. 4. 9. 乙만 상해치사죄로 구속 기소되었다. 하지만 乙은 제1심 공판과정에서 심경의 변화를 일으켜 사건의 진상을 털어놓았고, 검찰이 재수사에 착수하여 2008. 6. 16. 甲을 긴급체포하였다. 긴급체포 과정에서 검찰수사관은 甲의 소지품을 압수하였는데, 그 중에 V 명의의 직불카드가 있는 것을 발견하고 甲을 추궁하자 **3) 甲은 乙과 함께 2008. 2. 중순 경 V를 폭행하여 V 명의의 B은행 직불카드를 빼앗은 후 비밀번호를 알아내고 현금자동지급기에서 현금 50만 원을 인출하여 유흥비로 사용한 사실**을 털어놓았다. 갑-7(① 협의 폭행: 특수강도죄 +, 특수절도죄 +, 실체경합, ② 광의 폭행: 공동공갈죄 +), 을-2(① 협의 폭행: 특수강도죄 +, 특수절도죄 +, 실체경합, ② 광의 폭행: 공동공갈죄 +). 甲은 **2008. 7. 4. 구속 기소되어** 같은 해 **9. 3.** 제1심 법원으로부터 유죄를 선고받고 그날 항소를 포기하여 그대로 **판결이 확정되었다.** 한편 丙은 甲이 체포된 후 숨어 지내다가 2013. 4. 29. 체포되었고, **같은 해 5. 15. 검사는 丙에 대해 공소를 제기하였다.**(공범에 대한 공소제기와 시효정지 및 재판확정시기: 공소시효 -)

1. 1)의 범죄사실에 대해 甲의 변호인은 상해치사의 공동정범의 성립을 부정하고, 상해의 죄책만을 인정하려 한다. 甲의 변호인의 입장에서 그 논거를 서술하시오.^(형법 제15조 제2항 예견가능성 부정 +) (10점)

2. 2)의 범죄사실에 대한 甲의 죄책을 논하시오.^(공문서위조죄 +, 주거침입죄 +, 사문서위조죄 +, 사인부정사용죄 -, 사문서부정행사죄 +, 위조공문서부정행사죄 +, 작위 사기죄 +) (20점)

3. 3)의 범죄사실에 대한 甲과 乙의 죄책을 폭행의 정도를 구별하여 논하시오.^{甲(① 협의 폭행: 특수강도죄 +, 특수절도죄 +, 실체경합, ② 광의 폭행: 공동공갈죄 +), 을(① 협의 폭행: 특수강도죄 +, 특수절도죄 +, 실체경합, ② 광의 폭행: 공동공갈죄 +)} (20점)

4. 검사는 甲을 구속기소하면서 乙에 대하여는 기존의 공소사실에 내해 **甲과 공동하여 범행을 하였다는 취지로 내용을 변경함과 동시에 새로이 밝혀진 3)의 범죄사실을 추가하는 내용으로 공소장변경을 신청**하였다. 법원은 이에 대해 어떠한 조치를 취하여야 하는가?^(공소사실 동일성 인정 +, 공소장변경 허가 +) (10점)

5. 사건을 재수사하는 과정에서 **검사는 구속 중인 피고인 乙을 소환하여 1)과 3)의 범죄사실에 대해 신문하고 그 내용을 조서에 기재**하였다. 甲과 乙의 죄책에 대한 이 조서의 증거능력을 논하시오.^(을-피의자신문조서: 형사소송법 제312조 제1항, 제2항, 제314조 +, 갑에 대한 관계-공범에 대한 검사작성 진술조서 증거능력 형사소송법 제312조 제1항, 제2항, 제314조 +) (20점)

6. 丙의 변호인은 丙의 범죄는 공소시효가 완성되었으므로 丙에 대해서는 면소의 판결을 해야 한다고 주장하였다. 변호인의 주장은 타당한가?^(공범에 대한 공소제기와 시효정지 및 재판확정시기: 공소시효 -) (20점)

제4회 변호사시험 사례형 제2문 답안작성방법 (행위자와 행위별로 작성)

1. 주민등록증 사진 교체행위(형법 제225조 공문서위조죄 성부/검토))
2. 그 주민등록증을 제시한 행위(형법 229조 위조공문서행사죄 성부/검토)

가. 공문서위조란 공공기관 작성문서 중요 부분에 변경을 가하여 기존 문서와 동일성이 상실된 다른 문서를 만드는 것이다. 사안에서 주민등록증 사진을 교체하고, 행사하여 공문서위조죄와 위조공문서죄가 행사죄가 성립한다.

나. 판례는 「타인 주민등록증에 사진을 교체한 행위는 중요 부분에 새로운 증명력을 가지는 별개의 공문서위조죄에 해당한다」고 판시한 바 있다.

다. 죄책: 공문서위조죄와 위조공문서행사죄는 실체적 경합관계에 있다.

| 2014년도 시행 제3회 변호사시험 | 형사법 |

〈제1문〉

甲은 도박장을 직접 운영하기로 마음먹고, 단속에 대비하여 마침 직장을 잃고 놀고 있던 사촌동생 乙에게 '도박장 영업을 도와주어 용돈도 벌고, **도박장이 적발되면 내가 도망가더라도 네가 사장이라고 진술을 해달라**'고 제의하였고, ^{갑-1(범인도피} 교사죄 +, 방어권남용 +) 乙은 甲의 제의를 승낙하였다. 甲은 생활정보지에 광고하여 도박장에서 일할 종업원들을 채용하였다. 甲은 乙을 사장으로 위장하기 위하여 甲의 자금으로 乙로 하여금 직접 사무실을 임차하도록 하였다.

2013. 10. 1. 저녁 甲은 평소 알고 있던 丙 등 도박꾼들을 속칭 '대포폰'으로 연락하여 **사무실로 불러 '포커'도박을 하도록 하고**^{갑-2(도박장소개설죄 +, 상습도박교사죄 +,} 실체경합) 자릿값으로 한 판에 판돈에서 10%씩을 떼어 내었고, 乙은 **창문으로 망을 보았다.**^{을-1(도박장소개설죄 공동정범 +, 상소도박방조죄 +, 실체경합)} 丙은 도박자금이 떨어지자 옆에서 구경하고 있던 丁에게 사실은 변제할 의사가 없었지만 높은 이자를 약속하고 도박자금을 빌려달라고 하였고, 丁은^{정-1(형법 제33조 본문 상습도박방조죄 +, 형법 제33조 단} 서 단순도박죄 처벌 +) **丙이 상습도박 전과가 있음을 알면서도 丙에게 도박자금으로 300만 원을 빌려주었다.** ^{병-1(상습도박죄 +, 사기죄 +, 실체경합)}

근처 주민의 신고로 경찰관 P 등이 출동하여 乙, 丙, 丁은 현장에서 도박 등의 혐의로 현행범인 체포되었고, 甲과 다른 도박꾼들은 도망쳤다. 乙은 경찰서에서 자신이 도박장 주인이라고 하면서 도박장 등의 운영 경위, 자금 출처, 점포의 임대차 계약 경위, 종업원 채용 등에 관하여 **구체적으로 거짓말을 하였고,** ^{을-2(범인도피죄 +,} 형법 제151조 제2항 친족특례 +, 책임조각으로 무죄, 위계공무집행방해죄 −) 조사를 받은 후 체포된 다른 사람들과 함께 석방되었다.

단속 3일 후 甲이 경찰관 P에게 전화하여 불구속 수사를 조건으로 자수 의사를 밝혀오자 경찰관 P는 일단 외부에서 만나 이야기하자고 하였다. 다음 날 경찰관 P는 경찰서 밖 다방에서 甲을 만나 범죄사실의 요지, 체포의 이유와 변호인선임권을 고지하고 변명의 기회를 준 후 甲을 긴급체포하려 하였다. 그러자 甲은 '자수하려는 사람을 체포하는 법이 어디에 있느냐'고 따지며 **경찰관 P의 가슴을 밀쳐 바닥에 넘어뜨렸고, P는 넘어지면서 손가락이 골절되었다.**^{갑-3(공무집행방해죄 −, 불법긴급체포}

+, 폭행치상죄 −, 정당방위 +)

1. 甲, 乙, 丙, 丁의 죄책은? (60점)

2. 甲과 乙은 2013. 12. 2. 위 범죄사실로 서울중앙지방법원에 **불구속 기소되었고, 형사7단독 재판부에 배당**되어 제1회 공판기일이 2014. 1. 3.로 지정되었다. 수사검사는 2013. 12. 26. **서울 중앙지방법원 영장전담판사로부터 압수수색영장을 발부받아 甲의 집에서 영업장부를 압수한 후**, 그 영업장부와 압수조서를 공판기일에 증거로 제출하였다. 위 **영업장부와 압수조서는 증거능력이 인정되는가?**^{(공소} 제기후 피고인에 대한 압수수색' 기소후 수소법원이 아닌 영장전담판사 압수수색영장집행 위법 +, 위법수집증거 증거능력 −) (20점)

3. 丙과 丁은 도박 등으로 각 벌금 300만 원의 약식명령을 발령받았지만, 丙은 정식재판을 청구하면서 폭력행위등처벌에관한법률위반(집단·흉기 등 상해)로 서울중앙지방법원에서 재판 중인 자신의 사건과 병합심리를 요구하여 두 사건은 병합되었다.

   (1) 검사는 丙에 대한 도박을 상습도박으로 그 죄명과 적용법조, 범죄사실을 변경하는 공소장 변경을 하고자 한다. 그 가부와 논거는?^{(포괄일죄 상습범 공소사실 동일성} 인정 +, 공소장변경 허용 +, 불이익변경원칙: 형선고에 한함 −) (5점)

   (2) 위 (1)에서 공소장 변경이 가능하다는 전제 하에, 丙에 대한 변경된 상습도박 등 사건의 계속 중에 검사는 丙의 2013. 6. 6. **포커도박 사실을 발견하고 도박으로 같은 법원에 추가기소하였고, 이 사건은 위 상습도박 등 사건에 병합되었다.** 이 경우 **추가기소에 대하여 법원이 취할 조치는?**^{(포괄일죄 추가기소: 전} 부 심판대상 +, 공소장변경의제설(영업범) +, 석명후판단설(상습범), 공소기각설 −) (7점)

   (3) 위 300만 원의 약식명령을 발령한 판사가 위 정식재판청구로 병합된 제1심 사건의 재판을 담당한 경우, 항소이유가 되는가?^{(제척사유에 해당하지 않음, 항소이유 −,} 제1심 관여(−)와 항소심 관여(+) 구분해야 함) (8점)

〈제2문〉

甲은 친구 乙의 사기범행에 이용될 사정을 알면서도 乙의 부탁으로 **자신의 명의로 예금통장을 만들어 乙에게 양도하였고,** ^{갑-1}(사기방조죄 +, 전자금융거래법 접근매체양도·양수죄 공동정범 +) **乙이 A를 기망하여 A가 甲의 계좌로 1,000만 원을 송금하자** ^{을-1}(전자금융거래법 접근매체양도·양수죄 공동정범 +, 사기죄 기수 +) **甲은 소지 중이던 현금카드로 그중 500만 원을 인출하여 소비하였다.** ^{갑-2}(사기피해자 A에 대한 횡령죄 +(갑과 을이 공동정범과 공범이 아닌 경우), 을에 대한 횡령죄 -: 대법원 2018.7.19. 선고 2017도17484 전원합의체 판결) 乙이 甲에게 전화하여 자신 몰래 돈을 인출한 데 대해 항의하자 甲은 그 돈은 통장을 만들어 준 대가라고 우겼다. 이에 화가 난 乙은 **甲을 살해할 의사로 甲의 집으로 가 집 주변에 휘발유를 뿌리고 불을 질렀으나, 갑자기 치솟는 불길에 당황하여 甲에게 전화해 집 밖으로 빠져 나오게 하였고, 甲은 간신히 목숨을 건질 수 있었다.** ^{을-2}(현주건조물방화죄 +, 살인죄 장애미수 +, 상상적 경합)

甲은 乙이 자신을 살해하려고 한 사실에 상심한 나머지 **술을 마시고 혈중알코올농도 0.25%의 만취상태에서 승용차를 운전하여 乙의 집으로 가다가 보행신호에 따라 횡단보도를 걸어가고 있는 B를 승용차로 치어 B가 중상을 입고 도로 위에 쓰러졌다.** ^{갑-3}(도로교통법 음주운전죄 +, 특정범죄가중처벌법률 위험운전치상죄 +, 실체경합) 甲은 사고 신고를 받고 긴급출동한 경찰관 P에 의해 사고현장에서 체포되었고, **B는 사고 직후 구급차에 실려 병원으로 후송되던 중 구급차가 교차로에서 신호를 무시하고 지나가는 트럭과 부딪혀 전복되는 바람에 그 충격으로 사망하고 말았다.** ^{갑-3}(특정범죄가중처벌법률 위험운전치사죄 -, 인과관계 -)

경찰의 수사를 피해 도피 중이던 乙은 경찰관인 친구 C에게 전화를 걸어 자신에 대한 **수사상황을 알아봐 달라고 부탁하였고,** ^{을-3}(공무상비밀누설죄 -, 누설받은행위 -: 대향범 필요적 공범의 내부자 상호간 공범규정 적용 -) C는 甲이 체포된 사실 및 甲 명의의 예금계좌에 대한 계좌추적 등의 **수사상황을 乙에게 알려 주었다.** ^{C-1}(공무상 비밀누설죄 +) 한편, 甲의 진술을 통해 乙의 범행을 인지한 경찰관 P는 乙이 은신하고 있는 호텔로 가서 **호텔 종업원의 협조로 乙의 방 안에 들어가** 甲 등 **타인 명의의 예금통장 십여 개와 乙이 투약한 것으로 의심되는 필로폰을 압수한 후,** ^① 긴급체포요건 +, 압수적법성요건 -, 예금통장 위법수집증거 -, 증거능력 -, ^② 긴급체포 +, 압수적법성요건 -, 필로폰 위법수집증거 -, 증거능력 -) 호텔에 잠복하고 있다가 외출 후 호텔로 돌아오는 **乙을 긴급체포하였다.**

1. 甲, 乙의 죄책은? (60점)

2. 경찰관 P가 乙에 대하여 한 긴급체포와 예금통장 및 필로폰 압수는 적법한가?^①

   _{긴급체포요건 +, 압수적법성요건 -, 예금통장 위법수집증거 -, 증거능력 -, ② 긴급체포 +, 압수적법성요건 -, 필로폰 위법수집증거 -, 증거능력 -)} (15점)

3. 검사 S는 甲의 교통사고 현장을 목격한 **일본인 J에게 참고인조사**를 위해 출석을 요구하였으나 J는 불응하면서 일본으로 출국하려 하고 있다. 이 경우 **검사 S가 J의 진술을 확보하기 위해 취할 수 있는 조치는?**^(증인신문청구 +, 증거보전 청구 +) (10점)

4. 검사 S가 검찰수사관 T의 참여 하에 甲과 乙에 대해 피의자신문을 실시하고 甲과 乙의 진술을 영상녹화하였는데, 乙은 공판정에서 자신에 대한 피의자신문조서의 진정성립을 부인하고 있다. 이 경우 법원은 **乙의 진술을 녹화한 영상녹화물, 검찰수사관 T의 증언 그리고 사기범행 가담을 시인하는 甲의 법정진술을 乙에 대한 유죄의 증거로 사용할 수 있는가?**^{(영상녹화물 을에 대한 독립증거사용불가 -, 조사자증언 을에} _{대한 피의자신문조서 실질적 진정성립 대체증명불가 -, 공범자 법정진술 유죄증거사용 +)} (15점)

제3회 변호사시험 사례형 제2문 답안작성방법(행위자와 행위별 작성)

1. 만취상태에서 운전하여 B를 치어 중상을 입힌 행위(그 후 B가 구급차에 실려 병원으로 후송되던 중 신호를 무시한 트럭과 충돌하여 사망하게 됨) (특정범죄 가중처벌 등에 관한 법률 제5조의11 위험운전치사상, 도로교통법 제44조 제1항, 제4항, 제148조의2 제1항 음주운전 성부/검토)

가. 위험운전치사죄와 인과관계

구급차의 교통사고로 B가 사망한 것은 비유형적 인과관계이다. 비유형적인 경우 객관적 예견가능성이 없는 우연한 결과로 객관적 귀속이 부정된다.

나. 위험운전치상죄 성립 여부

신호를 무시한 트럭과의 교통사고는 제3자인 트럭운전사인 제3자의 고의, 중과실에 의한 추가적인 위험실현으로 볼 수 있다. 객관적 귀속이 부정되어 위험운전치사의 구성요건해당성이 없다. 위험운전치상 구성요건해당성이 인정된다.

다. 음주운전 성립 여부

누구든지 술에 취한 상태에서 자동차 등을 운전하여서는 아니 된다. 음주운전죄가 성립한다.

라. 죄책: 위험운전치상죄와 음주운전죄는 실체적 경합 관계이다.

2013년도 시행 제2회 변호사시험	형사법

〈제1문〉

(1) 甲은 같은 동네에 혼자 사는 A가 평소 집안 장롱에 많은 금품을 보관한다는 사실을 알고 학교 후배인 乙, 丙에게 A의 집에 들어가 이를 훔쳐서 나누어 갖기로 제안하고 乙, 丙은 이에 동의했다. 甲은 A의 평소 출퇴근 시간을 관찰한 결과 A가 오전 9시에 출근하여 오후 7시에 귀가하는 것을 알게 되었다. 범행 당일 정오 무렵 甲은 **乙, 丙에게 전화로 관찰 결과를 알려준 뒤** 자신은 동네 사람들에게 얼굴이 알려져 있으니 현장에는 가지 않겠다고 양해를 구하였다. 乙과 丙은 甲의 전화를 받은 직후 A의 집 앞에서 만나 함께 담장을 넘어 **A의 집에 들어가**^{갑-1(폭력행위처벌법 공동주거침입죄 +), 을-1(폭력행위처벌법 공동주거침입죄 +), 병-1(폭력행위처벌법 공동주거침입죄 +)} 장롱에 보관된 **자기앞수표 백만 원권 3장을 가지고 나와**^{갑-1(특수절도죄 공동정범 +), 을-1(특수절도죄 +), 병-1(특수절도죄 +)} 甲의 사무실에서 한 장씩 나누어 가졌다. 甲은 위 수표를 **애인 丁에게 맡겼는데 丁은 이를 보관하던**^{정-1(장물보관죄 +)} 중 甲의 승낙을 받지 않고 생활비로 소비하였다.^{정-2(① 도품임을 안 경우 장물보관죄 -, 이후 소비행위 불가벌적 사후행위 +, 횡령죄는 불성립 +), ② 도품임을 모른 경우 위탁보관자로 횡령죄 +)}

(2) A는 자기 집에 들어와 자기앞수표를 훔쳐 간 사람이 같은 동네에 사는 甲과 그의 학교 후배 乙, 丙이라는 사실을 확인하고 甲, 乙, 丙을 관할 경찰서에 고소하였다. 사법경찰관 P는 丙이 사촌동생이므로 甲, 乙, 丙에 대하여 불구속 수사를 건의하였으나 검사는 모두 구속 수사하도록 지휘하였다. P는 검사의 수사지휘를 받은 직후 사촌동생인 丙에게 전화를 하여 빨리 **도망가도록 종용하였다.**^{P-1(범인도피죄 +)} 甲, 乙만이 체포된 것을 수상하게 여긴 검사는 P의 범죄사실을 인지하고 수사한 결과 P를 직무유기죄로 불구속 기소하였다. 법원은 P에 대한 공소사실을 심리하던 중 P의 공소사실은 범인도피죄에 해당된다고 판단하였으나, **검사에게 공소장 변경을 요구하지 않고 P에게 징역 6월을 선고하였다.** P와 검사는 이에 불복하여 각각 항소하였다.

(3) 한편, P에 대한 직무유기 피고사건에 대한 공판이 진행되던 중 P는 유죄판결이 확정되면 파면될 것이 두려워 **사촌동생 丙에게 자신이 도망가라고 전화한 사실이 없다고 증언하도록 시켰다.**^{P-2(위증교사죄 +, 형법 제33조 본문 +)} 재판장

은 丙이 P의 친척이라는 사실을 간과하고 **증언거부권을 고지하지 않은 상태에서** 증언을 하도록 하였다. 丙은 증인선서 후 "경찰에서 수사를 받던 중 P와 단 한 번도 전화통화를 한 사실이 없다."라고 **거짓으로 증언하였다.**[병−2(위증죄 +, 사실상 장애사유 없음)]

1. 사례 (1)에서 **甲, 乙, 丙, 丁의 죄책**은? (35점)

2. 사례 (3)에서 **P와 丙의 죄책**은? (25점)

3. 사례 (1)에서 甲, 乙, 丙이 공범으로 병합기소되어 재판을 받던 중 **검사는 甲을 乙, 丙에 대한 증인으로 신문하려고 한다.** 법원은 甲을 증인으로 신문할 수 있는가?[공범인 공동피고인 경우 법정진술 증거능력 +, 다만 증인신문 경우 소송절차분리해야 증인적격 +] 甲이 乙, 丙의 사건에 대한 증인으로 소환된 경우, 甲은 증언을 거부할 수 있는가? [갑은 공범관계에 있는 을과 병에 대해 증언신문시 증언거부권 인정 +, 자기에게 불리한 유죄판결 염려가 있음 +]

(15점)

4. 사례 (2)에서 법원이 검사에게 P에 대한 공소장 변경을 요구하지 않고 유죄판결한 것은 적법한가?[① 법원재량설: 유죄판결 적법 +, ② 법원예외적의무설: 유죄판결 위법 −] (10점)

5. 사례 (2)에서 검사는 P를 범인도피죄로 다시 기소할 수 있는가?[공소사실 동일성 인정 +, 공소장 변경 가능함 +, 그러나 유죄판결 확정시 일사부재리(기판력)로 다시 기소 불가능함] (15점)

제2회 변호사시험 사례형 제2문 답안작성방법(행위자와 행위별 작성)

1. 갑이 경로를 알려주고 을과 병이 담장을 넘어 A의 집에 들어간 행위(폭처법 제2조 제1항 공동주거침입죄 성부/검토)

2. 을과 병이 자기앞수표 백만원권 수표 3장을 가져나온 행위(형법 제331조 특수절도죄), 갑이 절취한 백만원권 수표 1장을 받은 행위(형법 제30조)

가. 을과 병은 폭처법 공동주거침입죄가 성립한다.

나. 을과 병은 특수절도죄가 성립한다. 합동범(현장설)이다. 시간적 장소적 협동관계가 있다. 현장에서 공동의사로 기능적으로 행위를 분담한 것이다.

다. 갑은 특수절도죄 공동정범이 성립한다. 판례도 「절도 공모 후, 현장에 없었더라도, 범인과 마찬가지로 범행을 하였다고 평가할 수 있다면, 합동절도 공동정범이 성립한다」고 판시하였다. 양죄는 실체적 경합관계이다.

〈제2문〉

甲은 친구인 乙로부터 "丙이 송년회라도 하자며 술을 사겠다고 하니 같이 가자."라는 전화를 받고, 자신의 승용차에 乙을 태우고 약 5킬로미터 가량 떨어진 노원역 교차로 부근으로 가서 丙을 만났다. 그러자 丙은, "사실 돈이 없다. 취객을 상대로 돈을 훔쳐 술 먹자."라고 제의하였다. 甲은 농담을 하는 줄 알았으나, 乙과 丙이 그동안 몇 차례 취객을 상대로 절취행각을 한 사실을 알게 되었다. **甲은 "나는 그렇게까지 해서 술 마실 생각이 없다." 라고 거절하자,**^{갑-1(특수강도죄 −), 실행착수전 공모관계 이탈함, 특수강도방조죄 −)} 乙과 丙은 "그럼 너는 승용차에 그냥 있어라." 하고 떠났다.

乙과 丙은 마침 길바닥에 가방을 떨어뜨린 채 2~3미터 전방에서 구토하고 있는 취객을 발견하고, 乙은 그 **취객을 발로 차 하수구로 넘어지게 하고 丙은 길에 떨어져 있던 가방에서 돈을 꺼냈다.**^{을-1(특수강도죄 +), 병-1(특수강도죄)}

이를 지켜보던 사법경찰관 P1과 P2가 다가와 乙과 丙을 현행범으로 체포하려 하자 이 두 사람이 甲이 있는 승용차로 도망가다가 붙잡혔다. 경찰관들은 승용차 운전석에 있던 甲도 체포하여 신원을 조회한 결과 **甲이 자동차 운전면허 정지기간 중인 자임을 알게 되었다.**^{갑-2(도로교통법 무면허운전죄 +)}

당시 P1과 P2는 강절도범특별검거지시가 있어 순찰하다가 **그 취객을 발견하고도 구호조치를 하지 않은 채 잠복근무 중,**^{P-1(직무유기죄 공동정범 +), P-2(직무유기죄 공동정범 +)} 乙과 丙이 범행하는 것을 기다렸다가 때마침 체포한 것이었다.

甲과 乙은 경찰에서 "우리들은 골프장을 건설하기 위해 수십억 원이 넘는 임야를 소유하고 있는데 왜 그런 짓을 하겠느냐."라고 하면서 등기부와 매매가격 10억 원의 매매계약서를 제시하였고, 丙은 "떨어진 지갑을 주웠을 뿐이다."라고 변명하였다.

이에 P1은 임야의 매수 과정을 확인하기 위해 매도인 丁을 불러 조사한 결과, **丁의 이름으로 명의 신탁된 A의 임야를 甲과 乙에게 매도**^{갑-3(횡령죄 −), 을-2(횡령죄 −), 정-1(횡령죄 −)} 한 사실을 확인하고, 丁으로부터 **매도 경위에 관한 자술서를** 제출받았다.

계속해서 丁은, 甲과 乙이 자신을 설득하면서 '고위공직자 A가 부정 축재한 사실을 들어서 잘 알고 있다. 고소하지 못하도록 알아서 처리하겠다'고 말한 취지의 3자 간 대화를 녹음한 녹음테이프를 제출하였다.

뒤늦게 매도 사실을 안 A가 丁을 고소하려 하자, 甲은 **A에게 휴대전화로 "고소를 포기해라. 부정 축재한 사실을 폭로할 수도 있다."라는 문자메시지를 수회 반복하여 발송하였다.** ^{정-1(강요미수죄 +, 정보통신망 및 정보보호법 위반죄 +, 실체경합)} A는 이에 대해 별로 개의치 않았으나, 丁이 다칠 것을 염려하여 고소를 하지 않았다.

甲과 乙은 공판정에 제출된 녹음테이프에 관하여 "우리들은 녹음에 동의한 적도 없고, 성립의 진정도 부정한다."라고 진술하자, 丁은 "내가 직접 녹음한 그 테이프가 맞다. 그러나 위 임야는 원래 내 땅이었다."라고 범행을 부인하면서 A를 증인신청하였다.

한편, 증인 A는 경찰에서 한 1차 진술과는 달리 "그 땅은 내 땅이 아니고, 丁의 땅이다."라고 **허위의 진술을 하였다.** ^(A-1 위증죄 +) 그러자 검사는 A를 불러 재번복하는 취지의 **2차 진술조서를 작성**하였다. ^(공소제기 후 검사작성 진술조서 증거능력 -)

1. 甲, 丙, 丁의 형사책임을 논하라.(부동산 관련 특별법 위반의 점은 제외함) (55점)
2. 甲에 대한 범행을 입증하기 위해 검찰이 제출한 녹음테이프, ^(3자간 대화녹음 증거능력 +, 원본 +, 형사소송법 제313조 요건 충족 할 경우 증거능력 +) 丁이 작성한 자술서, ^(형사소송법 제312조 제5항·제3항) A에 대한 검사 작성의 2차 진술조서의 증거능력을 논하라. ^(공소제기 후 검사 작성 진술조서 증거능력 -) (20점)
3. 1심에서 丁에 대한 단순횡령죄로 기소하여 단독 재판부에서 유죄판결을 받은 후 항소심인 지방법원 합의부에서 재판 도중 검사는 특정경제범죄가중처벌법위반(횡령)으로 공소장 변경신청을 하였다. 그 이후의 법원의 조치 내용은 무엇인가? ^(공소사실 동일성 인정 +, 항소심에서도 공소장변경 가능함 +, 공동법원으로 이송 +) (10점)
4. 피고인 甲, 乙, 丙의 변호인은 "이 건 체포는 함정수사이다."라고 주장하면서 경찰관 P1을 증인으로 조사하여 달라고 신청하자 법원은 기각하였다. 변호인 주장의 당부와 법원의 기각결정에 대한 불복방법은 무엇인가? ^(함정수사 -, 항고 =, 이의신청 -) (15점)

〈제1문〉

　甲은 2011. 12. 1. 14:00경 서울 서초구 서초동 123에 있는 서초편의점 앞 길에서 그곳을 지나가는 부녀자 A의 핸드백을 열고 **신용카드 1장과 현금카드 1장이 들어 있는 손지갑 1개를 꺼내던 순간**^{갑-1(절도죄 +)} 이를 눈치챈 A가 "도둑이야."라고 소리치자 위 손지갑을 가지고 그대로 도주하였다. 이에 A는 마침 그곳을 순찰하던 정복 착용의 서초경찰서 서초지구대 소속 경찰관 P1과 함께 甲을 붙잡기 위하여 쫓아갔고, 甲은 이를 피해 계속 도망하다가 대전교도소에서 함께 복역한 적이 있던 乙을 만났다. 甲은 乙에게 사정을 이야기하고 도와달라고 부탁하였고 乙은 이를 승낙하여 **甲과 乙은 그곳 길바닥에 있던 깨진 소주병을 한 개씩 들고 甲을 체포하기 위하여 달려드는 경찰관 P1의 얼굴을 찔러**^{갑-1(준강도죄 +)} **약 4주간의 치료를 요하는 안면부 열상을 가했다.** ^{갑-1(특별관계: 강도상해죄 공동정범 +, 특수공무집행방해치상죄} 공동정범 +, 상상경합, 을-2 가담이후 특수공무집행방해치상죄 공동정범 +, 범인도피죄 +, 절도범행을 안 경우 절도죄 +, 상상경합) 그런 다음 甲은 도주하였고, 乙은 그곳에서 현행범으로 체포되었다.

　2011. 12. 1. 15:00경 甲은 집으로 가는 길에 **A의 신용카드를 이용하여 의류가게에서 50만 원 상당의 의류를 구입하고,**^{갑-2(신용카드부정사용죄 +, 사문서위조와 사문서행사죄} 는 흡수됨, 사기죄 +) 부근 신한은행 **현금자동지급기에서 A의 현금카드를 이용하여 현금 100만 원을 인출**하였다.^{갑-3(절도죄 +, 신용카드부정사용죄 -)}

　위 사건을 수사하던 서초경찰서 소속 경찰관 P2는 2011. 12. 1. 21:00경 甲이 살고 있는 집에서 25미터 정도 떨어진 곳에서 외출하러 나오는 甲을 발견하고 긴급체포하였다. **경찰관 P2는 그 직후 긴급체포한 甲을 그의 집으로 데려가 그의 방 책상 서랍에 있던 A의 신용카드를 압수하였고 그 후 적법하게 그 신용카드에 대한 압수수색영장을 발부받았다.** ^{(형사소송법 제217조 제1항 긴급체포 후 영장 없이 한 적법한 압수 +,} 48시간 내 사후영장 +, 증거능력 +)

　검사는 甲과 乙을 병합하여 공소를 제기하였다.

1. 위 사안과 관련하여 甲의 죄책을 논하시오. (30점)
2. 위 사안과 관련하여 乙의 죄책을 논하시오. (30점)

3. 甲이 공판 과정에서도 범행 일체를 부인하자 검사는 **甲의 주거지에서 압수한 A의 신용카드를 증거물로 제출**하였다. 검사가 제출한 그 신용카드의 증거능력 유무 및 그 근거에 대하여 논하시오.^(형사소송법 제217조 제1항 긴급체포 후 영장 없이 한 적법한 압수 +, 48시간 내 사후영장 +, 증거능력 +)(20점)

4. 제1심 법원은 甲에 대하여 현금카드를 사용하여 현금을 인출한 행위에 대하여는 무죄를 선고하고, 나머지 공소사실에 대하여는 모두 유죄로 인정하고 징역 5년을 선고하였다. 검사만 위 무죄 선고 부분에 대하여 항소하였다. 항소심 법원이 검사의 위 항소가 이유있다고 판단하는 경우 항소심의 심판범위 및 조치에 대하여 논하시오.^(일부 항소 +, 절도죄에 대해 항소할 수 있음, 항소심 절도죄만 파기 유죄 선고 +, 형법 제39조 제1항 양정 +)(20점)

제1회 변호사시험 사례형 제1문 답안작성방법 (행위자와 행위별로 작성)

1. 절도미수범인 갑과 을이 경찰관 P1얼굴을 깨진 소주병으로 가격한 행위(형법 제337조 강도상해죄와 형법 제144조 제2항 특수공무집행방해치상죄 성부/검토)

가. 형법 제337조 강도상해죄는 강도가 강도 기회에 상해를 가한 경우 성립한다. 강도에 준강도도 포함된다. 준강도란 절도기수 또는 절도미수범이 체포면탈로 폭행을 가한 경우 성립한다. 이 사안에서 **절도범 갑이 체포면탈목적으로 을과 함께 흉기를 사용하여 상해를 가한 것이다. 강도상해죄가 성립한다.**

나. 한편 판례는 『갑과 을이 서로 폭행에 공동의사가 없다고 하더라도 예견 가능한 경우 준강도의 공동정범을 인정한다. 그리고 처음 흉기를 가지지 않아도 **폭행할 때 비로소 흉기를 사용하게 된 경우도 준강도가 성립된다**』고 판시한 바 있다.

다. 형법 제144조 제2항 특수공무집행방해치상죄는 위험한 물건을 휴대하여 직무를 집행하는 공무원을 폭행 또는 협박하여 상해를 입힌 때 성립한다. 이 사안에서 **깨진 소주병은 위험한 물건에 해당**한다. 깨진 소주병으로 경찰관 P1을 찔러 상해를 입혔으므로 **특수공무집행방해치상죄가 성립**한다.

라. 한편 판례는 『특수공무집행방해치상죄는 중한 결과발생에 과실뿐만 아니라, 고의도 포함되는 부진정결과적가중범』이라고 판시한 바 있다.

마. 죄책: **형법 제144조 제2항 특수공무집행방해치상죄와 제337조 강도상해죄가 성립한다.** 양죄는 상상적 경합관계에 있다. 강도상해죄의 형이 더 무겁기 때문이다. 판례는 『부진정결과적가중범의 경우 더 무겁게 처벌하는 규정이 있는 경우 상상적 경합관계에 있지만, 가벼운 경우 결과적 가중범만 성립한다』고 판시한 바 있다.

〈제 2 문〉

고소인 甲은 서초경찰서에 '피고소인 乙은 고소인에게 상해보험금이라도 타서 빌려준 돈을 갚으라고 하면서 고소인의 쇄골을 골절해서 4주간의 상해를 입혔다. 그런데 뜻대로 안 되니까 이제는 돈을 갚으라고 협박하고 있다.'는 내용으로 **고소하였다.** ^{갑-1(무고죄 -, 진실사실 신고 -)}

이를 접수한 사법경찰관 P1은 법원으로부터 영장을 받아 사채업자 乙의 사무실을 압수·수색하였다. 그 결과 甲 명의의 전세계약서, 소비대차계약서, 상해보험증권과 **乙 소유의 비망록,** ^{(진술서(피고인 진술을 기재한 서류): 형사소송법 제313조 제1항 단서 +, 제318조} ^{증거동의 +, 제315조 제2호 +)} 회사 영업장부 등을 압수하였다. 압수한 자료를 검토하던 사법경찰관 P1은 乙에게 "보험금을 청구했느냐?"라고 묻자, "교통사고를 가장해서 보험금을 청구해 보려고 했는데, 甲이 차마 더 이상 못하겠다고 해서 포기했다. 甲이 스스로 보험에 가입하였고, **甲이 승낙하여 상해를 입힌 것이다.**"^{을-1(상해죄 +, 피} ^{해자 승낙 -)} "오히려 내가 피해자다. 甲에게 돈을 빌려 주었는데 **담보로 받은 전세계약서**가 위조되었다."고 주장하였다.

대질과정에서 甲은 **전세계약서의 보증금란에 기재된 2,000만 원을 5,000만 원으로 고쳐 위조** ^{갑-2(사문서변조죄 +, 변조사문서행사죄 +, 사기죄 +, 실체경합)} 한 것은 사실이라고 자백하였다. 그리고 甲은, 乙이 **'돈을 갚지 않으면 아들을 등교 길에 유괴할 수도 있다.'는 등으로 협박** ^{을-2(공갈미수죄 +, 정보통신망 및 정보보호법 제74조 위반죄 +, 사회상규 -)} 한 전화 통화내용을 직접 녹음한 테이프와 乙이 보낸 핸드폰 메시지를 촬영한 사진 20매를 증거로 제출하였다.

P1은 乙에게 소주라도 한잔하자면서 경찰서 주변 식당으로 乙을 데리고 가 비망록에 '구청직원 접대' 부분을 지적하면서, "접대를 한 구청직원이 누구이고, 왜 접대를 한 것이냐? 앞으로 내가 잘 챙겨 주겠다."는 등으로 설득을 하였다. **당시 진술거부권의 고지는 없었다.** ^(위법수집증거 증거능력 -)

더 이상 버틸 수 없다고 생각한 乙은 "사실은 사건 **브로커 丙에게 3,000만 원을 주어 구청직원에게 대부업에 대한 행정단속 등에 편의를 봐 달라는 부탁을 하고 돈을 전달하게 했는데,** ^{을-3(제3자뇌물교부죄 +, 뇌물공여죄 -), 병-1(제3자뇌물취득죄 +)} 돈을 주었는지는 모르겠다."고 진술하였다. 경찰서로 복귀한 후 P1은 乙에 대한 피의자신문조서를 작성하고, 돈을 건네 준 丙을 소환하여 조사하였다. 丙은 **"乙에게서 3,000만 원을 받아 丁에게 전액 전달하였다."고 자백하였다.** ^{을-3(제3자뇌물교부죄 +), 정}

−1(특정범죄가중법 뇌물수수죄 +, 3.000만원 이상) 이에 P1은 구청직원 丁을 소환하여 조사하였는데 丁은 범행 일체를 부인하였다.

검찰에서 甲, 乙과 丙은 경찰에서 한 진술과 같이 모두 자백하였으나, 丁은 일관되게 "친구인 丙으로부터 청탁을 받은 적은 있으나 돈은 결코 받지 않았다."고 주장하였다. **검찰에서의 피의자 신문과정에서는 진술거부권이 적법하게 고지되었고, 변호인이 참여한 상태에서 조사가 이루어졌다.**(적법수집증거 +, 독수과실이론 +, 증거능력 +)

제1회 공판기일에 피고인 甲은 자백하였으나, 乙과 丙은 검찰진술을 번복하면서 검사가 작성한 피의자신문조서의 진정 성립을 부정하였고, 丁은 일관되게 범행을 부인하였다.

1. 甲과 乙의 형사책임을 논하시오. (35점)

2. 丙과 丁의 형사책임을 논하시오. 이 경우 丁에게 뇌물이 전액 전달된 것임을 전제로 한다. (15점)

3. 다음의 각 증거들에 대한 증거능력을 부여하기 위한 요건은 무엇인가? (35점)

    (1) P1이 압수한 비망록(진술서(피고인 진술을 기재한 서류): 형사소송법 제313조 제1항 단서 +, 제318조 증거동의 +, 제315조 제2호 +)

    (2) 乙이 부동의 한 甲이 제출한 녹음테이프와 핸드폰 메시지를 촬영한 사진(본래증거 +, 원본 +, 원본 내용 그대로 복사 +, 증거능력 +)

    (3) 진술을 번복하는 乙에 대한 검사 작성의 피의자신문조서① 을에 대한 증거능력(형사소송법 제312조 제1항 증거능력 −, 제2항 증거능력 +), ② 병과 정에 대한 증거능력(형사소송법 제312조 제4항 증거능력 +, 제318조 증거동의 증거능력 +)

4. 丙의 변호인은 乙의 자백이 위법하게 수집한 것으로 증거능력이 없다고 주장한다. 경찰(위법수집증거 증거능력 −)과 검찰(적법수집증거 +, 독수과실이론 +, 증거능력 +)에서 한 자백을 각각 나누어 그 주장의 당부를 논하시오. (15점)

제1회 변호사시험 사례형 제1문 답안작성방법 (행위자와 행위별 작성)

1. 절취한 A의 신용카드로 신한은행 현금자동지급기에서 A의 현금카드를 이용하여 현금 100만 원을 인출한 행위(여신전문금융업법 제70조 제1항 제2호 신용카드부정사용죄, 형법 제329조 절도죄 성부/검토)

가. 갑이 A로부터 절취한 신용카드를 부정사용하였다. 부정사용이란 도난된 신용카드를 본래의 용법에 맞게 사용한 행위를 말한다. 고의가 있다.

나. 갑은 현금 100만원을 신한은행 현금자동지급기에서 A의 현금카드를 이용하여 인출하였다. **현금자동지급기 관리자의 의사에 반하여 그의 지배를 배제하고 그 현금을 자기의 지배하에 옮겨 놓는 것**이기 때문이다. 재산권 침해가 있고, 인과관계와 객관적 귀속이 인정된다. 고의와 불법영득의사가 있다. **절도죄가 성립한다.**

다. 여신전문금융업법 제70조 제1항 제2호 신용카드부정사용죄가 성립한다. 또한 형법 제329조 절도죄가 성립한다. 양죄는 **실체적 경합관계에 있다.**

제1회 변호사시험 사례형 제2문 답안작성방법 (행위자와 행위별 작성)

1. 을이 사건 브로커 병에게 3,000만원을 주어 구청직원에게 대부업에 대한 행정단속 등에 편의를 봐달라는 부탁을 하고 돈을 전달한 행위(특정범죄가중처벌등에 관한 법률 제2조, 형법 제133조 제2항 제3자 뇌물교부죄(증뇌물전달죄) 성부/검토)

가. 을은 제3자에게 금품, 3,000만원을 교부한 행위이다. **구청직원에게 대부업에 대한 행정단속 등에 편의를 봐달라는 부탁을 하고 돈을 병에게 전달한 행위이다.** 뇌물은 직무관련성이 있어야 한다.

나. 을은 사건 브로커 **병에게 3,000만원을** 주어 구청직원 정에게 대부업에 대한 편의를 봐달라고 부탁하였고, 돈을 전달하게 하였는데, 정의 경우 행정단속 등의 직무와 관련되어 교부된 것이므로 뇌물에 해당한다. 을의 행위는 뇌물교부죄의 기수에 해당한다. 고의와 증뢰할 목적이 있다.

다. 죄책: **특정범죄가중처벌등에관한법률 제2조**(형법 제133조 제2항의 제3자 뇌물교부죄(증뇌물전달죄)가 성립한다)로 가중처벌된다.

부록 1

범죄체계도

범죄체계도 1
-작위범-

[선택형] 2016 제5회 변시 선택 3

甲은 자기 부인을 희롱하는 이웃 남자를 살해할 의사로 머리를 돌로 내리쳐(제1행위) 피해자가 뇌진탕 등으로 인하여 정신을 잃고 축 늘어지자 그가 죽은 것으로 오인하고 증거를 인멸할 목적으로 피해자를 개울가로 끌고 가 땅에 파묻었는데(제2행위) 후에 실제로는 질식으로 인한 사망으로 밝혀졌다. 이에 관한 설명 중 옳지 않은 것은?

A. 살해할 의사로 머리를 돌로 내리치고 개울가 땅에 파묻은 행위

Ⅰ. 형법 제250조 제1항 살인죄 구성요건해당성 검토

1. 객관적 구성요건해당성 검토
(1) 행위주체: 甲
(2) 행위객체: 이웃 남자
(3) 행위: 살해. 돌로 내리침. 땅에 파 묻음
(4) 결과: 사망
(5) 인과관계와 객관적 귀속: 위험발생+위험창출

2. 주관적 구성요건해당성 검토(형법 제13조)
(1) 고의: 구성요건실현 인식과 의사(+)
(2) 특별한 주관적 불법(초과주관적요소)
   • 불법영득의사 또는 불법이득의사
   • 목적

Ⅱ. 위법성 검토

1. 형법 제21조 정당방위
2. 형법 제22조 정당화적 긴급피난
3. 형법 제23조 자구행위
4. 형법 제24조 피해자의 승낙
5. 형법 제20조 정당행위(사회상규 검토)
6. 형법 제310조 명예훼손죄 위법성조각사유

7. 형법 제246조 제1항 도박죄 위법성조각사유

Ⅲ. 책임 검토

1. 책임무능력
(1) 형법 제9조 형사미성년자
(2) 형법 제10조 제1항 책임무능력
(3) 형법 제10조 제2항 한정책임무능력
(4) 형법 제10조 제3항 원인에 있어서 자유로운 행위(책임무능력을 스스로 야기한 사람에게 책임능력 인정)
(5) 형법 제11조 농아자

2. 특별한 책임표지
   • 형법 제251조 영아살해죄: 특히 참작할 만한 동기

3. 책임고의: 위법성 인식
(1) 금지규범 착오
(2) 허용규범 착오
(3) 위법성조각사유전제사실(허용구성요건) 착오
   • 형법 제16조 고의 책임(엄격책임설, 무죄)
   • **형법 제14조 과실 책임(제한책임설, 무죄) 법효과 제한적 책임설**, 제13조 유추적용설

4. 그 외 면책적 책임조각사유 검토
(1) 형법 제12조 강요된 행위
(2) 형법 제22조 제1항 면책적 긴급피난
(3) 형법 제21조 제3항 과잉방어

Ⅳ. 그 밖에 범죄성립요건

(1) 객관적 처벌조건
   • 사전수뢰죄(형법 제129조)
     공무원 또는 중재인이 된 사실
(2) 인적 처벌조각사유 부존재

Ⅴ. 죄책
甲의 행위는 형법 제251조 제1항 살인죄 구성요건을 충족하며, 위법하고, 책임이 있다. **쟁점은 고의와 착오이다. 전 과정을 개괄적으로 보면, 살해라는 처음에 예견된 사실이 결국 실현된 것이다. 甲은 살인죄가 성립한다. 개괄고의, 대법원 판례의 입장이다.**

범죄체계도 2
－부작위범－

02 [선택형] 2018 제7회 변시 선택 6

신장결핵을 앓고 있는 甲이 乙보험회사가 정한 약관에 신장결핵을 포함한 질병에 대한 고지의무를 규정하고 있음을 알면서도 이를 고지하지 아니한 채^{부작위} 기망행위+ 그 사실을 모르는 乙보험회사와 그 질병을 담보하는 보험계약을 체결한 후^{보증인지위/계약}+ 신장결핵의 발병을 사유로 하여 보험금을 청구하여 수령^{손해발생}+한 경우, 甲에게는^{부작위에 의한} 사기죄가 성립한다.

A. 질병 미고지 후 보험계약하고 보험금 청구 후 수령한 행위

Ⅰ. 형법 제347조 제1항, 제18조 부작위 사기죄 구성요건해당성 검토

1. 객관적 구성요건해당성 검토
(1) 행위결과: 재산권 침해(손해발생/청구금액)
(2) 행위가능: 질병고지 가능성(일반·개별가능+)
(3) 행위: 미고지
(4) 동가치: 기망·착오·처분·교부
(5) 보증인 지위: 계약
(6) 인과관계와 객관적 귀속: 위험발생+위험창출

2. 주관적 구성요건해당성 검토(형법 13조)
(1) 고의: 구성요건실현 인식과 의사(+)
(2) 특별한 주관적 불법(초과주관적요소)
　• 불법영득의사

Ⅱ. 죄책

사기죄가 성립한다.

범죄체계도 3
－부작위범－

03 [선택형] 2014 제3회 변시 선택 7

매매 대상 토지에 대하여 도시계획이 입안되어 협의 수용될 것을 알고 있는 매도인이^{보증인지위/계약}+ 이러한 사실을 모르는 매수인에게 이 같은 사실을 고지하지 아니하고^{기망행위}+ 매도하였더라도 매수인에게 소유권이전등기가 완료되었다면^{손해발생}+ 부작위에 의한 사기죄가 성립하자 않는다.^{사기죄가 성립한다.}

A. 토지수용사실 미고지 후 토지매매한 행위

Ⅰ. 형법 제347조 제1항, 제18조 부작위 사기죄 구성요건해당성 검토

1. 객관적 구성요건해당성 검토
(1) 행위결과: 재산권 침해(손해발생/매매대금)
(2) 행위가능: 토지수용사실고지 가능성
　　(일반적 가능성과 개별가능성 있음)
(3) 행위: 미고지
(4) 동가치: 기망·착오·처분·교부
(5) 보증인 지위: 계약
(6) 인과관계와 객관적 귀속: 위험발생+위험창출

2. 주관적 구성요건해당성 검토(형법 13조)
(1) 고의: 구성요건실현 인식과 의사(+)
(2) 특별한 주관적 불법(초과주관적요소)
　• 불법영득의사

Ⅱ. 죄책

사기죄가 성립한다.

범죄체계도 4
-장애미수범-

04 [선택형] 2016 제5회 변시 선택 20

甲이 A에게 위조한 주식인수계약서와 통장사본을 보여주면서 50억 원의 투자를 받았다고 거짓말하며 자금 대여를 요청한 ^{후기망행위} A와 함께 50억 원의 입금 여부를 확인하기 위해 은행에 가던 중 범행이 발각될 것이 두려워 은행 입구에서 차용을 포기하고 돌아간 행위는^{장애미수+} 사기죄의 중지미수에 해당하지 않는다.

A. 기망으로 대여 요청 후 범행발각 두려워 은행입구에서 차용을 포기한 행위

I. 형법 제347조 제1항, 제352조, 제25조 사기죄 장애미수범 구성요건해당성 검토

1. 주관적 구성요건해당성 검토(형법 13조)
(1) 고의: 구성요건실현 인식과 의사(+)
(2) 특별한 주관적 불법(초과주관적요소)
 • 불법영득의사(+)

2. 객관적 구성요건해당성 검토
(1) 행위주체: 甲
(2) 행위객체: 자금(재물)
(3) 행위: 기망-착오(실행착수+)
 처분(후속행위 없음-)
(4) 결과: 손해발생 없음(-)

II. 죄책

사기죄 장애미수범이 성립한다.

범죄체계도 5
-중지미수범-

05 [선택형] 2016 제5회 변시 선택 20

甲과 乙이 공동으로 A를 살해하려고 칼로 찔렀다. 그러나 A가 상처만 입고 죽지 않았다. 그러자 乙은 그대로 가버리고 甲만이 A를 살리려고 노력하여 A가 사망하지 않은 경우 甲에게만 중지미수에 의한 형의 감면이 인정된다.

A. 甲이 A를 살해 고의로 칼로 찌른 후 살린 행위

I. 형법 제250조 제1항, 제254조, 제26조 살인죄 중지미수범 구성요건해당성 검토

1. 주관적 구성요건해당성 검토(형법 13조)
(1) 고의: 구성요건실현 인식과 의사(+)
(2) 자의성: 자율적 의사 있음(절충설)

2. 객관적 구성요건해당성 검토
(1) 행위주체: 甲
(2) 행위객체: A
(3) 행위: 칼로 찌름(실행착수+)
(4) 결과: 사망결과 없음(-)

II. 죄책

甲은 살인죄 중지미수범이 성립한다.
乙은 살인죄 장애미수범이 성립한다.

☞ 다수참가형태 경우 중지미수효과는 자의로 중지한 사람에게만 미친다. 그 외 사람들은 장애미수가 된다.
① 공동정범 중 1인이 자의로 범행을 중지하였다 하더라도 다른 공범자들의 실행행위를 중지시키지 아니하거나 결과발생을 방지하지 아니한 이상 중지범을 인정할 수 없다.

해설 및 정답 2015년 제4회 변시 선택 2
정답 ○ 대법원 2005. 2. 25. 선고 2004도8259 판결

범죄체계도 6
－공동정범－

06 [선택형] 2013 제2회 변시 선택 3

乙, 丙과 A회사의 사무실 금고에서 현금을 절취할 것을 공모한 甲이^{행위주체} 乙과 丙에게 범행도구를 구입하여 제공해 주었을 뿐만 아니라 乙과 丙이 사무실에서 현금을 절취하는 동안 범행장소가 보이지 않는 멀리 떨어진 곳에서 기다렸다가 절취한 현금을 운반한 경우, 甲은 乙, 丙의 합동절도의 공동정범의 죄책을 진다.

A. 甲·乙·丙이 공모하여 현금을 절취한 행위 丙은 현장에서 가담하지 않은 경우

Ⅰ. 형법 제331조 제2항, 제30조 특수절도죄 (합동절도죄) 공동정범 구성요건해당성 검토

1. 객관적 구성요건해당성 검토
(1) 행위주체: 甲·乙·丙
(2) 행위객체: 현금
(3) 행위: 甲·乙 절취 시 丙은 현장부재(現場－)
(4) 결과: 재산권 침해
(5) 인과관계와 객관적 귀속: 위험발생＋위험 창출

2. 주관적 구성요건해당성 검토(형법 13조)
(1) 고의: 구성요건실현 인식과 의사(＋)
(2) 특별한 주관적 불법(초과주관적요소)
 • 불법영득의사

Ⅱ. 죄책

丙은 특수절도죄의 공동정범이 성립한다.

대법원 2011. 5. 13. 선고 2011도2021 판결 공모에 참여하였으나 현장에서 절도의 실행행위를 직접 분담하지 아니한 다른 범인도, 합동절도의 범행을 하였다고 평가할 수 있는 정범성의 표지를 갖추고 있는 한, 공동정범의 일반 이론에 비추어, 그 다른 범인에 대하여 합동절도의 공동정범으로 인정할 수 있다(대법원 1998. 5. 21. 선고 98도321 전원합의체 판결 참조).

범죄체계도 7
－교사범－

07 [선택형] 2014 제3회 변시 선택 10

甲은^{행위주체} 乙에게 A를^{행위객체} 살해하라고 교사했다.^{교사행위} 그런데 乙은^{행위주체} A가 귀가하는 것을 기다리다가 A로 생각되는 사람을^{행위객체} 권총으로 살해하였다.^{정범실행행위} 그러나 乙의 총에 사망한 사람은 B였다.^{결과발생} 법정적 부합설에 의하면 甲은 살인죄의 교사범으로 처벌된다.

A. 甲이 乙에게 A를 살해하라고 교사한 행위

Ⅰ. 형법 제250조 제1항, 제31조 제1항 살인죄의 교사범 구성요건해당성 검토

1. 객관적 구성요건해당성 검토
(1) 행위주체: 甲
(2) 행위객체: A
(3) 행위: 교사행위
(4) 결과: 사망
(5) 인과관계와 객관적 귀속: 위험발생＋위험 창출

2. 주관적 구성요건해당성 검토(형법 13조)
(1) 고의: 구성요건실현 인식과 의사(＋)
(2) 교사의 고의

Ⅱ. 죄책

甲은 살인죄의 교사범이 성립한다.

정범 乙은 살인죄가 성립된다. 왜냐하면 객체착오로 고의가 인정되기 때문이다. 교사자 甲은 살인죄의 교사범이 성립한다. 정범행위를 객체착오로 보면, 고의를 인정할 수 있다. 그러나 정범행위를 타격착오로 보면, 학설이 나뉜다. 법정적 부합설은 고의를 인정한다. 구체적 부합설은 고의를 부정한다. 이 사안은 **정범의 객체의 착오가 공범에게는 어떤 착오가 되는가가 쟁점이다.** 정범의 객체착오에 초점을 두면 해결이 쉽다. 교사자에게도 객체의 착오를 인정하면 된다.

범죄체계도 8
-방조범-

08 [선택형] 제41회 사법시험 제1차 선택

법원 경매계의 총무직에 있는 甲이^{행위주체} 그 법원에 속하는 집행관 합동사무소의 乙이^{정범} 부동산경매 입찰보증금을 횡령하고 나중에 들어오는 입찰보증금으로 이를 '보충'하는 방식으로 횡령하고^{국고횡령} 있다는 사실을 알았으면서도 이를 당장 상관에 보고하는 등 합당한 직무상의 조치를 취하지 않았다.^{행위방법-부작위 방조} 甲의 죄책^{은?}

A. 법원 경매계 총무직에 있는 甲이 그 법원에 속하는 집행관 합동사무소의 乙이 부동산경매 입찰보증금을 횡령하고 있다는 사실을 알았으면서도 이를 당장 상관에 보고하는 등 합당한 직무상의 조치를 취하지 않은 행위

0. 사전 검토(각론+총론)
(1) 작위와 부작위 구별
   보고하지 않은 행위는 부작위에 의한 고의기수범이다. 부작위에 의하여 작위범의 구성요건인 형법 제356조 업무상횡령죄를 실현하는 형법 제18조 부진정부작위범이다. 보증인지위와 행위정형의 동가치성을 검토해야 한다.
(2) 부작위에 의한 종범
   정범을 먼저 검토해야 한다. 정범의 실행행위가 있는가? 방조범은 정범의 실행행위가 있어야 한다. 법원에 속하는 집행관 합동사무소의 乙(정범)이 부동산경매 입찰보증금을 횡령하고 나중에 들어오는 입찰보증금으로 이를 '보충'하는 방식으로 횡령하고 있다는 사실이 있는 만큼 정범인 乙은 형법 제356조 업무상횡령죄가 성립한다.

Ⅰ. 형법 제356조·제18조·제32조 부작위에 의한 업무상횡령죄의 방조범 구성요건해당성 검토

1. 객관적 구성요건해당성 검토
(1) 결과발생: 재산권 침해 발생(+). 입찰보증금이 국가에 귀속되지 않았다. 추상적 위험범으로 보면 위험발생(구성요건의 상황 발생), 침해범으로 보면 결과발생이 될 것이다.
   추상적 위험범으로 보면 부진정부작위범을 형식설에 따라 판단한 것이고, 침해범으로 보면 실질설에 따라 판단한 것이다. 사건은 실질설(=진정부작위를 제외한 모든 범죄 중 침해범만 부진정부작위범이 가능하다는 학설)이 타당하다.
(2) 행위가능성: 일반적 가능성(=방지가능성 +), 개별적 가능성(=방지능력+)
(3) 부작위: 방조행위(+). 타인에게 정신적·물질적으로 정범의 실행행위를 돕는 행위이다. [예] 위법 알면서 방치, 부정인출 알면서 관리 운용을 방치, 불법매각 알면서 매수자를 방치.
   방조의 시기는 정범의 실행의 착수 전후 모두 가능하다. [예] 횡령 사실을 알고 방치(부작위 방조).
   정범의 실행행위가 있어야 한다. 제한적 종속형식설(=다수설, 정범이 구성요건+위법성 충족 ⇒ 불법종속형식)에 따라 정범의 실행행위는 구성요건에 해당하는 위법한 행위여야 한다.
   이 사안 경우 "횡령하고 있다"(=구성요건에 해당하고, 위법하고, 유책 행위)라는 사실을 알았으면서도 이를 당장 상관에 보고하는 등 합당한 직무상의 조치를 취하지 않은 행위는 부작위에 의한 방조행위에 해당한다.
(4) 동가치: 작위에 의한 실행행위와 동일해야 부작위범으로 처벌할 수 있다. 여기서 동가치의 핵심은 작위의무다. 법적 작위의무로 보증인의 지위가 생성된다.

(5) 보증인 지위: ① 형식설은 법령이고, 실질설은 타인 감독 의무이다. ② 정범의 범죄를 도와준 사람의 지위가 법령에 명시된 의무이거나 또는 타인 감독 의무이다.

(6) 형법 제17조 인과관계(=연결)

인과관계와 객관적 귀속

합법칙 조건⇒위험창출(+)

객관적 귀속⇒위험발생(+)

만약 법원공무원이 감독조치를 하였다면 공금횡령, 결과발생을 방지할 수 있었는가가 검토되어야 한다. 부작위와 결과의 관계(=가설적 인과관계)를 검토하면,

① 기본범죄와 결합된 전형적인 위험실현(+): 감독조치 하였다면 결과발생 불가능(+)

② 결과에 대한 예견가능성(+): 감독조치 하였다면 결과발생 불가능(+)

③ 객관적 지배가능성(무대주연론)(+): 법원공무원의 감독 행위(+)

④ 증가된 위험실현(위험증대론(+): 감독조치 하였다면 위험감소(+)

2. 주관적 구성요건해당성 검토

(1) 정범의 고의에 대한 인식

정범의 행위가 구성요건에 해당한다는 인식(+). 甲은 乙의 행위를 인식했다.

(2) 방조의 고의

정범의 실행을 방조한다는 인식(+), 방조 고의는 범죄 완성의 고의다. 甲은 乙의 행위를 방조한다는 인식과 의욕이 있다.

(3) 불법영득의사(+)

[관련 문제]

(1) 정범의 행위는 고의범이다. 과실범(정범)에 대한 방조는 형법 제34조 제1항 간접정범에 해당한다.

(2) 종범의 착오: 정범이 양적 초과의 경우에는 정범의 초과 부분에 대해 종범은 고의가 없다. 결과적 가중범의 경우 예견가능성이 있어야 한다.

(3) 간접방조와 연쇄방조가 가능하다.

Ⅱ. 위법성 검토

위법성조각사유가 없다.

Ⅲ. 책임 검토

책임조각사유가 없다.

Ⅳ. 죄책

형법 제356조·형법 제18조·제32조 부작위에 의한 업무상횡령죄의 방조범이 성립한다.

범죄체계도 9
－과실범－

09 [선택형] 2013 제2회 변시 선택 1

甲은 가로수 옆을 지나가는 乙을 보고 돌을 던지며^{행위방법} 乙이 맞을지도 모른다고 생각하였다.^{인식+} 그러나 가로수를 맞출 자신이 있어서^{의욕-} 돌을 던졌는데 乙이 맞아 부상을 당하였다.^{결과발생}

A. 甲이 돌을 던져 乙에게 부상을 입힌 행위

I－1. 형법 제257조 제1항 상해죄 구성요건 해당성 검토

1. 객관적 구성요건해당성 검토
(1) 행위주체: 甲
(2) 행위객체: 乙
(3) 행위방법: 돌을 던진 행위
(4) 행위결과: 부상. 생리기능훼손(+)
(5) 형법 제17조 인과관계
　　인과관계와 객관적 귀속(＝연결)
　　합법칙 조건⇒위험창출(+)
　　객관적 귀속⇒위험발생(+)
　　① 기본범죄와 결합된 전형적인 위험실현(+)
　　② 결과에 대한 객관적 예견가능성(+)
　　③ 결과에 대한 객관적 지배가능성(무대주연론)(+)
　　④ 증가된 위험실현(위험증대론)(+)

2. 주관적 구성요건해당성 검토
　　乙이 맞을지도 모른다는 것을 인식하였다 (인식 요소+). 그러나 가로수를 맞출 자신이 있었다. 乙의 부상을 인용하지 않았다 (의지 요소-). 고의가 없다. 미필적 고의도 인정되지 않는다.

II. 죄책
　　형법 제257조 상해죄 구성요건해당성이 없다. 상해죄는 무죄이다.

I－2. 형법 제266조 제1항 과실치상죄 구성요건해당성 검토

1. 객관적 구성요건해당성 검토
(1) 행위주체: 甲
(2) 행위객체: 乙의 신체
(3) 행위방법: 돌을 던진 행위
(4) 행위결과: 부상. 생리기능훼손(+)
(5) 형법 제17조 인과관계(＝연결)
　　인과관계와 객관적 귀속
　　합법칙 조건⇒위험창출(+)
　　객관적 귀속⇒위험발생(+)
　　① 기본범죄와 결합된 전형적인 위험실현(+): 돌과 부상 연결(+)
　　② 결과에 대한 객관적 예견가능성(+)
　　③ 결과에 대한 객관적 지배가능성(무대주연론)(+)
　　④ 증가된 위험실현(위험증대론)(+)

2. 주관적 구성요건해당성 검토
　　형법 제14조 과실
　　인식 있는 과실에 해당한다.
(1) 객관적 정상의 주의의무(+)
(2) 주의능력(+)
(3) 주의태만(+)

II. 위법성 검토
　　위법성조각사유(-)

III. 책임 검토
　　책임조각사유(-)

IV. 죄책
　　형법 제266조 제1항 과실치상죄가 성립한다.

범죄체계도 10
－결과적 가중범－

10 [사례형] 2017 제6회 변시 사례 1문 유사

경찰인 甲은^{행위주체} 겨울밤에 관내를 순찰하던 중 인적이 끊어진 공원에 술에 만취한 A가 쓰러져 잠을 자고 있는 것을 발견하였다. 甲은 A가 두꺼운 옷을 입었으니 동사하지는 않을 것이라고 생각하고 그대로 가버렸다.^{행위방법} 그날 밤 A는 동사하고 말았다.^{행위결과}

A. 경찰관이 동사자를 방치하여 사망케 행위

0. 부작위 사전 검토
작위와 부작위의 구별이 필요하다. 이 사안 경우 구호조치를 취하지 아니한 행위이다. 부작위에 의한 고의기수범이다. 따라서 부진정부작위범으로 형법 제18조가 검토되어야 한다.

I. 甲의 형법 제250조 제1항, 제18조 부작위에 의한 살인죄 구성요건해당성 검토

1. 객관적 구성요건해당성 검토
(1) 결과발생: A의 동사
(2) 행위가능성: 일반적 가능성(+), 사실상 가능성(+)
(3) 부작위: 구조의 필요성이 있었지만 그대로 가버렸다. 구호조치를 하지 않았다.
(4) 동가치: 행위정형의 동가치란 부작위가 작위에 의한 구성요건의 실현과 같이 평가될 수 있어야 한다. 그 핵심은 보증인의 지위이다. 누구나 부작위의 행위주체가 될 수 있는 것이 아니다. 보증인의 의무가 있는 사람만 보증인의 지위를 갖는다.
(5) 보증인의 지위: 형식설의 경우 법령에 의한 작위의무(경찰관직무집행법 제4조)이고, 실질설의 경우 타인의 감독의무이다.
(6) 형법 제17조 인과관계(＝연결)

인과관계와 객관적 귀속
합법칙 조건⇒위험창출(+)
객관적 귀속⇒위험발생(+)
만약 구호조치를 하였다면 결과발생을 방지할 수 있었는가가 검토되어야 한다. 부작위와 결과의 관계(＝가설적 인과관계)를 검토하면,
① 기본범죄와 결합된 전형적인 위험실현(+): 구호조치 하였다면 결과발생 불가능(+)
② 결과에 대한 예견가능성(+): 구호조치 하였다면 결과발생 불가능(+)
③ 객관적 지배가능성(무대주연론)(+): 경찰의 순찰 행위(+)
④ 증가된 위험실현(위험증대론)(+): 구호조치 하였다면 위험감소(+)

2. 주관적 구성요건해당성 검토
甲이 A의 사망을 의욕하거나 또는 용인하는 살인죄의 고의는 없다. 甲은 A가 두꺼운 옷을 입었으니 동사하지는 않을 것이라고 생각했기 때문이다. 따라서 미필적 고의가 없다. 결과발생을 내심으로 수용(용인·감수)하지 않았기 때문이다.

II. 죄책

형법 제250조, 제18조 부작위에 의한 살인죄는 성립하지 않는다. 구성요건 고의가 없기 때문이다.

A-2. 甲의 유기치사행위에 대한 검토

I. 甲의 형법 제275조 제1항 유기치사죄 구성요건해당성 검토

I-1. 甲의 형법 제271조 제1항 유기죄 구성요건해당성 검토

1. 객관적 구성요건해당성 검토
(1) 행위주체: 경찰관 甲은 법률상 부조를 해야 하는 자이다. 경찰관직무집행법 제4조 제1항에 해당한다.
(2) 행위객체: 법률상 요부조를 요하는 자 A
(3) 행위방법: 그대로 가버렸다. 본죄는 추상

적 위험범이다.

2. 주관적 구성요건해당성 검토
   유기행위에 대해 고의가 인정된다.

I-2. 甲의 형법 제275조 제1항, 제15조 제2
    항 유기치사죄 구성요건해당성 검토

1. 객관적 구성요건해당성 검토
(1) 결과발생: A는 동사하였다.
(2) 형법 제17조 인과관계(=연결)
    인과관계와 객관적 귀속
    합법칙 조건⇒ 위험창출(+)
    객관적 귀속⇒ 위험발생(+)
    만약 구호조치 하였다면 결과발생을 방
    지할 수 있었는가가 검토되어야 한다. 또
    한 형법 제15조 제2항이 검토되어야 한
    다.
    부작위와 결과의 관계(=가설적 인과관
    계)를 검토하면,
    ① 기본범죄와 결합된 전형적인 위험실
    현(+): 구호조치 하였다면 결과발생 불
    가능(+)
    ② 결과에 대한 예견가능성(+): 구호조
    치 하였다면 결과발생 불가능(+)
    ③ 객관적 지배가능성(무대주연론)(+):
    경찰의 순찰 행위(+)
    ④ 증가된 위험실현(위험증대론(+): 구
    호조치 하였다면 위험감소(+)

2. 주관적 구성요건해당성 검토
   형법 제14조 과실
   인식 있는 과실에 해당한다.
(1) 객관적 정상의 주의의무(+)
(2) 주의능력(+)
(3) 주의태만(+)

I-3. 소결

   형법 제275조 제1항 유기치사죄 구성요
   건이 성립한다. 진정 결과적 가중범(기본
   범죄 고의와 발생 사실 과실)이다.

II. 위법성 검토

   위법성조각사유가 없다.

III. 책임 검토

   책임조각사유가 없다.

IV. 죄책

   형법 제275조 제1항 유기치사죄가 성립
   한다.

범죄체계도 11
-위법성조각사유-

11 [선택형] 2020 제9회 변시 선택 4

甲은 아들 乙이 타인이 보는 자리에서 자신에게 폭언과 폭행을 하려 하자 乙을 1회 구타하였다.^{행위방법} 乙은 그로 인해 돌이 있는 지면에 넘어져 머리 부분에 상처를 입고 사망하였다.^{행위결과} 甲은 무죄이다.

A. 아버지가 아들 乙을 1회 구타하여 그로 인해 넘어져 사망에 이른 행위

Ⅰ. 형법 제262조 폭행치사죄 구성요건해당성 검토

Ⅰ-1. 형법 제260조 제1항 폭행죄의 구성요건해당성 검토

1. 객관적 구성요건해당성 검토
(1) 행위주체: 甲
(2) 행위객체: 乙의 신체
(3) 행위: 1회 구타하였다. 거동범이다.

2. 주관적 구성요건해당성 검토
  폭행에 대한 인식과 의욕이 있었다고 볼 수 있다. 고의가 인정된다.

Ⅰ-2. 형법 제260조 제1항·제262조·제15조 제2항 폭행치사죄 구성요건해당성 검토

1. 객관적 구성요건해당성 검토
(1) 중한 결과의 발생
  돌이 있는 지면에 넘어져 머리 부분에 상처를 입고 사망하였다.
(2) 중한 결과와 예견가능성
  폭행과 사망과의 인과관계와 객관적 귀속(직접성)이 검토되어야 한다.
  ① 기본범죄와 결합된 전형적인 위험실현(규범의 보호범위의 이론)
  구타로 인해 돌이 있는 지면에 넘어져 머리 부분에 상처를 입고 사망하였다. 사망의 결과가 발생할 수 있다는 것은 우리의 생활경험에 비추어 볼 때 이례적인 것이 아니다. 본 사안을 보면, 甲의 사망의 결과는 폭행과 결합된 전형적인 위험실현이라고 볼 수 있다.
  ② 결과에 대한 객관적 예견가능성(핵심)
  사망의 결과에 대한 객관적 예측가능성과 회피가능성이 있어야 한다. 이 사안 경우 甲이 乙의 폭행과 함께 사망의 결과를 甲이 예견하였는가가 중요한데, 바로 객관적 예견가능성이다. 일반인의 관점에서 볼 때 이러한 폭행은 사망에 이를 수 있는 가능성이 충분하다. 따라서 객관적 예견가능성을 인정할 수 있다.
  ③ 인간의 행위에 의한 인과사건의 지배가능성
  甲의 행위는 A의 사망사건을 지배했다고 볼 수 있다(무대주연론).
  ④ 행위자에 의해 창출되었거나 증가된 위험실현
  甲의 행위로 사망요인이 발생했고, 사망의 원인이 증가되었다고 볼 수 있다.

2. 주관적 구성요건해당성 검토
  형법 제14조 과실
  인식 있는 과실에 해당한다.
(1) 객관적 정상의 주의의무(+)
(2) 능력(+)
(3) 태만(+)

Ⅰ-3. 소결

  형법 제260조 제1항, 제262조, 제15조 제2항 폭행치사죄 구성요건이 성립한다.

Ⅱ. 위법성 검토

1. 형법 제21조 제1항 정당방위 검토
1. 객관적 요건 검토
(1) 정당방위의 상황
  ① 자기 법익 또는 타인 법익
    개인적 법익: 아버지의 인격권

② 현재성 [판단기준]

　(a) 급박(急迫)(+): 폭행

　(b) 발생(發生)(+): 폭언

③ 부당한 침해(侵害)

　(a) 공격(攻擊)(+): 폭언

　(b) 위태화(危殆化): 폭행

이 사안은 자기 법익이 침해된 상황이고, 현재성이 있으며, 부당한 침해이다.

(2) 방위행위(防衛行爲)

① 방위행위(+):

② 상당성

　㉠ 필요성

　　(a) 최소한 침해(+)

　　(b) 확실하게 그리고 종국적 저지 (+)

　㉡ 사회윤리적 제한

　　(a) 책임무능력자(−)

　　(b) 근소한 법익(−): 폭언과 폭행 에 대한 폭행

　　(c) 가족공동체: 아버지와 아들(+).

여기에 다른 주장도 있다. 아버지와 아들의 관계는 긴밀한 인적 관계에 해당하기 때문에 정방방위에서 제한을 받는다. 이 경우 위법성조각사유가 되지 않는다. 그러나 긴밀한 인적 관계라고 하여 무조건 제한을 할 수는 없다. 이 경우 아들이 패륜 행위를 한 이상 이미 가족공동체 범위를 넘어선 것이다. 정당방위가 허용된다.

2. 주관적 요건 검토 (필요설+)

(1) 정당방위의 상황에 대한 인식(+)

(2) 방위행위에 대한 인식(+)

(3) 방위의사(+)

Ⅲ. 책임 검토

책임조각사유가 없다.

Ⅳ. 죄책

甲의 행위는 형법 제260조 제1항·제262조 폭행치사죄의 구성요건을 충족한다. 그러나 형법 제21조 제1항 정당방위에 의해 위법성이 조각되어 무죄이다.

범죄체계도 12
－책임조각사유－

12　[선택형] 2020 제9회 변시 선택 4

폭력배인 甲은 술에 취하면 언제나 남을 폭행하여 상처를 입히는 버릇이 있는 사람이다. 어느 날 기분이 상한 甲은 집에서 술을 마시고 만취하여^{원인에서 자유로운 행위+. 책임능력+} 자신의 아내를 폭행하여^{행위방법} 상처를 입혔다.^{행위결과}

A. 술에 만취한 상태에서 자기 아내를 폭행하여 상처를 입힌 행위

Ⅰ. 형법 제262조 폭행치상죄 검토

Ⅰ-1. 형법 제260조 폭행죄 구성요건해당성 검토

1. 객관적 구성요건해당성 검토

(1) 행위주체: 폭력배 甲

(2) 행위객체: 아내 신체

(3) 행위방법: 폭행하였다. 거동범이다.

2. 주관적 구성요건해당성 검토

폭행에 대한 인식과 의욕이 있었다고 볼 수 있다. 고의가 인정된다.

Ⅰ-2. 형법 제262조·형법 제15조 제2항 폭행치상죄 구성요건해당성 검토

1. 객관적 구성요건해당성 검토

(1) 중한 결과 발생

상처를 입었다.

(2) 중한 결과와 인과관계와 객관적 귀속(예견가능성)

폭행과 상해와의 인과관계와 객관적 귀속(직접성)이 검토되어야 한다.

① 기본범죄와 결합된 전형적인 위험실현(규범의 보호범위의 이론)

폭행으로 상처를 입었다. 폭행으로 상해 결과가 발생할 수 있다는 것은 우리 생활

경험에 비추어 볼 때 이례적인 일이 아니다. 이 사안 경우 아내에 대한 상해 결과는 폭행과 결합된 전형적인 위험실현이라고 볼 수 있다.

② 결과에 대한 객관적 예견가능성(핵심)

상해 결과에 대한 가능성이 있어야 한다. 이 사안 경우 甲이 폭행과 함께 상해 결과를 甲이 예견하였는가 중요한데, 바로 객관적 예견가능성이다. 일반인의 관점에서 볼 때 이러한 폭행은 상해에 이를 수 있는 가능성이 충분하다. 따라서 객관적 예견가능성을 인정할 수 있다.

③ 인간의 행위에 의한 인과사건의 지배가능성

甲의 폭행행위는 상해결과를 지배했다고 볼 수 있다(무대주연론).

④ 행위자에 의해 창출되었거나 증가된 위험실현

甲의 폭행행위로 상해 요인이 발생했고, 상해 원인이 증가되었다고 볼 수 있다.

2. 주관적 구성요건해당성 검토

형법 제14조 과실

인식 있는 과실에 해당한다.

(1) 객관적 정상의 주의의무(+)

(2) 능력(+)

(3) 태만(+)

I-3. 소결

형법 제262조·형법 제15조 제2항 폭행치상죄 구성요건이 성립한다.

II. 위법성 검토

위법성조각사유가 없다.

III. 책임 검토

1. 형법 제10조 제3항 원인에 있어서 자유로운 행위 검토

甲은 폭행시 명정상태였다. 그러므로 형법 제10조 제1항에 근거하여 책임이 조각될 수도 있다. 그러나 甲은 고의로 명정상태를 유발하였다. 그러므로 형법 제10조 제3항이 적용될 수 있는가가 문제가 된다.

(1) 문제 소재

① 행위와 책임의 동시존재 원칙

행위책임을 기초로 하는 책임주의는 행위와 책임은 동시에 존재할 것을 요구한다. 따라서 심실장애상태하의 행위시에는 책임능력이 없거나 미약한 자를 처벌하는 이론적 근거가 무엇인지가 문제된다.

② 실행행위의 정형성 원칙

죄형법정주의의 명확성원칙에 기초하여 현실적 범죄행위는 당해 구성요건이 예상하고 있는 정도의 위험성이 있는 정형적 행위에 합치될 경우 구성요건해당성을 인정할 수 있다. 따라서 원인행위와 심실장애상태하의 행위 중 어느 것을 실행행위로 볼 것인가가 문제된다.

(2) 가벌성 근거에 대한 학설

① 구성요건 모델

책임능력이 있었던 원인행위, 즉 술 마신 행위 자체를 이미 불법의 실체를 갖춘 구성요건적 행위로 보고, 그 원인행위에 가벌성의 근거가 있다는 견해이다. 불법행위 시점과 책임능력의 존재시점을 일치시킴으로써 행위와 책임의 동시존재 원칙를 유지하는 학설이다.

원인행위(술 마신 행위)가 실행행위이므로 원인행위시에 책임능력이 있고, 그 결과를 예견하였거나 예견할 수 있었던 경우에 그 결과를 야기한 데 대한 책임비난이 가능하다는 점을 논거로 한다. 이 학설을 취할 경우 책임능력이 있다. 그러나 술 마신 행위가 폭행치상행위가 될 수가 없다.

② 반무의식상태설

원인행위는 단순한 예비행위에 지나지 않고 심실장애상태하의 행위가 범죄행위의 실행행위가 된다. 그러므로 여기에 가벌성의 근거가 있다는 견해이다. 범죄의 실행행위시에는 그 행위가 반무의식적 상태에서 이루어지는 한 주관적 요소를 인정할 수 있다는 점을 논거로 한다(유

기천 교수). 이 학설을 취할 경우 책임능력이 있다. 그러나 반무의식 상태에서의 행위라는 개념을 인정하면 법적 안정성을 해하는 결과가 초래된다.

③ 예외모델

실행행위는 심실장애상태하의 행위이다. 그러나 책임능력은 원인행위시에 갖추어져 있다. 그러므로 원인행위와 실행행위의 불가분적 연관에 가벌성의 근거가 있다. 이 학설에 따르면 불법의 실체는 범행시에 있고, 책임은 원인행위시에 존재한다. 행위와 책임의 동시존재 원칙의 예외를 인정한다. 현재 학계에서 다수설이다. 이 학설을 취할 경우 책임능력이 있다.

④ 사견

원인행위는 어떤 의미에서도 실행행위의 정형성을 갖추지 못하였고, 책임능력의 유무도 의사형성시를 기준으로 판단해야 한다는 점에서 예외모델이 타당하다.

(3) 소결

甲은 술에 취하면 언제나 남을 폭행하여 상처를 입히는 버릇이 있는 사람이다. 어느 날 기분이 상한 甲은 집에서 술을 마시고 만취하여 자기 아내를 폭행하여 상처를 입혔다. 그러므로 원인에 있어서 자유로운 행위에 해당한다. 이 경우 밀접불가분성의 요건, 즉 원인행위시의 이중적 고의를 인정할 수 있다. 형법 제10조 제3항에 근거하여 책임무능력상태에서의 행위임에도 불구하고 책임능력이 인정된다.

Ⅳ. 죄책

형법 제262조 폭행치상죄가 성립한다.

범죄체계도 12
－책임조각사유－

12 2021 제10회 변시 선택 13

甲은 악수를 청하는 乙을 강도로 오인하고 정당방위 의사로 타격을 가하여 乙에게 상해를 입혔다.

A. 甲이 악수를 청하는 乙에게 강도로 오인하고 상처를 입힌 행위

Ⅰ. 형법 제257조 상해죄 구성요건해당성 검토

1. 객관적 구성요건해당성 검토
2. 주관적 구성요건해당성 검토

Ⅱ. 위법성 검토

1. 형법 제21조 제1항 정당방위 검토
2. 판례 입장 - 위법성조각사유로 판단

Ⅲ. 책임 검토

1. 학설과 해결방안
(1) 엄격책임설과 해결방안
  － 형법 제16조 적용
  － 책임 고의 배제(＝정당한 이유 존재시)
(2) 제한책임설과 해결방안
  ① 형법 제13조 유추적용설
    － 구성요건착오론 유추적용
    － 불법 고의 조각, 과실 인정
  ② 법효과 제한 책임설(＝다수설)
    － 형법 제13조 적용, 고의 이중기능
    － 불법 고의 인정과 책임 고의 배제
    － 과실 인정 (＝과실책임론)
(3) 소극적 구성요건요소이론과 해결방안
    － 형법 제13조 적용설
    － 불법 고의 조각, 과실 인정
(4) 소결
  오상방위는 법효과 제한 책임설이 타당하다. 이 이론에 따르면 이 사안은 형법 제257조 제1항 상해죄 구성요건에 해당

한다. 위법하다. 불법행위이지만, 책임에
서 고의가 배제되어 과실책임만 부담한다.
형법 제266조 과실치상죄가 성립한다.

IV. 죄책

형법 제266조 과실치상죄가 성립한다.

부록 2

문장삼이(文章三易)

〈제 1 문〉

甲은 乙의 집 뒷길에서 甲의 남편 丙 및 乙의 친척 丁이 듣는 가운데^{공연히+} 乙에게 '저 것이 징역 살다온 전과자' 등으로^{타인 외적 명예+} 큰 소리로 말하였다.^{훼손+} 그리고 신고를 받고 출동한 경찰관 앞에서도 '甲은 아주 질이 나쁜 전과자'라고 큰 소리로 수회 소리 쳤다.^{형법 제307조 명예훼손죄+} 甲의 죄책은? (15점/20줄 이내 제한)

1. 甲의 남편 K 및 乙의 친척 P가 듣는 가운데 乙에게 '저것이 징역 살다온 전과자 다' 등으로 큰 소리로 말한 행위(형법 제307조 제1항 명예훼손죄 검토) ^{1점}

   (1) 형법 제307조는 공연히 사실을 적시하여 타인의 명예를 훼손한 경우 성립한 다. **이 사안의 쟁점은 공연성(公然性)이다. 사안에서 '甲의 남편 丙 및 乙 의 친척 丁이 듣는 가운데'에 대한 포섭 문제이다.** 공연성이란 불특정 또는 다수인이 인식할 수 있는 상태를 말한다. **공연성은 ① 직접 인식설과 ② 전 파가능설로 대립한다.** 전파가능설은 개별적으로 한 사람에게 유포하였더라도, 그로부터 불특정 또는 다수인에게 전파될 가능성이 있다면 공연성 요건을 충 족한다. 만약 전파될 가능성이 없다면 특정한 한 사람에 대한 사실 유포는 공 연성이 없다. ^{4점}

   (2) 긍정설과 부정설을 더 구체적으로 살펴본다. 긍정설은 "특정 소수에게 전달한 경우에도 그로부터 불특정 또는 다수인에 대한 **전파가능성 여부를 가려 개인 의 사회적 평가가 침해될 일반적 위험성이 발생하였는지를 검토하는 것이 실질적인 공연성 판단에 부합되고, 공연성의 범위를 제한하는 구체적인 기 준이 될 수 있다**"고 한다. 이러한 공연성의 의미는 형법과 정보통신망법 등 의 특별법에서 동일하게 적용된다.

   반면 부정설은 "**형법 제307조 제1항, 제2항에 규정된 공연성은 불특정 또 는 다수인이 직접 인식할 수 있는 상태를 가리키는 것이고,** 특정 개인이나 소수에게 말하여 이로부터 불특정 또는 다수인에게 전파될 가능성이 있다고 하더라도 공연성 요건을 충족한다고 볼 수 없다."고 한다. ^{4점}

   (중요) (3) 대법원 전원합의체 판례는 「친척관계에 있다는 이유만으로 전파가능성이 부정 된다고 볼 수 없다. 오히려 싸움 과정에서 단지 모욕 내지 비방하기 위하여 공개된 장소에서 큰 소리로 말하여 다른 마을 사람들이 들을 수 있을 정도였

다면, 불특정 또는 다수인이 인식할 수 있는 상태였다고 봄이 타당하다. 그러므로 위 발언은 공연성이 인정된다」고 판시하였다. ^{5점}

(4) 죄책: 명예훼손죄가 성립한다. 그러나 공연성은 직접 인식설을 원칙으로 하고, 기자를 통한 보도의 경우에만 아주 제한적으로 전파가능성을 취하는 것이 타당하다. 기사화되어 보도되어야만 적시한 사실이 외부에 공표된다. 이것이 전파이고 이것이 공연(公然)이다. ^{1점}

▌제1문 해설 ▌

■ 대법원 2020. 11. 19. 선고 2020도5813 전원합의체 판결 [상해ㆍ명예훼손ㆍ폭행]
〈전파가능성 시건〉

[판시사항] [1] 명예훼손죄의 구성요건인 '공연성'의 의미와 판단 기준 / 명예훼손죄의 공연성에 관하여 판례상 확립된 법리인 이른바 '전파가능성 이론'의 유지 여부(적극)
[2] 피고인이 갑의 집 뒷길에서 피고인의 남편 을 및 갑의 친척인 병이 듣는 가운데 갑에게 '저것이 징역 살다온 전과자다' 등으로 큰 소리로 말함으로써 공연히 사실을 적시하여 갑의 명예를 훼손하였다는 내용으로 기소된 사안에서, **병이 갑과 친척관계에 있다는 이유만으로 전파가능성이 부정된다고 볼 수 없고, 오히려 피고인은 갑과의 싸움 과정에서 단지 갑을 모욕 내지 비방하기 위하여 공개된 장소에서 큰 소리로 말하여 다른 마을 사람들이 들을 수 있을 정도였던 것으로 불특정 또는 다수인이 인식할 수 있는 상태였다고 봄이 타당하므로, 피고인의 위 발언은 공연성이 인정된다**고 한 사례.

[판결요지] [1] [다수의견] 명예훼손죄의 관련 규정들은 명예에 대한 침해가 '공연히' 또는 '공공연하게' 이루어질 것을 요구하는데, '공연히' 또는 '공공연하게'는 사전적으로 '세상에서 다 알 만큼 떳떳하게', '숨김이나 거리낌이 없이 그대로 드러나게'라는 뜻이다. 공연성을 행위 태양으로 요구하는 것은 사회에 유포되어 사회적으로 유해한 명예훼손 행위만을 처벌함으로써 개인의 표현의 자유가 지나치게 제한되지 않도록 하기 위함이다. **대법원 판례는 명예훼손죄의 구성요건으로서 공연성에 관하여 '불특정 또는 다수인이 인식할 수 있는 상태'를 의미한다고 밝혀 왔고, 이는 학계의 일반적인 견해이기도 하다.**
대법원은 명예훼손죄의 공연성에 관하여 개별적으로 소수의 사람에게 사실을 적시하였더라도 그 상대방이 불특정 또는 다수인에게 적시된 사실을 전파할 가능성이 있는 때에는 공연성이 인정된다고 일관되게 판시하여, 이른바 전파가능성 이론은 공연성에 관한 확립된 법리로 정착되었다. 이러한 법리는 정보통신망 이용촉진 및 정보보호 등에 관한 법률(이하 '정보통신망법'이라 한다)상 정보통신망을 이용한 명예훼손이나 공직선거법상 후보자비방죄 등의 공연성 판단에도 동일하게 적용되어, 적시한 사실이 허위인지 여부나 특별법상 명예훼손 행위인지 여부에 관계없이 명예훼손 범죄의 공연성에 관한 대법원 판례의 기본적 법리로 적용되어 왔다.
공연성에 관한 전파가능성 법리는 대법원이 오랜 시간에 걸쳐 발전시켜 온 것으로서 현재에도 여전히 법리적으로나 현실적인 측면에 비추어 타당하므로 유지되어야 한다. 대법원 판례와 재판 실무는 전파가능성 법리를 제한 없이 적용할 경우 공연성 요건이 무의미하게 되고 처벌이 확대되게 되어 표현의 자유가 위축될 우려가 있다는 점을 고려하여, 전파가능성의 구체적·객관적인 적용 기준을 세우고, 피고인의 범의를 엄격히 보거나 적시의 상대방과 피고인 또는 피해자의 관계에 따라 **전파가능성을 부정하는 등 판단 기준을 사례별로 유형화하면서 전파가능성에 대한 인식이 필요함을 전제로 전파가능성 법리를 적용함으로써 공연성을 엄격하게 인정하여 왔다.** 구체적으로 살펴보면 다음과 같다.

(가) 공연성은 명예훼손죄의 구성요건으로서, 특정 소수에 대한 사실적시의 경우 공연성이 부정되는 유력한 사정이 될 수 있으므로, 전파될 가능성에 관하여는 검사의 엄격한 증명이 필요하다. 나아가 **대법원은 '특정의 개인이나 소수인에게 개인적 또는 사적으로 정보를 전달하는 것과 같은 행위는 공연하다고 할 수 없고,** 다만 **특정의 개인 또는 소수인이라고 하더라도 불특정 또는 다수인에게 전파 또는 유포될 개연성이 있는 경우라면 공연하다고 할 수 있다'고** 판시하여 전파될 가능성에 대한 증명의 정도로 단순히 '가능성'이 아닌 '개연성'을 요구하였다.

(나) 공연성의 존부는 발언자와 상대방 또는 피해자 사이의 관계나 지위, 대화를 하게 된 경위와 상황, 사실적시의 내용, 적시의 방법과 장소 등 행위 당시의 객관적 제반 사정에 관하여 심리한 다음, 그로부터 상대방이 불특정 또는 다수인에게 전파할 가능성이 있는지 여부를 검토하여 종합적으로 판단하여야 한다. 발언 이후 실제 전파되었는지 여부는 전파가능성 유무를 판단하는 고려요소가 될 수 있으나, 발언 후 실제 전파 여부라는 우연한 사정은 공연성 인정 여부를 판단함에 있어 소극적 사정으로만 고려되어야 한다. 따라서 전파가능성 법리에 따르더라도 위와 같은 객관적 기준에 따라 전파가능성을 판단할 수 있고, 행위자도 발언 당시 공연성 여부를 충분히 예견할 수 있으며, 상대방의 전파의사만으로 전파가능성을 판단하거나 실제 전파되었다는 결과를 가지고 책임을 묻는 것이 아니다.

(다) **추상적 위험범으로서 명예훼손죄는 개인의 명예에 대한 사회적 평가를 진위에 관계없이 보호함을 목적으로** 하고, **적시된 사실이 특정인의 사회적 평가를 침해할 가능성이 있을 정도로 구체성을** 띠어야 하나, 위와 같이 침해할 위험이 발생한 것으로 족하고 침해의 결과를 요구하지 않으므로, **다수의 사람에게 사실을 적시한 경우뿐만 아니라 소수의 사람에게 발언하였다고 하더라도 그로 인해 불특정 또는 다수인이 인식할 수 있는 상태를 초래한 경우에도 공연히 발언한 것으로 해석할 수 있다.**

(라) 전파가능성 법리는 정보통신망 등 다양한 유형의 명예훼손 처벌규정에서의 공연성 개념에 부합한다고 볼 수 있다. 인터넷, 스마트폰과 같은 모바일 기술 등의 발달과 보편화로 SNS, 이메일, 포털사이트 등 정보통신망을 통해 대부분의 의사표현이나 의사전달이 이루어지고 있고, 그에 따라 정보통신망을 이용한 명예훼손도 급격히 증가해 가고 있다. 이러한 정보통신망과 정보유통과정은 비대면성, 접근성, 익명성 및 연결성 등을 본질적 속성으로 하고 있어서, 정보의 무한 저장, 재생산 및 전달이 용이하여 정보통신망을 이용한 명예훼손은 '행위 상대방' 범위와 경계가 불분명해지고, 명예훼손 내용을 소수에게만 보냈음에도 행위 자체로 불특정 또는 다수인이 인식할 수 있는 상태를 형성하는 경우가 다수 발생하게 된다. 특히 정보통신망에 의한 명예훼손의 경우 행위자가 적시한 정보에 대한 통제가능성을 쉽게 상실하게 되고, 빠른 전파성으로 인하여 피해자의 명예훼손의 침

해 정도와 범위가 광범위하게 되어 표현에 대한 반론과 토론을 통한 자정작용이 사실상 무의미한 경우도 적지 아니하다.

따라서 정보통신망을 이용한 명예훼손 행위에 대하여, 상대방이 직접 인식하여야 한다거나, 특정된 소수의 상대방으로는 공연성을 충족하지 못한다는 법리를 내세운다면 해결 기준으로 기능하기 어렵게 된다. 오히려 **특정 소수에게 전달한 경우에도 그로부터 불특정 또는 다수인에 대한 전파가능성 여부를 가려 개인의 사회적 평가가 침해될 일반적 위험성이 발생하였는지를 검토하는 것이 실질적인 공연성 판단에 부합되고, 공연성의 범위를 제한하는 구체적인 기준이 될 수 있다. 이러한 공연성의 의미는 형법과 정보통신망법 등의 특별법에서 동일하게 적용되어야 한다.**

(마) 독일 형법 제193조와 같은 입법례나 유엔인권위원회의 권고 및 표현의 자유와의 조화를 고려하면, 진실한 사실의 적시의 경우에는 형법 제310조의 '공공의 이익'도 보다 더 넓게 인정되어야 한다. 특히 공공의 이익관련성 개념이 시대에 따라 변화하고 공공의 관심사 역시 상황에 따라 쉴 새 없이 바뀌고 있다는 점을 고려하면, 공적인 인물, 제도 및 정책 등에 관한 것만을 공공의 이익관련성으로 한정할 것은 아니다.

따라서 사실적시의 내용이 사회 일반의 일부 이익에만 관련된 사항이라도 다른 일반인과의 공동생활에 관계된 사항이라면 공익성을 지닌다고 할 것이고, 이에 나아가 개인에 관한 사항이더라도 그것이 공공의 이익과 관련되어 있고 사회적인 관심을 획득한 경우라면 직접적으로 국가·사회 일반의 이익이나 특정한 사회집단에 관한 것이 아니라는 이유만으로 형법 제310조의 적용을 배제할 것은 아니다. 사인이라도 그가 관계하는 사회적 활동의 성질과 사회에 미칠 영향을 헤아려 공공의 이익에 관련되는지 판단하여야 한다.

[대법관 김재형, 대법관 안철상, 대법관 김선수의 반대의견] 다수의견은 명예훼손죄의 구성요건인 '공연성'에 관하여 전파가능성 법리를 유지하고자 한다. 그러나 **명예훼손죄에서 말하는 공연성은 전파가능성을 포섭할 수 없는 개념이다. 형법 제307조 제1항, 제2항에 규정된 공연성은 불특정 또는 다수인이 직접 인식할 수 있는 상태를 가리키는 것이고, 특정 개인이나 소수에게 말하여 이로부터 불특정 또는 다수인에게 전파될 가능성이 있다고 하더라도 공연성 요건을 충족한다고 볼 수 없다.** 다수의견은 범죄구성요건을 확장하여 적용함으로써 형법이 예정한 범주를 벗어나 형사처벌을 하는 것으로서 죄형법정주의와 형법해석의 원칙에 반하여 찬성할 수 없다. 전파가능성 법리를 이유로 공연성을 인정한 대법원판결들은 변경되어야 한다. 상세한 이유는 다음과 같다.

(가) 전파가능성이 있다는 이유로 공연성을 인정하는 것은 문언의 통상적 의미를 벗어나 피고인에게 불리한 확장해석으로 죄형법정주의에서 금지하는 유추해석에 해당한다.

명예훼손죄의 구성요건으로 공연성을 정한 입법 취지는 사람의 인격적 가치에 대한 평가를 떨어뜨릴 수 있는 행위 가운데 사적인 대화나 정보 전달의 차원을 넘어서서 '사회적으로' 또는 '공개적으로' 사실을 드러내는 것에 한정하여 처벌하려는 데 있다. **다른 사람의 명예를 침해할 수 있는 사실이 사회에 유포되는 경우만을 처벌하고자 하는 것**이 입법자의 결단이라고 할 수 있는데, 이는 명예훼손죄의 성립 범위를 좁혀 헌법상 표현의 자유를 가급적 넓게 보장하는 기능을 수행한다.

전파가능성이란 아직 그러한 결과가 현실로 발생하지 않았지만 앞으로 전파될 수도 있다는 뜻이다. 그러한 결과가 발생하지 않은 상황에서 앞으로 전파될 '가능성'이라는 추측을 처벌의 근거로 삼는 것은 죄형법정주의에 명백히 반한다. 가능성을 개연성으로 바꾼다고 해서 사정이 달라지는 것도 아니다. 공연성을 전파가능성만으로 인정하는 것은 명예를 훼손하는 — 명예훼손을 위험범으로 보는 다수의견에 따르면 훼손할 위험이 있는 — 행위가 '공연히' 이루어지지 않은 경우까지도 전파되어 공연한 것으로 될 '가능성'이 있다는 이유로 처벌 대상이 된다는 것이다. 이러한 해석은 명백히 피고인에게 불리한 것으로서 허용되어서는 안 되는 부당한 확장해석이자 유추해석에 해당한다.

(나) 형법은 '공연히 사실 또는 허위사실을 적시한 행위'를 처벌하도록 명확히 규정하고 있다. **명예훼손죄의 성립 여부는 적시된 사실의 전파가능성이 아니라 사실적시 행위 자체가 공연성을 가지고 있는지에 따라 판단해야 한다.** 이때 공연성은 행위의 성격이나 모습을 분석하여 그것이 불특정 또는 다수인에 대한 것인지, 사실적시 행위가 공개된 장소 등에서 이루어져 불특정 또는 다수인이 이를 인식하였거나 인식할 수 있었는지, 그와 같은 상태가 사회적 또는 공개적으로 유포되었다고 볼 수 있는지를 판단하면 된다. 전파가능성 법리는 명예훼손죄의 구성요건인 공연성 이외에 전파가능성이라는 새로운 구성요건을 창설하는 결과가 되어 죄형법정주의에 어긋난다. 그리고 전파가능성 법리는 명확성 원칙을 훼손하여 명예훼손죄가 가지고 있는 행위규범으로서의 기능을 저해하고 법적용자로 하여금 형벌법규를 자의적으로 운용하는 것을 허용하는 결과를 초래한다.

(다) 형법 등에서 공연성을 구성요건으로 하는 여러 범죄에서 공연성의 의미는 동일하게 해석해야 한다. 그것이 각 규정의 입법 취지와 형사법의 체계적인 해석에 합치된다. 명예훼손죄에서 공연음란죄(형법 제245조)나 음화 등 전시·상영죄(형법 제243조)와 달리 공연성 개념에 전파가능성을 포함한 것은 형법의 통일적 해석을 무너뜨린 것으로 공연성에 관하여 일관성이 없다는 비판을 면할 수 없다.

(라) 사실적시의 상대방이 전파할 가능성이 있는지 여부로 공연성을 판단하는 것은 수범자의 예견가능성을 침해하여 행위자에 대한 결과책임을 묻는 것으로서, 이는 형사법의 평가방식에 어긋난다. 결국 명예훼손죄에서 명예훼손 사실을 들은 상대방이 행위자가 적시한 사실을 장차 다른 사람에게 전달할지 여부에 따라 명예훼손죄의 성립 여부를 결정하는 것은 행위에 대한 불법평가에서 고려 대상으로 삼아서는 안 되는 우연한 사정을 들어 결과책임을 묻는 것이다.

(마) 공연성을 전파가능성 여부로 판단하는 것은 명예훼손죄의 가벌성의 범위를 지나치게 확장하는 결과를 가져오고 형법의 보충성 원칙에도 반한다. 공연성 판단에 전파가능성을 고려하는 것은 명예훼손죄의 행위 양태로 요구되는 공연성을 전파가능성으로 대체하여, 외적 명예가 현실적으로 침해되지 않아도 침해될 위험만으로 성립되는 추상적 위험범인 명예훼손죄의 보호법익이나 그 정도를 행위 양태와 혼동한 것이다. 명예훼손죄가 추상적 위험범이라는 것은 공연히 적시된 사실로 인해 명예가 훼손될 위험이 있는 경우에 처벌한다는 것이지, 적시된 사실이 공연하게 될 위험이 있는 경우까지 처벌하는 것이 아니다. 명예훼손죄의 처벌 근거는 사실이 계속 전파되어 나갈 위험, 즉 타인이 전파함으로써 발생할 명예훼손 위험에 있는 것이 아니라, 공연하게 사실을 적시함으로써 발생할 명예훼손의 위험에 있기 때문이다.

또한 특정 소수와의 사적 대화나 정보 전달의 경우에도 전파가능성이 있는 경우 공연성이 있다고 보는 것은 거의 모든 사실적시 행위를 원칙적으로 명예훼손죄의 구성요건에 해당한다고 보는 것으로, 형법의 보충성 원칙에 반한다.

(바) 전파가능성 유무를 판단할 수 있는 객관적 기준을 설정하는 것이 어렵기 때문에 구체적 적용에 자의가 개입될 소지가 크다. 사실적시자·상대방·피해자의 관계 등을 기초로 전파가능성을 따지더라도 어떤 경우에 전파가 가능한지에 대한 객관적 기준을 설정하기 어려운 것은 마찬가지이다. 직장동료나 친구에게 사실을 적시한 경우에 행위자나 피해자와 어느 정도 밀접한 관계에 있어야 전파할 가능성이 없는지를 객관화하기 어렵고, 이를 증명하거나 판단하는 것은 쉽지 않기 때문에 전파가능성은 구체적 증명 없이 '적어도 전파될 가능성은 있다'는 방향으로 포섭될 위험이 더욱 커지게 된다.

(사) 정보통신망법은 정보통신망을 이용하더라도 사실적시 행위를 공공연하게 할 것을 요구하므로 그 공연성 개념은 명예훼손죄의 공연성과 동일하다. 정보통신망을 통하더라도 특정 소수에게만 사실을 적시한 경우에는 여전히 공연성이 있다고 할 수 없고, 이러한 행위는 형법이나 정보통신망법상 명예훼손죄의 규율대상이 아니다. 즉, 정보통신망, 예컨대 이메일이나 SNS 메시지를 통해 친구 1명에게 사실을 적시한 것과 편지를 쓰거나 대면하여 말로 하는 것은 특정된 소수에게 사실을 적시하였다는 행위 양태가 동일한 것이고, 정보통신망을 이용하였다고 해서 명예에 대한 침해의 일반적 위험성이 발생하였다고 볼 수는 없다. 인터넷과 과학기술의 발달로 정보의 무한 저장과 재생산으로 인한 명예훼손의 피해 정도와 범위가 넓어지는 문제는 양형에 반영하거나 정보통신망법에 의한 가중처벌로 해결되어야 하고, 이를 이유로 공연성의 개념이 변경되어야 할 필요는 없다.

(아) 다수의견은 개인의 명예를 보호하기 위해 사적인 관계와 공간에서 이루어지는 표현행위까지 구성요건에 해당한다고 본 다음 다시 표현의 자유와 조화를 도모하고자 형법 제310조의 위법성조각사유를 넓게 보려고 한다. 그러나 이는 결국 개인의 명예보호에 치우친 것은 마찬가지이고, 전파가능성 법리를 유지하기 위한 구실에 지나지 않는다. 아무리 형법 제310조의 위법성조각사유를 넓게 보더라도 발언의 주된 목적이나 내용에 공익성이 없는 이상 명예훼손죄로 처벌받는다. 사적인 공간에서 사적인 대화에 공익성을 가지는 경우가 얼마나 있는지 의문일 뿐만 아니라 이를 요구하는 것은 사적인 주제에 관한 사담(私談)을 금지하는 것과 마찬가지이다. 모든 국민은 사적 대화 내용이 피해자에게 흘러 들어가지 않는 요행을 바라는 것 외에는 형사처벌을 피할 수 없다. 이것은 모든 국민을 잠재적인 또는 미처 발각되지 않은 범죄자로 보는 것이다.

[2] [다수의견] **피고인이 갑의 집 뒷길에서 피고인의 남편 을 및 갑의 친척인 병이 듣는 가운데 갑에게 '저것이 징역 살다온 전과자다' 등으로 큰 소리로 말함으로써 공연히 사실을 적시하여 갑의 명예를 훼손하였다는 내용으로 기소된 사안**에서, 피고인과 갑은 이웃 주민으로 여러 가지 문제로 갈등관계에 있었고, 당일에도 피고인은 갑과 말다툼을 하는 과정에서 위와 같은 발언을 하게 된 점, 을과 갑의 처인 정은 피고인과 갑이 큰 소리로 다투는 소리를 듣고 각자의 집에서 나오게 되었는데, 갑과 정은 '피고인이 전과자라고 크게 소리쳤고, 이를 병 외에도 마을 사람들이 들었다'는 취지로 일관되게 진술한 점, **피고인은 신고를 받고 출동한 경찰관 앞에서도 '갑은 아주 질이 나쁜 전과자'라고 큰 소리로 수회 소리치기도 한 점, 갑이 사는 곳은 갑, 병과 같은 성씨를 가진 집성촌으로 갑에게 전파가 있음에도 병은 '피고인으로부터 갑이 전과자라는 사실을 처음 들었다'고 진술하여 갑과 가까운 사이가 아니었던 것으로 보이는 점**을 종합하면, 갑과 병의 친분 정도나 적시된 사실이 갑의 공개하기 꺼려지는 개인사에 관한 것으로 주변에 회자될 가능성이 큰 내용이라는 점을 고려할 때 병이 갑과 친척관계에 있

다는 이유만으로 전파가능성이 부정된다고 볼 수 없고(갑과 병 사이의 촌수나 구체적 친밀관계가 밝혀진 바도 없다), 오히려 피고인은 갑과의 싸움 과정에서 단지 갑을 모욕 내지 비방하기 위하여 공개된 장소에서 큰 소리로 말하여 다른 마을 사람들이 들을 수 있을 정도였던 것으로 불특정 또는 다수인이 인식할 수 있는 상태였다고 봄이 타당하므로 피고인의 위 발언은 공연성이 인정된다는 이유로, 같은 취지에서 공소사실을 유죄로 인정한 원심판단이 정당하다고 한 사례.

[대법관 김재형, 대법관 안철상, 대법관 김선수의 반대의견] 위 사안에서, **피고인이 피고인의 남편 을과 갑의 친척 병이 듣고 있는 가운데 갑에 대한 사실을 적시한 것과 같이 특정 소수에게 말한 것만으로 불특정 또는 다수인이 직접 인식할 수 있는 상태에 있었다고 볼 수 없으므로, 피고인의 발언에 공연성이 있다고 보기 어려워 피고인의 행위가 갑에 대한 명예훼손죄에 해당한다고 할 수 없고**, 공소사실은 갑에 대한 명예훼손 사실을 들은 상대방이 을과 병 2명임에도 전파가능성 법리가 적용되어 공연성이 인정될 수 있다는 전제에 있고, 재판 과정에서 병이 갑의 친척이라는 것이 밝혀졌는바, 이와 같이 **상대방이 피고인 또는 피해자와 특수한 신분관계에 있는 점은 공연성(다수의견의 경우에는 전파가능성)이 부정될 수 있는 유력한 사정**이므로, 그러한 신분관계에도 불구하고 피고인의 발언이 공연성이 있다는 점에 관해서는 합리적 의심이 없을 정도의 증명이 필요하다는 이유로, 이와 달리 공연성에 관하여 충분한 심리나 증명이 이루어졌다고 보기 어려운데도 피고인의 발언이 전파될 가능성이 있어 공연성이 충족됨을 전제로 공소사실을 유죄로 판단한 원심판결에는 명예훼손죄에서 공연성에 관한 법리를 오해하여 판결에 영향을 미친 잘못이 있다.

사례연습 2 주거침입죄에서 침입의 개념

☞ 대법원 2021. 9. 9. 선고 2020도12630 전원합의체 판결

〈제2문〉

丙은 甲의 부재중에 甲의 처(妻) 乙과 혼외 성관계를 가질 목적으로 乙이 열어 준 현관 출입문을 통하여 甲과 乙이 공동으로 거주하는 아파트에 3회에 걸쳐 들어갔다.^{형법} ^{제319조 제1항 주거침입죄+} 丙의 죄책? (15점/20줄 이내 제한)

1. 甲의 부재중에 甲의 처(妻) 乙과 혼외 성관계를 가질 목적으로 乙이 열어 준 현관 출입문을 통하여 甲과 乙이 공동으로 거주하는 아파트에 3회에 걸쳐 들어간 행위(형법 제319조 제1항 주거침입죄 검토) ^{행위 1점}
   (1) 형법 제319조 제1항은 다른 사람의 주거·관리건조물·선박·항공기·점유방실에 침입한 경우에 성립한다. 침입이란 **'거주자가 주거에서 누리는 사실**

상의 평온상태를 해치는 행위태양으로 주거에 들어가는 것'을 의미한다. 침입 시점은 주간·야간 모두 상관없다. 침입 방법은 신체 일부가 들어간 경우를 말한다. _{법조문과 법리 2점}

(2) 이 사안의 쟁점은 침입이다. 구체적으로 보면, 외부인이 공동거주자의 일부가 부재중에 주거 내에 현재하는 거주자의 현실적인 승낙을 받아 통상적인 출입 방법에 따라 공동주거에 들어갔으나 부재중인 다른 거주자의 추정적 의사에 반하는 경우, 주거침입죄가 성립하는지 여부이다. _{사안 쟁점 2점}

여기에 관해 학설 대립이 있다. ① 공동거주자 전부승낙설은 모든 거주자에게 승낙을 받아야 한다. 그렇지 않으면 일부 승낙을 받아도 침입이나. 이때 법익을 침해받은 거주자가 여러 명일 경우 주거침입죄는 각각 성립하며 상상적 경합이다. 반면 ② 일부승낙설은 공동거주자 중 일부가 승낙하면 침입이 아니다. 전부승낙설이 일관된 대법원의 입장이었다. 그러나 일부승낙설로 변경하였다. 침입의 범위가 축소되었다. 일부승낙설이 타당하다. _{학설 4점}

(중요) (3) 대법원 전원합의체 판례는 「공동거주자 중 주거 내에 현재하는 거주자의 현실적인 승낙을 받아 통상적인 출입방법에 따라 들어갔다면, 설령 그것이 부재중인 다른 거주자의 의사에 반하는 것으로 추정된다고 하더라도 주거침입죄의 보호법익인 사실상 주거의 평온을 깨트렸다고 볼 수는 없다」고 판시하였다.

丙은 乙로부터 현실적인 승낙을 받아 통상적인 출입방법에 따라 주거에 들어갔다. 그러므로 주거의 사실상 평온상태를 해치는 행위태양으로 주거에 들어간 것이 아니다. 주거에 침입한 것으로 볼 수 없다. 丙의 주거 출입이 부재중인 甲의 의사에 반하는 것으로 추정되더라도 주거침입죄의 성립 여부에 영향을 미치지 않는다. _{5점}

(4) 죄책: 주거침입죄가 성립하지 않는다. _{1점}

| 제2문 해설 |

(중요) ■ 대법원 2021. 9. 9. 선고 2020도12630 전원합의체 판결 [주거침입] 〈배우자 있는 사람과의 혼외 성관계 목적으로 다른 배우자가 부재중인 주거에 출입하여 주거침입죄로 기소된 사건〉

[판시사항] [1] 외부인이 공동거주자의 일부가 부재중에 주거 내에 현재하는 거주자의 현실적인 승낙을 받아 통상적인 출입방법에 따라 공동주거에 들어갔으나 부재중인 다른 거주자의 추정적 의사에 반하는 경우, 주거침입죄가 성립하는지 여부(소극)

[2] 피고인이 갑의 부재중에 갑의 처(처) 을과 혼외 성관계를 가질 목적으로 을이 열어

준 현관 출입문을 통하여 갑과 을이 공동으로 거주하는 아파트에 들어간 사안이다. **피고인이 을로부터 현실적인 승낙을 받아 통상적인 출입방법에 따라 주거에 들어갔으므로 주거의 사실상 평온상태를 해치는 행위태양으로 주거에 들어간 것이 아니어서 주거에 침입한 것으로 볼 수 없고, 피고인의 주거 출입이 부재중인 갑의 의사에 반하는 것으로 추정되더라도 주거침입죄의 성립 여부에 영향을 미치지 않는다고 한 사례.**

[판결요지] [1] [다수의견] 외부인이 공동거주자의 일부가 부재중에 주거 내에 현재하는 거주자의 현실적인 승낙을 받아 통상적인 출입방법에 따라 공동주거에 들어간 경우라면 그것이 부재중인 다른 거주자의 추정적 의사에 반하는 경우에도 주거침입죄가 성립하지 않는다고 보아야 한다. 구체적인 이유는 다음과 같다.

(가) **주거침입죄의 보호법익은 사적 생활관계에 있어서 사실상 누리고 있는 주거의 평온**, 즉 '사실상 주거의 평온'으로서, 주거를 점유할 법적 권한이 없더라도 사실상의 권한이 있는 거주자가 주거에서 누리는 사실적 지배·관리관계가 평온하게 유지되는 상태를 말한다. 외부인이 무단으로 주거에 출입하게 되면 이러한 사실상 주거의 평온이 깨어지는 것이다. 이러한 보호법익은 주거를 점유하는 사실상태를 바탕으로 발생하는 것으로서 사실적 성질을 가진다.

한편 공동주거의 경우에는 여러 사람이 하나의 생활공간에서 거주하는 성질에 비추어 공동거주자 각자는 다른 거주자와의 관계로 인하여 주거에서 누리는 사실상 주거의 평온이라는 법익이 일정 부분 제약될 수밖에 없고, 공동거주자는 공동주거관계를 형성하면서 이러한 사정을 서로 용인하였다고 보아야 한다.

부재중인 일부 공동거주자에 대하여 주거침입죄가 성립하는지를 판단할 때에도 이러한 주거침입죄의 보호법익의 내용과 성질, 공동주거관계의 특성을 고려하여야 한다. 공동거주자 개개인은 각자 사실상 주거의 평온을 누릴 수 있으므로 어느 거주자가 부재중이라고 하더라도 사실상의 평온상태를 해치는 행위태양으로 들어가거나 그 거주자가 독자적으로 사용하는 공간에 들어간 경우에는 그 거주자의 사실상 주거의 평온을 침해하는 결과를 가져올 수 있다. 그러나 **공동거주자 중 주거 내에 현재하는 거주자의 현실적인 승낙을 받아 통상적인 출입방법에 따라 들어갔다면, 설령 그것이 부재중인 다른 거주자의 의사에 반하는 것으로 추정된다고 하더라도 주거침입죄의 보호법익인 사실상 주거의 평온을 깨트렸다고 볼 수는 없다.** 만일 외부인의 출입에 대하여 공동거주자 중 주거 내에 현재하는 거주자의 승낙을 받아 통상적인 출입방법에 따라 들어갔음에도 불구하고 그것이 부재중인 다른 거주자의 의사에 반하는 것으로 추정된다는 사정만으로 주거침입죄의 성립을 인정하게 되면, 주거침입죄를 의사의 자유를 침해하는 범죄의 일종으로 보는 것이 되어 주거침입죄가 보호하고자 하는 법익의 범위를 넘어서게 되고, '평온의 침해' 내용이 주관화·관념화되며, **출입 당시 현실적으로 존재하지 않는, 부재중인 거주자의 추정적 의사에 따라 주거침입죄의 성립 여부가 좌우되어 범죄 성립 여부가 명확하지 않고 가벌성의 범위가 지나치게 넓어지게 되어 부당한 결과를 가져오게 된다.**

(나) 주거침입죄의 구성요건적 행위인 침입은 주거침입죄의 보호법익과의 관계에서 해석하여야 한다. 따라서 **침입이란 '거주자가 주거에서 누리는 사실상의 평온상태를 해치는 행위태양으로 주거에 들어가는 것'을 의미하고**, 침입에 해당하는지 여부는 출입 당시 객관적·외형적으로 드러난 행위태양을 기준으로 판단함이 원칙이다. 사실상의 평온상

태를 해치는 행위태양으로 주거에 들어가는 것이라면 대체로 거주자의 의사에 반하는 것이겠지만, 단순히 주거에 들어가는 행위 자체가 거주자의 의사에 반한다는 거주자의 주관적 사정만으로 바로 침입에 해당한다고 볼 수는 없다.

외부인이 공동거주자 중 주거 내에 현재하는 거주자로부터 현실적인 승낙을 받아 통상적인 출입방법에 따라 주거에 들어간 경우라면, 특별한 사정이 없는 한 사실상의 평온상태를 해치는 행위태양으로 주거에 들어간 것이라고 볼 수 없으므로 주거침입죄에서 규정하고 있는 침입행위에 해당하지 않는다.

[대법관 김재형의 별개의견] **(가)** **주거침입죄의 보호법익은 주거권이다.** 주거침입죄가 주거의 평온을 보호하기 위한 것이라고 해서 그 보호법익을 주거권으로 파악하는 데 장애가 되지 않는다. 주거침입죄의 보호법익에 관하여 대법원판결에서 '사실상 주거의 평온'이라는 표현을 사용한 사안들은 그 보호법익을 주거권으로 보더라도 사안의 해결에 영향이 없다.

(나) 주거침입죄에서 말하는 침입은 이른바 의사침해설에 따라 '거주자의 의사에 반하여 주거에 들어가는 것'이라고 본 판례가 타당하다.

(다) 동등한 권한이 있는 공동주거권자 중 한 사람의 승낙을 받고 주거에 들어간 경우에는 어느 한쪽의 의사나 권리를 우선시할 수 없어 원칙적으로 주거침입죄가 성립하지 않는다. 다른 공동주거권자의 의사에 반한다고 해서 형법 제319조 제1항이 정한 침입에 해당하는 것으로 보아 주거침입죄로 처벌하는 것은 죄형법정주의가 정한 명확성의 원칙이나 형법의 보충성 원칙에 반할 수 있다. 평온한 방법으로 주거에 들어갔는지 여부가 주거침입죄의 성립 여부를 판단하는 기준이라고 볼 근거도 없다.

(라) **부부인 공동주거권자 중 남편의 부재중에 아내의 승낙을 받아 혼외 성관계를 가질 목적으로 주거에 들어갔다고 해서 주거침입죄로 처벌할 수 없다.** 주거침입죄는 목적범이 아닌 데다가 현재 혼외 성관계는 형사처벌의 대상이 아니기 때문에 이러한 목적의 유무에 따라 주거침입죄의 성립이 좌우된다고 볼 수 없다.

[대법관 안철상의 별개의견] **외부인이 공동거주자 중 한 사람의 승낙을 받아 공동주거에 출입한 경우에는 그것이 다른 거주자의 의사에 반하더라도 특별한 사정이 없는 한 주거침입죄가 성립하지 않는다.** 공동거주자 중 한 사람의 승낙에 따른 외부인의 공동주거 출입행위 그 자체는 외부인의 출입을 승낙한 공동거주자의 통상적인 공동주거의 이용행위 내지 이에 수반되는 행위에 해당한다고 할 것이고, 다른 거주자는 외부인의 출입이 그의 의사에 반하더라도 여러 사람이 함께 거주함으로써 사생활이 제약될 수밖에 없는 공동주거의 특성에 비추어 공동거주자 중 한 사람의 승낙을 받은 외부인의 출입을 용인하여야 하기 때문이다. 즉, 공동거주자 중 한 사람이 다른 거주자의 의사에 반하여 공동주거에 출입하더라도 주거침입죄가 성립하지 않는 것과 마찬가지로, **공동거주자 중 한 사람의 승낙에 따라 공동주거에 출입한 외부인이 다른 거주자의 의사에 반하여 공동주거에 출입하더라도 주거침입죄가 성립하지 않는다고 보아야 한다.**

[대법관 이기택, 대법관 이동원의 반대의견] 공동거주자 중 한 사람의 부재중에 주거 내에 현재하는 다른 거주자의 승낙을 받아 주거에 들어간 경우 주거침입죄가 성립하는지 여부는 **부재중인 거주자가 만일 그 자리에 있었다면 피고인의 출입을 거부하였을 것임이 명백한지 여부에 따라야 한다.** 즉, 부재중인 거주자가 그 자리에 있었다면 피고인

의 출입을 거부하였을 것임이 명백한 경우에는 주거침입죄가 성립하고, 그렇지 않을 경우에는 주거침입죄가 성립하지 않는다고 보아야 한다. 구체적인 이유는 다음과 같다.

(가) 주거침입죄는 거주자의 의사에 반하여 주거에 들어가는 경우에 성립한다. 주거침입죄는 사람의 주거에 침입한 경우, 즉 거주자 외의 사람이 거주자의 승낙 없이 무단으로 주거에 출입하는 경우에 성립하는 것이다. 거주자는 주거에 대한 출입이 자신의 의사대로 통제되고 지배·관리되어야 주거 내에서 평온을 누릴 수 있다. 이러한 점에서 주거침입죄의 보호법익인 '사실상 주거의 평온'은 '법익의 귀속주체인 거주자의 주거에 대한 지배·관리, 즉 주거에 대한 출입의 통제가 자유롭게 유지되는 상태'를 말한다고 할 것이다. 이러한 주거에 대한 지배·관리 내지 출입통제의 방식은 거주자의 의사 및 의사 표명을 통하여 이루어지게 된다. 따라서 주거침입죄에 있어 침입은 '거주자의 의사에 반하여 주거에 들어가는 것'이라고 해석하여야 한다.

(나) 부재중인 거주자의 경우에도 그의 '사실상 주거의 평온'이라는 법익은 보호되므로 그의 법익이 침해된 경우에는 주거침입죄가 성립한다.

(다) **공동주거에 있어서도 외부인의 출입이 공동거주자 중 부재중인 거주자의 의사에 반하는 것이 명백한 경우에는 그 거주자에 대한 관계에서 사실상 주거의 평온이 깨어졌다고 보아 주거침입죄의 성립을 인정하는 것이 주거침입죄의 법적 성질과 보호법익의 실체에 부합하는 해석이다.**

(라) 외부인의 출입이 부재중인 거주자의 의사에 반하는 것이 명백한 경우에 해당하는지에 대한 판단은 우리 사회에서 건전한 상식을 가지고 있는 일반 국민의 의사를 기준으로 객관적으로 하고 그에 관한 증명책임은 검사가 부담하므로, 외부인의 출입이 부재중인 거주자의 의사에 반하는 것이 명백한 경우에는 주거침입죄가 성립한다고 보더라도 처벌 범위가 확장되는 것이 아니다.

[2] 피고인이 갑의 부재중에 갑의 처(처) 을과 혼외 성관계를 가질 목적으로 을이 열어 준 현관 출입문을 통하여 갑과 을이 공동으로 거주하는 아파트에 3회에 걸쳐 들어간 사안이다. 피고인이 을로부터 현실적인 승낙을 받아 통상적인 출입방법에 따라 주거에 들어갔다. 그러므로 주거의 사실상 평온상태를 해치는 행위태양으로 주거에 들어간 것이 아니어서 주거에 침입한 것으로 볼 수 없다. 설령 피고인의 주거 출입이 부재중인 갑의 의사에 반하는 것으로 추정되더라도 그것이 사실상 주거의 평온을 보호법익으로 하는 주거침입죄의 성립 여부에 영향을 미치지 않는다는 이유로, 같은 취지에서 피고인에게 무죄를 선고한 원심의 판단이 정당하다고 한 사례.

사례연습 3 업무방해

☞ 대법원 2009. 11. 19. 선고 2009도4166 전원합의체 판결 [업무방해]·형법표준판례 249

〈제3문〉

甲과 乙은 충남지방경찰청 1층 민원실에서 자신들이 진정한 사건의 처리와 관련하여

지방경찰청장의 면담 등을 요구하면서 이를 제지하는 경찰관들에게 큰소리로 욕설을 하고 행패를 부렸다. ^{형법 제314조 제1항, 제30조 업무방해죄 공동정범-. 업무-} 甲과 乙의 죄책? (10점/10줄 이내 제한)

1. 충남지방경찰청 민원실에서 경찰관에게 욕설을 하며 행패를 부린 행위(형법 제314조 제1항, 제30조 업무방해죄 공동정범 검토)^{행위 1점}

    (1) 형법 제314는 제1항은 허위사실유포・위계・위력으로 타인의 업무를 방해할 경우 성립한다. 여기서 '업무'란 직업 또는 계속적으로 종사하는 사무나 사업을 말한다. 여기서 '사무' 또는 '사업'은 단순히 경제적 활동만을 의미하는 것이 아니라 널리 사람이 그 사회생활상의 지위에서 계속적으로 행하는 일체의 사회적 활동을 의미한다. ^{법조문과 법리 2점}

    (2) 이 사안의 쟁점은 타인 업무이다. '타인 업무'에 사적 업무와 공적 업무가 모두 포함되는지 여부이다. 여기에 학설이 대립한다. ① 공적 사무와 사적 사무 전부 포함설과 ② 사적 사무 제한설이다. 업무방해죄는 개인적 법익이기에 사적 사무로 제한함이 타당하다. ^{사안 쟁점과 학설 2점}

    (중요) (3) 대법원 전원합의체 판례는 「형법이 업무방해죄와는 별도로 공무집행방해죄를 규정하고 있는 것은 사적 업무와 공무를 구별하여 공무에 관해서는 공무원에 대한 폭행, 협박 또는 위계의 방법으로 그 집행을 방해하는 경우에 한하여 처벌하겠다는 취지라고 보아야 한다. 따라서 공무원이 직무상 수행하는 공무를 방해하는 행위에 대해서는 업무방해죄로 의율할 수는 없다」고 판시하였다. ^{대법원 판결 5점}

    (4) 죄책: 업무방해죄가 성립하지 않는다.

│ 제3문 해설 │

■ 대법원 2009. 11. 19. 선고 2009도4166 전원합의체 판결 [업무방해]・형법표준판례 249

[판시사항] [1] 공무원이 직무상 수행하는 공무를 방해하는 행위를 업무방해죄로 의율할 수 있는지 여부(소극) [2] 공공기관 민원실에서 민원인들이 위력에 해당하는 소란을 피운 행위에 대하여 업무방해죄의 성립을 인정한 원심판결을 파기한 사례.

[판결요지] [1] [다수의견] 형법상 업무방해죄의 보호법익은 업무를 통한 사람의 사회적・경제적 활동을 보호하려는 데 있다. 그러므로 그 보호대상이 되는 '업무'란 직업 또는 계속적으로 종사하는 사무나 사업을 말한다. 여기서 '사무' 또는 '사업'은 단순히 경제적 활동만을 의미하는 것이 아니라 널리 사람이 그 사회생활상의 지위에서 계속적으로 행하는 일체의 사회적 활동을 의미한다.

한편, 형법상 업무방해죄와 별도로 규정한 공무집행방해죄에서 '직무의 집행'이란 널리 공무원이 직무상 취급할 수 있는 사무를 행하는 것을 의미한다. 그런데 이 죄의 보호법익이 공무원에 의하여 구체적으로 행하여지는 국가 또는 공공기관의 기능을 보호하고자 하는데 있는 점을 감안할 때, 공무원의 직무집행이 적법한 경우에 한하여 공무집행방해죄가 성립한다. 여기에서 적법한 공무집행이란 그 행위가 공무원의 추상적 권한에 속할 뿐 아니라 구체적 직무집행에 관한 법률상 요건과 방식을 갖춘 경우를 가리키는 것으로 보아야 한다.

이와 같이 **업무방해죄와 공무집행방해죄는 그 보호법익과 보호대상이 상이할 뿐만 아니라 업무방해죄의 행위유형에 비하여 공무집행방해죄의 행위유형은 보다 제한되어 있다.** 즉 공무집행방해죄는 폭행, 협박에 이른 경우를 구성요건으로 삼고 있을 뿐 이에 이르지 아니하는 위력 등에 의한 경우는 그 구성요건의 대상으로 삼고 있지 않다. 또한, 형법은 공무집행방해죄 외에도 여러 가지 유형의 공무방해행위를 처벌하는 규정을 개별적·구체적으로 마련하여 두고 있다. 그러므로 이러한 처벌조항 이외에 공무 집행을 업무방해죄에 의하여 보호받도록 하여야 할 현실적 필요가 적다는 측면도 있다. 그러므로 **형법이 업무방해죄와는 별도로 공무집행방해죄를 규정하고 있는 것은 사적 업무와 공무를 구별하여 공무에 관해서는 공무원에 대한 폭행, 협박 또는 위계의 방법으로 그 집행을 방해하는 경우에 한하여 처벌하겠다는 취지라고 보아야 한다.** 따라서 공무원이 직무상 수행하는 공무를 방해하는 행위에 대해서는 업무방해죄로 의율할 수는 **없다**고 해석함이 상당하다.

[대법관 양승태, 대법관 안대희, 대법관 차한성 반대의견] 공무원이 직무상 수행하는 공무 역시 공무원이라는 사회생활상의 지위에서 계속적으로 종사하는 사무이다. 그러므로 업무방해죄의 '업무'의 개념에 당연히 포섭된다. **업무방해죄의 업무에 공무를 제외한다는 명문의 규정이 없는 이상 공무도 업무방해죄의 업무에 포함된다.** 뿐만 아니라 업무방해죄는 일반적으로 사람의 사회적·경제적 활동의 자유를 보호법익으로 하는 것이다. 그런데 **공무원 개인에 대하여도 자신의 업무인 공무수행을 통한 인격발현 및 활동의 자유는 보호되어야 하므로 단순히 공무원이 영위하는 사무가 공무라는 이유만으로 업무방해죄의 업무에서 배제되어서는 아니 된다.** 따라서 공무의 성질상 그 집행을 방해하는 자를 배제할 수 있는 강제력을 가지지 않은 공무원에 대하여 폭행, 협박에 이르지 않는 위력 등에 의한 저항 행위가 있는 경우에는 일반 개인에 대한 업무방해행위와 아무런 차이가 없다. **그러므로 업무방해죄로 처벌되어야 한다.**

그리고 형법이 컴퓨터 등 정보처리장치에 대한 손괴나 데이터의 부정조작의 방법에 의한 업무방해죄의 규정을 신설하면서 같은 내용의 공무집행방해죄를 따로 규정하지 않은 것은 컴퓨터 등 정보처리장치에 대한 손괴나 데이터의 부정조작의 방법에 의한 업무방해죄의 규정에 의하여 이러한 방법에 의한 공무방해행위를 처벌할 수 있기 때문이라고 보아야 한다. ☞ 이것은 다른 차원의 문제 형법 제314조 제2항 문제

한편, 다수의견처럼 공무에 대하여는 업무방해죄가 성립하지 아니한다고 보게 되면 입법자가 예상하지 아니한 형벌의 불균형을 초래하고 현실적으로 공공기관에서 많은 민원인들의 감정적인 소란행위를 조장하는 결과를 초래하게 될 위험이 있다. 따라서 업무방해죄에 있어 '업무'에는 공무원이 직무상 수행하는 공무도 당연히 포함되는 것으로서 직무를 집행하는 공무원에게 폭행 또는 협박의 정도에 이르지 않는 위력을 가하여 그의 공무 수

행을 방해한 경우에는 업무방해죄가 성립한다고 보아야 한다. ☞ 입법 문제

[2] 지방경찰청 민원실에서 민원인들이 진정사건의 처리와 관련하여 지방경찰청장과 면담 등을 요구하면서 이를 제지하는 경찰관들에게 큰소리로 욕설을 하고 행패를 부린 행위에 대하여, 경찰관들의 수사 관련 업무를 방해한 것이라는 이유로 업무방해죄 성립을 인정한 원심판결에, 업무방해죄 성립범위에 관한 법리를 오해한 위법이 있다고 한 사례.

사례연습 4 특수공무집행방해치상죄

☞ 2016년 제5회 변호사시험 기출문제 12/2013년 제2회 변시기출 선택형 13

〈제 4 문〉

甲은 승용차를 운전하던 중 음주단속을 피하기 위하여 위험한 물건인 승용차로 단속 경찰관을 고의로 들이받아 위 경찰관의 공무집행을 방해하고 위 경찰관에게 상해를 입 게 하였다. 甲은 행위 시점에 공무집행방해 고의와 상해 고의가 있었다.^{형법 제144조 제1} ^{항·제2항 특수공무집행방해치상죄+(=폭처법 상해죄 불성립. 법조경합/특별관계)} 甲의 죄책은? (10점/15줄 제한)

1. 위험한 물건인 승용차로 적법한 공무를 집행하는 경찰관을 폭행하고 상해를 가한 행위(형법 제144조 제1항·제2항 특수공무집행방해치상죄 검토) ^{1점}

   (1) 형법 제144조는 위험한 물건을 휴대하여 형법 제136조 공무집행방해죄를 범 하여 상해에 이르게 한 경우 성립한다. 사안에서 승용차는 위험한 물건에 해 당한다. 경찰관의 음주운전 단속은 적법한 공무에 해당한다. 승용차로 들이받 은 행위는 폭행에 해당한다. 이 행위로 상해의 결과가 발생하였다. ^{2점}

   (중요) (2) 대법원 판례는 「기본범죄를 통하여 고의로 중한 결과를 발생하게 한 경우에 가중 처벌하는 부진정결과적가중범에 있어서, 고의로 중한 결과를 발생하게 한 행위가 별도의 구성요건에 해당하고 그 고의범에 대하여 결과적 가중범에 정한 형보다 더 무겁게 처벌하는 규정이 있는 경우에는 그 고의범과 결과적 가중범이 상상적 경합 관계에 있다고 보아야 할 것이다(대법원 1995. 1. 20. 선고 94도2842 판결, 대법원 1996. 4. 26. 선고 96도485 판결 등 참조).

   그러나 고의범에 대하여 더 무겁게 처벌하는 규정이 없는 경우에는 결과적 가중범이 고의범에 대하여 특별관계에 있다고 해석되므로 결과적 가중범만 성립한다. 이와 법조경합의 관계에 있는 고의범에 대하여는 별도로 죄를 구 성한다고 볼 수 없다. 따라서 직무를 집행하는 공무원에 대하여 위험한 물 건을 휴대하여 고의로 상해를 가한 경우에는 특수공무집행방해치상죄만 성

립할 뿐, 이와는 별도로 폭력행위 등 처벌에 관한 법률 위반(집단·흉기
등 상해)죄를 구성한다고 볼 수 없다.」[5점]

(3) **죄책**: 특수공무집행방해치상죄가 성립한다. 법조경합의 관계에 있는 고의범
에 대하여는 별도로 죄를 구성하지 않는다. [2점]

제4문 해설

■ 대법원 2008. 11. 27. 선고 2008도7311 판결 [특수공무집행방해치상·폭력행위등
처벌에관한법률위반(집단·흉기등상해)·도로교통법위반(무면허운전)]

[판시사항] [1] 부진정결과적가중범에서 고의로 중한 결과를 발생하게 한 행위를 더 무
겁게 처벌하는 규정이 없는 경우, 결과적 가중범과 고의범의 죄수관계 [2] **직무를 집행
하는 공무원에 대하여 위험한 물건을 휴대하여 고의로 상해를 가한 경우, 특수공무
집행방해치상죄 외에 폭력행위 등 처벌에 관한 법률 위반(집단·흉기 등 상해)죄를
구성하는지 여부(소극)**

[판결요지] [1] 기본범죄를 통하여 고의로 중한 결과를 발생하게 한 경우에 가중 처벌하
는 부진정 결과적 가중범에서, 고의로 중한 결과를 발생하게 한 행위가 별도의 구성요건
에 해당하고 그 고의범에 대하여 결과적 가중범에 정한 형보다 더 무겁게 처벌하는 규정
이 있는 경우에는 그 고의범과 결과적 가중범이 상상적 경합관계에 있지만, 위와 같이
**고의범에 대하여 더 무겁게 처벌하는 규정이 없는 경우에는 결과적 가중범이 고의범
에 대하여 특별관계에 있으므로 결과적 가중범만 성립하고 이와 법조경합의 관계에
있는 고의범에 대하여는 별도로 죄를 구성하지 않는다.**

[2] **직무를 집행하는 공무원에 대하여 위험한 물건을 휴대하여 고의로 상해를 가한
경우에는 특수공무집행방해치상죄만 성립할 뿐, 이와는 별도로 폭력행위 등 처벌에
관한 법률 위반(집단·흉기 등 상해)죄를 구성하지 않는다.**

■ 대법원 1995. 1. 20. 선고 94도2842 판결 [성폭력범죄의처벌및피해자보호등에관한
법률위반·강도상해·특수공무집행방해치상·폭력행위등처벌에관한법률위반·강도예비]
표준판례 521/2020년 제9회 변시기출 10 참조. 형사법종합연습 교재 59면. 54면.

[판시사항] [1] 특수공무집행방해치상죄가 중한 결과에 대한 고의가 있는 경우까지도 포
함하는 부진정결과적가중범인지 여부 [2] 기본범죄를 통하여 고의로 중한 결과를 발생케
한 부진정 결과적가중범의 경우, 그 중한 결과가 별도의 구성요건에 해당한다면 결과적
가중범과 중한 결과에 대한 고의범의 상상적 경합관계에 있다고 보아야 하는지 여부

[판결요지] [1] 특수공무집행방해치상죄는 원래 결과적 가중범이다. 이는 중한 결과에 대
하여 예견가능성이 있었음에 불구하고 예견하지 못한 경우에 벌하는 진정결과적가중범이
**아니라 그 결과에 대한 예견가능성이 있었음에도 불구하고 예견하지 못한 경우뿐만
아니라 고의가 있는 경우까지도 포함하는 부진정 결과적 가중범이다.**

☞ 부진정 결과적 가중범(= ① 기본범죄 고의와 과실, ② 기본범죄 고의와 고의. 두 가지 유형 모두 성
  립한다).

☞ 대표적 부진정 결과적 가중범(=특수공무집행방해치사상죄, 현주건조물방회치사상죄)

[2] 고의로 중한 결과를 발생케 한 경우에 무겁게 벌하는 구성요건이 따로 마련되어

있는 경우에는 당연히 무겁게 벌하는 구성요건에서 정하는 형으로 처벌하여야 할 것이다. 결과적 가중범의 형이 더 무거운 경우에는 결과적 가중범에 정한 형으로 처벌할 수 있도록 하여야 할 것이다. 그러므로 **기본범죄를 통하여 고의로 중한 결과를 발생케 한 부진정 결과적 가중범의 경우에 그 중한 결과가 별도의 구성요건에 해당한다면 이는 결과적 가중범과 중한 결과에 대한 고의범의 상상적 경합관계에 있다고 보아야 할 것이다.**

[3] 이와 같은 법리에 비추어 볼 때 피고인 1의 제1심판시 "제2의 나"항 범죄사실을 특수공무집행방해치상죄와 폭력행위등처벌에관한법률 제3조 제2항 제1항, 형법 제257조 제1항(상해)위반죄의 상상적 경합범으로 처단한 제1심판결을 그대로 유지한 원심의 조치는 정당하고, 거기에 결과적 가중범 및 상상적 경합범에 관한 법리를 오해한 잘못이 없다. 상고이유 중 이 점을 지적하는 부분은 이유 없다.

사례연습 5 범인의 자기도피 교사행위

☞ 형법표준판례 524. 범인의 자기도피 교사행위와 죄책

〈제5문〉

甲이 ○○주유소 및 △△주유소를 운영하면서 유사석유를 판매하였다. 甲은 □□에너지에 유사석유를 공급하여 단속되었다. 甲은 수사 과정에서 乙에게 "○○주유소와 △△주유소의 실제 업주이며", 丙에게도 "甲에게 석유를 공급하였는데 자신도 유사석유임을 몰랐다"는 내용으로 각 허위진술 하도록 하였다.^{형법 제151조 제1항, 제31조 제1항 범인도피죄 교사죄+} 甲의 죄책? (10점/15줄 이내 제한)

1. 乙에게 ○○주유소의 실제 업주이며, 丙에게 유사석유임을 몰랐다는 내용으로 각 허위진술을 하게 한 행위(형법 제151조 제1항, 제31조 제1항 범인도피죄 교사범 검토)

   (1) 형법 제151조 범인도피죄는 수사·재판·집행을 방해하는 행위를 처벌한다. 벌금 이상에 해당하는 죄를 범한 자를 은닉·도피하게 한 자는 처벌된다. 여기서 '죄를 범한 자'란 다른 사람이며, 수사 대상에 오른 사람도 포함한다. 자신이 도피하는 행위는 처벌되지 않는다. ^{법문 1점}

   이 사안의 쟁점은 범인도피 교사범 성립 여부이다. 자신이 도피하기 위하여 다른 사람에게 범인도피죄를 범하게 하는 경우이다. 여기에 관해 학설이 대립한다. ① 자기 도피설과 ② **자기 도피권 남용설(방어권 남용설)**이다. 자기도피설에 따르면 "자기 도피행위는 범인도피죄가 성립되지 않는다. 따라서 범인

도피 교사죄도 성립하지 않는다." 그러나 **방어권 남용설은 "자기 도피권의 한계를 넘어 다른 사람을 범죄에 가담하게 한 경우 범인도피 교사죄도 성립한다."**

생각하여 보면 범인도피 교사행위는 범인이 행사하는 자기 도피권의 범위를 넘어서는 새로운 범죄 유발행위이다. 따라서 형법 제31조 제1항 교사행위에 해당한다. _{사안 쟁점과 법리 3점}

(2) 대법원 판례는 「허위로 진술한 사실이 인정되고 그것이 적극적으로 수사기관을 기만하여 착오에 빠지게 함으로써 범인의 발견 또는 체포를 곤란 내지 불가능하게 할 정도에 해당하여 범인도피죄를 구성한다. 그렇다면 乙과 丙은 석유 및 석유대체연료 사업법위반죄의 혐의를 받아 수사대상이 된 甲을 도피하도록 한 것으로 볼 수 있다. 나아가 이를 교사한 甲에 대하여도 범인도피교사의 죄책이 성립될 수 있다」고 판시하였다.

(3) 죄책: 범인도피교사죄가 성립한다. **사안에서 甲이 乙과 丙과 친족간이라도 형법 제152조 제2항 범인도피와 친족간 특례가 적용되지 않는다.**

▌제5문 해설 ▌

■ 대법원 2014. 3. 27. 선고 2013도152 판결 [석유및석유대체연료사업법위반·범인도피교사·조세범처벌법위반]

[판시사항] [1] 형법 제151조 제1항에서 정한 '죄를 범한 자'의 의미 [2] 형법 제151조 제1항에서 정한 '죄를 범한 자'가 자신을 위하여 타인으로 하여금 범인도피죄를 범하게 하는 경우, 범인도피교사죄가 성립하는지 여부(적극)

[판결요지] 형법 제151조의 범인도피죄는 수사, 재판 및 형의 집행 등에 관한 국권의 행사를 방해하는 행위를 처벌하려는 것이므로 형법 제151조 제1항에서 정한 '죄를 범한 자'는 범죄의 혐의를 받아 수사대상이 되어 있는 사람이면 그가 진범인지 여부를 묻지 않고 이에 해당한다(대법원 1960. 2. 24. 선고 4292형상555 판결, 대법원 1982. 1. 26. 선고 81도1931 판결, 대법원 2007. 2. 22. 선고 2006도9139 판결 참조). 그리고 **형법 제151조 제1항에서 정한 '죄를 범한 자'가 자신을 위하여 타인으로 하여금 범인도피죄를 범하게 하는 행위는 방어권의 남용으로 범인도피교사죄에 해당한다**(대법원 2000. 3. 24. 선고 2000도20 판결, 대법원 2008. 11. 13. 선고 2008도7647 판결 등 참조).

사례연습 6 모해위증죄 교사범

☞ 2016년 제5회 변호사시험 기출문제 12/2013년 제2회 변시기출 선택형 13

〈제6문〉

甲이 乙에게 丙을 모해할 목적으로 위증을 교사하였다.^{형법 제152조 제2항, 제31조 제1항, 제} ^{33조 모해위증죄 교사범+} 乙은 모해할 목적이 없이 법률에 근거하여 재판에서 유효한 선서를 한 후 법률이 정한 절차에 따라 증언거부권을 고지받고 허위사실을 진술하였다. ^{형법 제152조 제1항 위증죄+} 甲과 乙의 죄책? (15점/20줄 이내 제한)

Ⅰ. 乙의 죄책 ^{5점}

1. 乙은 증인으로 채택되어 법률에 근거하여 재판에서 유효한 선서를 한 후 법률이 정한 절차에 따라 증언거부권을 고지받고 허위사실을 진술한 행위(형법 제152조 제1항 위증죄 검토) ^{1점}

   (1) 형법 제151조 위증죄는 선서한 증인이 허위를 진술할 경우 성립한다. 적법절 차에 따라 행위주체성이 인정되어야 한다. 이 사안의 경우 乙은 법정에서 선 서한 후 증언거부권을 고지받고 적법한 증인신문절차에서 허위진술을 하였다. 따라서 위증죄의 행위주체가 된다. ^{법문 1점}

   (2) 대법원 판례는 「적법절차를 강조하여 증인신문절차에서 증인보호 규정의 중대 한 위법이 있는 경우 위증죄의 주체성을 부인하였다. '자기부죄거부권'에 준하는 사유가 있는 경우에 한 해 위증죄 성립을 부정하고 있다」고 판시하였다. ^{2점}

   (3) 죄책: 위증죄가 성립한다. ^{1점}

Ⅱ. 甲의 죄책 ^{10점}

1. 乙에게 丙을 모해할 목적으로 위증을 교사한 행위(형법 제152조 제2항, 제31조 제1항, 제33조 모해위증죄 교사범 검토) ^{1점}

   (1) 형법 제152조 제2항 모해위증죄는 타인 형사사건·타인 징계사건에서 피고 인·피의자·징계혐의자를 모해할 목적으로 법률에 근거하여 선서한 후 증언 거부권을 고지받고 허위사실을 진술한 경우 성립한다. 여기서 '징계처분'이란 공법상 감독관계에서 신분적 제재를 말한다. 모해위증죄 교사자는 모해위증행 위를 교사한 사람이다. ^{법문 1점}

   이 사안의 쟁점은 정범인 乙이 위증죄를 범하였다. 그럼에도 甲에게 모해 위증죄 교사죄가 성립하는지 여부이다. 여기에 관해 학설이 대립한다. ① 위

증죄 교사범설과 ② 모해위증죄 교사범설이다. 모해위증죄 교사범설에 따르면 "형법 제33조 소정의 이른바 신분관계라 함은 남녀의 성별, 내·외국인의 구별, 친족관계, 공무원인 자격과 같은 관계뿐만 아니라 널리 일정한 범죄행위에 관련된 **범인의 인적관계인 특수한 지위 또는 상태를 지칭하는 것이다.** 형법 제152조 제1항과 제2항은 위증을 한 범인이 형사사건의 피고인 등을 '모해할 목적'을 가지고 있었는가 아니면 그러한 목적이 없었는가 하는 **범인의 특수한 상태의 차이에 따라 범인에게 과할 형의 경중을 구별**하고 있다. 그러므로 이는 바로 형법 제33조 단서 소정의 "신분관계로 인하여 형의 경중이 있는 경우"에 해당한다고 봄이 상당하다. 따라서 모해위증 교사설은 신분이 있는 자가 신분이 없는 자를 교사한 경우 형법 제33조 단서를 적용한다. 그러나 위증죄 교사범설은 모해의 '목적'을 신분으로 이해하는 것은 타당하지 않다고 비판한다. 엄격해석으로 사안의 경우 위증죄의 교사범으로 본다. ^{사안} 쟁점과 법리 3점

중요 (2) 대법원 판례는 「甲이 丙을 모해할 목적으로 乙에게 위증을 교사한 이상, 가사 정범인 乙에게 모해의 목적이 없었다고 하더라도, 형법 제33조 단서의 규정에 의하여 甲을 모해위증교사죄로 처단할 수 있다. **형법 제31조 제1항은 협의의 공범의 일종인 교사범이 그 성립과 처벌에 있어서 정범에 종속한다는 일반적인 원칙을 선언한 것에 불과**하고,^{불과하다.} **신분관계로 인하여 형의 경중이 있는 경우에 신분이 있는 자가**^{모해목적을 가진 자가} **신분이 없는 자를**^{모해목적이 없는 자를} **교사하여 죄를 범하게 한 때에는** 형법 제33조 단서가 형법 제31조 제1항에 우선하여 적용됨으로써 신분이 있는 교사범이 신분이 없는 정범보다 중하게 처벌된다」고 판시하였다. ^{4점}

(3) 죄책: 모해위증교사죄가 성립한다. ^{1점}

제6문 해설

■ 대법원 1994. 12. 23. 선고 93도1002 판결 [모해위증교사]

[판시사항] [1] 형법 제33조 소정의 '신분관계'의 의미 [2] 위증죄와 모해위증죄가 형법 제33조 단서 소정의 '신분관계로 인하여 형의 경중이 있는 경우'에 해당하는지 여부 [3] 모해할 목적으로 위증을 교사하였다면 그 정범에게 모해의 목적이 없다 하더라도 모해위증교사죄로 처단할 수 있는지 여부 [4] 형법 제33조 단서를 적용한 취의로 해석된다면 법률적용에서 그 단서 조항을 명시하지 않았다 하더라도 위법이 있다고 할 수 없는지 여부 [5] 형법 제33조 단서가 형법 제31조 제1항에 우선 적용되어 신분이 있는 교사범이 신분이 없는 정범보다 중하게 처벌되는지 여부

[판결요지] [1] 형법 제33조 소정의 이른바 신분관계라 함은 남녀의 성별, 내·외국인의

구별, 친족관계, 공무원인 자격과 같은 관계뿐만 아니라 널리 일정한 범죄행위에 관련된 범인의 인적관계인 특수한 지위 또는 상태를 지칭하는 것이다.

[2] 형법 제152조 제1항과 제2항은 위증을 한 범인이 형사사건의 피고인 등을 '모해할 목적'을 가지고 있었는가 아니면 그러한 목적이 없었는가 하는 범인의 특수한 상태의 차이에 따라 범인에게 과할 형의 경중을 구별하고 있으므로, 이는 바로 형법 제33조 단서 소정의 "신분관계로 인하여 형의 경중이 있는 경우"에 해당한다고 봄이 상당하다.

[3] 피고인이 갑을 모해할 목적으로 을에게 위증을 교사한 이상, 가사 정범인 을에게 모해의 목적이 없었다고 하더라도, 형법 제33조 단서의 규정에 의하여 피고인을 모해위증 교사죄로 처단할 수 있다.

[4] 구체적인 범죄사실에 적용하여야 할 실체법규 이외의 법규에 관하여는 판결문상 그 규정을 적용한 취지가 인정되면 되고 특히 그 법규를 법률직용란에서 표시하지 아니하였다 하여 위법이라고 할 수 없으므로, 모해의 목적으로 그 목적이 없는 자를 교사하여 위증죄를 범한 경우 그 목적을 가진 자는 모해위증교사죄로, 그 목적이 없는 자는 위증죄로 처벌할 수 있다고 설시한 다음 피고인을 모해위증교사죄로 처단함으로써 사실상 형법 제33조 단서를 적용한 취의로 해석되는 이상, 법률적용에서 위 단서 조항을 빠뜨려 명시하지 않았다고 하더라도 이로써 판결에 영향을 미친 위법이 있다고 할 수 없는 것이다.

[5] 형법 제31조 제1항은 협의의 공범의 일종인 교사범이 그 성립과 처벌에 있어서 정범에 종속한다는 일반적인 원칙을 선언한 것에 불과하고, 신분관계로 인하여 형의 경중이 있는 경우에 신분이 있는 자가 신분이 없는 자를 교사하여 죄를 범하게 한 때에는 형법 제33조 단서가 형법 제31조 제1항에 우선하여 적용됨으로써 신분이 있는 교사범이 신분이 없는 정범보다 중하게 처벌된다.

☞ [출제] 2019년 제8회 변호사시험 기출문제 17

☞ [참조] 하태영, 형사법종합연습 변기기출문제분석편, 제3판, 법문사, 2021, 274면 ①

☞ [평석] 대상판례는 학계에서 많은 비판을 받았다. 생각하여 보면 甲은 위증죄의 교사범이 성립한다. 모해목적은 신분이 될 수 없다. 법률은 명확해야 한다. 형법 제33조는 신분범을 말한다. 진정신분범과 부진정신분범은 형의 경중이 있다. 입법부는 이 점을 염두에 두고 입법하였다. 법률해석은 문리해석·논리해석·목적론해석·헌법합치해석·형사정책해석을 해야 한다. 형법해석은 엄격해석과 제한해석이 핵심이다. 이 판례는 변경되어야 한다.

사례연습 7 증거인멸죄 공동정범

☞ 2015년 제4회 변호사시험 기출문제 19, 형법표준판례 534

〈제 7 문〉

甲과 乙이 직접 형사처분이나 징계처분을 받게 될 것을 두려워한 나머지 스스로의 이익을 위하여 그 증거가 될 자료를 인멸하였다.[형법 제155조 제1항, 제30조 증거인멸죄 공동정범-] 甲과 乙의 죄책은?(공용서류손상죄 성립함. 검토에서 제외함)

[**사실관계**] 甲과 乙은 검찰로부터 선박의 침몰사건과 관련하여 선박의 안전운항과 관련된 항만청의 직무수행 내용 등에 관한 서류의 제출을 요구받았다. 그러나 이미 항만청 해무과 소속 공무원들이 위 선박의 정원초과 운항사실 등을 적발하여 선장 등으로부터 정원초과운항확인서 4장을 작성받아 보관 중이었다. 그러면서도 이에 따른 아무런 조치를 취하지 아니한 채 방치하였다. 甲과 乙을 비롯한 항만청 관계자들이 형사처벌 및 징계를 받을 것을 두려워하고 있었다. 그러던 중 순차로 甲에게 위 정원초과운항 확인서 4장을 소각할 것을 지시하였다. 甲이 이를 소각함으로써 위 서류의 효용을 해함과 동시에 위 선박의 정원초과운항과 관련하여 甲과 乙에 대한 선박안전법위반사건의 증거를 인멸하였다. 甲과 乙의 죄책은?

1. 甲과 乙이 직접 형사처분이나 징계처분을 받게 될 것을 두려워하여 스스로의 이익을 위하여 그 증거가 될 자료를 소각하고 인멸한 행위(형법 제155조 제1항, 제30조 증거인멸죄 공동정범 검토) ^{1점}

(1) 형법 제155조 제1항 증거인멸죄는 타인의 형사사건 또는 타인의 징계사건에 관한 증거를 인멸하는 경우 성립한다. 이 사안의 쟁점은 자신을 위한 증거인멸행위가 **동시에 공범자 아닌 자의 증거를 인멸한 결과가 되는 경우, 증거인멸죄 성립 여부이다. 여기에 학설대립이 있다. ① 자기 증거 인멸 무죄설과 ② 타인 증거 인멸 유죄설이다. 자기 증거 인멸 무죄설이 타당하다. 소각하고 인멸한 자료는 자기 증거임과 동시에 타인 증거이기 때문이다. 피고인에게 유리하게 해석해야 한다.** ^{3점}

(중요) (2) 대법원 판례는 「피고인 자신이 직접 형사처분이나 징계처분을 받게 될 것을 두려워한 나머지 자기의 이익을 위하여 그 증거가 될 자료를 인멸하였다면, **그 행위가 동시에 다른 공범자의 형사사건이나 징계사건에 관한 증거를 인멸한 결과가 된다고 하더라도, 이를 증거인멸죄로 다스릴 수 없다. 이러한 법리는 그 행위가** 피고인의 공범자가 아닌 자의 형사사건이나 징계사건에 관한 증거를 인멸한 결과가 된다고 하더라도 마찬가지이다」라고 **판시하였다.** ^{5점}

(3) **죄책: 증거인멸죄는 성립하지 않는다.** ^{1점}

┃ 제7문 해설 ┃

■ 대법원 1995. 9. 29. 선고 94도2608 판결
　[허위공문서작성 · 허위공문서작성행사 · 공용서류손상 · 증거인멸] 형법표준판례 534

[**판시사항**] [1] 피고인 자신을 위한 증거인멸행위가 **동시에** 피고인의 공범자 아닌 자의 증거를 인멸한 결과가 되는 경우, 증거인멸죄가 성립하는지 여부 [2] **상상적 경합범의 관계에 있는 수죄 중 일부가 무죄인 경우, 그 전부를 유죄로 인정한 원심판결을 파기한 사례.**

[판결요지] [1] 증거인멸죄는 타인의 형사사건 또는 징계사건에 관한 증거를 인멸하는 경우에 성립하는 것으로서, 피고인 자신이 직접 형사처분이나 징계처분을 받게 될 것을 두려워한 나머지 자기의 이익을 위하여 그 증거가 될 자료를 인멸하였다면, **그 행위가 동시에 다른 공범자의 형사사건이나 징계사건에 관한 증거를 인멸한 결과가 된다고 하더라도 이를 증거인멸죄로 다스릴 수 없고,** 이러한 **법리는 그 행위가 피고인의 공범자가 아닌 자의 형사사건이나 징계사건에 관한 증거를 인멸한 결과가 된다고 하더라도 마찬가지이다.**

[2] 상상적 경합범의 관계에 있는 수죄 중 일부가 무죄인 경우, 원심이 그 수죄를 모두 유죄로 인정한 것은 그 일부만이 유죄로 인정되는 경우와는 양형의 조건을 참작함에 있어서 차이가 생기게 됨으로써 판결의 결과에 영향을 미친 것이라 보아 원심판결을 파기한 사례.

☞ [출제] 2015년 제4회 변호사시험 기출문제 19

사례연습 8 무고죄 ☞ 2015년 제4회 변호사시험 선택형 기출문제 8

〈제8문〉

甲은 乙과 공모하여, 乙이 甲을 사문서위조 등으로 허위 고소하기로 하였다. 甲과 乙은 수사기관의 예상 질문에 대한 대답을 준비하는 방식으로 甲을 무고하기로 모의하였다. 乙이 그 공모에 따라 수사기관에 甲을 처벌하여 달라는 허위 내용의 고소장을 작성하여 제출하였다. 甲과 乙의 죄책은? (10점/15줄 이내 제한)

Ⅰ. **乙의 죄책** [3점]

1. 乙이 수사기관에 甲을 처벌하여 달라는 허위 내용의 고소장을 작성하여 제출한 행위(형법 제156조 무고죄 검토) [1점]

   (1) 형법 제156조는 타인에게 형사처분을 받게 할 목적으로 공공기관·공무원에게 범죄를 구성하는 허위사실을 신고한 경우 성립한다. 무고죄 보호법익은 국가의 심판기능이다. 허위사실이란 객관적 사실에 반하는 사실이다(객관설). 이 사안은 객관적·주관적 구성요건을 모두 충족한다. [1점]

   (2) 죄책: 무고죄가 성립한다. [1점]

Ⅱ. **甲의 죄책** [7점]

1. 甲이 자기 자신을 무고하기로 乙과 공모하고 수사기관에 甲을 처벌하여 달라는 허위 내용의 고소장을 작성하여 제출한 행위(형법 제156조, 제30조 무고죄 공동정범 검토) [1점]

(1) 형법 제156조 무고죄는 타인에게 형사처분 또는 징계처분을 받게 할 목적으로 허위의 사실을 신고하는 것을 구성요건으로 하는 범죄이다. **이 사안의 쟁점은** 범죄의 실행에 가담한 사람이 공동의 의사에 따라 다른 공범자를 이용하여 실현하려는 행위가 **자신에게는 범죄를 구성하지 않는 경우, 공동정범의 죄책 여부이다.** 다시 말하면 자기 자신을 무고하기로 제3자와 공모하고 무고행위에 가담한 경우, 무고죄 공동정범으로 처벌할 수 있는지 여부이다. ^{1점}

⚪중요 (2) 형법 제30조 공동정범은 공동으로 범죄를 저지르려는 의사에 따라 공범자들이 협력하여 범행을 분담함으로써 범죄의 구성요건을 실현한 경우 각자가 범죄 전체에 대하여 정범으로서 책임을 부담한다. **공동정범이 성립하기 위해서는 주관적 요건으로서 공동가공의 의사와 객관적 요건으로서 공동의사에 의한 기능적 행위지배를 통한 범죄의 실행사실이 필요하다.** 이때 공동가공의 의사는 공동의 의사로 특정한 범죄행위를 하기 위하여 **일체가 되어 서로 다른 사람의 행위를 이용하여 자기의 의사를 실행에 옮기는 것을** 내용으로 한다. 따라서 **범죄의 실행에 가담한 사람이라고 할지라도 그가 공동의 의사에 따라 다른 공범자를 이용하여 실현하려는 행위가 자신에게는 범죄를 구성하지 않는다면, 특별한 사정이 없는 한 공동정범의 죄책을 진다고 할 수 없다.** ^{2점} ☞ 중요한 법리이다. 암송하기 바란다.

⚪중요 (3) 대법원 판례는 「자기 자신에게 형사처분 또는 징계처분을 받게 할 목적으로 허위의 사실을 신고하는 행위, 즉 자기 자신을 무고하는 행위는 무고죄의 구성요건에 해당하지 않아 무고죄가 성립하지 않는다. 자기 자신을 무고하기로 제3자와 공모하고 이에 따라 **무고행위에 가담하였더라도 이는 자기 자신에게는 무고죄의 구성요건에 해당하지 않아 범죄가 성립할 수 없는 행위를 실현하고자 한 것에 지나지 않아 무고죄의 공동정범으로 처벌할 수 없다」**고 판시하였다. ^{2점}

(4) 죄책: 무고죄의 공동정범이 성립하지 않는다. ^{1점}

┃ 제8문 해설

▣ 대법원 2017. 4. 26. 선고 2013도12592 판결 [무고]

[판시사항] [1] 공동정범이 성립하기 위한 요건 / 범죄의 실행에 가담한 사람이 공동의 의사에 따라 다른 공범자를 이용하여 실현하려는 행위가 자신에게는 범죄를 구성하지 않는 경우, 공동정범의 죄책을 지는지 여부(원칙적 소극) [2] **자기 자신을 무고하기로 제3자와 공모하고 무고행위에 가담한 경우, 무고죄의 공동정범으로 처벌할 수 있는지 여부(소극)**

[판결요지] [1] 형법 제30조에서 정한 공동정범은 공동으로 범죄를 저지르려는 의사에 따라 공범자들이 협력하여 범행을 분담함으로써 범죄의 구성요건을 실현한 경우에 각자가 범죄 전체에 대하여 정범으로서의 책임을 지는 것이다. 이러한 공동정범이 성립하기 위해서는 주관적 요건으로서 공동가공의 의사와 객관적 요건으로서 공동의사에 의한 기능적 행위지배를 통한 범죄의 실행사실이 필요하다. 이때 공동가공의 의사는 공동의 의사로 특정한 범죄행위를 하기 위하여 일체가 되어 서로 다른 사람의 행위를 이용하여 자기의 의사를 실행에 옮기는 것을 내용으로 하는 것이어야 한다. 따라서 **범죄의 실행에 가담한 사람이라고 할지라도 그가 공동의 의사에 따라 다른 공범자를 이용하여 실현하려는 행위가 자신에게는 범죄를 구성하지 않는다면, 특별한 사정이 없는 한 공동정범의 죄책을 진다고 할 수 없다.**

[2] 형법 제156조에서 징한 무고죄는 타인으로 하여금 형사처분 또는 징계처분을 받게 할 목적으로 허위의 사실을 신고하는 것을 구성요건으로 하는 범죄이다. 자기 자신으로 하여금 형사처분 또는 징계처분을 받게 할 목적으로 허위의 사실을 신고하는 행위, 즉 **자기 자신을 무고하는 행위는 무고죄의 구성요건에 해당하지 않아 무고죄가 성립하지 않는다.** 따라서 자기 자신을 무고하기로 제3자와 공모하고 이에 따라 무고행위에 가담하였더라도 이는 자기 자신에게는 무고죄의 구성요건에 해당하지 않아 범죄가 성립할 수 없는 행위를 실현하고자 한 것에 지나지 않아 무고죄의 공동정범으로 처벌할 수 없다.

사례연습 9 특정범죄가중처벌법률 위반 제2조 제1항 제3호(형법 제129조 제1항 · 제30조 수뢰죄 공동정범)

☞ 2020년 제9회 변호사시험 기출문제 40

〈제9문〉

유흥주점 단속업무를 담당하고 있는 공무원 甲과 乙은 뇌물을 수수하기로 공모하여 유흥주점을 운영하는 丙을 찾아가 단속을 무마해 달라는 취지의 뇌물 4,000만 원을 수수하였다.^{甲과 乙: 특정범죄가중처벌법률 위반 제2조 제1항 제3호(형법 제129조 제1항, 제30조 수뢰죄 공동정범+)4=천만원)/丙: 특정범죄가중처벌법률 위반 제2조 제1항 제3호(형법 제129조 제1항, 제30조 수뢰죄 공동정범+)(=4천만원)/丙: 형법 제133조 제1항 뇌물공여죄+} 사무실로 돌아간 후 甲, 乙은 각자 2,000만 원씩 나누어 가졌다. 乙은 그 돈을 바로 자신의 예금계좌에 입금하였다가 일주일 뒤 양심의 가책을 받아 丙에게 전액 반환하였다.^{甲: 2천만 원+. 乙: 2천만 원 각각 추징} 甲, 乙, 丙은 위와 같은 범죄사실로 공동피고인으로 재판 중이다. 甲과 乙과 丙의 죄책은? (10점/15줄 이내 제한)

Ⅰ. 甲의 죄책

1. 영업 단속 무마 취지로 뇌물 4,000만 원을 수수한 행위(**특정범죄가중처벌법률 위**

반 제2조 제1항 제3호(형법 제129조 제1항, 제30조 수뢰죄 공동정범) 검토) [1점]

(1) 형법 제129조 제1항은 공무원이 일반직무와 밀접하게 관련하여 전체적·포괄적 뇌물을 수수한 경우 성립한다. **뇌물은 직무와 관련된 불법이다. 직무 관련성이 있어야 한다. 수뢰자의 직무 범위와 직무 내용이 확정되어야** 한다. 이 사안에서 공무원 甲과 乙은 丙에게 영업 단속 무마 취지로 뇌물 4,000만 원을 받았다. 금액이 3천만 원 이상 5천만 원 미만이기에 특가법 제2조 제1항 제3호가 적용된다. [2점]

(2) 대법원 판례는 「공무원이 직무와 관련하여 사적 영역에서 이루어지는 **계약행위에 상당한 영향력을 줄 수 있는 지위를 획득**하고, 그와 관련하여 **금품 등을 수수한 경우도 직무 관련성이 있다**」고 판시하였다. [2점]

(3) **죄책: 특가법 제2조 제1항 제3호 수뢰죄 공동정범이 성립한다. 형법 제134조에 근거하여 실제 분배받은 금액 2,000만 원을 몰수 또는 추징한다.** [1점]

Ⅱ. 乙의 죄책

1. 영업 단속 무마 취지로 뇌물 4,000만 원을 수수한 행위(**특정범죄가중처벌법률 위반 제2조 제1항 제3호(형법 제129조 제1항, 제30조 수뢰죄 공동정범) 검토**)

법리는 甲에서 검토한 내용과 같다. 특가법 제2조 제1항 제3호 수뢰죄 공동정범이 성립한다. 형법 제134조에 근거하여 乙이 실제 분배받은 금액 2,000만 원을 몰수 또는 추징한다. 乙이 범죄 이후 丙에게 2,000만 원 반환하였더라도 몰수·추징한다. 뇌물 그 자체의 반환으로 볼 수 없다. 뇌물은 전부 몰수(沒收)하고, 전부 몰수가 불능한 경우 그 가액이 추징된다. [2점]

Ⅲ. 丙의 죄책

1. 단속 공무원에게 영업 단속 무마 취지로 뇌물 4,000만 원을 공여한 행위(**형법 제133조 제1항 뇌물공여죄) 검토**) [1점]

(1) 형법 제133조 제1항은 누구든지 일반직무와 밀접하게 관련하여 전체적·포괄적 뇌물을 공여한 경우 성립한다. 이 사안에서 병은 공무원 갑과 을에게 영업 단속 무마 취지로 뇌물 4,000만원을 주었다. **뇌물은 직무와 관련된 불법이다. 직무 관련성이 있어야 한다. 수뢰자의 직무 범위와 직무 내용이 확정되어야** 한다. [2점]

(2) 대법원 판례는 「공무원에게 전달한 전체적 포괄적 뇌물을 공여자가 반환받은 경우에도 뇌물공여죄가 성립한다」고 판시하였다. [2점]

(3) **죄책: 뇌물공여죄가 성립한다. 형법 제134조 몰수·추징이 적용된다.**

☞ [출제] 2016년 제5회 변호사시험 기출문제 40

☞ 특정범죄가중처벌법률 제2조 제1항 위반(뇌물) 꼭 정리하세요! 특가법 제2조·제5조 중요함!

사례연습 10 뇌물공여죄 공동정범   ☞ 2021년 제10회 변호사시험 기출문제 31

〈제10문〉

X 건설회사의 공동대표인 甲과 乙은 공무원 丙에게 뇌물을 제공하여 관급공사를 수주하기로 공모한 다음 丙에게 시가 2,000만 원 상당의 자동차와 현금 2,000만 원을 공여하였는데, 다만 자동차에 대한 등록명의는 X 건설회사 앞으로 하였다.^{형법 제133조 제1항,} ^{제30조 뇌물공여죄 공동정범+} 한편 乙은 위 회사 주차장에서 주차 시비가 붙은 B를 폭행하였고, 甲은 이를 목격하였다. 甲은 뇌물공여죄로, 乙은 뇌물공여죄 및 폭행죄로, 丙은 뇌물수수죄로 각 기소되어 함께 재판받고 있다. 甲과 乙과 丙의 죄책은? (15점/20줄 이내 제한)

Ⅰ. 甲의 죄책

1. 甲과 乙은 공무원 丙에게 뇌물을 제공하여 관급공사를 수주하기로 공모한 다음 丙에게 시가 2,000만 원 상당의 자동차와 현금 2,000만 원을 공여한 행위(**형법 제133조 제1항, 제30조 뇌물공여죄 공동정범 검토**) ^{1점}

   (1) 형법 제133조 제1항은 누구든지 일반직무와 밀접하게 관련하여 전체적·포괄적 뇌물을 공여한 경우 성립한다. 이 사안에서 甲과 乙은 공무원 丙에게 관급공사 수주를 위해 시가 2,000만 원 상당의 자동차와 현금 2,000만 원을 주었다. **뇌물은 직무와 관련된 불법이다. 직무 관련성이 있어야 한다. 수뢰자의 직무 범위와 직무 내용이 확정되어야 한다. 자동차등록원부 등록과 상관없이 실질적 처분권한이 있는 경우 뇌물에 포함된다.** ^{2점}

   (중요) (2) 대법원 판례는 「공무원에게 전달한 전체적 포괄적 뇌물을 공여자가 반환받은 경우에도 뇌물공여죄가 성립한다. 공무원이 설령 뇌물을 받지 않아도 뇌물을 준 사람은 뇌물공여자에 해당한다. 또한 자동차를 뇌물로 제공한 경우 자동차등록원부에 뇌물수수자가 그 소유자로 등록되지 않았다고 하더라도 자동차의 사실상 소유자로서 자동차에 대한 실질적인 사용 및 처분권한이 있다면 자동차 자체를 뇌물로 취득한 것으로 보아야 한다」고 판시하였다. ^{2점}

(3) **죄책: 뇌물공여죄 공동정범이 성립한다. 형법 제134조 몰수 · 추징이 적용 된다.** [1점]

∥ 제10문 해설 ∥

■ 대법원 2006. 4. 27. 선고 2006도735 판결 [특정범죄가중처벌등에관한법률위반(뇌물)
(인정된 죄명: 알선뇌물수수)]

[판시사항] [1] 알선수뢰죄에 있어서 '공무원이 그 지위를 이용하여'와 '다른 공무원의 직무에 속한 사항의 알선행위'의 의미 [2] 자동차를 뇌물로 수수하였다고 하기 위해서는 수뢰자가 그 법률상 소유권을 취득하여야 하는지 여부(소극) [3] 뇌물로 제공되었다는 자동차에 대하여 피고인에게 실질적 처분권한이 있다고 할 수 없어 자동차 자체를 뇌물로 수수한 것으로 볼 수 없다고 한 사례. [4] **형사재판에서 공소사실에 대한 증명책임의 소재(=검사) 및 유죄의 인정을 위한 증거의 증명력 정도**

[판결요지] [1] 알선수뢰죄는 공무원이 그 지위를 이용하여 다른 공무원의 직무에 속한 사항의 알선에 관하여 뇌물을 수수, 요구 또는 약속하는 것을 그 성립요건으로 하고 있고, 여기서 '공무원이 그 지위를 이용하여'라 함은 친구, 친족관계 등 사적인 관계를 이용하는 경우에는 이에 해당한다고 할 수 없으나, 다른 공무원이 취급하는 사무의 처리에 법률상이거나 사실상으로 영향을 줄 수 있는 관계에 있는 공무원이 그 지위를 이용하는 경우에는 이에 해당하고, 그 사이에 상하관계, 협동관계, 감독권한 등의 특수한 관계가 있음을 요하지 않는다고 할 것이고, '다른 공무원의 직무에 속한 사항의 알선행위'는 그 공무원의 직무에 속하는 사항에 관한 것이면 되는 것이지 그것이 반드시 부정행위라거나 그 직무에 관하여 결재권한이나 최종 결정권한을 갖고 있어야 하는 것이 아니다.
[2] **자동차를 뇌물로 제공한 경우** 자동차등록원부에 뇌물수수자가 그 소유자로 등록되지 않았다고 하더라도 **자동차의 사실상 소유자로서 자동차에 대한 실질적인 사용 및 처분권한이 있다면 자동차 자체를 뇌물로 취득한 것으로 보아야 한다.**
[3] 피고인에게 뇌물로 제공되었다는 자동차는 리스차량으로 리스회사 명의로 등록되어 있는 점, 피고인이 처분승낙서, 권리확인서 등 원하는 경우 소유권이전을 할 수 있는 서류를 소지하고 있지도 아니한 점, 리스계약상 리스계약이 기간만료 또는 리스료 연체로 종료되어 리스회사에서 위 승용차의 반환을 구하는 경우 피고인은 이에 응할 수밖에 없다고 보이는 점 등에 비추어 볼 때 **피고인에게 위 승용차에 대한 실질적 처분권한이 있다고 할 수 없어 자동차 자체를 뇌물로 수수한 것으로 볼 수 없다고** 한 사례.
[4] 형사재판에서 공소가 제기된 범죄사실에 대한 입증책임은 검사에게 있는 것이고, 유죄의 인정은 법관으로 하여금 합리적인 의심을 할 여지가 없을 정도로 공소사실이 진실한 것이라는 확신을 가지게 하는 증명력을 가진 증거에 의하여야 하므로, 그와 같은 증거가 없다면 설령 피고인에게 유죄의 의심이 간다 하더라도 피고인의 이익으로 판단할 수밖에 없다.

Ⅱ. 乙의 죄책

1. 甲과 乙은 공무원 丙에게 뇌물을 제공하여 관급공사를 수주하기로 공모한 다음 丙에게 시가 2,000만 원 상당의 자동차와 현금 2,000만 원을 공여한 행위(**형법**

제133조 제1항, 제30조 뇌물공여죄 공동정범 검토)

법리는 甲에서 검토한 내용과 같다. **형법 제133조 제1항, 제30조 뇌물공여죄 공동정범이 성립한다.** [2점]

2. 회사 주차장에서 주차 시비가 붙은 B를 폭행 폭행한 행위(형법 제260조 제1항 폭행죄 검토)

  (1) 형법 제260조 제1항은 다른 사람의 신체를 폭행한 경우 성립한다. 폭행은 다른 사람의 신체에 고통을 주는 물리력 작용이다. 협의의 폭행 개념이다. 직접 또는 간접 유형력 행사이다. 발로 참·욕설·때림·고성 폭언·특수방법으로 청각기관에 고통을 수는 행위를 말한다. 사안의 경우 폭행에 해당한다.

  (2) 죄책: 폭행죄가 성립한다. [2점]

3. 乙의 죄수: 뇌물공여죄와 폭행죄가 성립한다. 양 죄는 실체적 경합이다. [1점]

사례연습 11 특정범죄가중처벌법률 위반 제2조 제1항 제3호(형법 제129조 제1항·제30조·제33조 수뢰죄 공동정범)

☞ 형법표준판례연구 507

〈제11문〉

공무원 甲이 뇌물공여자 乙로 하여금 공무원 甲과 뇌물수수죄의 공동정범 관계에 있는 비공무원 丙에게 경기용 말(馬)의 실질적 사용권을 공여하게 하였다. 甲과 乙과 丙의 죄책은? (10점/15줄 이내 제한)

Ⅰ. 甲의 죄책

1. 甲이 비공무원 丙과 공모하여 丙을 통해 말을 수수한 행위(**특정범죄가중처벌법률 위반 제2조 제1항 제3호(형법 제129조 제1항, 제30조, 제33조 수뢰죄 공동정범) 검토**) [1점]

  (1) 형법 제129조 제1항은 공무원이 일반직무와 밀접하게 관련하여 전체적·포괄적 뇌물을 수수한 경우 성립한다. **뇌물은 직무와 관련된 불법이다. 직무 관련성이 있어야 한다. 수뢰자의 직무 범위와 직무 내용이 확정되어야** 한다. 이 사안에서 공무원 甲과 비공무원 丙은 乙에게 말을 뇌물로 받았다. 금액이 3천만 원 이상 특가법 제2조 제1항가 적용된다. [2점]

  뇌물죄에서 뇌물의 내용인 이익은 금전, 물품 그 밖의 재산적 이익과 사람

의 수요 욕망을 충족시키기에 충분한 일체의 유형·무형의 이익을 포함한다(대법원 1979. 10. 10. 선고 78도1793 판결, 대법원 2014. 1. 29. 선고 2013도13937 판결 등 참조). 뇌물수수죄에서 말하는 '수수'란 받는 것, 즉 뇌물 취득이다. 여기에서 취득이란 뇌물에 대한 사실상의 처분권을 획득을 의미하고, 뇌물인 물건의 법률상 소유권까지 취득하는 것은 아니다. 뇌물수수자가 법률상 소유권 취득의 요건을 갖추지는 않았더라도 뇌물로 제공된 물건에 대한 점유를 취득하고 뇌물공여자 또는 법률상 소유자로부터 반환을 요구받지 않는 관계에 이른 경우, 그 물건에 대한 실질적인 사용·처분권한을 갖게 되어 그 물건 자체를 뇌물로 받은 것으로 보아야 한다(대법원 2006. 4. 27. 선고 2006도735 판결 등 참조). [2점]

(중요) 뇌물수수자가 뇌물공여자에 대한 내부관계에서 물건에 대한 실질적인 사용·처분권한을 취득하였으나 뇌물수수 사실을 은닉하거나 뇌물공여자가 계속 그 물건에 대한 비용 등을 부담하기 위하여 소유권 이전의 형식적 요건을 유보하는 경우에는 뇌물공여자와 뇌물수수자 사이에서는 소유권을 이전받은 경우와 다르지 않다. 그러므로 그 물건을 뇌물로 받았다고 보아야 한다. 뇌물수수자가 교부받은 물건을 뇌물공여자에게 반환할 것이 아니므로 뇌물수수자에게 영득의 의사도 인정된다. [2점]

(중요) (2) 대법원 판례는 「공무원이 아닌 사람이 공무원과 공동가공의 의사와 이를 기초로 한 기능적 행위지배를 통하여 공무원의 직무에 관하여 뇌물을 수수하는 범죄를 실행하였다면 공무원이 직접 뇌물을 받은 것과 동일하게 평가할 수 있으므로 공무원과 비공무원에게 형법 제129조 제1항에서 정한 뇌물수수죄의 공동정범이 성립한다」고 판시하였다. [2점]

(3) 죄책: 특가법 제2조 수뢰죄 공동정범이 성립한다. 형법 제134조에 근거하여 말을 몰수한다. [1점]

Ⅱ. 丙의 죄책

1. 甲이 비공무원 丙과 공모하여 丙을 통해 말을 수수한 행위(특정범죄가중처벌법률위반 제2조 제1항 제3호(형법 제129조 제1항, 제30조, 제33조 수뢰죄 공동정범) 검토) [1점]

법리는 甲에서 검토한 내용과 같다. 특가법 제2조 제1항 수뢰죄 공동정범이 성립한다. 뇌물은 전부 몰수하고, 전부 몰수가 불능한 경우 그 가액이 추징된다. [2점]

Ⅲ. 乙의 죄책

1. 공무원 甲과 뇌물수수죄의 공동정범 관계에 있는 비공무원 丙에게 경기용 말(馬)의 실질적 사용권을 공여한 행위**(형법 제133조 제1항 뇌물공여죄) 검토)** ^{1점}

   (1) 형법 제133조 제1항은 누구든지 일반직무와 밀접하게 관련하여 전체적·포괄적 뇌물을 공여한 경우 성립한다. 이 사안에서 乙은 공무원 甲과 비공무원 丙에게 뇌물로 말(馬)의 실질적 사용권을 주었다. **뇌물은 직무와 관련된 불법이다. 직무 관련성이 있어야 한다. 수뢰자의 직무 범위와 직무 내용이 확정되어야 한다. 사안에서 말에 대한 실질적인 사용·처분권한을 주었다면 말 자체를 뇌물로 공여했다고 보아야 한다.** ^{2점}

   (중요) (2) 대법원 판례는 「뇌물수수자가 뇌물인 물건의 법률상 소유권까지 취득하여야 하는 것은 아니다. 뇌물수수자가 법률상 소유권 취득의 요건을 갖추지는 않더라도 뇌물로 제공된 물건에 대한 점유를 취득하고 **뇌물공여자 또는 법률상 소유자로부터 반환을 요구받지 않는 관계에 이른 경우에는 그 물건에 대한 실질적인 사용·처분권한을 갖게 되어 그 물건 자체를 뇌물로 받은 것으로 보아야 한다**」고 판시하였다. ^{2점}

   (3) **죄책: 뇌물공여죄가 성립한다. 형법 제134조 몰수·추징이 적용된다.**

   │제11문 해설│

   ■ 대법원 2019. 8. 29. 선고 2018도13792 전원합의체 판결 [직권남용권리행사방해·강요(일부인정된죄명:강요미수)·강요미수·사기미수·증거인멸교사·특정범죄가중처벌등에관한법률위반(뇌물)·특정범죄가중처벌등에관한법률위반(뇌물)(인정된죄명:뇌물수수)·국회에서의증언·감정등에관한법률위반·범죄수익은닉의규제및처벌등에관한법률위반·특정범죄가중처벌등에관한법률위반(알선수재)] 〈공무원과 비공무원이 공모한, 기업 대표 등에 대한 뇌물 수수와 강요 등 사건〉

   [판시사항] [1] 전문증거의 증거능력 / **다른 사람의 진술을 내용으로 하는 진술이 전문증거인지 본래증거인지 판단하는 기준** / 어떤 진술이 기재된 서류가 그 내용의 진실성이 범죄사실에 대한 직접증거로 사용될 경우, 전문증거인지 여부(적극) 및 어떠한 내용의 진술을 하였다는 사실 자체에 대한 정황증거로 사용될 것이라는 이유로 서류의 증거능력을 인정한 다음 그 사실을 다시 진술 내용이나 그 진실성을 증명하는 간접사실로 사용하는 경우, 그 서류는 전문증거에 해당하는지 여부(적극)

   [2] 공무원과 공무원이 아닌 사람(비공무원)에게 뇌물수수죄의 공동정범이 성립하기 위한 요건 / 공무원이 뇌물공여자로 하여금 공무원과 뇌물수수죄의 공동정범 관계에 있는 비공무원에게 뇌물을 공여하게 한 경우, 제3자뇌물수수죄가 성립하는지 여부(소극) / 금품이나 이익 전부에 관하여 뇌물수수죄의 공동정범이 성립한 이후 뇌물이 실제로 공동정범인 공무원 또는 비공무원 중 누구에게 귀속되었는지가 이미 성립한 뇌물수수죄에 영향을

미치는지 여부(소극)

[3] 뇌물죄에서 뇌물의 내용인 이익의 의미 / 뇌물수수죄에서 말하는 '수수'의 의미 및 뇌물에 대한 법률상 소유권을 취득하여야 하는지 여부(소극) / 뇌물수수자가 뇌물로 제공된 물건에 대한 법률상 소유권 취득의 요건을 갖추지 않았더라도 그 물건 자체를 뇌물로 받은 것으로 볼 수 있는 경우 / **뇌물수수자가 뇌물공여자에 대한 내부관계에서 물건에 대한 실질적인 사용·처분권한을 취득하였으나 뇌물수수 사실을 은닉하거나 뇌물공여자가 계속 그 물건에 대한 비용 등을 부담하기 위하여 소유권 이전의 형식적 요건을 유보하는 경우, 뇌물수수죄가 성립하는지 여부(적극)**

[4] 제3자뇌물수수죄에서 '뇌물'과 '부정한 청탁'의 의미 및 직무와 관련된 뇌물에 해당하는지 또는 부정한 청탁이 있었는지 판단하는 기준

[5] **강요죄의 수단인 '협박'의 의미와 내용 및 협박받는 사람에게 공포심 또는 위구심을 일으킬 정도의 해악을 고지하였는지 판단하는 기준** / 직무상 또는 사실상 상대방에게 영향을 줄 수 있는 직업이나 지위에 있는 행위자가 직업이나 지위에 기초하여 상대방에게 어떠한 이익 등의 제공을 요구한 경우, 곧바로 그 요구 행위를 협박이라고 단정할 수 있는지 여부(소극) 및 이때 그 요구 행위가 강요죄의 수단으로서 해악의 고지에 해당하는지 판단하는 기준

[**판결요지**] [1] 형사소송법은 제310조의2에서 원칙적으로 전문증거의 증거능력을 인정하지 않고, 제311조부터 제316조까지 정한 요건을 충족하는 경우에만 예외적으로 증거능력을 인정한다. **다른 사람의 진술을 내용으로 하는 진술이 전문증거인지는 요증사실이 무엇인지에 따라 정해진다. 다른 사람의 진술, 즉 원진술의 내용인 사실이 요증사실인 경우에는 전문증거이지만, 원진술의 존재 자체가 요증사실인 경우에는 본래증거이지 전문증거가 아니다.**

어떤 진술이 기재된 서류가 그 내용의 진실성이 범죄사실에 대한 직접증거로 사용될 때는 전문증거가 되지만, 그와 같은 진술을 하였다는 것 자체 또는 진술의 진실성과 관계없는 간접사실에 대한 정황증거로 사용될 때는 반드시 전문증거가 되는 것이 아니다. 그러나 어떠한 내용의 진술을 하였다는 사실 자체에 대한 정황증거로 사용될 것이라는 이유로 서류의 증거능력을 인정한 다음 그 사실을 다시 진술 내용이나 그 진실성을 증명하는 간접사실로 사용하는 경우에 그 서류는 전문증거에 해당한다. 서류가 그곳에 기재된 원진술의 내용인 사실을 증명하는 데 사용되어 원진술의 내용인 사실이 요증사실이 되기 때문이다. 이러한 경우 형사소송법 제311조부터 제316조까지 정한 요건을 충족하지 못한다면 증거능력이 없다.

[2] [다수의견] 신분관계가 없는 사람이 신분관계로 인하여 성립될 범죄에 가공한 경우에는 신분관계가 있는 사람과 공범이 성립한다(형법 제33조 본문 참조). 이 경우 신분관계가 없는 사람에게 공동가공의 의사와 이에 기초한 기능적 행위지배를 통한 범죄의 실행이라는 주관적·객관적 요건이 충족되면 공동정범으로 처벌한다. 공동가공의 의사는 공동의 의사로 특정한 범죄행위를 하기 위하여 일체가 되어 서로 다른 사람의 행위를 이용하여 자기의 의사를 실행에 옮기는 것을 내용으로 한다. 따라서 **공무원이 아닌 사람(이하 '비공무원'이라 한다)이 공무원과 공동가공의 의사와 이를 기초로 한 기능적 행위지배를 통하여 공무원의 직무에 관하여 뇌물을 수수하는 범죄를 실행하였다면 공무원이**

직접 뇌물을 받은 것과 동일하게 평가할 수 있으므로 공무원과 비공무원에게 형법 제129조 제1항에서 정한 뇌물수수죄의 공동정범이 성립한다.

형법은 제130조에서 제129조 제1항 뇌물수수죄와는 별도로 공무원이 그 직무에 관하여 뇌물공여자로 하여금 제3자에게 뇌물을 공여하게 한 경우에는 부정한 청탁을 받고 그와 같은 행위를 한 때에 뇌물수수죄와 법정형이 동일한 제3자뇌물수수죄로 처벌하고 있다. 제3자뇌물수수죄에서 뇌물을 받는 제3자가 뇌물임을 인식할 것을 요건으로 하지 않는다. 그러나 **공무원이 뇌물공여자로 하여금 공무원과 뇌물수수죄의 공동정범 관계에 있는 비공무원에게 뇌물을 공여하게 한 경우에는 공동정범의 성질상 공무원 자신에게 뇌물을 공여하게 한 것으로 볼 수 있다. 공무원과 공동정범 관계에 있는 비공무원은 제3자뇌물수수죄에서 말하는 제3자가 될 수 없고, 공무원과 공동정범 관계에 있는 비공무원이 뇌물을 받은 경우에는 공무원과 함께 뇌물수수죄의 공동정범이 성립하고 제3자뇌물수수죄는 성립하지 않는다.**

뇌물수수죄의 공범들 사이에 직무와 관련하여 금품이나 이익을 수수하기로 하는 명시적 또는 암묵적 공모관계가 성립하고 공모 내용에 따라 공범 중 1인이 금품이나 이익을 주고받았다면, 특별한 사정이 없는 한 이를 주고받은 때 그 금품이나 이익 전부에 관하여 뇌물수수죄의 공동정범이 성립하고, 금품이나 이익의 규모나 정도 등에 대하여 사전에 서로 의사의 연락이 있거나 금품 등의 구체적 금액을 공범이 알아야 공동정범이 성립하는 것은 아니다.

금품이나 이익 전부에 관하여 뇌물수수죄의 공동정범이 성립한 이후에 뇌물이 실제로 공동정범인 공무원 또는 비공무원 중 누구에게 귀속되었는지는 이미 성립한 뇌물수수죄에 영향을 미치지 않는다. 공무원과 비공무원이 사전에 뇌물을 비공무원에게 귀속시키기로 모의하였거나 뇌물의 성질상 비공무원이 사용하거나 소비할 것이라고 하더라도 이러한 사정은 뇌물수수죄의 공동정범이 성립한 이후 뇌물의 처리에 관한 것에 불과하므로 뇌물 수수죄가 성립하는 데 영향이 없다.

[3] 뇌물죄에서 뇌물의 내용인 이익은 금전, 물품 그 밖의 재산적 이익과 사람의 수요 욕망을 충족시키기에 충분한 일체의 유형·무형의 이익을 포함한다. 뇌물수수죄에서 말하는 '수수'란 받는 것, 즉 뇌물을 취득하는 것이다. 여기에서 취득이란 뇌물에 대한 사실상의 처분권을 획득하는 것을 의미하고, 뇌물인 물건의 법률상 소유권까지 취득하여야 하는 것은 아니다. 뇌물수수자가 법률상 소유권 취득의 요건을 갖추지는 않았더라도 뇌물로 제공된 물건에 대한 점유를 취득하고 뇌물공여자 또는 법률상 소유자로부터 반환을 요구받지 않는 관계에 이른 경우에는 그 물건에 대한 실질적인 사용·처분권한을 갖게 되어 그 물건 자체를 뇌물로 받은 것으로 보아야 한다.

뇌물수수자가 뇌물공여자에 대한 내부관계에서 물건에 대한 실질적인 사용·처분권한을 취득하였으나 뇌물수수 사실을 은닉하거나 뇌물공여자가 계속 그 물건에 대한 비용 등을 부담하기 위하여 소유권 이전의 형식적 요건을 유보하는 경우에는 뇌물공여자와 뇌물수수자 사이에서는 소유권을 이전받은 경우와 다르지 않으므로 그 물건을 뇌물로 받았다고 보아야 한다. 뇌물수수자가 교부받은 물건을 뇌물공여자에게 반환할 것이 아니므로 뇌물수수자에게 영득의 의사도 인정된다.

중요 [4] 형법 제130조 제3자뇌물수수죄는 공무원 또는 중재인이 직무에 관하여 부정한 청탁을 받고 제3자에게 뇌물을 공여하게 하는 행위를 구성요건으로 한다. 여기에서 뇌물이란 공무원의 직무에 관하여 부정한 청탁을 매개로 제3자에게 교부되는 위법·부당한 이익을 말하고, 형법 제129조 뇌물죄와 마찬가지로 직무관련성이 있으면 인정된다.

'부정한 청탁'이란 청탁이 위법·부당한 직무집행을 내용으로 하는 경우는 물론, 청탁의 대상이 된 직무집행 그 자체는 위법·부당하지 않더라도 직무집행을 어떤 대가관계와 연결시켜 직무집행에 관한 대가의 교부를 내용으로 하는 경우도 포함한다. 청탁의 대상인 직무행위의 내용을 구체적으로 특정할 필요도 없다. 부정한 청탁의 내용은 공무원의 직무와 제3자에게 제공되는 이익 사이의 대가관계를 인정할 수 있을 정도로 특정하면 충분하고, 이미 발생한 현안뿐만 아니라 장래 발생될 것으로 예상되는 현안도 위와 같은 정도로 특정되면 부정한 청탁의 내용이 될 수 있다. 부정한 청탁은 명시적인 의사표시가 없더라도 청탁의 대상이 되는 직무집행의 내용과 제3자에게 제공되는 금품이 직무집행에 대한 대가라는 점에 대하여 당사자 사이에 공통의 인식이나 양해가 있는 경우에는 묵시적 의사표시로 가능하다.

제3자뇌물수수죄에서 직무와 관련된 뇌물에 해당하는지 또는 부정한 청탁이 있었는지를 판단할 때에는 직무와 청탁의 내용, 공무원과 이익 제공자의 관계, 이익의 다과, 수수 경위와 시기 등의 여러 사정과 아울러 직무집행의 공정, 이에 대한 사회의 신뢰와 직무수행의 불가매수성이라고 하는 뇌물죄의 보호법익에 비추어 이익의 수수로 말미암아 사회 일반으로부터 직무집행의 공정성을 의심받게 되는지 등이 기준이 된다.

중요 [5] [다수의견] 강요죄는 폭행 또는 협박으로 사람의 권리행사를 방해하거나 의무 없는 일을 하게 하는 범죄이다. 여기에서 협박은 객관적으로 사람의 의사결정의 자유를 제한하거나 의사실행의 자유를 방해할 정도로 겁을 먹게 할 만한 해악을 고지하는 것을 말한다. 이와 같은 협박이 인정되기 위해서는 발생 가능한 것으로 생각할 수 있는 정도의 구체적인 해악의 고지가 있어야 한다.

해악의 고지는 반드시 명시적인 방법이 아니더라도 말이나 행동을 통해서 상대방에게 어떠한 해악을 끼칠 것이라는 인식을 갖도록 하면 충분하고, 제3자를 통해서 간접적으로 할 수도 있다. 행위자가 그의 직업, 지위 등에 기초한 위세를 이용하여 불법적으로 재물의 교부나 재산상 이익을 요구하고 상대방이 불응하면 부당한 불이익을 입을 위험이 있다는 위구심을 일으키게 하는 경우에도 해악의 고지가 된다. 협박받는 사람이 공포심 또는 위구심을 일으킬 정도의 해악을 고지하였는지는 행위 당사자 쌍방의 직무, 사회적 지위, 강요된 권리·의무에 관련된 상호관계 등 관련 사정을 고려하여 판단해야 한다.

행위자가 직무상 또는 사실상 상대방에게 영향을 줄 수 있는 직업이나 지위에 있고 직업이나 지위에 기초하여 상대방에게 어떠한 요구를 하였더라도 곧바로 그 요구 행위를 위와 같은 해악의 고지라고 단정하여서는 안 된다. 특히 공무원이 자신의 직무와 관련한 상대방에게 공무원 자신 또는 자신이 지정한 제3자를 위하여 재산적 이익 또는 일체의 유·무형의 이익 등을 제공할 것을 요구하고 상대방은 공무원의 지위에 따른 직무에 관하여 어떠한 이익을 기대하며 그에 대한 대가로서 요구에 응하였다면, 다른 사정이 없는 한 공무원의 위 요구 행위를 객관적으로 사람의 의사결정의 자유를 제한하거나 의사실행의 자유를 방해할 정도로 겁을 먹게 할 만한 해악의 고지라고 단정하기는 어렵다.

행위자가 직업이나 지위에 기초하여 상대방에게 어떠한 이익 등의 제공을 요구하였을 때 그 요구 행위가 강요죄의 수단으로서 해악의 고지에 해당하는지 여부는 행위자의 지위뿐만 아니라 그 언동의 내용과 경위, 요구 당시의 상황, 행위자와 상대방의 성행·경력·상호관계 등에 비추어 볼 때 상대방으로 하여금 그 요구에 불응하면 어떠한 해악에 이를 것이라는 인식을 갖게 하였다고 볼 수 있는지, 행위자와 상대방이 행위자의 지위에서 상대방에게 줄 수 있는 해악을 인식하거나 합리적으로 예상할 수 있었는지 등을 종합하여 판단해야 한다. **공무원인 행위자가 상대방에게 어떠한 이익 등의 제공을 요구한 경우 위와 같은 해악의 고지로 인정될 수 없다면 직권남용이나 뇌물 요구 등이 될 수는 있어도 협박을 요건으로 하는 강요죄가 성립하기는 어렵다.**

■ 대법원 2004. 3. 26. 선고 2003도8077 판결 [특정범죄가중처벌등에관한법률위반 (뇌물)·뇌물공여]

[판시사항] [1] 피고인의 검찰 진술의 임의성의 유무가 다투어지는 경우, 그 판단 방법 [2] 공무원이 직접 뇌물을 받지 아니하고 증뢰자로 하여금 다른 사람에게 뇌물을 공여하도록 한 경우, 형법 제129조 제1항의 뇌물수수죄 성립 여부(한정 적극) [3] **공무원이 실질적인 경영자로 있는 회사가 청탁 명목의 금원을 회사 명의의 예금계좌로 송금받은 경우에 뇌물수수죄가 성립한다고 한 사례** [4] 형법 제131조 제1항의 죄를 범한 자가 특정범죄가중처벌등에관한법률 제2조 제1항이 규정하고 있는 '형법 제129조, 제130조에 규정된 죄를 범한 자'에 해당되는지 여부(적극)

[5] **형사소송법 제254조 제4항의 규정 취지 및 공소사실의 특정 정도**

[판결요지] [1] **피고인의 검찰 진술의 임의성의 유무가 다투어지는 경우,** 법원은 구체적인 사건에 따라 피고인의 학력, 경력, 직업, 사회적 지위, 지능 정도, 진술의 내용, 피의자신문조서의 형식 등 제반 사정을 참작하여 자유로운 심증으로 위 진술이 임의로 된 것인지의 여부를 판단하면 된다.

(중요) [2] 공무원이 직접 뇌물을 받지 아니하고 증뢰자로 하여금 다른 사람에게 뇌물을 공여하도록 한 경우, 그 다른 사람이 공무원의 사자 또는 대리인으로서 뇌물을 받은 경우나 그 밖에 예컨대, 평소 공무원이 그 다른 사람의 생활비 등을 부담하고 있었다거나 혹은 그 다른 사람에 대하여 채무를 부담하고 있었다는 등의 사정이 있어서 **그 다른 사람이 뇌물을 받음으로써 공무원은 그만큼 지출을 면하게 되는 경우 등 사회통념상 그 다른 사람이 뇌물을 받은 것을 공무원이 직접 받은 것과 같이 평가할 수 있는 관계가 있는 경우에는** 형법 제130조의 제3자 뇌물제공죄가 아니라, **형법 제129조 제1항의 뇌물수수죄가 성립한다.**

[3] 공무원이 실질적인 경영자로 있는 회사가 청탁 명목의 금원을 회사 명의의 예금계좌로 송금받은 경우에 사회통념상 위 공무원이 직접 받은 것과 같이 평가할 수 있어 뇌물수수죄가 성립한다고 한 사례.

[4] 형법 제131조 제1항은 공무원 또는 중재인이 형법 제129조, 제130조의 죄를 범한 후에 부정한 행위를 한 때에 가중처벌한다는 규정이므로, **형법 제131조 제1항의 죄를 범한 자는 특정범죄가중처벌등에관한법률 제2조 제1항 소정의 형법 제129조, 제130조**

에 규정된 죄를 범한 자에 해당된다.

[5] 형사소송법 제254조 제4항에서 범죄의 일시·장소와 방법을 명시하여 공소사실을 특정하도록 한 취지는 법원에 대하여 심판의 대상을 한정하고 피고인에게 방어의 범위를 특정하여 그 방어권 행사를 용이하게 하기 위한 데 있다고 할 것이다. 그러므로 공소제기된 범죄의 성격에 비추어 그 공소의 원인이 된 사실을 다른 사실과 구별할 수 있을 정도로 그 일시, 장소, 방법, 목적 등을 적시하여 특정하면 족하고, 그 일부가 다소 불명확하더라도 그와 함께 적시된 다른 사항들에 의하여 그 공소사실을 특정할 수 있다. 그리하여 피고인의 방어권 행사에 지장이 없다면 공소제기의 효력에는 영향이 없다.

사례연습 12 직무유기죄   ☞ 직무유기죄의 성립요건

〈제12문〉

경찰서 ○○과장 甲은 부하직원으로부터 음반·비디오물 및 게임물에 관한 법률 위반 혐의로 오락실을 단속하여 증거물로 오락기의 변조 기판을 압수하여 사무실에 보관 중임을 보고받아 알고 있었다. 그럼에도 甲은 그 직무상의 의무에 따라 위 압수물을 수사계에 인계하고 검찰에 송치하여 범죄 혐의의 입증에 사용하도록 하는 등의 적절한 조치를 취하지 않았다. 오히려 甲은 부하직원에게 위와 같이 압수한 변조 기판을 돌려주라고 지시하여 오락실 업주에게 이를 돌려 주었다. ^{형법 제155조 제1항 증거인멸죄+/형법 제122조} ^{직무유기죄-/법조경합 보충관계+} 甲의 죄책은? (8점/10줄 이내 제한)

1. 경찰공무원이 부하직원에게 압수한 변조 기판을 돌려주라고 지시하여 오락실 업주에게 돌려 준 행위(형법 제155조 제1항 증거인멸죄 검토) ^{1점}

   (1) 형법 제155조 제1항 증거인멸죄는 타인의 형사사건 또는 징계사건에 관한 증거를 인멸하는 경우 성립한다. 이 사안의 쟁점은 경찰관이 직무에 위배하여 증거인멸죄를 범한 경우 죄수 문제이다. ① **법조경합 중 보충관계설(작위 우선설)**과 ② 증거인멸죄와 직무유기죄 상상적 경합설(작위 부작위 전부 평가설)이 대립한다. 작위가 범죄를 구성하지 않을 경우 보충적으로 부작위를 평가한다. 따라서 작위 우선설이 타당하다. 법조경합의 판단기준은 범죄행위와 범죄의사이다. 오히려 적극적으로 돌려준 행위와 의사에 중점을 두어야 한다. ^{2점}

   (2) 대법원 판례는 「직무위배의 위법상태가 증거인멸행위 속에 포함되어 있는 것으로 보아야 한다. 이와 같은 경우 **작위범인 증거인멸죄만이 성립하고 부작**

위범인 직무유기(거부)죄는 따로 성립하지 아니한다(대법원 1971. 8. 31. 선고 71도1176 판결, 1996. 5. 10. 선고 96도51 판결, 1997. 2. 28. 선고 96도 2825 판결 등 참조). 이와 달리, 사법경찰관인 피고인이 피의자 등에게 관련자를 은폐하기 위하여 허위진술을 하도록 교사하였다면 타인을 교사하여 증거인멸죄를 범하게 한 것인 동시에 그것이 또한, 정당한 직무집행을 거부한 것이 된다고 판시한 대법원 1967. 7. 4. 선고 66도840 판결은 이를 변경하기로 한다」라고 판시하였다. [2점]

(3) **죄책: 증거인멸죄가 성립한다. 법조경합 중 보충관계설(작위 우선설)이 타당하다.** [1점]

제12문 해설

■ 대법원 2006. 10. 19. 선고 2005도3909 전원합의체 판결 [증거인멸ㆍ직무유기]

[판시사항] 경찰관이 압수물을 범죄 혐의의 입증에 사용하도록 하는 등의 적절한 조치를 취하지 아니하고 피압수자에게 돌려주어 증거인멸죄를 범한 경우에 별도로 부작위범인 직무유기죄가 성립하는지 여부(소극)

[판결요지] 경찰서 ○○과장이 부하직원으로부터 음반ㆍ비디오물 및 게임물에 관한 법률 위반 혐의로 오락실을 단속하여 증거물로 오락기의 변조 기판을 압수하여 사무실에 보관 중임을 보고받아 알고 있었음에도 그 직무상의 의무에 따라 위 압수물을 수사계에 인계하고 검찰에 송치하여 범죄 혐의의 입증에 사용하도록 하는 등의 적절한 조치를 취하지 않고, 오히려 부하직원에게 위와 같이 압수한 변조 기판을 돌려주라고 지시하여 오락실 업주에게 이를 돌려준 경우, **작위범인 증거인멸죄만이 성립하고 부작위범인 직무유기(거부)죄는 따로 성립하지 아니한다.**

(중요) **[판결정문]** 직무위배의 위법상태가 증거인멸행위 속에 포함되어 있는 것으로 보아야 할 것이므로, 이와 같은 경우에는 작위범인 증거인멸죄만이 성립하고 부작위범인 직무유기(거부)죄는 따로 성립하지 아니한다고 봄이 상당하다고 할 것이다(대법원 1971. 8. 31. 선고 71도1176 판결, 1996. 5. 10. 선고 96도51 판결, 1997. 2. 28. 선고 96도2825 판결 등 참조). 이와 달리, 사법경찰관인 피고인이 피의자 등에게 관련자를 은폐하기 위하여 허위진술을 하도록 교사하였다면 타인을 교사하여 증거인멸죄를 범하게 한 것인 동시에 그것이 또한, 정당한 직무집행을 거부한 것이 된다고 판시한 대법원 1967. 7. 4. 선고 66도840 판결은 이를 변경하기로 한다.

사례연습 13 직권남용권리행사방해죄와 직권남용체포죄

☞ 직권남용권리행사방해죄와 직권남용체포죄

〈제13문〉

인신구속에 관한 직무를 집행하는 사법경찰관 甲이 체포 당시 상황을 고려하여 경험칙에 비추어 현저하게 합리성을 잃지 않은 채 판단하면 체포 요건이 충족되지 아니함을 알 수 있었는데도, 자신의 재량 범위를 벗어난다는 사실을 인식하고 그와 같은 결과를 용인한 채 사람을 체포하여^{형법 제124조 직권남용체포죄/불법체포죄+} 권리행사를 방해하였다.^{형법 제123조 직권남용권리행사방해죄+} 甲의 죄책은? (10점/15줄 이내 제한) (8점/10줄 이내 제한)

☞ [답안작성방법] 상상적 경합범은 카드 하나에 전부 요약함.

1. 경찰관이 자신의 재량 범위를 벗어난다는 사실을 인식하고 그와 같은 결과를 용인한 채 사람을 체포하여 권리행사를 방해한 행위(형법 제124조 직권남용체포죄/불법체포죄와 형법 제123조 직권남용권리행사방해죄 검토) ^{1점}

   (1) 형법 제124조 직권남용불법체포죄는 경찰이 인신구속에 관한 직무를 집행하면서 다른 사람을 불법으로 체포하는 경우 성립한다. 보호법익은 인신구속에 관한 국가기능 공정과 피해자 신체 자유이다. 이 사안은 경찰관이 자신의 재량 범위를 벗어난다는 사실을 인식하고 그와 같은 결과를 용인한 채 사람을 체포하였다. ^{2점}

   (2) 형법 제123조는 공무원이 직권을 남용하여 다른 사람의 권리행사를 방해한 경우 성립한다. 보호법익은 국가기능의 공정한 행사이다. 보호정도는 침해범이다. 의무 없는 일을 하게 한 경우는 추상적 위험범이다. **여기서 직권남용(職權濫用)이란 공무원의 일반권한과 불법행사를 의미한다.** 이 사안의 경우 경찰관이 자신의 재량 범위를 벗어난다는 사실을 인식하고 그 결과를 용인한 채 변호사를 체포하여 변호인의 방어권 행사를 방해하였다. ^{2점}

   (3) 대법원 판례는 「현행범인 체포의 요건을 갖추었는지에 관한 검사나 사법경찰관 등의 판단에는 상당한 재량의 여지가 있다. 그러나 체포 당시 상황으로 보아도 요건 충족 여부에 관한 검사나 사법경찰관 등의 판단이 경험칙에 비추어 현저히 합리성을 잃은 경우 그 체포는 위법하다. 피고인은 인신구속에 관한 직무를 집행하는 사법경찰관이다. 체포 당시 상황을 고려하여 경험칙에 비추어 현저하게 합리성을 잃지 않은 채 판단하면 체포 요건이 충족되지 아니함을 충분히 알 수 있었다. 그런데도 **자신의 재량 범위를 벗어난다는 사실을**

인식하고 그와 같은 결과를 용인한 채 사람을 체포하여 권리행사를 방해하였다. 그렇다면 직권남용체포죄와 직권남용권리행사방해죄가 성립한다」라고 판시하였다. ^{2점}

(4) **죄책**: 직권남용체포죄와 직권남용권리행사방해죄가 성립한다. 양 죄는 상상적 경합이다. ^{1점}

제13문 해설

■ 대법원 2017. 3. 9. 선고 2013도16162 판결 [직권남용권리행사방해·직권남용체포]

[판시사항] [1] 법원이 재정신청서를 송부받은 날부터 형사소송법 제262조 제1항에서 정한 기간 안에 피의자에게 그 사실을 통지하지 아니한 채 공소제기결정을 한 경우, 본안사건에서 위와 같은 잘못을 다툴 수 있는지 여부(원칙적 소극) [2] 변호인이 되려는 의사를 표시한 자가 객관적으로 변호인이 될 가능성이 있는 경우, 신체구속을 당한 피고인 또는 피의자와 접견하지 못하도록 제한할 수 있는지 여부(소극) [3] 변호인 또는 변호인이 되려는 자의 접견교통권 행사의 한계 및 접견교통권이 한계를 일탈하여 허용될 수 없다고 판단할 때 고려할 사항 [4] **인신구속에 관한 직무를 집행하는 사법경찰관이 체포 당시 상황을 고려하여 경험칙에 비추어 현저하게 합리성을 잃지 않은 채 판단하면 체포 요건이 충족되지 아니함을 알 수 있었는데도, 자신의 재량 범위를 벗어난다는 사실을 인식하고 그와 같은 결과를 용인한 채 사람을 체포하여 권리행사를 방해한 경우, 직권남용체포죄와 직권남용권리행사방해죄가 성립하는지 여부(적극)**

[판결요지] [1] 법원이 재정신청서를 송부받았음에도 송부받은 날부터 형사소송법 제262조 제1항에서 정한 기간 안에 피의자에게 그 사실을 통지하지 아니한 채 형사소송법 제262조 제2항 제2호에서 정한 공소제기결정을 하였더라도, 그에 따른 공소가 제기되어 본안사건의 절차가 개시된 후에는 다른 특별한 사정이 없는 한 본안사건에서 위와 같은 잘못을 다툴 수 없다.

[2] 형사소송법 제34조는 "변호인 또는 변호인이 되려는 자는 신체구속을 당한 피고인 또는 피의자와 접견하고 서류 또는 물건을 수수할 수 있으며 의사로 하여금 진료하게 할 수 있다."라고 규정하고 있으므로, 변호인이 되려는 의사를 표시한 자가 객관적으로 변호인이 될 가능성이 있다고 인정되는데도, 형사소송법 제34조에서 정한 '변호인 또는 변호인이 되려는 자'가 아니라고 보아 신체구속을 당한 피고인 또는 피의자와 접견하지 못하도록 제한하여서는 아니 된다.

[3] 변호인 또는 변호인이 되려는 자의 접견교통권은 신체구속제도 본래의 목적을 침해하지 아니하는 범위 내에서 행사되어야 하므로, 변호인 또는 변호인이 되려는 자가 구체적인 시간적·장소적 상황에 비추어 현실적으로 보장할 수 있는 한계를 벗어나 피고인 또는 피의자를 접견하려고 하는 것은 정당한 접견교통권의 행사에 해당하지 아니하여 허용될 수 없다. 다만 접견교통권이 그와 같은 한계를 일탈한 것이어서 허용될 수 없다고 판단함에 있어서는 신체구속을 당한 사람의 헌법상 기본적 권리인 변호인의 조력을 받을 권리의 본질적인 내용이 침해되는 일이 없도록 신중을 기하여야 한다.

[4] **현행범인 체포의 요건을 갖추었는지에 관한 검사나 사법경찰관 등의 판단에는 상**

당한 재량의 여지가 있으나, 체포 당시 상황으로 보아도 요건 충족 여부에 관한 검사나 사법경찰관 등의 판단이 경험칙에 비추어 현저히 합리성을 잃은 경우 그 체포는 위법하다. 그리고 범죄의 고의는 확정적 고의뿐만 아니라 결과 발생에 대한 인식이 있고 이를 용인하는 의사인 이른바 미필적 고의도 포함하므로, 피고인이 인신구속에 관한 직무를 집행하는 사법경찰관으로서 체포 당시 상황을 고려하여 경험칙에 비추어 현저하게 합리성을 잃지 않은 채 판단하면 체포 요건이 충족되지 아니함을 충분히 알 수 있었는데도, 자신의 재량 범위를 벗어난다는 사실을 인식하고 그와 같은 결과를 용인한 채 사람을 체포하여 권리행사를 방해하였다면, 직권남용체포죄와 직권남용권리행사방해죄가 성립한다.

사례연습 14 강간죄와 강도죄 ☞ 2018년 제7회 변호사시험 기출문제 16

〈제14문〉

甲이 乙을 폭행하고 강간한 후에 강도의 범의를 일으켜 乙의 재물을 강취하였다. 甲의 죄책은? (5점/8줄 이내)

1. 甲이 乙을 강간한 행위(형법 제297조 검토)

　(1) 형법 제297조는 폭행·협박하고 다른 사람을 강간한 경우 성립한다. 이 사안은 강간죄가 성립한다.

(중요) (2) 대법원 판례는 「강간범이 강간행위 후에 강도의 범의를 일으켜 그 부녀의 재물을 강취하는 경우에는 제1행위와 제2행위를 분리하여 평가한다. 강도죄와 강간죄의 경합범이 성립될 수 있을 뿐이다」 판시하였다. [2점]

　(3) 죄책: 강간죄가 성립한다.

2. 강간범이 강간행위 후 강도 범의로 乙의 재물을 강취한 행위(형법 제333조 강도죄 검토)

　(1) 형법 제333조는 폭행·협박하고 타인의 재물을 강취한 경우 성립한다. 이 사안은 강도죄가 성립한다.

　(2) 대법원 판례는 「강간범이 강간행위 후에 강도의 범의를 일으켜 그 부녀의 재물을 강취하는 경우에는 강간강도죄가 없기 때문에 강도죄와 강간죄의 경합범이 성립될 수 있을 뿐이다」 판시하였다. [2점]

　(3) 죄책: 강도죄가 성립한다.

3. 甲의 전체 죄수: 강간죄와 강도죄가 성립한다. 실체적 경합이다. [1점]

사례연습 15   성폭력범죄의 처벌 등에 관한 특례법 제2조 제2항
특수강도강간죄(형법 제339조 강도강간죄)

☞ 2018년 제7회 변호사시험 기출문제 16.
2019년 제8회 변호사시험 제8회 기출문제 3. 형법표준판례 224

〈제15문〉

甲은 乙에게 강간행위를 종료하기 전에 강도행위를 하고 그 자리에서 乙에게 강간행위를 계속하였다. 甲의 죄책? (5점/8줄 이내 제한)

[사실관계] 甲이 야간에 A(26세, 여)의 주거에 침입하여 A에게 칼을 들이대고 협박하여 A의 반항을 억압한 상태에서 강간행위를 실행하던 도중 범행현장에 있던 A 소유의 핸드백을 뺏은 다음 그 자리에서 강간행위를 계속한 경우이다.

1. 강간행위 종료 전에 (특수)강도행위를 하고 그 자리에서 강간행위를 계속한 행위(성폭력범죄의 처벌 등에 관한 특례법 제2조 제2항(형법 제339조 강도강간죄) 검토) [1점]

   (1) 형법 제339조 강도강간죄는 강도행위 실행 착수 후 다른 사람을 강간한 경우 성립한다. 특수강간범이 특수강도를 범한 경우 성폭력처벌법 제2조 제2항이 성립한다. [1점]

   (중요) (2) 대법원 판례는 「강도강간죄는 강도라는 신분을 가진 범인이 강간죄를 범하였을 때 성립하는 범죄이다. 그러므로 강간범이 강간행위 종료전, 즉 그 실행행위의 계속 중에 강도의 행위를 할 경우, 이때에 바로 강도의 신분을 취득한다. 그러므로 이후에 그 자리에서 강간행위를 계속하는 때에는 강도가 부녀를 강간한 때에 해당하여 「형법」 제339조 소정의 강도강간죄를 구성한다(대법원 1988. 9. 9. 선고 88도1240 판결 참조).
   성폭력범죄의 처벌 등에 관한 특례법 제2조 제2항은 「형법」 제334조(특수강도) 등의 죄를 범한 자가 「형법」 제297조(강간) 등의 죄를 범한 경우, 이를 특수강도강간 등의 죄로 가중하여 처벌한다. 그러므로 「다른 특별한 사정이 없는 한 특수강간범이 강간행위 종료 전에 특수강도의 행위를 한 이후에 그 자리에서 강간행위를 계속하는 때에도 특수강도가 부녀를 강간한 때에 해당하여 성폭력범죄의 처벌 등에 관한 특례법 제2조 제2항에 정한 특수강도강간죄로 의율할 수 있다」 판시하였다. [2점]

(3) 죄책: (특수)강도강간죄가 성립한다. [1점]

┃제15문 해설┃

■ 성폭력범죄의 처벌 등에 관한 특례법 제3조(특수강도강간 등) ★★★★★

① 「형법」 제319조제1항(주거침입), 제330조(야간주거침입절도), 제331조(특수절도) 또는 제342조(미수범. 다만, 제330조 및 제331조의 미수범으로 한정한다)의 죄를 범한 사람이 같은 법 **제297조(강간)**, 제297조의2(유사강간), 제298조(강제추행) 및 제299조(준강간, 준강제추행)의 **죄를 범한 경우에는** 무기징역 또는 7년 이상의 징역에 처한다. <개정 2020.5.19>

② 「형법」 제334조(특수강도) 또는 제342조(미수범. 다만, 제334조의 미수범으로 한정한다)의 죄를 범한 사람이 같은 법 제297조(강간), 제297조의2(유사강간), 제298조(강제추행) 및 제299조(준강간, 준강제추행)의 죄를 범한 경우에는 사형, 무기징역 또는 10년 이상의 징역에 처한다.

■ 성폭력범죄의 처벌 등에 관한 특례법 제4조(특수강간 등) ★★★★★

① 흉기나 그 밖의 위험한 물건을 지닌 채 또는 2명 이상이 합동하여 「형법」 제297조(강간)의 죄를 범한 사람은 무기징역 또는 7년 이상의 징역에 처한다. <개정 2020.5.19>

② 제1항의 방법으로 「형법」 제298조(강제추행)의 죄를 범한 사람은 5년 이상의 유기징역에 처한다. <개정 2020.5.19>

③ 제1항의 방법으로 「형법」 제299조(준강간, 준강제추행)의 죄를 범한 사람은 제1항 또는 제2항의 예에 따라 처벌한다.

☞ **【출처】** 성폭력범죄의 처벌 등에 관한 특례법 타법개정 2021. 9. 24. [법률 제18465호, 시행 2022. 7. 1.] 법무부.

☞ 대법원 2004. 6. 11. 선고 2004도2018 판결·2018년 제7회 변호사시험 기출문제 16

강간범이 범행현장에서 범행에 사용하려는 의도 아래 흉기 등 위험한 물건을 지닌 이상 그 사실을 피해자가 인식하거나 실제로 범행에 사용하지 않은 경우도 「성폭력범죄의 처벌 등에 관한 특례법」 제4조 제1항 소정의 '흉기나 그 밖의 위험한 물건을 지닌 채 강간죄를 범한 자'에 해당한다.

☞ 대법원 2004. 8. 20. 선고 2004도2870 판결·2013년 제2회 변호사시험 기출문제 6

(중요) **甲, 乙, 丙이 사전의 모의에 따라 강간할 목적으로 심야에 인가에서 멀리 떨어져 있어 쉽게 도망할 수 없는 야산으로 피해자 A, B, C를 유인한 다음 곧바로 암묵적인 합의에 따라 각자 마음에 드는 피해자 1명씩만을 데리고 불과 100m 이내의 거리에 있는 곳으로 흩어져 동시 또는 순차적으로 피해자들을 각각 강간하였다면, 甲에게는 A, B, C 모두에 대한 성폭력범죄의 처벌 등에 관한 특례법상의 특수강간죄가 성립한다.**

■ 대법원 2010. 7. 15. 선고 2010도3594 판결 [성폭력범죄의처벌및피해자보호등에관한 법률위반(특수강도강간등)·성폭력범죄의처벌및피해자보호등에관한법률위반(특수강간)·사행행위등규제및처벌특례법위반·게임산업진흥에관한법률위반·범인도피]

[판시사항] [1] 강간의 실행행위의 계속 중에 강도행위를 한 경우 '강도강간죄'를 구

성하는지 여부(적극)

[2] 특수강간범이 강간행위 종료 전에 특수강도의 행위를 한 경우, 구 성폭력범죄의 처벌 및 피해자보호 등에 관한 법률 제5조 제2항에 정한 '특수강도강간죄'로 의율할 수 있는지 여부(원칙적 적극)

[3] '등급분류를 받지 않은' 게임물을 관할 관청의 허가 없이 공중의 이용에 제공하는 영업을 한 행위를 게임산업진흥에 관한 법률 제45조 제2호 위반죄로 처벌할 수 있는지 여부(소극)

[판시사항] 강도강간죄는 강도라는 신분을 가진 범인이 강간죄를 범하였을 때 성립하는 범죄이므로, 강간범이 강간행위 후에 강도의 범의를 일으켜 그 부녀의 재물을 강취하는 경우에는 강도강간죄가 아니라 강도죄와 강간죄의 경합범이 성립될 수 있을 뿐이나, **강간범이 강간행위 종료전, 즉 그 실행행위의 계속 중에 강도의 행위를 할 경우에는 이때에 바로 강도의 신분을 취득하는 것이므로 이후에 그 자리에서 강간행위를 계속하는 때에는 강도가 부녀를 강간한 때에 해당하여 「형법」 제339조 소정의 강도강간죄를 구성한다 할 것이고(대법원 1988. 9. 9. 선고 88도1240 판결 참조), 구 「성폭력범죄의 처벌 및 피해자보호 등에 관한 법률」 제5조 제2항은 「형법」 제334조(특수강도) 등의 죄를 범한 자가 「형법」 제297조(강간) 등의 죄를 범한 경우에 이를 특수강도강간 등의 죄로 가중하여 처벌하는 것이므로, 「다른 특별한 사정이 없는 한 특수강간범이 강간행위 종료 전에 특수강도의 행위를 한 이후에 그 자리에서 강간행위를 계속하는 때에도 특수강도가 부녀를 강간한 때에 해당하여 구 「성폭력범죄의 처벌 및 피해자보호 등에 관한 법률」 제5조 제2항에 정한 특수강도강간죄로 의율할 수 있다.**

☞ [출제] 2018년 제7회 변호사시험 기출문제 16

☞ 성폭력범죄의 처벌 등에 관한 특례법 꼭 정리하세요!

성폭력범죄의 처벌 등에 관한 특례법 제8조(강간 등 상해·치상) ★★★★★

① 제3조제1항, 제4조, 제6조, 제7조 또는 제15조(제3조제1항, 제4조, 제6조 또는 제7조의 미수범으로 한정한다)의 죄를 범한 사람이 다른 사람을 상해하거나 상해에 이르게 한 때에는 무기징역 또는 10년 이상의 징역에 처한다.

② 제5조 또는 제15조(제5조의 미수범으로 한정한다)의 죄를 범한 사람이 다른 사람을 상해하거나 상해에 이르게 한 때에는 무기징역 또는 7년 이상의 징역에 처한다.

성폭력범죄의 처벌 등에 관한 특례법 제9조(강간 등 살인·치사)

① 제3조부터 제7조까지, 제15조(제3조부터 제7조까지의 미수범으로 한정한다)의 죄 또는 「형법」 제297조(강간), 제297조의2(유사강간) 및 제298조(강제추행)부터 제300조(미수범)까지의 죄를 범한 사람이 다른 사람을 살해한 때에는 사형 또는 무기징역에 처한다.

② 제4조, 제5조 또는 제15조(제4조 또는 제5조의 미수범으로 한정한다)의 죄를 범한 사람이 다른 사람을 사망에 이르게 한 때에는 무기징역 또는 10년 이상의 징역에 처한다.

③ 제6조, 제7조 또는 제15조(제6조 또는 제7조의 미수범으로 한정한다)의 죄를 범한 사람이 다른 사람을 사망에 이르게 한 때에는 사형, 무기징역 또는 10년 이상의 징역에 처한다.

성폭력범죄의 처벌 등에 관한 특례법 제11조(공중 밀집 장소에서의 추행) ★★★★★

대중교통수단, 공연·집회 장소, 그 밖에 공중(공중)이 밀집하는 장소에서 사람을 추행한 사람은 3년 이하의 징역 또는 3천만원 이하의 벌금에 처한다. <개정 2020.5.19>

성폭력범죄의 처벌 등에 관한 특례법 제14조(카메라 등을 이용한 촬영) ★★★★★

① 카메라나 그 밖에 이와 유사한 기능을 갖춘 기계장치를 이용하여 **성적 욕망 또는 수치심을 유발할 수 있는 사람의 신체를** 촬영대상자의 의사에 반하여 촬영한 자는 7년 이하의 징역 또는 5천만원 이하의 벌금에 처한다. <개정 2018.12.18, 2020.5.19>

② 제1항에 따른 촬영물 또는 복제물(복제물의 복제물을 포함한다. 이하 이 조에서 같다)을 반포·판매·임대·제공 또는 공공연하게 전시·상영(이하 "반포등"이라 한다)한 자 또는 제1항의 촬영이 촬영 당시에는 촬영대상자의 의사에 반하지 아니한 경우(자신의 신체를 직접 촬영한 경우를 포함한다)에도 **사후에 그 촬영물 또는 복제물을 촬영대상자의 의사에 반하여 반포등을 한 자는** 7년 이하의 징역 또는 5천만원 이하의 벌금에 처한다. <개정 2018.12.18, 2020.5.19>

③ 영리를 목적으로 촬영대상자의 의사에 반하여 「정보통신망 이용촉진 및 정보보호 등에 관한 법률」 제2조 제1항 제1호의 정보통신망(이하 "정보통신망"이라 한다)을 이용하여 제2항의 죄를 범한 자는 3년 이상의 유기징역에 처한다. <개정 2018.12.18, 2020.5.19>

④ 제1항 또는 제2항의 **촬영물 또는 복제물을 소지·구입·저장 또는 시청한 자는** 3년 이하의 징역 또는 3천만원 이하의 벌금에 처한다. <신설 2020.5.19>

⑤ 상습으로 제1항부터 제3항까지의 죄를 범한 때에는 그 죄에 정한 형의 2분의 1까지 가중한다. <신설 2020.5.19>

사례연습 16 성폭력범죄의 처벌 등에 관한 특례법 제8조 강간치상죄

☞ 2018년 제7회 변호사시험 기출문제 13. 형법표준판례 224.

〈제16문〉

甲은 乙에게 위험한 물건인 전자충격기를 사용하여 강간을 시도하다가 미수에 그치고, 乙에게 약 2주간의 치료를 요하는 안면부 좌상 등의 상해를 입혔다. 甲의 죄책은? (5점/8줄 이내 제한)

1. 위험한 물건인 전자충격기를 사용하여 강간을 시도하다가 미수에 그쳤지만 약 2주간의 치료를 요하는 안면부 좌상 등의 상해를 입힌 행위(**성폭력범죄의 처벌 등에 관한 특례법 제8조 특수강간치상죄 검토**)

   (1) 성폭력범죄의 처벌 등에 관한 특례법 제4조 특수강간 제1항 흉기나 그 밖의

위험한 물건을 지닌 채 또는 2명 이상이 합동하여 「형법」 제297조(강간)의 죄를 범한 경우 성립한다. 성폭력범죄의 처벌 등에 관한 특례법 제8조 강간치상죄 제1항은 제4조의 죄를 범한 사람이 다른 사람을 상해하거나 상해에 이르게 한 때 성립한다. 전자충격기는 위험한 물건이다. [2점]

(중요) (2) 대법원 판례는 「**특수강간의 죄를 범한 자뿐만 아니라, 특수강간이 미수에 그쳤다고 하더라도 그로 인하여 피해자가 상해를 입었으면 특수강간치상죄가 성립한다**」고 판시하였다. [2점]

(3) **죄책: 성폭력법 제8조 특수강간치상죄가 성립한다.** [1점]

| 제16문 해설 |

■ 대법원 2008. 4. 24. 선고 2007도10058 판결 [성폭력범죄의처벌및피해자보호등에관한법률위반(강간등치상)·성폭력범죄의처벌및피해자보호등에관한법률위반(카메라등이용촬영)·총포·도검·화약류등단속법위반]

[판시사항] [1] 성폭력범죄의 처벌 및 피해자보호 등에 관한 법률 제9조에 의한 특수강간치상죄와 같은 법 제12조에 의한 미수범 처벌규정의 관계 [2] 위험한 물건인 전자충격기를 사용하여 강간을 시도하다가 미수에 그치고, 피해자에게 약 2주간의 치료를 요하는 안면부 좌상 등의 상해를 입힌 사안에서, 성폭력범죄의 처벌 및 피해자보호 등에 관한 법률에 의한 특수강간치상죄가 성립한다고 본 사례.

[판결요지] [1] 성폭력범죄의 처벌 및 피해자보호 등에 관한 법률 제9조 제1항에 의하면 같은 법 제6조 제1항에서 규정하는 특수강간의 죄를 범한 자뿐만 아니라, 특수강간이 미수에 그쳤다고 하더라도 그로 인하여 피해자가 상해를 입었으면 특수강간치상죄가 성립하는 것이고, 같은 법 제12조에서 규정한 위 제9조 제1항에 대한 미수범 처벌규정은 제9조 제1항에서 특수강간치상죄와 함께 규정된 특수강간상해죄의 미수에 그친 경우, 즉 특수강간의 죄를 범하거나 미수에 그친 자가 피해자에 대하여 상해의 고의를 가지고 피해자에게 상해를 입히려다가 미수에 그친 경우 등에 적용된다.

[2] 위험한 물건인 전자충격기를 사용하여 강간을 시도하다가 미수에 그치고, 피해자에게 약 2주간의 치료를 요하는 안면부 좌상 등의 상해를 입힌 사안에서, 성폭력범죄의 처벌 및 피해자보호등에 관한 법률에 의한 특수강간치상죄가 성립한다고 본 사례.

사례연습 17   강제추행죄 장애미수범

☞ 2018년 제7회 변호사시험 기출문제 16. 형법표준판례 224

〈제 17 문〉

甲이 버스에서 내려 혼자 걸어가는 A(27세, 여)를 발견하고 마스크를 착용한 채 뒤따라가다가 인적이 없고 외진 곳에서 가까이 접근하여 껴안으려고 양 팔을 든 순간, A가 뒤돌아보면서 소리치자 甲이 그 상태로 몇 초 동안 A를 쳐다보다가 다시 오던 길로 되돌아갔다. 甲의 죄책은? (5점/8줄 이내 제한)

1. 껴안으려고 양 팔을 든 순간, 소리치자 쳐다보다가 되돌아간 행위(형법 제298조, 제300조, 제25조 강제추행죄 장애미수범 검토)

   (1) 형법 제298조 강제추행죄는 폭행·협박하고 다른 사람을 추행한 경우 성립한다. 추행은 성적수치심·혐오를 일으켜 성적 자유를 침해하는 행위이다. 폭행행위 자체가 추행행위가 될 수 있다.

   이 사안의 쟁점은 강제추행죄에서 '폭행'의 형태와 정도 및 '추행'의 의미와 판단기준이다. 추행의 고의로 폭행행위를 하여 실행행위에 착수하였으나 추행의 결과에 이르지 못한 경우, 강제추행미수죄가 성립하는지 여부이다. 이러한 법리는 폭행행위 자체가 추행행위라고 인정되는 '기습추행'의 경우에도 마찬가지로 적용되는지 여부이다.

   이 사안의 경우 팔이 신체에 닿지 않아도 껴안으려는 행위 자체가 신체에 대한 유형력 행사로 볼 수 있다. 기습추행이 폭행에 해당하고 실행의 착수가 있다. 결과에 발생하지 않으면 미수다. 이 사안은 강제추행미수죄 구성요건을 충족한다. ^{2점}

   (중요) (2) 대법원 판례는 「**강제추행죄는 상대방에 대하여 폭행 또는 협박을 가하여 항거를 곤란하게 한 뒤에 추행행위를 하는 경우뿐만 아니라 폭행행위 자체가 추행행위라고 인정되는 경우도 포함된다.** 이 경우의 폭행은 반드시 상대방의 의사를 억압할 정도의 것일 필요는 없다. 피고인은 갑을 추행하기 위해 뒤따라간 것으로 **추행의 고의를 인정**할 수 있고, 피고인이 가까이 접근하여 갑자기 뒤에서 껴안는 행위는 일반인에게 **성적 수치심이나 혐오감을 일으키게 하고** 선량한 성적 도덕관념에 반하는 행위로서 갑의 성적 자유를 침해하는 행위여서 그 자체로 이른바 '기습추행' 행위로 볼 수 있다. 그러므로 피고인의 팔이 갑의 몸에 닿지 않았더라도 양팔을 높이 들어 갑자기 뒤에서 껴안으려는 행위는 갑의 의사에 반하는 유형력의 행사로서 **폭행행위에 해당하며, 그때 '기습추행'에 관한 실행의 착수가 있는데**, 마침 갑이 뒤돌아보면서 소리치는 바람에 몸을 껴안는 추행의 결과에 이르지 못하고 미수에 그쳤다. 그러므로 **피고인의 행위는 아동·청소년에 대한 강제추행미수죄에 해당한다**」라고 판시하였다. ^{2점}

   (3) **죄책: 강제추행죄 장애미수범이 성립한다.** ^{1점}

▌**제17문 해설**

■ 대법원 2015. 9. 10. 선고 2015도6980, 2015모2524 판결

　[아동·청소년의성보호에관한법률위반·주거침입·보호관찰명령] 〈강제추행미수 사건〉

[판시사항] [1] 강제추행죄에서 '폭행'의 형태와 정도 및 '추행'의 의미와 판단 기준 / 추행의 고의로 폭행행위를 하여 실행행위에 착수하였으나 추행의 결과에 이르지 못한 경우, 강제추행미수죄가 성립하는지 여부(적극) 및 이러한 법리는 폭행행위 자체가 추행행위라고 인정되는 '기습추행'의 경우에도 마찬가지로 적용되는지 여부(적극)

[2] 피고인이 밤에 술을 마시고 배회하던 중 버스에서 내려 혼자 걸어가는 피해자 갑을 발견하고 마스크를 착용한 채 뒤따라가다가 인적이 없고 외진 곳에서 가까이 접근하여 껴안으려 하였으나, 갑이 뒤돌아보면서 소리치자 그 상태로 몇 초 동안 쳐다보다가 다시 오던 길로 되돌아갔다고 하여 아동·청소년의 성보호에 관한 법률 위반으로 기소된 사안에서, 피고인의 행위가 아동·청소년에 대한 강제추행미수죄에 해당한다고 한 사례.

[판결요지] [1] 강제추행죄는 상대방에 대하여 폭행 또는 협박을 가하여 항거를 곤란하게 한 뒤에 추행행위를 하는 경우뿐만 아니라 폭행행위 자체가 추행행위라고 인정되는 경우도 포함되며, 이 경우의 폭행은 반드시 상대방의 의사를 억압할 정도의 것일 필요는 없다. 추행은 객관적으로 일반인에게 성적 수치심이나 혐오감을 일으키게 하고 선량한 성적 도덕관념에 반하는 행위로서 피해자의 성적 자유를 침해하는 것을 말하며, 이에 해당하는지는 피해자의 의사, 성별, 연령, 행위자와 피해자의 이전부터의 관계, 행위에 이르게 된 경위, 구체적 행위태양, 주위의 객관적 상황과 그 시대의 성적 도덕관념 등을 종합적으로 고려하여 신중히 결정되어야 한다. 그리고 추행의 고의로 상대방의 의사에 반하는 유형력의 행사, 즉 폭행행위를 하여 실행행위에 착수하였으나 추행의 결과에 이르지 못한 때에는 강제추행미수죄가 성립하며, 이러한 법리는 폭행행위 자체가 추행행위라고 인정되는 이른바 '기습추행'의 경우에도 마찬가지로 적용된다.

[2] 피고인이 밤에 술을 마시고 배회하던 중 버스에서 내려 혼자 걸어가는 피해자 갑(여, 17세)을 발견하고 마스크를 착용한 채 뒤따라가다가 인적이 없고 외진 곳에서 가까이 접근하여 껴안으려 하였으나, 갑이 뒤돌아보면서 소리치자 그 상태로 몇 초 동안 쳐다보다가 다시 오던 길로 되돌아갔다고 하여 아동·청소년의 성보호에 관한 법률 위반으로 기소된 사안에서, 피고인과 갑의 관계, 갑의 연령과 의사, 행위에 이르게 된 경위와 당시 상황, 행위 후 갑의 반응 및 행위가 갑에게 미친 영향 등을 고려하여 보면, **피고인은 갑을 추행하기 위해 뒤따라간 것으로 추행의 고의를 인정할 수 있고, 피고인이 가까이 접근하여 갑자기 뒤에서 껴안는 행위는 일반인에게 성적 수치심이나 혐오감을 일으키게 하고 선량한 성적 도덕관념에 반하는 행위로서 갑의 성적 자유를 침해하는 행위여서 그 자체로 이른바 '기습추행' 행위로 볼 수 있으므로, 피고인의 팔이 갑의 몸에 닿지 않았더라도 양팔을 높이 들어 갑자기 뒤에서 껴안으려는 행위는 갑의 의사에 반하는 유형력의 행사로서 폭행행위에 해당하며, 그때 '기습추행'에 관한 실행의 착수가 있는데, 마침 갑이 뒤돌아보면서 소리치는 바람에 몸을 껴안는 추행의 결과에 이르지 못하고 미수에 그쳤으므로, 피고인의 행위는 아동·청소년에 대한 강제추행미수죄에 해당한다고** 한 사례.

사례연습 18 준강죄 불능미수범

☞ 대법원 2019. 3. 28. 선고 2018도16002 전원합의체 판결

〈제18문〉

甲은 2017. 4. 17. 22:30경 자신의 집에서 甲의 처 乙, 피해자 丙과 함께 술을 마시다가 다음 날 01:00경 甲의 처가 먼저 잠이 들고 02:00경 丙도 안방으로 들어가자 丙을 따라 들어간 뒤, 누워 있는 丙의 옆에서 丙의 가슴을 만지고 팬티 속으로 손을 넣어 음부를 만지다가, 몸을 비틀고 소리를 내어 상황을 벗어나려는 丙의 입을 막고 바지와 팬티를 벗긴 후 1회 간음하여 강간하였다. 甲의 죄책은? (10점/15줄 제한)

1. 술에 취해 잠든 丙을 1회 간음하여 강간한 행위(형법 제299조, 제300조, 제27조 준강죄 불능미수범 검토) ^{1점}

   (1) 형법 제299조는 **사람의 심신상실 또는 항거불능의 상태를 이용하여** 간음·추행한 경우 성립한다. 항거불능은 심리적 물리적 반항이 절대적으로 불가능하거나 또는 현저히 곤란한 경우이다. 육체·심리적으로 반항이 불가능한 상태이다. 포박·일시 탈진 상태를 포함한다. ^{2점}

   이 사안의 쟁점은 준강간죄의 객체이다. '**사람의 심신상실 또는 항거불능의 상태를 이용하여**'를 **어떻게 해석하느냐** 이다. 객체로서 ① 사람설, ② 심신상실 또는 항거불능의 상태에 있는 사람설로 대립한다. ① 사람설로 보면, 이 사안의 경우 객체는 사람에 해당한다. 행위는 사람의 심신상실 또는 항거불능의 상태를 이용하여 간음한 행위이다. **고의가 있어야 한다. 구성요건 요소에 대한 인식과 의욕이다. 준강간죄가 성립한다.**

   그러나 ② **심신상실 또는 항거불능의 상태에 있는 사람설로 보면**, 피해자는 준강간죄의 객체에 해당하지 않는다. 구성요건해당성이 없다. ^{2점}

   생각하여 보면 준강간죄의 객체는 사람이다. 제1설 사람설이 타당하다. 성폭법 제6조 제4항도 사람을 행위객체로 규정하고 있다. 다만 행위양태가 폭행·협박이 아니고 심신상실 또는 심신미약 이용이다. 행위자가 이러한 행위양태를 생각하고 간음하면 준강간죄가 성립한다. 이 사안은 준강죄의 기수이다. 법정형은 강간죄와 동일하다. 피해자가 실제로 심신상실 또는 항거불능의 상태에 있지 않은 경우, 준강간죄의 객체에 해당하지 않고 강간죄가 성립한다. 다만 행위자가 〈심신상실 또는 항거불능의 상태에 있다〉고 객체를 생각했다면 준강간죄가 성립한다. ^{2점}

중요 그럼에도 행위자에게 대상의 착오 또는 실행수단 착오한 것으로 보고, 형법 제27조 불능미수범이 성립한다고 주장한다(대법원 다수의견). 이때 위험성은 **'행위자가 행위 당시 인식한 사정을 놓고 일반인이 객관적으로 판단한 다.'** (추상적 위험설). 구체적 위험설은 '행위자 당시 인식＋**일반인 객관적 인식＋전문가 판단(＝과학적 일반인 판단)**이다. 학계 다수의견이다.

중요 (2) 대법원 판례는「**피해자가 실제로는 심신상실 또는 항거불능의 상태에 있지 않은 경우에는**, 실행의 수단 또는 대상의 착오로 인하여 준강간죄에서 규정 하고 있는 구성요건적 결과의 발생이 처음부터 불가능하였고 실제로 그러한 결과가 발생하였다고 할 수 없다. 피고인이 준강간의 실행에 착수하였으나 범 죄가 기수에 이르지 못하였으므로 준강간죄의 미수범이 성립한다. 피고인이 행위 당시에 인식한 사정을 놓고 일반인이 객관적으로 판단하여 보았을 때 준강간의 결과가 발생할 위험성이 있었으므로 준강간죄의 불능미수가 성립한 다」라고 판시하였다. [2점]

[판례평석] 대상판결은 간음이 발생한 경우이다. 미수범이 성립될 수 없다. 행위객체 인 피해자가 실제 '심신상실 또는 항거불능의 상태에 있지 않은 사람의 경우' 형법 제299조 준강간죄를 적용할 수 없다. 객체가 다르기 때문이다. 준강간죄 구성요건해 당성 없다. 잘못된 법리로 결론이 이상한 방향으로 난 대표적 판례다.

(3) **죄책: 대법원 판례에 따르면 준강간죄의 불능미수범이 성립한다.** [1점]

│제18문 해설│

■ 대법원 2019. 3. 28. 선고 2018도16002 전원합의체 판결 [강간(인정된 죄명: 준강간미 수,변경된 죄명: 준강간)]〈준강간죄의 불능미수 성립을 인정할 수 있는지 여부에 관한 사건〉

[판시사항] [1] 준강간죄에서 '고의'의 내용 [2] 피고인이 피해자가 심신상실 또는 항거불 능의 상태에 있다고 인식하고 그러한 상태를 이용하여 간음할 의사로 피해자를 간음하였 으나 피해자가 실제로는 심신상실 또는 항거불능의 상태에 있지 않은 경우, 준강간죄의 불능미수가 성립하는지 여부(적극)

[판결요지] [1] 형법 제297조는 "폭행 또는 협박으로 사람을 강간한 자는 3년 이상의 유 기징역에 처한다."라고 규정하고, 제299조는 "사람의 심신상실 또는 항거불능의 상태를 이용하여 간음 또는 추행을 한 자는 제297조, 제297조의2 및 제298조의 예에 의한다."라 고 규정하고 있다. **형법은 폭행 또는 협박의 방법이 아닌 심신상실 또는 항거불능의 상태를 이용하여 간음한 행위를 강간죄에 준하여 처벌하고 있으므로, 준강간의 고의 는 피해자가 심신상실 또는 항거불능의 상태에 있다는 것과 그러한 상태를 이용하여 간음한다는 구성요건적 결과 발생의 가능성을 인식하고 그러한 위험을 용인하는 내**

심의 의사를 말한다.

[2] [다수의견] 형법 제300조는 준강간죄의 미수범을 처벌한다. 또한 형법 제27조는 "실행의 수단 또는 대상의 착오로 인하여 결과의 발생이 불가능하더라도 위험성이 있는 때에는 처벌한다. 단, 형을 감경 또는 면제할 수 있다."라고 규정하여 불능미수범을 처벌하고 있다.

따라서 피고인이 피해자가 심신상실 또는 항거불능의 상태에 있다고 인식하고 그러한 상태를 이용하여 간음할 의사로 피해자를 간음하였으나 **피해자가 실제로는 심신상실 또는 항거불능의 상태에 있지 않은 경우에는, 실행의 수단 또는 대상의 착오로 인하여 준강간죄에서 규정하고 있는 구성요건적 결과의 발생이 처음부터 불가능하였고 실제로 그러한 결과가 발생하였다고 할 수 없다. 피고인이 준강간의 실행에 착수하였으나 범죄가 기수에 이르지 못하였으므로 준강간죄의 미수범이 성립한다. 피고인이 행위 당시에 인식한 사정을 놓고 일반인이 객관적으로 판단하여 보았을 때 준강간의 결과가 발생할 위험성이 있었으므로 준강간죄의 불능미수가 성립한다.**

구체적인 이유는 다음과 같다.

① 형법 제27조에서 규정하고 있는 불능미수는 행위자에게 범죄의사가 있고 실행의 착수라고 볼 수 있는 행위가 있지만 실행의 수단이나 대상의 착오로 처음부터 구성요건이 충족될 가능성이 없는 경우이다. 다만 결과적으로 구성요건의 충족은 불가능하지만, **그 행위의 위험성이 있으면 불능미수로 처벌한다.** 불능미수는 행위자가 실제로 존재하지 않는 사실을 존재한다고 오인하였다는 측면에서 존재하는 사실을 인식하지 못한 사실의 착오와 다르다.

② 형법은 제25조 제1항에서 "범죄의 실행에 착수하여 행위를 종료하지 못하였거나 결과가 발생하지 아니한 때에는 미수범으로 처벌한다."라고 하여 장애미수를 규정하고, 제26조에서 "범인이 자의로 실행에 착수한 행위를 중지하거나 그 행위로 인한 결과의 발생을 방지한 때에는 형을 감경 또는 면제한다."라고 하여 중지미수를 규정하고 있다. 장애미수 또는 중지미수는 범죄의 실행에 착수할 당시 실행행위를 놓고 판단하였을 때 행위자가 의도한 범죄의 기수가 성립할 가능성이 있었으므로 처음부터 기수가 될 가능성이 객관적으로 배제되는 불능미수와 구별된다.

③ 형법 제27조에서 정한 '실행의 수단 또는 대상의 착오'는 행위자가 시도한 행위방법 또는 행위객체로는 결과의 발생이 처음부터 불가능하다는 것을 의미한다. 그리고 '결과 발생의 불가능'은 실행의 수단 또는 대상의 원시적 불가능성으로 인하여 범죄가 기수에 이를 수 없는 것을 의미한다고 보아야 한다.

한편 불능범과 구별되는 불능미수의 성립요건인 '위험성'은 피고인이 행위 당시에 인식한 사정을 놓고 일반인이 객관적으로 판단하여 결과 발생의 가능성이 있는지 여부를 따져야 한다.

④ 형법 제299조에서 정한 준강간죄는 사람의 심신상실 또는 항거불능의 상태를 이용하여 간음함으로써 성립하는 범죄로서, 정신적·신체적 사정으로 인하여 성적인 자기방어를 할 수 없는 사람의 성적 자기결정권을 보호법익으로 한다. 심신상실 또는 항거불능의 상태는 피해자인 사람에게 존재하여야 하므로 준강간죄에서 행위의 대상은 '심신상실 또는 항거불능의 상태에 있는 사람'이다. 그리고 구성요건에 해당하는 행위는 그러한 '심신상실

또는 항거불능의 상태를 이용하여 간음'하는 것이다. 심신상실 또는 항거불능의 상태에 있는 사람에 대하여 그 사람의 그러한 상태를 이용하여 간음행위를 하면 구성요건이 충족되어 준강간죄가 기수에 이른다.

피고인이 피해자가 심신상실 또는 항거불능의 상태에 있다고 인식하고 그러한 상태를 이용하여 간음할 의사를 가지고 간음하였으나, 실행의 착수 당시부터 피해자가 실제로는 심신상실 또는 항거불능의 상태에 있지 않았다면, 실행의 수단 또는 대상의 착오로 준강간죄의 기수에 이를 가능성이 처음부터 없다고 볼 수 있다. 이 경우 피고인이 행위 당시에 인식한 사정을 놓고 일반인이 객관적으로 판단하여 보았을 때 정신적·신체적 사정으로 인하여 성적인 자기방어를 할 수 없는 사람의 성적 자기결정권을 침해하여 준강간의 결과가 발생할 위험성이 있었다면 불능미수가 성립한다.

사례연습 19 강간치상죄 ☞ 형법표준판례 229

〈제 19 문〉

甲이 캬바레에서 만나 함께 춤을 추면서 알게 된 피해자 乙(○○세)을 여관으로 유인한 다음 강간하기로 마음먹고, 1991.8.11. 01:15경 판시 여관 4층의 509호실에 피해자를 데리고 들어가서 방문을 걸어 잠그고 乙에게 "너 나가면 죽이겠다. 내가 육사출신인데 너 하나 못 이기겠느냐"고 협박하면서 양손으로 乙의 유방을 만지며 소파에 밀어 넘어뜨려 乙을 강간하려고 하다가, 乙이 "나는 남편이 있는 몸이니 제발 살려 달라"고 하면서 반항하여 그 뜻을 이루지 못하고, 이어 甲이 소변을 보기 위하여 위 여관방의 화장실에 가면서 乙이 도망을 가지 못하도록 乙의 핸드백을 목에 걸고 감으로 인하여, 乙이 그곳에 계속 있으면 甲으로부터 강간당할 것이라는 위협을 느끼고 위 4층 여관방의 유리창을 통하여 창문 밖으로 뛰어내림으로써 乙로 하여금 전치 약 24주간의 상해를 입게 하였다. (10점/15줄 이내 제한)

1. **강간을 모면하기 위하여 4층 여관방의 창문을 넘어 뛰어내리다가 상해에 이르게 한 행위(형법 제301조, 제15조 제2항 강간치상죄 검토)** [1점]

    (1) 형법 제301조는 제297조를 범하여 다른 사람을 상해에 이르게 한 경우 성립한다. 이 사안의 쟁점은 형법 제15조 제2항 결과적 가중범의 인과관계 문제이다.

      형법 제15조 제2항은 결과적 가중범에서 법정형이 중한 범죄를 적용할 경우, 결과발생을 객관적으로 예견할 수 있었던 경우에만 중한 죄로 처벌한다. 기본범죄가 고의로 이루어진 경우, 그 기본범죄가 기수 또는 미수이든 상관이 없

다. 고의행위로 중한 결과가 발생하면, 결과적 가중범의 기수가 성립한다. ^{2점}
이 사안의 경우 강간 시도가 있었고, 이를 피하기 위해 뛰어내렸다. 그리고
24주 상해에 이르게 되었다. 행위와 결과 사이 객관적 예견가능성이 있고, 행
위자의 무대 지배가능성이 인정된다. 결과적 가중범의 인과관계와 객관적 귀
속이 인정된다. 제15조 제2항을 충족한다. ^{2점}

(2) 그러나 대법원 판례는 「결과로 인하여 형이 중한 죄에 있어서 그 결과의 발
생을 예견할 수 없었을 때에는 중한 죄로 벌할 수 없는 것인 바(형법 제15조
제2항), 이 사건에 있어서 원심이 판시한 바에 의하더라도, 피해자가 피고인
과 만나 함께 놀다가 큰 저항 없이 여관방에 함께 들어갔으며, **피고인이 강
간을 시도하면서 한 폭행 또는 협박의 정도가 강간의 수단으로는 비교적
경미하였고, 피해자가 여관방 창문을 통하여 아래로 뛰어내릴 당시에는 피
고인이 소변을 보기 위하여 화장실에 가 있는 때이어서 피해자가 일단 급
박한 위해상태에서 벗어나 있었을 뿐 아니라, 무엇보다도 4층에 위치한 위
방에서 밖으로 뛰어내리는 경우에는 크게 다치거나 심지어는 생명을 잃는
수도 있는 것인 점을 아울러 본다면,** 이러한 **상황 아래에서 피해자가 강간
을 모면하기 위하여 4층에서 창문을 넘어 뛰어내리거나 또는 이로 인하여
상해를 입기까지 되리라고는 예견할 수 없다고 봄이 경험칙에 부합한다」**라
고 판시하였다. ^{4점}

(3) 죄책: 대법원 판례에 의하면 강간치상죄는 성립하지 않는다. 강간미수죄도
성립하지 않는다. 대법원 판례는 결과적 가중범과 인과관계와 객관적 귀속
의 법리를 잘못 판단하였다고 생각한다. 예견 가능성을 엄격하게 판단하였
다. 그러나 피해자 인권이 강조되는 오늘의 시각으로 보면, 대상 사건은 강
간치상죄가 성립한다. ^{1점}

제19문 해설

■ 대법원 1993. 4. 27. 선고 92도3229 판결 [강간치상]

[판시사항] 강간을 모면하기 위하여 4층 여관방의 창문을 넘어 뛰어내리다가 상해를 입
은 데 대하여 예견가능성이 없다는 이유로 강간치상죄로 처벌할 수 없다고 한 사례

[판결요지] 결과로 인하여 형이 중한 죄에 있어서 그 결과의 발생을 예견할 수 없었을
때에는 중한 죄로 벌할 수 없는 것인 바(형법 제15조 제2항), 이 사건에 있어서 원심이
판시한 바에 의하더라도, 피해자가 피고인과 만나 함께 놀다가 큰 저항 없이 여관방에 함
께 들어갔으며, 피고인이 강간을 시도하면서 한 폭행 또는 협박의 정도가 강간의 수단으
로는 비교적 경미하였고, 피해자가 여관방 창문을 통하여 아래로 뛰어내릴 당시에는 피고
인이 소변을 보기 위하여 화장실에 가 있는 때이어서 피해자가 일단 급박한 위해상태에

서 벗어나 있었을 뿐 아니라, 무엇보다도 4층에 위치한 위 방에서 밖으로 뛰어내리는 경우에는 크게 다치거나 심지어는 생명을 잃는 수도 있는 것인 점을 아울러 본다면, 이러한 상황 아래에서 피해자가 강간을 모면하기 위하여 4층에서 창문을 넘어 뛰어내리거나 또는 이로 인하여 상해를 입기까지 되리라고는 예견할 수 없다고 봄이 경험칙에 부합한다.

사례연습 20 미성년자간음죄

☞ 대법원 2020. 8. 27. 선고 2015도9436 전원합의체 판결

〈제 20 문〉

甲이 스마트폰 채팅 애플리케이션을 통하여 알게 된 14세의 피해자 乙에게 자신을 '고등학교 2학년인 甲'이라고 거짓으로 소개하고 채팅을 통해 교제하던 중 자신을 스토킹하는 여성 때문에 힘들다며 그 여성을 떼어내려면 자신의 선배와 성관계를 하여야 한다는 취지로 乙에게 이야기하고, 甲과 헤어지는 것이 두려워 甲의 제안을 승낙한 乙을 마치 자신이 甲의 선배인 것처럼 행세하여 간음하였다. 甲의 죄책은? (5점/8줄 이내 제한)

1. **선배인 것처럼 행세하여 간음한 행위(형법 제302조 미성년자간음죄 검토)**
   (1) 형법 제302조 미성년자를 위계로 간음한 경우 성립한다. 위계란 **행위자가 간음의 목적으로 피해자에게 오인, 착각, 부지를 일으키고 피해자의 그러한 심적 상태를 이용하여 간음의 목적을 달성한 경우를 말한다. 위계와 간음행위에 관련성이 있어야 한다.** 이 사안의 경우 甲은 乙에게 거짓말을 하고, 관계 계속을 심리상태로 이용하였다. 위계에 해당한다. 같은 또래의 시각에서 위계와 간음행위는 관련성이 있다. ^{2점}

   (중요) (2) 대법원 판례는 「피고인이 간음의 목적으로 피해자 미성년자에게 오인, 착각, 부지를 일으키고 미성년자의 그러한 심적 상태를 이용하여 미성년자를 간음한 것이므로 피고인의 간음행위는 위계에 의한 것이라고 평가할 수 있다」라고 판시하였다. ^{2점}

   (3) 죄책: 미성년자간음죄가 성립한다. ^{1점}

| **제20문 해설** |

■ 대법원 2020. 8. 27. 선고 2015도9436 전원합의체 판결 [아동·청소년의성보호에관한법률위반(위계등간음)] 〈위계에 의한 간음죄에서 위계의 의미〉 ★★★★★

[판시사항] [1] 아동·청소년이 타인의 기망이나 왜곡된 신뢰관계의 이용에 의하여 외관

상 성적 결정 또는 동의로 보이는 언동을 한 경우, 이를 아동·청소년의 온전한 성적 자기결정권의 행사에 의한 것이라고 평가할 수 있는지 여부(소극)

[2] 행위자가 간음의 목적으로 피해자에게 오인, 착각, 부지를 일으키고 피해자의 그러한 심적 상태를 이용하여 간음의 목적을 달성한 경우, 위계에 의한 간음죄가 성립하는지 여부(적극) / 피해자가 오인, 착각, 부지에 빠지게 되는 대상이 간음행위 자체 외에 간음행위에 이르게 된 동기이거나 간음행위와 결부된 금전적·비금전적 대가와 같은 요소일 수도 있는지 여부(적극) / 위계와 간음행위 사이 인과관계의 내용 및 이러한 인과관계를 판단할 때 고려해야 할 사정 / 간음행위와 인과관계가 있는 위계에 해당하는지 판단할 때 일반적·평균적 판단능력을 갖춘 성인 또는 충분한 보호와 교육을 받은 또래의 시각에서 인과관계를 쉽사리 부정하여서는 안 되는지 여부(적극)

[3] 피고인이 스마트폰 채팅 애플리케이션을 통하여 알게 된 14세의 피해자에게 자신을 '고등학교 2학년인 갑'이라고 거짓으로 소개하고 채팅을 통해 교제하던 중 자신을 스토킹하는 여성 때문에 힘들다며 그 여성을 떼어내려면 자신의 선배와 성관계를 하여야 한다는 취지로 피해자에게 이야기하고, 피고인과 헤어지는 것이 두려워 피고인의 제안을 승낙한 피해자를 마치 자신이 갑의 선배인 것처럼 행세하여 간음한 사안에서, 피고인은 간음의 목적으로 피해자에게 오인, 착각, 부지를 일으키고 피해자의 그러한 심적 상태를 이용하여 피해자를 간음한 것이므로 피고인의 간음행위는 위계에 의한 것이라고 평가할 수 있다고 한 사례.

사례연습 21   공문서위조죄   ☞ 형법표준판례연구 434

〈제21문〉

공무원의 문서작성을 보조하는 직무에 종사하는 공무원 甲이[행위주체] 허위공문서를[행위객체] 기안하여 임의로 작성권자의 직인 등을 부정 사용함으로써 공문서를 완성하였다.[행위] [형법 제225조 공문서위조죄+] 甲의 죄책은? (5점/8줄 이내 요약)

1. 허위공문서를 기안하여 임의로 작성권자의 직인을 부정 사용하여 공문서를 완성한 행위(형법 제225조 공문서위조죄 검토)

   (1) 형법 제225조 공문서위조죄는 행사할 목적으로 공공기관 문서를 위조한 경우 성립한다. 보호법익은 문서공공신용이다(통설과 판례). 보호정도는 추상적 위험범이다. 행위주체는 누구가 가능한 일반인이다. 행위객체는 공문서이다. 행위는 위조이다. 위조는 문서 작성 권한이 없는 사람이 허위로(가짜로) 문서를 만드는 행위이다. 이 사안은 작성 권한이 없는 甲이 공문서를 임의로 만들어 직인을 부정 사용하여 완성하였다. 공문서 위조행위가 성립한다. [2점]

형법 제227조 허위공문서작성죄의 주체는 문서를 작성할 권한이 있는 명의인인 공무원에 한하고,^{형법 제227조 허위공문서작성죄 행위주체: 공무원+, 신분범+} 그 공무원의 문서작성을 보조하는 직무에 종사하는 공무원은 허위공문서작성죄의 주체가 될 수 없다. 공무원만 가능한 신분범이다. ^{1점}

(2) 대법원 판례는 「보조 직무에 종사하는 공무원이 허위공문서를 기안하여 결재를 거치지 않고 임의로 작성권자의 직인 등을 부정 사용함으로써 공문서를 완성한 때에는 공문서위조죄가 성립한다. 보조 직무에 종사하는 공무원이 허위공문서를 기안하여 허위임을 모르는 작성권자의 결재를 받아 공문서를 완성한 때에는 허위공문서작성죄의 간접정범이 성립한다^{형법 227조, 제34조 제1항}」판시하였다. ^{2점}

(3) **죄책: 공문서위조죄가 성립한다.**

사례연습 22   공문서위조죄　　　　　☞ 형법표준판례연구 434

〈제 22 문〉

[공문서의 작성권한 없는 사람 甲이] 〈허위공문서를〉 [기안하여 공문서를 완성하였다.]^{행위 형법 제225조 공문서위조죄+} 甲의 죄책은? (5점/8줄 이내 요약)

1. 허위공문서를 기안하여 (임의로 작성권자의 직인을 부정 사용하여) 공문서를 완성한 행위(형법 제225조 공문서위조죄 검토) ^{1점}

(1) 형법 제225조 공문서위조죄는 행사할 목적으로 공공기관 문서를 위조한 경우 성립한다. 보호법익은 문서공공신용이다(통설과 판례). 보호정도는 추상적 위험범이다. 행위주체는 일반인이다. 행위객체는 공문서이다. 행위는 위조이다. 위조란 문서 작성 권한이 없는 사람이 허위로(가짜로) 만드는 행위이다. 이 사안은 작성 권한이 없는 갑이 공문서를 임의로 만들어 직인을 부정 사용하여 완성하였다. 공문서 위조행위가 성립한다. ^{2점}

(2) 대법원 판례는 「공문서의 작성권한 없는 사람이 허위공문서를 기안하여 작성권자의 결재를 받지 않고 **공문서를 완성한 경우에도 공문서위조죄가 성립한다**」고 판시하였다. ^{2점}

(3) **죄책: 공문서위조죄가 성립한다.**

사례연습 23 공문서위조죄 　　　　☞ 형법표준판례연구 434

〈제23문〉

[공문서의 작성권한 없는 공무원 甲이] 작성권자의 결재를 받지 않고 직인 등을 보관하는 담당자를 기망하여 작성권자의 직인을 날인하도록 하여 공문서를 완성하였다.^{형법} ^{제225조 공문서위조죄+} 甲의 죄책? (5점/8줄 이내 요약)

1. 작성권자의 결재를 받지 않고 직인을 보관하는 담당자를 기망하여 작성권자의 직인을 날인하도록 하여 공문서를 완성한 행위(**형법 제225조 공문서위조죄 검토**)

   (1) 형법 제225조 공문서위조죄는 행사할 목적으로 공공기관 문서를 위조한 경우 성립한다. 보호법익은 문서공공신용이다(통설과 판례). 보호정도는 추상적 위험범이다. 행위주체는 일반인이다. 행위객체는 공문서이다. 행위는 위조이다. 위조는 문서 작성 권한이 없는 사람이 허위로(가짜로) 만드는 행위이다. 이 사안은 작성권자의 결재를 받지 않고 **직인 등을 보관하는 담당자를 기망하여 작성권자의 직인을 날인하도록 하여 공문서를 완성하였다.** 공문서위조행위가 성립한다. ^{2점}

      형법 제227조 허위공문서작성죄의 주체는 문서를 작성할 권한이 있는 명의인인 공무원에 한하고,^{형법 제227조 허위공문서작성죄 행위주체: 공무원+} 그 공무원의 문서작성을 보조하는 직무에 종사하는 공무원은 허위공문서작성죄의 주체가 될 수 없다. ^{1점}

   (2) 대법원 판례는 「작성권자의 직인 등을 보관하는 담당자는 일반적으로 작성권자의 결재가 있는 때에 한하여 보관 중인 직인 등을 날인할 수 있을 뿐이다. 이러한 경우 다른 공무원 등이 작성권자의 결재를 받지 않고 직인 등을 보관하는 담당자를 기망하여 작성권자의 직인을 날인하도록 하여 공문서를 완성한 때에도 공문서위조죄가 성립한다」 판시하였다. ^{2점}

   (3) **죄책**: 공문서위조죄가 성립한다.

   ┃ 제23문 해설 ┃

   ⟨중요⟩ ■ 대법원 2017. 5. 17. 선고 2016도13912 판결
   [업무상배임·공문서위조·위조공문서행사] ★★★★★
   [**판시사항**] 공무원의 문서작성을 보조하는 직무에 종사하는 공무원이 허위공문서를 기안

하여 임의로 작성권자의 직인 등을 부정 사용함으로써 공문서를 완성한 경우, 공문서위조죄가 성립하는지 여부(적극) 및 공문서의 작성권한 없는 사람이 허위공문서를 기안하여 공문서를 완성한 경우에도 마찬가지인지 여부(적극) / 공문서의 작성권한 없는 공무원 등이 작성권자의 결재를 받지 않고 직인 등을 보관하는 담당자를 기망하여 작성권자의 직인을 날인하도록 하여 공문서를 완성한 경우, 공문서위조죄가 성립하는지 여부(적극)

[판결요지] [1] **허위공문서작성죄의 주체는 문서를 작성할 권한이 있는 명의인인 공무원에 한하고** 그 공무원의 문서작성을 보조하는 직무에 종사하는 공무원은 허위공문서작성죄의 주체가 될 수 없다.

[2] 따라서 **보조 직무에 종사하는 공무원이 허위공문서를 기안하여 허위임을 모르는 작성권자의 결재를 받아 공문서를 완성한 때에는 허위공문서작성죄의 간접정범이 될 것이지만,**

[3] 이러한 **결재를 거치지 않고 임의로 작성권자의 직인 등을 부정 사용함으로써 공문서를 완성한 때에는 공문서위조죄가 성립한다.**

[4] 이는 공문서의 작성권한 없는 사람이 허위공문서를 기안하여 작성권자의 결재를 받지 않고 공문서를 완성한 경우에도 마찬가지이다.

[5] 나아가 작성권자의 직인 등을 보관하는 담당자는 일반적으로 작성권자의 결재가 있는 때에 한하여 보관 중인 직인 등을 날인할 수 있을 뿐이다. 이러한 경우 다른 공무원 등이 작성권자의 결재를 받지 않고 직인 등을 보관하는 담당자를 기망하여 작성권자의 직인을 날인하도록 하여 공문서를 완성한 때에도 공문서위조죄가 성립한다.

사례연습 24 허위공문서작성죄
☞ 2018년 제7회 변호사시험 기출문제 4. 형법표준판례연구 434

〈제 24 문〉

[공무원인 의사 甲이]^{행위주체 공무원+} 〈공무소의 명의로 허위진단서를〉^{행위객체 공문서+} 작성하였다.^{형법 제227조 허위공문서작성죄+} 甲의 죄책은? (5점/8줄 이내 요약)

1. 공무원인 의사 甲이 공무소의 명의로 허위진단서를 작성한 행위(**형법 제227조 허위공문서작성죄 검토**)

   (1) **형법 제227조 허위공문서작성죄는 공무원이 행사할 목적으로 그 직무에 관하여 문서를 작성한 경우 성립한다. 행위주체는 문서를 작성할 권한이 있는 명의인인 공무원이다. 신분범이다.**^{형법 제227조 허위공문서작성죄 행위주체: 공무원+, 신분범+} **그 공무원의 문서작성을 보조하는 직무에 종사하는 공무원은 허위공문서작성죄의 주체가 될 수 없다.** 이 사안의 경우 공무원이 의사 갑이 행

사할 목적으로 그 직무에 관하여 허위로 진단서를 작성하였다. 구성요건이
성립한다.

(2) 대법원 판례는 「공무원인 의사가 공무소의 명의로 허위진단서를 작성한 경우
에는 허위공문서작성죄만이 성립한다. **허위진단서작성죄는 별도로 성립하지
않는다**」라고 판시하였다. ²점

(3) **죄책:** 허위공문서작성죄가 성립한다.

제24문 해설

■ 대법원 2004. 4. 9. 선고 2003도7762 판결
　　[허위공문서작성 · 허위진단서작성 · 부정처사후수뢰]

[**판시사항**] [1] 공무원인 의사가 공무소의 명의로 허위진단서를 작성한 경우의 죄책 [2]
원심의 죄수 평가의 잘못이 판결 결과에 영향을 미쳤다고 보기 어렵다고 한 사례.

[**판결요지**] [1] 형법이 제225조 내지 제230조에서 공문서에 관한 범죄를 규정하고, 이어
제231조 내지 제236조에서 사문서에 관한 범죄를 규정하고 있는 점 등에 비추어 볼 때
**형법 제233조 소정의 허위진단서작성죄의 대상은 공무원이 아닌 의사가 사문서로서
진단서를 작성한 경우**에 한정되고, 공무원인 의사가 공무소의 명의로 허위진단서를
작성한 경우에는 허위공문서작성죄만이 성립하고 허위진단서작성죄는 별도로 성립하
지 않는다.

[2] 공무원인 의사가 허위의 진단서를 작성한 행위에 대하여 허위공문서작성죄와 허위진
단서작성죄의 상상적 경합을 인정한 원심의 판단이 법률 적용을 그르친 잘못이 있다고
할 것이나, 원심이 **이와 실체적 경합범 관계에 있으며 형이 중한 부정처사후수뢰죄에
정한 형에 경합범 가중을 하여 처단형을 정하였으므로, 원심의 죄수 평가의 잘못이
판결 결과에 영향을 미쳤다고 보기 어렵다**고 한 사례.

사례연습 25　사문서변조죄와 변조사문서행사죄　　☞ 형법표준판례연구 424

〈제 25 문〉

甲은 전세계약서를 스캔하여 컴퓨터 화면에 띄운 후 포토샵으로 보증금액 1천만 원을
공란으로 만들었다.형법 제231조 사문서변조죄─ 이후 이를 출력하여 전세보증금을 3천만 원으
로 수정하였다. 甲은 행사할 목적으로 전세계약서를 변조한 후, 이를 이메일로 丙에게
전송하였다.형법 제234조 변조사문서행사죄─ 甲의 죄책은? (5점/8줄 이내)

[**사실관계**] 甲은 2010. 4. 22. 12:00~13:00경 甲이 운영하는 ○○전기 사무실에서 행사
할 목적으로 권한 없이 임대인 乙과 甲이 작성한 사무실전세계약서 원본을 스캐너로 복
사하여 컴퓨터 화면에 띄운 후 포토샵을 이용하여 보증금액 "일천만 원, 10,000,000원"을

지워 보증금액을 공란으로 만든 후 그 자리에서 사무실전세계약서를 프린터로 출력하고, 검정색 볼펜으로 보증금액 공란에 "삼천만 원, 30,000,000원"으로 기재함으로써 행사할 목적으로 권리의무에 관한 사문서인 乙명의의 사무실전세계약서 1장을 변조하고, 그 자리에서 그 변조 사실을 모르는 丙에게 변조한 사무실전세계약서를 마치 진정한 것처럼 팩스로 송부하여 행사하였다.

(중요) 1. **컴퓨터 모니터에 나타난 전세계약서 이미지를 조작하여 지우고 출력하여 그 종이에 전세 금액을 수정하여 전세계약서를 변조한 행위(형법 제231조 사문서변조죄 검토)**

 (1) 형법 제231조 사문서변조죄는 행사할 목적으로 사실증명에 관한 문서를 변조한 경우 성립한다. 이 사안의 **쟁점은 컴퓨터 화면에 나타난 이미지 파일이 문서에 해당하는지 여부**이다. 긍정설(전자문서설)과 부정설(종이문서설)이 대립한다. 문서(文書)는 종이 문서를 말한다. [2점]

 (2) 대법원 판례는 「형법상 문서에 관한 죄에 있어서 문서는 문자 또는 이에 대신할 수 있는 가독적 부호로 계속적으로 물체상에 기재된 의사 또는 관념의 표시인 원본 또는 이와 사회적 기능, 신용성 등을 같게 볼 수 있는 기계적 방법에 의한 복사본으로서 그 내용이 법률상, 사회생활상 주요 사항에 관한 증거로 될 수 있는 것을 말한다. 그러므로 **컴퓨터 모니터 화면에 나타나는 이미지는 이미지 파일을 보기 위한 프로그램을 실행할 경우에 그때마다 전자적 반응을 일으켜 화면에 나타나는 것에 지나지 아니하여 형법상 문서에 관한 죄에 있어서의 '문서'에 해당하지 않는다.**」라고 판시하였다. [3점]

 (3) 죄책: 사문서변조죄가 성립하지 않는다. [1점]

(중요) 2. **컴퓨터 모니터로 변조한 전세계약서를 이메일로 발송한 행위(형법 제234조 변조사문서행사죄 검토)**

 이 사건 객체는 컴퓨터 이미지 파일이다. **파일을 조작하여 출력한 후** 그 종이에 다시 수정하였다. 그 후 이 종이를 다시 스캔하여 출력한 새로운 전세계약서는 문서에 해당하지 않는다. 이 사안은 문서를 변조한 것이 아니다. **컴퓨터 이미지는 문서가 아니다. 따라서 이를 메일로 발송하여도 변조사문서행사죄가 성립하지 않는다.** [2점]

│ 제25문 해설 │

■ 대법원 2011. 11. 10. 선고 2011도10468 판결 [사문서변조·변조사문서행사]

 ☞ 컴퓨터 모니터 화면에 나타나는 이미지

[판시사항] [1] 형법상 문서에 관한 죄에서 '문서'의 의미 [2] 컴퓨터 모니터에 나타나는 이미지가 형법상 '문서'에 해당하는지 여부(소극)

[판결요지] 형법상 문서에 관한 죄에 있어서 문서라 함은, 문자 또는 이에 대신할 수 있는 가독적 부호로 계속적으로 물체상에 기재된 의사 또는 관념의 표시인 원본 또는 이와 사회적 기능, 신용성 등을 같게 볼 수 있는 기계적 방법에 의한 복사본으로서 그 내용이 법률상, 사회생활상 주요 사항에 관한 증거로 될 수 있는 것을 말하므로(대법원 2006. 1. 26. 선고 2004도788 판결 등 참조), 원심이 **컴퓨터 모니터 화면에 나타나는 이미지는 이미지 파일을 보기 위한 프로그램을 실행할 경우에 그때마다 전자적 반응을 일으켜 화면에 나타나는 것에 지나지 아니하여 형법상 문서에 관한 죄에 있어서의 '문서'에 해당하지 않는다고 본 것은 정당하다**(대법원 2007. 11. 29. 선고 2007도7480 판결).

■ 대법원 2010. 7. 15. 선고 2010도6068 판결 [공문서위조] ☞ 국립대학교 교무처장 명의의 '졸업증명서 파일'

[판시사항] [1] 형법상 문서에 관한 죄에서 '문서'의 의미 [2] **컴퓨터 모니터에 나타나는 이미지가 형법상 '문서'에 해당하는지 여부(소극)** [3] **국립대학교 교무처장 명의의 '졸업증명서 파일'을 위조하였다는 공소사실에 대하여, 위 파일이 형법상의 문서에 해당하지 않는다는 이유로 무죄를 선고한 원심판단을 수긍한 사례.**

(중요) ■ 대법원 2007. 11. 29. 선고 2007도7480 판결 [공문서위조 · 위조공문서행사]

☞ 주민등록증의 이름 · 주민등록번호란에 글자를 오려 붙인 후

[판시사항] [1] 형법상 문서에 관한 죄에서 문서의 의미 [2] 자신의 이름과 나이를 속이는 용도로 사용할 목적으로 주민등록증의 이름 · 주민등록번호란에 글자를 오려붙인 후 이를 컴퓨터 스캔 장치를 이용하여 이미지 파일로 만들어 컴퓨터 모니터로 출력하는 한편 타인에게 이메일로 전송한 사안에서, **컴퓨터 모니터 화면에 나타나는 이미지는 형법상 문서에 관한 죄의 문서에 해당하지 않으므로 공문서위조 및 위조공문서행사죄를 구성하지 않는다**고 한 사례.

☞ [출제] 2020년 제9회 변호사시험 기출문제 20 ④

자신의 이름과 나이를 속이는 용도로 사용할 목적으로 **주민등록증의 이름·주민등록번호란에 글자를 오려 붙인 후** 이를 컴퓨터 스캔 장치를 이용하여 이미지 파일로 만들어 컴퓨터 모니터로 출력하는 한편 타인에게 이메일로 전송한 경우에는 공문서위조 및 위조공문서행사죄가 ~~성립한다.~~

■ 대법원 2018. 5. 15. 선고 2017도19499 판결 [업무방해 · 국회에서의증언 · 감정등에관한법률위반 · 위계공무집행방해 · 뇌물공여 · 공무집행방해 · 사문서위조미수] ☞ 전자 파일이나 그 파일을 실행시켜 컴퓨터 모니터 화면에 나타낸 문서의 이미지

[판시사항] 형법상 문서에 관한 죄에서 '문서'의 의미 / 문서의 내용을 저장한 전자 파일이나 그 파일을 실행시켜 컴퓨터 모니터 화면에 나타낸 문서의 이미지가 형법상 문서에 관한 죄에서의 '문서'에 해당하는지 여부(소극)

[판결요지] 형법상 문서에 관한 죄에 있어서 문서란, 문자 또는 이에 대신할 수 있는 가독적 부호로 계속적으로 물체 상에 기재된 의사 또는 관념의 표시인 원본 또는 이와 사회적 기능, 신용성 등을 동시할 수 있는 기계적 방법에 의한 복사본으로서 그 내용이 법률상, 사회생활상 주요 사항에 관한 증거로 될 수 있는 것을 말한다(대법원 2006. 1. 26.

선고 2004도788 판결 등 참조). 따라서 그와 같은 **문서의 내용을 저장한 전자 파일이**
나 그 파일을 실행시켜 컴퓨터 모니터 화면에 나타낸 문서의 이미지는 계속적으로
물체 상에 고정된 것으로 볼 수 없으므로 형법상 문서에 관한 죄에 있어 '문서'에 해
당되지 않는다(대법원 2007. 11. 29. 선고 2007도7480 판결, 대법원 2008. 4. 10. 선고
2008도1013 판결 등 참조).

☞ [출제] 2021년 제10회 변호사시험 기출문제 16 ㄷ.
문서의 내용을 저장한 전자 파일이나 그 파일을 실행시켜 컴퓨터 모니터 화면에 나타낸 문서의 이미지는 형법상 문서에 관한 죄에 있어 '문서'에 해당되지 않는다.

■ 대법원 2012. 2. 23. 선고 2011도14441 판결 [공문서위조(일부인정된죄명: 공문서변조)·위조공문서행사(일부 변경된 죄명: 변조공문서행사)·사기] ★★★★★ ☞ 피고인이 위조·변조한 공문서

[판시사항] [1] 위조문서를 공범자 등에게 행사한 경우 위조문서행사죄가 성립하는지 여부(소극) 및 간접정범을 통한 위조문서행사 범행에서 도구로 이용된 자에게 행사한 경우 위조문서행사죄가 성립하는지 여부(적극)

[2] **피고인이 위조·변조한 공문서의 이미지 파일을 갑 등에게 이메일로 송부하여 프린터로 출력하게 함으로써 '행사'하였다는 내용으로 기소되었는데, 갑 등은 출력 당시 위 파일이 위조된 것임을 알지 못한 사안에서, 피고인의 행위가 위조·변조공문서행사죄를 구성한다**고 보아야 하는데도, 이와 달리 보아 무죄를 선고한 원심판결에 법리오해의 위법이 있다고 한 사례.

[판결요지] **피고인은 위조한 전문건설업등록증** 등의 컴퓨터 이미지 파일을 공사 수주에 사용하기 위하여 발주자인 공소외 1 또는 ▽▽▽▽▽기술서비스의 담당직원 공소외 2에게 이메일로 송부한 사실, 공소외 1 또는 공소외 2는 피고인으로부터 이메일로 송부받은 컴퓨터 이미지 파일을 프린터로 출력할 당시 그 이미지 파일이 위조된 것임을 알지 못하였던 사실을 알 수 있으므로, 피고인의 위와 같은 행위는 **형법 제229조의 위조·변조공문서행사죄를 구성한다고 보아야 할 것이다.**

☞ [출제] 2016년 제5회 변호사시험 기출문제 8 ㄴ.
甲이 위조한 전문건설업등록증의 컴퓨터 이미지 파일을 그 위조사실을 모르는 乙에게 이메일로 송부하여 프린터로 출력하게 하였다면, 甲에게 위조공문서행사죄가 ~~성립하지 않는다~~.

사례연습 26 공문서부정행사죄   ☞ 형법표준판례연구 445. 446. 447.

〈제 26 문〉

甲은 2022년 11월 20일 오전 11:00 경 ○○동 ○○복사집 앞에서 신분을 확인하려는 경찰관에게 자신의 인적 사항을 속이기 위하여 미리 소지하고 있던 **타인의**^{사용 권한이 없는 사람+} **운전면허증을**^{공문서+} 제시하였다.^{형법 제230조 공문서부정행사죄+. 사용권한이 없는 사람+. 신분확인용+} 甲은 2022년 11월 23일 오전 12:00 경 기왕에 습득한 **타인의**^{사용 권한이 없는 사람+} **주민등록증을**^{공문서+} 자신의 가족의 것이라고 제시하면서 그 주민등록증상의 명의로 이

동전화 가입신청을 하였다.^{형법 제230조 공문서부정행사죄ㅡ. 신분확인용ㅡ} 甲의 죄책은? (10점/10줄 이내 요약)

1. **신분을 확인하려는 경찰관에게 타인의 운전면허증을 제시한 행위(형법 제230조 공문서부정행사죄 검토)**

   (1) 형법 제230조 공문서부정행사죄는 공문서를 부정사용하는 경우 성립한다. 행위주체는 일반인이다. 부정행사는 두 가지 유형이 있다. **사용주체^{사용권한자}와 사용용도이다.** ① **사용권한이 없는 사람이** 공문서를 용도에 맞게 사용한 경우 성립한다. 또한 ② 사용권한이 있는 사람이 공문서를 **용도에 맞지 않게 사용한 경우** 성립한다. 그러나 **사용권한이 없는 사람이** 공문서를 **용도에 맞지 않게 사용한 경우** 하나의 조건도 충족하지 않기 때문에 공문서부정행사죄가 성립하지 않는다. 이 사안의 경우 **사용권한이 없는 사람이** 공문서를 용도에 맞게 사용한 경우에 해당한다. 구성요건이 성립한다. ^{2점}

   (2) 대법원 판례는 「공문서부정행사죄는 사용권한자와 용도가 특정되어 작성된 공문서 또는 공도화를 **사용권한 없는 자가 사용권한이 있는 것처럼 가장하여 부정한 목적으로 행사**하거나 또는 권한 있는 자라도 정당한 용법에 반하여 부정하게 행사하는 경우에 성립되는 것이다. **운전면허증을 사용권한이 없는 자가 사용권한이 있는 것처럼 가장하여 부정한 목적으로 사용한 것이기는 하나 운전면허증의 본래의 용도에 따른 사용행위라고 할 것이므로 공문서부정행사죄에 해당한다」**라고 판시하였다. ^{2점}

   (3) 죄책: 공문서부정행사죄가 성립한다. ^{1점}

┃ 제26문 해설 1 ┃

■ 대법원 1998. 8. 21. 선고 98도1701 판결 [특정범죄가중처벌등에관한법률위반(절도)·공문서부정행사·사기·자동차관리법위반·도로교통법위반]

[판시사항] [1] 공문서부정행사죄의 성립요건 [2] 자동차를 임차하면서 **타인의 운전면허증을 자신의 것인 양 자동차 대여업체 직원에게 제시한 것이 공문서부정행사죄에 해당하는지 여부(적극)**

[판결요지] [1] 공문서부정행사죄는 사용권한자와 용도가 특정되어 작성된 공문서 또는 공도화를 **사용권한 없는 자가 사용권한이 있는 것처럼 가장하여 부정한 목적으로 행사**하거나 또는 권한 있는 자라도 정당한 용법에 반하여 부정하게 행사하는 경우에 성립되는 것이다.

[2] 자동차운전면허증은 운전면허시험에 합격하여 자동차의 운전이 허락된 자임을 증명하는 공문서로서 운전중에 휴대하도록 되어 있고, 자동차대여약관상 대여회사는 운전면허증 미소지자에게는 자동차 대여를 거절할 수 있도록 되어 있으므로, 자동차를 임차하려는 피

고인들이 자동차 대여업체의 담당직원들로부터 임차할 자동차의 운전에 필요한 운전면허가 있고 또 운전면허증을 소지하고 있는지를 확인하기 위한 운전면허증의 제시 요구를 받자 타인의 운전면허증을 소지하고 있음을 기화로 자신이 타인의 자동차운전면허를 받은 사람들인 것처럼 행세하면서 자동차 대여업체의 직원들에게 이를 제시한 것이라면, 피고인들의 위와 같은 행위는 단순히 신분확인을 위한 것이라고는 할 수 없고, 이는 **운전면허증을 사용권한이 없는 자가 사용권한이 있는 것처럼 가장하여 부정한 목적으로 사용한 것이기는 하나 운전면허증의 본래의 용도에 따른 사용행위라고 할 것이므로 공문서부정행사죄에 해당한다.**

2. **타인의 주민등록증을 제시하면서 그 주민등록증상의 명의로 이동전화 가입신청을 한 행위(형법 제230조 공문서부정행사죄 검토)**

   (1) 형법 제230조 공문서부정행사죄는 공문서를 부정사용하는 경우 성립한다. 행위주체는 일반인이다. 부정행사는 두 가지 유형이 있다. **사용주체**^{사용권한자}**와 사용용도이다.** ① **사용권한이 없는 사람**이 공문서를 용도에 맞게 사용한 경우 성립한다. 또한 ② 사용권한이 있는 사람이 공문서를 **용도에 맞지 않게 사용한 경우** 성립한다. 그러나 **사용권한이 없는 사람**이 공문서를 **용도에 맞지 않게 사용한 경우** 하나의 조건도 충족하지 않기 때문에 공문서부정행사죄가 성립하지 않는다. 이 사안의 경우 **사용권한이 없는 사람**이 공문서를 용도에 맞게 사용한 경우에 해당한다. 구성요건이 성립한다. ^{2점}

   (2) 대법원 판례는 「**사용권한자와 용도가 특정되어 있는 공문서를 사용권한 없는 자가 사용한 경우에도 그 공문서 본래의 용도에 따른 사용이 아닌 경우에는 형법 제230조의 공문서부정행사죄가 성립되지 아니한다**」라고 판시하였다. ^{2점}

   (3) 죄책: **공문서부정행사죄가 성립하지 않는다.** ^{1점}

┃ 제26문 해설 2

(중요) ■ 대법원 2003. 2. 26. 선고 2002도4935 판결 [공문서부정행사]

[판시사항] [1] 사용권한자와 용도가 특정되어 있는 공문서 본래의 용도에 따른 사용이 아닌 경우, 공문서부정행사죄의 성립 여부(소극) [2] **타인의 주민등록증을 그 본래의 사용용도인 신분확인용으로 사용한 것이라고 볼 수 없어 공문서부정행사죄가 성립하지 않는다**고 한 사례.

[판결요지] [1] 사용권한자와 용도가 특정되어 있는 공문서를 **사용권한 없는 자가 사용한 경우에도 그 공문서 본래의 용도에 따른 사용이 아닌 경우에는 형법 제230조의 공문서부정행사죄가 성립되지 아니한다.**

[2] 피고인이 기왕에 습득한 타인의 주민등록증을 피고인 가족의 것이라고 제시하면서 그 주민등록증상의 명의 또는 가명으로 **이동전화 가입신청을 한 경우, 타인의 주민등 록증을 본래의 사용용도인 신분확인용으로 사용한 것이라고 볼 수 없어 공문서부정 행사죄가 성립하지 않는다고** 한 사례.

사례연습 27 사문서위조죄

☞ 2018년 제7회 변호사시험 기출문제 4ㆍ형법표준판례연구 425ㆍ대법원 2005. 2. 24. 선고 20002도18 전원합의체 판결

〈제27문〉

甲은 허무인 乙 명의의 사문서를 위조하였다.^{형법 제231조 사문서위조죄+} 甲은 20일 후 사망자 丙 명의의 사문서를 위조하였다. 甲의 죄책은? (5점/8줄 이내 요약)

중요 1. **허무인을 명의의 사문서를 위조한 행위**(형법 제231조 사문서위조죄 검토)

(1) 형법 제231조 사문서위조죄는 행사할 목적으로 사실증명에 관한 타인의 문서를 위조한 경우 성립한다. **타인의 문서는 타인 소유의 문서가 아니라 타인 명의의 문서이다. 타인은 생존인ㆍ허무인(虛無人)ㆍ사망자를 말한다. 복사 문서도 문서의 객체에 해당한다.**

(2) 대법원 판례는 「문서위조죄는 문서의 진정에 대한 공공의 신용을 그 보호법 익으로 한다. 그러므로 행사할 목적으로 작성된 문서가 일반인에게 당해 명의인의 권한 내에서 작성된 문서라고 믿게 할 수 있는 정도의 형식과 외 관을 갖추고 있으면 문서위조죄가 성립한다. 위와 같은 요건을 구비한 이상 그 명의인이 실재하지 않는 허무인이거나 또는 문서의 작성일자 전에 이미 사망하였다고 하더라도 그러한 문서 역시 공공의 신용을 해할 위험성이 있 다. 그러므로 문서위조죄가 성립한다. 이는 공문서뿐만 아니라 사문서의 경 우에도 마찬가지로 보아야 한다」고 판시하였다. ^{2점}

(3) 죄책: 사문서위조죄가 성립한다. ^{1점}

2. **사망자 丙 명의의 사문서를 위조한 행위**(형법 제230조 공문서부정행사죄 검토)
   허무인 명의의 사문서위조죄 법리와 같다. 사문서위조죄가 성립한다. ^{1점}

3. **甲의 죄수:** 두 행위는 각각 사문서위조죄가 성립한다. 실체적 경합이다. ^{1점}

| **제27문 해설** |

■ 대법원 2005. 2. 24. 선고 2002도18 전원합의체 판결 [사문서위조·위조사문서행사]
　　　★★★★★

[판시사항] 허무인·사망자 명의의 사문서를 위조한 경우, 사문서위조죄의 성립 여부 (적극)

[판결요지] 문서위조죄는 문서의 진정에 대한 공공의 신용을 그 보호법익으로 한다. 그러므로 행사할 목적으로 작성된 문서가 일반인에게 당해 명의인의 권한 내에서 작성된 문서라고 믿게 할 수 있는 정도의 형식과 외관을 갖추고 있으면 문서위조죄가 성립한다. 위와 같은 **요건을 구비한 이상 그 명의인이 실재하지 않는 허무인이거나 또는 문서의 작성일자 전에 이미 사망하였다고 하더라도 그러한 문서 역시 공공의 신용을 해할 위험성이 있다. 그러므로 문서위조죄가 성립한다고 봄이 상당하며, 이는 공문서뿐만 아니라 사문서의 경우에도 마찬가지라고 보아야 한다.**

☞ [출제] 2018년 제7회 변호사시험 기출문제 7.
　사문서의 경우에는 그 명의인이 실재하지 않는 허무인이거나 문서의 작성일자 전에 이미 사망하였다 하더라도 문서위조죄가 성립하나, ~~공문서와 경우에는 문서위조죄가 성립하기 위하여 명의인아 실재함을 필요로 한다.~~ ⇒ 공문서의 경우에도 문서위조죄가 성립한다.

저자소개

1962년 부산에서 태어났다. 독일 유학 후 25년 동안 대학·대학원에서 형법·형사소송법·특별형법·생명윤리와 의료형법을 강의하고 있다. 1996년 9월 3일 《피고인에게 불리한 판례변경과 적극적 일반예방》으로 독일 할레대학교(Halle Universität) 법과대학에서 법학박사학위(Dr. jur)를 받았고, 1997년 3월 경남대 법대에서 교수 생활을 시작했다.

국외·국내 대표 저서는 《Belastende Rechtsprechungsänderungen und die positive Generalprävention》(Carl Heymanns Verlag KG, 2000), 《독일통일 현장 12년》(경남대학교 출판부, 2004), 《형사철학과 형사정책》(법문사, 2007), 《형법각칙 개정 연구-환경범죄》(형사정책연구원, 2008), 《하마의 下品 1·2》(법문사, 2009·2016), 《의료법》(행인출판사, 2021), 《생명윤리법》(행인출판사, 2018), 《공수처법》(행인출판사, 2021), 《사회상규》(법문사, 2018), 《형법조문강화》(법문사, 2019), 《형사법종합연습 변시기출문제분석·종합연습 실전예상문제분석》(법문사, 2021)이 있다. 특히 《형사철학과 형사정책》은 2008년 문화체육관광부 우수학술 도서로 선정되었다. 2014년 한국비교형사법학회 학술상을 수상하였다. 논문제목은 《해적재판 국제비교》이다. 2006년 3월 제1학기부터 현재 모교인 동아대학교 법학전문대학원(로스쿨)교수로 근무하고 있으며, 국회 제11기 입법지원위원·법무부 인권강사로 활동하고 있다. 한국비교형사법학회 회장·영남형사판례연구회 회장·법무부 형사소송법개정특별분과위원회 위원·남북법령연구특별분과위원회위원으로 활동하였으며, 법무부 변호사시험 문제은행 출제위원·행정고시출제위원·채점위원(형법)·입법고시 출제위원·채점위원(형사소송법)·5급 승진시험 출제위원·7급 국가시험 출제위원·형사법연구 편집위원·형사법신동향 편집위원을 역임하였다.

약한 자에게 용기와 희망을 주는 세상보기로 사회와 소통하고 있다. 국제신문·경남도민일보 칼럼진으로 활동하였다. 2019년 1월부터 2020년 12월까지 국제신문 《생활과 법률》칼럼을 썼다. 시사칼럼 180여 편이 있다. 《밤이 깔렸다》로 2022년 제8회 이병주국제문학상 연구상을 수상하였다.

형사법 사례연습 – 변호사시험 기출문제 분석

2023년 2월 20일 초판 인쇄
2023년 2월 28일 초판 발행

저 자 하 태 영
발행인 배 효 선

발행처 도서출판 **法 文 社**

주 소 10881 경기도 파주시 회동길 37-29
등 록 1957년 12월 12일/제2-76호(윤)
전 화 (031)955-6500~6 FAX (031)955-6525
E-mail (영업) bms@bobmunsa.co.kr
(편집) edit66@bobmunsa.co.kr
홈페이지 http://www.bobmunsa.co.kr
조 판 법 문 사 전 산 실

정가 30,000원   ISBN 978-89-18-91404-6